W

Erik Lorenz

Streifzug durch Laos

Abenteuer im Land
der tausend Elefanten

Wiesenburg Verlag

Bibliographische Information der Deutschen Nationalbibliothek:

Die Deutsche Nationalbibliothek verzeichnet diese Publikation
in der Deutschen Nationalbibliographie;
detaillierte bibliographische Daten sind im Internet
über http://dnb.d-nb.de abrufbar.

2. überarbeitete Auflage 2012
Wiesenburg Verlag
Postfach 4410 · 97412 Schweinfurt
www.wiesenburgverlag.de

Alle Rechte beim Verlag

Coverbild und Autorenbild: Falk Wernsdorf
Illustrationen: Gabriele Pittelkow
Lektorat: Karl Kastelik

© Wiesenburg Verlag

ISBN 978-3-943528-08-4

Inhalt

Prolog	9
Kapitel 1: Tage in Oudomxai	19
Kapitel 2: Phongsali und der wilde laotische Norden	63
Kapitel 3: Im Schlamm von Luang Namtha	163
Kapitel 4: Das große Warten in Houay Xai	219
Kapitel 5: Höhenflug im Bokeo Nationalpark	251
Kapitel 6: Der Mekong und das Schwinden der Eile	295
Kapitel 7: Von Königen und Touristenströmen – Luang Prabang	329
Kapitel 8: Gefangen in Vang Vieng	379
Kapitel 9: Das Bolaven-Plateau: Von Wasserfällen und Kaffeekirschen	445
Kapitel 10: 4.000 Inseln und eine Menge Gras	485
Epilog	509
Anmerkung des Autors	513
Literatur	514

Prolog

Höchst ungern beginne ich die Schilderung meiner Reise mit einer Situation, die mich eindeutig als Trottel identifiziert, aber genau so kam ich mir vor: unorganisiert und vom Glück im Stich gelassen. Ich fühlte mich gehetzt, unter Strom, trampelte auf dem Boden herum, verlagerte das Gewicht von einem Bein auf das andere. Die Innenflächen meiner Hände waren schweißnass. Und ausgerechnet jetzt erhielt ich meine erste Lektion in der laotischen Gelassenheit.
Aber der Reihe nach.
Schon Stunden zuvor hatte ich nach draußen gestarrt, ohne eine Idee, wie ich meiner Misere entkommen konnte. Ich hatte mich mitreißen lassen wie von einem Strudel, auf ein Wunder hoffend, während wir uns unaufhaltsam der Grenze näherten. Regentropfen trommelten gegen die Scheiben des Busses wie tausende geworfener Kieselsteine. Beiderseits der Fahrbahn hingen Wolken tief in den Bäumen und schoben sich in dichten Schwaden über die Hügellandschaft. Saubere Waldluft strömte in meine Nase. Das Blätterdach des Waldes, der sich an die Hänge schmiegte, war so dicht, dass mir jeder Einblick verwehrt blieb. Bambusdickichte, Rankengewächse, Pflanzen, deren Namen ich nicht kannte, dazwischen vereinzelte lianenbehangene Baumriesen, die sich über das grüne Meer in die graue Wolkenmasse streckten. Die Straße wand sich um die Hügel und führte durch lange Tunnel. Hin und wieder durchbrachen Plantagen, Felder und kleine Gärten mit schlichten Holzhütten die Wälder, traten die Hügel zurück und gaben die Sicht frei auf weite Täler mit Wiesen, noch mehr Plantagen und enge Taleinschnitte, die Bauern auf uralten Brücken überquerten. Darunter schafften braune Flüsse Schlamm in den Ozean, die zur Trockenzeit kaum mehr als liebliche Bäche sein mochten.
Im scheinbaren Nirgendwo hielt der Bus an, um Dorfbewohner mitzunehmen, die ihre Ernteerzeugnisse – Mais, Bananen,

Ananas und andere Nahrungsmittel – mit Sack und Pack zur Grenze schafften.

Die Straße weitete sich zu einer vierspurigen Schnellstraße. Auf dem Standstreifen kamen Mopedfahrer und Hunde entgegen, die sich nicht für die reguläre Fahrtrichtung interessierten. Dafür, dass dies die wichtigste Verbindungsstraße zwischen China und Laos war, gab es wenig Verkehr. Noch vor wenigen Jahren hatte hier, wenn auch im Halbverborgenen, größere Betriebsamkeit geherrscht, als man vermutete. Ich reiste in Laos auf einer der ehemaligen Hauptdrogenrouten Asiens ein.

Die chinesische Provinz Yunnan, in der ich unter anderem die Tigersprungschlucht durchwandert und das sagenumwobene Shangri-la unweit von Tibet besucht hatte, liegt an der Grenze zu Birma und Laos. In dieser Grenzregion befinden sich noch immer zahlreiche Opiumanbaugebiete, und die Erträge finden über Dali und Kunming ihren Weg nach ganz Asien und später in den Westen. Neben dieser Route verlaufen durch Yunnan die historische Teestraße, auf der bis in die 1960er Jahre, als Tibet eine Überlandstraße bekam, für über ein Jahrtausend vor allem Tees und Salze in die ganze Welt transportiert wurden, und die südliche Seidenstraße – ein Netz von Karawanenstraßen, das durch einige der unwirtlichsten Gegenden der Welt führt, über Jahrhunderte Asien mit Europa verband und einen Austausch von fast allem ermöglichte: Handelswaren wie Glas, Porzellan, Gewürzen, Edelsteinen, Pelzen und Seide, wissenschaftlichen und technischen Errungenschaften wie dem Buchdruck, der Papierherstellung und der Destillation, kulturellen Gütern wie Liedern, Geschichten und philosophischen Ansichten, und vielen anderen Gegenständen, Bräuchen oder Gedankengütern bis hin zu Religionen. Der Buddhismus erreichte China und Japan über die nördliche Route aus Indien, das Christentum drang bis nach Xi'an vor, der damaligen Hauptstadt Chinas, der Islam verbreitete sich von der arabischen Halbinsel nach Syrien und Ägypten und schließlich über ganz Nordafrika.

Heute ist die wirtschaftliche Bedeutung der Route im Vergleich zu ihrer romantischen Anziehungskraft verschwindend gering. Heerscharen von Touristen wollen auf den Spuren Marco Polos wandeln und die chinesische Regierung lässt historische Stätten restaurieren, nunmehr wichtige Sehenswürdigkeiten und Einnahmequellen. Meine Route war die Straße von Kunming, der Hauptstadt Yunnans, über Mengla nach Boten, dem Grenzposten zu Laos.

Die Sonne durchbrach die Wolkendecke und trocknete zögerlich die Scheiben – und hoffentlich auch das Gepäck, das auf das Dach gestapelt und festgebunden worden war und mittlerweile wohl triefte. Erste Straßenschilder in der eleganten laotischen Abugida-Schrift deuteten darauf hin, dass die Grenze nicht mehr fern sein konnte und erinnerten mich einmal mehr an mein kleines Problem.

Alles hatte am zurückliegenden Morgen angefangen, als ich in Mengla mit wachsender Verzweiflung versucht hatte, meine Geldreserven aufzustocken, alle Geldautomaten aber entweder defekt gewesen waren oder meine Kreditkarte nicht akzeptiert hatten. In den Bankfilialen konnte ich mich nicht verständlich machen. Als ich an einem Schalter nach jemandem fragte, der Englisch sprach, würdigte mich der Angestellte auf der anderen Seite der Scheibe keines Blickes; lediglich eine Putzfrau deutete hilfreich auf den Geldautomaten vor der Tür, auf dessen Display ein großer Schriftzug *Out of Service* blinkte. Nun saß ich also im Bus, fast ohne Bargeld und – als wäre das nicht schlimm genug – mit leerem Magen, denn die Geldsuche hatte die Zeit vor der Abfahrt ausgefüllt, und erwartete gespannt die Antwort auf die Frage, ob ich an der Grenze Bargeld bekommen könnte. Weil ich befürchtete, dort nicht genügend Geld für ein Visum auftreiben zu können, hielt ich während der Fahrt durch die verschiedenen Ortschaften angestrengt Ausschau nach Bankfilialen. Auf einem Rastplatz streckten mir zwei Frauen bündelweise laotische Kip entgegen.»Money change!« riefen sie mir zu und lächelten mich fordernd an. Wie gern wäre ich mit ihnen ins Geschäft gekommen. Ich hatte noch eine eiserne Euro-Reserve, aber sie wechselten nur laotische Kip gegen chinesische Yuan oder US-Dollar. Neben dem Parkplatz entdeckte ich wie eine Offenbarung eine Bank, aber auch dieser Geldautomat war defekt.

Weiter ging es. Ich wandte meine Aufmerksamkeit meinem Sitznachbarn zu meiner Rechten zu, dessen Kopf anfing, auf und ab zu wippen wie ein müder Wackeldackel. Er war ein Mittzwanziger mit blondem, sich lichtendem Haar und Armen, die so dick waren wie meine Oberschenkel. Seine Pranken ruhten in seinem Schoß, zärtlich abgelegt auf drei oder vier geplünderten Verpackungen von Schokoriegeln. Er schnaubte leise und sein Kopf fiel auf seine Brust, als wäre eine Schnur durchgeschnitten worden. Die Kopfhaltung schien seine Speichelbildung anzuregen, denn bald bildeten sich beim Ausatmen kleine Blasen in seinen Mundwinkeln. Ich beobachtete fasziniert, wie die Blasen entsprechend des rasselnden Atems zu aufgepusteten Kinderballons anwuchsen, um schließlich lautlos zu zerplatzen.

Kurz bevor eine Sabberbahn, durch die Schokolade zähflüssig gemacht und zu einer erstaunlichen Länge angewachsen, das T-Shirt erreichte, rumpelte der Bus über ein heftiges Schlagloch und mein Nachbar wachte mit einem abgehackten Grunzen auf. Er hob den Kopf, warf zwei rasche Blicke nach links und rechts, orientierte sich und lehnte sich zurück. Leise schmatzend und sich räuspernd, fuhr er sich mit dem Handrücken über das Gesicht. Er bemerkte die Sauerei, drehte sich zum Fenster und säuberte sich, unauffällig, wie er glaubte, mit seinem Ärmel.

Der Name des jungen Mannes war Falk Wernsdorf, *wie Werner und Dorf*, wie er selbst oft sagte. Er war ein sehr guter, langjähriger Freund aus Deutschland, den ich gern auch mit seinem Kosenamen *Muskelgnubbel* ansprach und der mir schon deshalb unersetzlich war, weil er mir fast täglich half, fest verschraubte Flaschen, die Verpackungen von Keksen, eingeschweißte Suppen und alle anderen Nahrungsmittelverpackungen zu öffnen, an denen ich scheiterte. Mit ihm hatte ich in den Niederlanden studiert, mit ihm hatte ich das letzte halbe Jahr in Asien gelebt und mit ihm trat ich auch die Reise durch Laos an. Es war erbauend zu sehen, wie angestrengt er an der Lösung unseres kleinen Problems arbeitete.

Wir erreichten die chinesische Grenze. Falk warf sich seine Fototasche um, die zwischen seinen Beinen stand und so groß war wie ein Kosmetikkoffer. Er hatte die Ausrüstung vor ein paar

Wochen gekauft und hütete sie wie ein Luchs. Die Fahrgäste mussten den Bus verlassen und durch ein modernes Gebäude laufen, um die Ausreiseformalitäten zu erledigen. Auf den ersten Beamten, den wir ausmachten, hielten Falk und ich zu.

»Gibt es hier einen Geldautomaten?«, fragte Falk, leicht außer Atem, denn er hatte genauso wenig Geld wie ich und fühlte sich ebenso unwohl. Der Beamte deutete gelangweilt in die Richtung der Abfertigung. Wir vermuteten, dass er nichts verstand, aber uns blieb nichts, als seiner Geste zu folgen und auf das Beste zu hoffen.

Es war vergebens. Weder gab es einen Automaten noch eine Wechselstube. Nichts. Natürlich nicht, denn wer reiste schon ohne chinesisches oder laotisches Geld an einen chinesisch-laotischen Grenzübergang? In der Welt des Marketings beschreibt der Begriff *Stuck in the Middle*, also *in der Mitte steckengeblieben*, eine Marke, die es nicht vermag, sich eindeutig als Qualitäts- oder Preisführer zu etablieren. Das Ergebnis ist eine unklare Positionierung, irgendwo im Nirgendwo, eine denkbar schlechte Stellung im Markt. Genau so fühlte ich mich nun, da ich die Ausreiseformalitäten erledigt hatte: Stuck in the middle, verloren, gestrandet im Niemandsland, das Visum für China verfallen und die Rückkehr verwehrt, ohne das nötige Geld für die Einreise in das nächste Land. Was taten wir also? Wir ließen uns weiter mitreißen und vertrauten auf unser Glück.

Der Bus umrundete einen beinahe fertiggestellten Nachbau des That Luangs, des goldenen laotischen Nationalsymbols, durch das wohl in naher Zukunft die Straße führen würde, und hielt vor der laotischen Grenzstation.

Als wir ausgestiegen waren, wurde schnell klar, dass es auch hier keinen Automaten gab. Das Gebäude war ganz anders als das chinesische: keine Spur von Modernität. Es kam eher einer verfallenen Hütte gleich. Der Weg führte hier nicht hindurch, sondern außen herum. Wir reihten uns ein und traten schließlich an das Fenster, durch das die Einreise geregelt werden sollte. Ich schenkte dem Beamten mein reizendstes Lächeln und stellte mich dumm: »Guten Tag, wie viel kostet ein Visum nach Laos?«

»Hier.«

Der Grenzbeamte legte mir einen A4-Ausdruck vor die Nase, der die Preise in drei verschiedenen Währungen auflistete: Kip, Yuan, US-Dollar.

Ich schluckte schwer und tat überrascht. »Dreißig Dollar – so teuer, ja?«

Der Grenzbeamte nickte gleichgültig.

»Ich fürchte, soviel haben wir nicht mit. Gibt es in der Nähe vielleicht einen Geldautomaten?«

»Ja.«

»Ja?« Ich riss meine Augen auf. Plötzlich gab es wieder Hoffnung im Tal der Hoffnungslosigkeit.

»Ja.«

»Und ... wo?« Ich konnte das Zittern in meiner Stimme kaum unterdrücken.

Der Beamte zeigte die Straße hinunter, in Richtung Laos.

»Fünfhundert Meter, nicht sehr weit.«

Ein Stein fiel mir vom Herzen. Doch dann stutzte ich.

»Fünfhundert Meter in diese Richtung ... der Geldautomat liegt *in* Laos, richtig?«

»Das ist richtig.«

»Also können wir nicht hingelangen, ohne Visum?«

Er überlegte kurz und nickte. »Das ist richtig.«

Ich holte tief Luft.

»Und hier, direkt an der Grenze, gibt es keinen Geldautomaten?«, fragte ich überflüssigerweise.

»Nein.«

»Und was ist mit einer Wechselstube?«

»Die ist neben dem Geldautomaten.«

Ich versuchte Ruhe zu bewahren.

»Gibt es irgendeine Möglichkeit, dass einer von uns beiden zur Wechselstube geht und Geld tauscht?«

Er überlegte kurz, zuckte mit den Schultern und nickte. »Aber nur einer.«

Das ließ ich mir nicht zweimal sagen. Ich ließ Falk stehen und eilte an der Grenzstation vorbei zum Bus, der auf einem kleinen Parkplatz wartete. Mit Worten und Zeichen fragte ich Leute, die auf dem Platz herumstanden, und unseren Busfahrer nach der

Richtung, aber niemand konnte mir helfen. Ich hetzte vor und zurück, blieb an einer Abzweigung stehen, entschied mich für links, da ich an dieser Straße weiter unten Gebäude sah. Doch ich entdeckte weder einen Geldautomaten noch eine Wechselstube und kehrte unverrichteter Dinge zum Bus zurück. Dort bat ich den Fahrer, meinen Rucksack vom Dach herunterzuholen.

Der Fahrer kletterte eine kleine Leiter an der Hinterseite des Busses hinauf, entknotete die Netze und Leinen, die das Gepäck sicherten, und wühlte sich durch Dutzende riesiger Rucksäcke, Koffer und Beutel, bis er meinen Rucksack gefunden hatte.

»Beeilung«, sagte er. Die meisten anderen Passagiere hatten mittlerweile wieder ihre Plätze eingenommen.

Ich holte meinen Notvorrat an Euroscheinen heraus und trabte zur Grenzstation, wo Falk und ich uns erneut anstellten. Wir bettelten und flehten, und der Beamte überlegte und wiegte selbstgefällig den Kopf, bis er sich durchrang, die Euro zu akzeptieren. Seine Umrechnung entsprach nicht dem aktuellen Wechselkurs, aber wir nahmen den Aufschlag ohne Widerspruch in Kauf. Die Hauptsache war, dass wir es endlich geschafft hatten.

Oder nicht?

Nachdem er das Geld angenommen und wir die nötigen Formulare ausgefüllt hatten, begann er mit verblüffender Langsamkeit, unsere Dokumente zu prüfen. Mein Herz raste immer noch vor Angst, weder nach Laos einreisen noch nach China zurückkehren zu können.

Und ausgerechnet jetzt zeigte uns der Beamte, was laotische Gelassenheit war.

Er verschwand für etliche Minuten, kam wieder, streckte sich auf seinem Stuhl und blätterte in unseren Pässen. Er war überraschend interessiert an unseren früheren Reisen. Er unterhielt sich mit Kollegen und lehnte sich entspannt zurück. Ich spähte nervös um die Ecke des Gebäudes, um mich zu vergewissern, dass der Bus noch wartete.

Irgendein Notizzettel fiel aus meinem Pass und landete auf dem Tisch. Der Beamte guckte wie in Zeitlupe dorthin, wo er gelandet war, guckte, guckte … guckte – und griff zu. Er betrachtete ihn von vorn und hinten, drehte ihn hin und her. Ich konnte mich nicht entscheiden, ob die Gemächlichkeit in seiner Natur lag oder ob er uns seine Macht spüren lassen wollte. Er musste sehen, dass wir in Eile waren.

Endlich gab er uns die Pässe mit den ersehnten Visa zurück. Wir eilten zum Bus und entschuldigten uns ein halbes Dutzend Mal beim Fahrer, der ausgelassen lachte. Nach fünf Kilometern erreichten wir eine Zollstation. Hier gab es einen Geldautomaten, allerdings – und mittlerweile war ich nicht mehr überrascht – *Out of Service*. Immerhin konnten wir an einem kleinen Bankschalter unsere mageren restlichen Yuan-Bestände in Kip umtauschen und uns einen kleinen Imbiss kaufen.

Die Landschaft veränderte sich zunächst kaum. Es ging weiter zwischen Hügeln hindurch, an deren malerische Hänge sich von Grün umgebene Farmen schmiegten. Das Grün war allerdings versehrter als zuvor. Dichte Waldstücke bildeten nun Inseln zwischen bepflanzten Hängen, Büschen und Gräsern, und Meeren von Baumstümpfen und brandgerodeten Wiesen. Rauch stieg auf: Es roch nach verbranntem Holz. Eine Gruppe Männer mit Macheten vollendete an einem weiteren Hang die Abholzung.

Wir passierten Dörfer aus Pfahlhütten, deren Wände aus Bast, Holz oder – seltener – aus Ziegeln bestanden. Die Dächer waren aus Stroh oder Wellblech. Schweine wälzten sich in rotem Staub, ein Huhn flitzte im letzten Augenblick vor dem Bus über die Straße und entrann gerade noch dem Tod. Mittlerweile war es Mittag und die Menschen rasteten. Sie schliefen auf Holzterrassen oder auf groben Bettgestellen, die sie in den Schatten vor den Hütten gestellt hatten, um ein laues Lüftchen zu erhaschen. Die rauer werdende Straße schlängelte sich höher die Berge hinauf und bot noch fantastischere Ausblicke auf die wechselnden Hügellandschaften.

Langsam entspannte ich mich. Mit Mühe und Not hatte ich die Grenze überwunden – für die meisten Reisenden Routine. Jetzt aber war ich in Laos und das eigentliche Abenteuer konnte beginnen.

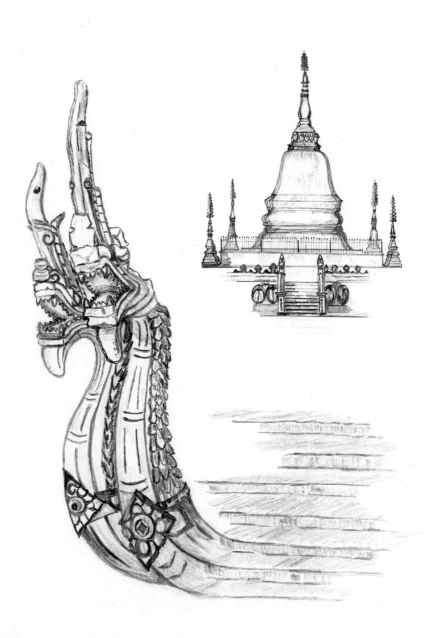

Kapitel 1
Tage in Oudomxai

Willkommen in einem Land, in dem Tiger und Leoparden durch die Wälder streifen, in dem der Mekong Landschaften und Lebensarten mehr prägt als irgendein anderer äußerer Einfluss, im Land der dicht bewaldeten Berge und ausgedehnten Flusstäler, des Opiums und alter buddhistischer Tempel, unberührter Natur und fortschreitender Waldrodung, einem Land ohne Meeranschluss und Eisenbahnverkehr. Willkommen in einem armen Land, das reich an Menschen ist, die oft ein Lächeln auf den Lippen tragen. Willkommen in einem Land, dessen Bevölkerung sich in den letzten dreißig Jahren verdoppelte und das mit seinen sieben Millionen Menschen trotzdem noch immer das am dünnsten besiedelte Land Südostasiens ist.

Willkommen in der Demokratischen Volksrepublik Laos. Oder in der knackigen Originalversion: Willkommen in sathaalanalat pasaatipatai pasaason lao.

Laos hat keinen Grand Canyon, keine ikonische, muschelförmige Oper und auch kein Angkor Wat, hier gibt es weder den größten Regenwald der Welt noch die trockenste Wüste. Aber es strahlt eine ungeheure Faszination aus, die schwer zu erfassen ist. Es ist ein vielseitiges Land, ein Ergebnis zahlloser einzelner Bestandteile, eine inkohärente Mischung verschiedenster Völker mit verschiedenen Sprachen, Bräuchen und Glaubensvorstellungen und -strömungen, die ich nicht in einer prägnanten Beschreibung zusammenfassen kann – auch wenn die Regierung genau das mit ihrer Einteilung der Bevölkerungsgruppen in Lao Soung, Lao Theung und Lao Loum versucht. Vor allem die Höhenlage der Siedlungen liegt dieser Einteilung zugrunde, doch sie wird der komplexen Realität nicht gerecht.

Lassen Sie es mich hier und jetzt klarstellen: Ich liebe Laos, ich bewundere es, ich sog es während meiner Reise mit jedem Atemzug gierig in mich auf – diese Reise nahm heute ihren Anfang, als der Bus endlich in einer Stadt hielt, deren Namen wir einem Schild entnommen hatten: Oudomxai, das Ziel unserer Fahrt – oft auch Udomxai geschrieben. Es gibt für Lao keine einheitliche lateinische Umschrift, so dass für die meisten Ortsnamen und Begriffe mehrere gebräuchliche Schreibweisen verbreitet sind.

Ein oder zwei Passagiere stiegen aus. Ich erwachte langsam aus einem Halbschlaf, schaute nach rechts und bemerkte, dass wir zwar noch nicht den Busbahnhof erreicht, dafür jedoch neben einem Gasthaus geparkt hatten, dem hübschesten Gebäude in Sichtweite. Kurzentschlossen stürzten wir aus dem Bus – sechs Stunden eingequetscht zwischen Reissäcken und Obststiegen waren genug – ließen uns die Rucksäcke vom Dach reichen und marschierten ins Gasthaus, einem alten Kolonialbau mit drei Etagen in dezentem Weißgelb, dessen Eleganz leider genau am Eingang endete. Wir teilten dem Mädchen hinter dem Empfangstresen mit, dass wir gern ein Zimmer mit zwei Betten hätten. Sie sprach kein Englisch, aber sie wusste sich auf andere Weise zu helfen. Auf einem Blatt Papier skizzierte sie ein Zimmer mit zwei Betten. Falk lehnte sich über den Tresen, betrachtete die Skizze und nickte erfreut. Das Mädchen vollendete das Werk, indem sie eine Tür und einen Nachttisch hinzufügte, dann strich sie die Skizze durch und zeichnete ein neues Zimmer, in dem ein Doppelbett stand. Falk tippte auf das erste Bild und sagte: »Das wollen wir haben.« Doch sie schüttelte den Kopf.

Falk sah mich fragend an. Ich seufzte und akzeptierte das Unausweichliche – eine Nacht in einem Bett mit dem Muskelnubbel. Was das bedeutete, wusste ich: erbitterte Kämpfe um die Decken, seine Körpertemperatur, die mir die Schweißperlen ins Gesicht trieb als würde ich neben einem Ofen schlafen, Schnarchkonzerte direkt in mein Ohr hinein und eine stetig kleiner werdende Liegefläche, während Falk sich zufrieden lächelnd ausbreitete, bis mir gerade genug Platz blieb, mich auf der Seite liegend auf der Matratze zu halten.

Nach meiner zögerlichen Zustimmung warf ich einen raschen Blick in den Reiseführer und ahnte nichts Gutes in einer Unterkunft, deren größtes (und einziges) Lob den »vorzüglich weißen

Laken« galt. Wir stiegen zwei Treppen mit charmanten alten Holzgeländern und schiefverlegten rotbraunen Fliesen hinauf, durchquerten einen Flur, vorbei an Wänden aus dünnen Sperrholzplatten, hinter denen Zimmer mit aufgedrehten Fernsehern lagen. Unser Raum war klein und fensterlos, gerade das harte Doppelbett passte hinein. Die Laken waren tatsächlich weiß – abgesehen von kleinen schwarzen Punkten: Mäusekot. Eine kleine Kommode, das einzige Möbelstück, hielten eine Hand voll Nägel gerade noch zusammen. Stellte ich meinen Waschbeutel darauf, schwankte die Konstruktion bedenklich hin und her. Selbst die Tapete gab ihr bestes, sich von der Wand zu lösen und aus diesem Zimmer zu verschwinden. Das Bad regte immerhin dazu an, morgens nicht zu lange zu brauchen. Die Stehtoilette mit den Tritten links und rechts, über der man tief in die Hocke gehen musste, kannten wir bereits aus China. Falls Sie sich jemals gefragt haben, warum die Chinesen es so gemütlich finden, sich hinzuhocken, wenn sie auf etwas warten, wohingegen die meisten Europäer in dieser Stellung nach wenigen Sekunden Wadenkrämpfe bekommen, möchte ich Ihnen die Antwort nicht vorenthalten: Es sind die Toiletten in vielen asiatischen Ländern, aber auch in Teilen Frankreichs, die Menschen zu diesem Kunststück befähigen und sie bis ins hohe Alter beweglich halten.

Unsere Toilette verfügte über keinen Spülkasten, dafür stand neben ihr ein Eimer mit einer Schöpfkelle, daneben wiederum ein Eimer für das benutzte Toilettenpapier, das die kleinen Leitungen mit der schwachen Spülung überfordert hätte. Wäre es nicht naheliegend, bei der Installation eines neuen Leitungssystems große Rohre zu verwenden, damit sie nicht durch ein Papierkügelchen verstopfen, mit scheußlichem Ergebnis? Die Menschen in weiten Teilen Asiens sehen das nicht so. Ich finde keine logische Erklärung dafür, aber das heißt ja nicht, dass es sie nicht dennoch gibt.

Was noch?

In der Lampe im Bad war keine Glühbirne. Eine defekte Glühbirne – damit hätte ich leben können. Zumindest optisch hätte das den Eindruck einer altmodischen Lampe vermittelt, wie ich sie mir vorstellte – mit Plasteschirm und Birne. Was mich fuchsig machte, war das Wissen, dass in grauer Vorzeit ein Mensch mit einem gewissen Ehrgeiz – und zumindest einer Minimalmenge an Vernunft – diese Lampe an der Decke angebracht hatte, und dass ihm dann jemand gefolgt war, der die alte, defekte Glühbirne entfernt und sich gedacht hatte: »Ach, meine Güte, warum sollte ich den Aufwand betreiben, eine neue Birne in die Halterung zu schrauben? Nur, damit meine Gäste abends ein wenig Licht haben und sich nachts nicht auf allen Vieren fortbewegen müssen, um sicherzugehen, gegen kein Hindernis zu stoßen oder in das Porzellanloch im Boden zu fallen?«

Falk sah meinen Gesichtsausdruck und sagte lächelnd: »Willkommen in Laos.«

Ich musste lachen, denn er hatte Recht: Wir *waren* in Laos, wir waren genau dort, wo wir sein wollten, genau in diesem Land, genau in dieser Stadt, genau in diesem Zimmer, mit allem, was dazu gehörte. Es gab keinen Grund, sich zu beklagen. Wir hatten eine großartige Zeit vor uns. Ich musste nur den aus meiner Müdigkeit resultierenden Griesgram ablegen, die Arme ausbreiten und mich auf Laos einlassen.

Wir warfen unsere Rucksäcke auf das Bett und gingen zum Balkon am Ende des Flures, um uns durch ein Kabelgewirr auf Augenhöhe einen Überblick über die Stadt zu verschaffen. Vor uns zog sich die Hauptstraße, an der sich der Großteil des öffentlichen Lebens abspielte, in einer ausgedehnten Kurve entlang. Oudomxai, die Hauptstadt der gleichnamigen Provinz, ist einer der wichtigsten Verkehrsknotenpunkte und Warenumschlagsplätze in Nordlaos und hat den Ruf eines unansehnlichen Durchfahrtsortes, durch den die meisten Touristen nur kommen, weil sie es müssen. Etwa 30.000 Menschen leben und arbeiten in der Stadt und im unmittelbaren Umland.

Wir verließen die Unterkunft und bogen auf der Straße nach links ab. Es war fünfzehn Uhr und wir hatten außer dem kleinen Snack an der Grenze noch nichts gegessen. Im Sinpeth Restaurant setzten wir uns auf die Terrasse an der Hauptstraße, um unseren Hunger zu stillen. Ich bestellte gebratene Nudeln mit Hühnchen, Gemüse und Ei sowie eine Cola und Kaffee, der so süß war wie purer Zucker. Eine halbe Dose Kondensmilch schwebte träge im unteren Drittel. Winzige Katzen, von denen einigen die Schwänze abhanden gekommen waren, umstreiften unsere Beine. Weiter hinten in dem zur Straße offenen Restaurant standen Betten, ein Sofa, ein Fernseher. Die Familie lebte und arbeitete hier. An der Decke hingen wenig dekorative, getrocknete Bienenstöcke.

Während am Tisch neben uns zwei Mönche in safrangelben Kutten Platz nahmen und eine Suppe bestellten, beobachteten wir das Treiben auf der Straße. Kinder sausten einhändig – in der anderen Hand hielten sie Sonnenschirme – auf Motorrollern vorbei, gegenüber beriet ein Mechaniker, der sich auf Keilriemen in allen Größen und Ausführungen spezialisiert zu haben schien, seine Kunden, eine Frau schob einen kleinen Wagen vor sich her, von dem aus sie belegte Brötchen verkaufte. Abgesehen von den Häusern in schnödem chinesischen Stil erinnerte mich das Stadtbild ausgerechnet an Goulburn, die erste Inlandsstadt Australiens, in der ich auf früheren Reisen viele Monate verbracht hatte. Die breite Straße, die Geschäftsfassaden und Werbeschilder, die niedrigen Gebäude mit ihren Veranden und Außengeländern, hier französischen Ursprungs, in Goulburn Überbleibsel der Briten, die vielen Toyota-Pickups, die auch bei den australischen Farmern äußerst beliebt sind.

»Ich kann mir nicht helfen«, riss Falk mich aus meinen Gedanken, »aber ich fühle mich wie in Südamerika. Die breite Straße, die Menschen, die mit ihrer gebräunten Haut nach Wochen in China zum Teil weniger asiatisch als mexikanisch aussehen, die umliegenden Hügel, die sich wie die Kaffeeplantagen im Hochland von Costa Rica erheben.«

So interpretierte jeder von uns etwas Bekanntes in unseren ersten Aufenthaltsort in Laos hinein. Das konnte bedeuten, dass diese Ähnlichkeiten wirklich bestanden, aber wahrscheinlicher war, dass wir noch nicht in Laos angekommen waren und nach Orientierung suchten.

Gesättigt schlenderten wir weiter durch die Stadt. Ein Verkehrsschild – *Museum* – weckte unsere Neugier. Wir bogen in die nächste Abzweigung und umrundeten einen Sportplatz mit Fuß- und Volleyballplatz und angeschlossenem Jugendtrainingszentrum. Durch offene Türen sahen wir Jugendliche Tischtennis und Billard spielen, vor dem Gebäude warfen andere silberne Boule-Kugeln. Auf dem Volleyballplatz spielten einige Jungen Kataw, ein Spiel, bei dem ein geflochtener Rattan-Ball mit Füßen, Köpfen und Ellenbogen in der Luft gehalten und über das Netz befördert werden muss. Kleine Kinder lachten uns an und winkten. Überhaupt sahen wir viele Kinder: Das war nicht überraschend, denn Laos ist ein junges Land. 2008 lag das Durchschnittsalter bei gerade einmal neunzehn Jahren, zehn Jahre unter dem weltweiten Wert.

Wir scherzten mit den Kindern und hatten unseren Spaß, aber wir fanden keine Spur vom Museum. Falk überlegte: »Vielleicht hat sich der Pfeil auf dem Schild nicht auf die folgende, sondern auf die vorherige Kreuzung bezogen.«

Die Straße, die vor dem Schild abzweigte und die wir nun versuchten, führte vorbei an bauernhofartigen Hüttensammlungen und einfallslosen Betonvillen, die einander ähnelten, als seien sie aus der selben Form gegossen worden. Viele von ihnen wurden gerade gebaut, andere waren nie vollendet worden und standen nun als graue Skelette am Straßenrand. Überall in der Stadt hing Werbung für Beerlao, dem Nationalbier der Laoten. Die Marke mit dem goldenen Tigerkopf war in einem Maß allgegenwärtig, das Coka Cola alt aussehen ließ: Werbeplakate in den Straßen, Blech- und Leuchtschilder vor Geschäften und Unterkünften, Wachstuchtischdecken, Kühlschränke und Aschenbecher in Restaurants. Sogar an Privatgebäuden bis hin zu kleinen Hütten hingen die Werbeplanen.

Die Mitglieder einer Familie, die vor einem Haus saßen und die wir nach dem Museum fragten, sprachen kein Englisch und lachten uns statt einer Antwort ausgelassen an. Schon jetzt konnte ich feststellen, dass die Laoten leichter zugänglich waren als die Chinesen, die in dieser Situation eher verunsichert reagiert hätten. Wir versuchten es ein paar weitere Male, bis wir uns zum Museum durchgefragt hatten, einem prachtvollen, weißen Gebäude im Kolonialstil, das auf dem Hügel Phou Sebey stand und das wir schon von weitem bewundert hatten, ohne zu wissen, was es beinhaltete. Wir hatten vermutet, es sei die Residenz des

Gouverneurs oder eines anderen hohen Amtsträgers. Uns dem Museum von hinten nähernd, bemerkten wir, dass alle Türen und Fensterläden geschlossen waren. Vorsichtig rüttelten wir an den Läden und versuchten, durch die Schlitze zu spähen, aber wir sahen nichts. Ein Anwohner erklärte uns mit Zeichen und Gesten, dass wir auch morgen nicht wiederzukommen brauchten. Augenscheinlich war das Museum langfristig geschlossen, vielleicht wegen der touristenarmen Regenzeit. So blieb uns nichts, als den Blick hinunter auf die Stadt mit ihren Villen und Palmen und Heimwerkerläden zu genießen. Es war offensichtlich, dass Oudomxai für laotische Verhältnisse eine recht wohlhabende Stadt ist. In den 1970ern unterstützte China von hier aus die Pathet Lao, die kommunistische Bewegung, die den Widerstand gegen die französische Kolonialmacht anführte, und baute Straßen ins chinesische Mengla und andere Orte. Im Gegenzug wurde den Chinesen das Recht der uneingeschränkten Abholzung eingeräumt. Heute ist die Stadt noch immer chinesisch geprägt, vor allem aus wirtschaftlichen Gründen. Sie ist ein wichtiger Kreuzungspunkt zwischen China, Thailand und Vietnam, aber auch der Straßen in alle fünf laotischen Nordwestprovinzen. Exporte nach ganz Südostasien und China werden durch die Stadt transportiert oder hier verladen.

Noch immer gibt es in der Stadt einen großen Anteil chinesischer Bevölkerung. Vor allem die vielen Einwanderer aus dem nahegelegenen Yunnan bringen Kapital über die Grenze und tragen damit zum Aufschwung der Region bei. Andere Chinesen investieren von China aus in die Stadt und die Provinz, nicht immer zum Vorteil der hiesigen Bevölkerung. Negativbeispiele sind chinesische Unternehmer, die Gummibaumsetzlinge an laotische Farmer verkaufen, damit diese sie auf ihrem Land anpflanzen. Dabei wird vertraglich festgehalten, dass der Investor die Gummibäume Jahre später zu einem festgesetzten Preis abkauft. Nach Ablauf dieses Zeitraums ist der vereinbarte Betrag aufgrund der Inflation aber viel weniger wert als zum Zeitpunkt des Vertragsabschlusses – der Investor ersteht seine Bäume zu einem Spottpreis. Vielen laotischen Bauern fehlt die Bildung, um solche Konzepte zu durchschauen. Oftmals übt die laotische

Regierung sogar Druck auf sie aus, damit sie Geschäfte abschließen, die die chinesischen Nachbarn – mit zahllosen Minen, Kautschukplantagen und Bauprojekten die größten Investoren im Land – gewogen stimmen sollen.

In anderen Fällen haben Chinesen Laoten ihr Land abgekauft und dabei für ganze Felder nur einige 10.000 Euro bezahlt. Eigentlich dürfen Ausländer in Laos kein Land besitzen, aber für den befreundeten kommunistischen Nachbarn wird eine Ausnahme gemacht. Die laotischen Bauern, die noch nie so viel Geld auf einmal gesehen haben, nehmen derartige Angebote allzu oft an und verkaufen unter Wert. Statt den Erlös langfristig zu investieren, kaufen sie sich häufig ein Auto, vor allem Pickups, die hohe laufende Kosten verursachen und nach zehn Jahren nichts mehr wert sind, während der Wert des verkauften Landes langsam steigt. Die Anzahl einwandernder chinesischer Geschäftsleute und Unternehmer hat zusammen mit ihrem relativen Wohlstand und politischen Einfluss dazu geführt, dass viele Laoten heute weitere chinesische Immigranten ablehnen.

Wir umrundeten das Museum zur Hälfte, stiegen den Hügel auf der anderen Seite über eine lange Betontreppe hinab und gelangten wieder an die Hauptstraße. Gegenüber befand sich ein weiterer Hügel von vergleichbarer Größe, der den Namen Phou That trug und auf dem wir das goldene Dach eines Stupas ausgemacht hatten, eines buddhistischen Gebäudes, das vor allem als religiöses Denkmal und Reliquienbehältnis dient. Auf der anderen Straßenseite erklommen wir eine Treppe, umgeben von Vogelgezwitscher, ohne dass ich auch nur einen Vogel zu Gesicht bekam. Dafür wurden wir von Schmetterlingen und Libellen begleitet.

Oben erwartete uns ein kleines Kloster. Safrangelbe Kutten hingen auf Wäscheleinen und wehten im sanften Wind. Eine riesige Zeremonientrommel stand zusammen mit einer umfangreichen Sammlung von Buddhastatuen unter einem Vordach. Plötzlich hörte ich Hundebellen. Ich drehte mich um und sah einem riesigen Köter in die Augen, der in großen Sätzen und mit aufgerissenem Maul auf mich zurannte. Mein Herz machte einen Aussetzer. Ich sah mich hastig nach etwas um, das ich packen und zu meiner Verteidigung verwenden konnte, und als der Hund mich erreicht hatte, war ich kurz davor, mir eine der kleineren Buddhafiguren zu schnappen und sie nach ihm zu werfen. Doch das Tier umkreiste mich nur einmal schwanzwedelnd und verschwand wieder. Mir saß der Schreck noch in den Knochen, als Falk, der den Hund nicht beachtet hatte und schon vorgegangen war, rief:»Komm! Da wird irgendwo Musik gespielt!«

Auf einem Pfad dicht unter der Hügelkuppe näherten wir uns der Musik, die wir für Mönchsgesang hielten. Wir bewegten uns langsam und möglichst geräuschlos, denn wir wollten die Mönche nicht stören. Die Musik wurde lauter. Wir schlichen näher heran, konnten aber immer noch nichts sehen. Dann ertönte die verzerrte Stimme eines Ansagers und kurz darauf eine Melodie, die sich wie das Intro eines deutschen Volksliedes anhörte. Verwundert sahen wir uns um. In einem Baum entdeckten wir einen Lautsprecher, der wie ein Megafon aussah und in einer Astgabel festgebunden worden war. So viel zu den Mönchsgesängen – es war eine Radiosendung, die vom Hügel über die Stadt schallte.

Den Lärm hinter uns lassend, liefen wir hinauf zu einer großen goldenen Statue des Buddha, des Erwachten, auf einem weiß gestrichenen Fundament stehend, die rechte Hand mit der Handfläche nach vorn erhoben. Auf einigen Stufen unter den Füßen der Statue hatten sich vier Jugendliche in Sportshirts und Baseballkappen niedergelassen. Sie lehnten an einer der dreiköpfigen, geschuppten Nagafiguren, von denen die Statue an vier Seiten umgeben war, und unterhielten sich. Nagas sind Schlangenwesen, die ursprünglich in der indischen Mythologie vorkamen und spätestens im 6. Jahrhundert mit der Ausbreitung des Hinduismus nach Südostasien gelangten. Als der Buddha über vier Wochen hinweg meditiert hatte, verdunkelte sich nach der buddhistischen Mytologie der Himmel über ihm für sieben Tage. Ein großer Sturm kam auf und der Regen fiel ohne Unterlass. Da eilte dem Buddha der Nagakönig Mucalinda zuhilfe und breitete seine vielen Köpfe wie einen Schirm über ihn, um ihn vor Regen und Unwetter zu schützen. Diese Schutzfunktion wird noch heute genutzt, wenn die Nagas vor Treppen, Türen, Schwellen und Durchgängen als Wächter eingesetzt werden.

Die Buddhastatue blickte zum Stupa auf dem höchsten Punkt des Hügels, der über eine kurze, breite Treppe erreicht werden konnte, die wiederum von Nagas flankiert wurde, dieses Mal neunköpfig. Der Stupa, knapp zwanzig Meter hoch, war weiß, mit goldenen Verzierungen an den Geländern, und einer goldenen Spitze, die in der Abendsonne funkelte. Möglicherweise stand schon im 14. Jahrhundert an diesem Platz ein Stupa, doch nachdem die französischen Kolonialherren die Macht übernommen hatten, funktionierten sie den Hügel zu einem Kriegslager um. Erst zwischen 1994 und 1997 wurde der Stupa rekonstruiert.

Auf einer kleinen Bank daneben saß ein Mönch mit einem Handy und führte ein endloses Gespräch, das er mit energischen Gesten begleitete. Dieser Hügel schien mir bereits passend, zwei verschiedene Seiten von Laos zu symbolisieren: die Frömmigkeit der Buddhastatue und des Stupas, beschallt von schräger Musik; moderne Jugendliche, die sich zum Müßiggang nicht in Einkaufszentren trafen, sondern in einem spirituellen Zentrum der Stadt; ein Mönch mit Handy. Religion und alltägliches Leben waren hier nicht widersprüchliche oder gar gegensätzliche Dinge, die abwechselnd ausgeblendet wurden, sondern sie bildeten ein Ganzes.

Falk und ich setzten uns auf eine Bank auf der anderen Seite des Stupas, um den Mönch nicht zu belästigen, und beobachteten, wie die Sonne sank und sich den umliegenden Bergen annäherte. Eine Gruppe von sieben Stadtbewohnern kam auf den Hügel. Die Leute verbeugten sich vor der Buddha-Statue, kamen zu uns herüber und grüßten auch uns mit angedeuteten Verbeugungen und vor der Brust gefalteten Händen. Es war seltsam berührend, so selbstverständlich in ihre Bräuche einbezogen zu werden.

Das Licht wurde weicher. Die Stadt unter uns erstrahlte in einem sanften Schimmer und der Wind gewann ein wenig an Kraft. Falk wollte das gute Licht nutzen. Er ging an einen Strauch heran und fotografierte, merkte, dass er das falsche Objektiv nutzte, wechselte zum Makroobjektiv und begann, eine Libelle abzulichten.

Kurz nachdem die Sonne ihre letzten Strahlen ins Tal geschickt hatte und verschwunden war, kam der Mönch, den ich gerade auf der Bank gesehen hatte, auf dem Weg zu seiner Unterkunft an mir vorüber und grüßte mich. Er war ein schmaler, hoher Mann von vielleicht vierzig Jahren. Er blieb stehen und fragte, wo wir herkamen, wohin wir noch wollten und wie lange wir hierbleiben würden. Nachdem ich alle Fragen beantwortet hatte, fragte ich ihn meinerseits aus.

»Ich lebe nun seit drei Jahren als Mönch auf dem Phou That«, sagte er, schaute sich um und betrachtete seine Umgebung so eingehend, als sehe er sie zum ersten Mal.

»Und wie lange werden Sie hierbleiben?«, fragte ich. »Haben Sie vor, für immer hierzubleiben?«

»Das weiß ich nicht. Ich habe nichts vor. Ich bin glücklich hier, und solange jeder Tag mir etwas gibt, das mich wachsen lässt, werde ich hierbleiben. Was könnte ich mehr wünschen?«

Während er sprach, blickte er immer wieder irritiert zu Falk, der im Hintergrund fast in den Busch hineinkroch und unablässig auf den Auslöser drückte.

»Seit ich hier lebe, fühle ich mich wie eine Pflanze, die jeden Tag gegossen wird, mit Ideen und Gedanken, über die ich selbst entscheide. Sie wächst langsam und grünt, sie hat noch keine Blüten, aber einige kleine Knospen, und eines Tages hoffe ich – verzeihen Sie, was *macht* er da?«

Er deutete auf Falk und sah mich fragend an. Ich lächelte entschuldigend.

»Ach«, sagte ich, und winkte ab. »Er spielt mit seinem Makroobjektiv, schätze ich. Was wollten Sie sagen?« Der Mönch hob die Augenbrauen und redete weiter.

»Wo war ich denn stehengeblieben? Ja, richtig. Ich hoffe, dass ich eines Tages meine Gedanken beherrsche und gänzlich vergesse, was mich einstmals so beschäftigte und besorgte. Ich will all das hinter mir lassen.«

Als wir uns weitere fünf Minuten unterhalten hatten, kam Falk zurück, hielt uns die Kamera hin und klickte durch die Fotos, die er gemacht hatte – dutzende Nahaufnahmen von Libellen, auf denen alle Details zu erkennen waren: die borstenartigen Fühler, die Facettenaugen, die komplexe Flügeladerung, der lange Hinterleib.

»Wie auch immer«, sagte ich, als wir das gefühlte hundertste Bild einer Libelle auf einem Blatt betrachteten, das sich kaum von den neunundneunzig vorangegangenen unterschied. Ich fürchtete, dass der Mönch sich langweilte und wollte ihm die Möglichkeit geben, weiterzugehen, ohne unhöflich zu wirken. Ich überlegte, was ich sagen konnte und sah den Mönch an, ein Gähnen erwartend oder ein umständliches Kratzen am Kopf, aber er starrte fasziniert auf das Display und sagte: »Das ist so *cool*! Ich glaube, das muss ich auch probieren.«

»Ach ja?«, fragte ich, aber er hatte schon sein Handy gezückt und sich zum Busch aufgemacht. Ich schaute verblüfft zu Falk, der mir einen *Ist-Was?*-Blick zuwarf, als wäre es selbstverständlich, dass der Mönch seine Leidenschaft für Insektennahaufnahmen teilte.

Als ich am nächsten Morgen von der Terrasse einer Imbissbude das Oudomxai-Museum sah, wie es in seiner Eleganz auf dem Phou Sebey thronte, war meine Neugierde wieder geweckt. Sicher konnte sich in etwas so Schönem nur etwas Außergewöhnliches verbergen, etwas, das es wert war, besichtigt zu werden. Ich beschloss, einen neuen Versuch zu unternehmen. Falk beklagte sich, die laotischen Portionen seien einfach zu klein, dann kam eine Katze vorbeigerannt, hob ihr Bein und pinkelte gegen meinen Rucksack, der am Tisch lehnte. Die Kellnerin zuckte mit den Schultern und verschwand. Ich tupfte den Rucksack so gut ich konnte mit Servietten ab und sagte: »Ich denke, das ist ein guter Zeitpunkt, um aufzubrechen.«

Wir bezahlten und liefen die Hauptstraße Richtung Busbahnhof entlang, ich voraus, Falk murrend hinter mir her, bogen auf die Betontreppe ab und stiegen zum Museum hinauf. Schon von der Treppe aus sahen wir die obere der beiden Etagen: Die Fensterläden waren geschlossen.

»Schade«, sagte Falk. »Lass uns umkehren.«

»Das muss nichts bedeuten«, sagte ich. »Ich würde auch nicht jeden Tag fünfzig Läden öffnen. Komm, weiter!«

Eine Minute später rüttelte ich niedergeschlagen an der verschlossenen Tür.
»Ich glaube, das hier ist ohnehin die Rückseite«, sagte ich ohne Überzeugung.
Wir gingen um das Haus herum, aber auch auf der anderen Seite waren die Türen verriegelt. Zwei Jugendliche tauchten aus dem Nirgendwo auf und erklärten, das Museum habe schon geschlossen.
»*Schon*?«, fragte ich.
»Ja«, sagte der größere der beiden.
»Also hatte es auf?«
Er nickte. »Ja.«
»Es ist elf Uhr am Vormittag!«
Der Junge schaute auf seine Uhr und stimmte mir zu. Ich begriff, dass ich mich klarer ausdrücken musste.
»Wie kann es sein, dass das Museum so früh schließt?«
»Mittagspause, schätze ich«, sagte er und zuckte mit den Achseln.
Ich erfuhr, dass das Museum von vierzehn bis sechzehn Uhr wieder geöffnet sein würde und gelobte mir und dem Museum, wiederzukommen. In der Zwischenzeit wollten wir weiter die Stadt erkunden. Über den Nam Ko (Nam heißt *Fluss*) begaben wir uns in die Nordhälfte der Stadt und schlenderten über den chinesischen Markt, auf dem wir gefälschte Niketaschen und Dolce und Gabbana-Unterwäsche bestaunten. Falk hatte unlängst seine Sonnenbrille verloren und grübelte, ob er sich als Ersatz eine Damensonnenbrille kaufen sollte.
»Aber die sitzt so gut!«, sagte er und setzte sie zum zehnten Mal vor einem winzigen Spiegel auf und wieder ab. Noch größer war die innere Zerrissenheit, als ich vor einem ferngesteuerten Spielzeughubschrauber stehenblieb und vorschlug, ihn zur Reiseunterhaltung mitzunehmen.
»Ich hatte gerade den gleichen Gedanken«, sagte Falk.
»Dann lass es uns machen!«, rief ich begeistert. Als Kind hatte ich mir einen ähnlichen Hubschrauber jahrelang zu Weihnachten gewünscht, ihn aber nie bekommen, weil meine Eltern glaubten,

mir mit anderen Geschenken eine größere Freude machen zu können. Falk lächelte und setzte sich in Bewegung.
»Falk, wo willst du hin?«, fragte ich, und eine gewisse Beunruhigung schwang in meiner Stimme mit.
»Weiter natürlich.«
»Und was ist mit dem Hubschrauber?«
Er lächelte erneut, dieses Mal nur aus Höflichkeit. Sein Gesichtsausdruck sagte so viel wie: »Das war für fünf Sekunden lustig, aber die sind längst vorbei.« Ich erkannte enttäuscht, dass er wieder vernünftig geworden war, aber so leicht gab ich nicht auf.
»Erst gestern hast du gesagt, wie schön es wäre, mit einer Gitarre zu reisen und abends etwas rumklimpern zu können, und ich habe dir zugestimmt.«
»Und?«
»Mit dem Helikopter hätten wir mindestens ebenso viel Spaß, und so günstig wie hier…«
»Erik, vergiss es!«
»Aber die Gitarre…«
»Das war nur ein laut ausgesprochener Gedanke, kein ernsthaftes Vorhaben. Deshalb haben wir ja auch keine gekauft: weil es völlig bescheuert wäre, so ein Ding herumzuschleppen.«
»Du und deine Argumente.«
»Vergiss es. Komm jetzt lieber.«
Ich warf einen letzten sehnsüchtigen Blick auf das Objekt meiner Kindheitsträume und trottete ihm hinterher. Wir verließen den chinesischen Markt und bemerkten auf der gegenüberliegenden Straßenseite eine Touristeninformation. Das war genau, was wir jetzt brauchten. Wir rafften einige Flyer und Prospekte und sahen uns ein paar Fotos der ethnischen Minderheiten der Provinz an, zum Beispiel der Yao und Khmu, die an Aufstellwänden neben Übersichtstabellen der Busabfahrtszeiten angebracht waren. An der hinteren Wand des Zimmers hingen eine liebevoll von Hand gestaltete Karte der Provinz Oudomxai mit ihren Sehenswürdigkeiten, ein Poster gefährdeter Tierarten wie der Königskobra, die in Laos lebten, und eine ausführliche Darstellung des fünfundvierzig Kilometer von Oudomxai entfernten

Chom Ong Höhlensystems. Diese Höhle war vor nicht allzu langer Zeit entdeckt worden und befand sich noch weitgehend in ihrem natürlichen Zustand. Ihre bisher erschlossenen Teile konnten in fünf bis acht Stunden erwandert werden, doch ich bin kein großer Höhlenliebhaber und hatte angesichts dieses Umstandes in meinem Leben schon zu viele Höhlen gesehen, die mir in meiner Erinnerung fast alle identisch erschienen.

»Kann ich euch behilflich sein?«, hörte ich eine Stimme hinter mir fragen, und es vergingen einige Sekunden, bis mir bewusst wurde, dass uns die Frage in Deutsch gestellt worden war. Ich drehte mich überrascht um und schaute in das Gesicht eines jungen Mannes mit kurzen, blonden Haaren.

»Ihr kommt doch aus Deutschland?«

»Das ist richtig«, sagte Falk.

»Ich habe euch heute Morgen auf der Terrasse beim Frühstück gesehen«, stellte er strahlend fest. »Ich bin Mirko.«

Statt seinen Zivildienst abzuleisten, verbrachte Mirko ein Jahr in Oudomxai und unterstützte das Besucherzentrum.

»Ich verbessere die Website, soll mit meinem Schulenglisch den Mitarbeitern Englisch beibringen und ansonsten alles tun, was ich kann, um dazu beizutragen, den Tourismus in der Stadt anzukurbeln. Meine Vorgänger haben zum Beispiel geholfen, die Wanderungen durch die Chom Ong Höhlen auszuarbeiten. Aber es gehört ohne Zweifel auch viel Rumgammeln dazu.«

Zufrieden, einen Experten gefunden zu haben, zeigte ich ihm auf einer Karte unseren für diesen Nachmittag geplanten Rundgang durch die Stadt.

»Was hältst du davon?«, fragte ich. »Hast du irgendwelche weiteren Tipps?«

Er betrachtete skeptisch die Karte und meine Markierungen und sagte: »Ich denke, das Toung Dai, das laotisch-vietnamesische Freundschaftsmonument, könnt ihr euch sparen. Das Kaisone Phomyihan Denkmal ist auch nicht viel besser«, fuhr er fort. »Das Handicraft Productivity and Marketing Center hat jetzt Mittagspause und macht erst in einigen Stunden wieder auf.«

»Was können wir sonst machen?«

»Na ja, an der Straße in Richtung Phongsali gibt es heiße Quellen.«

Falk horchte interessiert auf. »Zum Baden?«

»Offiziell schon«, sagte Mirko.

»Und inoffiziell?«

»Eigentlich sind sie zum Baden viel zu heiß, man kann höchstens für einige Sekunden den Fuß reinhalten.«

»Das hört sich großartig an«, murmelte ich.

»Oudomxai hat leider nicht viel zu bieten«, sagte Mirko, »aber viele leihen sich ein Motorrad oder Fahrrad aus und erkunden die Umgebung. Da gibt es Wasserfälle und...«

»Motorräder?«, warf Falk ein. Der alte Biker war ganz Ohr. (In Deutschland hatte er einen Motorroller besessen, bis er ihn mir lieh und ich ihn zu Schrott fuhr; ich behaupte immer noch, dass es nicht an mir lag, sondern dass die Bremse nicht reagierte.) Mirko zeigte uns auf der Karte, wo der Verleih war. Das Vorhaben für morgen war gefasst.

»Eine Frage habe ich noch«, sagte Falk. »Wir haben überall nach Moskitospray gefragt und immer nur Antworten bekommen wie *Das ist schwierig* und *Ich glaube nicht, dass es da in Oudomxai was gibt*.«

»Tatsächlich? Das überrascht mich.«

Mirko brachte uns in eine Markthalle und fragte sich in, wie mir schien, flüssigem Lao nach Moskitospray durch. Drei Minuten später hatten Falk und ich je eine Flasche in der Hand.

»Wie hast du so schnell die Sprache gelernt?«, fragte ich bewundernd.

»Im Selbststudium. Am Anfang war es wegen der Laute kompliziert, aber dann war es gar nicht so schwer. Es gibt weder Konjugationen noch Deklinationen, keine Artikel und kein grammatikalisches Geschlecht. Dafür allerdings etliche Dialekte mit fünf bis sechs Tönen. Das ist die größte Herausforderung.«

Als wir auf dem Rückweg die Straße überqueren wollten, fuhr ein Truck an uns vorbei, der riesige, knorrige Baumstämme geladen hatte.

»Das geht alles nach China«, erklärte Mirko. »Eigentlich gibt es ein Gesetz, das besagt, dass nur verarbeitete Holzprodukte exportiert werden dürfen, um die heimischen Wälder zu schützen, aber das Gesetz weist Lücken auf. Wenn es die Behörden so wollen, gilt schon ein Abschälen der Rinde oder das Abbrechen der Äste als Bearbeitung. Und seit es Ende der 90er Jahre am Yangtze in Yunnan eine große Flut gab, wurde dort von der chinesischen Regierung ein Abholzungsstop verhängt. Holz brauchen die Chinesen aber trotzdem, und so holen sie es sich aus dem armen Laos. Und auf Straße 9 bringen jeden Tag Trucks Stämme nach Vietnam, trotz des Verbots. Es ist eine Schande.«

Zurück in der Touristeninformation, fragte ich Mirko, der zehn von zwölf Monaten hier hinter sich hatte und nach seiner Rückkehr nach Deutschland mit dem Studium des Maschinenbaus beginnen wollte, ob er seine Zeit in Oudomxai bisher genossen habe oder ob er die Entscheidung bereue, hierhergekommen zu sein.

»Es war eine gute Entscheidung«, sagte er, »aber das nächste Mal würde ich mir ein Land aussuchen, mit dessen Sprache ich nach meiner Rückkehr nach Deutschland unter Umständen etwas anfangen kann. Nichtsdestotrotz: Ich mag Laos. Ungeachtet der Veränderungen ist es immer noch ein ruhiges Land, soweit es so etwas gibt.«

Ich verstand ihn nur bis zu einem gewissen Grad, denn erst im Verlauf unserer Reise würde ich lernen, dass wir in einem Land waren, in dem die Zeit scheinbar ein klein wenig langsamer verging und die Tage ein klein wenig länger waren als an anderen Orten. Immer wieder wird behauptet, das heutige Laos sei so wie Thailand vor dreißig Jahren, und zu Teilen stimmt diese Aussage wohl. Die eng verwobene Vergangenheit ist an vielen Stellen sichtbar: die safrangelben Gewänder der Mönche, die Architektur der Tempel, die Gemeinsamkeiten in der Sprache. Aber wo Thailand durch blühenden Handelsgeist und eine lebhafte Unterhaltungsindustrie gekennzeichnet ist, ist Laos noch immer abgeschirmt von der Hast der Welt. Ohne Zugang zum Meer, umgeben und geschützt von Bergen und dem Mekong, hat sich hier ein ganz eigener Rhythmus entwickelt, der trotz des zunehmenden Tourismus' noch nicht aus dem Takt gekommen ist. Die Menschen sind entspannt und heiter, jedenfalls zum großen Teil, und lassen sich nicht so schnell aus der Ruhe bringen. Außerhalb der wenigen relativ großen Städte gibt es kaum Verkehr und schon gar kein Gedränge, das den Stresslevel nach oben treiben würde. Ein Sprichwort der ehemaligen französischen Kolonialherren lautete: »Die Khmer pflanzen den Reis, die Vietnamesen verkaufen ihn und die Laoten lauschen, wie er wächst.«

Laos, so meine Wahrnehmung, war erfreulich anders als meine Heimat, ohne mir deshalb fremd zu erscheinen. Es war ein armes Land, aber deswegen nicht unvollkommen. Es fühlte sich nicht elend oder deprimierend an, sondern auf eine seltsame Weise *rund*. Vermutlich lag das vor allem daran, dass die Menschen ausgeglichen und nachgewiesenermaßen ausgesprochen großherzig waren, wie der World Giving Index zeigt, eine der größten internationalen Studien, die die karikativen Gewohnheiten der Menschen der Welt durchleuchten. 2010 wurden darin die Bewohner von 153 Ländern auf ihre Hilfsbereitschaft untersucht, mit dem Ergebnis, dass gute Taten in unmittelbarem Zusammenhang mit der Zufriedenheit der Menschen stehen. Dieser Zusammenhang ist weit stärker als die Wechselbeziehung zwischen finanziellem Wohlstand und Wohlgefühl. Also: Wer spendet oder Freiwilligenarbeit und Nachbarschaftshilfe leistet, ist glücklicher. Beziehungsweise: Glückliche Nationen sind fürsorglicher, auch wenn sie vergleichsweise arm sind.

Während in Australien am meisten gespendet und ehrenamtlich gearbeitet wird, helfen die Liberianer, Amerikaner und Kanadier besonders häufig fremden Menschen. In Südostasien dagegen ist die Hilfsbereitschaft dem Bericht zufolge überraschenderweise sehr gering ausgeprägt – einzige Ausnahme: Laos, das in allen Kategorien positiv hervorsticht.

Zwar wird mir aus der Studie nicht ganz klar, ob die Zufriedenheit der Laoten daraus resultiert, dass sie freigiebig und barmherzig sind, oder ob sie großzügig sind, weil sie von Natur aus ein zufriedenes Volk sind. Macht Geben glücklich oder sind glückliche Menschen eher zum Geben geneigt? Aber das ist die alte Frage nach der Henne und dem Ei. Fakt ist, dass Laos an elfter Stelle der mildtätigen Nationen der Welt steht und dabei nicht nur die Nachbarn Thailand, Kambodscha, Vietnam, Birma und China teils weit hinter sich lässt, sondern auch Frankreich, Schweden, Deutschland und viele andere.

Diese Mildtätigkeit konnte ich an jeder Ecke beobachten, nicht in großen Taten, sondern in kleinen Gesten. Ein aufmunterndes Lächeln, ein freundliches Schulterklopfen, ein paar Tipps für den Weg.

Von dem Land geht eine unwahrscheinliche Ruhe aus, die besonders angesichts der wechselhaften Geschichte und jahrzehntelangen inneren Spannungen erstaunlich ist. Der laotische Fotograf Lam Duc Hien schrieb in Geo Special, ihn beschleiche oft das Gefühl, »mein so zeitlos anmutendes Land am Mekong eignet sich besser zum Malen als zum Fotografieren«. Manche meinen scherzhaft, das P.D.R in *LAO P.D.R.* stehe in Wirklichkeit nicht für People's Democratic Republic, sondern für *Please don't rush* – bloß keine Eile.

Zugleich ist das Land jedoch getrieben von ökonomischen Entwicklungsbestrebungen, eigenen und fremden. Volker Häring schildert in *Ein Bus namens Wanda* ein Gespräch mit seinem laotischen Freund Sinlasone, in dem dieser die Umweltprobleme seines Heimatlandes andeutet: »Solange wir auf traditionell laotische Weise Fische gefangen haben, bestand keine Gefahr der Überfischung. Dann kam der Westen, legte uns nahe, uns zu entwickeln und zu industrialisieren und plötzlich wird dann überfischt.«

Es gibt Stimmen, die die Abhängigkeit von Industrienationen beklagen, in die sich das Land im Bemühen um Fortschritt begeben hat; gleichzeitig kritisieren andere gerade die *mangelnden* Bestrebungen der laotischen Regierung, das eigene Land zu entwickeln. Grant Evans stellt in *A Short History of Laos* fest: »Die Unberührtheit, die viele Touristen so lieben, ist unglücklicherweise oft ein Ergebnis fehlgeschlagener Entwicklungspläne und der nachdrücklichen kommunistischen Isolation zweier Jahrzehnte.«

Und der laotische Verlag Lao Insight Books kommt in *Laos – An indicative Fact-Book* nach einer Betrachtung der Armutsentwicklungen im Land zu dem Ergebnis: »Eine Sache, der wir uns sicher sein können, ist, dass das Laos, das als gelassenes Land portraitiert wird, in dem jeder das Leben nimmt wie es kommt, sich an allen Ecken und Enden verändert. Mit der Siesta ist es vorbei.«

Bei welchem Extrem – der vielbeschworenen, fortbestehenden absoluten Gelassenheit eines ganzen Landes oder den vollkommenen Umbrüchen, die alles, was einst für immer im laotischen Wesen verankert zu sein schien, entwurzeln – die Wahrheit liegt, ist unmöglich zu bestimmen. Eine solche, unumstößliche Wahrheit gibt es nicht. Nur die eigene Wahrheit eines jeden. Ich für meinen Teil *habe* in Laos die erhoffte Ruhe gefunden, im Land und in mir.

Wenn ich von der laotischen Ruhe spreche, heißt das aber nicht, dass die Menschen unbedingt schweigsamer oder zurückhaltender waren als ich. Sie besaßen durchaus die Fähigkeit, vor sich hinzuplappern, lautstark den letzten Tratsch auszutauschen und sich auch nicht unterbrechen zu lassen, wenn ich mit einem Geldschein in einem kleinen Obstladen stand, ungeduldig meine Backen aufpustete und mit den Fingern auf den Tresen trommelte.

Schon die frühen Reisenden konnten sich bei ihrer Charakterisierung der Laoten nicht entscheiden, wie Tom Butcher in seinem Buch *Laos* ausführt, und beschrieben sie jeweils als faul, abenteuerlustig, gastfreundlich, ungastlich, energisch, apathisch, undankbar, höflich, habgierig und bescheiden.

Ein Berg von Ungereimtheiten, so widersprüchlich wie die Realität – warum sollte es für uns heute einfacher sein?

Wir verabredeten uns mit Mirko zu einem abendlichen Bier, dann setzten Falk und ich unseren Stadtrundgang fort. Die Hauptstraße teilte sich und wir bogen nach Nordosten ab, vorbei am Handicraft Productivity and Marketing Center. Es verbarg sich hinter einem wenig einladenden automatischen Metalltor, das eher ein Regierungsamt vermuten ließ. Die Ausstellung, die sich in einem Holzhaus neben einem größeren Betonklotz befand, war, wie erwartet, geschlossen. Wir spähten durch die Fenster und entdeckten Taschen und Decken aus einem hellen Material, das aussah wie geflochtene Baumrinde. Einige Landschaftsbilder hingen an den Wänden. Falk meinte, dass man auch von außen alles sah, ich wollte aber später noch einmal wiederkommen.

Wir gingen weiter – aber nicht viel weiter. Auf einer Brücke über dem Nam Ko sahen wir eine verlockende Holzterrasse, die bis über das Wasser reichte und an deren Geländer gelbgrüne Beerlao-Plakate Abkühlung verhießen. Wir setzten uns auf die Terrasse. Auch hier war wieder alles mit der nationalen Biermarke gepflastert: neben den Plakaten die Tischdecken, Serviettenspender, Wimpel an den Wänden, Tabletts…

»Es ist erstaunlich«, sagte ich zur Kellnerin, als sie das erste Mal an unseren Tisch kam, »wie viele Ihrer Einrichtungsgegenstände von Beerlao stammen. Würde man alles wegnehmen, was gelbgrün ist, würde das Restaurant sicher zusammenfallen.«

Sie sah mich unverständig an, so dass ich davon absah, das Thema weiter zu vertiefen. Wir bestellten zwei Cola. Nach ein paar Minuten kam sie mit zwei großen Beerlao-Flaschen zurück.

»Nein, nein, das ist falsch«, sagte ich und wollte den Irrtum aufklären, denn es war erst früher Nachmittag. Falk sah das anders.

»Lass doch. Das ist ein Wink des Schicksals.«

Ich gab mich leicht geschlagen, und es blieb nicht bei einer Flasche. Zwei Stunden später saßen wir immer noch trinkend – und in Falks Fall rauchend – auf der Terrasse. Ich studierte Informationsmaterial, das ich in der Touristeninformation erbeutet hatte, Falk war in Cormac McCarthys mit dem Pulitzerpreis ausgezeichneten Roman *Die Straße* vertieft. Sein Gesicht war grau geworden. Er starrte deprimiert auf die Seiten des Buches und schreckte von Zeit zu Zeit hoch, sich vergewissernd, dass die Sonne noch schien und die Welt noch nicht durch ein unerklärliches Unglück entvölkert worden war.

Schließlich rafften wir uns auf und überlegten, was wir nun tun konnten. Ursprünglich hatten wir weiter zum Vat Santiphab mit dem in einem Flyer angepriesenen Metallbaum gehen wollen, beschlossen aber aufgrund unseres Zustandes, dass es sinnvoller war, dieses Ziel morgen mit den Motorrädern anzusteuern. Stattdessen taumelten wir zurück in Richtung Unterkunft. Da das Handicraft Center auf dem Weg lag, schauten wir noch einmal vorbei. Mittlerweile war die Mittagspause lange vorüber und die Tür weit geöffnet. Bevor wir hineingingen, hauchte ich in meine Hand und konnte keine Fahne feststellen, zugegebenermaßen kein sehr verlässlicher Test.

»Zusammenreißen«, flüsterte Falk.

Einander zunickend traten wir ein. Die junge Frau, die hinter dem Kassentisch saß, lächelte und begrüßte uns erfreut; ich gab ein ebenso erfreutes »Ni hao« zurück und erinnerte mich erst nach einer halben Minute, dass ich nicht mehr in China war.

»Seid ihr Touristen?«, fragte sie in dem Versuch, ein Gespräch zu beginnen.

»Ja«, sagte Falk. »Wir kommen aus Deutschland – sehr weit weg.« Er fing plötzlich an zu kichern und hörte ebenso plötzlich wieder auf. Ich überlegte, dass wir vielleicht besser nicht hereingekommen wären. Aber nun, da es zu spät war, war es das Beste, wenn wir sie reden ließen und uns zurückhielten.

»Wir sind hier«, erläuterte sie, »um das Verbindungsglied zwischen den Künstlern in Dörfern der Provinz und den Kunden zu sein. Wir versuchen, ein Netzwerk zu schaffen aus Herstellern, Händlern und Abnehmern und den einzelnen Parteien das Wissen zur Verfügung zu stellen, das sie benötigen.«

Wir wankten durch den Ausstellungsladen, dessen Angebot etwas spärlich war, aber alle Artikel waren sehr hochwertig verarbeitet. Körbe, Besen, sehr fein gestickte Decken und Taschen aus geknüpfter Baumfaser in allen Größen und Formen. Als wir eine solche Tasche betrachteten, kam die Dame herbei und erklärte, sie sei aus der Faser des Yaboil-Baumes und aus Kheuapiad gearbeitet, einer Art Liane aus dem Dschungel.

»Zunächst entfernen wir mit einem Messer die Rinde von den Lianen und trocknen sie. Dann zerteilen wir sie in einzelne Fasern, drehen sie ineinander und stricken und häkeln sie so, dass sie eine Art Netz bilden. Das ist das Material für die Beutel und Taschen, die ihr hier seht.«

Ich nickte interessiert (das war ich wirklich) und war froh, dass sie ihrerseits nicht zu viele Fragen stellte. Falk kaufte ein kleines Kheuapiad-Täschchen, das er seiner Mutter als Schminktasche schenken wollte.

Nach dem Besuch des Handicraft Centers kehrte Falk zu unserem Zimmer zurück. Ich schlürfte in einer Imbissstube einen Kaffee und kaufte ein paar Kaugummis. Dann, wieder Herr meiner Sinne, startete ich meinen letzten Versuch, in das Oudomxai-Museum hineinzukommen. Und tatsächlich – es war geöffnet. Ich warf einen Kaugummi in meinen Mund, schritt durch die Tür wie durch einen goldenen Regenbogen und freute mich, endlich einen Blick hinter das verheißungsvolle Gemäuer werfen zu können. Sofort begrüßte mich ein etwa 40-jähriger Laote, der mich bat, meinen Rucksack abzunehmen und in ein Regal zu legen. Ich fragte, wie teuer der Eintritt sei, er winkte ab und sagte, er sei kostenlos.

»Wie heißen Sie?«, fragte ich und reichte ihm die Hand.

»David«, sagte er.

»Ist das Ihr englischer Name? Sie können mir ruhig Ihren richtigen Namen sagen, ich werde ihn mir schon merken können.«

Ich war weit weniger zuversichtlich als ich vorgab. Entweder hatte er kein Wort verstanden oder er war ein guter Menschenkenner. Er ergriff meine Hand und sagte: »Ich bin David. Und wie ist dein Name?«

Er bat mich, mich in die Besucherliste einzutragen. Ich war der erste Besucher seit fast zwei Wochen, kein Wunder bei den undurchsichtigen Öffnungszeiten. Doch sobald wir begannen, die Ausstellung zu durchschreiten, kam mir der Gedanke, dass die geringen Besucherzahlen auch andere Gründe haben konnten. Nachdem David mit wachsender Verwunderung an einer Reihe von Lichtschaltern herum geknippst hatte und endlich die richtigen Birnen erglühten, ließ ich meinen Blick über das riesige Zimmer schweifen, das das Erdgeschoss des hübschen Hauses bildete.

Es war so gut wie leer.

Abgesehen von einer undefinierten Zahl an 10x15 Fotos, die, in thematischen Quadraten sortiert, an den weißen Wänden hingen. Als David mich am Arm packte und freundlich in Richtung der ersten Fototafel schob, ahnte ich, dass ich hier erst wieder herauskommen würde, nachdem ich jedes einzelne Foto mit einem anerkennenden Nicken quittiert hatte.

»Diese Tafel war meine Idee«, sagte David und deutete auf Bilder laotischer Soldaten, die sich zu verschiedenen Gelegenheiten mit ihren chinesischen und vietnamesischen Nachbarn trafen, um ihre Freundschaft zu pflegen. Die Bilder zeigten außerdem, wie die Soldaten Sport trieben und in der Landwirtschaft halfen. Eine andere Tafel illustrierte die Arbeit des Amtes für Kommerz. David nannte mir den Namen jedes einzelnen Mitarbeiters, der an den Versammlungen teilgenommen hatte, die hier verewigt waren und auf denen besprochen worden war, wie die Handwerkserzeugnisse der Minderheiten der Provinz besser exportiert werden konnten.

»Wir schicken jetzt viele Objekte nach Luang Prabang«, sagte David zufrieden und fügte hinzu: »Bitte entschuldige mein Englisch. Ich bin nicht sicher, ob du alles verstehst und ob ich mich verständlich ausdrücken kann.«

Ich beruhigte ihn und versicherte, sein Englisch sei hervorragend und weit besser als mein Lao. Weiter ging es mit einer Darstellung erfolgreicher Projekte des Amtes für Land- und Forstwirtschaft. Die meisten Fotos waren so verblichen, dass nichts darauf zu erkennen war, aber Davids Ausführungen zufolge zeigten sie die Arbeit auf Tomaten- und Maisfeldern sowie auf Hühner- und Fischfarmen. Eine neue Errungenschaft war ein Traktor für das Anpflanzen von Reis – der erste in Oudomxai.

»Das ist neue Technologie, hier bei uns«, stellte David fest und wippte stolz auf den Füßen hin und her. Der Designentwurf einer sich bereits im Bau befindlichen Zementfabrik war ein weiteres Schmankerl. Auch die Arbeit des Gouverneurs wurde ausführlich gewürdigt: Der Gouverneur traf den Präsidenten, der Gouverneur nahm an Versammlungen teil, der Gouverneur besuchte China, der Gouverneur verteilte Essen an Schüler, der Gouverneur eröffnete dieses, aus heutiger Sicht etwas zu groß geratene, Museum im Jahr 2009. Ich erfuhr, dass es in der Provinz Oudomxai je nach Definition vierzehn bis dreiundzwanzig ethnische Minderheiten gab und betrachtete die Bilder der Miss Oudomxai-Wahl 2009.

»Welche würde dir gefallen?«, fragte David und zwinkerte mir zu.

Historische Fotos von 1951 zeigten den laotischen Prinzen Souphanouvong bei einem Treffen mit Vietnams Premierminister und späteren Präsidenten Ho Chi Minh.

»Ho Chi Minh hat den Prinzen so beeindruckt«, sagte David, »dass der Prinz später gegen die Franzosen kämpfte, als sie nach dem Zweiten Weltkrieg nach Indochina zurückkehrten.«

Da das Museumsgebäude zum Teil mithilfe von vietnamesischen Geldern finanziert worden war, gab es viele weitere Beispiele der gemeinsamen Vergangenheit und des guten Verhältnisses zum Nachbarstaat, der in den 1970ern und 80ern der Große Bruder war und noch heute ein enger Verbündeter ist: Die Polizei von Oudomxai besuchte vietnamesische Kollegen und andersherum, der Präsident war in Vietnam, der Gouverneur war in Vietnam, vietnamesische Delegierte besuchten Laos – wie mehr als zwei Dutzend Fotos bewiesen. Ich schnaufte leise. Mein Blick verlor seinen Fokus, ich schaute durch die Bilder hindurch und meine Gedanken schweiften ab.

Als wir die Runde vollendet hatten, glaubte ich, es hinter mir zu haben, aber David machte mich strahlend auf die Treppe aufmerksam, die in die zweite Etage führte.

»Keine Angst«, sagte er. »Das war noch lange nicht alles.«

Normalerweise arbeiteten fünf Vollzeitangestellte im Museum, erzählte er auf dem Weg. »Aber einer studiert jetzt in Luang Prabang und einer arbeitet vorübergehend in der Bücherei. Wir sind momentan also nur zu dritt«, sagte er, als würde das die Kargheit der Ausstellung erklären. Ich war besorgt, was mich in der zweiten Etage erwarten würde. Erfreulicherweise waren es nicht zahllose weitere Fotowände. An Vitrinen mit Vasen, Steinen und Scherben liefen wir vorüber, an einer Trommel, mit der die Khmu das Neujahrsfest zelebrierten, an einer kleinen Sammlung über einhundert Jahre alter Ziegelsteine, an Gewehren aus den Jahren 1945 bis 1975, dem Jahr, in dem die kommunistischen Kräfte des Landes die Macht an sich nahmen. Beeindruckend waren amerikanische Bomben, die nicht in Glaskästen oder hinter Absperrungen aufbewahrt wurden, sondern mitten im Raum herumlagen.

Die Chancen stehen gut, dass Sie noch nie etwas von Amerikas Krieg in Laos gehört haben – das hängt zum einen damit zusammen, dass Laos ein kleines Land ist, das heute von geringem weltpolitischen Interesse ist, zum anderen damit, dass Amerika alles versuchte, seinen Kampfeinsatz in Laos geheimzuhalten, weshalb er heute meist treffend *Amerikas geheimer Krieg* genannt wird. Nach der Genfer Initiative war Laos 1962 zu einem unabhängigen Staat erklärt worden, in dem kein Militär anderer Länder stationiert werden durfte. Faktisch ignorierten alle Parteien diese Souveränität. Das kommunistische Nordvietnam, das Laos im ersten Indochinakrieg 1946 bis 1954 als Basis für Angriffe auf die Franzosen genutzt und die Truppen nie vollständig abgezogen hatte, stationierte 1970 eine ganze Division in dem strategisch gelegenen Land: mehr als 75.000 Soldaten. Manche Gebiete in Laos waren von einem komplexen, sich ständig ändernden Netz geheimer Dschungelpfade durchzogen, über die kommunistische Einheiten in Südvietnam und Kambodscha – die *Nationale Front für die Befreiung Südvietnams*, besser bekannt als *Vietcong* – mit Nachschub versorgt wurden: Die Gesamtheit dieser Pfade wird unter dem Sammelbegriff *Ho Chi Minh-Pfad* zusammengefasst.

Dieses Versorgungs- und Kommunikationsnetzwerk wollten die Amerikaner mit allen Mitteln zerstören. Die Air Force bombardierte ganze Landstriche so heftig, dass kaum ein Grashalm überlebte. Gemessen an der Einwohnerzahl ist Laos das am heftigsten bombardierte Land aller Zeiten: Zwischen 1964 und 1973 warfen die Amerikaner mehr Bomben auf Laos ab als im Zweiten Weltkrieg auf Deutschland und das von Deutschland besetzte Europa: zwei Millionen Tonnen Sprengstoff – etwa eine halbe Tonne pro Einwohner. Bis 1973 waren über 500.000 Angriffe geflogen und durchschnittlich alle acht Minuten eine Bombenladung abgeworfen worden, für vierundzwanzig Stunden am Tag, für neun Jahre. Größtenteils nutzten die Amerikaner Clusterbomben, deren Tücke in der Tatsache begründet liegt, dass sie nicht als Ganzes explodieren, sondern eine Vielzahl kleinerer Sprengkörper freisetzen. Es ist typisch, dass ein beträchtlicher Teil dieser Sprengkörper nicht explodiert, als Blindgänger zurückbleibt und die örtliche Bevölkerung für die folgenden Jahrzehnte gefährdet. Da die Blindgänger klein und zahlreich sind, sind sie schwer zu finden und können bei der Feldarbeit leicht übersehen werden.

Neben der Schwächung der Vietnamesen war eines der Ziele der Amerikaner in Laos, Chinas Einfluss zu mindern und die laotische Monarchie zu stärken. Während China die kommunistischen Widersacher des Königs mit Waffen belieferte, tausende Arbeiter ins Land schaffte und nach Gutdünken Straßen im Nordwesten baute, trainierten die USA die königliche Armee und bildeten eine Streitmacht des Hmong-Bergvolkes aus, einer indigenen Gemeinschaft, die vorwiegend in den bergigen Regionen Südostasiens lebt, auch in Laos. 1962 umfasste diese Armee ganze 10.000 Mitglieder. Doch all die amerikanischen, völkerrechtswidrigen Bemühungen waren vergebens. Die Nordvietnamesen und die laotischen Pathet Lao besiegten die königlichen Streitkräfte, schafften die Monarchie 1975 ab und errichteten einen kommunistischen Staat. Die Hauptverbündeten Amerikas, die Hmong, die zuvor mehrmals durch vietnamesische Truppen und Einheiten der Pathet Lao massakriert worden waren, weigerten sich, die Waffen niederzulegen. Sie zogen sich in abgelegene Bergregionen zurück und leisteten auf niedrigem Niveau, aber fortwährend Widerstand gegen die Regierung, finanziell und politisch unterstützt von Hmong-Flüchtlingen, die sich in den USA niedergelassen hatten. Die Passagiere ganzer Busse wurden bei Angriffen durch die Nachkommen der geheimen Hmong-Armee der Amerikaner und der Mitglieder jener Familien umgebracht, die Jahrzehnte zuvor ethnischen Säuberungsaktionen der Pathet Lao-Regierung zum Opfer gefallen waren. Im Februar 2003 überfielen zwanzig bewaffnete Räuber einen Bus zwischen Vang Vieng und Kasi auf der Nationalstraße 13. Sie erschossen den Fahrer, stiegen in den Bus, eröffneten das Feuer und töteten wahllos zehn Menschen. Über dreißig weitere wurden verwundet. Unter den Opfern waren ethnische Farmer, viele von ihnen selbst Hmong, ein Chinese und zwei Touristen aus der Schweiz. Im darauffolgenden April wurden ein Dutzend Insassen eines Überlandbusses ganz in der Nähe auf ähnliche Weise ermordet.

Vermutlich wurden insgesamt sechs Busse attackiert, bevor die laotische Armee, unterstützt durch Hmong-Informanten, die Angreifer stoppte und die Überfallserie beendigte. Seither gab es auf der Straße keine vergleichbaren Vorfälle mehr (allerdings kam es Amfang 2011 auf der Nationalstraße 5 in der Provinz Xaysomboun zu mehreren bewaffneten Überfällen ungeklärter Natur), aber erst im Dezember 2006 ergaben sich vierhundert widerständische Hmong und beendeten damit endgültig den langwierigen Aufstand.

Bis heute hat Amerika – das die Kampfhandlungen selbst vor dem eigenen Kongress geheim hielt – nicht eingestanden, in Laos einen Krieg geführt zu haben. Damit einher geht die traurige Tatsache, dass es sich von jeder Verantwortung entbunden fühlt, den vielen Opfern und ihren Nachkommen Entschädigung zu leisten. Noch immer werden jährlich dreihundert Menschen durch Minen und Bomben getötet oder verletzt, die noch heute im Land herumliegen. In der Zeit zwischen 1965 und 2007 waren es ingesamt etwa 50.000 Menschen.

Schätzungen zufolge waren dreißig Prozent der 270 Millionen Clusterbomben, die Amerika während des Einsatzes über Laos abwarf, Blindgänger. Das bedeutet, dass noch heute bis zu achtzig Millionen Bomben im Land herumliegen – infolge jahrzehntelanger Korrosion sind jedoch bei weitem nicht alle scharf.

Zwar bemüht sich die von der laotischen Regierung und den Vereinten Nationen ins Leben gerufene Organisation *Lao National Unexploded Ordnance Programme* (UXO Lao), die Bomben, die nicht explodiert sind, zu finden und zu entschärfen, aber der finanzielle Aufwand ist riesig und wird vor allem von Nichtregierungsorganisationen, die auf Spenden angewiesen sind, und einigen internationalen Geberländern bestritten. Amerika ist nicht unter ihnen, und bis zur Vollendung der gewaltigen Aufgabe werden noch mindestens dreißg bis vierzig Jahre ins Land ziehen. Verstärkt wird das Problem durch die Tatsache, dass nun, da die Preise chinesischen und vietnamesischen Stahls steigen, viele Laoten versucht sind, die Bomben, die sie auf ihren Feldern finden, eigenhändig auseinander zu bauen, um das Altmetall zu verkaufen – auch wenn dies von der Regierung verboten wurde.

In den Schulen der am heftigsten bombardierten Provinz Xieng Khouang wird den Kindern deshalb frühzeitig beigebracht, welche Gefahren von herumliegenden Bomben ausgehen. Mit Maßnahmen wie zweimal im Monat stattfindenden Kursen, in denen junge Schüler über diese Gefahren aufgeklärt werden, hofft die laotische Regierung, die Zahl der Bomben- und Minenopfer zukünftig senken zu können. In diesen Kursen stellen die Lehrer mithilfe von Handpuppen alltägliche Situationen dar, zum Beispiel einen alten Mann, der drei Kinderpuppen bittet, etwas Altmetall auf seinem Feld zu sammeln. Die Kinder überlegen hin und her, betrachten die Bitte aus verschiedenen Blickwinkeln und kommen zu dem Schluss, dass das Suchen von Altmetall aufgrund der vielen Bomben, die im Erdreich verborgen sind, zu riskant ist. Sie haben das in der Schule gelernt, weigern sich deshalb, der Bitte des alten Mannes nachzukommen und singen ihm stattdessen ein Lied: »Es gibt viele Arten von nicht explodiertem Sprengstoff. Man weiß nie, wo er ist. Wenn du eine Mine findest, lauf bitte fort.«

In einem Rehabilitationszentrum in der Provinz Savannakhet bringt UXO Minenopfer kostenlos unter und behandelt sie. Dank der Spendengelder der Organisation *Handicap International Belgium* erhalten sie eine Grundschul- oder Berufsschulausbildung und werden dabei unterstützt, auch nach ihrem Unfall ein Leben zu führen, in dem sie ihr eigenes Geld verdienen und ihre eigenen Entscheidungen treffen können. Manche Minenopfer starten ein kleines Unternehmen: Für sie stellt UXO ein einjähriges, zinsfreies Darlehen von einer Million Kip bereit. Andere nehmen, je nach Verletzung, Arbeiten als Reinigungskraft, Haushaltshilfe, Weber oder Mechaniker auf.

Am ersten August 2010 trat das Übereinkommen über Streumunition in Kraft, dessen wesentlicher Bestandteil ein Verbot des Einsatzes, der Herstellung und der Weitergabe bestimmter Arten von Streumunition ist. Neben diesen Verbotsbestimmungen enthält das Abkommen Vorgaben zur Zerstörung von vorhandenen Beständen, zur Beseitigung von Rückständen aus eingesetzter Clustermunition sowie zur Unterstützung der Opfer von Streubomben.

Bis September 2011 ratifizierten fünfundsechzig Staaten und der Heilige Stuhl das Abkommen, sechsundvierzig weitere Staaten unterschrieben es. Amerika beteiligte sich auch hier nicht. Während die Organisation Handicap International schätzt, dass achtundneunzig Prozent der von den Auswirkungen von Streubomben betroffenen Menschen Zivilpersonen und siebenundzwanzig Prozent Kinder sind, erklärten die USA, Streubomben seien »legitime Waffen« und »für die militärische Leistungsfähigkeit unerlässlich«.

Ich fuhr mit den Fingern über das angerostete Metall der Bomben und ging weiter. Direkt daneben waren unpassend die Pokale des Badminton-Teams von Oudomxai ausgestellt, zusammen mit einigen Fotos des Sportteams. Der erste Fernseher Oudomxais folgte.

»Der ist *wirklich* alt«, betonte David. »Über dreißig Jahre. Und hier, sieh dir einmal diese kleinen Metallplättchen an. Das ist eine Sammlung alter Buchstabenstempel. Die wurden in Deutschland angefertigt und werden jetzt noch in der Druckerei der Stadt genutzt.«

Auch vor vierzig Jahre alten Audiospulen von Radiosendungen machten wir Halt. Bis 2002, so erklärte David, wurden diese Spulen genutzt, um die Sendungen aufzuzeichnen, dann ersetzten Computer die veraltete Technik. In all den Jahren seien alle Sendungen in drei Sprachen übersetzt und gesendet worden: in Lao, Khmu und Hmong.

Als wir auch die zweite Runde beendet hatten, brachte er mich die Treppe hinunter und sagte beiläufig: »Es kann sein, dass mir mein Boss nächsten Monat sagt, dass ich Eintritt nehmen soll, aber noch ist es nicht so weit. Die Besucher handhaben es für gewöhnlich so, dass sie uns ein Trinkgeld geben – verstehst du?«

Ich verstand und bezahlte ihn – das Geld hatte er redlich verdient. Seine engagierten Erklärungen, selbst der irrelevantesten Bilder und der aus Sicht eines europäischen Besuchers unbedeutendsten Ereignisse, hatten dafür gesorgt, dass sich der Museumsbesuch für mich am Ende doch gelohnt hatte.

Ich ging zurück in unser Gasthaus und ruhte mich aus, bevor wir uns zum Abendessen mit Mirko trafen. Wir ließen uns in einem offenen Restaurant mit Bambusverkleidung und zwei großen, doppeltürigen Kühlschränken nieder, deren umfangreiche Beerlao-Vorräte im Laufe des Abends von den laotischen Gästen mit erstaunlicher Zielstrebigkeit dezimiert wurden.

»Die Laoten stehen den Deutschen im Biertrinken in nichts nach«, sagte Mirko, als die Hälfte der Flaschen fort war und ein Kellner Bierkisten heranschaffte und neue Flaschen in die Kühlschränke stellte. »Sie sind trinkfest wie Wikinger.«

Bei dieser Gelegenheit sollte ich erwähnen, dass mich Beerlao, vom TIME Magazin zum besten Bier Asiens gekürt und von der Bangkok Post als »Dom Perignon der Biere Asiens« bezeichnet, wirklich überrascht hat. Ich hatte ein so gutes Bier in Laos nicht erwartet und stellte fest, dass man auch ohne deutsches Reinheitsgebot vorzügliches Bier machen konnte. Später fand ich heraus, dass das Bier neben Malz auf örtlich angebautem Jasminreis basiert, Hopfen und Hefe jedoch – und das wird die Lokalpatrioten unter den Biertrinkern beglücken – aus Deutschland importiert werden. Mit seinen über fünfhundert Mitarbeitern ist die Lao Brewery Company in Vientiane einer der größten Steuerzahler des Landes, was mich besonders freute, denn so bereitete mir nicht nur jeder Schluck Genuss, sondern ich unterstützte zugleich den laotischen Staat und seine Bürgerinnen und Bürger.

Mirko war ein aufgeweckter junger Mann, nicht nur, weil er die Trinkgewohnheiten der Laoten genau beobachtete. Er nahm sein Umfeld wachen Auges wahr und hatte sich eine klare Meinung zu vielen Dingen gebildet. Er erzählte uns vom Tourismus in Oudomxai und den Versuchen, mit seiner Hilfe die Armut in den ländlichen Gebieten der Provinz zu bekämpfen.

»Seit 2005 wird das Besucherzentrum vom Deutschen Entwicklungsdienst unterstützt, es wurden Flyer hergestellt und Wandertouren durch Dörfer der Khmu organisiert, aber der erhoffte Touristenstrom bleibt bislang aus. Ich kann nicht behaupten, dass mich das überrascht.«

»Und du bist hier, um das zu ändern?«, fragte ich.

»Ich habe euch ja schon erzählt, dass ich ursprünglich als Englischlehrer eingestellt wurde«, sagte er und nahm einen Schluck aus seinem Bierglas, in dem – eine laotische Eigenheit – neben der goldenen Flüssigkeit einige Eiswürfel trieben. »Zwei Stunden pro Tag sollte ich die Mitarbeiter des Besucherzentrums unterrichten. Aber zu jeder Einheit kamen anderen Leute, die meisten schauten nur ein- oder zweimal pro Woche vorbei und waren selbst dann unmotiviert. Ich konnte die Stunden nicht aufeinander aufbauen. Wir haben Lieder gesungen oder Texte gelesen, aber von wenigen Ausnahmen abgesehen gab es keine Fortschritte. Irgendwann habe ich es aufgegeben und festgelegt, dass die Leute zu mir kommen sollen, wenn sie Unterricht haben wollen. Weil das nicht sehr häufig vorkommt, helfe ich nun bei allen Kleinigkeiten, die anfallen, und ich kann euch sagen: Die Bürokratie ist katastrophal. An einigen Tagen werden nur Versammlungen vorbereitet und Reporte geschrieben, und die eigentliche Arbeit bleibt auf der Strecke.«

»Das ist sicher frustrierend«, sagte Falk, leicht abgelenkt von einer Gruppe von etwa zehn Laoten, die am Tisch neben uns ein Geburtstagslied anstimmten. Auch die Kellner gesellten sich dazu und sangen mit.

»Natürlich ist es das«, sagte Mirko. »Zumindest sollte es das sein, aber die meisten Mitarbeiter sehen es locker. Ich stehe oft nur da und schüttle den Kopf. Was soll ich sonst machen? Ich gebe euch ein Beispiel. Vor einigen Monaten hat die Asian Development Bank Gelder an die Provinzen ausgeschüttet, die genutzt werden sollen, um den Tourismus zu entwickeln und die innerhalb von drei Jahren verbraucht werden müssen. Das Problem ist, das jede Provinz gleichviel Geld bekommen hat, egal ob sie viele touristische Attraktionen hat oder nicht. Es gab keinen Schlüssel, keine Prioritätenliste oder sowas. Wenn ihr mich fragt, wäre es besser gewesen, wenn sich jede Provinz hätte bewerben müssen, mit einer ausgearbeiteten Begründung, warum sie Geld erhalten und wofür sie es verwenden wollte, und dass die Gelder dann gewichtet verteilt worden wären. Stattdessen hat Oudomxai umgerechnet eine halbe Million Euro bekommen, die verbraucht werden muss, aber es fehlen klare Konzepte, wie. Es gab Überlegungen, die Straßen zu den Wasserfällen zu asphaltieren, doch das ist zu teuer. Alles andere, was den zuständigen Mitarbeitern der Tourismusbehörde einfällt, kostet zu wenig. Es gibt nicht genügend Anziehungspunkte in der Umgebung. Die Chom Ong Höhle liegt weit außerhalb der Stadt, und nur wegen der netten Wasserfälle wird niemand hierherkommen. Straßen und Brücken auf dem Weg dorthin zu bauen wäre ohnehin nicht erlaubt gewesen, da eine Regelung besagt, dass die Gelder *direkt* und unmittelbar für touristische Zwecke eingesetzt werden müssen. Eine Straße, selbst wenn sie zu einer touristischen Attraktion führte, würde diese Anforderung nicht erfüllen. Also werden stattdessen viele kleine Projekte durchgeführt, und meine Kollegen suchen händeringend nach Möglichkeiten Geld auszugeben. Ein Tempel, der pro Woche im Schnitt zehn Euro an Eintrittsgeldern generiert, erhielt auf diese Weise anstelle des alten Bambusdachs ein Kassenhäuschen für 10.000 Euro. Frauen soll mithilfe einer nicht günstigeren Umkleidekabine die Möglichkeit gegeben werden, vor dem Betreten des Tempels traditionelle Kleider anzuziehen und so den Besuch intensiver zu erleben.

Ein Teil des Geldes für ein solches Projekt geht schon vor der Umsetzung drauf, denn da ist ja noch der Planungsprozess. Anfragen werden gestellt und Angebote verglichen, unser Chef muss jeden einzelnen Brief gegenlesen – nicht als Email, sondern in gedruckter Form – und unterzeichnen, und am Ende, nach monatelangem Hin und Her, erhält meist der Anbieter den Auftrag, der neben seinen handwerklichen Fähigkeiten auch noch der Bruder oder Schwager eines der Mitarbeiter des Besucherzentrums ist.«

Falk und ich nickten, und wir schwiegen eine Weile und sahen den Laoten beim Feiern und Trinken zu. Später erkundigte sich Falk nach der Kriminalität in Oudomxai. Mirko erwiderte, die Rate sei sehr niedrig.

»Soweit ich weiß, wird hier höchstens mal ein Roller geklaut«, sagte er. »Vor einigen Monaten gab es einen Mord. Das war ein Familiendrama, bei dem ein Mann seine Frau und Kinder tötete. Ansonsten habe ich nie etwas gehört.«

Wir leerten ein paar weitere Bierflaschen. Kurz vor Mitternacht verabschiedeten und trennten wir uns, denn ab vierundzwanzig Uhr herrschte in Laos Sperrstunde.

Mirkos Tipp war gewesen, nicht zum naheliegenden Wasserfall zu fahren, der elf Kilometer außerhalb von Oudomxai lag, im Touristenflyer abgebildet war und schon auf dem Bild unspektakulär aussah, sondern einen etwas weiter entfernten Wasserfall namens Kat Nam Tat anzusteuern. Wir liehen zwei halbautomatische Motorräder aus und fuhren am Krankenhaus vorbei nach Nordosten. Wir verließen die Stadt, bogen zu früh ab und irrten eine Weile umher, über ein Grundstück rasend, durch das eine Schotterstraße führte. Hinter einem großen Haus auf dem Grundstück vermuteten wir unsere Abzweigung. Zu spät bemerkten wir, dass es sich bei dem Gebäude um einen alten, abgesehen von einigen abgeblätterten Wandmalereien außen kaum dekorierten Tempel handelte und uns aus den Fenstern eines anderen Hauses eine Gruppe Mönche misstrauisch beobachtete. Wir wendeten und folgten der vorangegangen Asphaltstraße weiter durch Dörfer und Reisfelder, bis auch sie in eine Schotterstraße überging. Ein Schild auf der rechten Seite warnte vor dem schlechten Zustand der Straße, die sich bald in einen breiten Sandpfad verwandelte. Uns wurde klar: Der Weg war heute das Ziel. Es ging auf und ab, um unzählige Biegungen, hinter denen sich immer neue Täler öffneten, in denen Bauern Reissetzlinge in geflutete Terrassen pflanzten und Wasserbüffel Pflüge durch das Erdreich zogen, umgeben von bewaldeten Hängen. Es war eine großartige Strecke, die im Informationsmaterial des Besucherzentrums eine eigene Erwähnung verdient hätte. Da es diese bisher nicht gibt, möchte ich immerhin hier in aller Deutlichkeit empfehlen: Wenn Sie in Oudomxai sind, leihen Sie sich ein Motorrad aus und fahren sie zum Tat Nam Kat!

Allerdings sollten Sie sich auf einige Herausforderungen einstellen. Der Nam Kat muss ganze sechs Mal durchquert werden. Dass wir das Unterfangen in der Regenzeit angingen, die sich etwa von Mai bis November erstreckt, erschwerte das Fortkommen zusätzlich. Die erste Flussdurchquerung klappte problemlos, denn es ging durch einen flachen Nebenarm. Aber als ich mich bei der zweiten auf meinem Motorrad langsam über die kleinen und großen Steine vortastete, wurde das Wasser tiefer und tiefer, bis sowohl der Auspuff als auch der Motorblock vollkommen im Wasser verschwunden waren. Ich schaute nach vorn und warf einen eiligen Blick zurück, nach dem schnellsten Weg suchend, die Maschine aus dem Wasser zu bekommen – ich befand mich genau in der Mitte des Flusses. Ich vergewisserte mich, dass der erste Gang eingeschaltet war und gab Vollgas, mehr oder weniger unkontrolliert über Steine holpernd, die in der Strömung verborgen waren. Ich stützte mich mit den Füßen ab, wenn ich drohte, das Gleichgewicht zu verlieren, konnte mich gerade im Sitz halten und erreichte halbwegs trocken die andere Seite.

Falk hatte weniger Glück. Sein Vorderrad verkeilte sich zwischen zwei großen Steinen. Er kam nicht weiter, musste absteigen – die Maschine soff ab. Über die restliche Distanz schob er sie durch das Wasser bis an das Ufer, an dem ich auf ihn wartete. Wir warfen uns besorgte Blicke zu, dann versuchte Falk, sein Motorrad zu starten. Er drückte den Starterknopf, trat auf den Kickstarter ein, aber was wir befürchtet hatten, geschah: nichts. Der Motor gluckerte leise, doch er sprang nicht an. Aus einem Rostloch im Auspuff lief ein kleiner Wasserstrahl. Nachdem wir zwanzig Minuten gewartet hatten und der Strahl versiegt war, versuchte Falk es erneut, doch das Ergebnis blieb das gleiche. Mit wachsender Ernüchterung schoben wir die Maschine mit dem Vorderrad eine steile Böschung hinauf, so dass sich weiteres Wasser aus dem Auspuff ergoss.

Einige weitere missglückte Versuche später heulte der Motor endlich auf. Er stotterte noch ein paar Mal und lief schließlich gleichmäßig. Wir seufzten erleichtert und setzten die Tour fort, dem Lauf des Nam Kat folgend. Kristallklares Wasser ergoss sich über steinerne Überhänge, stürzte rauschend von Terrassen herab und funkelte in den Sonnenstrahlen, die sich durch das Blätterdach kämpften.

Die nächste Überquerung war wieder leicht, aber bei der darauffolgenden sah das Wasser tiefer aus als bei allen vorangegangenen. Vor der ersten heiklen Passage hatte ich vorgeschlagen, erst einen Weg durch das Wasser auszukundschaften, worauf Falk entgegnet hatte: »Quatsch – einfach ab durch die Mitte!« Nun stellten wir die Maschinen ab und liefen in den Fluss hinein, überprüften, wo die größten und gefährlichsten Steine lagen und wo das Durchkommen leichter sein mochte. Als uns das Wasser bis knapp unter die Hüften stand, erinnerte ich mich an Mirkos Worte vom Vortag. Er hatte empfohlen, uns nicht von schwierig aussehenden Stellen einschüchtern zu lassen. »Das ist alles machbar«, hatte er zuversichtlich gesagt. »Man muss nur immer weiter.«

Nun kam mir der Gedanke, dass Mirko seine Erfahrungen vielleicht zur Trockenzeit gesammelt und in unserem Gespräch vergessen hatte, diesen Umstand bei seinen Hinweisen zu berücksichtigen.

Ich ignorierte die aufkeimenden Zweifel, denn ich trug alte Chucks, die mir in Fetzen von den Füßen hingen, und war weder ausrüstungstechnisch darauf eingestellt noch hatte ich Lust, die nächsten zwei Stunden mit einer Wanderung zum Wasserfall zu verbringen, zu dem wir nach wie vor wollten.

»Hier kommen wir nicht durch«, sagte Falk halbherzig und ließ den Blick suchend über das Wasser schweifen.

»Falk«, sagte ich mit gespieltem Ärger und wischte seinen Einwand aus der Luft. »Wir haben uns gestern zwei Mal mit einem Tourismusexperten getroffen, der seit fast einem Jahr hier lebt und sich auskennt. Er hat darauf bestanden, dass die Fahrt zum Wasserfall mit diesen Maschinen machbar ist. Meinst du, du weißt es besser als er?«

»Ich sehe nur, dass es verdammt tief ist, und wenn der Motor so viel Wasser...«

»Dein Motorrad ist vorhin nur abgesoffen, weil du angehalten hast. Das musst du eben verhindern, so einfach ist das. Pass besser auf. Wir kundschaften jetzt einen Weg aus, und dann heizen wir durch.«

»Ich glaube wirklich, dass das Wasser dafür zu tief ist.«

Ich überlegte und wurde wieder unsicher. »Hm ... und wenn wir die Maschinen durchschieben? Dann zieht der Motor vielleicht nicht so viel Wasser.«

»Aber dafür läuft mehr durch den Auspuff hinein, als wenn wir mit Vollgas durchrasen, so wie du es vorhin gemacht hast.«

Wir diskutierten hin und her und tauschten unser Halbwissen zum Verhalten von Motorrädern in Gewässern aus, dann schlug Falk vor, die Motorräder durch den Fluss zu tragen. Wir schoben meine Maschine bis ans Ufer, stellten uns auf je eine Seite, packten sie an der Trittstange und am Lenker und hievten sie hoch. Wir gingen vorwärts. Unter der Last ächzte ich, fassungslos, wie schwer das bisschen Metall, Plastik und Gummi war, mit dem ich zuvor mühelos durch die Landschaft gebraust war.

»Das schaffe ich höchstens bis zur Hälfte«, sagte ich aus zusammengepressten Lippen.

Falk stöhnte. »Dann zurück!«

Wir taumelten rückwärts, achteten nicht mehr auf Steine und sonstige Unebenheiten im Wasser, stürzten fast, als ich in eine Lücke zwischen zwei Steinen trat, und retteten uns an das Ufer. Dort ließen wir die Maschine fallen und sackten neben ihr zusammen. Wir sammelten uns und grübelten über weitere Möglichkeiten zur Flussdurchquerung.

Normalerweise trat die Krankheit der Unvernunft bei Falk und mir in periodischen Schüben auf, und zwar zu unserem Glück versetzt. Für gewöhnlich konnte so der eine den anderen vor allzu großen Dummheiten beschützen. In diesem Moment war das leider anders. In der Überzeugung, keine andere Wahl zu haben und alle Alternativen erschöpft zu haben, und hoffnungsvoll, die Gesetze der Mechanik außer Kraft setzen zu können, schoben wir meine Maschine in den Fluss, bis nur noch der Lenker herausguckte, den ich gepackt hielt, um zwischen den Felsbrocken entlang zu steuern. Falk drückte von hinten. Um uns rauschte der Fluss. Wir schoben die Maschine auf Steine hinauf, dann fiel sie in eine Spalte, verschwand fast völlig im Wasser und verklemmte sich.

»Du musst sie am Lenker hochheben!«, rief Falk von hinten.

Ich brüllte zurück: »Du musst stärker schieben!«

Endlich schafften wir es auf die andere Seite, jedoch nicht innerhalb weniger Sekunden, wie wir uns vorgenommen hatten; Minuten waren vergangen. Wir versuchten all Tricks und Kniffe, die wir kannten – was nicht allzu viele waren – aber wir bekamen die Maschine nicht mehr in Gang. Der Motor brummte nicht und stotterte nicht und gluckerte nicht, er war totenstill.

»Großartig, wirklich großartig«, murmelte Falk und ich erinnerte ihn freundlich daran, dass das alles Mirkos Schuld war.

»*Er* hat mit seiner Überzeugungskraft dafür gesorgt, dass wir die Gefahr nicht erkannt haben. Mit seiner *verheerenden* Überzeugungskraft.«

Falk grunzte und wischte sich Schweiß von der Stirn.

Angesichts der Ausweglosigkeit der Lage entschieden wir, zu tun, was getan werden musste, um den letzten Rest an Sinnhaftigkeit aus der Aktion zu beseitigen und schoben das Motorrad zurück durch den Fluss. Auf der anderen Seite entwässerten wir es so gut wir konnten und stellten es in die Sonne, in der Hoffnung, dass sich das Wasser in der Hitze verflüchtigen würde. Auf den Philippinen hatten Falk und ich mit dieser Taktik einige Monate zuvor bereits Glück gehabt, nachdem wir einen Strand entlang gefahren, etwas zu dicht ans Wasser geraten und von einer Welle überrascht worden waren. (Ich schreibe in der Wir-Form, aber ich sollte wohl erwähnen, dass *ich* auf der Maschine saß.)

»Dann beten wir mal, dass nicht irgendwer vorbeikommt, sie repariert und mitnimmt«, sagte Falk missmutig.

»Du hast Mirko doch gehört«, gab ich zurück. »In der Region gibt es so gut wie keine Kriminalität.«

»Abgesehen vom gelegentlichen Rollerklau«, sagte Falk, und ich erinnerte mich, dass Mirko genau diese Einschränkung gemacht hatte. Wir ließen meine Maschine dennoch auf dem Weg stehen, da die Sonnenstrahlen unsere einzige Hoffnung waren. Seine eigene Maschine verbarg Falk in einem Gebüsch, dann wateten wir ein weiteres Mal durch den Fluss und begannen die Wanderung zum Wasserfall, dessen Entfernung wir nur erahnen konnten und die wir auf irgendetwas zwischen einem und zehn Kilometern schätzten. Der einsamen Waldstraße folgend, genossen wir die abwechslungsreiche Natur, die auf beiden Seiten langsam an uns vorbeizog. Wir passierten die größten und dicksten Bambusstämme, die ich je gesehen hatte, blickten staunend zu Baumriesen hinauf, die komplett von verholzten Schlingpflanzen ummantelt waren, bestaunten Lianen, die wie mächtige Schlangen zwischen Wurzeln und Gestein auf dem Boden herumlagen. Eine Eidechse verteidigte ihre Eier, die sie in ein Nest in der Mitte des Weges gelegt hatte, indem sie sich in Angriffsstellung brachte und ihren Körper aufpustete wie einen Ballon. Noch einige Male überwanden wir den Fluss und durchquerten ungezählte Nebenarme, so dass unsere Füße Schwimmhäute entwickelten. Bald säumten bündelweise wachsende, gleichmäßig voneinander entfernte Bambusgruppen den Weg und erhoben sich wie die Säulen einer mittelalterlichen Kathedrale. Andere, dünnere Bambusarten erstreckten sich in langen Bögen über den Weg und bildeten ein natürliches Dach, durch das nur einzelne Sonnenstrahlen drangen.

Bambus ist ein faszinierendes Gewächs. Hier ein paar Zahlen, die zumindest mich verblüfft haben: Es gibt rund 1.450 verholzende Bambusarten, manche davon blühen nur einmal in 120 Jahren, einige werden bis zu fünfzig Meter hoch, bei einem Halmumfang von bis zu achtzig Zentimetern. Weltweit bedeckt Bambus eine Fläche von circa siebenunddreißig Millionen Hektar, davon neun Millionen in Indien und sechs Millionen in China, wo die alten Chinesen eine besondere Eigenschaft des Bambusses zu nutzen wussten: Einige Arten gehören zu den am schnellsten wachsenden Pflanzen der Erde und schaffen unter optimalen Bedingungen bis zu einem Meter *pro Tag*. Die Chinesen, für die er zugleich das Symbol für ein langes Leben ist, banden Gefangene über Bambussprösslingen fest, deren Spitzen sie pfeilartig angespitzt hatten. Auf seinem Weg zum Licht wuchs der Bambus, dessen aggressives Wachstum selbst Beton nicht aufhalten kann, Zentimeter für Zentimeter in den Körper des Delinquenten hinein und gab ihm ausreichend Zeit, darüber nachzudenken, ob er seinen Folterern sagen sollte, was sie hören wollten, bevor sein Leib durchbohrt war.

Für die laotischen Dörfer ist Bambus heute dank seiner vielfältigen Anwendungsmöglichkeiten das, was die Bisons einst für die Indianer der nordamerikanischen Prärien waren: eine Lebensgrundlage. Die Sprösslinge sind schmackhaftes Gemüse, größere Stämme nutzen die Menschen als Brennmaterial, als wesentlichen Rohstoff für den Bau von Häusern und Zäunen, für die Herstellung von Gebrauchsgegenständen wie Möbel, Geschirr und Werkzeuge.

Hellgraue Wolken schoben sich vor die Sonne und schmälerten unsere zarte Zuversicht, in einigen Stunden ein wie durch Magie funktionierendes Motorrad vorzufinden. Wir liefen weiter den breiten Weg entlang, bis wir an eine kleine Lichtung gelangten, an der er endete und auf der wir unsere Motorräder hatten abstellen wollen. Von nun an führte ein kaum auszumachender Pfad durch dichten Dschungel. Wir kletterten über Steine, wichen riesigen Würmern aus, schoben uns zwischen engstehenden, moosbewachsenen Bäumen hindurch, die wir nicht umgehen konnten, weil das Dickicht links und rechts undurchdringlich war, und überquerten den Nam Kat über einen umgekippten Baum, der an einer Stelle, die wir aufgrund der starken Strömung nicht durchwandern konnten, beide Ufer miteinander verband.

Am Wasserfall nickten wir uns zufrieden zu – die Anstrengungen hatten sich gelohnt. Das Wasser ergoss sich mit beträchtlicher Kraft aus vielleicht zehn Metern Höhe über den Felsen und stürzte tosend in das Becken darunter. Oben wurde der Fluss durch Felsbrocken dreigeteilt, so dass es eigentlich drei Wasserfälle an einer breiten Felswand waren. Wir gingen an den Pool heran, indem wir von Stein zu Stein sprangen. An deren zur Kaskade gerichteter Seite hatten sich Moose und Gräser angesiedelt, sich gierig in die heftige Gischt streckend, die uns in kaum sichtbare Wolken hüllte und innerhalb weniger Sekunden durchnässte.

Auf dem Rückweg begleitete mich der ständige Gedanke an das Motorrad und die Suche nach Auswegen, sollte es nicht anspringen. Viele Ideen kamen mir nicht. Wir müssten es verstecken und auf Falks Maschine zurück nach Oudomxai fahren, um mit dem Verleiher und einem Jeep zurückzukehren. Reparaturkosten und die zu erwartende Aufwandsentschädigung für die verlorene Zeit ließen diese Option wenig verlockend erscheinen, abgesehen davon, dass unsere eigene Zeitplanung zunichte gewesen wäre.

Wir durchquerten den Nam Kat ein letztes Mal und fanden die Motorräder. Ich setzte mich auf mein Gefährt, steckte den Schlüssel ins Zündschloss und drehte ihn ein Stück, dann zögerte ich. Ich wagte nicht, es zu versuchen, aus Angst, mich plötzlich in einer Alptraumwelt aus Schieben und Schwitzen und Ärger und Kosten wiederzufinden.

»Jetzt mach schon«, knurrte Falk.

Ich trat den Kickstarter und drehte am Gasgriff und vernahm das bekannte Gluckern, bevor die Stille zurückkehrte. Immerhin ein Fortschritt zum letzten Versuch. Ich probierte es noch einmal, dann noch einmal, immer wieder und wieder. Ich war kurz davor aufzugeben, als Dummheit mit Glück belohnt wurde und der Motor ansprang, ohne wieder auszugehen. Ich war so entzückt, dass ich am liebsten jemanden umarmt und abgeknutscht hätte, aber da nur Falk in der Nähe war, verschwand das Gefühl genauso schnell, wie es gekommen war.

»Dann nichts wie weg hier«, sagte Falk, als hätte er die Gefahr geahnt, in der er sich für den Bruchteil einer Sekunde befunden hatte.

Nachdem das Desaster abgewendet war und wir den Weg zurück nach Oudomxai hinter uns gebracht hatten, blieb genügend Zeit, um wie geplant das Vat Santiphab mit dem metallenen Lebensbaum unweit des Oudomxai Museums zu besuchen. Wir stellten die Motorräder im Eingangsbereich ab und schlenderten über das Gelände, vorbei an einer *Buddhist Secondary School*, zum Hauptplatz, auf dem der 1990 errichtete Lebensbaum stand, unter dessen schattenspendenden Ästen eine goldene Statue des sitzenden Buddha aufgestellt worden war. Der Baum selbst war, wie der Name verriet, aus Metall. Selbst die Blätter waren aus diesem Material gefertigt und mit Drähten an die Äste gebunden worden, von denen metallene Früchte hingen, die aufgrund der jahrelangen Witterung nunmehr wie Pappmaschee-Klumpen aussahen. Während am Stamm ein Bär hinaufkletterte, saßen auf bestimmten Ästen Vögel, andere teilten sich kleine und große Affen, die auf ihnen entlangliefen oder sich von ihnen herunterbaumeln ließen. Auf zwei der obersten Äste lag je eine ruhende Buddhafigur, den Kopf auf der Hand abgestützt.

Der echte Lebensbaum stand der Legende nach im mystischen Wald von Himmapan, war viereinhalb tausend Jahre alt und trug Früchte mit einem Durchmesser von zweieinhalb Metern. Aber keines der Tiere konnte die Früchte essen. Waren sie schließlich reif und fielen auf den Boden, waren sie so schwer, dass sie ein Erdbeben auslösten, das alle Wesen in Angst und Schrecken versetzte. Darum berieten sich die Menschen, die Schlangengottheit Naga und die Tiere und baten den Buddha, auf die Früchte des Baumes achtzugeben, wenn sie hinunterfielen. Der Buddha stimmte zu und setzte sich unter den Baum. Er schlief auch auf den Ästen des Baumes, um sie zu kontrollieren. Bald schrumpften die Früchte auf eine normale Größe und die Tiere konnten sie essen. Jeder Ast war unterschiedlich. Aß ein Tier vom Ast für Menschen, würde dieses Tier als Mensch wiedergeboren werden. Aß ein Mensch vom Ast für die Vögel, würde er als Vogel wiedergeboren werden. Es gab auch Äste für Kraft und Äste für langes Leben.

Wir umrundeten den Tempel, gingen an Mönchen vorüber, die zum Gebet an einer kleinen Außenwand standen, an der gerade gebaut wurde, und an alten Grabstätten zur Seite des Nam Ko, der unter dem Tempel floss. Da die Tempeltüren verschlossen waren und wir die Mönche nicht beim Gebet stören wollten, zogen wir uns rasch zurück. Ohnehin war es Zeit, die Motorräder abzugeben und in die Unterkunft zurückzukehren. Mit unserer verstaubten Kleidung und ohne die Schuhe auszuziehen kippten wir ins Bett und verfielen einer schmuddeligen Schläfrigkeit, der sich normale Menschen in dieser Hemmungslosigkeit höchstens hingeben, wenn sie allein reisen. Doch uns war heute alles gleich. Wir waren zu ermattet, um irgendetwas zu tun, und wir wollten auch nichts mehr tun. Morgen würden wir noch genug tun.

Morgen würden wir uns aufmachen, um die Bergvölker des laotischen Nordens kennenzulernen.

Kapitel 2
Phongsali und der wilde laotische Norden

Der Wecker, dieses grausame künstliche Ding, in dem ich am Abend meinen Willen mechanisiert hatte, um zur festgelegten Zeit aus der Traumwelt herausgerissen zu werden, schrillte 6:30 Uhr.

Meinen kurzsichtigen Entscheidungen vom Vortag folgend, befahl ich meinen Beinen aufzustehen. Ich schaltete das Licht ein und aus und wieder ein, hustete laut, stand an Falks Betthälfte und rief für eine Minute in sechzig verschiedenen Betonungen und Tonlagen seinen Namen, pfiff ihn und rülpste ihn, bis sein Schnarchen endlich abrupt endete, er sich stöhnend aufsetzte und aus schmalen Augen in die triste Welt hinausschaute, die unser Zimmer war. Halb acht wollten wir am Busbahnhof sein, da der Bus eine Stunde später losfahren würde und eine Ticketreservierung gestern nicht möglich gewesen war.

Wir machten uns fertig, schnappten unsere Sachen und liefen hinunter ins abgedunkelte Foyer, wo wir Schlüssel und Geld auf der Theke hinterlegten. Beides bedeckten wir mit einem Ordner, als wir ein seltsames Pochen hörten. Wir schauten uns um, aber wir konnten nichts entdecken. Ich schrieb eine kleine Notiz, legte sie zu dem Geld und hielt inne. Da war es wieder, das Pochen, dumpf und kurz. Ich dachte an den alten, längst vergriffenen Westernschinken *Pontiac* von F. L. Barwin, den ich als Kind gelesen hatte. In einem besonders spannenden Kapitel müssen die Helden des Buches, Adlerauge und sein weißer Freund Flammenhaar, sich nachts in ein feindliches Fort schleichen. Sie verbergen sich in den Schatten, die die Blockhäuser und andere Gebäude im fahlen Licht des Mondes werfen, und verharren, als sie ein Geräusch hören: ein dumpfes Schlagen. Sie können sich das Geräusch nicht erklären: Es ist nicht taktmäßig und ertönt nur nach einem Windstoß. Schweigt der Wind, so verstummt auch das merkwürdige Schlagen. Ist es ein Holzladen, der sich gelöst hat, und ab und zu bei Windstößen gegen eine Wand klappt?

Endlich ergründen sie den tatsächlichen Ursprung: In der Mitte eines Forthofs finden sie einen grobgefügten Galgen, an dessen Richtbalken ein erhängter Indianer in vollem Federschmuck baumelt. Bei jedem Windstoß schlägt der Tote gegen das Gebälk.

Ich hoffte inständig und war zuversichtlich, dass unser Pochen eines anderen, weniger grausigen Ursprunges war, aber unheimlich war es dennoch. Es ertönte etwa alle zehn Sekunden, ein dumpfer Laut, als würde man einen Stein in ein Kissen stecken und es gegen einen Schrank pendeln lassen.

Wir gingen zur Tür und zogen den Vorhang zurück, der vor der gläsernen Schiebetür und den großen Fenstern hing, und entdeckten, woher die Laute kamen: Eine schwarzweiße Katze stand vor der Tür, sammelte sich, nahm Anlauf und stürmte mit dem Kopf gegen das Glas. Sie taumelte zurück, sammelte sich erneut, starrte die Tür an und attackierte sie. Sie schien verzweifelt zu versuchen, hier herauszukommen – eine Sekunde später konnte ich das nachvollziehen. Auch in mir wallte Verzweiflung auf, als ich das riesige Vorhängeschloss sah, das den Ausgang versperrte. Ich rüttelte an der Tür und stellte meinen Intellekt unter Beweis, indem ich – natürlich ergebnislos – an der Metallkette zerrte.

»Los, nochmal!«, ermutigte Falk die Katze, die tatsächlich wieder mit dem Kopf gegen die Scheibe rannte und benommen stehenblieb.

»Mach schon!«, rief Falk. »Du bist unsere einzige Chance!«

Ich sah ihn tadelnd an.

»Was denn?«, fragte er. »Die bekommt sicher nicht so viel Ärger wie ich, wenn ich das Glas zertrümmere.«

»Lass uns lieber nach einem anderen Ausgang suchen.«

Wir versuchten es an der gegenüberliegenden Tür, die zur Küche führte: Sie war verschlossen. Dann schleppten wir uns in die erste Etage. Auf jeder Stufe wollten mich mein großer Rucksack auf dem Rücken und der Tagesrucksack vor dem Bauch in die Knie zwingen. Ich hatte mal wieder zu viele Bücher auf eine

Reise mitgenommen. Das Pochen hinter uns wurde leiser und verklang endlich.

Auf der von der Straße abgewandten Seite des Gebäudes ragte ein Balkon über den Sportplatz. Der Balkon war vom Geländer bis zur Decke mit Maschendraht gesichert, vermutlich, um Gäste und Katzen an der Flucht zu hindern. Wir riefen, klopften an Türen und Wände, aber die einzigen Leute, die wir weckten und die ihre schlärigen Köpfe durch die Türen steckten, waren Gäste. Wir liefen durch den Flur bis zum Balkon auf der Straßenseite. Ein wackeliges Wellblechdach reichte vom Balkon über den Vorhof drei Meter weiter unten.

»Das ist der einzige Ausweg«, stellte Falk fest.

Ich betrachtete das Dach und schaute hinunter auf den Betonhof, dann sah ich Falk an.

»Also ... ich weiß nicht.«

»Willst du den Bus erreichen oder nicht?«

»Ja ... schon. Aber möglichst mit Puls.«

»Ich teste erst einmal, wie stabil die Konstruktion ist.«

Er setzte seine Rucksäcke ab und schwang sich über das Geländer auf das Vordach, das dazu ausgelegt war, Regentropfen abzuhalten, aber keinen Menschen. Alles knackte und quietschte, das dünne Metall bog sich. Falk wand sich mit einer Akrobatik und Beweglichkeit zwischen den herumhängenden und kreuz und quer verlaufenden Stromkabeln hindurch, die ich ihm nicht zugetraut hätte, und schaute über den Rand nach unten.

»Das ist ganz schön hoch«, sagte er. »Aber wir haben keine Wahl.«

Auf der Straße verharrte eine alte Frau, die eine mobile Garküche zum Markt schob, und beobachtete ihn erstaunt.

»Los«, sagte Falk, »reiche mir meine Rucksäcke. Erst den großen.«

»Was macht ihr da?«, fragte eine müde Stimme hinter mir. Ich drehte mich um und blickte in die schlafverklebten Augen eines Gasthausangestellten. Ich erklärte ihm unsere Zwangslage, während Falk seine Mühe hatte, zurück auf den Balkon zu gelangen.

»Folgt mir«, sagte der Mann. Wir setzten die Rucksäcke auf und liefen ihm hinterher bis zur Tür. Er zückte einen Schlüssel und öffnete erst das Schloss und dann die Tür. Die Katze zwängte sich durch den Schlitz, schoss wie ein Blitz auf die Straße und rannte weiter, bis wir sie nicht mehr sahen, ohne einen Blick zurückzuwerfen. Sie war mindestens ebenso froh über die wiedergewonnene Freiheit wie wir.

Der Straße um eine Kurve folgend, liefen wir an einem Kreisverkehr vorbei und weiter geradeaus, bevor wir nach rechts auf den Busbahnhof abbogen. Erschöpft, aber glücklich, kauften wir unsere Tickets – gerade noch rechtzeitig, wie wir zunächst glaubten, bis wir dank einer Wanduhr, die 6:45 anzeigte, bemerkten, dass wir nach einer falschen Uhrzeit lebten. Auf der Einreise von China nach Laos musste uns eine Zeitverschiebung entgangen sein. Nun machte auch die Äußerung der Ticketverkäuferin von gestern Sinn: »Abfahrt 8:30 Uhr, laotische Zeit.«

Ich hatte angenommen, das sei ihre sanfte Art, mich darauf vorzubereiten, dass Verspätungen nicht nur möglich, sondern wahrscheinlich waren. Was auch immer sie gemeint hatte, Verspätung *hatten* wir, und nach fast drei Stunden auf dem Bahnhof stiegen wir in einen blauweißen Bus und begannen die zehnstündige Fahrt nach Norden. Eine dicke, braune Staubschicht, die die Sitze bedeckte, ließ erahnen, dass uns keine Kaffeefahrt bevorstand.

Der Fahrer legte den Rückwärtsgang ein, setzte zurück und steuerte den Bus aus dem Bahnhof heraus. Er hatte sich einen winzigen, rosaroten Lappen mit roten Herzchen und gelben Blümchen auf den Kopf gelegt, der nicht einmal von einem Ohr bis zum anderen reichte. Am Rückspiegel neben seinem Kopf hing ein großer Strauß Plastikorchideen, deren Lila zur Farbe seines Lappens passte. Der Bus war mehr als vollbesetzt. Einige Gäste saßen auf Hockern oder Reissäcken im Gang, zwischen ihnen lagen kleine, runde Käfige aus Bastgeflecht, in denen aufgeregte Hühner gackerten. Der Busfahrer legte die CD einer thailändischen Sängerin ein, deren von Synthesizern begleitete Stimme durch Mark und Bein ging und die so ohrenbetäubend aus den Lautsprechern dröhnte, dass ich mein eigenes Wort nicht verstand. Es war nicht nur so, dass mir die Musikauswahl nicht zusagte – was sie definitiv nicht tat –, sondern dass die

Klänge, die wie kleine Pfeile aus der überforderten Box über mir in mein Trommelfell schossen, wirklich schmerzten. Sie übertönten sogar das panische Gackern der Hühner. Vielleicht waren die Tiere aber auch entsetzt verstummt, in dem Begreifen, dass in einer grausamen Welt wie dieser jede Hoffnung aussichtslos war.

Ich fühlte mich nun doch wie auf einer Kaffeefahrt, aber auf der eines Irrenhauses – mit äußerst liebenswerten Irren wohlgemerkt. Im Bus herrschte eine ausgelassene Stimmung. Die Frauen schnatterten, die Kinder spielten, die Männer lachten herzhaft.

Falk kämpfte derweil mit seinen eigenen kleinen Problemen. Zwei australische Damen hatten ihre gekühlten Wasserflaschen in das Gepäcknetz über ihm gelegt, so dass nun das Schwitzwasser auf ihn herabtröpfelte und ihn – ich sah es an seinen wirren Blicken – beinahe um den Verstand brachte. Wenn sich der Bus in eine Kurve legte oder beschleunigte, gab es einen besonders heftigen Schauer. Dazu kam, dass vor ihm eine Laotin mit wunderschönem langem Haar saß, das fröhlich im Fahrtwind flatterte, der durch die offenen Fenster (offen dort, wo es noch Scheiben gab) wehte. Es hatte exakt die richtige Länge, damit ihn die Spitzen in den Nasenlöchern kitzelten. Falk versuchte zu schlafen, musste wegen der Haare aber immer wieder niesen. Sie flatterten über die Sitzlehne und durch den Spalt zwischen Lehne und Buswand. Es war erstaunlich, wie so viel Haar von einem so kleinen Kopf in alle Richtungen fliegen konnte.

»Ich ertrage diese Musik nicht mehr!«, rief eine der Australierinnen hinter uns und versuchte die Kabel aus dem Lautsprecher über ihrem Sitz herauszureißen. Falk riss seinerseits die Augen auf und holte Luft, weil ihm die Haare in die Nase strichen, dann war der Niesreiz fort. Er ließ sich zurücksinken und schloss die Augen, da verirrte sich ein einzelnes Haar in sein rechtes Nasenloch und veranlasste ihn zu einem brachialen Niesen. Mit einem Blick, der sagte, dass die Zeit für Spielchen vorüber war, nahm er seine Kappe vom Kopf und stopfte sie in den Spalt zwischen Lehne und Buswand, was die Invasion der Kitzelhaare immerhin abschwächte.

Wir ließen Oudomxai rasch hinter uns, folgten Straße 4, im Jahr 1968 von den Chinesen angelegt und als Verbindungsstraße nach Vietnam geplant, und fuhren durch kleine Dörfer. In vielen hielten wir an, um Passagiere zu verabschieden und neue Fahrgäste und Waren aufzunehmen. Die Wälder wurden dichter und die Sonne über uns kräftiger. Bald schwitzten wir. Der Fahrer steuerte den Bus über die kurvenreiche Strecke wie durch einen Rennparcours, und ich musste mich festhalten, damit ich nicht vom Sitz fiel. Alle zwei Minuten lehnte ich mich in den Gang, um mich zu vergewissern, dass der Fahrer noch lebte und nicht nach einer Herzattacke über dem Gaspedal zusammengesunken war. Auf der anderen Seite des Ganges steckte ein laotischer Jugendlicher den Kopf durch das Fenster und übergab sich. Kaum ließ er sich erschöpft zurücksinken, da sprang er schon wieder auf, um die nächste Ladung zu entleeren, während vorn die Kunstorchideen an ihren langen Hälsen munter auf und ab wippten. Mir wurde klar, weshalb an den Fenstern des Busticketschalters in großen weißen Buchstaben der freundliche Wunsch gestanden hatte: »Good luck to everyone!«

Nach zwei Stunden hielten wir in einem Dorf, um Proviant zu fassen. Ich kaufte einem Mädchen *khao niau* ab, lila gefärbten Klebereis, in Bambusröhrchen gepresst und an beiden Seiten mit Kokosraspeln bestreut, ein schmackhaftes Fingerfood. Dann wurde es holprig. Achtzig Prozent der laotischen Straßen sind nicht asphaltiert. Diese Schotterstraße folgte eine Weile dem gewundenen Lauf eines Flusses und wand sich an dicht bewachsenen Hängen vorbei. Wir waren umgeben von Dschungel. An jeder schwer einsehbaren Stelle hupte der Fahrer als Warnsignal vertrauensvoll, ohne dabei das Tempo zu vermindern. Den nächsten Zwischenstopp legten wir in Boun Tai ein, einem Dorf irgendwo im Nirgendwo. Die Passagiere vertraten sich die Beine, erfrischten sich an gekühlten Coladosen und benutzten die Toiletten. Unterdessen machte sich der Fahrer am hinteren rechten Reifen zu schaffen, mit dem es ein Problem zu geben schien. In der Tat: Er musste gewechselt werden.

Ich spazierte um den Bus herum und betrachtete ihn von allen Seiten. Er war von einer frischen Staubhülle ummantelt; dort, wo der Junge mit den Magenproblemen saß, gaben Streifspuren auf der Karosserie Zeugnis von der rabiaten Fahrweise des Fahrers. Ich suchte den Jungen, der ganz blass war, und gab ihm einige Tabletten gegen Reiseübelkeit.

Unser Ich-hupe-alles-und-jeden-an-aber-halte-für-nichts-und-niemanden-Fahrer setzte in aller Ruhe seinen fünfjährigen Sohn vor den Reifen, der die Fahrt über bemerkenswert artig auf einem kleinen Podest neben dem Fahrersitz verbracht hatte. Der Sohn schraubte an den Muttern herum und probierte verschiedene Schraubenschlüssel aus, der Vater stand daneben und beobachtete ihn. So dehnte sich die Aktion, bis eine Stunde vergangen war, ohne dass deshalb jemand die Geduld verloren hatte. Es war anrührend, wie der Vater sich mit seinem Sohn beschäftigte und sein Wissen weitergab, das vom Kleinen begierig aufgesogen wurde. Als das Rad schließlich gewechselt war, drehte der Junge noch eine Viertelstunde daran herum wie an einem übergroßen Krippenspiel, bevor der Vater endlich gemeinsam mit ihm am Wagenheber kurbelte und den Bus herunterließ.

Wir fuhren weiter bis zur Ortsgrenze, wo der Beifahrer und Gehilfe des Fahrers noch rasch einen Stoßdämpfer vom Dach hinunterreichte, den der dankbare Besitzer eines am Straßenrand liegengebliebenen Wagens entgegennahm. Man hätte vermuten können, sie hätten den Stoßdämpfer des Busses verkauft, denn auf der Huckelpiste kam es mir vor, als würde jede Unebenheit ungefedert durch meine Knochen und Gelenke gehen. Der Autobesitzer winkte und freute sich, er hatte sicher Tage auf den Stoßdämpfer gewartet. Unser Bus war nicht nur Beförderungsmittel für Menschen und Tiere, sondern auch Ersatzteillieferant, Postauslieferer, Verteiler von Ernteerzeugnissen und vielem mehr.

Der Busfahrer warf sich seinen frisch befeuchteten, rosafarbenen Talismanlappen auf den Kopf und schaltete die Musik ein, dann ging es weiter. Wir rumpelten und ruckelten über die ausgewaschene Schotterstraße und hüpften stundenlang in unseren Sitzen herum. Der Junge auf der anderen Seite des Ganges sank zu einem Häufchen Elend zusammen. Wann immer uns ein Fahrzeug entgegenkam – was nicht oft der Fall war, und wenn, dann waren es meist Lastwagen – wurden sofort alle intakten Fenster zugeschoben und die Dachluken geschlossen, um erst wieder geöffnet zu werden, nachdem die dichte Staubwolke sich gelichtet hatte.

Es war eine anstrengende, aber lohnende Fahrt. Während die Straße sich weiter nach oben schraubte und der Bus sich neue Steigungen hinaufkämpfte, eine dunkle Abgaswolke hinter sich her ziehend, öffneten sich immer wieder weite, tiefe und grüne Täler, die andernorts Touristenmagneten mit Kiosken und Souvenirständen gewesen wären, hier aufgrund ihrer Vielzahl und abgelegenen Lage aber kaum gewürdigt wurden. Falk hielt den Fotoapparat nach draußen und knipste wie eine Maschine.

Allerdings war auch zu beobachten, wie die Natur der Landwirtschaft zum Opfer fiel, deren Spuren vielerorts sichtbar waren: schwarze Stämme, kahle Hänge, schwelende Feuer. Wie dunkle Narben sahen die frisch brandgerodeten Flächen von weitem aus. Heute machen Wälder nur noch vierzig Prozent der Landesfläche aus. Das ist ein im internationalen Vergleich immer noch beachtlicher, aber angesichts ursprünglicher Ausmaße niedriger Wert: nicht nur infolge des Brauchs, landwirtschaftliche Nutzflächen durch Rodung auszudehnen, sondern auch durch kommerzielle Abholzung. Zwar hat die Regierung einen landwirtschaftlichen Übergangsplan ausgearbeitet, dessen Ziel es ist, die Praxis des Wanderfeldbaus und der Brandrodung durch bewässerte Reisfelder in niedrigeren Gebieten überflüssig zu machen und die Vergabe von Holzkonzessionen einzuschränken, aber bis es soweit sein wird, werden wohl noch Jahrzehnte vergehen. Das Ziel, bis 2020 – dem Jahr, in dem Laos hofft, aus dem Status eines Entwicklungslandes aufzusteigen – siebzig Prozent des Landes mit Wald zu bedecken, wird wohl nicht erreicht werden. Es fehlt Geld, um die Ziele durchzusetzen, und ein bisschen vielleicht auch am politischen Willen. Bemühungen der Regierung, den Kahlschlag einzudämmen, erwiesen sich unter anderem deshalb als ineffektiv, weil das Militär eine entscheidende Rolle bei der Vergabe der Konzessionen spielt und ungern auf die Einkünfte verzichtet. Die Regierung fokussiert ihre Anstrengungen auf die Entwicklung des Landes und gibt nur ein halbes Prozent des Bruttoinlandsprodukts für die Streitkräfte aus: Für die restlichen Kosten muss die Armee selbst aufkommen, was sie zu einer der weltweit finanziell autarksten Armeen macht. Das ist für ein Land ohne besondere externe Bedrohungen auf der einen Seite lobenswert, auf der anderen Seite ist die Armee stets auf der Suche nach Einnahmequellen. So sammelten die von General Cheng Sayavong geführten Einheiten bis 1998 eine Flotte russischer Hubschrauber an, die sie nutzten, um die Hinoki-Scheinzypresse und andere seltene, wertvolle Bäume aus abgelegenen Wäldern zu holen. Die Bäume wurden nach Vietnam gebracht, von dort mit drei eigenen Frachtern nach Japan geschafft und für gutes Geld verkauft.

In vielen Provinzen ist das Militär verantwortlich für das Fällen von Bäumen im Rahmen von Straßenerweiterungen, des Baus neuer Straßen sowie des Anlegens von Feuerschneisen: Untersuchungen zufolge werden für viele dieser Zwecke oftmals zweimal so viele Bäume gefällt wie nötig. Die artenreiche Provinz Attapeu wurde in den letzten Jahren besonders ausgenutzt: Das Holz wird direkt an Unternehmen in Thailand und Vietnam verkauft. Die wenigen laotischen Möbelhersteller haben bei den Holzauktionen das Nachsehen und müssen laotische Hölzer aus dem Ausland zurückkaufen.

Auf einer Fahrt wie dieser, auf der es über Stunden nichts zu tun gab als dazusitzen, aus dem Fenster zu starren und sich festzuhalten, wenn der Fahrer mal wieder durch ein besonders heftiges Schlagloch donnerte, gewannen die kleinen Entscheidungen überproportional an Wichtigkeit, denen ich sonst kaum Aufmerksamkeit schenkte. Die Frage, ob ich ein Buch herausholen oder lieber Musik hören sollte, beschäftigte mich eine halbe Stunde, und als ich am Ende meines stillen Abwägens angelangt war, verwickelte stattdessen Falk mich in ein Gespräch. Ich genoss diese Bedeutsamkeit des Bedeutungslosen.

Meine Stiefmutter Gabi erzählte mir einst, wie sie vor vielen Jahren in einer Kamelkarawane einen Teil der Sahara durchquert hatte. In einem winzigen Dorf, das sich um eine Wasserstelle drängte, und in dem es nichts gab außer einer Hand voll Lehmgebäude, tauchte plötzlich aus dem Nichts ein kleiner Jun-

ge mit einem Eimer voller Dosen auf und bot den erstaunten Abenteurern Erfrischung an. »Wie wäre es mit einer Coka Cola?«
Diese übermächtige Stellung nahm hier augenscheinlich – und ich komme wieder darauf zu sprechen – Beerlao ein, das Lebenselexier der Laoten. Selbst in den abgelegensten Dörfern hingen die gelbgrünen Werbeplanen an den Hütten entlang des Straßenrandes. Die Präsenz der Marke war beinahe beängstigend.
Blickte ich an den Sitzen vor mir vorbei in den Rückspiegel, sah ich das Gesicht des lappenbehängten Fahrers. Es war dieser Anblick, der mich während der gesamten Fahrt am meisten beeindruckte: Der Fahrer lächelte nahezu unentwegt. Mehrmals wöchentlich, ohne Fahrerwechsel und das vermutlich seit vielen Jahren, fuhr er die beschwerliche Strecke, die selbst für mich körperlich und mental ermüdend war, ohne dass ich irgendwas tun musste, außer apathisch im Sitz zu hängen und mich gelegentlich reflexartig festzuhalten. Und wie ging er mit der Belastung um? Er wurde nicht wortkarg und grantig – er lächelte. Stunde um Stunde. Er unterhielt sich mit seinem Sohn, scherzte mit den Leuten hinter ihm, wippte im Takt seiner Lieblingsmusik zufrieden mit dem Kopf, lachte, wenn ein Schwein über die Straße trottete und vor der Hupe seines Busses erschrak, raste mit nicht nachlassendem Elan um die Kurven – und war glücklich, nicht ahnend, dass seine Mentalität geeignet war, vielen zum Vorbild zu dienen.
Schließlich wurde die Schotter- wieder zu einer Asphaltstraße. Nach etwa zehn Stunden erreichten wir das Ziel unserer Reise, Phongsali. Die erste Unterkunft, die wir betraten, hatte schlichte, saubere Räume, aber nur ein Dreibettzimmer war frei. Ich sprach mich nachdrücklich dafür aus, es trotz des geringen Aufpreises zu nehmen, da es nach den unfreiwilligen Kuschelaktionen der vergangenen Nächte den Vorzug hatte, dass ein leeres Bett zwischen Falk und mir stehen würde. Hin und wieder genoss ich ein wenig (und gern auch ein wenig mehr) körperlichen Abstand.
Wir warfen unsere Sachen auf das unbenutzte Bett, die Barriere zwischen uns erhöhend, und begannen sofort unseren ersten Erkundungsrundgang. Mittlerweile war die Nacht hereingebro-

chen. Wir schlenderten die Hauptstraße des Ortes entlang, der – angesichts seiner abgelegenen Lage nicht überraschend – weniger wohlhabend schien als Oudomxai. Statt seelenloser Villen gab es hier vor allem verfallene Bauwerke und Gebäude mit sozialistischem Anstrich. Es roch nach Benzin und verbranntem Plastik. Einige Elektronikläden verkauften Fernseher, die bei uns antiken Wert hätten.

Wir waren nicht weit gegangen, als der Hunger sich bemerkbar machte und bestimmte, wie wir unsere Umwelt wahrnahmen. Schräge Musik schrillte durch die laue Abendluft und zog uns magisch an, denn wo Musik ertönte, waren meist Menschenansammlungen nicht fern, und wo es die gab, ließ sich für gewöhnlich etwas Essbares finden. Zu unserer Linken erhob sich eine mindestens fünf Meter hohe Steinmauer, über der wir ein Wellblechdach ausmachten. Unter dem Dach saßen speisende Menschen: Sehen konnten wir sie nicht, aber wir vernahmen das Geschnatter und das Klirren der Messer und Gabeln auf den Tellern. Die nächsten zehn Minuten verbrachten wir mit der Suche nach einem Zugang zu der Terrasse. Wir folgten einem Weg durch das verrostete Tor vor einer alten Villa, die sich bei näherer Betrachtung als *Museum der Stämme* herausstellte. Das hörte sich interessant an. Eigentlich war die Öffnungszeit lange vorbei, aber ein Mitarbeiter saß gelangweilt auf einer Stufe vor der verschlossenen Tür. Er sah uns, grüßte und bot an, uns einzulassen. Wir akzeptierten gern, denn wir hofften, uns auf die kommenden Tage vorbereiten zu können und einige zusätzliche Informationen zu den ethnischen Minderheiten der Provinz und ihren Bräuchen zu erhalten.

Der Besuch in der staubigen Kammer dauerte knapp zwei Minuten und ließ das Oudomxai-Museum wie den laotischen Louvre erscheinen.

Wir verließen die Villa noch hungriger als wir sie betreten hatten und liefen über einen kleinen Parkplatz und einen schlammigen Pfad, auf dem uns elegant gekleidete Männer und Frauen entgegen taumelten, die sich zufrieden über die Bäuche streichelten.

»Das sieht vielversprechend aus«, sagte Falk mit glänzenden Augen.

Wir erreichten das Etablissement, aus dem die Musik dröhnte. Am anderen Ende des überdachten Bereichs sang ein Mann schiefe Töne auf einer Bühne, davor tanzten Dutzende Besoffene eine Polonaise und davor wiederum – und hier wurde es interessant – standen wahrlich hunderte Tische, die aussahen, als wären sie von Barbaren geplündert worden. Essens- und Papierreste lagen auf den Tischen und auf dem Boden, und selbst diese Reste sahen so verlockend aus, dass wir überlegten, uns in die – offenbar geschlossene – Gesellschaft zu schleichen und uns an den Überbleibseln gütlich zu tun. Die meisten Tische waren verlassen, die Party schien sich in ihren letzten Zügen zu befinden. Besser hätten wir es nicht abpassen können. Wir machten ein paar zögerliche Schritte in den überdachten Hauptbereich hinein.

»Sieh mal, dort drüben«, sagte Falk und deutete auf die Terrasse an der Mauer, unter der wir gerade entlanggegangen waren. Die Terrasse war durch ein Absperrband abgetrennt.

»Vielleicht ist die Terrasse zur allgemeinen Bewirtschaftung freigegeben«, sagte Falk und hielt auf das Absperrband zu. Ich folgte, schuldbewusste Blicke von jemandem nach links und rechts werfend, der wusste, dass er eigentlich nicht hier sein sollte. Auch auf der Terrasse waren die meisten Tische verlassen, lediglich drei waren noch besetzt. An einem stand jetzt ein Gast in Hemd und Anzug auf, der sich seinen Tisch mit zwei weiteren, wichtig aussehenden Männern und drei Damen in vornehmen Kleidern teilte. Er zeigte auf uns und schrie uns an. Die Worte verstanden wir nicht, aber seiner Körpersprache nach zu urteilen war es kein euphorischer Willkommensgruß.

»Rückzug«, murmelte ich. Wir verschwanden und liefen weiter die Hauptstraße hinauf, auf der Suche nach einem Imbiss. Ein Hotelrestaurant sah verheißungsvoll aus, der Speiseraum lag aber im Dunkeln und die Bediensteten an der Empfangstheke verstanden unsere Anfrage nicht.

»Hunger«, sagte Falk und gestikulierte, indem er sich unsichtbare Snacks in den Mund schob und Getränke in den Rachen schüttete. Dann zeigte er auf den dunklen Durchgang, über dem ein Schild ein *Restaurant* versprach. Die Mitarbeiter sahen ihn verständnislos an und schüttelten schulterzuckend die Köpfe. Endlich fanden wir ein kleines, zur Straße offenes Lokal mit drei großen, runden Tischen, dessen Speiseraum Restaurant, Internetcafe und Wohnstube mit TV, Couch und Bett in einem war. Die Bedienung lief bereits im Schlafanzug herum, erklärte sich aber bereit, ein paar Nudeln mit Gemüsehäppchen zu braten. Hier ließen wir den Abend ausklingen. Die Erschütterungen der Fahrt gingen uns noch immer in stillen Schockwellen durch die Köpfe, noch immer hörten wir das Klappern und Rattern des Busses, und es brauchte nur ein Beerlao, damit wir endgültig mit der Welt fertig waren. Mit letzter Kraft schleppten wir uns zurück zur Unterkunft und ließen uns zufrieden und erschöpft in die Betten fallen.

Bei Tageslicht sah Phongsali freundlicher aus. Wir setzten unsere Erkundung fort und besichtigten die Markthalle, ein wellblechüberdachtes Ziegelgebäude, durch das enge Pfade führten, gesäumt von Ständen, die vor allem Güter des täglichen Bedarfs verkauften: Unterwäsche, Schuhe, Seife. Nebenan verströmte der Frischmarkt all seine typischen Gerüche von Früchten und Gemüse und rohem Fleisch und gebratenen Nudeln und Fisch und Abfall. Am Rand saß ein Reishändler mit Säcken, die mit etlichen unterschiedlichen Reissorten gefüllt waren. Eine Akha-Frau mit auf dem Rücken gebundenen Kind beugte sich über einen der Säcke, griff hinein und ließ die kleinen weißen Körner durch ihre Finger rieseln. Sie trug, als käme sie aus einem vergangenen, faszinierenden Zeitalter, ein sparsam besticktes, dunkelblaues Kleid und eine schwarze Kopfbedeckung mit silbernen Messingglöckchen. Eine andere Frau schleppte einen riesigen, grauen Sack voller Knochen auf dem Rücken, die sie von den Ständen einsammelte. Die Trageschlaufe verlief, wie bei typisch nepalesischen Taschen, vom Sack um ihre Stirn, so dass sie die Last vorwiegend mit den Halsmuskeln trug und beide Hände frei hatte. Eine dritte Frau lief mit einem Korb voller Lotusblüten herum, die sie zu verkaufen versuchte. Der Marktplatz war deshalb ein fesselnder Ort, weil er ein Treffpunkt von Menschen war, die Gewerbezweigen nachgingen, die es in unseren Breitengraden nicht gibt.

Wir folgten der Hauptstraße, bis wir in die Altstadt gelangten. Hier gewann die Stadt einen ganz neuen Charme. Zum Schutz vor der Kälte – zwischen Oktober und Februar konnte die Temperatur hier, in über 1.000 Metern Höhe, auf fünf Grad Celsius absinken – waren die Fronten der Häuser holzverkleidet. Einige waren vor langer Zeit farbig bemalt worden. Heute standen alle Holzläden offen und erlaubten einen Einblick in das Leben in den Häusern. Die Gebäude waren sehr alt und erinnerten mich an die bezaubernde Altstadt von Shangri-la im Norden der chinesischen Provinz Yunnan in den Ausläufern des Himalaya-Gebirges. Und in der Tat wurden viele von ihnen von Mitgliedern der chinesischstämmigen und -sprechenden ethnischen Gruppe der Hor bewohnt.

Einige hundert Meter die Hauptstraße zurück, nach einer leichten Steigung, bildeten am Gerichtsgebäude, einem weißen Bau, imposante, vorgelagerte Säulen einen Gegensatz zu den sozialistisch angehauchten, großen Milchglasfenstern dahinter. Ein lächerlich überdimensionierter Kreisverkehr daneben hätte in seinen Ausmaßen eher in eine Millionenstadt gepasst und war entweder das Ergebnis überoptimistischer Stadtplanung oder eine Verlegenheitsaktion, weil man nicht wusste, wie man den Platz sonst nutzen sollte. Weit und breit sahen wir kein Auto, nur ein einsames Moped fuhr bis zur Hälfte herum und ratterte weiter in die bescheidene Innenstadt. Hinter dem Kreisverkehr warb ein großes Plakat für den Eintritt in die Armee. Die naiv gezeichnete Collage zeigte Soldaten, die Volleyball spielten, vor einer Leinwand einen Kriegsfilm schauten, fasziniert auf einen (nicht mehr ganz modernen) Computerbildschirm starrten und sich kameradschaftlich die Hände auf die Schultern legten. Alle Szenen zeigten Soldatengruppen und hoben das Gemeinschaftsgefühl innerhalb der Streitkräfte hervor. Theoretisch müssen alle männlichen Laoten ab dem fünfzehnten Lebensjahr für den Militärdienst zur Verfügung stehen, aber nur wenige scheinen das zu wissen oder wissen zu wollen, und die Größe der laotischen Streitkraft überschreitet selten die Zahl 100.000 – für ein Land mit derartig herausforderndem Terrain ein niedriger Wert. Führt man sich die Ausstattung der Armee vor Augen, die als eine der mangelhaftesten ganz Asiens gilt – ein Großteil des Fuhrparks stützt sich auf Jeeps und Lastwagen, die vor Jahrzehnten von der Sowjetunion zurückgelassen wurden – erscheint die Leistungsfähigkeit der Armee noch geringer.

Die Menschen in der folgenden Nachbarschaft schienen etwas wohlsituierter zu sein als die Bewohner jener Gegenden, durch die wir bisher gelaufen waren. Die Häuser waren immer noch klein, aber sauberer und zum Teil aus Ziegelsteinen gebaut, manchmal mit heckenumringten Rasenflächen vor der Tür. Die Straße und die Vorgärten waren wie ausgestorben. Obwohl es Vormittag war, hielten sich die Leute in den Häusern auf. Durch die offenstehenden Türen hörten wir das Geplapper der Fernsehgeräte und sahen die Betten, auf denen die Bewohner dösten. Ein kleiner Junge schaute uns durch eine Tür mit runden Augen an. Ich lächelte. Er zögerte einen Moment, dann verschwand er verängstigt in der Dunkelheit seines Heims. Ich beobachtete, wie die Mutter im Halbschatten beruhigend die Arme um ihn schloss. Sie bemerkte mich und lächelte mir zu.

Ein wenig Halbschatten hätten wir, durchgeschwitzt wie wir waren, auch zu schätzen gewusst.

Den Schatten bekamen wir, aber das Schwitzen ging weiter: Links neben uns führte eine unscheinbare, moosbewachsene Natursteintreppe einen bewaldeten Hang hinauf und weckte unsere Neugier. Wir stiegen sie hinauf und rangen bald nach Atem. Die Treppe geleitete uns in den Wald hinein. Den Blick stoisch auf die nächste Stufe gerichtet, kletterten wir stetig bergauf. Die Luft war heiß und feucht.

Der Hut wurde mir vom Kopf gerissen. Ich schaute überrascht auf und bemerkte ein niedrig hängendes Stromkabel, gegen das ich gestoßen war und das mitten im Wald den Weg kreuzte und zwischen den Bäumen verschwand. Wo führte dieser Weg nur hin?

Auf einer kleinen Ebene spendeten einzelne Bäume neben lose verteilten Betonbänken und -tischen Schatten. An einem der

Tische saß eine Familie. Ein Junge von vielleicht zwölf Jahren, der eine rotweiße Sportjacke trug, kam zu uns.
»Wo kommt ihr her?«, fragte er in gebrochenem Englisch und schaute uns erfreut an.
»Aus Deutschland«, antwortete ich.
Der Junge sah mich an, blickte zu Falk und wieder zu mir, und sein Ausdruck wechselte von Freude zu Verunsicherung.
»Ich verstehe nicht«, sagte er.
Ich wiederholte mich, langsamer und deutlicher, aber er lächelte nur verlegen und sagte etwas, das wiederum ich nicht verstand.
»Bist du schon oben auf dem Berg gewesen?«, fragte ich, um das Thema zu wechseln. Er lächelte und sagte noch einmal: »Ich verstehe nicht. Tut mir leid.«
Er kehrte zu seiner Familie zurück. Wir winkten zum Abschied und setzten unseren Weg fort. Am Fuß einer Betontreppe stand ein kleines Holzhäuschen; davor saß ein Mann mit zwei kläffenden Kötern. Eine Tafel forderte 4.000 Kip Eintritt – etwa vierzig Cent. Ich zögerte, denn die Augen der Hunde funkelten mich an, und der Gedanke, so dicht an ihnen vorbeizugehen, erschien mir wenig verlockend. Andererseits, wenn für den Berg sogar Eintritt erhoben wurde, war, was immer oben auf uns wartete, vermutlich sehenswert. Wir zahlten und folgten, nachdem die Bestien uns verschont hatten, der Betontreppe, deren Stufen von schmerzhafter Gleichmäßigkeit waren. Die Geräuschkulisse verstärkte sich. Vögel sowie Grillen und andere Insekten gaben ihr Konzert. Der Weg führte immer wieder über kleine Betonebenen am Hang, der jeweils nächste Abschnitt sah genau aus wie jener davor. Kamen wir überhaupt vorwärts?
Die Treppe endete schließlich, und wir stolperten auf eine Wiese, in deren Mitte sich ein weißgoldener Stupa erhob, ähnlich dem in Oudomxai, nur etwas weniger gut in Schuss. Er überragte die Bäume, die die Wiese begrenzten, und wurde selbst nur von einem danebenstehenden Telekommunikationsmast übertroffen. An einem Geländer schauten wir auf das weit unter der Hügelkuppe liegende Phongsali hinab. Erst jetzt bemerkten wir, dass die Stadt auf einer Ebene ruhte, die zu fast allen Seiten von grü-

nen Hängen umgeben war. Wir sahen den Kreisverkehr und das Gerichtsgebäude, zahllose rostige Wellblechdächer und einen Sportplatz, der nicht mehr war als ein ovaler Acker und auf dessen staubiger Außenbahn ein Bus ohne ersichtlichen Grund seine Runden drehte. Erschöpft ließ ich mich auf eine Stufe zu Füßen des Stupas sinken. Ich kam langsam zu Atem und wartete darauf, dass mein Hemd ein wenig trocknete, das mir am Rücken klebte. Falk waltete derweil seines Amtes als Fotograf und versuchte eine gute Perspektive auf den Stupa zu finden, in der der Mast dahinter nicht zu sehen war.

Der Junge in der Sportjacke kam mit seiner Familie die Treppe hoch. Er entdeckte mich und setzte sich zu mir, während sich seine Familie auf die andere Seite des Stupas begab.

»Ich bin Boun Kham«, stellte sich der Junge vor und reichte mir die Hand.

»Erik«, sagte ich und griff zu. »Und das dort ist Falk.«

»Fright?«

»*Falk*.«

»Fight.«

Ich setzte an, den Namen erneut zu wiederholen, besann mich anders, nickte und sagte: »Ja, richtig. Fight.«

Er fragte mich noch einmal, wo ich herkam und verstand dieses Mal meine Antwort – oder gab es zumindest vor.

»Wie findest du das Wetter hier?«, fragte er.

»Das Wetter? Ähm ... sehr schön«, sagte ich, und als er zweifelnd meine nassgeschwitzten Haare betrachtete, fügte ich hinzu: »Sehr heiß. Aber wirklich sehr schön.«

Wir beobachteten eine Weile Falk, wie er versuchte vor einer penetranten Wespe zu fliehen und dabei weiter zu fotografieren, dann fragte ich: »Wurdest du in Phongsali geboren?«

Plötzlich guckte er wieder unsicher und warf nervöse Blicke nach links und rechts. Die Unterhaltung wurde zu einem Geduldspiel, aber zu einem interessanten: Kommunikation erlangt dadurch, dass die Gesprächspartner sich anstrengen müssen, um einander zu verstehen und selbst die einfachsten Informationen auszutauschen, eine ganz neue Bedeutung. Was daheim belangloses Geschwätz gewesen wäre, wurde hier zu einer spannenden Herausforderung.

»Okay, ich muss gehen«, sagte er.

Ich nickte. »In Ordnung. Bis bald.«

Er verschwand hinter dem Stupa, kam jedoch nach zwei oder drei Minuten mit zwei Äpfeln in der Hand zurück, von denen er jedem von uns einen hinhielt.

»Hier habt ihr zwei Äpfel«, fügte er erklärend hinzu. Ich nahm meinen dankbar und gerührt und biss herzhaft hinein. An einigen Stellen war er schon braun, aber er war köstlich süß, und nach dem Aufstieg konnte ich ein wenig frische Energie gut gebrauchen.

Boun Kham schien ein Hobbymeteorologe zu sein, denn er fragte mich, wie das Wetter in meinem Heimatland sei.

»Nicht so schön wie hier«, sagte ich. »Kühler und verregneter.«

Er nickte, wobei ich mir noch immer unsicher war, wie viel er wirklich verstand. Ich ging an das Geländer, deutete auf die Stadt hinunter und fragte: »Wo wohnst du?«

Er nickte enthusiastisch und sagte: »Ja!«

Ich wartete auf eine weitere Antwort, aber er sah mich nur grinsend an.

»Sieht man von hier dein Haus?«, versuchte ich es, meine Worte durch Handzeichen unterstützend.

»Haus? Nein. Mein Haus ist sehr klein.«

»Ah.«

»Warum seid ihr in Phongsali? Was wollt ihr hier?«

»Wir wollen wandern«, sagte ich und zeigte auf die Wälder, die die Stadt umgaben. »Ihr habt hier eine tolle Natur. Magst du die Wälder?«

»Ja, aber vor allem mag ich diesen Ort.«

Er zeigte auf den Beton zu unseren Füßen.

»Kommst du oft hierher?«, fragte ich, doch er schüttelte verständnislos den Kopf. »Bist du jeden Tag hier? Jede Woche?«

»Hier, auf *Phou Fa*, Himmlischem Berg? Nein, nur gelegentlich.«

Ich nickte wieder und bedankte mich noch einmal für den Apfel. Es war Zeit, zu gehen, denn gegen Mittag wollten wir Motorräder ausleihen und die Umgebung entdecken. Ich winkte auch noch einmal seiner Familie zu, dann begannen wir den Abstieg.

Wir fuhren über Schotterpisten durch Dörfer, schlingerten durch Schlammlöcher und genossen ähnliche Aussichten auf Hügelketten und in ähnlich weite Taleinschnitte wie gestern aus dem Bus, mit dem Unterschied, dass wir jetzt unser eigenes Tempo bestimmten. Autofahren ist entspannender. Aber nichts geht über das Gefühl, jede Unebenheit zu spüren und in sich aufzunehmen, nicht, indem man im Sitz eines Busses auf und ab hüpft, sondern durch nichts von Steinen, Staub und Wurzeln getrennt als durch zwei Räder und etwas Metall. So kann man das Abenteuer genießen, Hindernissen auszuweichen und das Gleichgewicht zu halten.

Ein Schild wies an einem Abzweig darauf hin, dass der linke Weg zu einer Farm mit vierhundert Jahre alten Teebäumen führte. Ich vermutete, dass das Schild ausdrücken sollte, dass die *Farm* vierhundert Jahre alt war, aber mein Interesse war geweckt. Ich erinnerte mich, einen Flyer gelesen zu haben, der behauptete, dass dies die älteste Teeplantage der Welt sei und stolz auf die über sechs Meter hohen Teebäume verwies. Vorbei an vielfältig bewirtschafteten Hängen, auf denen in großen Abständen einsame Stroh- und Bambushütten standen, folgten wir dem Weg. In den Hütten bewahrten die Erntearbeiter ihre Werkzeuge auf und rasteten. Schon hier wuchs Tee und auch Mais und Bananenpalmen waren angepflanzt worden. Unter uns ging ein braungegerbter Mann mit rundem Strohhut durch Reihen kleiner Büsche und pflückte Blätter, die er in einen Sack stopfte.

Mein Helm war zu klein, drückte mir gegen die Schläfen und bereitete mir Kopfschmerzen, und ich war fortwährend damit beschäftigt, die Rückspiegel neu auszurichten, die bei jeder Bodenwelle nach unten klappten. Schließlich gab ich es auf. Ohnehin gab es auf diesen abgelegenen Wegen kaum Verkehr. In der letzten halben Stunde war uns gerade ein Moped entgegen gekommen, auf dem eine ganze Familie wie die horizontale Version der Bremer Stadtmusikanten gesessen hatte: der Vater mit den Händen am Lenker, vor ihm die Mutter mit einem Kind auf dem Schoß, davor ein weiteres kleines Kind und über dem Lenker die flatternden Ohren eines schwarzen Hundewelpens.

Viele Dörfer, die wir durchquerten, waren wie verlassen. Nur mehrere Dutzend Paare gieriger Hundeaugen folgten uns. Sie lagen unter den Pfahlbauten, auf den Holzterrassen oder liefen schwanzwedelnd über die Straße. In anderen Dörfern waren nur kleine Kinder zu sehen, die uns begeistert zuwinkten und zuriefen. Durch diese Dörfer fuhren wir besonders langsam, denn wir genossen die kurze Interaktion. Wenn wir hupten, jauchzten die Kinder vor Glück.

Der Weg wurde stückweise zu einer Schlammpiste. Erst wichen wir nur einzelnen Wasserlöchern und lehmigen Stellen aus, doch bald schlingerten wir durch die braune Pampe, aus der der Auspuff gerade noch herausguckte. Mein blaues Motorrad und meine grüne Hose wechselten ihre Farben rasch zu Braun. Ich balancierte auf kleinen Erhöhungen zwischen der Schlammbrühe entlang oder hielt, wenn es keinen anderen Weg gab, genau auf die zähflüssigen Pfützen zu, die schmatzend versuchten, das Motorrad festzuhalten. Das Hinterrad drehte durch, griff plötzlich wieder und meine Maschine machte einen Satz nach vorn. Wie an den Hals eines wildgewordenen Rodeogauls, der versuchte, mich abzuwerfen, klammerte ich mich an den Lenker. Der Matsch war nicht fest genug, um Halt zu finden und nicht flüssig genug, um bedenkenlos durchzufahren. Viele dieser Schlammlöcher waren mehrere hundert Meter lang. Nachdem der Kampf bereits eine gute Stunde gewährt hatte, lernte ich, dass ich an den kniffligen Stellen bisher zu viel mit den Füßen gearbeitet hatte: Wenn ich das Motorrad im ersten Gang durch den Schlamm manövriert hatte, hatte ich beide Beine ausgestreckt und war mitgelaufen, meine Füße als Stützräder missbrauchend, um das Gleichgewicht zu sichern. In Wirklichkeit jedoch hatte ich nur die oberste Schlammschicht in Präzisionsarbeit mit meinen Schuhen abgeschöpft, mit deren matschbedecktem Profil ich nun immer wieder von der Fußschaltung und der Fußbremse rutschte. Ich befand, dass es besser ging, wenn ich die Beine nur in Bereitschaftsstellung ausstreckte und das Motorrad so viel wie möglich selbst machen ließ. Die Vorderreifen suchten sich meist den besten Weg durch die Fahrrinnen früherer Zweiräder. Die Füße nahm ich nur noch nach unten, wenn es nicht anders ging.

Irgendwann hielten wir, um die Tanks zu überprüfen. Wie wir mittlerweile bemerkt hatten, waren die Benzinanzeigen beider Maschinen defekt. Bei dieser Gelegenheit warfen wir einen Blick auf eine Skizze, die uns der Motorradverleiher mitgegeben hatte, und bemerkten, dass wir vermutlich an der letzten Weggabelung falsch abgebogen waren. Angesichts der Strapazen erschien uns die Teeplantage immer unwichtiger, aber da wir noch Spaß am Fahren hatten, drehten wir um, nahmen den richten Abzweig und setzten unsere Tour fort. Als ich gerade ein weiteres Matschloch überwunden hatte, hörte ich hinter mir einen erstickten Aufschrei und ein Japsen. Mich umschauend sah ich Falk mit dem Lenker kämpfen. Die Fototasche, die er sich umgehängt hatte, war von seiner Schulter gerutscht und hing ihm nun in der Armbeuge. Er riss den Lenker hin und her und versuchte die Kontrolle über die Maschine wiederzuerlangen. Dieses Spektakel wollte ich mir nicht entgehen lassen. Den Blick weiter nach hinten gerichtet, drückte ich den Fuß auf die Bremse, bis ich zum Stehen kam und stieg ab – nun ja, ich *versuchte* abzusteigen, aber dort, wo mein Fuß den Erdboden erwartet hatte, war ... nichts. Er verschwand in einer tiefen Delle und fand erst Halt, als mein Gleichgewicht unwiederbringlich verloren war. Die Maschine kippte unter mir um, und während sie fiel stieß ich mich von ihr fort. Ich taumelte einen halben Meter und landete der Länge nach in einer Pfütze.

Falk hielt neben mir und sagte mit einem breiten Grinsen: »So schwiwrig sieht die Stelle gar nicht aus.«

Lassen Sie es mich sagen, wie es ist (vermutlich hatten Sie ohnehin eine gewisse Ahnung): Ich bin kein guter Motorradfahrer. Ich bin sogar relativ schlecht. Genau genommen und ganz kleinlich betrachtet habe ich in Deutschland nicht einmal einen Motorradführerschein. Aber meine Fahrkünste genügen, damit ich mir zutraue, in fernen asiatischen Ländern, weitab von irgendwelchen armen Seelen, denen ich zur Gefahr für Leib und Leben werden könnte, über einsame Schotterpisten zu rasen. Doch so eine unentdeckte Bodenvertiefung kann den tapfersten Reiter zu Fall bringen.

Ich rappelte mich auf, wischte mir meine von brauner Brühe triefenden Haare aus dem Gesicht und setzte mich wieder aufs Motorrad. Weiter ging es durch neue Dörfer, über neue Höhenzüge. Am Vormittag hatte ich den scheinbaren Müßiggang einiger Bewohner Phongsalis beobachtet, aber an den hiesigen Hängen arbeiteten Männer, Frauen und Kinder mit bemerkenswerter Emsigkeit. Sie schleppten Feuerholz in Bastkörben auf den Rücken, hatten Pflüge und andere Werkzeuge geschultert, wuselten über die Hänge, säten und pflügten.

»Ich fürchte, wir sind zu weit gefahren«, sagte Falk bei einer kurzen Fotopause und betrachtete unsere Skizze mit einer Gründlichkeit, die angesichts der Tatsache überraschend war, dass sie nur drei oder vier namenlose Linien beinhaltete.

»Lass uns umkehren«, sagte ich, und das taten wir. Eine halbe Stunde später entdeckten wir im Dorf Ban Kormaen unverhofft ein großes Schild – einen Schriftzug, der mit Farbe auf ein Brett aufgetragen worden war – das auf die Teeplantage verwies. Wir hielten an, lasen es wieder und wieder und versuchten, etwas in der Nähe zu entdecken, das wie der Gastraum oder die Probierstube eines Teehauses aussah. Von einigen vorbeigehenden Passanten sprach niemand Englisch. Endlich kam ein älterer Mann mit freiem Oberkörper, Khakihose und goldener Brille, die ihm eine leicht intellektuelle Aura verlieh, auf uns zu.

»Willkommen, meine Freunde!«, rief er und reichte uns die Hand.

»Welch ein Glück!«, gab ich, nicht minder erfreut, zurück. »Wir glaubten schon, es sei niemand hier. Gehören Sie zur Teeplantage?«

Ein glückliches Grinsen machte sich auf seinem Gesicht breit, das ich nicht anders deuten konnte als dass er höchst erfreut war, dass sich Reisende in diesen abgelegenen Winkel verirrt hatten, um seine Farm zu besuchen. Ich war gerührt, weil ihm unsere Anwesenheit so viel zu bedeuten schien. Aber er sagte nichts. Er grinste nur.

»Können Sie uns ein paar Dinge über die Farm erzählen?«, fragte Falk. »Und uns einen Tee kosten lassen?«

»Meine Freunde, seid willkommen!«, wiederholte der Mann, und plötzlich hatte er ein Notizbuch in der Hand. Er schlug es auf und streckte es mir entgegen. Auf der ersten Seite war ein Ausdruck mit zwei kurzen Texten eingeklebt, einem in Lao und einem in Englisch. Ich las den Englischen: *Alle Besucher unseres Ortes, ob durchreisend oder hier schlafend, werden gebeten, eine Spende von 5.000 Kip zu entrichten. Dies wird dem ganzen Dorf helfen.*

Ich sah den Mann fragend an. Er grinste weiter, hielt mir das Buch hin und tippte glücklich auf den Pappeinband. Ich nickte verständnisvoll, deutete aber meinerseits auf das Schild, das die Teeplantage ankündigte, ebenfalls in Lao und Englisch. Er betrachtete das Schild verwundert, als sehe er es zum ersten Mal, zuckte mit den Schultern und schaute wieder auf das Buch.

Ich gab es auf.

Er nahm mir das Buch aus der Hand, blätterte durch die Seiten und zeigte stolz die Einträge früherer Reisender, die er bereits zu einer Spende animiert hatte. Der letzte Eintrag stammte von einer deutschen Sabrina, die vor einem Monat hier gewesen war. Davor hatten sich zwei Schweizer und einige Franzosen verewigt. Falk und ich gaben ihm je 5.000 Kip und trugen uns in das Buch ein. Der Mann lachte, redete in Lao auf uns ein und winkte uns hinterher, als wir abrückten. Die Schlammlöcher warteten schon und es war Zeit, den Heimweg anzutreten. Er würde lang und beschwerlich werden.

Die Teeplantage haben wir nie zu Gesicht bekommen.

Laos ist ein tropisches Land voll bemerkenswerter natürlicher Formationen: Neun Zehntel der Fläche liegen mindestens 180 Meter über dem Meeresspiegel, Berglandschaften und Plateaus machen siebzig Prozent der Fläche aus. Besonders im Norden ist das Land schroff und ungezähmt: Europäische Reisende, die es zwischen dem 17. und 19. Jahrhundert erkundeten, berichteten von einem Land, das wegen seiner bergigen Regionen und dichten Wälder praktisch undurchdringlich war. Seither hat sich in vielen Gegenden wenig geändert. Zerklüftete Bergrücken prägen das Bild. Die Landschaft ist bis zum Horizont bedeckt von einem grünen Meer aus Bäumen, zerschnitten durch zahlreiche schmale, von Bambus gesäumte Flusstäler. Viele Berge sind höher als 2.000 Meter. Der höchste von ihnen, der Phu Bia, ist 2.820 Meter hoch. Die Mehrheit der Vegetation besteht aus laubwechselndem Mischwald, in dem die Bäume zu Beginn der Trockenzeit zumindest einen Teil ihrer Blätter abwerfen, um mit ihnen den Boden zu bedecken und die Feuchtigkeit zu halten. Dominiert werden diese Regenwälder, wie in anderen großen Teilen Asiens, von den Arten der Familie der Flügelfruchtgewächse: Bäumen, die es schon seit dem Tertiär gibt und deren lange, kaum verzweigte Stämme oftmals dreißig Meter hoch werden. Auch wertvolle Harthölzer wie Teak und Palisander wachsen hier. In diesen Landschaften der dichten Wälder und schnell fließenden Flüsse leben Tiere in Freiheit, die andernorts schon ausgestorben sind: die seltenen Riesenmuntjaks, eine in Asien lebende Hirschgattung, der sehr seltene Indo-chinesische Tiger, der Asiatische Schwarzbär, der Malaienbär, der Goldschakal und andere bedrohte Arten. Von der Laotischen Felsenratte, die mit keiner bekannten lebenden Nagetierart näher verwandt ist, glaubten Biologen, sie sei schon vor elf Millionen Jahren ausgestorben – bis ihnen 2005 auf einem Markt in Khammouan ein herzhaft gewürztes Exemplar an einem Grillspieß begegnete.

Ein anderes Tier wurde gar 1992, zu einer Zeit, als die Entdeckung neuer, großer Säugetierarten als überaus unwahrscheinlich galt, das erste Mal überhaupt wissenschaftlich beschrieben – ein Tier, das noch nie von einem Wissenschaftler in freier Wildbahn beobachtet wurde und das so selten ist, dass sich bis heute keine deutsche Bezeichnung für das *Pseudoryx nghetinhensis* durchgesetzt hat. Es wird wahlweise Saola, Vu-Quang-Antilope, Vietnamesisches Waldrind oder Spindelbock genannt, manchmal angesichts seiner Seltenheit und seines scheinbar sanften Gemüts gar Asiatisches Einhorn – obwohl es *zwei* nach hinten gerichtete, etwa fünfzig Zentimeter lange Hörner auf der Stirn trägt. Die Hmong, die das Tier schon seit Jahrzehnten kennen, gaben ihm ihrerseits den Namen *saht-supahp*, was soviel wie *Das höfliche Tier* bedeutet, weil es sich so still und unauffällig durch den Wald bewegt.

Auf einem Verbreitungsgebiet von gerade einmal 8.000 Quadratkilometern, das sich auf die höhergelegenen Regenwälder der Grenzregion von Vietnam und Laos beschränkt, leben nach Schätzung des WWF kaum fünfhundert Saolas. Ein gutes Dutzend der scheuen Tiere wurde bisher eingefangen, aber alle Exemplare verstarben nach wenigen Wochen, so dass noch immer kaum etwas über die Lebensweise der Saolas bekannt ist. Zuletzt nahmen im August 2010 Bewohner der laotischen Provinz Bolikhamsai ein männliches Exemplar der so überaus gefährdeten Art gefangen und ließen es von Forschern fotografieren – anschließend verstarb auch dieses Tier.

Fakt ist: Die laotische Flora und Fauna hat die meisten ihrer Geheimnisse noch längst nicht preisgegeben. Einen kleinen Teil dieser rauen Natur wollten wir in den nächsten drei Tagen erwandern. Die Wanderung würde uns tief in die nordlaotischen Wälder hineinführen: an Orte, an denen keine Regierung regierte, sondern allein die Natur.

Unser Führer hieß Tha Vee, wobei Vee *wie* ausgesprochen wurde. Er war ein freundlicher, sanftmütiger Mensch, der gern und viel lächelte. Vom Volk der Phounoy stammend, sprachen seine Eltern, bei denen er in einem kleinen Dorf aufgewachsen war, weder Englisch noch Lao, sondern nur die Sprache ihres Volkes. Vee war sechsundzwanzig Jahre alt und unterrichtete von Montag bis Freitag Englisch an der Schule von Phongsali. Umgerechnet sechzig Euro bekam er dafür im Monat – auch in Laos kein großzügiges Gehalt.

»Deshalb verdiene ich mir etwas dazu, indem ich alle paar Monate Reisende wie euch in die Berge führe«, erzählte er uns, als wir am Morgen des Aufbruchs am Rande des Marktplatzes von Phongsali eine dünne Nudelsuppe schlürften. »Ich liebe es zu wandern. Das ist für mich der beste Nebenjob der Welt. Ich tue etwas für meine Fitness und kann mein Englisch verbessern. Ja, ich bin Englischlehrer, aber wirklich gut ist mein Englisch nicht. Das ist in Laos eben so. Ich hoffe, dass ihr mir helft und mit mir übt. Das ist ein weiterer Grund, weshalb ich gern mit Reisenden in die Wälder gehe: weil ich dabei mein Englisch verbessern und ein besserer Lehrer werden kann.«

Vees Interesse an unserer Kultur, seine Offenheit und seine verbale Weltgewandtheit erstaunten Falk und mich. Er wusste nicht viel von der Welt, aber er hörte allem aufmerksam zu, stellte kluge Fragen, konnte zu allem etwas sagen und hatte zu vielem eine Meinung. Bisher hatte er Laos ein einziges Mal verlassen, als er einige Schüler seiner Schule nach Vietnam begleitete, die zu einem Sportwettkampf eingeladen waren. »Sowohl beim Fußball als auch beim Badminton belegten wir den letzten Platz«, erzählte Vee, »aber der Ausflug war dennoch eine große Sache. Und was ist mit euch? Was macht ihr, wenn ihr nicht reist?«

»Wir studieren«, sagte Falk. »In einem Jahr sind wir fertig.«

»Und dann müsst ihr einen Job finden. Wisst ihr schon, wo ihr arbeiten wollt? In Deutschland?«

»Womöglich schon«, sagte Falk. »Vielleicht aber auch woanders.«

»Wie wäre es mit Laos?«

»Das ist auch eine Möglichkeit.«

»Hier könntet ihr bestimmt einen Job finden. Unser Land entwickelt sich jetzt langsam, es kommt alles in Schwung, und wir werden gut ausgebildete, internationale Leute brauchen.«

Wir leerten die Nudelschüsseln und brachen auf.

Über einen kleinen Pfad verließen wir Phongsali nach Norden. Vee ging voran. Er trug ein blaues T-Shirt und hatte einen grünen Armee-Hut auf dem Kopf. Aus seinem Rucksack guckten Flipflops für die Flussüberquerungen heraus. Eine Schotterstraße führte über einen bewaldeten Hang: Rechts thronte der Dschungel, links fiel das Land ab und verschwand in Nebel. Hier verliefen endlose Reihen grüner Sträucher.

»Das sind junge Teebäume«, erklärte Vee. »Erst nach zehn Jahren haben sie ihre optimale Größe erreicht, und die Blätter können erst nach drei Jahren gepflückt werden.« Der Tee hier sei aber nicht ganz so hochwertig wie in Ban Kormaen, dem Dorf, in dem Falk und ich gestern vergeblich nach der Teeplantage gesucht hatten.

»In Phongsali gibt es insgesamt drei Teefabriken«, fuhr Vee fort. »Dort wird der Tee auf natürliche Weise und ohne Chemikalien produziert und dann nach China exportiert. Momentan verdienen die Dorfbewohner für ein Kilo Tee gerade mal 3.500 Kip. Der Preis ist im Keller, aber die Regierung unterstützt die Farmer ein wenig durch Subventionen. Für Reis erhalten die Bauern immerhin 6.000 Kip pro Kilo.«

»Wie ist das eigentlich mit den Bärten?«, fragte Falk eine halbe Stunde später. »Warum trägt in Laos niemand einen Bart?«

Falk hatte sich selbst seit einigen Tagen nicht rasiert und sein Gesicht war von dichten, blonden Stoppeln überwuchert, wie er es gern hatte, wenn er reiste.

»Ach«, sagte Vee, »ich weiß nicht...«

Er druckste herum und wollte sich offenbar um eine Antwort herumwinden, gab sich aber schließlich einen Ruck.

»Die Laoten denken, dass Bärte hässlich sind.«

Falk warf ihm einen finsteren Blick zu.

»Also finden sie auch Falk hässlich«, warf ich rasch ein, um die Sache klarzustellen.

»Na ja«, sagte Vee, »also ... bei Falk geht es noch.« Er wollte den Frieden wiederherstellen und schob – nicht ganz überzeugend – hinterher: »Ich hätte ja selbst gern einen Bart, aber ich kann nicht. Mir wachsen nicht genug Haare.«

»Mir geht es ähnlich«, sagte ich. Ich war dreiundzwanzig Jahre alt, und zuhause lachten mich meine Freunde wegen meines kümmerlichen Bartwuchses aus. Aber in Laos begriffen die Leute, dass Reinheit und Glattheit Schönheit bedeuten.

»Ich könnte hier also wochenlang ohne Rasierer durch den Wald laufen und würde immer noch dem Geschmack der hiesigen Frauen entsprechen«, stellte ich fest und machte ein zufriedenes Gesicht.

»Apropos Geschmack«, grummelte Falk in seiner einzigartigen Art, thematische Überleitungen zu schaffen. »Ich habe gelesen, dass Schlangen in Laos als Delikatessen gelten. Gibt es in dieser Gegend Schlangen?«

»Selbstverständlich«, sagte Vee. »Zwei Kobraarten, Giftnattern und andere. Und ja, wir essen sie gern. Besonders schwangere Frauen in den einsamen Dörfern essen Schlangen, weil sie glauben, dass dadurch die Geburt erleichtert wird. Ich mag Schlange, genauso wie Hund. Das ist sehr gutes Fleisch.«

Eine Weile blieben wir beim Thema Tiere. Vee hatte in den Bergen schon Bären und Wildschweine gesehen. Tiger gab es weiter im Norden, in den noch abgelegeneren Gebieten. Sie kamen selten in die Nähe der Dörfer. Wenn es doch einmal geschah, dass ein Dorfbewohner einen Tiger oder Bär sah, brachte das Pech. Dann mussten Zeremonien durchgeführt werden, um das Pech zu neutralisieren. Ich hatte nichts dagegen, einen Tiger zu sehen, nein, ich hätte sogar gern einen Tiger gesehen – auf der anderen Seite eines breiten Flusses oder einer Schlucht, oder zumindest ein Tier, das sich ausschließlich für Falks feste Waden und kräftige Oberarme interessierte.

Wir gelangten in das Dorf Ban Khounsouknoy, eine Phounoy-Siedlung, die nicht aus viel mehr als einem Dutzend Gebäuden bestand und in der Region für den erstklassigen Reisschnaps Lao Lao bekannt war, der hier nicht in Fabriken oder mit großen Maschinen hergestellt wurde, sondern mit einfachsten Mitteln. Vee führte uns ein Stück hangwärts zu einem Haus, unter dessen Holzterrasse eine Frau vor einem Metallkessel und einer selbstgebauten Vorrichtung aus Bambus und anderem Holz stand, in der der Lao Lao köchelte.

»In diesem Kessel wird der Reis über dem offenen Feuer gekocht«, übersetzte Vee die Erklärungen der Frau, die auf die verschiedenen Teile deutete. »Er muss bis zu zwei Wochen ziehen, dann gären, und es entsteht ein Brei, der wiederum gekocht wird, ohne dass der Dampf entweichen kann. Das ist wie bei jedem anderen Destillationsapparat. Seine Farbe und speziellen Geschmack erhält der Trunk dann durch die grünen Blätter des Mak Thoum, einer wilden Himbeerpflanze.«

Die Frau erläuterte noch weitere Details. Vee versuchte mit den Erklärungen der Frau mitzuhalten, und ich versuchte meinerseits, Vee zu folgen und die genannten Bestandteile an der Konstruktion zu entdecken. Dann füllte die Frau drei kleine Gläser mit frischem Lao Lao und reichte sie uns. Das Getränk sah aus wie hellgrünes Waschmittel und roch wie Medizin. Ich schüttete den Schluck in meine Kehle und kniff die Augen zusammen, bis das Brennen nachgelassen hatte. Der Geschmack war besser als ich erwartet hatte. Ich bin kein großer Freund von starken alkoholischen Getränken und die Tatsache, dass wir an diesem abgelegenen Ort beobachteten, wie die Frau den Schnaps mühevoll braute, trug sicher dazu bei, dass ich ihn mehr wertschätzte als ich unter anderen Umständen getan hätte. Vee bat die Frau, etwas Lao Lao kaufen zu können, woraufhin sie eine kleine alte Plastikflasche hervorholte und abfüllte. Er gab ihr umgerechnet etwa 70 Cent.

Auf dem Weg aus dem Dorf begegneten wir einer Gruppe Kinder, die einander jagten und neckten. Ich setzte den Rucksack ab und holte eine Packung Stifte heraus, die wir gestern auf dem Markt gekauft hatten. Die Kinder kamen herbeigerannt und schauten hin- und hergerissen zwischen Neugierde und Schüchternheit in den Rucksack, während ich darin herumwühlte und nach einer weiteren Packung suchte. Immer mehr Kinder kamen dazu. Ein vielleicht fünfjähriger Junge sprang von einem Baum herunter, auf dem er gerade herum geklettert war. Falk und ich gaben jedem einen Stift. Die Kinder jubelten und sprangen entzückt umher, kehrten dann aber zu uns zurück und verbeugten sich dankend und mit gefalteten Händen. Diese Kinder, die vermeintlich den Großteil ihrer Zeit sich selbst überlassen waren, hatten erstaunliche Manieren.

Als wir das Dorf verlassen hatten, sahen wir links ein paar Bambuspfähle, die dünne Drähte stützten. Über diese Drähte wurde Strom ins Dorf geleitet, der über einen Generator in einem Bach gewonnen wurde. Strom war in den hiesigen Dörfern eine Seltenheit: Nur ein Drittel der laotischen Haushalte verfügt über Elektrizität, die meisten davon befinden sich in Städten.

Uns unter den Stromdrähten hinwegduckend, bogen wir nach links ab und folgten einem sehr schmalen Trampelpfad bergab durch den Wald. Ich konzentrierte mich auf jeden Schritt, denn ich fühlte mich von dem kleinen Fingerhutschluck Lao Lao leicht beschwipst – das Gesöff musste wirklich stark sein.

»Gleich wird es steil«, sagte Vee, der vor mir ging. Ich horchte auf und spähte besorgt über seine Schulter. Als wir heute Morgen aufgebrochen waren, hatte er uns dreimal gefragt, ob wir ausreichend Wasser mithatten.

»Reichen drei Liter pro Person?«, hatte Falk gefragt.

»Es gibt dort nicht viel Wasser, aber drei Liter könnten reichen. Vielleicht.«

»Vielleicht?«

»Ja. Es könnte reichen.«

»Und wie viele Liter sollten wir mitnehmen, damit es *wahrscheinlich* reicht?«, fragte ich leicht ungeduldig.

»Nun ja«, sagte er. »Es ist ein sehr steiler Weg. Ihr solltet so viel mitnehmen, wie ihr könnt.«

»Wie viel hast du denn mit?«, fragte Falk.

»Einen Liter«, antwortete Vee und zuckte mit den Schultern. Falk und ich warfen uns einen Blick zu. Offenbar hatte Vee nicht sehr viel Vertrauen in unsere Kondition. Er fragte uns mehrfach, ob wir schon zuvor wandern gewesen waren. Wir bejahten.

»Auch anstrengende Touren? Das hier wird kein Zuckerschlecken.«

»Kein Problem«, sagte Falk zuversichtlich. Dann brachen wir auf. Vee war weiter merkwürdig besorgt um uns.

»Sitzen die Rucksäcke gut? Habt ihr gute Rucksäcke, sind sie bequem?«

»Ja, danke«, sagte ich.

»Weil ... es ist nämlich wirklich sehr steil.«

Je öfter er das betonte, desto unsicherer wurden wir. Wenn unser Führer einen solchen Respekt vor der Wanderung hatte, hatte das sicher Gründe. Nun erreichten wir also den ersten steilen Abschnitt, einen Weg, der im Vietnamkrieg von französischen Soldaten angelegt worden war. Vee erzählte, dass er einmal mit einem alten Paar hier langgegangen war. Die Frau verlor das Gleichgewicht, rutschte fünfzehn Meter den Hang hinunter und brach sich ein Bein. Ihr Ehemann und Vee bauten eine Trage und schleppten sie den ganzen Weg zurück nach Phongsali. Am nächsten Tag wurde sie ins Krankenhaus nach Vientiane geflogen.

Ich warf einen Blick die Böschung zu unserer Linken hinab, an der sich der Wald festkrallte. Die kleine Anekdote erhöhte meine Wachsamkeit zusätzlich.

Der Weg, zunehmend überwuchert, bis wir ihn streckenweise erahnen mussten, war gerade so breit, dass ein Fuß darauf Platz fand. Der Boden war teils felsig, teils schlammig, teils von Bambusblättern bedeckt, so dass wir Unebenheiten nicht sehen konnten, bevor wir darauf traten und strauchelten. Wir duckten uns unter Hindernissen hinweg, während die Füße sich in Schlingpflanzen verfingen, wir wichen mit den Köpfen senkrecht herunterhängenden Ästen aus, die abgebrochen waren und sich oben im Blätterdach in Lianen verhakt hatten, wir krochen auf allen Vieren durch Bambusdickichte, kletterten über umgestürzte Bäume und balancierten über Stämme, die als provisorische Brücken auf Erdspalten lagen, wo der Regen das Erdreich fortgespült hatte. Irgendein Gewächs stach mir immer wieder in die Knöchel, aber aufgrund des dichten Wuchses konnte ich nicht identifizieren, welche Pflanze es war, um sie künftig zu meiden.

Der Wald war sehr dicht, nicht nur in Bezug auf den Abstand, den die Bäume zueinander hatten, sondern auch hinsichtlich der Geruchs- und Geräusch-Intensität. Überall zirpte, zwitscherte, knarrte es. Blätter raschelten, wenn ein Tier über den Ast huschte, an dem sie hingen; Käfer krabbelten über Erde und Steine; Spinnenweben funkelten in einzelnen, verirrten Sonnenstrahlen im Zwielicht. Nach feuchter Erde roch es, Rinde und Früchten. Am Boden gab es kaum einen Fleck, der nicht von irgendeinem Busch oder Halm bewuchert war. Über uns hing das schwindelerregende Gewirr aus Ranken und Lianen und abgebrochenen Ästen. Überall lagen vermodernde Stämme, lehnten halb umgekippte Bäume an ihren Nachbarn wie müde Männer, die an einem Tresen nach Halt suchten. Wohin wir auch blickten war Wald, nichts als Wald, nichts als Grün und Braun.

Über Felsstufen und Wurzeltreppen ging es immer tiefer zum weit unten liegenden Tal hinunter. Wir vernahmen einen Lärm wie von einer Kreissäge und ich war überzeugt, er rühre von Abholzungsarbeiten her, aber Vee bestand darauf, dass ein Insekt das seltsame Geräusch verursachte. Andere Insekten, wohl eine Heuschreckenart, stießen ein gleichbleibendes Piepen aus, das hell und laut war wie ein furchtbarer Tinnitus. Riesige, braunrotweiße Schmetterlinge, so groß wie zwei aneinandergehaltene Hände, wälzten sich schwerfällig durch die Luft. Sie flatterten nicht elegant und beschwingt wie ihre in Europa verbreiteten Verwandten, sondern stürzten wieder und wieder beinahe ab, um sich dann erneut in ruckartigen Stößen hochzukämpfen.

Von Stein zu Stein springend, überquerten wir kleine Flüsse und folgten Bächen in ihren Betten, die wir als Wege nutzten. In erdrückenden Bambuswäldern wichen wir fortwährend massiven Stämmen aus, die kreuz und quer wuchsen wie gigantische, durcheinander geworfene Lanzen. Mittlerweile unterhielten wir uns kaum noch, zu anstrengend war der Abstieg, der unsere ganze Aufmerksamkeit forderte.

An einem zwei Meter hohen Strauch mit haarigen Zweigen und Blättern, unter die sich kleine Waldhimbeeren kuschelten, hielten wir: Mak Thoum, dessen Blätter dem Lao Lao seine grüne Farbe schenkten. Ein paar Beeren pflückten wir, uns vor den hakenförmigen Dornen in Acht nehmend: Sie waren schmackhaft, etwas herber und würziger als die Himbeeren, die ich kannte, und weniger süß. Für die nächste halbe Stunde hielten wir immer wieder an diesen Sträuchern. Vee war sehr zuvorkommend. Er pflückte stets eine Hand voll Beeren und reichte sie uns, so dass wir ihn beinahe zwingen mussten, welche für sich zu behalten. Er war ein außerordentlich angenehmer Führer. Er war nicht in Eile, sondern richtete sich nach uns, ging weder zu schnell noch zu langsam, war geduldig und auskunftsbereit.

Im Tal gab es zunächst keine Bäume, dafür jedoch Gestrüpp, das höher war als wir und so dicht, dass der Weg nicht mehr auszumachen war. Wir kamen nur langsam voran. Anfangs bildete das Dickicht einen schmalen Tunnel, durch den wir uns gebückt schoben, aber bald blieben wir immer wieder im Wirrwarr hängen, mussten Äste, die nach uns griffen und uns festhalten wollten, aus dem Weg schlagen und abbrechen. Manchmal konnte ich Vee nicht mehr sehen, obwohl er nur drei Meter vor mir ging, weil sich die grüne Hülle sofort um ihn schloss, nachdem er sich seinen Weg hindurch gebahnt hatte. Das Gestrüpp roch leicht nach Minze, aber das ist das einzig Positive, was ich darüber sagen kann. Ich konnte mich nie entscheiden, ob ich auf den Boden blicken sollte oder nach oben. Wenn ich schaute, wohin ich trat, verfing sich sofort mein Kopf im Geschlinge, und vertrocknete Zweige piksten mir ins Gesicht; wenn ich nach oben guckte, stolperte ich spätestens nach zwei Schritten über ein Gewächs, dem es zu eintönig gewesen war, sein Dasein auf einer Seite des Weges zu fristen. Wie im Märchen schlossen sich Ranken um meinen Bauch und meine Beine und wollten mich halten, Dornen zerrten und tote Äste standen wie feindliche Speere; der Boden war voller Fußangeln. Falk riss sich an herumliegenden Ästen die Innenseiten beider Schuhe auf, die aus schnell trocknendem Stoff bestanden, der sich gut für Flussdurchquerungen und feuchtes Klima eignete, aber wenig robust war. Wir entdeckten einen Blutegel, der senkrecht auf einem Stein stand und sich in die Höhe reckte. Seine braune, glänzende Spitze schwenkte auf der Suche nach Blut gierig hin und her.

»Ich dachte, die leben nur in Gewässern«, sagte Falk. Während Vee kurze Hosen trug, hatten Falk und ich uns zum Schutz vor Mücken für lange, dünne Stoffhosen entschieden, deren Beine wir nun in die Socken stopften.

Es ging immer tiefer in den Dschungel hinein. In all der Zeit begegneten wir keinem Menschen, obwohl dieser Pfad für einige der Dörfer, die wir besuchen würden, der einzige Verbindungsweg mit der Außenwelt war. (Andere Dörfer hatten zudem Zugang zu Flüssen.) Straßen oder Schotterpisten gab es keine, nur den langen, beschwerlichen Pfad durch den Dschungel.

Am frühen Nachmittag stiegen wir in eine weitere Niederung hinab. Bei jedem Schritt abwärts zitterten meine Beine als wären sie mit Wasser gefüllt und ich war nie sicher, ob sie mein Gewicht noch einen weiteren Schritt tragen konnten. Wir gelangten an den Nam Long, einen Fluss, an dem wir rasteten.

Vee schleppte drei große Steine herbei und ordnete sie auf einer Sandbank in einer Flussbiegung in einem Dreieck an. Er riss einige große Palmenblätter ab und breitete sie als Unterlage zwischen den Steinen aus, dann holte er das Mittagessen aus seinem Rucksack, das er heute früh vorbereitet hatte: in Bananenblättern gekochten Klebereis, eine Art Hühnerpastete, zusammen mit Bananenmehl ebenfalls in Bananenblättern gekocht, gebratenes Schweinefleisch, gekochte Eier und eine gesäuerte Gemüsemischung. Das Gemüse hatte Vee, wie er erzählte, zunächst zehn Minuten in Salz eingerollt, dann in einen Bambushalm gestopft und verschlossen und schließlich drei Tage in der Sonne trocknen lassen. Dadurch sei der gewünschte, leicht bittere Beigeschmack entstanden. Der Nachtisch bestand aus süßen Bananen. Wir aßen mit den Fingern, indem wir jeweils ein Klebereisbällchen aus dem Reisklumpen herausrissen und in die Hühnerpastete oder die Gemüsemischung drückten. Eine scharfe Gewürzmischung diente als weiterer Dip. Vee packte auch den Lao Lao aus und forderte uns auf, ein paar Schlucke zu nehmen – »für besseres Wandern«. Das hochprozentige Gesöff stieg mir sofort wieder zu Kopf und trieb auch Vee Tränen in die Augen. Umgeben von Heerscharen von Schmetterlingen ruhten wir etwas, dann ließ Vee noch einmal die Flasche rumgehen. Beim dritten Mal lehnte ich ab.

Da wir nun Kraft geschöpft hatten, hielt er uns stark genug für eine unheilvolle Nachricht: »Ab jetzt geht es drei Stunden steil bergauf.«

Falk und ich sahen uns ungläubig an: Wir waren schon jetzt erschöpft. Mit den Schuhen in den Händen wateten wir durch den Fluss und liefen im flachen Wasser stromaufwärts, nahe am anderen Ufer, das zu dicht bewachsen war als dass wir hinaufgelangen konnten. In einer Biegung sank ich bis zu den Waden in Schlamm ein, der sich hier abgelagert hatte – ein Paradies für Blutegel? Als der Fluss sich teilte, hielten wir uns rechts, dann kletterten wir die Böschung hoch, trockneten die Füße ab, überprüften die Beine auf Blutegel, steckten die Hosen in die Socken und begannen den Aufstieg. Innerhalb weniger Sekunden hatte uns der Wald verschluckt. Zu sagen, dass ich schwitzte, wäre hemmungslose Untertreibung: Ich war *gebadet* in Schweiß, ich triefte, salziger Schweiß lief mir in den Mund und in die Augen und tropfte von Nasenspitze und Kinn wie aus einem undichten Wasserhahn. Mit zwei Bambusstäben schob ich mich mit weit aufgerissenen Augen und keuchend wie ein Hund den Hang hinauf. Hinauf ging es, hinauf. Eine halbe Wasserflasche hatte ich in mich hineingeschüttet, bevor wir an einem Bach verschnauften.

Das Wasser sprudelte aus einer Felsspalte, in der das Ende eines halbierten Bambusrohres klemmte. Mit einer Astgabel war es so ausgerichtet worden, dass das Wasser bis unmittelbar an den Weg herantransportiert wurde und sich in Brusthöhe in einem konzentrierten Strahl ergoss, unter den wir nur noch die Flaschen halten mussten. Ich hielt den Kopf unter den Wasserstrahl und ließ mich zu Boden sinken.

»Da ist Blut«, sagte Falk und deutete auf meine Wade. Ich betrachtete die Flecken auf meiner Hose.

»Nein«, sagte ich, »das ist nur hochgespritzter und getrockneter Schlamm.«

»Der aber aussieht wie Blut.«

»Wirklich?«

»Ja. Und du weißt, was das bedeutet.«

Ich betrachtete weiter die Flecken, zunehmend unentschlossen. Kaum wagte ich, das Hosenbein aus der Socke zu ziehen. Ich schluckte schwer und gab mir einen Ruck, und tatsächlich: Ein vollgesogener Blutegel kullerte heraus. Immerhin musste ich ihn nicht selbst entfernen. Vee lehnte sich interessiert über den Egel und fragte: »Darf ich ihn töten?«

»Ich werde dich nicht aufhalten.«

Wir waren nicht die ersten, die an dieser Stelle pausierten, und einer unserer Vorgänger hatte einige Fischgräten zurückgelassen, die im Matsch lagen. Vee hob eine Gräte auf und stach sie in den Egel, der sofort in sich zusammenfiel, während das Blut aus ihm herausquoll. Wussten Sie, dass Blutegel innerhalb einer halben Stunde das Fünffache ihres Körpergewichts an Blut saugen können? Danach können sie ein Jahr lang ohne Nahrung leben. Ich hatte nicht vor, mich als so spendabel zu erweisen. Zufrieden musterte ich die kläglichen Überreste des Parasiten.

Je länger wir unterwegs waren, desto erstaunlicher erschien mir, dass Menschen sich so weit im Nirgendwo ansiedelten. Ich musste mir erst wieder klar machen, dass es genau das *nicht* war: ein Nirgendwo. Es war ein *Etwas*, es war ein Wald und es waren Hänge und Felder; alles, was die Menschen hier brauchten und wollten. Als Kind war ich viel in der Natur unterwegs gewesen, aber ich wurde in Berlin geboren und bin dort aufgewachsen, und dies hier war eine fremde Welt. Viele Ferien habe ich in Miltitz verbracht, einem Dorf in Sachsen, aus dem mein Vater stammt und in dem wir häufig meine Großeltern besuchten. Dort hatte jedes Wäldchen, jedes Feld und jeder Trampelpfad einen Namen, den die Eltern an die Kinder weitergaben: Das Sackfeld von Bauer Nestmann, auf dem die besten Apfelbäume des Dorfes wuchsen, der Pinzigberg, von dem aus man das Triebischtal sah, der Pfarrbusch, in dem die Kinder Räuber und Gendarm spielten und heimlich Lagerfeuer entzündeten, die Richterbaute, der alte Gutshof, der so verfallen war, dass er als Drehort für Mittelalterfilme genutzt wurde. Hier, in Nordlaos, gab es zu wenige Leute auf zu viel Land, um all den natürlichen Formationen Namen zu geben. Bäche, Waldstücke, Hänge und Täler hatten keine offiziellen Bezeichnungen. Der Großteil der Pfade, die wir entlanggingen, war auf keiner Karte verzeichnet.

Nichts bereitete mich auf die intensive Erfahrung vor, das erste Akha-Dorf zu betreten. Einen letzten Hang hinablaufend, verließen wir den Wald und durchquerten ein paar hundert Meter Buschwerk. Dann lag das Dorf vor uns. Es ruhte an der Hangseite auf einer Lichtung; ein stiller, brauner Fleck aus Erde und Staub, umgeben von dichtem Grün. Dahinter fiel das Land bis in ein tiefes Tal ab. Wir blieben stehen und nahmen das friedliche Bild in uns auf. Den Eingang markierte ein schlichtes hölzernes Tor, mit dem die Akha ihr Dorf vom Dschungel abgrenzten, beziehungsweise die menschliche Welt von der der Geister, die in den Wäldern lebten und nachts aktiv wurden. Wir liefen vorbei an einer Schaukel, einer bemerkenswerten Konstruktion, die aus vier schmalen, gebogenen Baumstämmen bestand, deren vier Enden im Boden vergraben worden waren. Oben, dort wo sie sich kreuzten, hing von einem Ast ein zerfranstes Seil herab. In das Ende, zu einer Schlinge verknotet, konnte sich ein kleines Kind setzen, um hin und her zu schwingen.

Die Gebäude waren nach unseren Vorstellungen und Gewohnheiten nicht mehr als Hütten, für die Menschen hier waren sie jedoch das geliebte Zuhause, weshalb es eine Frage des Respekts ist, sie als das zu bezeichnen, was sie für ihre Bewohner waren: Häuser. Manche ruhten auf Pfählen, andere zu ebener Erde. Ihre Wände bestanden aus Bast oder Brettern, manche waren durch Lehmbewurf verfugt, die Dächer waren aus Stroh. Männer und Frauen betrachteten die Fremden aus Türen und durch Spalten in den Wänden, als kämen sie vom Mond. Barfüßige Kinder, von der Hüfte abwärts nackt, rannten weg und huschten in die Häuser.

Vee führte uns in einem Zickzackkurs durch das Dorf. Die Tore der vielen scheinbar willkürlich verlaufenden Zäune bestimmten unseren Weg, die erst nachts verriegelt wurden, indem Stangen durch Löcher in den Torpfählen geschoben wurden, damit die Tiere sich nicht zu Leibe rückten und Unfrieden stifteten oder in die Häuser gelangten. Jetzt allerdings war es Nachmittag und die Kühe, Pferde, Schweine, Hunde und Hühner liefen frei herum. Nur die massigen Büffel mit ihren riesigen, nach hinten gebogenen Hörnern waren angebunden und dösten träge im Schatten der Pfahlbauten.

Falk und ich hatten uns ein ehrgeiziges Ziel gesteckt: Nicht nur wollten wir Laos bereisen und möglichst viele Orte sehen, nein, wir wollten vor allem versuchen, die Menschen kennenzulernen und Erfahrungen zu machen, die das Land in uns lebendig werden ließen. Und der Puls eines jeden Ortes wird bestimmt durch den Herzschlag der Menschen, die in ihm leben. Wenn ich aber in ein abgelegenes Dorf wie dieses ging und bei mir dachte, das sei das wahre Laos, war ich mir gleichzeitig darüber bewusst, dass ich ein Eindringling war. Der britische Autor Robert Cooper, der seit über dreißig Jahren in Laos lebt und Bücher wie *Culture Shock! Laos* und *Laos: Land of the sleeping Bus* verfasste, stellt einer Arbeit über sexuelle Normen der ethnischen Minderheit der Hmong ein Vorwort voran, in dem er warnt, er habe nie einer echten Hmong-Hochzeit oder einer Verlobung beigewohnt, nur einer Hmong-Hochzeit oder Verlobung, zu der ein Fremder anwesend war. In einem Brief an mich schrieb Cooper: »Ich dehnte mein Jahr im Hmong-Dorf auf zwei Jahre aus, aber selbst, wenn ich hundert Jahre geblieben wäre, hätte das nichts an der Tatsache geändert, dass die Dörfer – selbst wenn ich jeden einzelnen Bewohner kannte – sich veränderten, sobald ich sie betrat, einfach, weil ich da war.«

Cooper berichtete mir allerdings ebenfalls von einem jungen deutschen Mädchen, das die ethnische Musikologie der Bergvölker studierte. Zögerlich fand Cooper sich bereit, sie zu ein paar Dörfern zu führen. Zuerst aber klärte er sie über verschiedene Verbote für die Hmong-Frauen auf und ermahnte sie, dass sie erst nach den Männern essen solle, dass sie keiner Zeremonie beiwohnen könne und niemals ein Hmong-Instrument spielen dürfe.

Als sie das erste Dorf erreichten, wurde gerade eine alte Frau bestattet. Aus religiösen Gründen war die Anwesenheit von Frauen zu bestimmten Ereignissen streng untersagt, etwa zur Beisetzung. Zu Coopers Überraschung wurde die junge Frau sehr offenherzig aufgenommen. Die Männer forderten sie dazu auf, mit ihnen zu essen, während die anderen Frauen im Hintergrund warteten. Ihr wurde gezeigt, wie die Hmong-Instrumente zu spielen waren und ihr wurde gestattet, mit zur Beerdigungsstätte zu gehen. Sie durfte sogar die Trommel behalten und mit nachhause nehmen, die sonst nur für die Beerdigung hergestellt und nur für den Toten gespielt und danach zerstört wurde.

»Die Hinweise, die ich ihr gegeben hatte, waren also in jeder Hinsicht falsch gewesen«, stellte Cooper in seinem Brief fest. »Aber natürlich erlebte sie all das nur, weil sie eine Ausländerin war – eine Hmong-Frau hätte diese Erfahrungen nicht gemacht.«

Im nächsten Dorf fand eine wichtige Zeremonie statt und die junge Frau wurde weggeschickt. Es ist also nichts in Stein gemeißelt. Die eigene Gegenwart ist immer ein Teil dessen, was der Reisende sieht oder hört. Wie ich als Reisender aufgenommen und wahrgenommen werden würde, war eine der spannenden Fragen, deren Antwort ich suchte.

Momentan fühlte ich mich leicht überfordert von den Eindrücken und gänzlich fehl am Platz. Ich gab vor, den Blick stur geradeaus zu richten und auf Vees Rücken zu heften, dem ich folgte. Aber unter gesenkten Lidern wanderten meine Augen unentwegt von links nach rechts und zurück, bemüht, alles aufzunehmen. Die Fremdartigkeit aller Dinge machte die Erfahrung so intensiv. Eine Frau verarbeitete Baumwolle zu Stoff, der danach der traditionellen Trachtenfarbe der Akha entsprechend mit Indigo dunkelblau gefärbt werden und das Rohmaterial für Kleider, Taschen und Hosen geben würde.

»Deshalb waschen sie ihre Kleider nicht mit Seife, sondern nur mit reinem Wasser«, sagte Vee, der gerade einen Hund mit einem Stock vertrieb. Er erklärte auch die unterschiedlichen Hüte der Frauen: Hatten sie eine kleine, runde Form bedeutete das, die Frau war alleinstehend. Verheiratete Frauen trugen größere, quadratische Kopfbedeckungen.

Dutzende Augenpaare waren zu jedem Zeitpunkt auf uns gerichtet, als wir das Dorf durchschritten. Aus einigen Häusern schauten uns fünf oder sechs Leute hinterher. Wir stiegen über kleine Bambuszäune, liefen über die trockene, zerfurchte Erde. Überall schwärmten Tiere und Kinder, von denen manche schüchtern winkten. Vee hielt auf ein Gebäude zu, das ein wenig größer war als die anderen. Wir stiegen über eine kniehohe Barriere in der Türöffnung, die das Vieh am Reinkommen hinderte, und sahen uns um. Ich blinzelte, um im Schummer etwas erkennen zu können. Es gab keine Fenster, lediglich durch die offene Tür und die Schlitze in den Wänden und im Dach drangen einzelne Lichtstrahlen ins Innere der Behausung. Sie bestand aus zwei Zimmern, doch Privatsphäre gab es nur im Ansatz. Das kleinere war das Schlafzimmer der Familie und wurde durch zwei schulterhohe Innenwände vom Hauptraum abgetrennt.

Der 56-jährige Dorfvorsteher und sein Bruder begrüßten uns. Ihnen gehörte das Haus. Sie baten uns mit Gesten, auf rasch herbeigeschafften, winzigen Strohhockern Platz zu nehmen, die um ein *Ka Toke* angeordnet wurden, einer niedrigen Plattform aus Bast, die als Tisch diente. Wir erfrischten uns an kühlem grünen Tee. Im Hintergrund richtete die Frau des Vorstehers das Essen über einem offenen Lagerfeuer an, das sie auf dem festgestampften Lehm entzündet hatte, aus dem der Boden bestand. Unter dem Tee und Wasser, das immer wieder achtlos verschüttet wurde, war der Boden zahllose Male feucht geworden, um dann wieder zu trocknen und unter dem Druck vieler hundert Füße zu einer betonartigen Kruste zu werden. Falk und ich boten unsere Hilfe an, die Vee ablehnte, ohne das Angebot zu übersetzen: Kochen war Frauenarbeit. Da diese Frau verheiratet war, trug sie einen quadratischen Hut. Er erinnerte ein wenig an die schwarzen Hüte, die Universitätsabsolventen gern in die Luft werfen. Von beiden Hutseiten hing eine silberne Kette herunter, die vor der Brust baumelte. Bei jeder Bewegung bimmelten Perlen aus Messing und an Schnüren aufgefädelte Münzen. Sie und ihr Mann lebten hier mit dessen Bruder und etlichen Kindern, deren Zahl ich nicht feststellen konnte.

Die Frauen mussten in der Stammesgemeinschaft nicht nur kochen, sondern auch auf die Kinder achtgeben, Kleider herstellen, das Haus sauber halten, bei der Feldarbeit helfen und Feuerholz sammeln, nachdem die Männer die Bäume gefällt hatten. In abgelegenen Dörfern wie diesem sprachen die Frauen weder Lao noch Englisch, sondern nur die Akha-Sprache, da sie die Umgebung des Dorfes beinahe nie verließen. Die Waren brachten die Männer nach Phongsali. Zwar legt die laotische Verfassung fest, dass Männer und Frauen gleichberechtigt sind, aber in diesen Dorfgemeinschaften wird das Leben nicht von Paragraphen bestimmt, sondern von jahrhundertealten Bräuchen.

Ich verwendete meine gesamte Aufmerksamkeit darauf, alles richtig zu machen, ohne zu wissen, was richtig war, und meinem jeweiligen Gegenüber respektvoll zu begegnen. Die Familie nahm uns freundlich auf, aber ich würde lügen, wenn ich behaupten würde, mich nicht jeden Augenblick als Fremdkörper gefühlt zu haben. Ich war so verunsichert, dass ich vor jeder Bewegung, vor jeder kleinen Geste zögerte. Sollte ich viel lächeln, gar ausgelassen lachen, um die Herzen meiner Gastgeber zu erobern, oder mich zurückhalten? Sollte ich die fortwährenden Angebote annehmen, immer noch mehr Tee zu trinken? Sollte ich versuchen, den Hausherren mit Vees Hilfe in ein Gespräch zu verwickeln oder lieber schweigen? Ich dachte an Clint Eastwood, wie er im Film *Gran Torino* in eine Familienfeier seines Hmong-Freundes Thao gezerrt wird und von dessen Schwester einen Crashkurs in den Do's (den Blick senken, wenn er mit seinen Gastgebern spricht) und Dont's (Kindern den Kopf tätscheln) erhält. So einen Kurs konnte ich jetzt auch gebrauchen. Der einzige derartige Hinweis von Vee war jedoch, dass wir später auf der Bettstelle die Decken keineswegs als zusätzliche Matratzen missbrauchen sollten, nur um es weicher zu haben. Da sei die Hausherrin vor einigen Monaten einmal sehr böse geworden – weshalb, wusste er nicht.

Als wir ausgetrunken hatten, führte der Vorsteher Falk und mich durch das Dorf, womöglich aus Höflichkeit, womöglich aber auch, um zu verhindern, dass wir uns unbeaufsichtigt aufmachten und seine Leute verschreckten. Er trug eine lange Hose aus mit Indigo blau gefärbter Baumwolle, sein Oberkörper war nackt.

Er zeigte uns die Kuhherden, blieb vor einem Büffelbullen stehen und klopfte sich stolz auf die Brust, und brachte uns zu der Schaukel aus den beiden gebogenen Stämmen. Schnatternde Kinder und Jugendliche folgten uns wie in einer Prozession. Insgesamt wohnten in dem Dorf, das viel kleiner aussah, immerhin zweihundert Menschen und ein Vielfaches an Tieren. Ein aufgebrachtes Huhn fegte an uns vorbei, dicht gefolgt von einem Rudel hechelnder Welpen, und verschwand hinter einem Haus. Kurz waren die Tiere in Aufruhr, sie bellten und gackerten und muhten, dann waren nur noch die Unterhaltungen unserer Begleiter zu hören. Mir fiel auf, dass ich im Dorf schon hunderte Hunde gesehen hatte, aber beinahe ausschließlich sehr junge Tiere. Und tatsächlich erzählte Vee später, dass die heranwachsenden Hunde den Bewohnern eine willkommene Fleischmahlzeit boten, die sie darüber hinaus an die Schweine verfütterten und als Fleischportion nach Phongsali verkauften.

Zurück im Haus, setzten wir uns wieder auf die Hocker neben dem Ka Toke, auf dem nun einige Schüsseln standen. Staub und der beißende Geruch des Qualmes, der vom Feuer aufstieg, füllten den Raum und ließen ihn in einem Zwielicht erscheinen. Der Stammesvorsteher goss neuen Tee ein und lächelte uns aus einem Mund an, der mit rotbraunen Zähnen gefüllt war, ein Ergebnis des ständigen Teegenusses und Rauchens. Auch jetzt paffte er eine Wasserpfeife aus Bambus. Die jeweils letzten Schlucke im Teeglas schüttete er auf den Boden, wo sie eintrockneten. Vor dem Haus balgten sich bellende Hunde, Hähne krähten, Pferde wieherten und Schweine grunzten, eine fortwährende, lebendige Geräuschkulisse. Keine Flugzeuge oder Autos verbreiteten hier Lärm, nur jene Dinge erklangen, die natürlich waren. Dinge, die atmeten.

An einer Wand hing ein verblichenes Poster des ergrauten Kaysone Phomvihane, den manche als Fidel Castro von Laos oder laotischen Ho Chi Minh bezeichnet haben und dessen Antlitz heute die Scheine des Kip ziert. Nicht zuletzt infolge intensiver Parteipropaganda verehren ihn viele Laoten wie einst ihre Könige: nicht als Politiker, sondern als mächtiges Sinnbild einer Nation, als fast gottesartige Figur, zu der einfache Menschen aufschauen können und von der in vielen Städten und Dörfern Statuen aufgestellt wurden, stumme Zeugen einer zeitlosen Unantastbarkeit. Von 1975 bis 1991 war er, Sohn einer laotischen Mutter und eines vietnamesischen Vaters, erster Premierminister und dann bis zu seinem Tod im Jahr 1992 Präsident von Laos. Ich erinnerte mich gelesen zu haben, dass der vietnamesische Revolutionär und Premierminister Ho Chi Minh selbst es gewesen war, der Phomvihane zurück nach Laos sandte, nachdem er in Hanoi studiert hatte. Kaum zurück in der Heimat, trat Phomvihane 1945 den Pathet Lao bei, verbarg sich 1964 vor den Bomben der Amerikaner in Höhlen im nördlichen Laos und wurde schließlich zum Lenker der Geschicke des ganzen Landes.

Das Dorf, in dem wir uns befanden, war etwa zweihundert Jahre alt, das Haus des Stammesvorstehers stand seit dreizehn Jahren. Die Dorfbewohner hatten ihn in einer typischen Dorfwahl, die aus ausgiebigen Diskussionen und einer Konsensentscheidung bestand, zu ihrem *Nai Baan* gewählt, ihrem Häuptling. Seine Wahl wurde daraufhin von der Regierung beglaubigt, indem er in Phongsali ein Zertifikat erhielt, das jetzt an der Wand neben Kaysone Phomvihane hing. Seit seiner ersten Wahl vor neunzehn Jahren erhielt er Geld und weitere Belohnungen von der Regierung. Seither hatten ihn die Bewohner des Dorfes in allen im Dreijahresabstand stattfindenden Wahlen in seinem Amt bestätigt.

»Er ist seinen Leuten ein guter Häuptling«, stellte Vee fest.

Der Stammesvorsteher sagte etwas zu Falk und Vee übersetzte: »Er will eine Zigarette von dir haben.«

Falk erfüllte seinen Wunsch, dann erzählte Vee vom Leben in diesem Dorf. Die Bewohner pflanzten Baumwolle, Gemüse und Reis an und betrieben Viehzucht. Einen Teil des Fleisches verkauften sie in Phongsali, um sich mit den Einkünften die wenigen Güter zu beschaffen, die sie nicht selbst herstellen konnten, auf die sie aber nicht verzichten wollten: neue Kleider, Süßigkeiten, Batterien und einige Plastikartikel. Sie machten den weiten Weg so selten wie möglich. Gelegentlich kamen auch Leute aus Phongsali hierher und kauften ihnen Vieh ab.

Die Tochter des Stammesvorstehers half ihrer Mutter, das Essen zu vollenden, indem sie neue Äste in die Flammen schob und in den Töpfen im Metallgestell darüber rührte. Aus dicken, hohlen Bambusästen, die als Behälter dienten, füllte sie zusätzliches Wasser in die Töpfe. Seit dreizehn Jahren wurde in diesem Haus so das Essen angerichtet, Abend um Abend, und davor viele Jahre mehr in ähnlichen Häusern, seit Generationen. In einem Bruchteil dieses Zeitraums war in meiner eigenen Familie der Gasherd durch ein Gerät mit Induktionskochfeld abgelöst worden, und kaum noch eine Pfanne kam ohne aufwendige Beschichtung aus.

Ich erkundigte mich bei Vee, ob ich dem Stammesvorsteher eine Frage stellen dürfte.

»Aber natürlich.«

Ich räusperte mich und sagte: »Wenn er sich etwas wünschen könnte, wofür würde er sich entscheiden? Oder halt, frage anders. Frage ihn, wie er sich sein Leben in zehn Jahren vorstellt. Erwartet er irgendwelche großen Veränderungen? Hat er langfristige Ziele?«

Der Stammesvorsteher aschte auf den Boden und sagte: »Ich hätte gern ein Metalldach. Und ich wünsche mir eine Straße zum Dorf. Das würde den Handel erleichtern. Hast du noch eine Zigarette?«

Falk machte ein zunehmend zerknirschtes Gesicht und gab sie ihm. Offenbar sorgte er sich, ob sein Vorrat für die restliche Wanderung ausreichen würde.

»Die Regierung unterstützt die Idee, auch abgelegene Dörfer an Straßen anzubinden«, erklärte Vee, »und ihnen damit Modernisierung und wachsenden Wohlstand zu ermöglichen. Aber dieses Dorf ist zu weit von allem entfernt. Bestimmt zieht es irgendwann um, näher an Phongsali und die Straßen heran, in eine Gegend, die sich besser für die Viehzucht eignet als dieser Hang hier und in der es eine grundlegende medizinische Versorgung gibt. Viele Dörfer sind bereits umgezogen. Ihr habt also Glück, dass ihr rechtzeitig gekommen seid. Traditionelle Dörfer wie dieses werden nach den Plänen der Regierung bald sehr selten sein.«

Ich hatte von den Umsiedlungsplänen der Regierung gehört. In den letzten Jahren hatten immer mehr Mitglieder ethnischer Minderheiten ihre althergebrachte Lebensweise aufgegeben, zum Teil ohne großes staatliches Zutun, zum Teil unter erheblichem Druck, und waren aus den Bergen in die Täler gestiegen. Dort, in der Nähe der Straßen, hatten sie besseren Zugang zu Schulen, Märkten und ärztlicher Versorgung, dort konnte der Staat sie leichter kontrollieren. Die Straßen waren für viele Dörfer ohne Tempel und Marktplätze einziges Zentrum, um das sich alles drehte. Sie saugten die Menschen förmlich aus den Bergen.

Einmal ins Reden gekommen, hörte Vee so bald nicht wieder auf. Er erzählte von seiner Kindheit und gab ein paar Anekdoten aus dem Studium zum besten. Aber am lebendigsten wurde er, wenn er über das Heute und die Zukunft sprach.

»Ich liebe den Lehrerjob«, sagte er. »Im August werde ich für zwei Monate für eine Fortbildung in Methodentraining nach Luang Prabang gehen. Ich will ein noch besserer Lehrer werden. Aber es ist sehr schwer: Viele Schüler haben einen sehr weiten Weg und können nicht regelmäßig zum Unterricht kommen. Und weil es an Büchern fehlt, ist der Fortschritt in meinen Klassen sehr langsam. Die Schüler oder ihre Eltern müssen die Bücher selbst kaufen, aber wer hat schon das Geld dafür? Ich spreche das auf jeder Lehrerversammlung an. Dann heißt es *Nächstes Jahr...* Ich selbst habe in Luang Prabang Englisch gelernt. 2002 begann ich mit dem Studium, Ende 2006 war ich fertig. Damals verdiente jemand, der Englisch sprach, gutes Geld. Als Führer bekomme ich jetzt meist nur 10.000 Kip pro Tag. Wie ich schon sagte: Ich liebe den Lehrerjob, aber es ist zu viel Arbeit für zu wenig Geld. Seit Jahren habe ich keine Zeit zum Fußballspielen. Ich bin nicht nur Lehrer und Führer, sondern singe zudem auf Festen und moderiere. Ich versuche Geld zu sparen für mein Vorhaben, ein Gasthaus in Phongsali zu eröffnen. Aus Bambus und Holz soll es gebaut sein, ähnlich der Häuser der Akha.«

Vees Augen leuchteten, als er von seinem Traum erzählte. »Ich hoffe, während der Fortbildung in Luang Prabang Inspirationen zu finden, denn dort gibt es einige schöne Gasthäuser. Aber mein Grundstück liegt an einem steilen Hang, ich müsste viel graben. Der Bau wäre wie der Lehrerjob: viel Arbeit – aber ich habe nur wenig Geld. Ich habe gerade zum zweiten Mal geheiratet und habe noch keine Kinder. Vier Geschwister habe ich, und arme Eltern. Niemand von ihnen könnte mich unterstützen. Es gibt keine Onkel oder Tanten, die mir helfen könnten. Möchtet ihr nicht bei der Finanzierung helfen?«

Ich hatte mich inzwischen vom Hocker auf den Boden gesetzt, mit dem Rücken gegen eine Wand gelehnt, und war seinen Erzählungen entspannt gefolgt. Jetzt schreckte ich auf. Ich schaute zu Falk und zurück zu Vee, der uns angrinste.

»Ihr könntet dann immer kostenlos mit eurer Familie und euren Freunden in Phongsali schlafen«, sagte er und lächelte aufmunternd.

»Ich, äh, wir...« Ich rutschte unruhig auf dem Boden hin und her und versuchte, meinerseits zu lächeln. »Weißt du, Vee, wir sind nur Studenten und haben für diese Reise lange gespart, und wenn sie vorüber ist, werden wir arm sein.«

»Wir können uns das auch nicht leisten«, fügte Falk hinzu.

Vee nickte verständnisvoll, aber ich wusste, dass wir für ihn so oder so reich waren, unabhängig von den Zahlen auf unseren Konten, einfach, weil wir aus Europa kamen.

»Schon gut«, sagte er und schaute ins Zwielicht im hinteren Teil des Hauses. Ich hatte einen Kloß im Hals. Er hatte uns gebeten, seine Existenz und die seiner Familie auf Jahre zu sichern, und gewiss ging er davon aus, dass wir die Möglichkeit dazu hatten. Wir hatten abgelehnt. Was dachte er nun von uns? Das schlechte Gewissen verursachte mir Übelkeit, obgleich ich wusste, dass es abwegig war, einem Menschen so viel Geld zu übermachen, den ich erst seit einigen Stunden kannte.

Andererseits: Warum war es so abwegig? Warum erschien es so ausgeschlossen, einem beinahe fremden Menschen zu helfen, auch wenn das bedeutete, die eigene Reise um ein paar Monate abkürzen zu müssen? War der Grund Selbstherrlichkeit? War ich so egoistisch, dass ich nicht sehen konnte, wie leicht es für mich gewesen wäre, hier einen wirklichen Unterschied zu machen und ein Leben zu verändern? Es war wohl einer jener Momente, die viele westliche Reisende in unterentwickelten Regionen erleben: das schlechte Gewissen ob des eigenen Wohlstandes angesichts der Armut der Welt. Doch genau diese Diskrepanz des Lebensstandards und der Löhne zwischen Asien und Europa ermöglichte uns überhaupt die Reise. In Oudomxai hatten wir während eines Abendessens den 40-jährigen Jacob aus Schweden kennengelernt, der erst die furchtbare Armut in Laos beklagt und die alte Weisheit zum Besten gegeben hatte, dass es doch eigentlich genug auf der Welt gab und dass man es nur gerecht verteilen müsse. Schon im nächsten Satz freute er sich dann über die günstigen Preise für das Essen, für die Übernachtung, für das Reisen.

Vor der Reise hatte ich in einem Internetforum eine Diskussion über die Frage verfolgt, ob es in Anbetracht der Armut, des Schmutzes und des Elends in Laos für einen wohlhabenden Urlauber aus dem Westen moralisch sei, überhaupt hierher zu reisen. Oder ob einen das schlechte Gewissen, weil es einem materiell so viel besser gehe, nicht davon abhalten solle. Ich halte derartige Überlegungen für überzogen. Sie führen zu nichts und helfen niemandem. Aber wir sollten doch ehrlich genug sein, einzugestehen, dass die niedrigen Preise, die wir zahlen, in direktem Zusammenhang mit der schwachen Wirtschaftskraft eines Landes wie Laos stehen. Zahlen wir für unsere Verhältnisse außerordentlich wenig, bedeutetet das nur, dass wir Geld sparen aufgrund der Armut der Menschen. Bequem ist das, aber gerecht ganz sicher nicht. Wir sollten uns dessen bewusst sein, wenn wir uns über die niedrigen Preise freuen und im nächsten Atemzug scheinheilig die Menschen bemitleiden und uns dabei durch ebendieses Mitleid schon wieder über sie erheben. Ist es gerecht, dass Vee mit seiner Arbeit als Führer nur umgerechnet zehn Euro pro Tag verdient, bei höchstens einer Tour in zwei oder drei Monaten? Nein. Aber würde es ihm besser gehen, wenn ich mich aus höherer moralischer Überzeugung nicht von ihm führen ließe? Es hilft niemandem, keine Geschäfte mit diesen nach unserem Verständnis armen Menschen einzugehen. Aber wenn wir von den niedrigen Preisen Südostasiens profitieren, sollten wir uns zumindest über deren Ursachen im Klaren sein.

Es gibt sicher viele Deutsche, die bekunden würden, bereit zu sein, auf einen gewissen Teil ihres Lebensstandards zu verzichten, um jenen Menschen in Entwicklungsländern wie Laos ein wenig zu helfen. Aber wer tut es wirklich? Wer opfert einen Teil des eigenen Standards, wer spendet über den kleinen Betrag hinaus, der ohnehin übrig ist, wer ist bereit, zu *verzichten*? Auch wenn die Deutschen nach wie vor zu den fleißigsten Spendern der Welt gehören, vermute ich, dass die Zahl jener, die nicht nur theoretisch bereit sind, vom eigenen Wohlstand abzugeben, sondern dies auch tatsächlich tun, gering ist. Außerdem stellt sich die Frage, ob unsere Vorstellung von Wohlstand einem Land wie Laos tatsächlich zum Vorteil gereicht. Wenn jemand wie Vee das Vorhaben fasst, ein Gasthaus zu eröffnen, kann ich das nur begrüßen, denn die Eigeninitiative der Menschen ist, sobald eine hinreichende Grundlage dafür vorhanden ist, der beste Weg, ein Land zu entwickeln: von innen heraus, unterstützt durch Reformen der eigenen Regierung. Die Grundlagen jedoch können oftmals nicht aus eigener Kraft geschaffen werden – hier ist die internationale Entwicklungshilfe gefragt, mit ihrem Eigenauftrag *Hilfe zur Selbsthilfe*. Ebendieser Prozess findet in Laos statt. Das Land war lange Zeit abgeschottet, rückwärtsgerichtet und vom Krieg zerrüttet, aber heute ist Laos ein Land im Aufbruch, in dem bemerkenswerte Veränderungen stattfinden. Ausländische Entwicklungshilfen machen bis zu einem Viertel des jährlichen laotischen Budgets aus – in den späten Neunzigern war es sogar die Hälfte. Ihr Ziel ist die Bekämpfung von Armut und Unterentwicklung, nicht, ohne dabei Eigeninteressen zu verfolgen wie weltpolitische Stabilität und eine Stärkung des globalen Handels. Eine zögerliche politische Öffnung und der zunehmende Tourismus sorgen dafür, dass Laos langsam aber sicher an der Globalisierung teilnimmt. Die Wirtschaftspolitik ist heute weitgehend höchstens noch auf dem Papier sozialistisch. Neben dem Bergbau ist der Tourismus die wichtigste Einkommensquelle: Von 1998 bis 2008 hat sich die Zahl der Besucher, die nach Laos reisen, der laotischen Tourismusbehörde zufolge verdreifacht.

Viele Touristen kommen hierher, um das ursprüngliche, traditionelle Laos mit den Lebensweisen kennenzulernen, die im Großteil der restlichen Welt schon lange der Vergangenheit angehören, und viele von ihnen bemerken nicht, dass sie, während sie in Scharen dieses Ziel verfolgen, das Land für immer verändern und endgültig in das Zeitalter der Moderne katapultieren. Das Laos, das sie sehen wollen, beginnt unter ihrer tatkräftigen Mithilfe langsam zu verschwinden. Was dem Wohlstand der Menschen zuträglich ist, gefährdet auf der anderen Seite einzigartige kulturelle Aspekte, die für immer verloren zu gehen drohen. Ich selbst trug zu diesem Prozess bei.

Autor Tiziano Terzani fällte in *Fliegen ohne Flügel* für sich bereits 1995 ein eindeutiges Urteil für solche Entwicklungen, die an vielen Orten Asiens zu beobachten sind: »Nacheinander befreiten sich die Länder Asiens vom kolonialen Joch und setzten den Westen vor die Tür. Und nun? Nun kehrt der Westen durch die Hintertür zurück und erobert Asien – nicht, indem er sich seiner Staatsgebiete, sondern indem er sich seiner Seele bemächtigt. Er tut es heute ohne Plan, ohne deutliche politische Absicht, einfach durch einen schleichenden Vergiftungsprozess, gegen den bisher kein Mittel gefunden wurde: den Gedanken der Modernität. Wir haben Asien davon überzeugt, dass man nur überlebt, wenn man modern ist, und dass die einzige mögliche Modernität die unsrige, die westliche, ist. [...] Indem sich der Westen als einzig wahrer Vertreter des menschlichen Fortschritts dargestellt hat, ist es ihm gelungen, denen, die nicht nach seinem Vorbild *modern* sind, einen starken Minderwertigkeitskomplex einzuflößen – was nicht einmal das Christentum geschafft hat! Also wirft

Asien heute alles über Bord, was sein ist, um das zu übernehmen, was westlich ist [...].«

Dabei ist der Tourismus für Terzani einer der »unheilvollsten Gewerbezweige«, Touristen selbst bezeichnet er als »Invasoren« und »Soldaten aus dem Reich des Konsums, die mit ihren Fotoapparaten, ihren unerbittlichen Videokameras den letzten natürlichen Zauber hinwegnehmen, der hier noch überall vorhanden ist«.

Zu Recht betrauert Terzani den kulturellen Verlust, der in vielen asiatischen Nationen infolge der Teilnahme an der Globalisierung zu beobachten ist. Man kann es zum Beispiel den Laoten kaum verübeln, nach einem höheren Lebensstandard zu streben, darauf hinzuarbeiten, sich einen Fernseher anzuschaffen und an die Welt angeschlossen zu werden. Ob das dann wirklich ein höherer Lebensstandard ist, ob sie dadurch glücklicher sind oder nicht nur unbewusst versuchen, die Wertevorstellungen des Westens von Glück und Unglück, von Reichtum und Armut zu übernehmen, die für ihren eigenen Gesichtskreis kaum geeignet sind, ist fraglich. Aber wir sollten uns auch in Acht nehmen, in unserer Suche nach Ursprünglichkeit und Tradition wirtschaftlichen Stillstand und daraus resultierende Armut zu romantisieren, indem wir scheinheilig-verklärt und ewiggestrig auf die kulturelle Reinhaltung verweisen und dabei tatsächlich an toten Überbleibseln aus der Vergangenheit festhalten. Von diesen Überbleibseln lassen wir uns allzu oft blenden, weil sie uns in unserer vereinfachten Betrachtungsweise als typische Merkmale typischer Bevölkerungsgruppen erscheinen, deren Wirklichkeit um ein Vielfaches komplexer ist.

Die laotische Regierung ist sich der ambivalenten Entwicklungen zumindest auf dem Papier bewusst: Bei der Aktualisierung der Verfassung von 1991 im Jahr 2003 fügte sie Artikel 23 hinzu, der besagt: »Der Staat fördert den Erhalt der nationalen Kultur, die für die reichhaltige Tradition des Landes und seiner ethnischen Völker steht, während er ausgewählte Einflüsse fortschrittlicher Kulturen aus aller Welt akzeptiert.«

Bezüglich der rechtlichen Gleichstellung ethnischer Minderheiten war Laos übrigens sehr früh sehr weit – trotz aller Probleme, die zum Teil bis heute andauern. Schon 1947, in einer Zeit, als die liberale Demokratie Australien den Aborigines volle politische Rechte noch zwei weitere Jahrzehnte verwehren würde, besagte die Verfassung: »Einwohner von Laos sind all jene Individuen, die zu Rassen gehören, die dauerhaft im laotischen Gebiet sesshaft sind und noch keine andere Nationalität besitzen.«

Es bleibt zu hoffen, dass die weiteren Umwälzungen in einer Art und Weise stattfinden, bei der die Menschen ihr Selbst nicht aufgeben müssen, sondern bei der sich Lebensweise und wachsender Lebensstandard vereinen lassen.

»Erik? Bist du noch bei uns?«

Ich schreckte aus meinen Gedanken und sah Vee an, der mir zuzwinkerte.

»Mach dir keine Sorgen«, sagte er. »Es ist schon in Ordnung.«

»Gut«, sagte ich, obgleich ich fühlte, dass nichts in Ordnung war. Mein Kopf war voller Fragezeichen.

Das Abendessen wurde aufgetischt. Nachdem sich die Frauen zurückgezogen hatten – sie aßen nicht mit uns Gästen – gab der Stammesvorsteher seinem Sohn, seinem Bruder und uns Reis aus. Auf dem Ka Toke standen Schüsseln mit Gemüse, süßer Bambussuppe mit Streifen jungen, gekochten Bambusses und Fisch aus dem Nam Ou, deren Inhalte wir abwechselnd zum Reis gaben. Zahllose Runden Lao Lao begleiteten die Mahlzeit. Ursprünglich hatte Lao Lao in Laos auch eine rituelle Bedeutung: Der Hausherr schüttete eine kleine Menge auf den Boden, um die Geister des Hauses zu ehren. Unser Gastgeber hielt sich nicht mit solchen Gesten auf. Alle fünf Minuten füllte er die Gläser nach und ich begann zu ahnen, dass er nicht nachgeben würde, bis die Flasche leer war. Glücklicherweise war die Akha-Variante weniger stark als jene der Phounoy.

Jeder Krümel, der durch die Stäbchen rutschte, mit denen wir aßen – und das waren in meinem Fall einige – wurde sofort von lauernden Hunden und Katzen geschnappt. Rückten sie uns zu nahe, bekamen sie einen Hieb mit dem Stock. Selbst dreijährige Kinder, die uns beim Essen zusahen, traten nach den Hunden. Früh übt sich...

Als wir gesättigt waren, fegte die Frau das Haus aus und wirbelte Staub auf, bis der Innenraum in eine Wolke gehüllt war. Falk, der die Gelegenheit sah, die wenigen Zigaretten, die ihm noch geblieben waren, vor der schwarzen Lunge des Stammesvorstehers zu retten, und ich gingen vor die Tür und sogen die laue Abendluft ein. Es dämmerte.

»Ich kann nicht fassen, *wie* abgelegen dieses Dorf liegt«, sagte Falk nachdenklich. Er zündete sich eine Zigarette an. Ich schob meine Hände in die Hosentaschen – und verharrte. Die rechte Tasche fühlte sich durchnässt an. Für eine Sekunde wunderte ich mich, dass ich dermaßen geschwitzt haben sollte – und nur auf einer Seite – doch als ich die Hand herauszog, war sie voller klebrigem Blut. Ich zog die Hose herunter: Auch die Unterhose triefte von Blut, doch ich fand keinen Egel. Nun entdeckte ich auch Blut an meinem Arm.

»Oh Mann«, murmelte ich unglücklich, betastete meinen Oberkörper und erlitt einen kurzen Herzstillstand, als ich eine Hemdfalte für einen Egel hielt.

Nachdem Falk aufgeraucht hatte, holten wir unsere Waschsachen aus den Rucksäcken und liefen mit Vee zur Wasserstelle, einem fünf Minuten vom Dorf entfernten Sickerloch in einer Erdspalte, vor der die Leute einen kleinen Damm aus Holz und Steinen errichtet hatten. Drei oder vier Leute waren schon da und schöpften mit Metallschüsseln Wasser aus dem Loch, um sich an ihnen zu waschen. Wir warteten ein paar Minuten bis wir an der Reihe waren, dann nahmen wir eine der Schüsseln und stiegen auf einen feuchten Holzbalken an der Sickerstelle. Ich rutschte unkontrolliert auf dem schlüpfrigen Holz hin und her, erlangte mein Gleichgewicht wieder, beugte mich vorsichtig über das Wasserloch, füllte die Schüssel mit Wasser und begann, das Blut von meinem Bein zu waschen.

Unterhalb des Dammes weitete sich die Spalte zu einem Graben, in dem die Erde zu tiefem Schlamm geworden war. Darin stand eine Kuh, bis zu den Knien eingesunken, und leckte genüsslich im Schlamm herum. Zurück ging es auf der anderen Seite des Grabens; da der Weg sehr schmal war, wurde er zu den Hauptbenutzungszeiten nur in einer Richtung verwendet. Mittlerweile war es dunkel geworden. Mithilfe unserer Stirnlampen strauchelten wir am Hang entlang und stolperten über Gestrüpp, bemüht, den richtigen Weg zu finden. Im Dorf begegneten uns nur wenige Leute, doch dafür tauchten aus der Dunkelheit plötzlich Schweine auf, denen wir gerade noch ausweichen konnten. Wir stiegen über Küken und Ferkel; Hunde kläfften uns hinterher.

Auf einer Wiese neben dem Haus des Stammesvorstehers putzten Falk und ich uns die Zähne, umgeben von grasenden Kühen. Jenseits der Wiese leuchteten im Buschwerk Glühwürmchen wie ein Blitzgewitter. Mit ihrer Lichtsinfonie erreichten diese kleinen Käfer einen höheren Wirkungsgrad als selbst die energieeffizienteste künstliche Lichtquelle. Künstliche Lichtquellen gab es auf dieser Wiese weit und breit keine. Die Dunkelheit war absolut und das Schauspiel umso beeindruckender.

»Hast du das gehört?«, fragte Falk mit vollem Mund und spuckte Zahnpasta aus.

»Was denn?«

»Das Geräusch!«

»Welches...«

Jetzt hörte ich es auch. Es war ein leises Trampeln, ein Tapsen, das durch die Dunkelheit an unsere Ohren drang.

»Von wo kommt es?«, fragte ich.

»Keine Ahnung. Ich hoffe nur, es ist nicht einer dieser Büffelbullen, der nach dem richtigen Winkel sucht, seine Hörner in einen menschlichen Körper zu rammen.«

Wir hielten die Luft an, standen regungslos und spähten angestrengt in die Nacht, natürlich ohne etwas zu sehen.

»Hast du noch deine Stirnlampe?«, fragte ich.

»Ja, aber ich will ihn nicht wild machen.«

»Schalte sie ein.«

»Wenn er sich erschrickt, dann könnte er...«

»Schalte sie ein.«

Falk zögerte. »In Ordnung.« Kurz darauf durchbrach der Schein seiner Lampe die Schwärze. Ich versuchte etwas zu erkennen und machte einen vierbeinigen Tierkörper aus. Zwei Augen blinzelten uns überrascht an.

»Was ist es?«, flüsterte Falk aufgeregt. »Oh nein, es …«
»Falk?«
»Sei vorsichtig! Ich kann seine Hörner sehen!«
»Falk?«
»Was ist?«
»Er hat keine Hörner. Er ist ein Esel.«

Die ersten Sonnenstrahlen drangen durch die Wandspalten ins Haus wie goldene Pfeile und weckten mich. Es war sechs Uhr. Zu meinen Füßen saß schon der Stammesvorsteher, der, mit einer Zigarette in der Hand, ununterbrochen quasselte. Der Redeschwall richtete sich vermutlich an seine Frau, die sich am Feuer zu schaffen machte.

Wir hatten die Nacht gemeinsam mit Vee auf einem massiven Holzpodest in einer dunklen Ecke im größeren der beiden Zimmer verbracht, auf dem einige dünne Matratzen und Decken lagen. Als ich mich am Abend zuvor zur Ruhe gelegt hatte, hatte der Rauch des ausgehenden Feuers in meinen Augen gebrannt und den Mund trocken gemacht, denn es gab kein Abzugsloch. Der Rauch entwich zögerlich durch die vielen Ritzen und Spalten im Dach und in den Wänden. Diesen Spalten, die zwischen jedem Brett und Bambusstreifen klafften, hatte ich es ebenfalls zu verdanken, dass mir kein einziger Laut der nächtlichen Geräuschkulisse entgangen war: Weder das monotone Büffelbrüllen noch das irre Krähen der Hähne, das ab etwa drei Uhr über jedes mir bekannte Maß hinaus gegangen war. Es war, als hätten sämtliche der Hähne, und es musste ihrer hunderte sein, etwas zu sagen gehabt.

Die Blutegelwunde an meinem Oberschenkel blutete noch immer. Die Blutgerinnungshemmer der kleinen Biester hatten dafür gesorgt, dass nun auch meine zweite und letzte Unterhose mit zahlreichen Schichten getrockneten und frischen Blutes verschmiert war und mir an der Haut klebte. Um die Wunde hatte sich ein dunkelroter Kranz gebildet. Vielleicht war es keine gute Idee gewesen, die Wunde mit dem Wasser des Sickerlochs zu waschen, das zwar nicht stark verschmutzt war, aber immerhin abgekocht werden musste, bevor es getrunken werden konnte.

Andererseits sorgte ja gerade die verstärkte Gerinnung für eine Säuberung der Wunde – so hoffte ich. Ich betrachtete besorgt den Kranz und machte allerlei Verrenkungen, um mit dem Kopf näher heranzukommen und besser zu sehen. Es würde schon nichts sein.

Die Tür zum Haus wurde geöffnet. Weitere Sonnenstrahlen drangen hinein und erhellten das diesige Innere. Hunde und Katzen sprangen über die Barriere ins Haus. Selbst eine weiße Katze mit braunen und schwarzen Flecken, die gestern den Bambusstock heftig zu spüren bekommen hatte, traute sich wieder herein.

Ich verließ das Haus und ging auf die Wiese nebenan. Nebel schmiegte sich in das Tal unter der Siedlung und waberte langsam die Hänge hinauf wie Geisterhände, die nach den höher stehenden Bäumen griffen. Kurz bevor er die Häuser erreichte, verflüchtigte er sich. Die Morgensonne, die mich geweckt hatte, tauchte auch hier alles in einen wunderbar goldenen Glanz. Rauch stieg von den Häusern auf, in denen Frühstück zubereitet wurde, und brach das Licht. Die Tiere wedelten gutgelaunt mit den Schwänzen.

Während des Frühstücks begann die weiße Katze zu maunzen. Der Stammesvorsteher legte vorsorglich den Stock bereit, was sie fürs Erste verstummen ließ. Bald wurde sie aber wieder aufdringlicher und bekam einen Hieb. Der Stock war am Ende zerfasert, so dass das peitschende Geräusch vielleicht – oder hoffentlich – schlimmer klang als es sich für die Katze anfühlte.

Unser Gastgeber war auch heute sehr aufmerksam und stellte sicher, dass stets genügend Reis in unseren Näpfen war. Waren sie halb geleert, schenkte er umgehend nach. Seine Kinder saßen nicht mit am Tisch, sondern überwachten die Schüsseln auf dem Ka Toke und holten bei Bedarf Nachschub aus den Töpfen über der Feuerstelle. Dann war es für mich an der Zeit, Vee eine essentielle Frage zu stellen.

»Wo sind die Toiletten?«

»Was meinst du?«, fragte er und leerte seinen letzten Schluck Tee.

»Ich meine, was ich sage. Wo sind die Klos?«

Er schüttelte den Kopf. »Die gibt es nicht.«
»Ja, schon klar«, sagte ich und winkte ab. »Es gibt keine Kloschüsseln und keine Spülung und so weiter. Aber wo sind die ... Löcher oder was auch immer sie hier haben?«
»Es *gibt* keine Löcher. Manche andere Dörfer haben Löcher mit kleinen Astkonstruktionen zum Darüberhocken, aber dieses hier nicht. Geh einfach in den Wald. Und nimm dir ein paar Zweige mit. Dieses Dorf hat nicht viel Wasser und es kann nicht für diese ... Angelegenheit verschwendet werden.«

Glücklicherweise hatte ich, wie jeder geschulte Reisende, stets eine Notrolle Toilettenpapier dabei, so dass ich nicht auf die Zweige angewiesen war.

Viertel vor neun brachen wir auf. Heute würde die Wanderung noch anstrengender werden und noch mehr und längere steile Abschnitte beinhalten. Ich verließ das Dorf ohne in der ganzen Zeit auch nur ein Wort mit Frauen gewechselt zu haben, die sehr scheu gewesen waren und nicht mit uns hatten sprechen wollen, können oder dürfen. Auch Vee war es schwergefallen, sich mit ihnen zu verständigen, da er kein Akha sprach und sie, wie er uns bereits angekündigt hatte, weder Lao noch Englisch beherrschten. Ein oberflächlicher Austausch war also prinzipiell nur mithilfe der Akha-Männer möglich, aber eine Interaktion war, abgesehen vom gelegentlichen scheuen Anlächeln, nicht zustande gekommen.

Während wir am Hang entlang wanderten, lösten sich links im Tal langsam die morgendlichen Nebelschwaden auf. Meine Beine waren noch schwer von gestern. Muskeln und Knochen fühlten sich müde an, die Bewegungen waren von einer Schwerfälligkeit, die mich zusätzlich erschöpfte. Ich holte tief Luft und atmete aus. Ich musste mich zusammenreißen.

Zunächst führte der Weg sachte bergauf. Da die Dorfbewohner hier offenbar regelmäßig verkehrten, war er recht gut erkennbar. Auf dem Kamm des Berges, der sich über das Dorf erhob, standen die Bäume etwas lichter als weiter unten. Wolken umhüllten uns bald, es wurde feuchter und die Temperatur fiel um wenige Grad: eine willkommene Abkühlung, denn schon jetzt strömte unser Schweiß aus jeder Pore. Das Grau, das uns umgab, verschluckte den Wald auf den Hängen schräg unter uns in wenigen Metern Entfernung und nahm uns das Gefühl dafür, wie tief das Tal unter uns lag und wie hoch wir selbst waren.

Langsam erwachte der Wald. Fliegen begannen zu summen, Grillen zirpten, Käfer wurden emsig. Noch immer stakste ich mit meinen Bambusstöcken voran. Bergab halfen sie ein wenig, auf geraden Strecken trug ich sie spazieren. Manchmal waren sie sogar hinderlich, wenn das Dickicht zu eng wurde und sie sich im Unterholz verfingen. Aber bei steilen Etappen, in denen wir einen Berg hinauf mussten, und es waren ihrer Vees Ankündigung entsprechend viele, waren sie von unschätzbarem Wert für meine müden Beine. Es würde zu weit gehen zu sagen, dass sie mir Erleichterung verschafften. Lassen Sie es mich so ausdrücken: Sie ließen mich überleben. Die Hosen hatte ich wieder in die Socken gestopft, obgleich es gestern nichts genützt hatte. Den Versuch schien es mir wert.

Jedoch: Es war vergebens. Der Abschnitt, durch den wir liefen, war besonders feucht. Die Luft war feucht, die Erde war feucht, der Bodenbewuchs war mit vielen kleinen Tropfen behangen – optimale Bedingungen für Egel. Schon der englische Forschungsreisende und Abenteurer Henri Mouhot, der Mitte des 19. Jahrhunderts die sagenhaften, vom Dschungel überwucherten Ruinen von Angkor in Kambodscha wiederentdeckt und erforscht hatte, klagte in Laos: »Zu den nächtlichen Insektenattacken stelle man sich nun die Blutegel vor, die nach den geringsten Regenfällen aus dem Boden kommen, einen Menschen aus zwanzig Fuß Entfernung wittern und mit beeindruckender Hast auf ihn zueilen, um sein Blut zu saugen.«

Es dauerte nicht lange, bis Vee den ersten Blutsauger am Bein hatte. An meine Wunde denkend beschleunigte ich den Schritt. Kurz später fühlte sich etwas in meinem rechten Schuh seltsam an. Eine Sockenfalte? Ich ertrug die Ungewissheit keine fünf Sekunden und bat die beiden, einen Augenblick zu warten. Ich zog den Schuh aus und schüttelte ihn.

Nichts.

Doch als ich die Zunge nach oben bog und das Innere des Schuhs inspizierte, entdeckte ich den kleinen Wurm, der sich langsam wand, verwundert, wohin sein sicher geglaubtes Morgenmahl plötzlich verschwunden war. Ich schnappte mir einen Zweig und stocherte damit am Egel herum, der überraschend zäh war. Eher brach das Holz als dass meine Attacken den Egel beeindruckten. Bis es mir endlich gelang, ihn zu entfernen, war der Zweig auf ein Drittel seiner ursprünglichen Länge zusammengeschrumpft. Ich überprüfte auch den anderen Schuh, nur um sicher zu gehen, und – entdeckte einen weiteren Egel. Ich wollte heulen.

»Komm schon Erik, beeil dich!«, rief Falk, der von einem Fuß auf den anderen sprang als stünde er barfuß auf einem heißen Stein. »Die Teile sind überall.«

Es stimmte. Sie *waren* überall. Mit jedem Schritt sahen wir sie, wie sie auf dem Boden im Blätterreich kreuchten und fleuchten. Für einige Minuten bewegten Falk und ich uns im Storchenschritt fort, um die Füße im rechten Winkel auf den Boden zu setzen und zu vermeiden, durch das Gesträuch und Laub am Boden zu streifen und sie so einzusammeln. Aber es nützte nichts. Sobald die Sohlen den Boden berührten, schwangen sich die Viecher mithilfe ihrer Saugnäpfe auf die Schuhe. Auch meine Rechnung, als Dritter zu gehen, damit die beiden anderen alle Blutegel vor mir aufsammelten, ging leider nicht auf.

Es war, als hätten sich im Erdreich sämtliche Tore geöffnet: Sie reckten sich auf dem Boden, auf die Erschütterungen unserer Schritte lauernd, und stürzten sich auf uns. Vee sammelte sich zwei neue Exemplare von den Beinen, ich sah ihrer drei an meinen Schuhen kleben und versuchte sie abzuschütteln. Ich wollte einen Stock nehmen, doch ich fand nur Blätter und biegsame Bambusstreifen, mit denen ich verzweifelt, aber ergebnislos, über die Biester strich, die sich festklammerten wie Kletten. In den wenigen Sekunden, die ich nach einem stabilen Zweig suchte, kletterten zwei weitere Egel auf meinen linken Schuh. Ich fand einen brauchbaren Stock und machte mich hastig an die Arbeit. Die Egel hielten zielstrebig auf die Oberkante der Schuhe zu und drohten, einer nach dem anderen im Innenraum zu verschwinden. Sie waren zäh wie Zecken und widerspenstig wie Gummi. Erst säuberte ich den linken Schuh, dann machte ich mich an den rechten. Als ich auch hier alle Egel beseitigt hatte, war der linke wieder befallen.

Der erste große Nachteil der Idee, die Reise in der Regensaison anzutreten, wurde offensichtlich. Bisher hatte ich mit der Entscheidung nur Vorzüge verbunden. In der Landschaft sprießte und grünte es infolge des häufigen Regens überall: Deutschland sah im Regen grau und schmuddelig aus – in Laos erstrahlte das Land in neuer Blüte. Wohin das Auge blickte glitzerten Wassertropfen. Schlechtwettergarantie statt ununterbrochenem Sonnenschein war für mich eine lohnende Rechnung, auch in finanzieller Hinsicht, denn zu dieser Jahreszeit strömten weniger Touristen ins Land; die Preise sanken.

Es war nicht so, dass die Egel *gefährlich* waren. Blutegel übertragen nicht nur keine Krankheiten, einige Arten werden, wie jeder weiß, sogar für Therapien verwendet. Der Medizinische Blutegel etwa kann dank in seinem Speichel enthaltener, blutgerinnungshemmender Substanzen gegen Thrombosen, Venenentzündungen und als Schmerzlinderer bei Arthritis eingesetzt werden. Übrigens erreicht diese Egelart ein erschreckendes Alter von dreißig Jahren. Schon einmal über ein neues Haustier nachgedacht?

Mich störte nicht einmal der Gedanke am meisten, dass da ein kleiner, schleimiger Wurm an meinem Körper saß und mir mein Blut klaute. Vor allem legte ich keinen Wert darauf, noch einmal stundenlang meine Sachen vollzubluten. Dieses klebrige, nasse Blut, das war es, was mich anwiderte und mich beten ließ, verschont zu werden. Am liebsten wäre ich alle drei Minuten stehengeblieben, um meine Füße und Beine auf Blutegel zu untersuchen und sie abzusammeln, bevor sie sich festsaugen konnten. Aber erstens hätten wir auf diese Weise nie unser Ziel erreicht und zweitens gab jeder Augenblick, in dem ich langsam ging oder auf der Stelle verharrte, neuen Egeln leichtes Spiel, sich überhaupt erst auf mich zu werfen. Falk hatte den zusätzlichen Nachteil, dass seine zerrissenen Schuhe weitere Eingänge boten. Mir blieb immerhin Zeit, sie zu entdecken solange sie sich von meinen Schuhen zu den Socken begaben, aber in seine Schuhe krochen sie seitlich hinein, sofort in den Tiefen seines Fußschweißes verschwindend. Er konnte sie nur finden, indem er die Schuhe auszog, mit Zweigen in den Löchern stocherte und probierte, sie irgendwie zu erwischen. Nun warf er einen Zweig entnervt fort und drückte die Stelle mit den Fingern zusammen, an der er einen Egel vermutete.

»Wenn er tot ist, ist er tot«, sagte er resignierend.

Er zog die Schuhe wieder an, doch kaum dass er die Schnürsenkel gebunden hatte, stöhnte er: »Da ist ja schon wieder einer. Das kann doch nicht wahr sein!«

»Ich gehe vor«, sagte ich, da ich nicht lange an einem Ort stehen wollte. Hundert Meter später blieb ich aber doch stehen, um noch einmal die Schuhe zu überprüfen. Hinter mir hörte ich es im Gehölz knacken. Ich drehte mich um.

»Weiter, weiter, weiter!«, brüllte Falk und rannte auf mich zu. »Neue Taktik! Nicht stehen bleiben! Weiter!« Er schubste mich fast vom Weg und spurtete an mir vorbei. »Nicht stehenbleiben!«, rief er über die Schulter zurück. *Wo er Recht hat, hat er Recht*, dachte ich und rannte ihm hinterher.

Mit meinem Vater war ich früher ständig in den Wäldern unterwegs gewesen. An vielen Wochenenden errichteten wir irgendwo unser Zelt oder brachen ins Grün auf, nur mit einer Plastikplane ausgestattet, die wir ausbreiteten, um darauf zu schlafen, oder die wir als Regenschutz über uns aufspannten. Diese *Überlebenswochenenden* in der Natur waren ein großer Spaß. Wir schliefen in Schlafsäcken und ernährten uns von dem, was wir am Lagerfeuer oder am aus zusammengetragenen Steinen gebauten Grill zubereiteten. Wir gingen häufig wandern, bestiegen Berge und betätigten uns auf vielerlei andere Weise in der Natur. Nun aber wurde mir vor Augen geführt, dass ich, der ich mich bisher durchaus für einen Naturburschen gehalten hatte, in mancher Hinsicht doch ein Weichei war. Mein Vater hätte all das mit einem seiner knappen *Das-ist-alles-Natur*-Kommentare abgetan und sich die Egel geduldig abgepult. »Das ist Natur«, das sage ich bei den meisten Tieren auch. Ich habe kein Problem mit Ratten, Mäusen, Spinnen oder den von Falk gefürchteten Kakerlaken, und auch Schlangen ertrage ich, wenn sie mich nicht gerade aggressiv anzischen. Aber bei Blutegeln hört es bei mir auf.

Zuvor hatte ich es in Australien erstmals mit einem Blutegel zu tun gehabt: Ich entdeckte ihn an meinem Oberschenkel, nachdem ich in einer Flussbiegung geschwommen war, in der das Wasser recht ruhig stand. Ich riss ihn ab, und damit war die Sache erledigt. Der Unterschied bestand darin, dass ich damals einfach nicht mehr ins Wasser gegangen bin. Heute gab es kein Entkommen. Wirklich jedes Mal, wenn ich anhielt, um prophylaktisch nachzusehen, fand ich mindestens einen Egel auf meinen Schuhen, der auf dem Weg zu den Socken war.

Bei aller Abscheu rangen sie mir angesichts der Tatsache, wie – im wahrsten Sinne des Wortes – verbissen sie um ihre Nahrung und ihr Überleben kämpften, ein wenig Respekt ab. Sie verfügten über eiserne Hartnäckigkeit und waren unglaublich schnell. Mithilfe von Tastorganen auf ihrer Hautoberfläche orteten sie mich durch die Erschütterungen auf dem Boden über Meter hinweg, schwangen sich auf meine Schuhe, krochen zielsicher hoch und dann weiter auf die Socken, quetschten sich ohne große Probleme unter dem Gummizug hindurch und schafften es ins Hosenbein. Dann schlichen sie das Bein hoch, dockten mit ihren Saugnäpfen am Fleisch an und sägten mit ihren scharfen Zähnen hinein, die auf ganze drei Kiefer verteilt waren. Selbst die ledrige Haut eines Bullen konnten sie in wenigen Sekunden durchdringen.

Gegen Mittag erreichten wir Sopngam, ein Dorf der Volksgruppe Laoseng, das in der Biegung eines breiten Flusses lag. Die Bewohner dieses Dorfes bauten Nassreis auf Terrassen und Trockenreis auf brandgerodeten Hängen an und betrieben neben der Feld- und Viehwirtschaft zusätzlich Fischfang, da sie unmittelbar am Fluss wohnten. Ihre tägliche Diät war also etwas abwechslungsreicher als jene der Akha, bei denen wir übernachtet hatten. Zweimal im Monat brachten sie ihre Waren zum Markt nach Hatsa, das wir morgen erreichen würden.

Vee, der unsere Egelfurcht und die daraus folgenden Sprinteinlagen und Panikattacken mit bemerkenswerter Geduld ertragen hatte, händigte den Dorfbewohnern Regierungsdokumente aus, auf denen sie notieren sollten, wie viele Touristen im Dorf schliefen oder daran vorbeigingen. Dafür würden sie fortan eine entsprechende finanzielle Entschädigung erhalten, die der Entwicklung des Dorfes dienen sollte. Falk nutzte die Zeit, um noch einmal seine Schuhe auszuziehen und nach dem Egel zu suchen, den er vorhin nicht mehr gefunden hatte und den er zerdrückt zu haben glaubte. Nun fand er ihn wieder: Er war quicklebendig und kroch noch immer in seinem Schuh herum. Falk zog ihn heraus und machte ihn kalt.

Während die Akha Animisten sind, sind die Laoseng dem Buddhismus verbunden. Auch sie haben eine eigene Sprache, die zu den Mon-Khmer-Sprachen gehört, einer Sprachgruppe, die zusammen mit den nicobaresischen Sprachen die austroasiatische Sprachfamilie mit 132 Sprachen und ungefähr fünfundachtzig Millionen Sprechern bildet. Ihre Hausdächer bestehen weniger aus den schmalen, hochwachsenden Gräsern, die für die Akha und Phounoy typisch sind, als viel mehr aus Bambusstreifen und getrockneten Palmenblättern. Diese hatten wir zum Teil zwar auch im Akha-Dorf gesehen, doch die hatten diese Dachdeckweise vor Generationen von den Laoseng übernommen. An der Art der Dächer konnten wir Vee zufolge am leichtesten bestimmen, zu welchen Völkern die Menschen gehörten, deren Dörfer wir besuchten.

Nachdem wir das Dorf durchquert hatten, machten wir einen Schlenker nach rechts und wateten durch den Fluss, der noch breiter war als gestern der Nam Long. Das Wasser ging uns bis knapp unter die Hüften, die rutschigen Steine auf dem Grund waren von der jahrtausendelangen Reibung durch Wasser und Kies rund geschliffen geworden. Am jenseitigen Ufer zogen wir die Schuhe wieder an. Auf der Seite, von der wir gekommen waren, rannte eine Horde nackter Jungen aus dem Dorf an den Fluss und stürzte sich ins Wasser. Zwei Mädchen folgten ihnen. Sie trugen zu Kreisen zusammengebundene Äste, in denen Netze befestigt waren. Mit diesen Keschern fuhren sie durch das flache Wasser, um kleine Fische zu fangen.

»Jetzt wird es wieder steil«, sagte Vee und übertrieb dabei kein bisschen. *Senkrecht* wäre der Wahrheit für mich näher gekommen. Die Wanderstöcke zahlten sich einmal mehr aus. Meine Hände waren so schweißig und weich, dass sie infolge der Reibung Blasen bildeten und bald in die Stöcke hineinzuwachsen schienen. Nach zwanzig Minuten blieben wir stehen und blickten auf den Fluss und das Dorf hinab. Ich konnte die Ausblicke und die Natur endlich wieder genießen, denn hier gab es keine Blutegel.

»Los, weiter«, sagte Falk, der die Mühsal hinter sich bringen wollte. Und weiter kletterten wir. Ich ging so weit vornübergebeugt, dass ich mir den Kopf immer wieder an unerwartet über den Weg ragenden Bambusästen stieß: Der Hut bewahrte mich vor schlimmeren Beulen. Der Schweiß floss ohne Unterlass in einem fortwährenden Strom, Hemd und Hose klebten an meinem Körper. Entsprechend groß war mein Durst. Ich soff wie ein Loch; die erste von zwei Flaschen des rauchig-würzigen, rotgefärbten Tees, den uns der Stammesvorsteher heute morgen abgefüllt hatte, war bereits leer. Die nächsten Stunden würden wir auf keine klaren Bäche stoßen und auch sonst keinen Zugang zu Trinkwasser haben. Ich musste mir den Rest Tee einteilen, wodurch alles noch beschwerlicher wurde.

Oben angekommen, sackten wir in uns zusammen und ließen uns auf den Boden fallen. Auch Vee war erschöpft, wenngleich er bei weitem nicht so stark schwitzte wie wir. Auf unerklärliche Weise waren die Haare unter seinem Hut nahezu trocken geblieben, auch sein T-Shirt war im Gegensatz zu unseren Hemden nicht völlig durchnässt. Er verteilte salziges Gebäck. Die kleinen Kekse schmeckten, verstärkten aber den Durst. Ich beherrschte mich und nahm nur ein paar.

Wie ich so dasaß und schwitzte und keuchte und, völlig außer Atem, über die Täler, Berge und den Wald blickte, stellte ich fest: Ich liebte es. Ich liebte erschöpft zu sein, ich liebte zu schwitzen, ich liebte die körperliche Anstrengung, mich immer wieder neue Hänge hinaufzukämpfen, die trotz ihrer Ähnlichkeit immer wieder aufs Neue faszinierend waren. Die Egel liebte ich nicht, aber ich liebte es, hier draußen unterwegs zu sein und zu stinken wie ein Haufen verrottender Weißkohl. Ich liebte, was wir taten. Es war eine großartige Erfahrung und ich war mir wohlbewusst, dass ich privilegiert war, sie zu machen.

Zehn Minuten Pause gönnten wir uns, dann liefen wir weiter. Wir hörten immer wieder Vogelzwitschern, aber ich sah, dafür, dass wir mitten im Dschungel waren, erstaunlich wenige Vögel, und das, obwohl ein Team britischer Ornithologen in den 1990ern in Laos ganze 437 Arten identifiziert hatte, zu denen der Ährenträgerpfau, der Prälatfasan, der Himalaya-Fischuhu, der seltene Halsbandspecht und der Saruskranich gehören, der mit anderthalb Metern Höhe und mehr als zweieinhalb Metern Flügelspannweite größte Kranich der Erde.

Acht der entdeckten Arten waren weltweit bedroht, etwa der einst in ganz Südostasien verbreitete Riesenibis, von dem es heute gerade noch einhundert Paare gibt. Andere Angaben beziffern die Zahl identifizierter Vogelarten in Laos sogar auf siebenhundert.

Für die Menschen, die in den Wäldern leben, sind Vögel eine willkommene Proteinquelle, weshalb die täglichen Jagden die Populationen niedrig halten. Der Bestand des Prälatfasans etwa, dessen *pi-ju!*-Ruf und leises Glucksen noch vor fünfzehn Jahren in vielen südostasiatischen Wäldern zu vernehmen war, ist infolge der Jagd, Waldrodung und Trockenlegung von Feuchtgebieten auf weltweit fünf- bis zehntausend Exemplare zurückgegangen.

Ich versuchte mir den Tee so gut es ging einzuteilen. Ich trank immer nur schluckweise und setzte immer wieder ab, um nicht in einen Rausch zu verfallen. Aber ich war so durstig, dass ich einen ganzen See hätte aussaufen können. Mein Körper gierte nach Flüssigkeit, mein Hals fühlte sich an wie Sandpapier. Schließlich geschah das Unausweichliche: Der Tee ging zur Neige. Als ich den letzten Schluck trank, ungläubig auf die leere Flasche starrte und begriff, was soeben geschehen war, da war es ein Augenblick voll Dramatik, der mich an den dritten Teil der Herr-der-Ringe-Saga erinnerte, als Frodo und Sam an den Hängen des Schicksalsberges ihre letzten Wasserreserven aufbrauchen und Frodo feststellt, nun sei nichts mehr für den Rückweg übrig. Ich hatte zwar keinen Rückweg zu bestreiten, aber dafür noch eine mehrstündige Wanderung bis zum nächsten Dorf vor mir, in dem wir hoffentlich um Wasser betteln konnten.

Wir kamen an einem Schlammloch vorbei, in dem zwei Wasserbüffel regungslos standen, von denen fast nur die riesigen

Hörner zu sehen waren. Nach einem entspannenden Schlammbad war mir durchaus zumute, aber nicht in diesem Loch, denn darin ließen es sich sicher auch ein oder zwei Egel gutgehen.

Plötzlich hörte der Wald auf. Ein brandgerodeter Hang vor uns sah aus wie ein vernarbtes Gesicht. Nur noch verkohlte Stümpfe standen und lagen darauf herum, zwischen denen kleine, grüne Gräser sprießten: frisch angepflanzter Trockenreis. An der Hangseite arbeiteten zwei junge Männer mit Macheten und hackten die Büsche und das Gehölz weg, das den schwelenden Flammen entgangen war. In der Mitte des Hanges stand eine Hütte. Als wir uns ihr näherten, trat eine Akha-Frau heraus und winkte uns heran.

»Kommt her, rastet!«, übersetzte Vee ihre Rufe, wobei ich mir nicht sicher war, ob er sie wirklich verstand oder eher schlussfolgerte, was sie uns sagte.

»Habt ihr Lust darauf?«, fragte Vee.

»Worauf genau?«, fragte ich.

»Ich denke, sie will uns Tee anbieten.«

Mehr musste er nicht sagen. Ich sollte verflucht sein, wenn ich mir eine Gelegenheit entgehen ließ, etwas Flüssigkeit zu ergattern.

»Ja!«, sagte ich energisch, ohne Falk zu fragen. »Natürlich haben wir Lust.«

Ein kleiner Zaun, der Tiere fernhalten sollte, umgab die Hütte. Wir kletterten darüber, lehnten unsere Rucksäcke an die Pfosten und setzten uns in die Behausung, die etwa zwei mal drei Meter klein war und in der ich nicht einmal stehen konnte. In jeder der vier Ecken stand ein Pfahl, dazwischen verliefen Bambusstreifen, die die Wände bildeten und untereinander wiederum mit Bambusstreifen zusammengebunden waren. Das Dach, das zwar als Sonnenschutz funktionierte, bei Regen aber kläglich versagen musste, bestand aus Stroh. Den Boden bildete in der einen Hälfte der Hütte festgestampfter Lehm, in der anderen ragte eine Terrasse über den abfallenden Hang, ein wackeliges Gerüst aus Bambus, auf dem sich die Schlafstelle befand und unter dem ein Hund knurrte.

Das Alter unserer Gastgeberin war schwer zu schätzen. Sie war vielleicht fünfzig Jahre alt. Bei jedem Lächeln entblößte sie zwei Reihen brauner, verfaulter Zähne, zwischen denen große Lücken klafften. Gleichwohl war ihr Lächeln hübsch, denn nicht nur ihr Mund lächelte – ihre Augen funkelten wie die einer Zehnjährigen. Von der Frau ging eine aufrichtige Freundlichkeit aus, die dafür sorgte, dass wir uns willkommen fühlten. Sie trug die blaue, mit Stoffmustern und Messingglöckchen verzierte Tracht der Akha und den Hut der verheirateten Frauen.

Sie lehnte sich über die Feuerstelle, einem kleinen Haufen schwelenden Holzes auf dem Lehmboden, von drei Steinen begrenzt, die zur Hälfte in den Boden eingegraben waren. Auf den Steinen stand ein Kessel, aus dem sie uns Tee in Tassen aus ausgehöhlten Bambusästen einschenkte. Der Tee war heiß, aber trotzdem ein Segen. Ich bezwang den Drang, ihn sofort in mich hineinzuschütten und mir womöglich Zunge und Rachen zu verbrennen, und pustete stattdessen ungeduldig, dann und wann einen kleinen Schluck nehmend.

Ich dachte an den gerodeten Hang, der die Hütte umgab, inmitten von Kilometern unberührter Natur.

»Wie ist das mit dem Abholzen?«, fragte ich Vee. »Können sie sich die Hänge, an denen sie Felder anlegen wollen, danach aussuchen, wie ihnen der Sinn steht?«

»Keineswegs«, sagte er und stellte seine Tasse ab. »Jedes Jahr entscheidet ein Regierungsbeamter vom Amt für Land- und Forstwirtschaft, welche Hänge zur Abholzung freigegeben werden. Ein solcher Hang kann dann für gewöhnlich nur zwei oder drei Jahre bewirtschaftet werden, bevor er nicht mehr fruchtbar genug ist. In dieser Zeit, wenn Feldarbeiten wie das Abholzen, die Aussaat oder die Ernte anstehen, leben die Arbeiter immer wieder in Unterständen wie diesem. Das hier ist keine permanente Behausung, sie wird nur in den Phasen bewohnt, in denen die Arbeiten am Hang andauern. Ansonsten leben die Leute im nächsten, einige Stunden entfernten Dorf. Wenn der Hang nicht mehr ausreichend abwirft, ziehen die Leute weiter, und ein neuer Hang wird abgeholzt.«

Während wir redeten und tranken, bereitete die Frau das Mittagessen für die Arbeiter vor. Sie zerschnitt mit einer Machete Wurzeln, aus denen ein brauner Saft austrat, gab die Scheiben in einen Topf, fachte das Feuer wieder an und stellte den Topf auf das Steindreieck.

»Was hältst du von der Abholzung?«, fragte ich Vee. »Glaubst du, dass sie irgendwann zu einem Umweltproblem werden könnte?«

Er zuckte mit den Schultern. »Das Abholzen ist eine Frage der Kultur. Wir haben viel Wald und die Menschen müssen leben. Neun von zehn Laoten leben von der Landwirtschaft, aber unser Land ist nur zu einem Zehntel dazu geeignet.«

Ich erinnerte mich gelesen zu haben, dass Deutschland unter natürlichen Umständen nahezu vollständig mit Wald bedeckt wäre, der tatsächliche Anteil an Wald jedoch aufgrund menschlicher Aktivitäten nur ein Drittel des Landes beträgt. Beginnend im 17. und 18. Jahrhundert wurden besonders viele Wälder beseitigt, um neue Siedlungsgebiete und landwirtschaftliche Nutzflächen zu schaffen. Dort, wo zu wenig Weideflächen vorhanden waren, trieben die Bauern ihr Vieh in die schwindenden Wälder, wo sie das Ökosystem weiter schwächten. Außerdem wurde Holz als Energieträger benötigt, sowohl in Privathaushalten als auch in frühen industriellen Produktionen wie Glasereien, Gerbereien oder im Bergbau. Der Schwarzwald wurde dezimiert, indem zahllose Baumstämme für den Schiffbau in die Niederlande verkauft wurden. Zu Beginn des 19. Jahrhunderts gab es in Deutschland kaum noch Wälder. Im Winter mussten die Menschen Schränke, Treppen und Zaunpfähle verbrennen, um sich vor dem Erfrieren zu bewahren. Ich war in keiner Position, Vee zu widersprechen.

Zweimal ließ ich mir Tee nachfüllen, dann verabschiedeten wir uns von der Frau und verließen die Hütte.

»Sollten wir sie für ihre Gastfreundschaft bezahlen?«, fragte Falk.

»Nein«, sagte Vee. Er stieg über den Zaun, holte seinen Rucksack und reichte Falk eine Packung seiner Salzkekse.

»Die kannst du ihr geben.«

Falk reichte die Kekse der Frau, die den Mund einmal mehr zu einem Lächeln verzog. Die Kekse waren zwar nicht sehr nahrhaft, aber sicher eine Abwechslung von der Kost, die die beiden jungen Arbeiter und sie sonst genossen. Wir dankten ihr mit Blicken und Gesten und brachen auf.

Vor uns lag, es war nicht anders zu erwarten, eine neue Steigung. Der Weg schraubte sich immer weiter bergauf. Schließlich erreichten wir eine lose bewaldete Hügelkuppe, auf der wir unser Mittagessen zu uns nahmen. Die Mahlzeit war nicht ganz so aufregend wie gestern. Es gab Salzkekse, eingeschweißte Würstchen und braune Eier, deren Färbung und eigenwilliger Geschmack daraus resultierten, dass sie in Soyasoße gekocht worden waren. Frischen Reis hatte uns der Stammesvorsteher mitgegeben, bei dem wir übernachtet hatten. Leider war es kein Klebereis, der sich hervorragend dazu eignete, ihn wie gestern in die scharfe Gewürzmischung zu tunken, von der noch etwas übrig war. Den Reis, den wir heute hatten, mussten wir in den Händen zusammenpressen als würden wir einen Schneeball formen. Wir griffen nacheinander mit unseren verschwitzten, erdverkrusteten Händen in den halbdurchsichtigen Plastikbeutel, holten etwas Reis heraus und formten kleine Bällchen. Vee war sehr geschickt, aber bei Falk und mir klebten die Reiskörner eher an den Händen als aneinander. Bald waren unsere Hände mit der Hälfte des Reisvorrates bedeckt – die andere Hälfte lag auf dem Boden – aber einen Ball hatten wir noch immer nicht zustande gebracht.

Vee beobachtete uns selbstgefällig und sagte: »Hoffnungslos.« Dann ließ er sich dazu herab, uns den entscheidenden Tipp zu geben: »Ihr müsst erst die Würstchen an euren Händen reiben. Dadurch werden sie ölig und der Reis klebt nicht mehr an ihnen.«

Wir probierten es und, tatsächlich, es klappte.

»Ich wollte euch die Chance geben, es selbst herauszufinden«, sagte Vee und grinste überlegen. »Aber am Ende fürchtete ich, dass ihr überhaupt keinen Reis zum Essen übrig lassen würdet.«

Auch der eine oder andere Schluck Lao Lao durfte bei der Mahlzeit nicht fehlen. Der Höhepunkt waren jedoch *khaipen*: Flusstangblätter mit Sesamsamen, die Vee aus Phongsali mitgebracht hatte. Der Flusstang war erst getrocknet und dann gebraten worden und hatte eine Konsistenz wie hauchdünne Kartoffelchips, aber mit der schlammigen Würze eines Waldflusses. Sie waren köstlich.

»Oh, seht mal dort«, sagte Falk und deutete auf einen Haufen Bullendung einen Meter neben uns, den wir übersehen hatten und über dem ein paar Fliegen summten. »Das war ganz schön knapp.«

Ohne den Haufen eines weiteren Blickes zu würdigen aßen wir weiter. Der Gedanke, uns umzusetzen, kam uns nicht. Baumrindenreste hingen in meinen Haaren, blutige Striemen liefen mir dort, wo ich mal wieder einen spitzen Ast nicht kommen gesehen hatte, über das Gesicht, meine Hose war blutgetränkt, mein verschmutztes, mittlerweile zerrissenes Hemd, das ich seit zwei Tagen trug, war klebrig und stank nach etlichen Schichten getrockneten und frischen Schweißes. Daumennagelgroße Ameisen, die überall wuselten und über meine Beine krabbelten, schleppten heruntergefallene Reiskörner davon – ich ließ sie gewähren. Ich stellte mir vor, wie wir reagiert hätten, wenn wir in der Heimat plötzlich mit solchen Umständen konfrontiert gewesen wären. Vermutlich hätten wir pikiert jede einzelne Ameise mit einer zusammengerollten Zeitung erschlagen, die Kleidung in die nächste Mülltonne geworfen und ein mehrstündiges Bad genommen. Heute jedoch fühlten wir uns wohl. Wir freuten uns und lachten und merkten gar nicht, wie weit wir uns schon von unserem Alltagsleben daheim entfernt hatten. Ich musste an Bill Brysons Buch *Frühstück mit Bären* denken, in dem der Reisebuchautor auf herrlich satirische Art von seiner Wanderung auf dem Appalachian Trail an der Ostküste der USA erzählt, der mit seinen über 3.300 Kilometern einer der längsten Fernwanderwege der Welt ist. Bryson stellt dort treffend fest: »Wenn man die bequeme, klinische Welt der Städte verlässt und in die Berge zieht, durchläuft man jedes Mal Phasen der Transformation – ein sanfter Abstieg in die Verwahrlosung – und immer kommt es einem so vor, als sei es das erste Mal. Am Ende des ersten Tages fühlt man sich etwas schmutzig, trägt es aber mit Fassung; am zweiten Tag verstärkt sich das Gefühl bis zum Ekel; am dritten

Tag kümmert es einen nicht mehr und am vierten Tag hat man vergessen, dass es mal anders war.«

So ging es uns heute, abgesehen davon, dass wir den Schritt in die Verwahrlosung noch rascher geschafft hatten. Die mit Erde verkrusteten Schweißfinger, die wir genüsslich ableckten, der Bullenkot, dessen Duft uns das Mahl versüßte, die ranzigen Sachen, die von unseren stinkenden Körpern hingen, die Ameisen und Fliegen. All das störte uns nicht. Wir nahmen es nicht einmal mehr bewusst wahr.

»Übrigens, das dort ist unser heutiges Ziel«, sagte Vee und zeigte auf einen anderen Berg, auf dem ich nun, bei genauem Hinsehen, ein schemenhaftes Dorf ausmachte, das fast im Dunst verschwand. »Bis dahin sind es noch einige Stunden.«

Bevor wir aber weitermarschierten, genehmigten wir uns ein Schläfchen auf dem Waldboden. Unsere Köpfe auf den Rucksäcken bettend, versuchten wir, das Krabbeln an allen möglichen und unmöglichen Stellen zu ignorieren, während Käfer uns erkundeten und Mücken uns stachen, die allerdings so klein waren, dass wir sie kaum bemerkten und ihre Stiche erst Stunden später zu jucken anfingen. Müdigkeit fiel über meinen Kopf wie ein schwerer Sack.

»Wie schlagen wir uns eigentlich im Vergleich zu anderen Reisenden, mit denen du unterwegs gewesen bist?«, fragte ich Vee nach der Pause. »Sind wir schnell oder langsam?«

Er lachte und sagte: »Ihr seid sehr schnell. Wirklich sehr fit, sportlich. Wir sind gut unterwegs.«

»Wenn ich die alte Frau wäre, die den Hang herunter gestürzt ist und sich das Bein gebrochen hat, und diese Frage stellen würde, würdest du dann die gleiche Antwort geben?«

»Nun ... ja, vermutlich. Dann würde ich das auch sagen, als Ermutigung.«

Ich wartete auf eine Ergänzung wie »Aber ihr seid *wirklich* gut«, aber sie kam nicht.

Ein weiteres Akha-Dorf an einer Hangseite war von vergleichsweise viel Gras umgeben und erschien deshalb aus der Ferne besonders grün. Ein neugieriges, schwarzes Schwein kam zu mir und beschnüffelte mich. Ich grunzte es an und musste irgendwie den richtigen Ton getroffen haben, denn ich schlug es damit in die Flucht. Der dralle Körper schoss davon wie ein unförmiger Torpedo und verschwand im Wirrwarr des Dorfes, eine kleine Staubwolke zurücklassend. Vee konnte für drei Minuten nicht aufhören zu lachen.

Mit fünfundzwanzig Häusern, in denen etwa zweihundert Leute lebten, war auch dieses ein recht großes Dorf. Zu dieser Tageszeit aber waren nur einige alte Männer, Kinder und ein paar Frauen da. Angelockt von Vees Lachen, scharrte sich schnell eine Kindergruppe um uns. Die Kleidung der Kinder war von Staub bedeckt und dadurch farblos geworden. Wir begrüßten sie mit »Sabai Dii«, sie riefen zurück und streckten mit dem Daumen nach oben die Hände aus.

»Hey, alles in Ordnung?«, rief Falk ihnen zu, natürlich ohne dass sie ihn verstanden. Er machte ein Spiel daraus, sie zu fotografieren. Erst rannten sie scheu weg, doch als er ihnen das Display zeigte, auf dem sie sich selbst sehen konnten, kam ein besonders mutiger Bursche heran. Dann folgten weitere Neugierige. Sie erkannten sich und wollten, dass Falk weitere Fotos von ihnen machte. Sie posierten, kämpften darum, wer vorn stand, schubsten sich und lachten vergnügt. Falk drückte den Auslöser und hielt ihnen erneut das Display hin. Sie rannten sofort zu ihm, warfen flüchtige Blicke auf das Bild und spurteten zurück auf ihre Position, um für die nächste Aufnahme bereit zu stehen. Dabei kicherten sie ohne Unterlass und hatten einen Heidenspaß.

Der Name des Dorfes war Peryenxangmai, wobei *mai neu* heißt. Die Silbe resultierte aus dem Umstand, dass die Bewohner des Dorfes einst in Peryenxang*kao* gelebt hatten, dem einen einstündigen Fußmarsch entfernten Ort, in dem wir heute übernachten würden. Als die Siedlung zu groß geworden war, hatte sie sich geteilt und die Hälfte der Menschen war hierher gezogen. Aber beide Dörfer waren sich noch immer freundschaftlich verbunden und arbeiteten eng zusammen.

Als sowohl Falk als auch die Kinder des Spiels überdrüssig wurden, gingen wir weiter, vorüber an langen Streifen frisch gefärbten Baumwollstoffs, der zum Trocknen auf Holzgerüsten hing. Zwar war momentan keine Baumwollsaison, aber der Rohstoff wurde zusammen mit Vorräten an Mais und Reis in den Vorratskammern eingelagert, die sich in den Dachspitzen über dem Wohnraum der Häuser befanden. Die Strohdächer der Häuser in Peryenxangmai waren etwas höher und hatten einen spitzeren Winkel als jene, die wir bisher gesehen hatten. Kleine, aufklappbare Luken dienten als Fenster.

Die Akha-Frauen trugen auch hier ihre blauen Trachten, aber nun bemerkte ich das erste Mal die Laschen auf der rechten Seite der Kleider: Sie waren so geschnitten, dass die rechte Brust frei heraushing. Vee stellte sich mit dem Rücken zu einer Gruppe solcher Frauen und deutete unauffällig auf sie.

»Seht ihr sie?«, flüsterte er und scharrte verlegen mit dem rechten Fuß auf dem Boden herum. »Die Leute werten den Brauch gern so: Die nackte Brust ist für die Kinder und die verdeckte Brust für die Männer – um die Spannung zu erhöhen und die Neugier anzuregen!«

Er lachte verschmitzt und sagte: »Das ist ihre Kultur!«

Wieder einmal wurden wir zu grünem Tee eingeladen, und wieder einmal nahmen wir die Einladung gern an, denn meine Trinkflaschen waren noch immer leer, und auch Falk und Vee hatten mittlerweile ihre letzten Tropfen getrunken. Der Akha-Mann, der uns in sein Haus bat, war ein graugesichtiger Mann mit tiefen Augensäcken und einer schmalen Hakennase. Sobald wir auf den üblichen kleinen Hockern Platz genommen und unsere Teeportion erhalten hatten, betrachtete Fußballfan Vee interessiert zwei Poster, die wie aus einer anderen Welt an der Wand hingen und die Mannschaftsaufstellungen der aktuellen Saison von Chelsea und Liverpool zeigten. Wie diese Poster wohl hierher gelangt waren?

»Interessiert ihr euch für Fußball?«, ließ Falk Vee unseren Gastgeber fragen. Er schüttelte den Kopf. »Ich weiß nicht einmal, was auf den Postern steht. Ich habe die Bilder nur aufgehängt, weil ich sie schön finde und weil die Menschen darauf mit ihren verschiedenen Hautfarben interessant aussehen.«

»Das sind beides britische Mannschaften«, erzählte Falk. »Liverpool hat sogar vor einigen Jahren die Championsleague gewonnen, den größten Wettkampf Europas.«
»Dann sind sie die Champions von Europa?«
»Ja, genau.«
Unser Gastgeber lächelte. Er war stolz, das Poster einer so erfolgreichen Mannschaft zu besitzen. Unter dem Poster hing ein Plakat mit alten VW Bullis in verschieden Farben und Ausführungen, manche mit ausklappbaren Dächern.
»Die kommen aus Deutschland«, sagte ich mit einem Blick auf das Plakat, »dem Land, aus dem wir auch kommen.«
»Die sehen hübsch aus«, sagte unser Gastgeber. »Ich liebe die Farben. Ich habe noch nie selbst ein Auto gefahren, aber wenn, dann würde ich gern mit so einem fahren. Besitzt in eurem Land jeder so einen Wagen?«
»Nein, nur wenige Leute. Das ist ein altes Auto und heute ist es nicht mehr sehr verbreitet.«
»Hast du so ein Auto?«
»Leider nicht. Ich habe gar kein Auto.«
In seinem Haus offenbarte sich wieder einmal, wie gut erzogen die Kinder waren, die in den Dörfern lebten. Nachdem wir uns nachgefüllt hatten und der Tee in der Kanne aufgebraucht war, kam sofort ein kleines, vielleicht fünfjähriges Mädchen mit einem Kessel und goss – soweit ich das mitbekam – ungefragt nach. Als ein alter Mann hereinkam und sich zu uns stellte, schleppte sie einen Hocker herbei, auf den er sich wie selbstverständlich setzte, ohne weiter zu beachten, was in unseren Breiten ein bemerkenswerter Ausdruck von kindlicher Höflichkeit gewesen wäre.
Eine Weile unterhielt sich Vee mit dem Gastgeber, ohne zu übersetzen, bis beide in herzhaftes Gelächter ausbrachen. Dabei warfen sie immer wieder Blicke auf Falk und mich. Ich rutschte unruhig auf dem Hocker hin und her. Machten sie sich über uns lustig? Ich konnte es ihnen nicht verübeln, so verschwitzt, verschmutzt und ermattet wie wir aussahen.
»Keine Sorge«, sagte Vee schließlich. Vielleicht hatte er meinen verunsicherten Gesichtsausdruck bemerkt. »Der alte Mann hier dachte, ihr beide wäret die Lehrer. Ich habe das richtig gestellt

und erklärt, dass ich der Lehrer bin.« Vee lachte erneut und die anderen stimmten ein. Anschließend, als sie sich beruhigt hatten, holte Vee aus seinem Rucksack wieder einen braunen Umschlag, aus dem er die Regierungsformulare zog, auf denen die Dorfbewohner eintragen sollten, wie viele Besucher durch das Dorf kamen. Dazu gab er Erklärungen ab, die angesichts der Tatsache, dass die Formulare nur aus einer Tabelle mit drei oder vier Spalten bestanden, sehr ausführlich waren. Unser Gastgeber nickte hin und wieder, aber er schien nur bedingt interessiert. Er wurde ganz still und schaute an Vee vorbei durch die Türöffnung, hinaus in die Ferne. Irgendwann deutete er mehrfach auf einen Holzstapel an der Wand. Er zeigte immer wieder darauf und nickte lächelnd, aber Vee erklärte weiter. Schließlich stand unser Gastgeber auf, nahm Vee das Formular aus der Hand und legte es selbst auf den Holzstapel, womit die Sache für ihn offenbar erledigt war – genug Bürokratie für einen Tag. Ich bezweifelte, dass das Formular je mit einem Stift in Berührung kommen würde. Wahrscheinlicher schien mir, dass es noch diesen Abend als Feueranzünder dienen würde.

Wir blieben beinahe eine Stunde in dem Haus. Die ganze Zeit beäugten uns aus einiger Entfernung die Kinder, ohne das Interesse zu verlieren. Wir verständigten uns mit Blicken und lächelten ihnen zu, eine sehr einfache, aber warmherzige Kommunikation.

Eine reichliche Stunde später erreichten wir unser Tagesziel, das Dorf Peryenxangkao. Mit etwa vierzig Häusern war es das bisher größte Dorf, aber auch hier waren nahezu ausschließlich die Kinder daheim. Obwohl der vergleichsweise zahlreiche Plastikmüll für mich zunächst auf das Gegenteil hindeutete, sagte Vee, dieses Dorf sei noch traditioneller als jenes, in dem wir die letzte Nacht verbracht hatten. Wir durchquerten die, abgesehen von den kleinen Müllbergen im äußeren Bereich, pittoreske Siedlung, die nicht so viele Zäune unterteilten wie die erste. Dafür war hier um jedes Haus ein separater Zaun gezogen, damit das größere Getier nicht herankam. Ansonsten konnten sich die Tiere frei bewegen. Manche von ihnen, wie einige Schweine, verließen das Dorf gelegentlich und folgten den Trampelpfaden ein paar hundert Meter in den Dschungel, kehrten aber immer wieder zurück, weil es das beste Futter im Dorf gab. Vee führte uns in das Haus eines früheren Stammesvorstehers, in dem wir übernachten würden. Über eine Stufe, die aus zwei Reihen mit den Hälsen in der Erde vergrabener Flaschen bestand, traten wir ins Innere. Dort war es finster; keine der kleinen Klappluken war geöffnet. Vee weckte einen 15-jährigen Jungen, das einzige Familienmitglied, das zuhause war. Er hatte verhältnismäßig lange, glänzende Haare und trug eine große Armbanduhr am Handgelenk. Um seinen Hals hing eine lange Silberkette, an einem Finger funkelte ein Silberring. Er schleppte Holz herein und entfachte ein Feuer.

Im Schein der Flammen wurden sechs oder sieben schwarze, augenscheinlich erst wenige Tage alte Hundewelpen sichtbar, die sich, vom Licht magisch angezogen, um die Flammen tummelten und sich in der kalten Asche früherer Feuer wälzten. Der Junge sammelte sie, ein Knäuel bildend, ein und trug sie in einem Schwung in den hinteren Teil des Hauses. Falk und ich gingen hinaus und setzten uns auf eine Holzkonstruktion neben dem Haus, einem Podest aus Bambus, auf dem Gemüse getrocknet werden konnte. Falk kletterte zuerst hinauf und ließ sich auf das Podest fallen: Unter seinem Gewicht gab einer der Äste krachend nach. Die Kinder, die uns beobachteten, bogen sich vor Lachen und hielten sich die Bäuche. Ich ging daraufhin vorsichtiger vor.

Es war merkwürdig, wie sehr ich in den Dörfern unter den vielen wachsamen Augen zögerte, alltägliche Dinge zu tun, wie ein Buch zu lesen oder in der abendlichen Dunkelheit eine Stirnlampe zu benutzen, weil ich nie wusste, welche Bedeutung meine Handlungen für die Leute haben mochten, deren Gast ich war. Wie viele der Kinder, die uns musterten, hatten schon ein Buch gesehen? Konnte ich nachts guten Gewissens eine Stirnlampe verwenden, ein Werkzeug, das den Dorfbewohnern das Leben um so Vieles erleichtern würde? (Später am selben Tag bemerkte ich, dass sie durchaus selbst einige Stirnlampen besaßen.) Wir waren nicht die ersten Reisenden, die sich im Dorf aufhielten, aber wir waren auffällig genug, damit stets ein Dutzend neugieriger Augen auf uns gerichtet waren, die jede kleine Geste beobachteten und die mich versuchten, schlichtweg gar nichts zu tun, sondern einfach dazusitzen und abzuwarten und zu lächeln. Aber das wäre wohl der größte Fehler gewesen. Stattdessen bewegte ich mich möglichst natürlich, las, ging herum, unterhielt mich mit Falk, statt zu verstummen, und war so normal wie ich konnte. Ohne mich äußerlich verunsichern zu lassen hielt ich die vielen Blicke aus, denn das machte es für meine Beobachter interessanter, und für mich ebenfalls. Und während ich versuchte mich so authentisch wie möglich zu geben, hatte ich selbstverständlich nach wie vor ein mindestens ebenso großes Interesse an den anderen, die ich meinerseits aus verdeckten Lidern beobachtete, darauf bedacht, unaufdringlich zu wirken. Insbesondere die Akha-Frauen waren sehr schüchtern – starrte man sie zu offensiv an, wandten sie sich rasch ab und verschwanden in ihren Häusern.

Während der Aufenthalte in den Berg- und Walddörfern des laotischen Nordens bekam ich einen ganz neuen Respekt vor Menschen, die heute und früher Expeditionen zum Beispiel in den südamerikanischen Regenwald unternahmen, etwa um Medikamente in die Dörfer am Amazonas zu bringen. Nicht nur verrichteten sie ihre Arbeit unter nach ihren Gewohnheiten widrigen Bedingungen. Ein Umstand, der oft vergessen oder unterschätzt wird, der mir nun jedoch begreiflich wurde, war, dass diese Menschen vollkommen aus ihrem eigenen kulturellen Umfeld herausgelöst und von einer anderen Kultur umgeben wurden, die trotz aller Vorbereitung und Anpassungsfähigkeit eine fremde war. Wir waren erst seit zwei Tagen unterwegs, aber trotzdem fiel mir auf: Es gab keinen Raum, in den ich mich zurückziehen konnte, keine Tür, die ich hinter mir schließen konnte, keine Privatsphäre. Ich war umgeben von vielen Menschen auf engem Raum, zumindest zu den Zeiten des Tages, die wir in den Gebäuden verbrachten. Zwischen den Menschen liefen Tiere wie Hunde, Katzen und Hühner frei in den Häusern herum und blieben, vom gelegentlichen Tritt abgesehen, unbeachtet. Ich wurde, zumindest anfangs, ständig beäugt, jeder Schritt wurde beobachtet und mit Interesse zur Kenntnis genommen, was zu einer gewissen inneren Anspannung führte und eben dazu, dass ich über viele kleine Handlungen nachdachte. Es schien mir erstaunlich, wenn Menschen für Monate durch den Dschungel des Amazonasbeckens oder die afrikanischen Steppen zogen und Dörfer besuchten, um ihre Bewohner zu impfen, zu unterrichten oder um zu forschen, wie Alexander von Humboldt auf seiner fünfjährigen Reise durch Mittel- und Südamerika.

Auf dem Weg unter uns tapste ein Schwein entlang, gefolgt von einem einsamen Küken. Ich holte mein Heft hervor und machte ein paar Notizen. Zwei kleine Jungen setzten sich zu uns auf die Holzkonstruktion und schauten mir mindestens zwanzig Minuten gespannt über die Schulter. Einfach zuzusehen wie ich schrieb, war für sie eine aufregende Unterhaltung.

»Es ist eine Schande«, sagte Falk, »dass sie jetzt dein Gekrakel für deutsche Schrift halten.«

Vor dem nächsten Haus spielten Kinder mit einer dicken Raupe, vor der sie sich zu ekeln vorgaben. Ein etwas älteres, etwa achtjähriges Mädchen legte sie auf einen langen, breiten Stock und hielt ihn in Richtung der Kleinkinder, die schreiend die Flucht ergriffen. Schließlich schleuderte sie die Raupe in die Luft und schlug nach ihr, während sie herunterfiel. Ein paar Mal stocherte sie noch in ihr herum, dann verlor sie das Interesse. Die Kinder gingen dazu über, sich gegenseitig mit trockener Erde zu bewerfen. Es waren nach unseren Maßstäben raue Spiele, aber sie entsprachen den Lebensumständen, in denen die Kinder aufwuchsen.

Mittlerweile drängten sich zehn Kinder auf dem kleinen Podest. Sie sahen mir beim Schreiben zu, und jedes Mal wenn ich umblätterte, schrien sie auf. Sie fanden sogar das aufwendige Profil meiner Trekkingschuhe spannend. Irgendwann tippte ich auf mich und sagte: »Erik«. Dann deutete ich auf Falk, der nun weiter unten auf dem Weg stand und Fotos machte und sagte: »Falk.« Ich zeigte auf einen Jungen und guckte fragend. Diesen Ablauf wiederholte ich ein paar Mal, dann schienen sie mein Anliegen zu begreifen. Allerdings sagte mir niemand seinen eigenen Namen. Alle zeigten aufeinander und sagten dabei Worte, die ich wiederholte und sofort wieder vergaß. Dabei lachten sie unentwegt – sagten sie mir Namen oder brachten sie mich dazu, ihre Freunde mit harmlosen Schimpfwörtern anzureden?

Nachdem der Himmel zuletzt bedeckt gewesen war, kam jetzt, am frühen Abend, noch einmal die Sonne hervor. Vee war noch immer im Haus und erholte sich, vermutlich schlafend, von den zurückliegenden Strapazen. Falk und ich durchstreiften noch einmal das Dorf. Ein alter Mann in der charakteristischen blauen Akha-Hose rannte auf uns zu und rief begeistert: »Sabai Dii! Sabai Dii!«

Er reichte uns die Hand und wollte wissen, was es mit meinem Notizheft auf sich hatte. Er verströmte einen intensiven Lao Lao-Geruch, der mir in der Nase kribbelte wie kleine Ameisen. Ich zeigte ihm das Heft.

»Ist das alles von dir?«, fragte er mit großen Augen als ich umblätterte. Ich nickte.

»Wir wollen uns das Dorf ansehen«, sagte Falk.

»Natürlich«, sagte er, streckte den Arm aus und deutete in einer weiten, halbkreisförmigen Geste auf das Dorf. »Erkundet es nur weiter. Fühlt euch willkommen.«

Damit taumelte er zurück in die Richtung, aus der er gekommen war.

Wir liefen weiter. Eine Frau stand vor dem Eingang eines Hauses und schaute uns hinterher. In den Armen hielt sie einen weinenden Säugling, den sie hin und her wiegte. Sie tat so, als würde sie ihn fallen lassen und machte allerlei Scherze, um ihn fröhlich zu stimmen. Schließlich verklang das Weinen. Aus einigen Häusern drangen gedämpfte Stimmen. Eine Kuh muhte. Unmittelbar vor uns fegte ein Hund über die vertrocknete Wiese.

Am Abend begaben wir uns zum Wasserloch, das in diesem Dorf ebenfalls etwa fünf Minuten entfernt war. Der Weg war steil und führte am Hang hinunter in den Wald. Eine junge Frau kam uns entgegen, die eine der typischen Frauenaufgaben verrichtete: Wasserholen. Auf ihrem Rücken schleppte sie einen Korb, in dem dicke Bambusstämme von einem Meter Länge standen, die an einem Ende offen waren und die das Wasser hielten. Die Wasserstelle bestand auch hier aus einer Felswand, aus der Wasser sickerte, das in einer von Steinen umrandeten

Bodensenkung eingefangen wurde. An einem einfachen Holzgerüst daneben hängten wir unsere Sachen auf. Der Junge aus unserem Haus, der zuvor das Feuer entfacht hatte, zog sich gerade an. Wir wuschen und erfrischten uns am kühlen, aber nicht kalten Wasser, eine Wohltat nach diesem zweiten Tag des ununterbrochenen Schwitzens. Mit einer Schüssel aus dem Pool schöpften wir das Wasser und gossen es über uns, bis der Junge uns einen herumliegenden Schöpftrog aus Bambus zeigte, in dessen unterem Ende ein fingerbreites Loch war. Infolge des Eigengewichts des Wassers baute sich in dem Behältnis ein Druck auf, der als kräftiger Strahl durch das Loch entwich. Er reichte mir die kleine Handdusche und ich hielt sie hoch und ließ mir die Fontäne um die Ohren spritzen. Als ich sauber war und mich abgetrocknet hatte, erlaubte ich mir den Luxus eines neuen T-Shirts.

Unser junger Freund war überraschend eitel. Er stand vor einem Spiegel, den er an das Holzgerüst gehängt hatte, und kämmte sich immer wieder die pechschwarzen Haare, die ihm bis über die Nase reichten, nur um anschließend unzufrieden mit den Fingern hindurch zu fahren und sie wieder in Unordnung zu bringen. Er wusch sie noch einmal mit Shampoo, kämmte sie erneut und versuchte einen perfekten Seitenscheitel hinzubekommen. Auch seine Kleidung war außergewöhnlich sauber. Sein T-Shirt, seine Hose und seine Schuhe wirkten, als trage er sie das erste Mal, wohingegen die Kleider *aller* anderen Kinder, die ich gesehen hatte, zerrissen und staubig waren. Er sah aus, als sei er aus der Abbildung eines völlig anderen Ortes ausgeschnitten und hier hineingeklebt worden.

Wir verständigten uns über Zeichensprache. Er hieß *Mekea* – so klang der Name jedenfalls. Ich deutete auf meine eigenen Haare, die ebenfalls lange keine Schere gesehen hatten, und wir verglichen Haarlängen. Er lieh mir seinen Kamm, und wie wir da so beschäftigt waren, uns amüsierten und ich seine vertrauten Handlungen beobachtete, die auch für einen pubertierenden Deutschen nicht ungewöhnlich gewesen wären, kam ich mir plötzlich gar nicht mehr so fremd vor. Hier im Wald, jenseits der fremdartigen Häuser, hätte ich auch in einem Ferienlager in

Deutschland sein und mich an einem Bach waschen können. Mir schwante, dass wir vielleicht gar nicht so verschieden waren, wie ich bisher angenommen hatte. Vielleicht suggerierten die andersartigen Gebäude und die andersartige Kleidung und Erscheinung, besonders der Frauen, Unterschiede, die es in diesem Ausmaß gar nicht gab, wohl in der Lebensweise und Umgebung, aber nicht so sehr in der Denkweise und der Art zu fühlen.

Zu dritt traten wir den Weg zurück zum Dorf an. Am steilen Teil des Pfades begann ich nach wenigen Schritten zu schwitzen, und ich nahm bedauernd Abschied vom rasch schwindenden Gefühl der Sauberkeit und des Wohlgeruchs des Körpers und der reinen Kleidung. Mein Oberschenkel schmerzte dort, wo die Blutegelwunde war. Ich blieb stehen und sah die Stelle an – der Kranz war größer geworden. Meine Sorge vor einer Blutvergiftung wuchs.

Die Eltern waren mittlerweile von der Arbeit auf den Feldern zurückgekehrt, wo sie Holz und Gras verbrannt hatten. Der Mann war klein und schmal, aber voller Energie. Man sah ihm an, dass er sein ganzes Leben anstrengende Arbeiten unter freiem Himmel verrichtet hatte. Die Falten an seinen Händen waren so schmutzig und von Erde verkrustet, dass dagegen keine Seife und keine Bürste etwas ausrichten konnte. Er stöhnte demonstrativ, um deutlich zu machen, wie müde er war. Dabei formten seine verwitterten Gesichtszüge ein Lächeln. Durch Gesten veranschaulichte er, dass die Sonne heute viel geschienen und er viel geschwitzt hatte, und dass er darum viel Tee trinken musste, den die Frau schon vorbereitete. Auch sie musste nach einem langen Tag körperlicher Arbeit erschöpft sein, doch falls sie eine Pause eingelegt hatte, war es eine kurze während unserer Abwesenheit gewesen. Jetzt war sie damit beschäftigt im hinteren Teil des Hauses das Abendessen anzurichten.

Ich setzte mich an das Feuer im vorderen Bereich, das Mekea bei unserer Ankunft entzündet hatte, und las in meinem Buch. Das wenige Tageslicht schwand rasch und die Flammen warfen im großen Raum kaum genug Helligkeit auf die Seiten. Mekea, der sich eine Camouflage-Jacke übergeworfen hatte und, geschniegelt und gestriegelt wie er war, wohl auch in einer europäischen Großstadt die Blicke der Mädchen auf sich gezogen hätte, sah, wie ich mich hin und her drehte, um möglichst viel Licht zu erhaschen. Er brachte eine Kerze, die er neben mir auf den Boden stellte, und einen Becher Wasser – diese kleinen Gesten beeindruckten mich immer wieder aufs Neue. Er hatte keine Schwestern, aber einen kleineren Bruder, den die Eltern mit auf das Feld genommen hatten und der jetzt mit den Welpen spielte. Es war also eine kleine Familie. Vielleicht war das der Grund, weshalb die Eltern die gute Kleidung für Mekea bezahlen konnten. Sein Glück war wohl auch, dass er keinen älteren Bruder hatte, der die Sachen vor ihm trug.

»Eigentlich müsste er in seinem Alter in Phongsali zur Schule gehen«, sagte Vee, als Mekea sich zurückgezogen hatte. »Dort war er auch für eine kurze Zeit, aber die Eltern haben ihn zurückgeholt, da sie seine Arbeit auf den Feldern brauchten. Wir haben in dieser Hinsicht viele Probleme mit diesem Stamm. Auch viele Mädchen dürfen nicht zur Schule gehen.«

»Das ist schade«, sagte ich, »aber aus ihren Lebensumständen heraus wohl auch nachvollziehbar.«

»Sicher, ja. Ich komme ja selbst aus einem armen Dorf. Der Weg zur Schule ist weit und die Kinder werden hier gebraucht. Außerdem lohnt sich der Weg für viele Schüler nicht, weil die Unterrichtsqualität so niedrig ist. Vor gut hundert Jahren gab es in ganz Laos gerade mal zwei Schulen – eine in Luang Prabang und eine in Vientiane. Die Bildung, die die meisten Kinder brauchten, vermittelten ihnen ihre Eltern. Aber ich habe erlebt, wie wichtig Bildung heute für ein besseres Leben ist und es tut mir leid, dass den Kindern diese Chance genommen wird.«

»Ist es denn immer ein besseres Leben? Sie sind hier doch sicher nicht alle unglücklich.«

Er zuckte mit den Schultern. »Es geht dabei auch um die Entwicklung unseres ganzen Landes, die vorangetrieben werden soll, den Zugang nicht nur zu Bildung, sondern auch zu medizinischer Versorgung. Das alles kann man gut finden oder auch nicht.«

»Wie versucht ihr, die Kinder aus den Dörfern dazu zu bewegen, in die Schule zu kommen? Zwingt ihr sie in irgendeiner Weise? Gibt es Strafen?«

»Nein, keine Strafen, eher Anreize. An unserer Schule gibt es beispielsweise ein Hilfsprogramm der Vereinten Nationen: Die Schüler erhalten Reis und Textilien, damit sie im Internat leben können, ohne dass ihre Eltern dafür bezahlen müssen.«

Ich hatte gelesen, dass eines von mehreren ehrgeizigen Bildungszielen, die Laos zusammen mit der UNESCO definiert hatte, darin bestand, dass bis 2015 alle Laoten Zugang zu hochwertiger Bildung haben und Hindernisse abgebaut werden sollten, die zum Beispiel dazu führten, dass viele Mädchen nicht in die Schule eintraten oder nicht dauerhaft dortblieben. Zwar waren die Einschulungsquoten zwischen 2000 und 2011 von achtzig auf vierundneunzig Prozent gestiegen, aber nur zwei Drittel der laotischen Schüler absolvierten die gesamten fünf Jahre der Grundschulausbildung, die verpflichtend sind, und noch weniger die gesamte zwölfjährige Schulbildung. Die meisten der 70.000 Lehrer wurden schlecht bezahlt, waren schlecht ausgebildet und lehrten in dörflichen Gegenden mit schwierigen Lebensbedingungen. Aber die Regierung wusste, was sie an ihnen hatte: 1994 hatte sie den jährlichen nationalen Lehrertag eingeführt, an dem die Schüler ihren Lehrern besonderen Respekt erweisen sollten, indem sie ihnen etwas schenkten oder sich dafür bedankten, dass sie ihr Wissen an die Schüler weitergaben.

»Apropos Schule«, sagte Vee. »Ich arbeite für meine Fortbildung an einem Bericht über Schottland. Könnt ihr mir sagen, ob das ein eigenständiges Land ist oder zu Großbritannien gehört? Ich sehe da nicht durch.«

»Schottland war mal ein eigenständiger Einzelstaat«, sagte ich, »aber seit – ich glaube – dem 18. Jahrhundert gehört es als Teilstaat zu Großbritannien.«

»So ist das also. Ein großer Teil der Literatur, die ich wälzen muss, ist in Englisch verfasst, und das Verständnis solch komplexer Texte fällt mir schwer. Aber nach meinem Lehrgang in Luang Prabang möchte ich für ein Jahr intensiv Englisch lernen und meine Grammatik verbessern und mich dann für einen Studienplatz in Australien bewerben. Es wäre großartig, wenn das klappt, aber ich bezweifle es.«

»Auf jeden Fall ist es ein tolles Vorhaben«, sagte Falk. »Was würdest du denn studieren?«

»Das weiß ich nicht. Vielleicht würde ich den Beruf wechseln. Ansonsten könnte ich einen Master in Vietnam machen.«

»Geht das in Laos nicht?«, fragte ich.

»Die Nationaluniversität in Vientiane bietet Masterstudiengänge an, aber Auslandserfahrung wird in Laos immer wichtiger, genauso wie Englischkenntnisse und neuerdings auch PC-Kenntnisse.«

»Und wie wichtig ist Französisch?«, fragte Falk. »Immerhin war Laos mal eine französische Kolonie.«

»Nicht sehr wichtig, zumindest nicht in meiner Provinz. Einige alte Leute sprechen es noch, aber Englisch ist wichtiger für uns. Und unsere Schüler werden eine Stunde in der Woche von einem Lehrer in Chinesisch unterrichtet, der im Rahmen eines Lehreraustausches in Laos ist.«

Zwei oder drei Hundewelpen waren zu uns gekommen und krabbelten uns über die Füße. Ich nahm eines davon auf den Schoß.

»In Deutschland haben wir sehr viele Hunde«, sagte ich. »Sie sind geliebtes Haustier, ein Freund zum Spielen für die Kinder, ein Partner für Sport oder zum Wandern. Sie stehen uns teilweise so nahe wie ein zusätzliches Familienmitglied.«

Vee nickte verständnisvoll. »Wir mögen sie auch, aber vor allem wegen ihres Geschmacks. Und weil sie die Häuser beschützen sollen.«

Ich erfuhr, dass auch dieses Dorf wohl in ein oder zwei Jahren umziehen musste. Einige begrüßten das, andere nicht. Während der Stammesvorsteher, der gestern unser Gastgeber gewesen war, sich über den Wandel freute und auf ein Haus mit Metalldach hoffte, wollten unsere heutigen Gastgeber lieber hierbleiben.

»Für die Regierung ist es ein Problem, dass die vielen Stämme so verstreut leben«, sagte Vee. »Sie schreibt ihnen nicht nur vor, *dass* sie umziehen sollen, sondern bestimmt auch, wohin. Das alles soll der Entwicklung des Landes dienen, aber das wisst ihr ja schon.«

Solange wir aßen, paffte der Familienvater seine Wasserpfeife aus Bambus und beobachtete uns. Seine Familie und er speisten nicht mit uns, sondern sie warteten, schauten uns zu, lächelten gütig und ließen sich von Vee beibringen, wie man in Englisch »Wo kommt ihr her?« fragt. Sie waren sehr um unser Wohl bemüht und dabei fröhlich und ausgelassen. Es war eine tolle kleine Familie.

»Hast du eigentlich ein Lieblingsdorf?«, fragte ich Vee und löffelte Bambussuppe in mich hinein, die dieses Mal nicht süß, sondern sauer war.

»Ja, dieses hier.«

»Warum?«

»Weil es traditioneller ist als jenes, in dem wir gestern übernachtet haben. Die Gebäude und die Kleider sind ursprünglicher. Und es liegt höher als die anderen: Man kann die Wolken von hier oben sehen, und den Sonnenauf- und Untergang.«

Erst als unser Geschirr fortgeräumt worden war, begann die Familie ihre Mahlzeit, der Mann und die beiden Kinder bei uns am Ka Toke, die Frau etwas zurückgesetzt. Nachdem auch diese Mahlzeit beendet war, schmierte Mekea sich Shampoo in die Haare und ins Gesicht – für Glanz und Geruch, wie Vee mir lachend erklärte. Er putzte sich ein paar Minuten vor seinem Spiegel heraus und überprüfte vor allem, ob die Haare noch richtig lagen.

»Geht er zu seiner Freundin?«, fragte ich. Vee übersetzte die Frage.

»Nein, er geht zu Freunden ins Nachbarhaus. Er fragt, ob du mitkommen möchtest.«

Ich zögerte nur einen kurzen Moment. »Klar. Warum nicht?«

Ein paar Minuten später waren wir auf dem kurzen Weg durch die Nacht – er zielstrebig, ich vorsichtig mit den Füßen den Pfad ertastend – zum nächsten Haus. Es ähnelte dem, aus dem wir gerade gekommen waren. Da wir aus vollkommener Dunkelheit kamen, konnte ich gut sehen, auch wenn im Haus nur ein kleines Feuer flackerte. Sieben oder acht Jungen hatten sich darum versammelt, schnatterten oder blickten in die Flammen. Zunächst beachteten sie Mekea kaum. Erst, als ich ihm folgte und mich ans Feuer stellte, schauten sie auf und verstummten. Mekea sagte etwas und deutete dabei auf mich. Ein Junge, vermutlich der Gastgeber der Zusammenkunft, stand auf und bot mir seinen Hocker an. Ich nickte und setzte mich, da es mir angeraten schien, die Gastfreundschaft anzunehmen. Dann holte er für sich selbst und für Mekea zwei Hocker. Mekea setzte sich neben mich und fuhr mit den Händen über seine Haare.

Als alle – die Jungen sowie ich – ihre anfängliche Scheu abgelegt hatten, begannen wir mit den üblichen Versuchen, einander unsere Namen beizubringen, bei denen ich leider am schlechtesten abschnitt. Mekea konnte ich mir merken, aber aufgrund der Vielzahl der fremd klingenden Worte, die bald auf mich einprasselten, behielt ich kaum einen weiteren Namen. Die Jungen lachten und versuchten immer wieder, sie mir verständlich zu machen, und jeder war darum bemüht, dass ich seinen Namen zuerst und am besten aussprechen konnte. Dann holte der junge Gastgeber eine Flasche Lao Lao hervor und verteilte kleine Gläschen. Ob seine Eltern von der Runde wussten, die er schmiss?

Keiner der Jungen hatte derlei Bedenken. Jeder griff nach einem Glas und leerte es mit einem herzhaften Schluck, und schon folgte die nächste Runde. Ich beteiligte mich noch einmal, lehnte aber eine der selbstgedrehten Zigaretten ab, die als nächstes herumgingen. Niemand ließ sich mehr durch meine Anwesenheit stören. Die Gespräche wurden wieder aufgenommen, wurden zunehmend erregt geführt, die Knaben lachten und tranken und rauchten, klopften sich auf die Schultern und hatten ihren Spaß bei dem, was für sie eine rauschende Party sein musste. Der Gastgeber stand auf, kam zu uns herum, stellte sich neben uns, gab vor, in Gedanken zu sein und wuschelte Mekea plötzlich durch die Haare. Die anderen Knaben quittierten die Aktion mit johlendem Gelächter. Mekea brüllte, sprang auf und jagte den Provokateur durch den kleinen Raum. Er packte ihn, zog ihn an sich, und wenig später wälzten sich die beiden auf dem Boden. Das Gejohle vom Sitzkreis wurde zu Jubel, ein oder zwei Knaben standen auf und feuerten die beiden zusätzlich an. Endlich gewann Mekea die Oberhand und das leidenschaftliche, aber freundschaftlich ausgetragene Gerangel fand sein Ende. Die beiden kamen zurück ans Feuer. Mekea setzte sich neben mich und schien unentschlossen, ob er angesichts seiner vollends in Unordnung geratenen Haare missmutig sein sollte oder ob die Genugtuung des Sieges überwog. Bei der nächsten Lao Lao-Runde schenkte der Gastgeber Mekea zuerst ein.

Nach dieser dritten Runde verabschiedete ich mich, ging einen steilen Hang unmittelbar hinter den Häusern hinauf und blickte auf das Dorf, das mit seinem gedämpften Stimmengemurmel und gelegentlichem Gelächter in beinahe absoluter Dunkelheit unter mir lag. Es war erstaunlich: Ein ganzes Dorf befand sich vor meinen Augen, ich konnte es hören, aber abgesehen vom kaum auszumachenden Schein eines Feuers zwischen den Wandritzen eines nahegelegenen Hauses konnte ich nichts sehen.

Dass ich die Übernachtung, abgesehen vom Fiepen der Welpen, in diesem Dorf weit mehr genießen konnte als jene im ersten, hing sicher vor allem damit zusammen, dass ich nicht mehr so sehr darauf bedacht war, alles richtig zu machen. Ich war mehr ich selbst, und ich war angesichts der ersten Nacht etwas überrascht, dass einen Tag später das Fremde so viel weniger fremd wirkte und sich im Gegenteil vieles vertraut anfühlte.

Einige Stunden später, es war beinahe sechs Uhr, saßen wir wieder vor dem Feuer, das der Hausherr gerade angefacht hatte. Er schob Zweige nach und ein feiner Ascheregen ging auf mich nieder. Die Welpen wuselten schon herum, schnuppernd und strauchelnd. Als der Hausherr einen völlig verkohlten Kessel vom Feuer nahm und meine erste Wasserflasche mit Tee auffüllte, erklärte Vee, dass wir heute nur eine brauchten. »Der Weg ist zwar noch weit, aber er führt vorwiegend über ebenes Gelände.«

»Brauchen sie hier Flaschen?«, fragte Falk. Vee nickte. So ließen wir unsere Zweitflaschen zur Freude unserer Gastgeber hier, die bisher Bambusbehältnisse und einen alten Motorölkanister aus Plastik zum Aufbewahren des Trinkwassers verwendet hatten.

Während des Frühstücks sagte ich zu Vee: »Vor ein oder zwei Tagen hast du uns erzählt, die Akha seien Animisten und glaubten an Waldgeister. Wie intensiv leben sie ihre Religion eigentlich aus?«

Er sah mich fragend an. »Was meinst du? Ich verstehe nicht.«

»Halten sie jeden Tag Zeremonien ab? Ein guter Christ betet zum Beispiel jeden Abend vor dem Schlafengehen. Gibt es bei ihnen vergleichbare Bräuche?«

Er gab die Frage an den Hausherrn weiter, der neben dem Feuer saß und schon wieder paffte.

»Wir glauben immer an die Kraft der Geister, aber spezielle Rituale führen wir nur zu besonderen Anlässen durch«, erklärte er. »Krankheit, Geburt, Tod. Es gibt aber einige große, alljährliche Zeremonien, an der fast das ganze Dorf teilnimmt, zumindest alle Familienvorsitzenden. In der Saison der Reissaat muss ich Reis mitbringen und vor dem Großen Baum aussähen, um den Geist des Reises zu besänftigen. Beim ersten Fest wird ein Huhn geopfert und beim zweiten ein Hund. Beim dritten wird ein Schwein getötet. Der Große Baum ist das wichtigste Heiligtum im Dorf. Er bringt Glück und wendet Unglück ab und beschützt uns vor Krankheiten und Fluten und Bränden.«

»Wie wird dieser Baum ausgewählt?«, fragte ich. »Nach der Größe? Der Lage? Dem Aussehen?«

»Er wird nach dem Alter ausgewählt. Er muss gesund aussehen, so dass er noch lange leben wird. Wir überprüfen auch den Boden um den Baum herum. Der Baum darf nicht beschnitten werden. Wenn der Große Baum stirbt, müssen wir einen Büffel töten, damit uns die Geister die Erlaubnis erteilen, einen neuen Baum auszuwählen.«

Dem Animismus hängen heute dreißig bis vierzig Prozent der Laoten an, wobei diese Zahl lediglich als grobe Richtlinie verstanden werden sollte. Oftmals können die Leute selbst nicht definieren, welcher spezifischen Religion sie angehören; oftmals sind es Mischformen aus Buddhismus und Animismus und anderen Religionen. Es wäre ebenso wenig falsch zu behaupten, dass fast alle Laoten Animisten sind, denn viele glauben an die Wichtigkeit der Harmonie mit der Geisterwelt. Es gibt Natur-,

Territorial- und Ahnengeister, gute und böse, hinterhältige und offenherzige. Sie leben in Bäumen, Tieren, Häusern und Menschen. Um sich selbst zu beschützen und den Geistern ihren Respekt zu beweisen, stellen viele Stadtbewohner ein Geisterhäuschen vor ihrem Haus oder im Garten auf, einen kleinen Altar, in dem Opfergaben – meist Nahrungsmittel – dargeboten werden, die die Geister befrieden sollen. In Laos verbreitete sich der Animismus schon vor dem 16. Jahrhundert und somit vor der Phase, in der sich der Buddhismus endgültig etablierte.

Die Zeit des Aufbruchs war gekommen. Ich verabschiedete mich von Mekea, dann schenkte ich seinem Vater die restlichen Stifte, die er mit beiden Händen ergriff. Er faltete die Hände und bedankte sich auf rührende Weise immer wieder für die – nach unseren Maßstäben – Kleinigkeit. Dann nahm er zum Abschied meine beiden Hände mit den seinen. Dafür, dass er so harte, körperliche Arbeit verrichtete, fühlten sie sich schmächtig und fragil an.

»Ihr seid bei uns jederzeit willkommen«, übersetzte Vee seine Worte. »Ich werde euch vermissen und wünsche euch alles Gute. Ich wünsche euch Gesundheit. Wir haben uns gefreut, dass ihr bei uns wart. Kommt wieder.«

Natürlich war ich mir darüber im Klaren, dass in seinen Worten ein nicht unwesentlicher Anteil an Höflichkeitsfloskeln steckte. Er war einfach nur nett. Dennoch ergriff mich die Herzlichkeit seines Abschieds. Allein die Tatsache, *dass* er die Floskeln bemühte, ließ mich hoffen, dass unser Aufenthalt auch für ihn in irgendeiner Weise ein persönlicher Gewinn gewesen war.

Die heutige Wanderung begannen wir mitten in den Wolken. Der Weg war sehr felsig. Dort, wo kein Stein den Grund bedeckte, hatten die Hufe des großen Viehs, das zu den Feldern gebracht wurde, zahlreiche Löcher in der Erde hinterlassen. Zunächst ging es ständig auf und ab. Wir passierten ein letztes Akha-Dorf, durch das wir wieder nicht hindurch gelangten, ohne eine Einladung zum Tee anzunehmen. Eine knappe Stunde verstrich so. Mittlerweile hatte ich so viele Teeverkostungen mitgemacht, dass mir kaum etwas deshalb entgangen sein konnte, weil wir die Teefarm nicht gefunden hatten.

Dann ging es erwartungsgemäß nur noch talwärts. Die ganze Höhe, die wir gestern gewonnen hatten, mussten wir nun wieder hinunterlaufen. Wieder durchquerten wir ein brandgerodetes Reisfeld, das einen freien Blick ins Tal bot. Unten zog sich – wie eine Offenbarung – ein Fluss entlang.

»Das ist der Nam Ou«, sagte Vee. Auch er schien durch den Anblick ermutigt und gab von nun an ein zügigeres Tempo vor. Je weiter wir liefen, desto verheißungsvoller wurde das ferne Rauschen. Nachdem die Pflanzen auf den Bergkämmen und um das Dorf herum loser gewachsen waren, umgab uns nun wieder dichte Vegetation und fast undurchdringliches Geäst, das einen steilen Pfad begrenzte, sich gierig über ihn neigte und uns kaum durchließ. Mit einem Stock stakste ich nach vorn, um den Schwung beim Gehen abzufangen, den anderen ließ ich klackernd hinter mir her schleifen, weil kein Platz war, um beide einzusetzen. An einem steilen Stück rutschte Falk aus, konnte sich aber wieder fangen. Mir wurde einmal mehr von einem Ast der Hut vom Kopf gerissen. Als ich mich umwandte, um ihn zu holen, stach mir ein zweiter Ast heftig in die Wange und verfehlte gerade das Auge. Blutegel wanden sich auf dem Boden und die Pflanzen mit ihren dornigen Blättern stachen mir in die Beine. Aber das kannte ich alles schon, es machte mir nichts aus. Ich achtete nur auf das lauter werdende Rauschen.

Ich blieb kurz zurück, um meinen Hut aufzusetzen, und folgte Vee und Falk, die hinter einer Kurve verschwunden waren. Als ich die beinahe überwucherte Gerade hinter der Kurve erreichte, entdeckte ich sie nirgends. Waren sie so zügig gegangen? Mein Herz schlug schneller. Ich eilte weiter, mich unter niedrig hängenden Ästen hinweg duckend. Der Pfad verzweigte sich. Links oder rechts – wohin waren sie verschwunden? Beide Pfade waren gleichgroß, ich konnte weder Fußspuren noch abgeknickte Zweige sehen. Ohne eine Antwort zu erhalten, rief ich nach ihnen. Ich begriff nicht, wie ich so schnell den Anschluss verloren hatte.

Ich stöhnte. Musste das so kurz vor dem Ziel passieren? Ohne einen anderen Grund als innerer Eingebung, folgte ich dem rechten Weg. Ich verfiel in einen Laufschritt, gehetzt von der

Angst, mich auf den letzten Metern der Wanderung zu verirren. Das Rauschen nahm weiter zu. Immerhin lief ich noch in Richtung Fluss. Auch das leicht abfallende Gelände half mir bei der Orientierung – nicht, dass ich eine andere Möglichkeit gehabt hätte, als dem Pfad zu folgen, der sich durch den Urwald schlängelte. Ich konnte zurückkehren und den linken Weg probieren, aber was würde das ändern? Beide konnten ebenso richtig oder falsch sein. Vielleicht waren beide richtig. Vielleicht waren aber auch beide falsch und ich hatte in meiner aufwallenden Panik den richtigen übersehen.

Ruhig, Erik, ganz ruhig. Einfach weiterlaufen.

Und weiter lief ich, mir blieb nichts anderes zu tun übrig. Nach einer weiteren Kurve fiel mein Blick auf Falks verschwitzten Rücken. Erst tauchte er nur für eine Sekunde zwischen den Bäumen und Lianen auf und verschwand wieder im Dickicht, doch ich kam rasch näher und hatte bald zu ihm aufgeschlossen. Ich versuchte meinen Atem zu beruhigen und folgte den beiden, als sei nichts geschehen. Es mochte kaum eine halbe Minute vergangen sein, seit ich sie aus den Augen verloren hatte, aber die Sorge, sie nicht wieder zu finden, hatte die Zeit viel länger erscheinen lassen.

Und dann wurde alles hell. Wir traten aus den Bäumen und dem grünen Zwielicht heraus und erreichten eine Sandbank, und die Sonne umflutete uns frei und ungebändigt. Jenseits der Sandbank strömte der Nam Ou, mit 450 Kilometern zweitlängster laotischer Nebenfluss des Mekongs, aus den Bergen Yunnans kommend, in Richtung Luang Prabang fließend, um sich schließlich mit dem Mekong zu vereinigen – ein wahrhaft bezaubernder Anblick nach der atemberaubenden Gleichförmigkeit des Waldes. Ein Bootsmann in einem hölzernen Langboot wartete schon auf uns.

Ich holte aus und rammte meine zwei Wanderstäbe in einer theatralischen Geste in den Sand wie Neil Armstrong die amerikanische Fahne beim Betreten des Mondes, als Symbol des Sieges des Menschen über alle äußeren Umstände. Aber ich ließ sie auch schweren Herzens zurück, denn sie hatten mir so gute Dienste erwiesen und so viel Hilfe geleistet, dass sie fast zu einem Teil von mir geworden waren. Der eine Stock kippte um, weil er keinen Halt im Sand fand, der andere, ohnehin mein Lieblingsstab, blieb stolz stehen.

Der Bootsmann, der sich an einer sanften Stelle hatte treiben lassen, kam mithilfe seiner Paddel ans Ufer. Vorsichtig stiegen wir ein, darauf bedacht, in der Mitte zu laufen, um das schmale Boot nicht aus dem Gleichgewicht zu bringen, begleitet vom Knarren der alten Bretter. Wir setzten uns hintereinander auf winzige Hocker. Der Bootsmann saß ganz hinten am Motor, dann kam ich, dann Vee und dann – *Knack!* – Falk hatte es mal wieder geschafft. Der kleine, robuste Hocker, der seit Jahrzehnten Hintern um Hintern den Nam Ou herauf und hinunter schaffte, gab unter dem Gewicht des Muskelgnubbels nach. Der Bootsmann guckte verblüfft auf die Überreste aus geborstenem Holz. Falk lachte verlegen, rieb sich den Hintern und setzte sich auf Bambusstreifen, die über den Boden verlegt worden waren, um die Passagiere vor über den Rand schwappendem Wasser zu schützen.

Der Bootsmann schnappte sich eine meiner Bambusstangen, schob uns von der Sandbank weg und schmiss die Stange mit bedauerlicher Achtlosigkeit fort. Er warf den Motor an, der hinten im Boot stand und von dem eine lange Eisenstange mit einer kleinen Schraube ins Wasser reichte. Der Motor knatterte, das ganze Boot vibrierte. Es nahm rasch an Fahrt auf und war für meine Begriffe überraschend schnell. Nach kaum dreißig Sekunden steuerten wir auf eine Stromschnelle zu. Ich hörte das verstärkte Rauschen, das den Motor übertönte, und schaute voraus, mich in dem Versuch nach links und rechts beugend, an Falks breitem Nacken vorbei eine befahrbare Stelle auszumachen. Aber alles was ich sah, waren weiße Schaumwirbel und aus dem Wasser ragende Steine. Der Bootsmann steuerte das Boot nach rechts, dann wieder zurück. Das Boot wurde noch schneller.

Das kann doch nicht sein Ernst sein, dachte ich besorgt, da schossen wir schon wie in einer Wildwasserbahn in die Stromschnelle hinein. Von überall spritzte Wasser ins Boot und sammelte sich unter den Bambusstreifen. Ich krallte mich an den rissigen Planken fest, aber der Steuermann manövrierte uns sicher durch die

Strudel, mal Tempo wegnehmend, dann wieder Gas gebend. Erleichtert atmete ich aus und konnte gerade noch meinen Hut fangen, der mir von einem Windstoß vom Kopf geweht wurde. Ich packte ihn in den Rucksack. Ich würde ihn heute nicht mehr brauchen.

Nach einem halben Dutzend harmloserer Stromschnellen wurde das Wasser ruhiger. Den kurvenreichen Lauf des Nam Ou säumten wechselnde Stein- und Sandufer, über die steile Hänge mit scheinbar endlosen und undurchdringlichen Wäldern ragten, in denen wir gerade noch selbst verschwunden gewesen waren und die uns nun, zerschunden und zerkratzt, wieder ausgespuckt hatten. Die Fahrt zog sich hin. Durch das gleichmäßige Rattern des Motors kam ich zur Ruhe, ein Gefühl des Friedens überkam mich. Ich hätte nicht sagen können, ob die Fahrt eine halbe Stunde dauerte oder fünf, und auf die Idee auf die Uhr zu schauen kam ich nicht. Ich saß einfach da, mit müden Beinen, spürte, wie mir der Wind durch das Haar fuhr, beobachtete, wie Wasser und Wälder vorüberzogen.

Schließlich legten wir am rechten Ufer in einer Kurve an, in der Schlamm aus dem Fluss in große Behältnisse – Umzäunungen aus Bambus – gepumpt und darin getrocknet wurde. Der entstehende Sand wurde als Baumaterial nach Phongsali verkauft. In einer kleinen Imbissstube des Ortes Hatsa ließen wir uns nieder. Hier warteten wir auf die Busabfahrt – wann die sein würde, wussten wir nicht. Die Zeit vertrieben wir uns mit gebratenen Nudeln und Ei und einer Annehmlichkeit, die ein Örtchen wie dieses, das uns heute wie eine Großstadt erschien, mit sich brachte: kühler, herrlich kohlensäurehaltiger Fanta. Wir waren nur drei Tage im Wald gewesen, aber ich ließ das Getränk in erstaunter Dankbarkeit meine Kehle hinunterrinnen als kostete ich den Geschmack das erste Mal. Einen Herd gab es nicht: Die freundliche Dame bereitete unser Mahl über einer Feuerstelle.

Während der gesamten Wanderung war kein Tropfen gefallen. Doch nun, kaum dass wir unter dem schützenden Dach saßen, öffnete der Himmel seine Schleusen. Erst war es ein feiner Sprühregen, den man kaum spürte oder sah, der auf Hatsa niederging, dann verstärkte er sich langsam. Wind kam auf. Nach

einer Viertelstunde schüttete es, die Tropfen trommelten auf das Wellblechdach über unseren Köpfen, die Hänge auf der anderen Flussseite verschwammen hinter einem silbernen Schleier aus fallendem Wasser. Wir warteten und schauten hinaus durch den Regen zum Busbahnhof, einem kleinen, betonierten Parkplatz, auf dem sich nichts rührte. Ein einziger Wagen stand dort: ein kleiner Bus, der uns später nach Phongsali bringen sollte. Ich las mein Buch und wurde dabei müder und müder, die Augenlider wurden schwer und senkten sich immer tiefer.
»Ich warte hier auf den Fahrer«, sagte Vee. »Er müsste in den nächsten drei Stunden kommen. Ihr könnt solange schlafen – ich hole euch.«
Das hörte sich gut an.
»Schlafen?«, fragte ich. »Wo?«
»Dort drüben.«
Er deutete über die Parkfläche – dahinter entdeckte ich eine kleine Ansammlung von Ständen.
»Das ist der Marktplatz«, sagte Vee. »Ihr habt Glück: Erst gestern war Markt, aber heute nutzt niemand das Gelände.«
Nach kurzem Zögern gingen Falk und ich hinüber und legten uns in einen der Stände. Sie waren nicht mehr als mit Stroh überdachte Bretter mit hervorstehenden Nagelköpfen, über die ich ein Handtuch breitete. Das monotone Rattern der Schlammpumpe, das genauso klang wie zuvor der Bootsmotor, wiegte uns in den Schlaf. Als wir aufwachten und zum Imbiss spähten, konnten wir Vee nirgends sehen. Für die nächsten zwei Stunden blieb er verschwunden. Wir vermuteten, dass er sich selbst irgendwo eine Ruhepause gönnte.
Fünf Jungen kamen auf das kleine Marktplatzgelände. Einem von ihnen hing eine Steinschleuder um den Hals, ein anderer rollte einen Reifen vor sich her durch die Pfützen, mit einem Stock darauf einschlagend. Sie quasselten und riefen vergnügt. Falk, der gerade erst einschlief, grunzte missgünstig. Sie blieben auf dem freien Platz vor uns und posierten und grinsten – ich grinste zurück. Der Junge mit dem Reifen warf seinen Stock in die Mitte des Platzes und stellte sich in einiger Entfernung auf. Er zog beide Flipflops aus und warf scharf nach dem Stock,

beide Male verfehlend. Die anderen machten es ihm nach, und wann immer ein Flipflop oder eine Sandalette den Stock traf und ihn vom Platz schleuderte, brandete lauter Jubel auf. Dann versammelten sich die Jungen um mich: Auch sie interessierten sich für mein Buch. Sie waren sehr geradeheraus und kein bisschen schüchtern. Sie stützten sich auf mir ab, schauten mir über die Schulter und wiederholten immer wieder Worte, die ich ihnen nachsprach, ohne zu ahnen, was ich sagte.

»Sie stellen nur fest, dass du liest«, sagte Vee, der wie aus dem Nichts auftauchte, als wäre er nie fort gewesen. Mein verstehendes Nicken ermutigte sie, mir beizubringen, was *Buch* heißt: »Nang seu.« Ich wiederholte es und sie kringelten sich vor Lachen. Sie wurden immer zutraulicher, hängten sich an meinen Hals und setzten sich auf meinen Schoß. Wir veranstalteten ein kleines Pfeifkonzert, indem wir einander Melodien einfacher deutscher (das unvermeidliche *Alle meine Entchen* und weitere Klassiker) und – so vermutete ich jedenfalls – laotischer Lieder beibrachten. Falk hatte derweil seine Schlafversuche aufgegeben und lehrte zwei Jungen, mit den Fingern zu schnipsen.

Als sie genug vom Pfeifen und Schnipsen hatten, forderten sie uns auf, mit ihnen schwimmen zu gehen. Ich schüttelte den Kopf und zeigte auf den Bus. Ich scherzte mit einem Jungen, die anderen redeten derweil weiter auf Falk ein und deuteten immer wieder auf den Fluss.

»Ich verstehe euch nicht, ihr kleinen Rotzlöffel«, sagte Falk in seiner liebevollen Art. Der Junge, der bei mir geblieben war, sprang von meinem Schoß herunter, hob eine glühende Kippe auf, die Falk ein paar Minuten zuvor achtlos weggeworfen hatte, und paffte die Zigarette wie selbstverständlich, ohne das kleinste Anzeichen eines Hustens. Er konnte nicht älter als acht Jahre sein.

Wir verabschiedeten uns von den Jungen, denn endlich machte sich ein Mann am Bus zu schaffen. Wir stiegen ein und nahmen Platz. Anwohner kamen und gingen und reichten Eimer mit Fischen und Obstträgern herein, die mitgenommen werden sollten und in Phongsali von Verwandten und Bekannten oder kommerziellen Abnehmern entgegengenommen werden würden.

Dann startete der Fahrer den Motor und der kleine Bus setzte sich in Bewegung. Er kämpfte sich eine lange Steigung hinauf, um das Flusstal zu verlassen, und hielt erneut, um eine Frau aufzusammeln, die von einer Plantage herauf kam und soeben die Straße erreicht hatte. Sie trug drei große Säcke, gefüllt mit frisch gepflückten Ananas-Früchten. Der süße Duft verband sich mit dem Fischgeruch: eine beißende Mischung, die den ganzen Bus füllte. Während der Bus weiter die Schotterpiste hinauf rumpelte, wurde der Regen stärker. Braune Bäche strömten uns bald entgegen. Aus den Lautsprechern dröhnten Lieder, die an die Musik alter Super Nintendo Spiele erinnerten, und im Geholper der Straße schwappte das stinkende Wasser aus den Fischeimern im Bus hin und her. Einer der Säcke kippte um, aber die Eigentümerin achtete nicht darauf. Ananas-Früchte purzelten mit ihren keulenförmigen Stämmen den Gang hinauf und herab wie wildgewordene Stielgranaten. Es war wieder einmal ein frohes Treiben im Bus: Geholper, Gedröhne und Gepurzel, dazu schreiende Frauen, die versuchten, die Musik zu übertönen und sich dem Fahrer mitzuteilen.

    Nach einer Stunde stoppte uns eine Autoschlange. Der Fahrer stellte den Motor ab und alle strömten nach draußen. Die Sonne schien wieder – heute war das Wetter ein reines Stelldichein aus Licht und Schatten. Der Regen hatte die Luft angenehm abgekühlt. Mit den anderen Fahrgästen – Vee, Falk, einem weiteren Mann und zwei Frauen – ging ich die Straße entlang und um eine Kurve herum, um zu sehen, was los war. Als ich Baulärm hörte, schwante mir Böses. Und tatsächlich sah das Bild, das sich uns bot, nicht vielversprechend aus: Hinter der Kurve schaufelten zwei Bagger im Akkord Geröll von einer Seite zur anderen. Es roch nach feuchter Erde. Über ihnen ragte ein steiler Hang empor. Er war kahl, es gab keine Bäume, nur Erde und Stein. Alles war aufgerissen und aufgeschüttet. Die Landschaft sah aus wie nach etlichen Bombeneinschlägen. So ging das für mehrere hundert Meter, bis die Straße hinter einer weiteren Biegung verschwand. Die Bagger selbst standen dort, wo eigentlich die Straße sein sollte, nur eben auf purer Erde, die sie aus der Hangseite gerissen hatten, und folglich etwa einen Meter höher.

Vee unterhielt sich mit einem der umher stehenden Anwohner aus dem nächsten Dorf, die sich die Arbeiten ansahen. Das fand ich sehr sympathisch – wo lassen sich schon ein Dutzend Menschen gemeinsam von Straßenarbeiten amüsieren? Stellen Sie sich vor, vor *Ihrer* Haustür würde ein Bagger arbeiten, sich Stunde für Stunde von links nach rechts drehen, Erde aufnehmen und die Schaufel entleeren. Kämen Sie auf die Idee, Ihren Freunden und Nachbarn Bescheid zu geben und sie einzuladen, sich das Spektakel mit Ihnen anzusehen?

Nach einer Weile stellte sich bei mir Ernüchterung ein.

»Und was machen wir jetzt?«, fragte ich Vee. Hier war offensichtlich kein Durchkommen.

»Keine Sorge«, sagte Vee. »In einer Stunde können wir weiterfahren.«

»Weiterfahren wo lang?«

Er deutete geradeaus. »Dort lang.«

»In einer Stunde?«

Er nickte und sah mich fragend an. Ich war nicht sicher: Entweder war ich außergewöhnlich begriffsstutzig oder irgendetwas passte nicht zusammen.

»Vee – der halbe Hang liegt auf der Straße! Was rede ich, es *gibt* gar keine Straße mehr!«

Er lächelte. »Der Hang liegt nicht auf der Straße. Sie reißen den Hang oberhalb der Straße ein und tragen ihn ab. Stromaufwärts werden am Nam Ou neue Staudämme gebaut, und sie erweitern die Straße, damit die Trucks durchpassen. Jeden Tag reißen sie etwas mehr vom Hang ein und schaufeln die Erde weg, und vom Abend bis zum Morgen können wieder Autos durchfahren.«

»Und das soll heute auch so sein?«, fragte ich. »Es sieht mir nicht danach aus.«

Er lächelte erneut. »Du wirst schon sehen.«

Ich warf einen letzten, zweifelnden Blick auf die Bagger, zuckte mit den Schultern und setzte mich in den Bus, in dem sich der Fahrer auf der hintersten Sitzbank ausgestreckt hatte. Die Besitzerin der Ananassäcke nutzte die Pause, las die Früchte aus allen Teilen des Busses zusammen und pflückte lange Grashalme, mit denen sie die Säcke verschnürte. Ich richtete mich auf eine ausgedehnte Wartezeit ein, aber es war kaum eine halbe Stunde vergangen, als der Busfahrer aufstand, zum Fahrersitz ging und den Motor anließ. Wir fuhren um die Kurve und eine Rampe aus Erde auf das Geröllfeld hinauf, die die Bagger rasch angelegt hatten. Über uns sahen wir gesprengten Fels und loses Erdreich voller Gestein und herausgerissener Wurzeln. Im Schritttempo schaukelte der Bus über Stock und Stein, vorbei an den ruhenden Baggern, um die nächste Kurve. Leider waren wir nicht die einzigen, die die Idee hatten, die Gunst der Stunde eilig zu nutzen. Plötzlich kamen uns Mopeds, Transporter und Lastwagen entgegen. Der Weg war verstopft, keiner kam am anderen vorbei, nur die Mopeds schlängelten sich durch: Für einen Augenblick glaubte ich, einen der Fahrer hämisch in seinen Helm lachen zu hören.

Unser Fahrer legte den Rückwärtsgang ein, setzte zurück und trat abrupt auf die Bremse, als er sich erinnerte, dass hinter ihm weitere Autos folgten. Die Ananasbesitzerin, die aufgestanden war, um besser zu sehen, konnte sich nicht halten und landete mit einem schrillen Schrei auf dem Boden. Laut schimpfend kämpfte sie sich von ihren Ananassäcken hoch. Eines kann ich Ihnen sagen: Ich habe selten so aufregende Busfahrten erlebt wie in Laos.

Nach einer weiteren Viertelstunde hielt der Bus schon wieder. Wieder wuselten alle Insassen heraus. Ich war in mein Buch vertieft und achtete nicht darauf. Wer konnte wissen, was jetzt schon wieder die Straße versperrte – vielleicht ein gigantischer Bullenfladen. Ich sehnte mich langsam aber sicher nach einem Hostelbett.

Neben mir klopfte es an die Scheibe. Ich blickte auf und sah in Vees lächelndes Gesicht. Ich schob das Fenster auf.

»Willst du zurück nach Hatsa fahren?«, fragte er.

»Nein«, stellte ich kühl fest.

»Und warum steigst du dann nicht aus?«

»Vielleicht solltest du mir einfach sagen, was ich tun soll, schließlich kennst du den Weg und ich nicht«, gab ich etwas zu grantig zurück. Ich war erschöpft, und vom Warten hatte ich auch genug.

Ich verließ also als letzter den Bus und fand mich auf einem Busbahnhof wieder, einer kleinen Hütte mit einer vertrockneten Wiese davor, umgeben von Wald. Die Haltestelle war tatsächlich mitten im Wald. Und hier endete die Buslinie? Ich war zu entkräftet, um zu fragen, wohin die Leute gingen, die in alle Richtungen zerstoben.

Plötzlich lehnte Vee an einem roten Moped. Auch hier wurde mein Hauch von Verblüffung durch gleichgültige Erschöpfung neutralisiert.

»Ich bringe euch nacheinander nach Phongsali«, sagte er. »Wer will zuerst?«

Jetzt noch eine Mopedtour? Ich stöhnte innerlich.

»Wie lange dauert das?«, fragte ich, befürchtend, eine zusätzliche Stunde im Wald herumstehen zu müssen.

»Nur fünf Minuten.«

Damit konnte ich leben und ließ Falk den Vortritt. Zwanzig Minuten später kam Vee zurück. Ich setzte mich hinter ihn und hielt mich an seiner Hüfte fest. Los ging sie, die – nun hoffentlich wirklich – letzte Etappe. Wir fuhren über einen Waldweg und erreichten das Randgebiet von Phongsali. Im Vorbeifahren zeigte mir Vee zwei Tempel, die wir schon vom Phou Fa, dem *Himmlischen Berg*, anhand der davor verteilten orangenen Mönchskutten ausgemacht hatten. Auf der Hauptstraße holten wir einen Bekannten Vees ein.

»Das ist der Keyboarder«, rief Vee mir zu, »mit dem ich gemeinsam auf Feiern auftrete und der meinen Gesang begleitet.«

Die beiden fuhren auf gleicher Höhe weiter und unterhielten sich in aller Ruhe, während sie die Hauptstraße entlangfuhren, die sich den Hang hinunter schlängelte. Hätte er mich nach meiner Meinung gefragt, hätte ich Vee vorgeschlagen, auch hin und wieder nach vorn zu schauen, aber natürlich fragte er nicht.

Endlich lieferte er mich sicher und wohlbehalten am Bestimmungsort ab. Wir verabschiedeten uns voneinander, bestätigten einander, wie großartig die letzten drei Tage gewesen waren und wie sehr wir die Gesellschaft genossen hatten. Ich dankte für seine Erklärungen und Übersetzungen und gab ihm in Absprache mit Falk ein Trinkgeld, dann fuhr er davon. Falk und ich nickten uns müde zu und trotteten los. Das Hostel war nicht fern, die Zimmer reserviert. Nun konnte nichts mehr schief gehen – und in der Tat: Nichts ging schief. Ich sah eine Tür, ein Schlüsselloch und ein Bett – danach erinnere ich mich an nichts mehr.

Kapitel 3
Im Schlamm von Luang Namtha

Das Leben war gut. Eine gewisse, grundsätzliche Bescheidenheit vorausgesetzt, ließ das Zuela-Gasthaus keine Wünsche offen. Das hübsche Gebäude aus dunklem Holz und roten Ziegelsteinen stand etwas von der Hauptstraße zurückgesetzt in der zweiten Reihe, so dass es trotz der zentralen Lage ruhig war. Die Zimmer waren klinisch sauber und hell, und die Betten weich, und dabei waren die Übernachtungen genauso günstig wie unsere bisherigen. In den Gebäuden waren Schuhe unerwünscht, eine Bitte, der ich gern nachkam. Die Gäste und Angestellten liefen barfuß herum, damit alles so sauber blieb wie es war. Direkt gegenüber befand sich das angeschlossene zweistöckige Restaurant, im gleichen elegant-rustikalen Stil gebaut. Die Tische und Stühle bestanden aus dunklem Holz, den Boden bedeckten cremefarbene Fliesen, an den Wänden hingen kunstvolle Bilder und Erzeugnisse der hiesigen Minderheiten: Körbe, bestickte Decken und Taschen. Ein Bücherschrank an der hinteren Wand erinnerte mich an das Arbeitszimmer meines Großvaters. Und auf dem Balkon der zweiten Etage spielten ein paar Hippies auf einem Didgeridoo.

Ja, das Leben war gut.

Das Restaurant bot allerdings nur mittelmäßiges Essen. Am Vortag hatte ich mir Rind mit Zucchini und Reis bestellt und ein einfallsloses Mahl mit langweiligem Geschmack bekommen, das mich an das Essen in meiner Universität an besseren Tagen denken ließ. Aber der Mangoshake war sehr fruchtig, und ohnehin konnte ich den Leuten, die mich in dieses kleine Paradies aufgenommen hatten, nichts übelnehmen. Zwischen dem Restaurant und der Unterkunft standen weitere Tische, umgeben von Palmen, Blumen und schattigen Hollywoodschaukeln sowie einem kleinen Motorradverleih. Es war die perfekte Erholungsoase.

Mittlerweile waren wir nicht mehr in Phongsali. Wir hatten die Stadt am Morgen nach unserer Wanderung mit einem *Schnellbus* verlassen, der sich allein dadurch von herkömmlichen Bussen unterschied, dass der Fahrer einen noch waghalsigeren Fahrstil hatte. Wir waren einige zusätzliche Tage in Oudomxai geblieben und dann über die Straße 1 nach Luang Namtha weitergefahren, einer Stadt, deren Beschreibungen in den Touristenführern sich einfach zu gut anhörten, um sie zu verpassen.

Aus der Ferne sah die Stadt friedlich und ruhig aus. Sie erstreckte sich durch ein Tal, das umgeben war von sanften, kalkhaltigen Bergzügen, in denen die Menschen Reis, Mais, Maniok und Erdnüsse anpflanzten. Auf den ersten Blick schien es eine Gegend zu sein, in der nicht viel passierte. Im Umland, der Provinz, die ebenfalls Luang Namtha hieß, lebten die Menschen von der Büffel- und Viehwirtschaft und vom Fischfang. Sie bauten Kautschuk und Teakholz an, ernteten Wassermelonen, Zuckerrohr, Paprika und Peperoni. In den Wäldern fanden sie Pilze, Bambussprossen, Kardamom, Ingwer und Rattan, das sie weiterverarbeiteten und verkauften. Andere Leute bauten in Minen Braunkohle und Kupfer ab oder fällten und verarbeiteten Holz. Diese Aufzählung mag den Anschein wirtschaftlichen Erfolges vermitteln, aber das Bruttoinlandsprodukt Luang Namthas betrug 2010 gerade einmal 680 US$ und lag damit deutlich unter dem landesweiten, vor allem durch die größeren Städte beeinflussten Durchschnitt von etwa 1.000 US$. Dieser Wert wiederum entspricht einem *Vierzigstel* des deutschen Wertes.

Wie in den meisten anderen Orten dieser Größe spielte sich der überwiegende Teil des (touristischen) Lebens der Stadt Luang Namtha in einer Straße im Zentrum ab, die in diesem Fall schnurgerade war. In relativ regelmäßigen Abständen gingen im rechten Winkel Nebenstraßen ab und führten zu Straßen, die exakt parallel zur Hauptstraße verliefen. Die rasterartige Anordnung vermittelte das Gefühl, dass dieser Teil der Stadt nicht natürlich gewachsen, sondern auf dem Reißbrett geplant worden war – und genauso war es auch. Die Neustadt, in der wir wohnten, wurde erst 1976 gebaut, nachdem die sieben Kilometer südlich gelegene, ursprüngliche Stadt und heutige Altstadt Ban

Luang-Khone während heftiger Gefechte zwischen den Pathet Lao und vom CIA ausgebildeten Hmong-Kämpfern im Vietnamkrieg beinahe vollkommen zerstört und zudem aufgrund der niedrigen und flussnahen Lage immer wieder überschwemmt worden war. So umfasst die Stadt heute zwei räumlich getrennte Stadtteile. In den südlichen, alten Bezirk verirrt sich kaum ein Reisender, denn die meisten Unternehmen, Behörden und Tourenanbieter befinden sich im nördlichen, neueren Bezirk. Es ist ein netter Ort mit einigen guten Unterkünften und Restaurants und dem Nachtmarkt, auf dem alles verkauft wird, von Snacks über Obst bis hin zur Handwerkskunst ethnischer Minderheiten – die in der Provinz Luang Namtha tatsächlich die Mehrheit bilden – wie der Stickerei der Hmong, der Korbflechterei der Khmu, der Seidenweberei der Tai Dam und der Schmuckarbeiten der Ahka. Eigentümlichkeiten wie gekochte Seidenraupen, gebratene Frösche und Eier, aus denen aus blinden Augen die halb geschlüpften Küken herausgucken, aber auch köstlich geröstete Ente, frisch gebackene Reismehlfladen und scharfer Krautsalat sind ein kleiner Teil des vielfältigen kulinarischen Angebots des Markts, auf dem sich gegen Abend beinahe genauso viele hungrige Hunde wie Menschen tummeln. Wagemutige Probierfreudige können hier für ein paar Euro aufregende Stunden verbringen.

Weiterhin hat sich eine Vielzahl von Tourenanbietern an der Hauptstraße angesammelt, um den Besuchern aus aller Welt genau das zu bieten, was die meisten von ihnen in Luang Namtha suchen: ein- und mehrtägige Trips durch Dschungel und Dörfer, zu Fuß, auf dem Fahrrad oder mit dem Kajak. Begriffe der Stunde, die von jedem Plakat und jeder Werbetafel scheinen, sind *gemeindegesteuert* und *ökofreundlich*. Der Ökotourismus ist eines der Aushängeschilder der Tourismusbranche in ganz Laos und wurde als Ziel der Regierung sogar in die 2003 aktualisierte Verfassung aufgenommen, nicht zuletzt, um die steigenden Touristenzahlen möglichst gleichmäßig über das ganze Land zu verteilen und den Druck von den beliebtesten Zielen wie der Stadt Luang Prabang zu nehmen. Bei gerade 30.000 Einwohnern wird sie jährlich von mehr als 100.000 Touristen besucht. Mithilfe der

Touristen wohlhabender zu werden und gleichzeitig das empfindliche kulturelle und natürliche Erbe des Landes zu schützen, das ist eine der großen Herausforderungen, mit denen sich Laos konfrontiert sieht.

In Zusammenarbeit mit der UNESCO und der neuseeländischen Regierung hat das laotische Tourismusministerium mit dem *Nam Ha Ökotourismusprojekt* wichtige Voraussetzungen für umweltfreundlichen Tourismus geschaffen, bei dem nicht nur die Natur geschützt wird, sondern auch die in ihr lebenden ethnischen Minderheiten. Die Stammesdörfer erhalten höchstens zweimal in der Woche Besuch von kleinen Wandergruppen, damit sie nicht vom Tourismus abhängig werden, und stehen in Kontakt mit der Tourismusbehörde, um über die Vor- und Nachteile zu berichten, die ihnen durch die Besucher entstehen. Sie versorgen die Menschen, von denen sie besucht werden, kümmern sich um die Instandhaltung der Waldpfade und Unterkünfte. So wird die Armut unter Wahrung kultureller Bräuche behutsam gelindert. Mehr als die Hälfte der Einnahmen der Tourenanbieter gehen an die Dörfer und die Führer, die meist Farmer, Lehrer oder Verkäufer sind und sich mit den Touren gelegentlich etwas dazu verdienen. Zwölf der achtzehn laotischen Provinzen boten 2011 solche gemeindebasierten, mehrtägigen Wandertouren an. Wie lange der Tourismus in Luang Namtha jedoch in einer Weise stattfindet, die für die Reisenden angenehm und für die Einwohner und die Natur vorteilhaft ist, ist fraglich. Nach dem Ausbau der Straße 3 und der Vergrößerung des Flughafens zwischen 2006 und 2008 wird die Stadt mindestens einen kleinen Boom erleben; von China und Malaysia finanzierte, seelenlose Hotelklötze werden bereits gebaut.

Wir wollten das Umland zunächst auf eigene Faust erkunden und entschieden uns einmal mehr für Motorräder. Wir schworen, dieses Mal jede Extremsituation zu meiden. »Keine Flussdurchquerungen!«, sagte Falk, während er das Frühstück bezahlte, und ich pflichtete ihm bei.

Kurz bevor wir aufbrechen wollten, begann es heftig zu regnen. In der ersten halben Stunde verlor der Regen nichts von seiner Kraft und es gab keine Anzeichen, dass sich daran bald etwas ändern würde. Uns blieb nichts anderes übrig als Regenjacken und -hosen überzustreifen und uns in den Wasserfall zu begeben. Ein paar Minuten hielten die Sachen stand, dann waren wir durchnässt bis auf die Knochen.

»Seid ihr ganz sicher?«, fragte der Motorradverleiher, erstaunt, dass wir bei diesem Wetter losfahren wollten. Ich verstand ihn kaum, zu laut war das Trommeln des Regens auf dem Asphalt vor seinem Geschäft.

»Wir wissen, was wir tun!«, rief ich zurück. Er ließ sich in die Irre führen und händigte uns die Schlüssel aus. Wir fuhren auf die andere Straßenseite zur Tankstelle, in der ich hoffnungsvoll Pringles-Chips in der Geschmacksrichtung Meerestang erstand. Ich dachte immer noch gern an den leckeren, getrockneten Flusstang zurück, den uns Vee während der Phongsali-Wanderung gegeben hatte. Hastig stopfte ich ein paar Chips in mich hinein, doch die Vorfreude wich rasch der Enttäuschung: Ich konnte keinen klaren Tanggeschmack feststellen.

Wir fuhren los. Die gesamte Straße stand knöcheltief unter Wasser, zu beiden Seiten spritzte es davon. An einigen Stellen war es so tief, dass es mich in der Tat an die Flussdurchquerungen in Oudomxai erinnerte. Anfangs hoben wir an solchen Stellen die Beine, doch es lohnte nicht. Bald gab es keine Pfützen oder kleinen Bäche, die über die Straße liefen, sondern nur Wasser, und zwar überall: über uns, unter uns, um uns herum. Ich hätte die Zunge ausstrecken und mich am fallenden Wasser satttrinken können. Der Helm hatte kein Visier und die Tropfen schlugen mir schmerzhaft ins Gesicht und in die Augen, die ich zu Schlitzen verengt hatte. Ich drosselte das Tempo und verminderte die Wucht des Wassers.

Fünf Leute fragten wir nach dem Weg zum Dorf Ban Nam Di, in dem wir die traditionelle Papierherstellung aus Bambus anschauen wollten. Wir fragten in Geschäften, wir fragten Fußgänger und wir fragten Polizisten, die in einem Häuschen an einer Kreuzung die Einhaltung der Verkehrsregeln überwachten, und wir erhielten ebenso viele verschiedene Wegbeschreibungen. Endlich fanden wir die abzweigende Schotterstraße – nicht aber das gesuchte Dorf. Wir hatten nicht zu hoffen gewagt, viel zu sehen zu bekommen, dazu waren das Wetter zu schlecht und die Touristenzahlen zu gering, die sich hierher bemühten. Wir hatten nur nach irgendeinem Ziel gesucht, das wir zuerst ansteuern konnten. Aber wir entdeckten nicht einmal ein Schild oder einen sonstigen Anhaltspunkt, der auf Ban Nam Di oder die Papierproduktion hingedeutet hätte.

Weiter der Schotterstraße folgend, kamen wir durch eine Vielzahl kleiner Hüttenansammlungen. Es regnete unablässig. Niemand sonst war draußen unterwegs, außer einem Mädchen, das im Kampf gegen Bodenerosion am Straßenrand ein paar Steine in eine Rinne schaufelte, durch die schon ein Bach floss. Unter einigen Vordächern aus Stroh, von denen das Wasser in kleinen Rinnsalen tropfte, tummelten sich ein paar Leute. Wir fuhren über eine Brücke und durchquerten einen Bach, dann entdeckten wir erfreut ein Schild, das den Nam Dee Wasserfall verkündete. Wir bogen ab und parkten unsere Maschinen unter einer kleinen Überdachung. Gegenüber gab es drei kleine Stände, in denen je eine schlafende Person auf Kundschaft wartete – vermutlich seit Tagen erfolglos. Ich ging hinüber.

»Entschuldigen Sie«, sagte ich in Englisch. »Wo ist Ban Nam Di?«

Ein Mann stand auf, nickte und sprach mit einer alten Frau, die ebenfalls nickte. Ein aufgeregtes Gewusel begann. Beide liefen umher und schnatterten aufeinander ein. Ich beobachtete sie verwundert und wartete.

»Ich möchte nur wissen, wo Ban Nam Di ist«, sagte ich nach einer Weile. »Ban – Nam – Di?«

Die Frau verschwand hinter einem Vorhang und kehrte einige Minuten später mit einer Anzahl von dicken, offenbar aus Bambus gefertigten Papierblättern in der Hand zurück.

»Nein«, sagte ich und schüttelte energisch den Kopf. »Ich will kein Papier haben. Ich möchte sehen, wie es *hergestellt* wird!«

Die Frau sah mich verständnislos an, der Mann sah ebenso ratlos aus. Es half nichts: Sie verstanden mich nicht.

»Was ist mit dem Wasserfall?«, fragte Falk und stellte mit Gesten fallendes Wasser dar.

Die Frau nickte wieder und freute sich. Sie deutete hinüber zur Überdachung, neben der ich nun ein kleines Bambushäuschen entdeckte, in dem ein alter Mann saß.

»Vielen Dank«, sagte Falk, und wir gingen hinüber zum Häuschen. Mit einem Klopfen an der hohlen Wand weckten wir den Mann aus seinem Dämmerzustand, einen ergrauten Herrn mit kolossalen, tropfenförmigen Brillengläsern, die ihm das Aussehen einer Eule gaben. Wir kauften je ein Ticket, wobei das Abstellen der Motorräder genauso teuer war wie der eigentliche Eintritt, und liefen hinüber zu einem schmalen Pfad jenseits des Motorradunterstandes. Am Anfang des Pfades zählte ein Schild eine Liste von Verhaltensrichtlinien auf, mit deren Hilfe sichergestellt werden sollte, dass der Wasserfall in seiner ganzen Pracht erhalten blieb.

Der Pfad schlängelte sich über einem Bachbett entlang und kreuzte ihn in Form von Stegen und hübschen, hölzernen Brücken. Es war ein idyllischer Spaziergang, dessen einziger Wermutstropfen ein rostiges Rohr war, das ebenfalls im Zickzack über dem Bachbett verlief. Erst nach einigen Minuten fiel mir auf, wie wenig Wasser der Bach führte, trotz der stundenlangen Regenfälle, die noch immer anhielten.

Es dauerte nur fünf oder zehn Minuten bis wir eine Felswand erreichten, an der ein irrwitzig kleines Rinnsal hinabtröpfelte, das wir erst gar nicht beachteten. Aber vor der Felswand erstreckte sich eine ebene Fläche, die wohl einmal ein kleiner See gewesen war, und auf einem Steg jenseits des ausgetrockneten Sees wartete ein kleiner Pavillon auf bessere Tage, von dem aus man sich die Szenerie ansehen konnte – Hinweise darauf, dass dies tatsächlich der angepriesene Wasserfall sein sollte.

Falk und ich sahen uns unentschlossen an und standen eine Minute herum. Schließlich folgten wir einem Pfad, der um die Felswand herum nach oben führte. Wer sich allerdings eine abenteuerliche Kletterpartie vorstellt, liegt falsch: Das hier war kein Berg, sondern ein größerer Stein. In dreißig Sekunden waren wir oben. Wir schauten nach unten und standen eine weitere Minute herum. So hatte ich Zeit festzustellen, dass meine Schuhe, wie vom Hersteller versprochen, absolut wasserdicht waren:

Wenn das Regenwasser einmal von der Hose hineingelaufen war, blieb jeder einzelne Tropfen drin.

Ich sah mich um. Das Unkraut, das hier oben überall im Bachbett wucherte, legte nahe, dass hier seit geraumer Zeit keine nennenswerte Menge an Wasser geflossen war. Offenbar wurde stromaufwärts der größte Teil mit dem Rohr abgezweigt und in eines der Dörfer geleitet.

Nachdem wir lange genug im Regen herumgestanden waren, um das Gefühl zu bekommen, zumindest einen winzigen Gegenwert für das Eintrittsgeld erhalten zu haben, traten wir den Rückweg an.

Als nächstes fuhren wir nach Norden in Richtung des Dorfes Hat Yao. Unterwegs entdeckten wir an einer abgelegenen Stelle eine Hängebrücke, die über einen schlammigen Fluss führte und uns unser eigentliches Ziel, die Erkundung des Dorfes, vergessen ließ. Gestützt durch einen Pfeiler in der Mitte des Flusses, schwang sie sich in zwei Bögen an das jenseitige Ufer. Wir konnten dem abenteuerlichen Anblick nicht widerstehen.

»Ab dafür!«, rief Falk und fuhr los. Besorgt beobachtete ich, wie die Brücke erzitterte wie eine aufgescheuchte Schlange und wartete, bis er das andere Ende erreicht hatte. Dann fuhr ich los.

Ich versuchte im Gewackel der etwa anderthalb Meter breiten Planken das Gleichgewicht zu halten, die unter meinen Rädern in ihren Verankerungen hin und her sprangen. Sie klackerten hinter meinen Ohren als würde mich eine aufgebrachte, mit Klanghölzern bewaffnete Meute verfolgen. In dem Versuch, in der Mitte zu bleiben, schaute ich stur geradeaus, aber alles erzitterte und schwang hin und her wie eine lange, in den Wind geworfene Stoffbahn. Ich war hochkonzentriert und summte leise die Indiana Jones Musik vor mich hin, driftete dabei nach links und rechts, so dass der Lenker einige Male am Drahtgeländer entlangschrammte. Das hoch und runter springende Ende der Brücke, auf das ich meinen Blick fokussiert hatte, kam rasch näher.

Auf der anderen Seite verschwand ein einladender Weg im Wald, zerklüftet, aus einem tückischen Gemisch aus Steinen und schlammiger Erde bestehend. Erfreut über die Abwechslung in der Streckenführung, fuhren wir darauf zu und überwanden mit

Mühe die erste Steigung. Der heftige Regen ließ endlich nach und wurde zu einem normalen Schauer.

Bald wich der Mischwald Kautschukbäumen, die in dichten Reihen auf beiden Seiten des Weges gepflanzt worden waren. Überall standen sie, tausende beinahe gleich aussehende, vielleicht zehn Meter hohe Bäume, fein säuberlich aufgereiht. Aus ihren angeritzten Stämmen floss weißer Milchsaft in mit Drähten an die Stämme gebundene Schüsseln. Es war eine riesige, schier endlose Plantage, und weit und breit war kein natürlich gewachsener Baum zu sehen. Bevor die Kautschukbäume angepflanzt worden waren, war der Wald augenscheinlich bis zum letzten Stamm abgeholzt worden, ohne Zweifel ein irreparabler Schaden, der vor allem der Wirtschaftskraft Chinas diente, das nicht nur Zugriff auf den günstigen Gummi erhielt, sondern auch auf das Holz des gerodeten Waldes.

Obwohl die Wälder Luang Namthas aufgrund ihres Artenreichtums zum asiatischen Naturerbe erklärt worden sind, wurden für den Kautschukanbau allein bereits nahezu 5.000 Hektar Wald vernichtet. Die Folgen sind, neben dem schwindenden Lebensraum für Pflanzen und Tiere, Bodenerosion und verheerende Überschwemmungen. Gleiches ist an vielen Orten in Laos zu beobachten, die Wald noch vor dreißig Jahren vollständig bedeckte und an denen heute nur vereinzelte Bäume zu finden sind. In den 1960ern waren siebzig Prozent von Laos bewaldet, heute sind es, wie schon erwähnt, gerade noch vierzig.

Vor mir verringerte Falk die Geschwindigkeit. Er hatte einen Motorroller entdeckt, der am Wegrand stand. Wir hielten an, ließen die Blicke über die Baumreihen schweifen und machten einen Mann aus, der uns im selben Augenblick bemerkte und uns zuwinkte. Wir winkten zurück und er bedeutete uns, näher zu kommen.

»Ich grüße euch, meine Freunde!«, rief er, als wir ihn beinahe erreicht hatten. »Wie geht es euch?«

»Sie sprechen sehr gutes Englisch«, sagte Falk erstaunt.

»Na, nicht gut«, gab er zurück. »Mein Sohn hat mir einige Worte beigebracht. Wie geht es euch?«

»Gut«, sagte Falk. »Und Ihnen?«

»Gut, gut!«

Er war ein vielleicht 45-jähriger Mann mit markanten Zügen. Sein Kinn war spitz, seine Stirn breit, die Wangenknochen hoch, die schwarzen Haare klebten ihm nass am Kopf.

»Was macht ihr hier?«, fragte der Mann. »Sightseeing?«

»Eine Motorradtour«, gab Falk zurück. »Und Sie? Ernten Sie den Kautschuk?«

»Dazu ist das Wetter zu schlecht. Ich sehe nur nach dem Rechten und überprüfe den Boden um die Bäume. Hier, diese Pflanzen reiße ich aus, wenn sie zu hoch wachsen. Die Bäume sollen eine bestmögliche Nährstoffversorgung erhalten. Interessiert ihr euch für Kautschuk?«

Falk zögerte. »Na klar«, sagte er.

»Dann kommt mal mit. Ich bin übrigens Samboun Bounkeo.«

Er reichte uns seine Hand, und wir stellten uns ebenfalls vor.

»Kommt hier herüber, zu diesem Baum. Wisst ihr, wofür Kautschuk verwendet wird?«

»Gummi«, sagte Falk.

»Ganz genau: Gummi. Diese Bäume hier haben wir ungefähr vor fünfzehn Jahren gepflanzt. Bei gutem Wetter schneiden wir die Bäume alle zwei oder drei Tage an, damit der Milchsaft in diese Gefäße läuft – aber nur auf einer Seite, sonst können nicht mehr genügend Näherstoffe über den Stamm transportiert werden und der Baum stirbt. Wenn die gesamte Seite eines Baumes geritzt ist, fahren wir auf der anderen Seite fort und die verwundete Seite hat Zeit zu heilen. Hier, seht ihr die Schnitte? Sie verlaufen spiralförmig von links oben nach rechts unten, denn auch die Milchröhren verlaufen leicht schräg, und so treffen wir die meisten von ihnen und können mehr Milchsaft ernten. Sobald alle Becher voll sind, sammeln wir sie ein und schütten den Milchsaft in ein größeres Fass. Aber heute regnet es zu stark und der Milchsaft würde zu sehr verwässern. Deshalb warten wir auf besseres Wetter.«

Wir wanderten ein paar Minuten mit ihm über die Plantage und betrachteten die zahllosen Ca-hu-chu, die *Weinenden Bäume*, wie die Indianer Südamerikas, wo sie zuerst wuchsen, sie nannten.

»Gibt so ein Baum unendlich lange Milchsaft oder versiegt er irgendwann?«, fragte ich.

»Diese Bäume können wir vielleicht noch zehn oder fünfzehn Jahre nutzen«, sagte er, »dann müssen wir sie fällen und neue Bäume pflanzen. Das Holz verkaufen wir nach China. Es ist schön hell, nicht wahr?«

Nachdem eine halbe Stunde vergangen war und wir eine Einladung zu einer abendlichen Runde Lao Lao angenommen hatten, verabschiedeten wir uns und setzten die Fahrt fort, die bald zu einer Rutschpartie wurde. Es gab hier nicht so tiefe Schlammlöcher wie in Phongsali, zu hart war die Erde, aber aus eben diesem Grund konnte das Wasser nicht versickern und bildete einen schmierigen Film auf dem Boden, der glitschig war wie grüne Seife. Ging es bergauf, mussten wir die Maschinen schieben, indem wir uns Meter um Meter vorankämpften: Für jeden Schritt, den wir vorwärts machten, rutschen wir einen halben zurück. Ging es bergab, zogen wir die Bremsen an, aber die Roller schlitterten unbeirrt weiter durch die Spurrillen, die die Plantagenarbeiter durch die Benutzung der Wege erschaffen hatten und aus denen wir nicht herauskamen. Falk zog seine Flipflops, die ihm keinerlei Halt boten, aus und stemmte auf so einem abschüssigen Stück die Füße auf den Boden, eigene Spurrillen hinterlassend, und versuchte stehenzubleiben. Aber das Gewicht der Maschine machte seine Bemühungen zunichte. Wenigstens gaben die Spurrillen unserem unkontrollierten Rutschen eine Richtung. Alles, was wir zu tun hatten, war, das Gleichgewicht zu halten und uns von der Spurrille bis zum Ende der Hänge führen zu lassen.

An einem abschüssigen Abschnitt, der in sich leicht schräg war, verlor ich die Kontrolle und ließ mich fallen, um nicht in eine Felswand zu fahren. Ich schlug hart auf dem Boden auf, rutschte weiter und kam zum Liegen, mit der Hälfte meines Körpers unter dem Motorrad. An einem Stein riss ich mir das Fleisch am rechten Schienbein auf, gleichzeitig verbrannte ich mir die linke Wade am heißen Motorblock. Ich versuchte mich zu rühren, aber ich war eingeklemmt. Das Hinterrad jaulte auf und drehte mit einem hysterischen Schreien durch, und ich bemerkte, dass ich immer noch den Gasgriff gepackt hielt. Ich ließ los, schaltete den Motor ab und versuchte erneut, mich zu bewegen. Es ging nicht. Mein rechtes Bein war in so einem Winkel unter der Maschine eingeklemmt, dass mir die Kraft fehlte, es herauszuziehen. Das rechte Bein lag darüber, aber sobald ich es bewegte, berührte ich wieder den Motorblock und verbrannte es erneut. Endlich kam Falk zurück, entknotete mich vorsichtig und hob die Maschine von mir herunter. Ich stand auf und überprüfte meinen Körper – außer den genannten Blessuren war mir nichts passiert, abgesehen davon, dass ich von Kopf bis Fuß in Schlamm gehüllt war. Das Motorrad sah nicht besser aus.

»So eine Scheiße«, sagte ich frustriert.

Falk nickte nachdenklich. Schließlich sagte er: »Ich schätze, wir sind gescheitert.«

»Was meinst du?«

»Erinnerst du dich? Wir wollten jedwede Extremsituation meiden.«

Ich überlegte kurz und lachte. Es schien, als manövrierten wir uns immer wieder in haarsträubende Lagen, sobald wir ein Motorrad bestiegen. Wir wurden einfach hineingesogen. Da war immer die nächste Kurve, die verlockend aussah, und die Neugierde darauf, was dahinter lag. Trotz unserer mangelnden Fahrfähigkeiten und Erfahrungen liebten wir die Herausforderung anspruchsvoller Streckenführungen zu sehr, um ihr zu widerstehen.

Nun war es aber genug. Vorsichtig und im Schritttempo kehrten wir zurück zur Hängebrücke. Immer wieder mussten wir schieben, da einzelne Stellen zu gefährlich waren. An Pfützen versuchten wir, etwas Schlamm von den Motorrädern zu waschen, aber es war aussichtslos. Ausgerechnet jetzt hörte es endgültig zu regnen auf.

Auf dem Weg zurück nach Süden sahen wir am Hang rechts über uns einen großen leuchtenden Stupa, den Luang Namtha Stupa. Wir fanden die richtige Straße, fuhren hinauf und stellten die Motorräder auf dem leeren Parkplatz ab. Von hier konnten wir das Tal unter uns und Teile Luang Namthas überblicken. Eine kleine Treppe führte zum Stupa selbst, den größten, den wir bisher gesehen hatten. In einiger Höhe durchbrachen – eher untypisch – ein paar Fenster das saubere Gold. Er war insgesamt in einem ausgezeichneten Zustand. Wir umrundeten den Stupa und entdeckten dahinter eine kleine, in den Fels gegrabene Höhle, in der eine Sammlung von Buddha-Figuren stand.

Während der Besichtigung folgte uns ein kleiner, weißer Hund mit schwarzen Ringen um die Augen. Er wedelte begeistert mit dem Schwanz und versuchte immer wieder, Falk, der seine Flipflops trug, in die große Zehe zu beißen. Immer wieder schnappte er danach. Wenn Falk den Fuß hob, um ihn zu schützen, stürzte er sich auf den anderen. Diesen Tanz zu beobachten war eine wahre Freude.

»Jetzt ist es aber gut!«, knurrte Falk und schob den Hund weg. Der dachte nicht daran, die Geste als Zeichen der Ablehnung zu verstehen: Er fasste sie als Einladung auf, ließ sich fallen, rollte sich auf den Rücken und streckte die Pfoten von sich. Falk grunzte und fluchte leise über die »Mistttöle«, brachte es aber nicht über sich, den Hund zu enttäuschen. Mit einem schweren Seufzer bückte er sich und rubbelte ihm den Bauch ab. Der Hund jaulte, wackelte weiter mit dem Schwanz und schnappte von Zeit zu Zeit nach Falks Hand.

Eine ältere Frau kam aus einer Hütte heraus, die in einiger Entfernung stand, und lächelte den Hund an, der anscheinend ihr gehörte und Falk nun gar nicht mehr freigeben wollte. Sie zückte einen Schlüssel und deutete fragend auf die Tür im Stupa. Wir nickten und folgten ihr. Bevor wir hineingingen, zogen wir die Schuhe aus – in meinen stand noch immer das Wasser.

»Achtet auf eure Köpfe«, gab uns die Frau mit Zeichensprache zu verstehen und zeigte auf die niedrige Eingangsdecke. Wir gingen ein paar Stufen hinunter. Das Tapsen meiner nassen Socken auf den gelbbraunen Fliesen hallte von den kahlen Wänden wider.

Der Innenraum war kleiner als ich ihn erwartet hatte. Vor einer großen Statue des sitzenden Buddha, die flankiert war von hölzernen Stoßzähnen, Vasen mit Plastiklilien, funkelnden Dosen und anderen dekorativ-religiösen Gegenständen, kniete sich die Frau auf eine Decke. Wir folgten ihrem Beispiel und falteten die

Hände vor der Brust. Die Frau beugte sich vor, bis sie mit den Händen den Boden berührte und den Kopf wenige Zentimeter darüber hielt, dann richtete sie sich auf, um sich erneut vorzubeugen, wobei sie den Boden dieses Mal weiter rechts berührte. Nach einigen Wiederholungen standen wir auf und sahen uns um. Auf der Innenseite waren sämtliche Wände weiß gestrichen. Sie wurden nach oben enger und liefen schließlich zusammen, die für laotische Stupas charakteristische, an eine verlängerte Lotusknospe erinnernde Spitze bildend. Die laotische Beschriftung an einer Säule enthielt die Zahl 2004, ein Hinweis auf das Baujahr des Neubaus. Bereits vor vielen Jahrhunderten stand an diesem Ort ein Stupa, der im Laufe der Zeit vom Wald verschluckt wurde und zerfallen ist. Einen weiteren Stupa gab es schon damals im Westen Luang Namthas – beide Bauwerke waren vor langer Zeit als Symbol der Freundschaft der Könige zweier benachbarter Reiche errichtet worden.

An einer Wand fand ich eine zweispaltige Liste, ebenfalls in Lao, die Zahlen einigen Worten gegenüberstellte – vielleicht die Beiträge besonders großzügiger Spender für den Bau. Einen Stupa zu errichten oder seinen Bau zu unterstützen, verleiht nach der buddhistischen Glaubensvorstellung gutes Karma, das den Geist heilt, Glück und Wohlstand bringt und zu vorteilhaften Wiedergeburten oder gar einer rascheren Erleuchtung führen kann. Und das ist schließlich das übergeordnete Ziel eines Buddhisten: der Eintritt ins Nirvana, die höchste Verwirklichungsstufe des Bewusstseins, die Einheit mit der eigenen Umgebung ohne jede Ich-Anhaftung. Erreicht wird das Nirvana durch die Bodhi, das Erwachen, welches das Austreten aus dem leidvollen Kreislauf von Werden und Vergehen, von Wiedergeburten und Toden, bedeutet. Dieser Kreislauf des Lebens und Sterbens, dem alle Wesen unterworfen sind, kann nur dann durchbrochen werden, wenn die Taten, Gedanken und Emotionen des Gläubigen von einer Harmonie geprägt sind, die das eigene Karma stärkt und verbessert. Ist das nicht ein wundervolles Grundkonzept für eine Religion? Die Auseinandersetzung mit dem eigenen Ich, um schließlich das Ich-Bewusstsein zu verlieren und zu begreifen, dass alles Irdische nur Schall und Rauch ist und immaterielle

Errungenschaften von tatsächlichem Wert sind. Es geht nicht um Bekehrungen oder Rache: Niemand wird im Namen des Buddhismus gefoltert, verbrannt oder gehängt. Es geht auch nicht darum, krampfhaft auf alles eine Antwort zu geben. Es geht um Freiheit von Sorge um Besitz und vom Brand der Begierde und allem Schmerz und Elend. Der Buddhismus ermutigt die Gläubigen, selbst auf die Suche nach den Fragen und Antworten des Lebens zu gehen. Tiziano Terzani hat am Buddhismus immer die Toleranz gefallen, schildert er in *Fliegen ohne Flügel*, und »die Tatsache, dass es keine Sünde gibt, nicht diese dumpfe Last, die wir aus dem Westen mit uns herumschleppen und die im Grunde unsere ganze Kultur zusammenhält: das Schuldgefühl. In buddhistischen Ländern gibt es etwas derartig grundsätzlich Verurteilenswertes nicht. Keiner macht einem irgendwelche Vorwürfe oder will einem eine Strafpredigt halten, eine Lektion erteilen. Darum fühlt man sich in diesen Ländern so wohl, und darum suchen dort so viele junge Reisende aus dem Westen die Freiheit. Der Buddhismus lässt einen in Frieden. Er verlangt nichts, schon gar nicht, dass man Buddhist wird.«

Obwohl der Buddhismus weltweit mehrere hundert Millionen Anhänger hat – die sich vor allem auf die Gebiete Süd-, Südost- und Ostasiens konzentrieren – und folglich viertgrößte Religion der Erde ist, ist er in Deutschland, im Gegenteil zu Österreich und Frankreich, nicht einmal eine anerkannte Religionsgemeinschaft. In Laos hängen ihm etwa fünfundsechzig Prozent der Bevölkerung an.

Ich tapste die Stufen hinauf, stieß mir nun doch den Kopf an der niedrigen Decke über dem Eingang und trat mit den anderen beiden hinaus. Falk und ich bedankten uns bei der Dame und gaben ihr ein kleines Trinkgeld. Falk streichelte das letzte Mal seinen neuen Freund, dann fuhren wir nach Süden zum That Phum Phuk, jenem Stupa, der vor langer Zeit das Gegenstück zum Luang Namtha Stupa gewesen war. Wir erreichten ihn über eine von Reisfeldern umgebene Schotterstraße jenseits des Provinzflughafens. Eine breite Betontreppe führte einen Berg hinauf: Um die erste Stufe zu erreichen, mussten wir über einen mit

Wasser gefüllten Graben springen. Augenscheinlich kamen nicht viele Leute hierher.

Nagabrüstungen flankierten die Treppe. Die Köpfe der Nagas am unteren Ende waren nicht wie die meisten neueren golden, sondern vor Jahren in lebhaften Farben gestrichen worden. Heute waren die Farben weitestgehend verblichen. Wir humpelten die Stufen hinauf, von denen jede eine andere Größe zu haben schien, liefen an einigen Bananenpalmen vorbei und gelangten zu einem hübschen goldenen Stupa, der etwas kleiner als der vorangegangene und nicht begehbar war. Obwohl nur ein Jahr älter, befand er sich in einem deutlich schlechteren Zustand. Der Beton, auf dem er ruhte und aus dem er unter der goldenen Beschichtung selbst bestand, war brüchig, und Inseln von Moos bildeten kleine grüne Flecken inmitten der zahlreichen Grauschattierungen. Eine Eidechse krabbelte aus einem Riss im Sockel hervor und huschte fort. Die Zeichen des Verfalls verliehen dem Stupa zusätzlichen Charme.

An jeder der vier Ecken des umgebenden Betongeländers stand auf einem roten Podest ein weiterer, kleinerer Stupa. Diese wiederum verband eine Betonmauer, die den Betonplatz begrenzte und auf der eine Doppelreihe flacher, grauer Lotusblütenblätter verlief. Eine Besonderheit der Blätter der Lotusblume ist, dass sie flüssigkeitsabweisend sind: Regenwasser perlt ab und spült alle Schmutzpartikel von der Oberfläche, so dass die Blätter sauber bleiben und sich parasitäre Organismen wie Pilze nicht auf ihnen halten können. Dank dieser Fähigkeit der Selbstreinigung nimmt die Lotusblüte im Buddhismus eine zentrale Rolle als Symbol für Reinheit, Schöpferkraft und Erleuchtung ein und steht für die Geburt des Buddha.

Auch dieser Stupa war kein historisches Gebäude, sondern eine Nachbildung eines anderen Stupas, der nach einigen Angaben aus der ersten Hälfte des 17. Jahrhunderts stammte, nach anderen Angaben hingegen selbst ein Nachbau war und im 19. Jahrhundert errichtet worden war. Dieses Vorbild – und das machte diesen Ort außergewöhnlich – lag als ein Haufen grauer Klumpen und großer, roter Ziegelsteinwürfel unmittelbar nebenan. Unkraut, Schlingpflanzen und Moos überwucherten die Ruine, ihre Überreste türmten sich wie willkürlich übereinander geworfene Bausteine, riesige Risse klafften in den Betonblöcken und kündeten von der Kraft der Bombe, die den Stupa im Vietnamkrieg zerstört hatte. Ganz oben wuchs aus einer Spalte ein zarter Baum.

Ich betrachtete die Ruine und machte an den Überbleibseln ihrer Fassade Lotusblüten und weitere Stuckverzierungen aus, die sich an der neueren Version wiederfanden. Lange konnte ich nicht genug davon bekommen, die beiden Bauwerke zu vergleichen: Jeder Blick von links nach rechts und zurück war wie eine Zeitreise und ein beeindruckendes Sinnbild für die Vergänglichkeit der Dinge. Wie lange würde es dauern, bis auch der neue Stupa zerbröselnd auf dem Boden lag, farblos und zerbrochen, mit jedem Jahr ein wenig mehr in sich zusammensinkend, bis seine Bestandteile eins geworden waren mit der Erde und dem Gras? Wie lange würde es dauern, bis ich selbst zu Erde und Gras geworden war – eine Ewigkeit oder doch nur die Zeit, die es braucht, um mit den Fingern zu schnipsen? Wie lange wird es das Buch noch geben, das Sie in den Händen halten, den Raum oder das Auto in dem Sie sitzen, oder die Bank, auf der Sie sich in Ihrem Garten erholen? Wie lange den Ort, in dem Sie wohnen? Doch sicher für immer – aber was ist Ewigkeit? Sie ist nicht mehr als ein einsames Schnipsen in einem dunklen Raum, für einen kurzen Augenblick gegenwärtig und real wie ein Stein, scheinbar endlos und unvergänglich, bedeutend, wie es nur das Jetzt sein kann, und doch schon verloren im kühlen Strudel der Zeit, die kein Interesse an Sentimentalitäten hat. – Schweife ich etwa ab?

Stupas werden in Asien seit Jahrtausenden auf viele verschiedene Weisen gebaut. In Indien oder Sri Lanka zum Beispiel, wo mit dem Jetavanaramaya-Stupa das größte Ziegelsteingebäude der Welt steht, sind sie meist halbkugelförmig. Seit sie in Indien schlichte Grabhügel aus Erde waren, ist viel Zeit vergangen, und seither haben viele Länder ihren eigenen Stil entwickelt: Pakistan, Afghanistan, Nepal, Tibet, China, Japan, die Länder Südostasiens. Stupas haben die religiösen Bräuche zahlreicher Länder geprägt. Jene in Laos sind durch aufeinandergesetzte, nach oben hin kleiner werdende Quadrate, von denen jedem eine spezielle Bedeutung zukommt, und die generell spitz zulaufende Form gekennzeichnet, die ihnen von weitem das Aussehen einer seltsamen Rakete geben. Schon zu Lebzeiten des historischen Buddha, Siddhartha Gautama, etwa im 5. oder 4. Jahrhundert vor Christus, wurden sie als heilige Bauten und Gedenkstätten für Buddhas Überlegenheit und die Weisheit seiner Lehren errichtet.

Wir kehrten ins neue Stadtzentrum zurück und aßen in einem Restaurant an der Hauptstraße. Nach einem Burger und Pommes Frites war es für Falk Zeit für das Dessert: Er bestellte Eierkuchen mit einer »Auswahl an Früchten« – eine Formulierung, die viel offen und viel erhoffen ließ. Leider war die Küchenkraft, die heute die Auswahl traf, nicht gnädig gestimmt: Auf dem Eierkuchen lagen lediglich einige trockene, lieblos verteilte Bananenscheiben. Ich hatte mit meinem »Früchtesalat« mehr Glück und erhielt einige Scheiben Ananas, Apfel und Mango, die auf einem Teller aufgereiht worden waren. Es war nicht etwas, was ich als *Salat* bezeichnet hätte, aber das Obst war frisch und schmeckte hervorragend. Gesättigt und gestärkt schwangen wir uns wieder auf die Motorräder und brachen noch einmal nach Norden auf. Dieses Mal ließen wir die Stadtgrenze hinter uns und machten uns auf in das knapp sechzig Kilometer entfernte Muang Sing an der Grenze zu China und Birma. Die Straße war gut, die Strecke kurvenreich, die Landschaft hügelig und von kleinen Dörfern durchsetzt – die Fahrt machte Spaß. Hin und wieder bogen wir auf kleinere Wege ab und erkundeten Wälder und Plantagen, aber wir trieben es nicht mehr so wild wie am Vormittag.

Das jahrhundertealte Muang Sing ist ein wichtiges kulturelles Zentrum der Akha und anderer Minderheiten in Nordlaos. Viele Stammesgruppen leben in den Dörfern im Umland der Ebene, in die sich die 700 Meter hoch liegende Stadt schmiegt. Viele von ihnen begrüßen im Rahmen der Tourismusprogramme Teilnehmer ausgiebiger Wandertouren, wobei der Fokus im Gegenteil zu Luang Namtha auf der Kultur der Minderheiten und nicht auf der Natur liegt. Acht Akha-Dörfer haben sich sogar zu einer einzigartigen privaten Initiative zusammengeschlossen, um die Vorteile des Tourismus für ihre Dörfer zu maximieren.

Der anfängliche Segen des aufkommenden Touristenstromes hatte sich in der Region Ende der neunziger Jahre zwischenzeitlich zum Fluch entwickelt, als sich der Drogentourismus zunehmend ausbreitete. Einst wurden in Muang Sing atemberaubende fünf Tonnen Opium im Jahr hergestellt. Zu Kolonialzeiten war der Opiumverkauf sogar eine der Haupteinnahmequellen der Franzosen in ganz Indochina, wohingegen Staatsbürger daheim allein für den Besitz eingesperrt werden konnten. 1970, als die Franzosen längst fort waren, stellte der laotische Finanzminister Sisouk Na Champasak fest: »Der einzige Export, den wir hier entwickeln können, ist Opium, und wir sollten unsere Produktion erhöhen und es exportieren.«

Die USA schoben dem ein Riegel vor und bewirkten, dass der Opiumhandel 1971 in Laos für illegal erklärt wurde. Aber noch im Jahr 2000 pflanzte die Hälfte der Akha-Dörfer Schlafmohn an, um Opium herzustellen – für den Export, für den Eigengebrauch und zur Freude vieler Reisender. Laos galt als das am meisten Opium produzierende Land der Welt. Die Regierung reagierte mit verschärften Gesetzen und Kontrollen. Nach Angaben der Vereinten Nationen ging der Mohnanbau im Goldenen Dreieck, dem Grenzgebiet von Laos, Thailand und Birma, zwischen 1988 und 2006 um fünfundachtzig Prozent zurück. Nicht zufällig war 2006 zugleich das Jahr, in dem ein fünfjähriges Anti-Opium-Programm der laotischen Regierung zu Ende ging. Die sich im Wind wiegenden Felder rot und weiß leuchtender Mohnblumen, ein seit Jahrzehnten, für viele ethnische Minderheiten gar seit Jahrhunderten bekannter Anblick, gab es nicht mehr. Zugleich sanken die Abnahmepreise vieler anderer landwirtschaftlicher Produkte, so dass zahlreiche ohnehin arme Farmer noch ärmer wurden. Infolge der geringeren Produktionsmenge schossen derweil die Opiumpreise so weit in die Höhe, dass sie im Vergleich zum Reisanbau auf der gleichen Fläche ein dreizehn mal höheres Einkommen versprachen, und die Farmer wandten sich still wieder dem Geschäft zu, dem sie früher so lange nachgegangen waren. Auf Satellitenbildern basierende

CIA-Berichte legen nahe, dass die Bemühungen vergebens waren und Opium mittlerweile einmal mehr als profitables Cash Crop angebaut wird – zwar noch nicht in früheren Dimensionen, aber in schnell wachsendem Maß. Von 2007 bis 2008 hat die angebaute Menge um über siebzig Prozent zugenommen. Vor allem an der laotisch-birmesischen Grenze schmuggeln bewaffnete Banden ethnischer Wa und Chinesen Opium und Heroin.

Das Muang Sing Exhibition Museum befand sich in einem interessanten Gebäude aus einer Mischung aus Ziegelsteinen und Holz und bot in der oberen Etage eine Ausstellung von Musikinstrumenten, Gewändern und anderen Utensilien der örtlichen Stämme. Von der schattigen Veranda schauten wir auf die staubige Straße, auf der wir Akha, Hmong, Thai Lue und Mien sahen. Es war ein buntes Treiben aus unterschiedlichen Trachten und Berufszweigen, die das Stadtbild formten.

Wir warfen rasch einen Blick auf eine achtzig Jahre alte französische Garnison in der Nähe des Museums, dann mussten wir aufbrechen. Die Zeit schritt voran und am Abend hatten wir einige Verabredungen. In der hereinbrechenden Dunkelheit fuhren wir zurück und gaben die Motorräder ab. Mit gesenktem Blick reichte ich dem Verleiher ein Trinkgeld; ich schämte mich, ihm meine verschmutzte Maschine zu übergeben, die ich blitzeblank erhalten hatte.

Auf einer der Hollywoodschaukeln vor der Unterkunft ließen wir uns nieder. Falk rauchte, ich genoss die Abendluft, die angenehm kühl war. Schließlich kam das Pärchen Lucy und Lachlan aus dem Gasthaus, und gemeinsam liefen wir los. Sie waren zwei Australier in unserem Alter, die im selben Bus wie wir nach Luang Namtha gekommen waren und mit denen wir uns auf dem Weg vom Busbahnhof ins Stadtzentrum ein Tuk Tuk geteilt hatten, eine Art untermotorisierte Mopedrikscha, auf deren überdachter Ladefläche sich zwei Sitzbänke gegenüberstanden. Wir waren ins Gespräch gekommen und hatten uns seitdem einige Male mit ihnen unterhalten – die beiden waren großartige Gesellschaft. Lachlan, der mich seit dem ersten Moment an Emile Hirsch in *Into the Wild* erinnerte, war wie die leibhaftige Verkörperung des Begriffs *easygoing*. Er trug seine Haare, in die er bunte Perlenfäden geflochten hatte, schulterlang, sein bärtiges Gesicht zierte ein silberner Nasenring.

Lucy war eine kleine, quirlige Frau, die die ganze Zeit wie ein Erdmännchen hin und her huschte und erfreulich oft lachte. Sie gehörte zu jenen Menschen, bei denen ich vermutete, dass sie in ihrem gesamten Leben noch nie jemandem begegnet waren, der sie *nicht* mochte. Ich jedenfalls hatte mich sofort für ihre offene, fröhliche Art erwärmt und war dankbar, dass von allen Menschen, die sich über diese Reisebekanntschaft gefreut hätten, ausgerechnet ich mit ihr im Tuk Tuk gesessen hatte. In Australien züchtete, trainierte und handelte sie auf einer großen Farm in der Nähe von Newcastle, nördlich von Sydney, mit Rennpferden. Vor einigen Wochen hatte sie gekündigt. Seitdem waren Lachlan und sie durch Vietnam gereist. Als nächstes wollten die beiden nach Kambodscha, anschließend sollte es nach Europa gehen, zunächst nach Frankreich und dann nach Großbritannien, wo sie zwei Jahre bleiben und arbeiten wollten. Da Australien einst eine britische Kolonie war und das verfassungsmäßige Staatsoberhaupt noch immer die britische Königin ist, hofften sie, sich in Großbritannien mit kleineren Jobs durchschlagen und ihr zweijähriges Arbeitsvisum ausreizen zu können, bevor sie sich langsam und erneut durch Asien reisend zurück nach Australien begaben. Zu diesem Zeitpunkt konnten sie nicht wissen, dass aus diesen Plänen nichts werden würde: Ein paar Monate später würde die Farm von Lachlans Eltern abbrennen und die beiden zwingen, vorzeitig nach Australien zurückzukehren.

Wir mussten nicht weit laufen. Unser Ziel, ein kleiner Tourenanbieter mit dem klangvollen Namen *Forest Retreat Laos*, lag auf der anderen Seite der Straße.

»Wir haben den Tipp von einem neuseeländischen Paar bekommen«, sagte Lachlan. »Sie sind gestern nach fünf Monaten aus Luang Namtha abgereist. In dieser Zeit haben sie den Inhaber des Forest Retreat, Thong, ins Herz geschlossen und ihm beim Aufbau seines neuen Büros unter die Arme gegriffen. Sie haben bei der Einrichtung geholfen, die Wände mit Bambusstäben verkleidet, die Internetseite angelegt, Tourenbeschreibungen verfasst. Thong war früher selbst ein Führer. Er hat sich hochgearbeitet und vor ein paar Jahren ein Büro eröffnet. Nun ist er kürzlich in das neue Haus umgezogen. Er ist sehr aufgeregt, wie ihr euch vorstellen könnt.«

Lucy und Lachlan wollten heute eine Tour für den nächsten Morgen buchen. Da meine Blutegelwunde inzwischen besser aussah und wir erholt genug für weitere Abenteuer waren, wollten wir uns ihnen anschließen. Wir betraten das Büro, ein gedrungenes Gebäude, das sich zwischen zwei größere Häuser zwängte und dessen Fassade in einem kräftigen Grün erstrahlte. Thong, ein vielleicht dreißigjähriger, geselliger Mann, begrüßte uns überschwänglich und schüttelte jedem die Hand.

»Willkommen, meine schöne Lady«, sagte er zu Lucy und hastete durch den kleinen Raum. »Wunderschöne Lady, dort drüben hin, bitte.«

Er schob Lucy und den Rest von uns zu einer Sitzecke und holte Biere aus dem Kühlschrank. Wenige Sekunden später hatte jeder von uns, er eingeschlossen, eine kühle Flasche in der Hand.

»Wisst ihr«, sagte er ohne große Umschweife, während wir anstießen, »bis vor kurzem hatte ich für einige Jahre ein winziges Büro auf der anderen Straßenseite. Es bestand quasi nur aus der Tür und war so winzig und hässlich, dass die Leute dachten, es sei eine öffentliche Toilette.«

Er lachte so heftig, dass er sich an seinem Bier verschluckte. »Im Ernst«, sagte er hustend, »die Leute schlenderten die Straße entlang, hielten vor meinem Büro und kamen herein. *Ist das die Toilette?*, fragten sie. Ich deutete auf das Schild über ihren Köpfen, auf dem *Dschungeltouren* stand, aber es half nichts. Das Büro war einfach ein Scheißloch. Jetzt bin ich hier, Gott sei Dank.«

Er erzählte, dass er zukünftig nicht nur Touren anbieten, sondern aus dem Erdgeschoss eine kleine Bar machen wollte.

»Du hast noch einige Arbeit vor dir«, bemerkte Lucy, aber er winkte ab.

»Das geht schon. Ein Zapfhahn, ein paar Teller für Snacks, alles andere bekomme ich von Beerlao.«

»Ach wirklich?«, fragte ich.

»Ja, natürlich. Ich habe einen Vertrag mit denen geschlossen. Die geben mir einen riesigen Kühlschrank, Sonnenschirme,

Tischdecken, schicken jede Woche kastenweise Bier – einfach alles, was ich brauche! Aber – verzeiht mir – jetzt muss ich los. Meine Frau, sie ist Krankenschwester, wartet mit unserer Tochter auf mich. Aber mein neuer Manager macht mit euch weiter.«

Der Name des Managers war Oudone Vann Chanthawee, ein schlanker, junger Mann, der unentwegt sanftmütig lächelte und in seinen Gesten etwas unsicher wirkte. Seine Hände zitterten leicht und seine Stimme bebte, als er uns fragte, ob wir noch ein Bier wollten. Seine Augen strahlten eine aufrichtige Freundlichkeit aus. Ähnlich wie sein Boss konnte er keine zwei Sekunden still sitzen: Er flatterte wie ein Schmetterling durch den Raum. Umso erstaunlicher war es, dass er die letzten fünf Jahre als Mönch in einem Kloster im thailändischen Chiang Mai verbracht hatte. Erst kürzlich war er zurückgekehrt und wollte nun beim Aufbau des neuen Büros und bei der Durchführung der Touren helfen. Vielleicht würde er im zweiten Stock Kurse in Meditation und Entspannung anbieten.

»Ich ging ins Kloster, nachdem meine Mutter gestorben war. Ich hatte mich selbst verloren, konnte nicht mehr lachen. Es war sehr schwer. Auf einer Reise besuchte ich dieses Kloster zufällig und fühlte einen großen, inneren Frieden. Ich entschied zu bleiben. Statt zu lange die Vergangenheit zu betrauern oder zu weit in der Zukunft zu planen, habe ich gelernt, in der Gegenwart zu leben. Ich habe mich wiedergefunden.«

»Du hast genau das Richtige für dich getan«, sagte Falk.

»Ja, das Richtige. Es war aber auch ein hartes Leben. Nach dem Mittagessen durfte ich nichts mehr zu mir nehmen, aufstehen musste ich um vier Uhr morgens. Aber ich habe es überlebt – ich habe den Tempel überlebt. Und es war natürlich ein sehr schönes Leben mit sehr guten Freunden. Diese Zeit habe ich für mich selbst gebraucht, aber jetzt bin ich zurück und will wieder die schönen Dinge genießen.«

Er nickte feierlich und nahm einen großen Schluck aus seiner Beerlao-Flasche.

»Möchtest du je in das Kloster zurückgehen?«, fragte ich.

»Das weiß ich nicht. Man darf dort insgesamt dreimal leben, also kann ich noch zweimal zurückkehren. Übrigens wird man

beim Eintreten in die Gemeinschaft mittlerweile gründlich überprüft. Sie wollen sicherstellen, dass man kein Verbrecher ist, der untertauchen will.«
»Du hast ja sicher nichts zu befürchten.«
Er lachte. »Das stimmt.«
Als nächstes berichtete Lucy von ihrer Vergangenheit, insbesondere von der Arbeit mit den Pferden, die sie liebte, die ihr aber auch viel abverlangte. Sie hatte viele Stürze hinter sich und viele Verletzungen durch Tritte davongetragen. Oftmals hatte sie für zwei Wochen jeden Tag zwölf Stunden durchgearbeitet, bevor sie zwei Tage frei nehmen konnte. Nun, da sie gekündigt hatte, vermisste sie nichts von alledem.
»Ich will einfach nur reisen«, sagte sie. »Zumindest für eine gewisse Zeit. Am Ende wird es mich doch wieder zu den Pferden ziehen.«
Eine regelrechte Vorstell- und Gesprächsrunde entstand. Lachlan, vierundzwanzig Jahre alt, erzählte von seiner bemerkenswerten Kindheit.
»Ähnlich wie Lucy bin ich auf einer Farm nördlich von Newcastle aufgewachsen, unweit einer öden Kleinstadt. Bis ich fünfzehn war, war ich auf jeder Schule in der Stadt und auf jedem Internat im Umkreis gewesen, aber ich hielt es nirgends länger aus als achtzehn Monate. Ich war interessiert, wollte lernen, aber die Schule befriedigte mich nicht. Mit fünfzehn verließ ich sie das letzte Mal und zog weg, angeödet von den Lehrern und von meinem Kaff und von meiner Farm, und zu jung, um die vielen Vorzüge schätzen zu wissen. Ich half meinem Onkel in Sydney, der Landschaftsgärtner war, und zog zu alten Bekannten und Verwandten meiner Familie. Ich mietete nie eine eigene Wohnung, sondern lebte immer bei anderen Familien, denen ich beim Kochen half oder im Garten. Ich verschnitt und fällte Bäume, arbeitete später als Maler und schlug mich mit allen möglichen Gelegenheitsjobs durch.«
Er erzählte von einem sehr guten Freund, Steven, der sich einmal ein gebrauchtes Surfbrett gekauft hatte, mit dem er jeden Samstag an einen ruhigen Strand in einem Vorort ging.

»Während all unsere Freunde in die Innenstadt rannten, um Spaß zu haben, saß er am Meer, mit dem Surfbrett neben sich im Sand, bis Leute vorbeikamen – britische Touristen und deutsche Mädels – und ihn fragten: *Hey, du surfst? – Ja, klar,* sagte er, *aber jetzt kommt der Wind aus Südwesten. Ich bevorzuge die Ostwinde, ich muss also etwas warten. – Das ist* so *cool!* Tja, bis heute stand der Kerl nicht ein einziges Mal auf seinem Surfbrett«, sagte Lachlan und lehnte sich zurück.

Wir lachten ausgelassen: Grund genug für jeden, von Oudone eine weitere Bierflasche anzunehmen.

»Schließlich ging ich zurück auf meine Farm«, sagte Lachlan, »und mittlerweile liebe ich sie. Da ich alle Farmer kannte, arbeitete ich auch auf vielen umliegenden Farmen, auf Heufarmen, Pferdefarmen, Rinderfarmen, einfach allen, die es gab. Einer der Farmer, ich war anderthalb Jahre bei ihm, war ein echtes Original. Er war weit über sechzig, hatte Oberarme, die einst muskulös gewesen waren und nun aussahen wie mit altem Leder bespannte Stahlpfeiler, und sprach mehr durch die Nase als durch den Mund. Sein größter Stolz war, dass er in seinem Leben kein einziges Mal in Sydney gewesen war. *Da wird man nur abgestochen und ausgeraubt,* pflegte er zu sagen. Ich glaube, er hatte in seiner Kindheit zu viele Geschichten seiner Großeltern angehört. Er hatte einen unerschöpflichen Vorrat an Stories von früher, von der *alten Zeit.* So gab er bei jeder Gelegenheit zum Besten, wie er vom Besitzer eines Pubs mit einer Schrotflinte davongejagt worden war, weil er dessen Tochter angegraben hatte. Er erzählte auch immer wieder gern, wie er auf dem Weg zur Schule gegen Aborigines gekämpft und sechs von ihnen gleichzeitig in Schach gehalten hatte.

Ich war auch eine Weile Bauarbeiter. Ihr beide seid Bürofritzen«, sagte er zu Falk und mir, »aber ich bin nur einmal einer Arbeit mit einem ständigen Dach über dem Kopf nahe gekommen, als ich ein halbes Jahr als Fleischer arbeitete. Was soll ich sagen? Mein einer Onkel ist Professor für englische Literatur und richtet auf der ganzen Welt die Büchereien neuer Universitäten ein. Mein Großvater hat die australische Ehrenmedaille bekommen, weil er eine chemische Form des Vitamin B entwickelt hat.

Und ich? Ich bin Farmer. Aber ein Schiff segelt nun mal nicht mit dem Wind von gestern, wie Louis L'amour schrieb, und damit bin ich eigentlich ziemlich zufrieden.

Wenn ich heute an diese Zeit zurückdenke, sehe ich viele, viele Freunde und viel Musik. Es verging kein Abend, ohne dass wir ausgiebig irgendwelche Instrumente vergewaltigt und rumkrakelt hätten. Meistens klang es furchtbar, aber was machte das schon? Ich sparte immer wieder Geld für Trips und reiste die Ostküste hoch oder nach Amerika und Europa. Dann bekam meine jüngere Schwester ihr erstes Kind, alle meine Freunde kauften Land und bauten Häuser und heirateten, und ich wollte nichts davon tun. Also schlug ich Lucy vor abzuhauen, ein für alle Mal. Jetzt reisen wir, und so wie es bisher läuft, werden wir das wohl noch länger machen. Irgendwann würde ich gern studieren, Theologie, Philosophie oder bildende Künste. Auch einen Autorenkurs würde ich gern belegen.«

Lachlan, den ich als jemanden einschätzte, der gemeinhin nicht zu gern über sich selbst sprach, redete noch eine Weile weiter, und wir hörten ihm zu, in meinem Fall nicht höflich, sondern begierig. Ich kann nicht sagen, dass ich Lachlans Lebensphilosophie teilte, aber ich kann sagen: Ich wünschte, ich würde sie teilen. Ich fand sie wundervoll. Sie hatte ihn nicht reich gemacht, aber sie hatte ihm ermöglicht, in seinen jungen Jahren so viel zu erleben, dass ich nach den Berichten seiner Vergangenheit meinte, er müsse mindestens doppelt so alt sein wie ich. Sicher war sein Leben nicht immer einfach gewesen, und sicher war es kein Vergnügen gewesen, sich ohne feste Zugehörigkeit herumzutreiben und von einem Job zum nächsten gespült zu werden, aber die Tatsache, dass er mied, langfristige Ziele zu verfolgen, hatte ihn zu dem gemacht, was er heute war: frei. Frei von irgendwelchen Erwartungen, die er glaubte erfüllen zu müssen, frei von einem schlechten Gewissen sich selbst gegenüber, frei zu tun, was immer ihm in den Sinn kam. Es ist selten, dass Menschen wahrhaft im Frieden mit sich selbst sind, aber Lachlan war so ein Mensch, und deshalb genoss ich seine Gesellschaft.

Es dauerte beinahe zwei Stunden, bis wir auf die morgige Tour zu sprechen kamen. Dieser Punkt war schnell abgehandelt. Wir blätterten in einem Hefter, den das neuseeländische Paar angelegt hatte, suchten eine Tour aus, und das war es. Dann leerten wir unsere Flaschen und verabschiedeten uns. Falk und ich aßen im *Minderheitenrestaurant* zu Abend, das etwas versteckt lag und einen Ruf genoss, der so vorzüglich war wie die Speisen, die uns serviert wurden. Es wurde von einem Ehepaar geführt, das zum Tai Dam-Stamm gehörte und neben einigen westlichen Speisen eine vielfältige Auswahl authentischer laotischer Stammesgerichte anbot.

Bei oberflächlicher Betrachtung hat die laotische Küche weit weniger spezifische Eigenheiten als zum Beispiel die chinesische, die vietnamesische oder die thailändische. In der Tat ist sie stark durch ihre Nachbarn und in größeren Städten durch die ehemaligen französischen Kolonialherren beeinflusst. Gemüse, Mekongfisch und Huhn sind Zutaten, die auch in Thailand oder Kambodscha verwendet werden. Der in Laos beliebte Klebereis hingegen unterscheidet sich vom Langkornreis, der in Vietnam, Zentralthailand und den meisten westlichen Ländern verbreitet ist. Eine weitere Besonderheit, die laotische Speisen einzigartig macht, ist die intensive Verwendung von Gewürzen und Kräutern: Koriander, Dill, Knoblauch, Basilikum, Minze, Chili, Ingwer, Kaffernlimetten, Askalonzwiebeln und Tamarinde. Einen Eindruck davon verschaffte mir meine Bestellung, das Nationalgericht Larb, ein würziger Fleischsalat aus Gemüse, Kräutern und – in meinem Fall – mariniertem Hühnerfleisch.

Wir wurden gerade rechtzeitig fertig, um uns zur verabredeten Zeit am verabredeten Ort mit Samboun zu treffen, dem Kautschukernter. Wir warteten am Straßenrand und ließen unsere Augen über die Bürgersteige schweifen. Vor uns hielt ein Motorroller, den wir erst nicht beachteten, aber der Fahrer hupte, klappte sein Visier hoch und rief: »Na los, steigt auf!«

»Samboun?«, fragte Falk und versuchte unseren neuen Freund an seinen Augen zu identifizieren.

»Wer sonst?«, rief der zurück und ließ den Motor aufheulen. »Habt ihr noch eine andere Lao-Lao-Verabredung?«

»Wir können doch laufen«, sagte ich mit einem zweifelnden Blick auf das kleine Motorrad. »Es gibt sicher ein Restaurant mit Lao Lao in der...«

»Restaurant, von wegen! Wir fahren zu meinem Haus! Wenn ich euch einlade, gehen wir doch nicht in ein Restaurant. Außerdem möchte meine Frau ihre Augen auch mal an zwei hübschen Deutschen erfreuen.«

Wir protestierten halbherzig, dann stiegen wir hinter ihm auf die Maschine und pressten uns an seinen Rücken. Während er nach Osten sauste, zogen immer mehr Häuserzeilen an uns vorbei, bis sie schließlich aufhörten und Dunkelheit uns umgab. Wo brachte er uns hin?

»Wie weit ist es noch?«, rief Falk, der in der Mitte saß, aber Samboun verstand ihn unter seinem Helm nicht, oder gab es vor. Ohne Falk zu beachten raste er weiter durch die Nacht. Aber unsere aufwallende Besorgnis war unbegründet. Am Rande einer Schotterstraße in einem kleinen Dorf stand sein Haus. Wir hielten und stiegen ab.

»Meine Familie teilt sich das Land um das Haus mit zwei anderen«, erläuterte Samboun und zog den Schlüssel aus der Zündung. Der Scheinwerfer der Maschine erlosch und die Nacht wurde noch finsterer. Langsam gewöhnten sich unsere Augen an die Dunkelheit und orientierten sich mithilfe des schwachen Scheins des Mondes und der Sterne.

»In der Nähe haben wir ein paar kleine Felder, die mein Sohn bewirtschaftet«, fuhr Samboun fort. »Jeden Tag, beinahe das ganze Jahr. Aber für zwei Monate kann er sich ausruhen. Vielleicht ist er schon zuhause, vielleicht hat er sich auch wieder irgendwo festgequatscht. Nun kommt.«

Er führte uns einen kurzen Pfad hinauf, der an einem kleinen Holzhaus endete, aus dessen Fenstern unruhiges Licht flackerte, und drückte die quietschende Tür auf.

»Wir sind daheim!«, rief er in Englisch und grinste uns über die Schulter an. Dann bedeutete er uns, ihm ins Haus zu folgen. Kaum waren wir eingetreten, wuselte schon seine Frau um uns herum. Sie war eine lebhafte Dame, die uns mit offenen Armen und, das spürte ich sofort, offenen Herzens empfing. Sie sprach kein Englisch, aber in ihren Augen leuchtete ein Willkommen, das dafür sorgte, dass ich mich sofort wohlfühlte. Ich sah mich in dem einzigen Zimmer um, aus dem das Haus bestand. Eine Feuerstelle, die sich in einer Art steinernem Kamin befand, warf unruhiges Licht. Zwei Fenster gab es, eines davon mit einer zersprungenen Glasscheibe, hinter der Samboun weiße Plastikfolie befestigt hatte, damit es nicht hereinregnete. Dicke Spinnenweben hingen in den Ecken des düsteren Raumes und glänzten, wenn ein einsamer Lichtstrahl des Feuers sie traf, aber der Holzboden war, soweit ich erkennen konnte, blitzeblank.

»Würdet ihr die Schuhe beim Eingang stehen lassen?«, bat Samboun dann auch und zog seine eigenen, mit Erde verkrusteten Stiefel aus. Überhaupt machte alles einen aufgeräumten Eindruck, was daher rühren mochte, dass die Familie wenige Besitztümer hatte. In einem einzigen Schrank an der hinteren Wand bewahrten alle Familienmitglieder ihre Kleidungsstücke auf, daneben lehnten ein paar hochgeklappte Matratzen, aus denen nachts mit einem Handgriff die Schlafstätten gebaut wurden. Es gab auch eine kleine Couch, auf der eine alte Frau vor einem winzigen Schwarz-Weiß-Fernseher saß.

»Meine Mutter«, stellte Samboun sie vor. Wir nickten der alten Dame zu. Ihre trockene Haut sah aus als würde sie rascheln, wenn man sie berührte. Sie spannte sich über die Knochen ihres mageren Gesichts, durch das sich ein schmaler Mund zog. Darüber lagen, wie dunkle Teiche, große, braune Augen.

Über ihren Schoß krabbelte ein vielleicht fünfjähriges Mädchen. Ich hatte noch einige farbige Stifte übrig und gab sie der Kleinen zusammen mit ein paar Blatt Papier, die ich aus meinem Notizbuch herausriss. Sofort setzte sie sich auf den Boden, breitete das Papier vor sich aus, kauerte sich darüber und begann, ein Tier zu malen, das wohl ein Wasserbüffel sein sollte. Ihre Zunge ging beim Malen mit, ihre Augen glänzten. Ihr war anzusehen, dass es eine wichtige Arbeit war, die sie da leistete.

Samboun schleppte derweil ein paar Hocker herbei und verteilte sie in einem Kreis. Wir setzten uns und er begann, weiter von seiner Arbeit als Kautschukernter zu erzählen.

»Viele der Ernter kommen aus China und Thailand«, sagte er, »besonders im Norden arbeiten viele Chinesen. Die sind günstig und fleißig. Aber ich habe Glück gehabt, und ich mag meinen Beruf. Es ist gut für uns, dass wir zusätzlich zu meinem Einkommen die Felder haben. So müssen wir das Geld, das ich verdiene, nicht vollständig für Essen ausgeben. Vor einem halben Jahr habe ich mir den neuen Motorroller gekauft. Ich liebe ihn, aber meine Frau hat furchtbare Angst vor dem Teil.«

Er zeigte auf seine Frau, die an einem kleinen Tisch das Familienabendessen zubereitete, und schüttelte lachend den Kopf. »Sie sagt, sie geht lieber zu Fuß, dabei fährt jeder, wirklich *jeder* Laote mit Motorrädern. Aber« – jetzt flüsterte er – »vor ein paar Jahren hatte sie einen Unfall, als sie bei ihrem Bruder, dem Idioten, hinten drauf saß. Und seitdem weigert sie sich, sich auf ein anderes zweirädriges Gefährt zu setzen als ihr Fahrrad. Mir soll es Recht sein! So kann ich meine Maschine öfter benutzen und muss sie nur mit meinem Sohn teilen. Aber im Ernst: Meine Frau ist toll. Sie ist zwar ein Feigling, aber eine großartige Köchin. Das werdet ihr gleich sehen. Und schmecken.«

»Eigentlich haben wir schon gegessen«, gab Falk zu meinem Erstaunen zu und lächelte entschuldigend.

»Ach, das spielt doch keine Rolle! Die Dumplings meiner Frau habt ihr jedenfalls nicht gegessen, und wer die nicht gegessen hat, der hat nicht gelebt!«

Lachend und ohne großes Zaudern ließen wir uns breitschlagen, später am Festmal teilzunehmen. Zunächst aber war es Zeit für die erste Runde Lao Lao.

Und dann für die zweite.

Wir begannen zu trinken, Falk und ich erst zögerlich und der Höflichkeit halber (schließlich war der Reisschnaps der offizielle Grund unserer Anwesenheit), aber dann knarrte und quietschte die Tür in regelmäßigen, kürzer werdenden Abständen, und immer neue Leute strömten in das Zimmer: Nachbarn und Freunde, denen Samboun offenbar stolz von seinem internationalen Besuch berichtet hatte. Unter ihnen war auch sein Sohn. Die kleine Flasche Lao Lao verfielfachte sich auf magische Weise und bald hatten etliche Gäste ihre eigene grüne Pulle in der Hand.

Sambouns Frau arbeitete weiter an den Dumplings. Den flach ausgerollten Teig hatte sie mittlerweile portioniert und mit verschiedenen Gemüsefüllungen belegt, nun verschloss sie die kleinen Teigtaschen mit einer geübten Dreh- und Drückbewegung ihrer Finger und warf sie in eine Pfanne. Als sie fertig gebraten waren, verteilte sie sie als Snack und machte sich daran, Nachschub herzustellen. Indessen soffen die Männer weiter, Sambouns Mutter saß im Hintergrund unbeteiligt auf der Couch, seine Tochter malte und warf gelegentlich einen schüchternen Blick auf die feuchtfröhliche Runde.

Irgendwann – viel zu spät – begann ich, mich zu sorgen. »Kannst du noch fahren, wenn du so viel trinkst?«, fragte ich Samboun. »Weißt du, wir haben für morgen eine Tour gebucht.«

Er winkte ab. »Gar kein Problem!«, rief er und schüttete den nächsten Becher hinunter. Auch Falk und ich beteiligten uns an ein paar weiteren Runden, gaben aber jedes Mal, wenn nachgeschenkt wurde, unser Bestes, übersehen zu werden. Mittlerweile tränten mir die Augen. Das allgemeine Gelächter hämmerte in meinen Ohren und in meinem Kopf.

Plötzlich stand Samboun auf. Er sah sich um und setzte sich zögernd wieder hin, und sagte: »Ich kann nicht mehr.«

»Was meinst du?«, fragte Falk.

»Ich muss ... bin müde. Muss mich ... hinlegen.«

»Aber wir ... du ... morgen ...«

»Hinlegen.«

»Aber wir haben morgen die Tour gebucht.«

»Kein Problem. Morgen.«

»Ja, morgen.«

»Morgen fahre ich euch in die Stadt. Heute ... schlafen.«

Und damit ließ er sich zurücksinken, schloss die Augen und rührte sich nicht mehr. Der Rest der Gesellschaft vergnügte sich weiter und erzählte sich laotischen Klatsch und Tratsch, sich auf die Schenkel schlagend und aus im doppelten Sinne vollen Kehlen lachend und jubelnd. Keiner hier schien auch nur ansatzweise

nüchtern genug zu sein, um ein Motorrad zu bedienen. Und Sambouns Frau wollten wir nicht fragen.
»Oh, man«, flüsterte Falk. »Das haben wir wirklich gut hinbekommen.«

»Jetzt brauche ich euer Geld«, sagte Thong, Inhaber des Forest Retreats. Keine Umschweife, das gefiel mir. Wir saßen in fast der gleichen gemütlichen Runde wie am Vorabend zusammen im Tour-Büro und schlürften Kaffee, den Thong, der uns wieder lautstark unterhielt, serviert hatte. Hinzugekommen war Mustafa aus Israel, der uns begleiten würde und nun mit einem offenbar für ihn typischen, zufriedenen Gesichtsausdruck in einem kleinen Sessel hing. Er war die größte Person in unserer Gruppe und seine wilde, blonde Lockenmähne, die seinen Kopf umrahmte wie ein zerstörtes Vogelnest aus Heuballen, ließ ihn noch größer aussehen. Er saß da, ohne sich an den Gesprächen zu beteiligen, und lächelte gedankenverloren vor sich hin, der unstete Blick hin und her wandernd, ohne irgendwo zu verharren. Mein erster Gedanke, als ich ihn gemustert hatte, galt der Frage, welche Entspannungsdroge er heute Morgen wohl eingenommen hatte.

Den Kaffee konnte ich gut gebrauchen, denn ich war müde. Samboun hatte uns, auch wenn er aussah als hätte er die letzten drei Wochen ohne Schlaf in der Kautschukplantage verbracht, sechs Uhr geweckt und zum Frühstück gerufen. Ich war mitten auf dem Boden eingeschlafen und fühlte mich gerädert. Jeder einzelne Knochen schmerzte. Auch Falk erwachte, stöhnte, kratzte sich am Kopf und schaute sich überrascht um. Die Gäste, die nicht zur Familie gehörten, waren verschwunden. Eine ungezählte Anzahl leerer Flaschen lag herum. Sambouns Sohn schnarchte auf einer Matratze in einer Ecke.
»Steht ihr immer so früh auf?«, fragte ich.
»Ja, immer«, sagte Samboun mit heiserer, aber vergnügter Stimme. »Ich muss noch nicht arbeiten, aber am Morgen begleite ich meine Frau gern in den Wald, um Feuerholz zu suchen. Das ist die einzige gemeinsame Zeit, die wir haben. Abends bin ich meist sehr erschöpft.«
»Und heute?«

»Heute haben wir Gäste.«
»Lasst euch von uns nicht aufhalten – wir helfen gern!«
Samboun unterbreitete den Vorschlag seiner Frau, die den Kopf schüttelte.
»Sie will euch lieber etwas kochen«, sagte Samboun.
»Aber wir würden uns gern für die Gastfreundschaft bedanken«, entgegnete ich. Wir überzeugten die beiden schließlich und begleiteten sie in einen nahegelegenen Wald. Mit dabei hatten wir zwei große Körbe und einen Eimer. Es war schwieriger als ich erwartet hatte, am Boden liegendes Holz oder dürre Äste zu finden. Jeden Tag stromerten die Dorfbewohner hier entlang. Dennoch waren unsere Körbe und der Eimer dank der vielen sammelnden Hände bald gefüllt. Wir aßen eine Kleinigkeit, dann brachte Samboun uns zum Forest Retreat. Ich war noch immer müde und verquollen, und der Kaffee verschaffte etwas Linderung.

Ein Tuk Tuk, auf dessen Dach sich vier luftleere Schlauchkajaks türmten, hielt vor der Tür des Büros. Thong klopfte uns mit zunehmender Begeisterung auf die Schultern. Er war so aufgekratzt als stünde er kurz vor einem Bungeesprung, dabei würde er nicht einmal mit auf die Tour kommen. Im Tuk Tuk lernten wir unsere beiden Führer kennen. Beide waren zurückhaltende, aber sehr freundliche Männer.

»Ich bin Wan«, stellte der eine sich vor und sprach seinen Namen aus wie das englische *One*.

»One?«, fragte Lachlan.

»Ja,« sagte der andere Führer, »und ich bin Two.«

Nachdem wir uns beruhigt hatten und das Lachen abgeebbt war, nannte er seinen richtigen Namen, doch an den erinnere ich mich nicht mehr, denn von diesem Augenblick an hieß er für uns Two.

Wir unterhielten uns über die Ausrüstung und Kleidung, die wir mitgenommen hatten und tauschten uns über die Verstecke aus, in denen wir unser Geld aufbewahrten. Ich führte meinen Geldgurt vor, dessen Schnalle so versteckt war, dass sie – hoffentlich – nicht unbemerkt geöffnet werden konnte. In den schwarzen Stoffgurt war ein Metallband eingenäht, damit er nicht durchgeschnitten werden konnte. Mustafa erntete bewundernde Blicke, als er einen kleinen Reißverschluss zeigte, der auf der Innenseite seines Gürtels eingenäht war und eine kleine Tasche verbarg, in der er sein Geld aufbewahrte.

»Das findet wirklich niemand«, sagte er stolz.

»Zum Glück erzählst du es ja keiner Menschenseele«, sagte Lucy.

»Nun müsst ihr ein Geheimnis mit uns teilen«, sagte ich zu den Australiern, »als Vertrauensbeweis.«

Sie zuckten mit den Schultern. Lachlan holte ein Portemonnaie aus einem wasserdichten Sack, das mit roten Perlen bestickt war.

»Ein ganz normales Portemonnaie«, sagte er. »Aber dank der kräftigen Farben sieht man es gut aus der Ferne.«

Wir nickten anerkennend.

Das Tuk Tuk hielt. Wir luden die Boote ab, pumpten Luft hinein und trugen sie ein paar Meter zum Fluss Nam Tha hinunter. Wir griffen die Paddel und stießen uns vom Ufer ab.

Der Nam Tha, einer von vielen Flüssen im Nam Ha Naturschutzgebiet, ist nicht zu verwechseln mit dem Nam Ma, Nam Ha oder dem Nam Fa. Wir würden in das Randgebiet des Naturschutzgebietes vordringen, eines von zwanzig derartigen Gebieten in Laos, die zusammen fünfzehn Prozent der Landesfläche ausmachen. Es ist ein Waldgebiet von der Größe des Saarlandes, das seit 1993 unter Schutz steht und in dem mehr als dreihundert Vogel- und dreißig Säugetierarten leben, unter ihnen die seltenen Tiger, Leoparden und Gaurs, die größten lebenden Vertreter der Rinder. Falk und ich saßen in einem Boot, die beiden Australier teilten sich das zweite und Mustafa und Wan das dritte. Two, der allein im vierten Boot saß und den Proviant transportierte, kam in einigem Abstand hinterher. Die Strömung, die zunächst zügig genug war, um uns das behagliche Gefühl zu geben, auch ohne Anstrengung wirklich schnell zu sein, wurde bald ruhiger. Gemächlich glitten wir durch den Wald: Erst sahen wir zu beiden Seiten nichts als Kautschukplantagen, dann umgab uns dichter Dschungel. Einsame Hütten auf kleinen Feldern, umzingelt von einem grünen Meer aus wogenden Bäumen, zogen an uns vorbei.

Mustafa, der vor Wan im Boot saß, hatte schnell seine Bestimmung gefunden: Während der Führer paddelte und steuerte, legte Mustafa nach wenigen Minuten das Paddel quer über das Boot, lehnte sich zurück, verschränkte die Arme hinter dem Kopf und ließ sich durch die Landschaft fahren. Dabei betrachtete er die am Ufer vorüberziehenden Bäume von oben bis unten und schaute erstaunt zu den Ästen hinauf, die über das Wasser ragten, als hätte er so seltsame Gebilde noch nie gesehen.

Wir trieben neben Wan und Mustafa, als Wan mit dem Paddel ins Wasser schlug und uns nassspritzte. Eine Wasserschlacht, vermutlich fester, inoffizieller Bestandteil des Programms, brach aus und zog sich über eine halbe Stunde hin. Ich brachte das Boot in Position, so dass Falk, der vor mir saß, die gegnerischen Boote mit Wasser überschütten konnte. Wir blieben unsererseits nicht verschont. Falk prustete und schnappte nach Luft, und mir flatterte ein hauchdünner, etwa dreißig Zentimeter langer Sabberfaden entgegen. Bald lag das Boot so tief im Wasser, dass es schwerfällig wurde wie ein mit Steinen gefüllter Sack. Ich legte das Paddel beiseite und schöpfte Wasser, aber für jede Hand voll, die ich in den Fluss warf, kamen ungleich größere Ladungen zurückgeflogen. Wir sprangen in den Fluss und kämpften im Wasser weiter – bis Lachlan aufschrie. Für einen Moment ließ er sich im Wasser treiben, dann schwamm er in langsamen Bewegungen auf Falks und mein Boot zu, das ihm am nächsten war, und hielt sich daran fest.

»Irgendwas hat mich in den Fuß gebissen«, sagte er mit schmerzverzerrtem Gesicht. Australier, der er war, dachte er zuerst an eine Schlange. Er streckte den Fuß aus dem Wasser. Die Wunde sah tatsächlich wie ein Biss aus, aber es konnte auch ein Fisch gewesen sein.

»Vermutlich eine Wasserspinne«, sagte Wan.

Damit war das Spiel vorbei. Ohnehin war es Zeit, uns wieder in die Boote zu wuchten, denn die ersten Stromschnellen näherten sich. Solange wir konnten schöpften wir Wasser, dann ergriffen wir die Paddel und kämpften uns um die Steine herum, die aus dem Wasser ragten und auf die wir zutrieben. Wir schaukelten auf und ab, neues Wasser schwappte ins Boot.

Als wir die Stromschnellen überstanden hatten, paddelten wir ans Ufer und stiegen aus. Oberhalb lag ein Dorf der Lanten, das wir besuchen wollten. Dieses Volk, wie die Akha Animisten, war vor langer Zeit aus China gekommen, so erzählte uns Wan. Eine weitere Ähnlichkeit stellten die mit Indigo dunkelblau gefärbten Baumwollkleider dar, die sie trugen. Wir inspizierten einen kleinen, umzäunten Garten mit Mangobäumen und bestaunten eine schwangere Sau, die so fett war, dass ihr Bauch auf dem Boden schliff und die Zitzen über jedes Hindernis schnellten wie der Dorn eines Glücksrades über die Metallstifte.

Eine Kinderhorde schaffte sich selbst Unterhaltung. Die Kleinen legten zwei umgedrehte Flip Flops auf den Boden, über deren Sohlen sie einen kleinen Zweig legten. Dann stellten sie sich in zehn Metern Abstand auf. Ein etwa siebenjähriger Junge verdrehte die Hälfte eines Gummis zu zahlreichen Knoten. Die andere Hälfte legte er um den Daumen. Er zielte, zog den Gummi stramm und ließ los: Der Gummi schnellte über seinen Daumen, flog an zwei Reihen von Kindern vorbei, die sich beiderseits der Schussbahn aufgestellt hatten, und ging erstaunlich nahe am Zweig vorbei. Lucy und ich klatschten, aber in den Augen der Kinder war die Leistung weniger beeindruckend: Sie amüsierten sich über die mangelnde Treffsicherheit ihres Freundes. Der nächste Bursche, jener, der gerade am lautesten gelacht hatte, war an der Reihe, und auch er verfehlte. Die beiden folgenden Schützen trafen und schlugen den Zweig von den Schuhen.

Einer der Jungen holte den Gummi und hielt ihn mir hin. Ich lief dorthin, von wo aus die anderen geschossen hatten, und zielte. Das erste Mal rutschte mir der gestraffte Gummi zu früh über den Daumen und fiel mir auf die Füße. Kindliches Grölen quittierte mein Missgeschick. Die Kinder, die um die anvisierte Flugbahn einen menschlichen Gang gebildeten hatten, wichen einige Schritte zurück. Beim nächsten Versuch gelang mir immerhin ein rechter Schuss, aber die Schuhe und den Zweig verfehlte ich weit.

Wieder auf dem Fluss, verschwendeten wir weitere Energiereserven mit neuen Wasserschlachten. Bei einem der Gefechte verlor Lachlan sein Paddel, das sich mit Wasser vollgesogen hatte, unterging und nie wieder auftauchte. Eine Weile suchten wir danach. Wan und Two tauchten sogar, um es zu erspähen, obwohl die Sichtweite in der braunen Suppe gegen null ging.

Mittags hielten wir in einer Flussbiegung an einer Bank voller Steine. Palmenblätter dienten als Teller, auf die wir eine würzige Tomaten-Ei-Soße schütteten, in die wir den Klebereis tunkten. Außerdem genossen wir Eieromelette und gebratenen Tofu. Die Gemüsebeilage bestand aus jungen Farnen, die Wan am Rand der Flussbank entdeckt und gepflückt hatte. Es begann zu regnen: Da wir bereits nass waren, bedeckten wir uns halbherzig mit den riesigen Palmenblättern und aßen weiter. Kurz vor dem Aufbruch entdeckte Two auf einem toten Baumstamm einige weiße Pilze. Er schnitt sie ab und packte sie in eine Tüte.

»Für das Abendessen«, sagte er.

Weiter ging es, weiter den Fluss hinunter. Falk sang *Drunken Sailor*, das alte Arbeitslied der Seefahrer, und verpasste uns allen einen Ohrwurm. Bald sangen die Australier und wir im Chor.

Vor uns verlief ein Drahtseil über den Fluss: Am linken Ufer endete es über dem Podest eines Holzturms, rechts verschwand es im Wald. Daran festgebunden war ein Metallgriff – eine Seilbahn! Auf halber Länge, mitten über dem Fluss, hing ein großer Gummiring als Stopper um das Seil. Ich sah sofort vor meinem geistigen Auge, wie der Abenteuerlustige hier in etwa fünf Metern Höhe durch den abrupten Stopp den Halt verlor und ins Wasser geschleudert wurde.

Dieser Abenteuerlustige wollte ich sein.

Auch die anderen sahen begeistert zum Seil auf und sagten immer wieder Dinge wie »Ooooh« und »Wie cool!«. Als wir beinahe vorbeigetrieben waren, fragte Wan endlich: »Wollt ihr das ausprobieren?«

Und ob wir wollten. Wir paddelten an einige Bambusflöße heran, die am linken Ufer befestigt waren, stiegen auf sie um und zogen unsere Boote zur Hälfte auf die Flöße, die lose aneinandergebunden waren. Von einem Floß zum anderen springend näherten wir uns der steilen Uferböschung. Ich setzte einen Fuß auf den Hang, und sofort driftete das Floß fort, auf dem ich noch mit einem Bein stand. Kurz bevor ich einen Spagat machte, ließ ich mich ins Wasser fallen. Ich kroch zurück auf das Floß. Inzwischen war Mustafa aus seiner Lethargie – oder genussvollen Starre – erwacht und hatte sich seinerseits den Hang hinauf gekämpft. Nun stand er auf der Plattform, nahm die Hände an den Griff, stieß einen Schrei aus und sprang ab.

Die Rolle, an der der Griff hing, heulte auf und raste das Drahtseil entlang. Mustafa schoss über den Fluss, bis der Gummiring ihn aufhielt. In einem spektakulären halben Salto flog er durch die Luft und landete unkontrolliert im Wasser. Zwei Sekunden war es still, dann, kurz bevor er wieder auftauchen musste, löste sich die Rolle vom Seil und fiel zusammen mit dem Stahlgriff ins Wasser, dicht gefolgt vom gesamten Seil, das im Fallen zuckte wie eine verwundete Schlange und metallene Zischlaute ausstieß. Wan schrie erschrocken auf als das Seil auf die Wasseroberfläche klatschte und schlug sich die Hände vor den Mund. Hektisch ließen wir unsere Augen über das Wasser gleiten, bis Mustafa auftauchte und zu uns und den Flößen schwamm. Wan seufzte erleichtert.

»Großartig!«, sagte Mustafa und kletterte auf das vorderste Floß. »Das mache ich gleich nochmal. Worauf wartet ihr?«

»Daraus wird wohl nichts«, sagte Falk. Wir machten ihn darauf aufmerksam, dass es keine Seilbahn mehr gab und erzählten, was geschehen war.

»Der Metallgriff hat dich nur knapp verfehlt«, sagte Lucy. »Ganz zu schweigen vom Seil.«

Mustafa wurde still. »Eigentlich bin ich niemand, der Dinge zuerst ausprobiert«, sagte er schließlich niedergeschlagen. »Aber das sah einfach so abenteuerlich aus.«

»Fast hätten wir nach dir tauchen müssen wie vorhin nach dem Paddel«, sagte Lachlan.

Etwas verhaltener als zuvor fuhren wir weiter. Two hatte das Beinaheunglück mit angesehen und blieb eine Zeitlang bei unserer Gruppe, bevor er sich wieder zurückfallen ließ. Er hielt auf das rechte Ufer zu, an dem er weitere Pilze entdeckt hatte, die er mitnahm.

»Er hat ein Auge dafür«, kommentierte Falk anerkennend, »und ich den Magen.«

Neue Stromschnellen forderten unsere Aufmerksamkeit, einige von ihnen aufregend, aber keine wirklich schwierig oder gar gefährlich. Wir landeten in einem zweiten Dorf. Hier lebten ebenfalls Lanten, aber auch Khmu, Hmong und Akha. Gerade stellten einige Männer an einem Feuer Messer, Macheten und kleine Sensen her. Einer befeuchtete junge Bambusstöcke, bog sie entsprechend der gewünschten Form und schälte ein Loch aus, in das die Klinge gesteckt wurde. Die Klinge bereitete ein anderer Mann vor, indem er mit Hammer und Meißel eine Metallplatte bearbeitete. An den feinen Linien, die entstanden, brach er Stücke heraus. Anschließend bearbeitete er das kleiner werdende Metallstück, bis es die richtige Größe hatte. Er erhitzte das lange, spitze Ende im Feuer und drückte es in einen der Bambusstöcke. Nun musste noch die Klinge geschärft werden und das Werkzeug war fertig. Falk und ich schenkten den Männern Stifte, Papierblöcke, Zahnpasta und Seife, die wir heute früh gekauft hatten, und warteten mit Wan und Two auf einen Fahrer, der die Boote abholte. Dann setzten wir mit einem hölzernen Langboot der Dorfbewohner nacheinander über den Fluss. Auf der anderen Seite verschwanden wir im Dschungel und machten uns auf den Weg zu einer Hütte, in der wir die Nacht verbringen würden. Wenn ich *Weg* schreibe, sollte ich allerdings anmerken, dass dies eine sehr weit gegriffene Bezeichnung ist für eine schmale Schneise, die einen steilen, dicht bewachsenen Hang gerade hinauf führte. Kleine Stufen waren in die harte Erde geschlagen worden, die so schräg und so klein waren, dass die Füße kaum Halt fanden und sofort herunterrutschten. Die Erde war mit einer feinen, dünnen Schicht aus Wasser und Schlamm überzogen. Stück für Stück kämpften wir uns hoch.

Ich musste mich zwingen, mich nicht umzuschauen und den Blick starr auf das Hangstück vor mir zu heften. Verlor ich den Halt, würde ich auf der natürlichen Rutsche unweigerlich zurück bis in den Fluss befördert werden, der inzwischen weit unter uns lag. Immer höher stiegen wir auf den Berg, mehr kriechend als gehend, uns auf den Bäuchen vorwärts schiebend. Bald waren wir komplett in Schlamm gehüllt. Ich brach zwei unterarmlange Bambuszweige ab und rammte sie vor jedem Schritt in die Erde, um mich daran hochzuziehen.

Endlich erreichten wir die Hügelspitze, doch von nun an ging es bergab, und das war noch schlimmer: Alle paar Meter landeten wir auf den Hintern. Besonders Mustafa, der gleich hinter mir ging, glitt immer wieder aus. Ständig hörte ich es plumpsen und im Unterholz krachen. Etwas schadenfroh stellte ich für mich fest, dass er seine Faulheit nun doch einmal ablegen und aktiv werden musste.

»Das erinnert mich an mein erstes Mal Schlittschuhlaufen«, hörte ich ihn hinter mir sagen. »Ich liebe es!«

Ich blieb stehen und wandte mich um. »Du liebst es?«

»Aber sicher. Es ist toll!«

Ich ging weiter und schüttelte still den Kopf. Das verstand er also unter Spaß.

Nach einer Stunde erreichten wir als Schlammklumpen eine einsame Hütte mitten im Dschungel – ich meine wirklich *mitten* im Dschungel. Es gab keine Dörfer in der unmittelbaren Nähe, keine Straßen oder Strommasten, nicht einmal eine kleine Lichtung davor oder dahinter. Es war eine einfache, verlassene Hütte aus Bambus und Stroh, die hier zwischen die Bäume gesetzt worden war und vielleicht alle paar Monate von Tourgruppen wie unserer benutzt wurde. Vielleicht aber auch nicht, denn tatsächlich sah sie eher aus, als sei sie seit Jahren vergessen. Die Baststreifen, die einige Wandteile bildeten, waren moosbewachsen und faulig, überall klafften Löcher. Das Regenwasser, das den Hang oberhalb der Hütte hinunter rieselte, lief ungestört durch unseren heutigen Schlafplatz.

Wir luden die Sachen ab und gingen nacheinander zu einer nahegelegenen Quelle, um uns zu säubern, aber auch diese Strecke war so eine Rutschpartie, dass wir nach der Rückkehr nicht viel besser aussahen als vorher. In der Hütte versuchten Wan und Two, mit nassem Bambus Feuer zu machen und das Abendessen zuzubereiten. Für eine Weile setzte ich mich auf einen umgekippten Stamm ein paar Meter vor der Hütte, dann fing es wieder zu regnen an und ich nahm Schutz unter dem winzigen Vordach. Noch immer halb im Regen sitzend – auch das Vordach wies Löcher auf – schaute ich hinaus in den Wald. Ich holte tief Luft. Während meine Freunde in der Heimat wohl gerade Abgase einatmeten, durfte ich den Wald riechen, die feuchte Erde, die saftigen Gräser und Blätter, die im grauen Licht trübe glitzerten. Nach ein paar Minuten setzte sich Lachlan neben mich. Gemeinsam genossen wir. Links fiel der Hang ab: Das Dickicht war so dicht, dass wir nicht weit sehen konnten. Rechts ging es hoch: Durch Lücken zwischen den Ästen entdeckten wir Bäume weit oben. Weit über uns schwebte das Blätterdach, aus dem Ranken herabhingen. Knorrige Lianen wanden sich um Bäume und umeinander.

»Es ist nass, matschig, modrig und ungemütlich«, stellte Lachlan fest. »Wir sind dreckig, die Mücken fressen uns, es regnet rein. Es ist absolut nichts hier außer Bäumen und Schlamm. Aber es ist einer dieser Orte, an denen man denkt: Ich möchte nirgendwo anders sein. Ich möchte genau hier sein.«

Er sprach mir aus der Seele.

Wir lauschten dem Mischmasch der vielfältigen Regengeräusche, zu denen sich das monotone Rauschen auflöste, wenn man genauer hinhörte. Auf die Blätter und in die Pfützen hämmerte das Wasser, auf die Steine und in den Schlamm. Dazu zirpten Grillen. Nie zuvor war ich an so abgeschiedenen Orten wie in Laos gewesen, so weit entfernt von jeder modernen zivilisatorischen Entwicklung. In Australien waren die nächsten Ortschaften zum Teil viele hundert Kilometer entfernt gewesen, wohingegen ich hier das nächste Dorf mit einem einstündigen Fußmarsch erreichen konnte, aber darum ging es nicht. *Dieser* Ort, an dem wir uns *gerade* befanden, war pure Isolation vom Rest der Welt. Der geschützte, uralte Primärwald war undurchdringlich und umgab uns wie ein Vorhang. Alles dahinter entzog sich uns vollkommen. Was fünfzig Meter entfernt lag, war bereits unerreichbar. Dieser Wald hatte noch nie ein Auto gesehen oder das Knattern einer Kettensäge gehört, und diese Jungfräulichkeit der Natur entspannte in ihrer Anmut auch die letzten angespannten Nervenstränge.

Wir sprachen über alle möglichen Dinge, über die verschiedenen Farben von Reis und die Frage, ob die Nährstoffe in schwarzgefärbtem Reis, den wir auf dem Nachtmarkt von Luang Namtha gekostet hatten, irgendeinen Unterschied zu denen in weißem Reis aufwiesen. Wir sprachen über Taschendiebe in Rom und über die Klassiker der Literatur – Tolstoi, Dickensen, Hugo und Caroll – die Lachlan alle zitieren konnte.

Falk und ich waren nach Laos gereist, um Laoten und ihr Land kennenzulernen, aber natürlich trifft ein Reisender selten nur Einheimische des bereisten Landes.

Manche Weltenbummler fühlen sich durch Begegnungen mit anderen Reisenden gestört. »Oh nein, schon wieder ein Westler«, klagen sie. »Wozu bin ich nur nach Asien gekommen?« Ich bin auch kein Fan des Massentourismus: Das ist – neben der zusätzlichen Herausforderung – einer der Gründe, weshalb wir uns für eine Reise zur touristenarmen, grüneren Regenzeit entschieden hatten. In Maßen waren die vielen Begegnungen mit Reisenden aus der ganzen Welt für mich jedoch ein großartiger Nebeneffekt, denn die Liebe zum Reisen, die wir teilten, und die eine Gemeinsamkeit war, die uns verband, ohne dass wir uns kannten, wirkte wie ein Sieb: Tendenziell filterte sie langweilige und engstirnige Menschen heraus und ließ jene hindurch, die offenherzig, interessiert und lebensbejahend waren und viele interessante Geschichten zu erzählen hatten.

Lachlan gehörte zu dieser Gruppe. Er sprach mich auf die Notizen an, die ich gelegentlich machte. »Schreibst du viel?«, fragte er.

»Ja, auch wenn meine Handschrift den Eindruck erweckt, dass ich gerade zum ersten Mal einen Stift ergriffen habe.«

»So schlimm ist sie nicht. Meine ist noch furchtbarer.«

»Du bist der erste, der je etwas so Nettes zu mir gesagt hat.«

»Ich schmiere die Dinge einfach hin, ohne Großschreibung oder Satzzeichen, ich lasse es fließen. Ich schreibe auch nicht auf, was ich mache, sondern was ich fühle ... falls das irgendeinen Sinn für dich macht. Aber ich halte es nicht durch: Ich habe Angst, während ich schreibe etwas zu verpassen. Meist würde ich gern Gesprächsfetzen oder Gedankengänge notieren, aber ich lasse sie vorbeiziehen, und die Inspiration kommt nie zurück. Ich habe schon lange die Idee, für eine Woche in eine Stadt zu gehen, deren Name mir nichts sagt, in einem Motel zu leben, von dem ich noch nie etwas gehört habe, und einfach zu schreiben. Vielleicht mache ich das eines Tages.«

Ich kann nur wiederholen: Ich mochte Lachlan.

Langsam schwand das Licht. In der Hütte hinter uns brannten bereits zwei Feuer. Die Essenszeit und die folgende Nachtruhe waren nah, nicht, weil wir das so entschieden, sondern weil das hier der unkomplizierte Lauf der Dinge war: ins Bett gehen, wenn es dunkel wurde, aufstehen, wenn der Tag anbrach. Das war ein Aspekt von Freiheit, wie ich sie mir vorstellte: die Abwesenheit von Komplexitäten und Widersprüchen. Wir saßen nur da, ohne Termine und Verpflichtungen, und taten wirklich nichts, außer zu genießen – vom gelegentlichen Totschlagen einer Mücke einmal abgesehen.

Wir gingen in die Hütte und schlugen einen Teppich zurück, der als halbherziger Versuch, einen Matratzenstapel vor Feuchtigkeit zu schützen, über ihn geworfen worden war. Eine Kakerlake rannte aus dem Stapel hervor und floh, eine andere saß schon auf meinem Rucksack.

»Die werden dir heute Nacht in die Ohren kriechen und Eier legen«, sagte Falk genüsslich. Ich musste grinsen, denn wir wussten beide, dass er von uns beiden der einzige war, der Angst vor Kakerlaken hatte.

»Ich habe Ohrstöpsel mit«, sagte ich.

»Dann werden sie einen anderen Weg finden. Ich werde jedenfalls sämtliche Körperöffnungen verschließen.«

»Dann pass auf, dass du nicht platzt.«

Wan erzählte, dass die Hütte von den Bewohnern des Dorfes errichtet worden war, das wir zuletzt besucht hatten.

»Sie werden an den Einnahmen durch die Touren beteiligt. Sobald die derzeitige Reispflanzsaison beendet ist, wollen sie herkommen und das Gebäude instand setzen. Entschuldigt also den schlechten Zustand.«

»Keine Sorge«, sagte Lucy. »Die Hütte gefällt uns genau so zerfallen und löchrig, wie sie ist.«

Mustafa war noch immer ein schwer zu lesender Geselle. Er war den ganzen Abend still, sagte kein einziges Wort, auch nicht zum köstlichen Abendmahl, das unsere beiden Führer aus dem Nichts erschaffen hatten und das in seiner Vielfältigkeit ganz erstaunlich und in dieser Umgebung gänzlich unerwartet war. Schweinefleisch, Pilze, verschiedene Gemüsemischungen, Suppen und mehr gehörten dazu. Romantisches Kerzenlicht flackerte zwischen den Schüsseln und Häufchen, die Wan und Two auf Blätter geschüttet hatten. Ich fühlte mich wie der Teilnehmer einer jener bizarren Luxusflitterwochenreisen durch den afrikanischen Busch, wie ich sie vor einigen Monaten im Fernsehen gesehen hatte: Den Verliebten war selbst in der Einöde jedes deliziöse Mahl auf schneeweißen Tischdecken und Porzellantellern nebst Silberbesteck serviert worden.

Die Illusion verschwand so schnell wie sie gekommen war. Bei uns gab es nicht nur kein Silber oder Porzellan, sondern auch keine cleveren aufklappbaren Picknicktische und -stühle. Es gab nichts, keine Hocker, nur den lehmigen Boden, auf dem wir unsere Matten ausbreiteten. Als die meisten Teller geleert waren und Two schon lange stöhnend in der Ecke lag, fragte Wan: »Wer will noch einen Nachschlag?«

»Ich kann nicht mehr«, sagte Lachlan. »Einen Happen mehr und ich laufe über.

»Ich bin absolut voll«, stellte Lucy fest. Mustafa schüttelte den Kopf und auch ich winkte ab und hielt mir den Bauch.

»Und was ist mit dir, Falk?«, fragte Wan. Falk wiegte den Kopf hin und her, tat, als würde er überlegen und erklärte sich schließlich bereit, noch eine Portion zu nehmen, aus reiner Höflichkeit, verstand sich. Nachdem er die Worte »Überredet, ein kleines bisschen Reis nehme ich noch« noch dreimal wiederholt und dabei jedes Mal gierig in den Trog gestiert hatte, aus dem Wan den Nachschlag holte, in der Hoffnung, bedeutend mehr als »ein kleines bisschen« zu erhalten, war die Mahlzeit offiziell beendet.

Es wurde eine feuchte Nacht. Immerhin hatten Wan und Two Moskitonetze mitgebracht, die sie über die Schlafstätten spannten. Ehe ich einschlief steckte Wan den Kopf aus der Hütte und wendete jene Fähigkeiten an, die sich nur als Ergebnis einer jah-

relangen intensiven Auseinandersetzung mit der Natur herausbilden. Vermutlich war er in diesen Wäldern aufgewachsen, hatte sie als kleiner Junge auf der Suche nach Abenteuern und als junger Mann auf der Jagd durchstreift.
»Morgen wird es nicht regnen«, flüsterte er zufrieden.

Am nächsten Morgen musste ich nicht den Kopf aus der Hütte stecken, um zu wissen, dass es regnete. Das leise Tröpfeln auf dem Strohdach und den Blättern weit darüber verhieß einen schwachen Nieselregen, der allemal stark genug war, um den Boden feucht und glitschig zu halten. Und in der Tat: Wir schlitterten mehr als dass wir liefen. Für eine Wanderung, die vier Stunden dauern sollte, benötigten wir sieben. Jeden Schritt ertasteten wir vorsichtig und kundschafteten mit dem Fuß die Bodenbeschaffenheit aus. Auf abschüssigen Wegteilen sahen wir uns vor, nicht auf einen unter Schlamm und Laub verborgenen Ast zu treten, auf dem der Fuß wegrutschte. Am Morgen begleiteten uns das obligatorische Grillenzirpen, ungewöhnlich leidenschaftliche Vogelgesänge und gelegentliches Krachen, wenn ein Bambusstamm lautstark ins Dickicht stürzte. Obwohl Mustafa Wanderstiefel trug (während Lachlan sich beispielsweise abwechselnd in Chucks und barfuß abkämpfte), war er erneut das ungeschickteste Gruppenmitglied. Er schien keinerlei Kontrolle über seine Fortbewegung zu haben, stürzte ständig und blieb rasch zurück. Der arme Kerl, der seit über zwölf Stunden kein Wort gesprochen hatte, blieb schweigsam. Aber das zögerliche Lächeln, zu dem seine Lippen fortwährend geformt waren, ließ hoffen, dass er immer noch einen Heidenspaß hatte – was mich beruhigte und zugleich beunruhigte. Auch die anderen waren frohen Mutes. Niemand beschwerte sich, aber die Mienen waren verbissen und konzentriert.

An meinem Körper klebten die Sachen, die seit der Bootstour nicht getrocknet waren, aber was hätte es geholfen, die Wechselsachen anzuziehen, nur um mir die ersten fünf Minuten Unwohlsein zu ersparen? Danach gab es keinen Unterschied mehr. Wir liefen im Schlamm, versanken im Schlamm, saßen und lagen im Schlamm, und wir beschmierten all unsere Sachen damit. Die

Gespräche beschränkten sich auf erhellende, gegrummelte Kommentare wie »Ganz schön rutschig« und »Alles voller Mücken« und »Hm«, und verklangen schließlich gänzlich. Es gab auch nichts zu sagen. Das einzig Relevante war allen offensichtlich: Wir mussten weiter durch den Schlamm taumeln, immer weiter, egal wie steil die Neigung und wie klein und unbrauchbar die Aushöhlungen in der Erde waren, die als Stufen dienen sollten. Wir mussten weiter einen unsicheren Schritt vor den anderen setzen, denn anders würden wir das Ziel nicht erreichen.

Wir stiegen zu einem Bach hinab, liefen an einem kleinen Wasserfall vorbei und blieben vor einer Wand stehen, die unbezwingbar aussah, es aber natürlich nicht war. Wan schlug mit einer Hacke, die er seit dem letzten Dorf bei sich trug, Mulden ins Erdreich. Er ging voran und hinterließ nicht viel mehr als kleine Kratzer in der Oberfläche, aber sie halfen ein wenig.

»Diese Böschung führt bis in den Himmel«, verkündete er poetisch. Es ging hinauf, immer weiter hoch. Ich wollte mich kaum umschauen und in die Tiefe unter mir blicken. Einmal tat ich es doch: Unter meinem Tritt lockerte sich ein Stein und purzelte hinunter. Er sprang von Felsvorsprung zu Felsvorsprung und rollte weiter, an Geschwindigkeit gewinnend. Bald hörten wir nur noch sein Krachen im Unterholz, bis er endlich an einem entfernten, nicht sichtbaren Platz liegen blieb. Auch Falk schaute ihm mit ausdruckslosem Gesicht hinterher.

»Na toll«, murmelte er.

Mustafa verlor immer wieder den Anschluss. Hinter ihm war nur Two, der die Nachhut bildete und achtgab, dass Mustafa nicht im Dschungel zurückblieb. Er bewegte sich in einem tranceartigen Zustand den Berg hinauf. Wenn wir ihn aufschließen ließen, warteten wir noch einen kurzen Moment, dann gingen wir weiter, so dass er unweigerlich die kürzesten Pausen hatte. Langsam verschwand der Ansatz des Lächelns aus seinem Gesicht.

Lachlan dachte laut darüber nach, sich kurze Bambusstöcke an die Seiten seiner Chucks zu binden, leicht über die Sohle hinausragend, um mehr Halt zu bekommen, verwarf die Idee aber wieder. Es regnete nicht länger, aber die langen Haare klebten ihm im Gesicht. Hin und wieder sagte er typisch australische Dinge wie »Really heaps of mud 'round here« und »Good on ya!«. Wan wurde seinerseits seiner Verantwortung für unser Wohlbefinden gerecht, indem er gelegentlich warnte: »Vorsicht: sehr rutschig hier.«

Wir kamen schleppend voran. Als wir oben anlangten, ging es sogleich wieder bergab. Ich rutschte auf einer Wurzel aus, packte nach Halt suchend eine Liane, die über dem Weg hing, und drehte mich, weiter rutschend, einmal um mich selbst. Drei Meter weiter unten kam ich zum Stehen, erstaunt, mich nicht hingelegt zu haben.

»Wow«, sagte Lachlan. »Wenn du diesen Move auf ebener Fläche in der Disko hinbekommst, werden die Frauen auf dich fliegen.«

Ich deutete eine Verbeugung an und stolperte weiter. Hinter uns hatte Mustafa sich entschieden, sich von vornherein auf die eine Art fortzubewegen, die einen Sturz ausschloss: Er rutschte den Hang auf dem Gesäß hinab.

Wenn er genug Atem dafür fand, teilte Wan sein Wissen zu natürlichen Dingen in unserer Umgebung. Diese Wurzel schmeckte wie Ingwer, diese Bambusart eignete sich besonders gut als Baumaterial, jene Blüten waren giftig. Am Ende einer weiteren Böschung fand er Spuren eines Wildschweins in der Erde und Spuren eines Bären an einem Baum, dessen Rinde mächtige Kratzer aufwies. Aus einem Stamm, der so gefächert war, dass er sechs oder sieben fast ebene Seiten bildete, strebte der Baum in die Luft wie ein Hochhaus.

Der Wald veränderte sich ständig. Erst durchquerten wir ein Bambusdickicht, in dem lange, umgefallene Stangen chaotische Muster bildeten, dann wanderten wir zwischen Baumkolossen durch, denen man ihr hohes Alter ansah. Zwei dieser riesigen Bäume waren in einem anderen Zeitalter in etwa zwanzig Metern Höhe zu einem einzigen Stamm zusammengewachsen, der von Lianen beinahe verschluckt wurde. Später wurden die Bäume schmaler und gerader und der Wald etwas lichter.

Gegen Mittag erwachte ich einmal mehr im Blutegelalbtraum. Sie warfen sich auf uns, krochen in Höchstgeschwindigkeit unsere Beine hinauf. Ich riss mein T-Shirt hoch, weil ich etwas am Bauch spürte, aber es war nur ein Schweißtropfen, der in meinen Nabel gerollt war. Dafür fand ich ein Exemplar auf der Hose und entfernte es. Ein anderer Egel kroch meinen Wanderstock hinauf und hielt auf meine Hand zu.

»Gib den kleinen Blutsaugern doch eine Chance!«, sagte Lachlan, der mein Leiden furchtbar lustig fand, aber mein Stock war bereits irgendwo im Gehölz gelandet.

Von Blutegeln umringt, nahmen wir Mittagshäppchen ein. Schweigend hockten wir da und aßen. Alle Gesichter waren schwer und ausdruckslos, von den Anstrengungen gezeichnet, und von Schweiß, getrocknetem Dreck und blutigen Striemen bedeckt. Aber keiner sah dabei unglücklich aus, mit Ausnahme vielleicht von Mustafa, den ich nicht einschätzen konnte. Gerade dachte ich über die richtigen Worten nach, ihn zu fragen, ob mit ihm alles in Ordnung war, ohne ihm zu nahe zu treten, als Falk in der ihm eigenen, einfühlsamen Art die Initiative ergriff.

»Mustafa«, sagte er und schob sich einen Klumpen Klebereis mit Kürbis in den Mund, »was hältst du eigentlich von Drogen?«

Ich hielt die Luft an und riss entrüstet die Augen auf, lehnte mich aber interessiert nach vorn, um nichts zu verpassen. Auch die anderen schauten gespannt von Falk zu Mustafa und wieder zurück. Ich erwartete eine kleine Explosion, eine hitzige Diskussion inklusive persönlicher Beleidigungen wenigstens, aber Mustafa blickte nur geistesabwesend auf irgendeinen Punkt zwischen den Bäumen und sagte: »Ach, keine Ahnung.«

Wir warteten auf mehr, aber es kam nicht. So standen wir auf und setzten die Wanderung fort.

»Was sollte denn diese Frage?«, sagte ich Falk nach einer Weile. »Hast du Streit gesucht?«

»Natürlich nicht«, sagte er. »Es interessiert mich einfach, was der Typ die ganze Zeit schluckt. Und tu nicht so, als hättest du dir die Frage nicht auch gestellt.«

Ich konnte nicht widersprechen.

Zum Teil gingen wir noch langsamer als es aufgrund des Geländes nötig gewesen wäre. Wan schlich selbst über die wenigen ebenen Stücke. Er sprach auch nur noch langsam und ließ erschöpft die Schultern hängen. Die Vegetation wurde wieder dichter.

Wan blieb stehen, raffte seine Kraftreserven zusammen und begann auf umgefallene Bambusstämme einzuhauen, die kreuz und quer lagen und den Weg versperrten. Er schaffte es nicht, sie zu brechen, sie waren zu dick. Hier kamen wir nicht weiter.

»Wir müssen umkehren«, sagte er.

Nun war Two vorn. Er führte uns einige hundert Meter den Weg zurück und bog in den Dschungel. Er schlug energischer als Wan auf das dornige Dickicht ein.

»Wann seid ihr hier das letzte Mal durchgekommen?«, fragte Lucy. Ihr Gesicht war mit einer Schlammschicht bedeckt, durchfurcht von einzelnen Schrammen.

»Diesen Pfad haben wir noch nie benutzt«, gab Wan zurück. Es irritierte mich ein wenig, dass er das hier als *Pfad* bezeichnete, aber ich korrigierte ihn nicht.

»Und den anderen?«, fragte ich. »Den, den wir vorhin benutzt haben?«

»Vor zwei oder drei Jahren.«

Es gab kaum ein Durchkommen. Wieder kämpften wir uns eine Hangseite entlang, dieses Mal im rechten Winkel zur Neigung. Rechts fiel der Wald steil ab. Mustafa verbrachte mehr Zeit am Boden als auf den Füßen. Lachlan stand nach einem Sturz auf und fiel sofort wieder hin. Er krallte die Hände in den Boden, stützte sich ab und versuchte so, auf die Beine zu kommen.

»Zum Glück habe ich die Koordinationsfähigkeit eines russischen Balletkünstlers«, sagte er mit unverwüstlich guter Laune. »Sonst wäre das hier wirklich schwierig.«

Ich ging hinter Two. Wann immer ich zwischen meinen eigenen Stürzen die Zeit fand, mich nach den anderen umzusehen, ging gerade mindestens einer von ihnen zu Boden. Eine Wanderung konnte nicht herausfordernder sein.

Zumindest dachten wir das, bis es nach einer mehrstündigen Pause wieder zu tröpfeln begann.

Die ersten fünf Minuten hielt das Blätterdach das Wasser ab, dann kam es ungehindert durch. Der Regen verstärkte sich rasch, bis er mit der ganzen Wucht eines Monsunschauers herunterkrachte. Das Vorwärtskommen wurde mühsamer. Wir verständigten uns schreiend, riefen uns Warnungen zu, wenn ein niedrig hängender Ast mit Stacheln gespickt war. Die Schuhe hatten keinerlei Haftung: Es war eine schlammige Oberfläche auf der anderen. An ihnen klebte Schlamm und am Schlamm klebte Schlamm, und rasch sah es so aus, als hätten meine Füße ihre Größe verdoppelt.

Bald ging es wieder bergab: rutschend, stolpernd, taumelnd. Es war nahezu unmöglich, weiterzukommen – wir versuchten es dennoch. Ich wischte mir den Schlamm vom letzten Sturz aus dem Gesicht und wunderte mich, wie ich in dieses schwindelerregende Chaos aus Schmerz, Dreck und Wasser hineingeraten war. Es war die Hölle.

Und das Lächeln kehrte langsam in Mustafas Züge zurück.

Ein Teil von mir verstand ihn. Trotz aller Mühsal: Ich hatte mich noch nie so sehr im Dschungel gefühlt wie an jener zugewucherten Hangseite.

Anderthalb Stunden darauf erreichten wir den Fluss Nam Ha, den wir durchquerten. In der Mitte eines Nebenarms wanderten wir weiter. Der Wasserlauf war drei Meter breit, aber von beiden Seiten streckte sich der Bewuchs darüber und ließ nur einen schmalen Tunnel frei, durch den wir gingen. Wir verließen den Nebenarm, liefen noch einmal durch den Wald und stießen bald wieder auf den Nam Ha, der eine Kurve gemacht hatte. Einige Minuten folgten wir ihm, bis wir auf eine Flusskreuzung trafen, an der er sich mit dem Nam Tha vereinigte, den wir nun überwinden mussten. Der Nam Tha war breit – sicher zwanzig oder dreißig Meter – und seine Strömung beträchtlich.

»Ihr solltet die Rucksäcke in die Hände nehmen und hochhalten«, empfahl Wan, und wir folgten der Empfehlung. Ich stieg vom Ufer ins Wasser, das mir sofort bis zu den Knien ging, und beobachtete Wan, der sich vor mir durch den braunen Strom schob. Die Steine unter meinen Sohlen hatten alle möglichen Formen und Größen. Das Wasser wurde tiefer und reichte mir bis knapp unter die Schultern; die Strömung zerrte an meinen Beinen. Ich konnte gerade das Gleichgewicht halten und fürchtete bei jedem Schritt, keinen ausreichenden Halt zu finden. Während meine Füße unsicher nach einem festen Stand suchten, versuchte das Wasser sie weiter stromabwärts zu platzieren. Ich sorgte mich vor allem um meinen Rucksack, den ich auf meine Schulter und gegen meinen Hals presste. Mein neuer Wanderstock war keine Hilfe. Ich wollte mich auf ihn stützen und das Gelände vor mir ausloten, aber trotz seiner Dünne schob ihn das Wasser immer wieder aus der richtigen Position. Nach ein paar Versuchen ließ ich ihn los und sah zu, wie er fortgespült wurde. Wenige Sekunden später war er meinem Blick entschwunden.

Endlich erreichte ich die andere Seite. Ich stieg auf die Uferböschung und warf den Rucksack auf eine kleine Sandbank. Wasser lief aus meinem T-Shirt, meiner Hosen und meinen Schuhen.

Hinter mir kamen die Australier. Lachlan hatte seinen Rucksack Two gegeben, damit sich Lucy an seine Schultern hängen und halb auf seinem Rücken sitzen konnte. Sie war zu klein, um durch den Fluss zu laufen, und zum Durchschwimmen war die Strömung zu stark. Sie brauchten noch länger als ich, aber sie schafften es.

Dann war Mustafa an der Reihe.

Eine Weile sah er routiniert aus. Schritt für Schritt näherte er sich der Flussmitte, wo die Strömung am stärksten war. Dort kam er nicht mehr weiter. Er versuchte immer wieder, noch einen Schritt zu machen und wich ein ums andere Mal zurück. Wan kehrte um und ging ihm langsam entgegen, bis er wenige Meter entfernt war und ihm einen Ast hinhielt. Mustafa konnte ihn nicht ganz erreichen. Er versuchte noch einmal, einen Schritt nach vorn zu machen.

Plötzlich kippte er ins Wasser.

Er bäumte sich einen Moment auf, den er nutzte, um Wan seinen Rucksack zuzuwerfen, dann riss ihn die Strömung fort wie eine Feder. Wan fischte nach dem Rucksack, hob ihn rasch aus dem Wasser und schaute Mustafa hinterher. Er kam ans Ufer zurück.

»Sollte nicht jemand ins Wasser springen und ihm hinterher schwimmen?«, fragte ich beunruhigt und sah dabei nicht ganz zufällig Wan an. Der schüttelte den Kopf.

»Nicht so schwer. Er muss einfach ans Ufer schwimmen und stromaufwärts laufen.«

»Wäre es dann nicht zumindest hilfreich, ihm entgegenzugehen und einen Weg zu schlagen?«

»Er schafft das schon«, sagte Wan und setzte sich.

Wir warteten eine Viertelstunde auf der Sandbank, bis Mustafa, leicht außer Atem, aus dem Gestrüpp auftauchte. Er machte eine Bestandsaufnahme des nassen Inhalts seines Rucksackes und bemerkte als erstes, dass sein Canon-Fotoapparat nicht mehr funktionierte. Und wie reagierte er?

Er grinste verträumt.

Was auch immer er nahm, das Zeug musste verdammt gut sein.

Wir stiegen eine letzte Böschung hinauf und erreichten eine einsame Schotterstraße. Ein Zeichen der Zivilisation – es war geschafft. Ich wollte keinen Schritt mehr tun.

»Hier wird uns das Tuk Tuk vier Uhr abholen«, verkündete Wan, und mein Herz machte einen Freudensprung. Meine Freude wankte ein wenig, als ich auf die Uhr schaute und feststellte, dass es bereits nach fünf war. Ich sagte es Wan, der mit den Schultern zuckte.

»Lasst uns ein Stück die Straße hinaufgehen«, sagte er. »Dort ist eine Fischfarm und es gibt eine kleine Hütte, in der wir uns unterstellen können.«

Das hörte sich gut genug an, damit ich mich noch einmal bereitwillig in Bewegung setzte. Leider war die Fischfarm verlassen, der See überwuchert und voll von Algen, und die Hütte war auch nicht mehr da. Also standen, saßen oder lagen wir wahlweise im Regen, klamm und frierend. Das Wasser floss mir von den Haaren ins Gesicht und über den ganzen Körper, und das kurzzeitig vorherrschende Gefühl von Triumph, das dem Erreichen des Zieles gefolgt war, wich langsam aber sicher. Ich setzte mich und beugte den Oberkörper nach vorn, um zumindest mein Gesicht vor dem ewigen Nass zu schützen. Doch wahrhaft schlechte Laune konnte ich in Gegenwart der Australier nicht bekommen.

»Das ist alles Teil des Spaßes«, stellte Lucy vergnügt fest. Ich konnte ihr nicht zustimmen, ohne zu lügen, aber bei so viel positivem Denken hätte ich mich geschämt, meinen zunehmenden Missmut offen zur Schau zu tragen.

Nach anderthalb Stunden kam endlich das Tuk Tuk. Beim Einsteigen grunzte ich den Fahrer unfreundlich an. Über die Schotterpiste holpernd, zogen wir uns an den Metallstangen, die die Ladefläche umgaben und das Dach trugen, noch einige weitere blaue Flecken zu. Aber das machte nun nichts mehr. Mein Kopf sackte nach vorn. Immer wieder fiel ich in einen Sekundenschlaf, wachte aber schnell wieder auf, wenn mein Hinterkopf gegen eine der Stangen schlug.

Es gibt nichts Schöneres als nach solch einem Trip in ein Zimmer zurückzukehren, in dem man sich wohlfühlt. Meine erste Tat war eine ausgiebige, heiße Dusche. Das Wasser perlte über meine Haut, das Gefühl des Frierens wich langsam und wurde mit all dem Schmutz fortgespült. Ich fühlte mich sekündlich wohler und freute mich auf einen gemütlichen Abend voller Frohsinn und Faulheit. Da entdeckte ich einen kleinen Wurm: ein blinder Passagier, der sich an der unwillkommensten Stelle labte, die mein Körper zu bieten hatte. Ich erspare Ihnen die Details, aber die nächsten fünfzehn Minuten waren alles andere als erbaulich.

Eine halbe Stunde später und die paar Gramm, die ein Pflaster wiegt, schwerer, machte ich mich mit Falk auf den Weg zu dem Restaurant, in dem er vor zwei Tagen den zufriedenstellenden Burger und das enttäuschende Dessert verzehrt hatte. Heute war auf jeden Fall ein Burger-Tag, da waren wir uns einig. Vor der Tür des Hostels lief uns Mustafa über den Weg.

»Hey, was macht ihr?«, fragte er.

»Wir gehen essen«, sagte ich.

»Ah, wirklich? Was steht denn heute auf dem Speiseplan?«

»Leckere Burger.«

»Burger? Oh, wow! Ich liebe Burger. Kennt ihr ein gutes Burger-Restaurant?«

»Nun ja, was heißt gut?«, erwiderte ich in dem verspäteten Versuch, die Notbremse zu ziehen. »Das wissen wir noch nicht. Wir wollen ein wenig rumprobieren.«

»Ach, so.«

Er nickte und schaute uns erwartungsvoll an. Es war ganz offensichtlich: Er wollte dazu eingeladen werden, mitkommen zu dürfen. Ich suchte nach Worten, nach Ausreden und Ausflüchten, aber mir fiel nichts ein. Ich gab mich geschlagen.
»Möchtest du vielleicht...«
»Und was hast du vor?«, fiel Falk mir ins Wort.
Mustafa zuckte mit den Schultern und hielt ein Buch hoch.
»Lesen, schätze ich.«
»Na, das ist doch super«, sagte Falk. »Viel Spaß dabei.«
Er zog mich am Arm und wir verschwanden, während Mustafa sich auf eine der Hollywoodschaukeln setzte.
»Du weißt, dass er mitkommen wollte, oder?«, fragte ich, als wir außer Sicht- und Hörweite waren.
»Mitkommen, wohin?«
»Zum Essen natürlich.«
»Ach, Unsinn.«
»Er hat darauf gewartet, dass wir ihm vorschlagen, mitzukommen. Das war offensichtlich.«
»Er hätte fragen können.«
»Vielleicht wollte er höflich sein. Falk, wir sind wirklich gemein.«
»Ich will aber nicht meinen freien Abend mit diesem Junkie verbringen. Außerdem habe ich ihm eine Chance gegeben.«
»Wie bitte?«
»Als ich gefragt habe, was er vorhat, hätte er sagen können, dass er auch gerade überlegt hat, essen zu gehen.«
»Hm. Wie auch immer.«
»Ja, wie auch immer.«
Damit war das Thema beendet. Wir setzten uns und genossen die Schinken-Burger und Erdbeershakes. Dann überwältigte uns die Müdigkeit wie in einem Zeitraffer und wir konnten uns gerade noch in unser Zimmer zurückschleppen. Wir rissen uns die Kleider von den Leibern und ließen uns auf unsere Pritschen fallen und alles wurde dunkel.
Für ein paar Sekunden jedenfalls.

Dann schreckte mich ein Schrei hoch. Ich knipste das Licht an und schaute zu Falk hinüber, der von seinem Kopfkissen zurückzuckte und aufsprang.

»Was ist los?«, fragte ich.

»Ich weiß nicht«, stieß er atemlos hervor. »Da sind ... Kakerlaken in meinem Bett! Oder irgendein anderes Tier. Unter dem Laken.«

»Schau doch mal nach.«

»Auf keinen Fall!«

Ich seufzte, stand auf und warf sein Laken zurück. Was ihn in Angst und Schrecken versetzt hatte war nichts anderes als ... das Stromkabel der Nachttischlampe, die zwischen unseren Betten stand. Falk starrte ungläubig auf das Kabel, das über sein Bett verlief, und atmete erleichtert aus. Dann wurde sein Blick mürrisch. Er legte sich wieder ins Bett.

»Das kommt aber nicht in dein Buch!«, sagte er, nachdem er das Licht wieder ausgeschaltet hatte.

»Kein Problem«, sagte ich und drehte mich auf die andere Seite.

Kapitel 4
Das große Warten in Houay Xai

Vor einer gefühlten Ewigkeit hatte ich durch das Busfenster einen Kilometerstein gesehen, der verkündet hatte, dass Houay Xai noch 69 Kilometer entfernt war. *Nicht mehr weit*, hatte ich gedacht und meine Kopfhörer verstaut. Das war vor zwei Stunden gewesen, und noch immer gab es von unserem Ziel keine Spur, obwohl die Straße weitgehend in einem ausgezeichneten Zustand war. Ich musste mir erst in Erinnerung rufen, dass Entfernungen in Laos eine andere Bedeutung hatten als in Deutschland.

Dreißig Kilometer vor der Stadt mussten wir für längere Zeit halten, da die Straße mitten am Tage für Baumaßnahmen gesperrt worden war. Einer der Bauarbeiter stand am Rand und überwachte aus sicherer Entfernung das Geschehen. Was meinen Blick auf sich zog war aber nicht seine entspannte Haltung, während seine Kollegen daran arbeiteten, die Straße innerhalb der nächsten Stunde wieder öffnen zu können, sondern der kleine Affe, der auf seiner Schulter saß. Ich hatte keine Ahnung, zu welcher Art das Tier gehörte, aber ich redete mir ein, es sei ein Gibbon, denn die Gibbon-Affen sollten für unseren Aufenthalt in Houay Xai eine wesentliche Rolle spielen. Das Tier wäre eine passende Begrüßung gewesen.

Angeregt durch Lucies derzeitige Magenkrämpfe nutzten die Australier und wir die Gelgenheit, uns die Beine zu vertreten und in einem tiefgründigen Gespräch unsere Erfahrungen mit Magenproblemen bei Reisen auszutauschen, ein Thema, dem Falk und ich immer wieder leidenschaftliche Diskussionen widmeten. Wir waren erfreut, Gleichgesinnte gefunden zu haben, die die Ergiebigkeit und Dramatik der Problematik zu schätzen wussten. Jeder hatte ein oder zwei Horrorgeschichten beizutragen. Lachlan berichtete, wie er einen kompletten Flug von Australien nach Hongkong, für den er Tickets für Business Class-Sitze gewonnen hatte, auf der Toilette verbringen musste. Sobald er die Tür hinter sich verschlossen hatte, öffnete er sie nicht mehr, bis der Landeanflug auf Hongkong begann. Von Zeit zu Zeit klopfte es, aber er schrie nur ein abgewürgtes »Nein!« zurück. Das Flugzeug war gegen Mitternacht gestartet, und als er nach Stunden entkräftet aus der Toilette taumelte, stellte er blinzelnd fest, dass die Sonne bereits aufgegangen und ein neuer Tag angebrochen war.

Sie können sich vorstellen: Es war ein sehr intensives Gespräch, und sehr erhellend für uns alle, aber für den Augenblick wollen wir es bei dieser Anekdote belassen. Eher sollte ich wohl kurz erklären, wie wir hierher gekommen waren.

Nach der zweitägigen Tour hatten wir noch ein paar Tage in Luang Namtha verbracht und waren dann mit Lachlan und Lucy weiter nach Vieng Phoukha gefahren. Mustafa hatten wir das letzte Mal in Luang Namtha gesehen. Eines Morgens war er plötzlich fort gewesen, ohne jeden Abschied. Das letzte, was ich von ihm gehört hatte, war (ich schwöre!), dass er weiter nach Norden reisen wollte, um sich Opium-Felder anzusehen. Von Vieng Phouka waren die Australier und wir heute nach Houay Xai an der thailändischen Grenze aufgebrochen.

Die Straße wurde freigegeben und der Bus setzte sich in Bewegung.

Nach einer Fahrt, die mir viel länger erschienen war als sie gedauert hatte, torkelten wir mit den anderen Passagieren aus dem Bus, ließen uns das Gepäck vom Dach reichen und wurden von einem geschäftigen Tuk Tuk-Fahrer ausgespäht. Ich mühte mich noch ab, meinen fünfundzwanzig Kilogramm schweren Rucksack aufzufangen, ohne von ihm erschlagen zu werden, da redete er schon auf mich ein: »Ihr wollt nach Thailand? Ich kann euch nach Thailand bringen.«

»Einen Moment bitte«, antwortete ich und ließ den Rucksack langsam zu Boden gleiten.

»Thailand? Thailand?«

»Wir wollen nicht nach Thailand«, sagte Lachlan. »Wir wollen nur zur Hauptstraße.«

»Ja, ja, kein Problem«, sagte der Laote und deutete energisch auf sein Tuk Tuk. »Rucksäcke auf das Dach und dann los. Thailand nicht weit. Nur zehntausend Kip.«

Lachlan lächelte nachgiebig und wiederholte: »Wir wollen aber nicht nach Thailand. Wir wollen zur Hauptstraße von Houay Xai, dort, wo die ganzen Unterkünfte sind. Hauptstraße. Nicht Thailand. Houay Xai.«

»Okay, okay, kein Problem«, sagte der Fahrer, nahm mir meinen Rucksack aus der Hand und wuchtete ihn auf das Dach seines Taxis. Die nächsten Tuk Tuk-Fahrer gesellten sich schon zu uns und er fürchtete um die sichergeglaubte Kundschaft.

»Und wie viel wird uns das kosten?«, frage Falk.

»Okay, okay, nur zehntausend Kip.«

»Zur Hauptstraße? Wir wollen nämlich nicht nach Thailand.«

»Kein Problem – zehntausend Kip.«

Wir würden vermutlich keine Garantie dafür bekommen, dass er uns verstanden hatte, und ergaben uns unserem Schicksal. Der Fahrer kutschierte uns durch einige wenig einladende Vororte. Nach fünf Minuten blitzte links kurz der Mekong auf. Ich reckte meinen Hals, um mehr zu sehen, aber er war schon wieder hinter schmuddeligen Häusern verschwunden. Der Fahrer lieferte uns wie gewünscht in der Hauptstraße ab. Wir stiegen aus, bezahlten und verabschiedeten uns.

»Alles Gute!«, sagte er. »Und viel Spaß in Thailand!«

»Danke, Kumpel«, sagte Lachlan. »Aber auch wenn dein Englisch leider nicht ausreicht und du das nicht verstehen wirst: Wir reisen nicht nach Thailand. Wir sind in der Tat nach Laos gekommen, um in Laos zu bleiben.«

»Okay, okay«, erwiderte der Fahrer mit einem breiten Grinsen, dann stieg er in das Tuk Tuk und brummte davon.

Die kurze Hauptstraße machte für einen Grenzort, in den die meisten Leute tatsächlich nur kommen, um von einem Land in das andere zu gelangen, einen in angenehmem Maße geschäftigen Eindruck. Die Restaurants und Unterkünfte schienen abgewirtschafteter als in Luang Namtha, aber es war mehr Leben auf der Straße. Vielleicht kam mir das jedoch nur so vor, weil die

Straße und die anliegenden Gehwege schmaler waren, alles gedrungener wirkte und gerade so etwas wie Rush Hour herrschte.

Aus einem offenen Garagentor rief uns ein Mann mit einem »Hey!« an und streckte uns ohne weitere Worte einen Joint entgegen. In einem Gemischtwarenladen, der vor allem Obst, Getränke und abgepackte Snacks im Angebot hatte, sprang ein junger Laote bei unserem Anblick auf und riss lachend ein Stück beschriebenes Styropor in die Luft: »Morgen früh gibt es hier leckere Sandwiches!«

Das war schon eher in unserem Sinne als der Joint. Wir lachten zurück und nickten als Zeichen, dass wir verstanden hatten. Er rief etwas in den Laden und Sekunden später erschien seine Schwester oder Freundin. Sie trug einen Stock, an dem vier oder fünf farbige Ballons baumelten, suchte ein weiteres selbstgemachtes Schild unter der Kasse hervor und hielt es zusammen mit den Ballons hoch: »Die schmecken wirklich super!«

Die beiden waren so sympathisch, dass wir vereinbarten, sie am nächsten Morgen zu beehren. Als wir weiterliefen, rief die Dame uns hinterher und zeigte auf ein Schild, auf dem »Nicht vergessen!« stand. Die beiden wollten wirklich sichergehen.

Wir fanden ein Gasthaus, dessen Zimmer karg, aber sauber waren. Was die Besitzer bei der Dekoration der Zimmer an Leidenschaft vermissen ließen, hatten sie im Foyer ausgelebt: Der Trinkwasserspender war von einer Tischdecke mit weißen Rüschen umwickelt, an der rosa gestrichenen Wand klebte ein großer asiatischer Fächer, über den bei unserer Ankunft zwei kleine Geckos huschten, daneben hingen eine kitschige Kuckucksuhr und eine Wandlampe mit grüner Glühbirne. Auf dem Tisch stand ein wahrscheinlich selbstgemachter, aber deshalb nicht weniger scheußlicher Serviettenspender aus gelber Wolle.

Fünf Minuten später trafen wir uns vor dem Gebäude, um etwas zu Essen zu suchen. Wir entschieden uns für ein Restaurant mit dem Namen *Muang Neua*, das mit einem Bild der *Flussblick-Terrasse* lockte. Die Kellnerin empfing uns im vier oder fünf Tische umfassenden Speisebereich, der unmittelbar an der Straße lag – hinter den Tischen drehte sich eine mindestens achtzig Jahre alte Frau erschöpft in ihrem Bett auf die andere Seite, trug eine Katzenmutter ihre Jungen vom einen Ende des Zimmers zum anderen und spielten zwei Kinder Federball – und bat uns, unsere Auswahl zu treffen, bevor wir auf die Terrasse gingen. Meine Wahl fiel auf gebratene Hühnerbrust mit Larb und einen Bananenshake. Wir suchten unseren Weg durch schmale, dunkle Gänge, schoben uns an einem WC vorbei, durchquerten eine Baustelle und fanden schließlich einen Pfad, der zum Wasser hinunterführte und in eine überdachte Holzterrasse mit Blick über den Mekong mündete. Die Sonne stand bereits tief, leuchtete uns an und löste in Falks Gesicht einen dramatischen Schweißausbruch aus.

Der Mekong erschien hier als ein Fluss wie alle anderen, nicht breiter als die Elbe oder der Rhein. Aber natürlich ist er kein Fluss wie jeder andere – er ist die *Mutter aller Wasser*, Mae Nam Khong. Das ist der Name, den die Laoten dem mit rund 4.500 Kilometern längsten Fluss Südostasiens und zehntlängsten Fluss der Welt gegeben haben und der auch der europäischen Bezeichnung zugrunde liegt: Aus Mae Khong wurde Me Kong.

Lebensader für über 320 Millionen Menschen, entspringt der Mekong im osttibetischen Hochland und schlängelt sich vorbei an schneebedeckten Bergen durch die chinesische Provinz Yunnan, die wir besucht hatten, bevor wir nach Laos gekommen waren. Er bildet die Grenze zwischen Laos und Birma und nach dem Dreiländerdreieck, wo ihn der Ruak speist, zwischen Laos und Thailand. Im laotischen Nordwesten passiert der Mekong Schluchten und Stromschnellen, bevor sich sein Flussbett im Süden Luang Prabangs weitet. Am südlichen Ende von Laos erreicht die Mutter aller Wasser Kambodscha. Unter neuem Namen – Tonle Thom: Großer Fluss – schieben sich die Wassermassen, nach dem Zusammenfluss mit dem Sap und Bassac bereits über einen Kilometer breit, 480 Kilometer weiter durch das Land, vorbei an flachen und fruchtbaren Ebenen, bis nach Vietnam, wo sie sich in neun große Arme und zahllose kleinere Kanäle teilen. Genau genommen sind es acht Flussarme, aber da die Zahl neun im Buddhismus für Glück steht, wurde der fehlende neunte Kanal schlichtweg hinzuaddiert. So heißt der Mekong in Vietnam nun Sung Cuu Long: Der Fluss der neun Drachen. Die Flussarme und Kanäle bilden endlich das riesige Mekong-Delta und ergießen sich in das Südchinesische Meer, so viel Schlamm mit sich führend, dass die Uferlinie jedes Jahr um einen Meter weiter in das Meer ragt.

Mit über 1.300 identifizierten Fischarten gehört der Mekong zu den fünf artenreichsten Flüssen der Welt. Etwa 3.700 Vogel-, Amphibien- und Reptilienarten leben an seinen Ufern. Es ist keine Übertreibung, ihn als Lebensader des kontinentalen Südostasiens zu bezeichnen. Im ruhigeren Unterlauf ist er einer der bedeutendsten Verkehrswege der Region. Den Bauern in der laotischen Tiefebene beschert er jedes Jahr fruchtbare Felder. Natürlich wird auch hier vor allem Reis angebaut – allein die Reisbauern, die auf das Mekongwasser angewiesen sind, produzieren jährlich genügend Reis, um dreihundert Millionen Menschen zu versorgen – aber auch Mais, Zuckerrohr, Tabak und verschiedene Obstsorten. Circa fünfundachtzig Prozent derer, die in Mekong-Anrainerstaaten leben, sind von ihm abhängig.

Als die Kellnerin die Getränke brachte, fragte Lucy, der ihr Magen nach wie vor zu schaffen machte: »Ist das WC oben im Gang die Toilette für Gäste?«

»Verzeihung?«, fragte die Kellnerin und beugte sich zu Lucy herab, um besser zu verstehen.

»Toilette?«, wiederholte Lucy das elementare Wort.

»Ah, Thailand«, sagte die Frau und freute sich, dass sie die Anfrage entschlüsselt hatte. »Thailand ist dort drüben« – sie deutete über den Mekong – »auf der anderen Seite des Wassers.«

Lucy nickte dankend, wartete bis sie verschwunden war und versuchte ihr Glück auf eigene Faust.

Nach dem Essen besuchten wir einige Büros von Tourenanbietern und informierten uns über das Angebot an eintägigen Ausflügen in die Umgebung, da wir für den kommenden Tag noch keine Ideen hatten. Die Informationssuche gestaltete sich schwieriger als erwartet. Das erste Büro (wenn ich von Büros rede meine ich kleine Räume, in denen es neben Computern mit Internetzugang, Postkarten und Red Bull in Flaschen auch eine kleine Ecke mit Fotos, Karten und Preistabellen gab) bot ein interessantes Programm zu einem fairen Preis – in thailändischen

Baht ausgeschrieben. Nach langen Diskussionen und einer ausgiebigen Suche nach einem Taschenrechner erfuhren wir die Umrechnung in Kip. Aber unser Interesse erlahmte, als die Dame anmerkte, dass die Hälfte des Programms bei Regen nicht durchgeführt werden konnte, da ihr Auto in den schlammigen Schotterstraßen stecken bleiben würde, und dass weiterhin eine essentielle, mehrstündige Bootsfahrt, die im Flyer ausdrücklich als Bestandteil der Tour aufgeführt wurde, separat bezahlt werden musste.

Eine vergleichbare Tour im nächsten Büro kostete mehr als das Vierfache, und auch das Angebot der Inhaberin, jedem von uns eine kostenlose Wasserflasche und ein Taschentuch zur Verfügung zu stellen, überzeugte uns nicht. Der dritte und letzte Anbieter, dem wir eine Chance gaben, führte seine Geschäfte in einer düsteren, fensterlosen Kammer mit einer winzigen Tür. Der Raum wurde von einer schwachen Neonröhre beleuchtet. Überall lagen Papierstapel, Kartons und Kabel herum. Die einzige Person im Raum war eine junge Laotin mit rotgefärbten Haaren und einem Haarschnitt, der vermutlich nach dem Vorbild einer Mangafigur angefertigt worden war. Sie saß an einem Computer und konzentrierte sich auf ein Spiel, das hauptsächlich aus weiblichen, herumspringenden Figuren in kurzen Röcken, abgehackten Synthesizerklängen und dem schnellen Wechsel zwischen grellen Farben zu bestehen schien. Sie hörte sich unsere Anfrage an, stand auf und sagte: »Einen Augenblick bitte.« Dann verschwand sie durch eine Tür, die vermutlich in ein noch düsteres Zimmer führte. Es dauerte fünf Minuten, bis sie zurückkehrte.

»Es tut mir leid, aber es ist niemand da.«

»Niemand?«, fragte Lucy und sah sie an, als vermute sie, das Haarfärbemittel hätte ihrem Verstand geschadet. Auch wir anderen schauten die Dame fragend an: Sie machte den Eindruck, als saß sie hier den ganzen Tag und spielte Computer, und das hatte doch sicher irgendeinen Grund, wie zum Beispiel, dass sie Kunden beraten konnte, falls sich welche hierher verirrten.

Aber offenbar war dem nicht so.

Sie setzte sich vor den Bildschirm, um die epische Reise der kurzberockten Kampffurien mit großer Oberweite fortzusetzen, und wir traten den Rückzug an. Wir würden morgen bei einer Tasse Kaffee entscheiden, was wir mit unserer Zeit hier anfangen würden.

Lucy wollte in einem Internetcafe ihre Familie anrufen; Lachlan, Falk und ich stöberten in einigen Geschäften herum, die gebrauchte Bücher zum Verkauf anboten. Derartiges hatte ich in Laos bisher in keiner Stadt vorgefunden. Über das bislang umfassendste Bücherangebot hatte ein Internetcafe-Bäckerei-mit-selbst-gebackenem-Kuchen-Tourenanbieter in Luang Nam-tha verfügt, der laut Reiseführer eine »Auswahl gebrauchter Bücher« verkaufte. Dort hatte ich einen fast leeren Schrank mit eingestaubten Fächern entdeckt, in denen neben einigen Schrauben und Gummis zwei gefälschte Lonley Planets (einer für Sri Lanka und einer für Bali) vor sich hin moderten.

Am frühen Abend machte ich mich allein auf. Eine lange Treppe ging von der Hauptstraße ab und führte auf einen Berg. Oben befand sich die Klosteranlage Wat Jom Khao Manilat, die ich im ersten Augenblick als furchtbar kitschig empfand. Je länger ich mich jedoch umsah, desto mehr genoss ich es, die vielen Details zu entdecken, und nach ein paar Minuten kam ich zu dem Schluss, dass dies die schönste derartige Anlage war, die ich bisher in Laos gesehen hatte. Der Wat wurde um 1880 aus Teakholz errichtet, der Tempel selbst war außergewöhnlich reich verziert. Den Giebel zierten tausende kleiner Glasscherben in allen möglichen Farben, die ein funkelndes und glänzendes Mosaik bildeten. Skulpturen der Nang Thorani standen herum, der Göttin der Erde, und zeigten ihre berühmteste Tat: Sie wrang ihre nassen, langen Haare aus, um mit dem Wasser den Dämon Mara zu ertränken, der den meditierenden Buddha verführen sollte. Überall wachten vergoldete Naga-Schlangen: vor den Türen, an den Ecken. Sie wanden sich über das Dach und an den Wänden entlang. Dazwischen standen Säulen, die verschlossene, goldene Lotusknospen präsentierten. An den Wänden, an denen keine goldenen Ornamente angebracht waren, bewunderte ich aufwändige, farbenprächtige Malereien aus den Jataka, den moralisch lehrreichen Geschichten aus dem Leben des Buddha. Gemälde von Elefanten und anderen Tieren – symbolischen Schutzgeistern und Kraftspendern – schmückten die Fassaden. Die Spitze eines goldenen Stupas zierten ebenfalls Glasstücke, die in der Abendsonne funkelten.

Die beiden oberen Etagen einer dreistöckigen Pagode, die ich bestieg, hatten keine Wände, sondern waren zu allen vier Seiten von Geländern umrahmt, so dass ich einen großartigen Blick auf das Umland hatte, vor allem auf den unter der Stadt fließenden Mekong. In der zweiten Etage stand eine riesige Zeremonientrommel, davor lag ein mit orangenem Stoff umwickelter Klöppel. Ich stieg die letzten Stufen zur dritten Etage hinauf und stolperte fast über einen Mönch, der sich auf dem Boden ausgebreitet hatte und schlief. Möglichst lautlos zog ich mich zurück und setzte meine Erkundung auf dem Gelände fort.

Nicht nur, dass es überall glänzte und funkelte: Diese Klosteranlage war in jeder Hinsicht besonders farbenfroh. Die Wände, Türen und Fensterrahmen aller Gebäude – Unterkünfte, Sanitäranlagen, der Pavillon für die Essensausgabe, überdachte Bänke für Mußestunden – waren bunt bemalt.

Ein junger Mönch von vielleicht achtzehn Jahren, dessen Kutte von einem dunkleren Orange war als die der meisten anderen, kam auf mich zu.

»Guten Tag und willkommen«, sagte er. »Ich heiße Deang.«

»Vielen Dank. Ich bin Erik. Auch dir einen guten Tag.«

Dann machte er sich daran, seinen Wissensdurst zu stillen. Wo ich herkam, wollte er wissen, wie lange ich schon in Laos war, wie lange ich noch bleiben wollte, wo ich schon gewesen war und wo ich noch hinwollte und welche Länder ich noch besuchen wollte und wie lange ich schon von zuhause fort war... Sein Englisch war gut, aber er war sehr aufgeregt. Er streifte sich immer wieder die Kutte von der Schulter und warf sie sich wieder über, und lachte oft verlegen. Er war ein netter junger Mann.

Sobald ihm nicht sofort die nächste Frage einfiel, ergriff ich meine Chance, selbst zum Zuge zu kommen und das Frage-Antwort-Spiel zu leiten. Ich erfuhr, dass er in Houay Xai geboren wurde, schon zwei Jahre im Kloster lebte und keine Ahnung hatte, wie lange er noch bleiben würde. Achtundzwanzig Mönche lebten derzeit in der Anlage.

»Bist du schon einmal aus Laos herausgekommen?«

»Nein.«

»Und welches Land würdest du gern einmal besuchen?«

Er überlegte. »Alle«, sagte er und lachte. »Aus welchem Land kommst du?«

»Deutschland. Aus Berlin.«

»Ber-lin? Davon habe ich noch nie gehört.«

»Das ist die Hauptstadt meines Landes.«

Er hob die Schultern und sagte nichts.

»Gehst du hier im Kloster zur Schule?«, fragte ich.

»Ja, dort hinten.« Er deutete auf ein Gebäude an der Rückseite des großen Platzes, auf dem das Kloster und der Stupa standen. »Und dort drüben wohne ich.«

»Würdest du mir deine Unterkunft zeigen?«

Er zögerte kurz und nickte. »Komm mit.«

Ich folgte ihm zu den Unterkünften, wo er mir sein karges Zimmer vorführte. Das Bett, über dem ein löchriges Moskitonetz hing, war ein rohes Holzgestell; auf dem abgenutzten Schreibtisch lagen ein paar Zettel und Bleistifte. Darüber klebte ein Familienfoto an der Wand. Das war alles.

»Die meisten Mönche wie ich haben ein eigenes Zimmer«, erwähnte er stolz, »während die Novizen sich zu dritt oder zu viert einen Raum teilen müssen. Dafür muss ich mich aber auch an über zweihundert Regeln halten.«

Ich lächelte. So ganz schien er die buddhistische Lehre von der Bedeutungslosigkeit weltlichen Besitzes noch nicht verinnerlicht zu haben.

»Als persönlicher Besitz sind uns nur acht Gegenstände erlaubt«, sagte er, als hätte er meine Gedanken erraten. »Der Korb für die Almosen und die Kleidungsstücke zählen schon mit. Viele bringen ein Handy ins Kloster und ein paar Fotos.«

Deang erzählte mir von seinem Tagesablauf. Jeden Morgen wurden die Mönche um vier Uhr vom dumpfen Schlag der Glocken und Trommeln geweckt. Sie wickelten sich in ihre Roben, eine Prozedur, der es einiger Übung bedurfte. Ihr erster Weg führte sie zu dem Altar mit der Buddhafigur, vor der sie sich im Lotussitz niederließen und begannen, ihre Gebetsformeln in altindischem Pali vor sich hinzumurmeln. Nach der Morgenandacht brachen sie zu ihrer Betteltour auf, woraufhin sie ein meist dürftiges Frühstück einnahmen, von einer Kochgruppe aus den Spenden zubereitet – jedenfalls nach dem theoretischen Brauch. In der Praxis ergänzten viele Mönche die Spenden durch eingekaufte Speisen. Der Unterricht folgte, in dem sie Grundlegendes wie Lesen, Schreiben und Rechnen lernten, aber auch das Rezitieren buddhistischer Riten und Sutras. Elf Uhr hallte dann wieder der Gong über das Gelände. Nun war es Zeit für die nächste – und letzte – Mahlzeit.

»Nach dem Mittagessen dürfen wir keine Nahrung mehr zu uns nehmen«, sagte Deang und rieb sich grinsend den Magen. Statt eines Abendmahls gab es am frühen Abend eine weitere Andacht und Meditation.

Mit aneinandergelegten, vor der Brust gehaltenen Händen und leichten Verneigungen verabschiedeten wir uns schließlich.

Eine halbe Stunde später traf ich meine Freunde vor dem Gasthaus. Lucy, die gerade vom Internetcafé zurückkam, war noch bleicher als sie heute ohnehin gewesen war. Sie hatte im Internet eine Neuigkeit aus der Heimat erfahren, die mir die Haare zu Berge stehen ließ: Eine ihrer besten australischen Freundinnen, die sie seit der Schule kannte, war vor einigen Wochen am nächsten Strand Wakeboarden. Als sie vom Board fiel, packte sie etwas am Kopf und zog sie unter Wasser. Sie konnte sich freikämpfen und gelangte zurück an die Wasseroberfläche, wurde am Arm gepackt und erneut in die Tiefe gezogen. Spätere Untersuchungen der Bissabdrücke an ihrem Körper und am Board kamen zu dem Ergebnis, dass ein Weißer Hai sie attackiert hatte. Er drehte einen Kreis und griff erneut an. Sie klammerte sich an das kleine Styroporbrett. Er biss wieder in den stark blutenden Arm und zerrte sie zurück ins Wasser. Zwei junge Männer auf einem Boot wurden auf ihren Kampf aufmerksam, hielten auf sie zu und vertrieben den Hai. Der eine umkreiste sie mit dem Boot, um den Hai auf Distanz zu halten, der andere sprang ins blutrote Wasser und hievte sie aufs Boot.

Mehrere Notoperationen später war sie nun wieder bei Bewusstsein und außer Lebensgefahr. Der Arm war angenäht worden, aber sie hatte kein Gefühl mehr darin und derzeit bezweifelten die Ärzte, ob er gerettet werden konnte.

Wir gingen in eine Bar, deren eigenwilliger Name *Bar How?* zwar nicht gerade vermittelte, dass die Leute hier wussten, was sie taten, aber die mit gepflegtem Ambiente lockte. Lachlan blätterte durch die Karte und fragte: »Hey Erik, wie wäre es mit etwas Flusstang? Hört sich super an.«

»Unbedingt! Gut, dass du das gesehen hast – ich liebe das Zeug.«

Er lachte ironisch.

»Ich meine es ernst«, sagte ich. »Ich liebe das Zeug *wirklich*. Wie Pringles, nur viel besser, gesünder, aufregender, geschmackvoller, mit diesem Hauch von schlammigem Flusswasser.«

»Ich dachte, das wäre irgendein gekochtes, ekliges, schleimiges...«

»Nein, nein, die sind trocken und knusprig.«

»Wenn das so ist...«

Wir beide bestellten je eine Runde der Flusstangchips (die leider zu ölig und somit nicht ganz so gut waren wie jene auf der Wanderung). Falk begnügte sich mit Garnelenchips, da unser letztes Mahl auf der Flussblick-Terrasse erst ein paar Stunden zurücklag, Lucy passte aufgrund ihres Magens gänzlich. Zu den Chips tranken wir drei Männer das obligatorische Beerlao.

Die Wartezeit war lang. Es dauerte lange, bis wir überhaupt bestellen konnten und noch länger, bis unsere Bitten erfüllt wurden. Hatten wir einen Wunsch, mussten wir uns den Weg bis in die Küche bahnen und danach fragen, jedoch nicht, weil die Kellnerin nachlässig war, sondern weil sie alle Hände voll zu tun hatte. Die Bar wurde von einer jungen, alleinerziehenden Mutter bewirtschaftet, die sich nicht nur jeden Tag um die für hiesige Verhältnisse vielen Gäste kümmerte – das Lokal war das am besten besuchte der Straße und folglich wohl auch der Stadt – sondern auch um ihre drei Töchter. Zur Aufmunterung erhielten wir einen Teller mit frisch geschnittenen Ananasstückchen. Nötig gewesen wäre er nicht, denn wir nahmen alles mit freundlicher Geduld hin, zu liebreizend waren Mutter und Töchter. Einmal, als ich nach zwanzig Minuten noch immer keinen Bananenshake bekommen hatte, kam ein etwa sechsjähriges Mädchen an unseren Tisch und flüsterte schüchtern auf Englisch: »Einen Moment bitte.«

Fröhlich hopste sie zurück in die Küche und freute sich, den Auftrag ausgeführt zu haben. Die Kleine brachte auch das Essen heraus und säuberte die Tische und Stühle, nachdem die Gäste gegangen waren. Zu keiner Zeit hatte ich das Gefühl, Zeuge quälender Kinderarbeit zu werden. Die Mutter war sanft und liebevoll, und dem Mädchen, das von allen Gästen betüttelt wurde, schienen die Aufgaben Spaß zu machen. Es war schön zu sehen, wie alle in der jungen Familie mit anpackten und vom Erfolg belohnt wurden.

»Hallo und willkommen in dieser wunderschönen Stadt«, sagte ein blonder, offenbar angetrunkener junger Mann, der plötzlich neben unserem Tisch stand. Erst dachten wir, er wolle uns anpöbeln, aber er wollte nur wissen, woher wir kamen und was wir hier taten. Wir erfuhren schnell, dass sein Name Tom war und er aus München kam. Er empfahl uns, morgen den nahegelegenen Wasserfall des Nam Nyorn zu besuchen – wir beschlossen, genau das zu tun. Als er weitergegangen war, unterhielten wir uns einmal mehr über Gott und die Welt. Lachlan erzählte, dass er in dem Kaff, aus dem er kam, keine Leidenschaften entwickeln konnte.

»Ich weiß bis heute nicht, wofür mein Herz wirklich schlägt. Ich suche immer noch danach und fühle mich deshalb leicht unvollkommen. Auf der anderen Seite macht mir die Suche danach so viel Spaß, dass ich es, wenn ich es eines Tages herausfinde, wahrscheinlich einfach ignorieren werde, um weitersuchen zu können. Es ist nicht so, dass ich gar nichts kann. Ich spiele etliche Instrumente – Gitarre, Mundharmonika, Banjo, Schlagzeug – aber keines wirklich gut. Fast wie mein Vater, der ein Banjo in der Werkstadt hat und es nicht spielen kann, es aber immer wieder versucht, nachdem er getrunken hat. Ich habe einfach noch nicht das gefunden, was mich begeistert, außer das Leben selbst.«

»Vielleicht findest du es in Großbritannien«, sagte ich.
»Kann sein. Jedenfalls gibt es dort vielmehr Möglichkeiten. Wenn ich einem afrikanischen Trommelklub beitreten will, kann ich das tun. Vermutlich mache ich das nicht, aber allein die Möglichkeit bedeutet eine Veränderung.«

Lucy trug eine viel zu große Anzahl an Anekdoten aus Australien vor, die von Schlangen handelten und sich auf ihrer Farm ereignet hatten: wie sie Schlangen tötete, die zu nahe am Haus oder am Vieh lebten, und mit alten Spaten oder Besen auf sie losging, wenn keine Pistole zur Hand war, wie sie noch gefährlich waren, nachdem der Kopf bereits abgehackt war...

»Ich bekomme wahrscheinlich Alpträume«, sagte ich, »wenn du nicht bald aufhörst. Zumal es auch in Laos genügend Schlangen gibt und ich für die nächsten Wochen gern ihre Existenz vergessen würde.«

»Einmal sahen wir eine riesige Brown Snake«, fuhr Lucy, nun erst recht ermutigt, fort. »Wir hatten keinerlei Waffen dabei, aber mein Boss befahl mir, sie zu verfolgen. Die Schlange kroch vor mir weg, sie floh über ein Feld und dann in einen Graben hinunter und auf der anderen Seite hinauf und im Kreis wieder zurück ... Sie sah sich immer wieder um und floh dann weiter, ohne irgendeine Aggression zu zeigen. Ich rannte in sicherem Abstand hinterher. Irgendwann verlor ich sie für einen Moment aus den Augen. Ich kam an einem Zaunpfosten vorbei und da sah ich sie: Sie war direkt neben mir. Sie war die Rückseite des Pfostens bis zur Hälfte hochgeklettert und verharrte dort. In diesem Augenblick kam mein Boss wieder. Ich fühlte mich ganz schlecht. Die Schlange war geflohen, hatte sich friedfertig verhalten und hatte sich auch noch so gut versteckt. Ich hätte sie als Belohnung gern am Leben gelassen. Die Gefahr sei zu groß, sagte mein Boss und verpasste ihr eine Kugel.«

»Ich liebe es«, sagte ich, »wie ihr Australier immer wieder diese Horrorgeschichten von all den giftigen Tieren vorträgt, die in eurem Land leben, und im gleichen Atemzug betont, wie ungefährlich es im Busch ist, trotz all der Schlangen und Spinnen und Krokodile, oder im Meer mit seinen Haien und tödlichen Quallen und Salzwasserkrokodilen, und dass nur ganz selten etwas passiert.«

»Dich würden sicher keine Geschichten interessieren wie: *An diesem einen Tag haben wir eine Schlange aus dem Autofenster heraus gesehen, fast hundert Meter weg. Sie ist in aller Ruhe ins Gras gekrochen und wir sahen sie nie wieder.* Es geht doch immer auch um Unterhaltung, Erik, und die erreicht man am besten durch Zuspitzung.«

Da musste ich Lucy Recht geben.

»Es passiert wirklich selten was«, sagte Lachlan. »Ich kenne niemanden, der durch einen Schlangenbiss gestorben ist. Mein Vater wurde einmal in den Fuß gebissen, aber das ist alles.«

»Du vergisst deinen Bruder«, sagte Lucy. Ich warf Lachlan einen panischen Blick zu, aber er schüttelte nur den Kopf, und Lucies Mund verzog sich zu einem Grinsen.

Als wir am nächsten Morgen das Hostel verließen, hatten wir einen Plan.

Der Plan sah vor, dass wir zum Besucherzentrum gehen, eine Karte besorgen, Motorroller leihen und zum Nam Nyorn Wasserfall und zur Ruinenstadt Souvannakhomkham fahren würden. Wir kauften wie geplant Sandwiches bei den emsigen Leuten mit den Schildern und liefen frühstückend weiter zum Besucherzentrum, vor dessen Tür ein großes Schloss hing. Wir spähten durch die Scheiben, aber alles war dunkel und verlassen.

Soviel zur Karte.

Wir wanderten weiter die Straße hinunter, vorbei an einem der modernsten Gebäude weit und breit. Die Fassade der beiden Etagen bestand größtenteils aus vom Boden bis zur Decke reichenden Fenstern. Neben dem Gebäude erinnerte ein überdimensionales Schild in Größe und Design an die Preistafel einer Tankstelle, aber statt solcher Preise war *Einkaufszentrum* und *Kaffeepause* darauf zu lesen. Ein Blick durch die Fenster verriet, dass keines der beiden Versprechen eingehalten wurde. Die großen Räume waren vollkommen leer. Anzeichen dafür, dass sich daran bald etwas ändern würde, gab es nicht. Anscheinend war das gesamte Budget investiert worden, um das hochwertigste Schild in der Stadt zu kaufen.

Nach kurzer Suche fanden wir den Rollerverleih. Er war geschlossen. Alle Roller standen hinter der verschlossenen Tür im Verkaufsraum.

»Ich habe nun schon einige Erfahrung mit den seltsamen Öffnungszeiten in Laos«, sagte ich,»aber es ist 10:30 Uhr, verdammt nochmal!«

»Welcher Tag ist heute?«, fragte Lucy. Ich schaute auf die Uhr.

»Samstag«, sagte ich erstaunt. »Heute ist Samstag.«

»Oh nein«, stöhnte Falk.

»Wisst ihr, was das bedeutet?«, fragte Lachlan. Wir sahen ihn an. »Das bedeutet, dass morgen Sonntag ist. Ein weiterer Tag, an dem nichts geöffnet hat.«

Wir schwiegen, jeder damit beschäftigt, den Rückschlag zu verarbeiten. Die Stadt selbst hatte kaum eine Attraktion zu bieten, die nicht innerhalb von fünf Minuten abgelaufen wäre.

Ziellos schlenderten wir die Straße entlang, in der unwahrscheinlichen Hoffnung, einen Rollerverleih zu finden, der geöffnet hatte, dann kehrten wir um. Für einige Minuten trennten wir uns und zogen uns in unsere Zimmer zurück. Eine halbe Stunde später, als wir uns gesammelt und neue geistige Kraft geschöpft hatten, starteten wir den nächsten Versuch, etwas aus dem Tag zu machen. Noch immer wollten wir zum Wasserfall fahren. Alles war besser als den Tag auf den Betonbänken vor der Unterkunft sitzend zu verbringen und zu warten, dass etwas passierte. Wir liefen die Hauptstraße hinauf und versuchten Tuk Tuk-Fahrern klar zu machen, dass sie uns zum Wasserfall bringen sollten.

»Und dort wartest du dann ein oder zwei Stunden«, sagte Lachlan einem der Fahrer, »und bringst uns wieder hierher.«

Das englische Wort für warten, *wait*, missverstand der Fahrer für *weight*, Gewicht. Er klopfte auf das Dach seines Gefährts, grinste und sagte: »Gewicht kein Problem. Starkes Auto. Ihr wollt nach Thailand?«

Hinter mir ließ Falk einen langen Strom Luft aus dem Mund entweichen.

Nach einigen weiteren Versuchen kehrten wir in die Unterkunft zurück und fragten die Empfangsdame, die gelangweilt auf

einer Couch lag und fernsah, ob sie uns für fünf Minuten begleiten und bei der Übersetzung helfen könnte.
Konnte sie nicht.
Aber sie konnte uns telefonisch mit einem englischsprachigen Fahrer verbinden. Das kostete allerdings 10.000 Kip die Minute.
Wir lehnten dankend ab, gingen zu der Tourenanbieterin, die wir gestern zuerst angesprochen hatten, und erkundigten uns, ob sie in der Lage sei, kurzfristig den gewünschten Ausflug zu organisieren.
War sie nicht.
Aber: Sie war sehr hilfsbereit.
»Ihr solltet nicht über einen Anbieter wie mich gehen«, sagte sie. »Das ist zu teuer. Ihr solltet ein Tuk Tuk nehmen.«
»Das haben wir versucht, aber niemand versteht uns.«
»Wartet, ich komme mit euch.«
Sie ging mit uns auf die Straße und übersetzte unser Anliegen dem nächsten Tuk Tuk-Fahrer. Wir einigten uns auf einen Preis und zehn Minuten später waren wir auf einer guten Straße entlang des Mekongs unterwegs. Die letzten Kilometer nach einer Abzweigung, führten über eine Schotterstraße, vorbei an grasenden Büffeln und Reisfeldern, von denen aus uns Bauern zuwinkten und gar Kusshände zuwarfen, sobald sie erkannten, dass auf dem Laderaum *Falang* saßen, Ausländer. Die Bauern hier waren besser ausgestattet als in den Teilen von Laos, die wir zuvor durchquert hatten. Sie pflügten die Felder mithilfe motorisierter Geräte mit zwei Schaufelrädern, die sie ähnlich einem Rasenmäher vor sich herschoben. In vielen Hütten und auf vielen Terrassen lagen junge und alte schlafende Menschen. Auch auf dem Rückweg war das nicht anders: Für ein Schläfchen gibt es in Laos keine verkehrte Uhrzeit. Schon 1861 bemerkte der Forschungsreisende Henri Mouhot, bester Laoskenner seiner Zeit: »Die Laoten kultivieren nur so viel Reis, wie sie für ihre eigene Ernährung benötigen; den Rest ihrer Zeit verbringen sie schlafend, faulenzend und im Wald herumstromernd oder ihre Freunde besuchend.«

Und Norman Lewis behauptete 1949 sogar: »Es gilt als schlechte Erziehung und Zeichen von mangelndem Glaube, mehr zu arbeiten als nötig.«

Wenn in Deutschland jemand nichts zu tun hat, sucht er sich etwas zu tun. Ein Kellner wischt die Tische, wenn keine Gäste da sind, ein Fabrikarbeiter fegt das Gebäude aus, wenn die Maschinen still stehen, ein Verkäufer hängt die Kleider von einem Ständer zum nächsten und faltet die Hosen neu, wenn er keine Kundschaft hat. Die Laoten sind entspannter: Wenn es nichts zu tun gibt, gibt es nichts zu tun, also schlafen sie. Mir fiel das Besucherzentrum in Luang Namtha ein, das äußerst schwer zu finden war. Es lag in einer Nebenstraße und war kaum ausgeschildert, so dass wir es erst nach langem Suchen entdeckten. Aber sobald wir es gefunden hatten, vermuteten wir, dass es gar nicht gefunden werden *wollte*. Die einzige anwesende Mitarbeiterin schlief auf einer Decke auf dem Boden und wurde von einem ungefähr dreijährigen Kind geweckt, als wir hereinkamen. Sie streckte sich, gähnte, setzte sich auf, rieb sich die Augen und fragte – ohne aufzustehen – wie sie helfen könne. Im Minderheiten-Restaurant auf der anderen Seite der Hauptstraße Luang Namthas stand in der winzigen Ecke hinter der Theke nicht etwa ein kleiner Stuhl oder ein Schrank mit Ordnern oder eine elegante Stehlampe, sondern eine schmale Pritsche, die es dem Kellner erlaubte, alle Viere von sich zu strecken und auf den Bildschirm eines winzigen Fernsehers zu starren. Mir war diese entspannte Art, mit Arbeit und Muße umzugehen, äußerst sympathisch.

Das Tuk Tuk folgte weiter der Schotterstraße. Wir hielten uns fest, die Sonnenbrillen sprangen uns auf den Nasen herum. Nach einer dreiviertel Stunde stoppte der Fahrer und deutete in die Richtung, in die wir zu gehen hatten. Ein hübscher Weg aus grauen Kieselsteinen, begrenzt von einer braun gestrichenen Betoneinfassung, stellte sich nach der ersten Kurve als ein (nach meiner Vermutung) weiteres nicht zu Ende gedachtes und gebautes Projekt der Tourismusbehörden heraus. Vor einem Fluss, dem Nam Nyorn, endete er abrupt in einer Betonplattform, auf der zwei Betonsäulen mit großen Metallschlaufen standen, die wohl eines Tages eine Hängebrücke halten sollten. Wir liefen die

Böschung hinab, durchquerten den Fluss, passierten am anderen Ufer zwei gleichartige Pfeiler und folgten dem Weg weiter, bis er einen Schwenk nach rechts machte und erneut auf den Fluss zustrebte – wieder ohne fertiggestellte Brücke. Der Weg selbst verschwand hier langsam unter Gräsern und Unkraut. Uns links haltend, folgten wir einem Trampelpfad ein Gefälle hinauf und konnten bald unter uns sehen, wohin der Kieselsteinweg einst führen sollte: Zu drei hübschen Holzpavillons und einer Sanitäranlage, die auf einen kleinen See blickten, in den sich der Wasserfall ergoss. Weder die Pavillons noch der WC-Block waren fertiggestellt worden. Es gab keine Türen, die Wände waren unvollständig, die Böden aus rohem Beton oder Gras.

Da Tom, der Deutsche aus München, uns den Bereich oberhalb des Wasserfalls empfohlen hatte, gingen wir weiter den Pfad hinauf. Weder mussten wir weit laufen noch hoch steigen. Der Wasserfall selbst war nicht besonders hoch, aber aufgrund der großen Wassermenge, die jede Sekunde hinunterdonnerte, trotzdem sehenswert. Interessanter als der Fall waren jedoch, wie von Tom angekündigt, die Stromschnellen oberhalb, an deren Seiten sich steile Hänge erhoben, auf der einen Seite von dichtem Wald bedeckt, auf der anderen von einer Geröllhalde. Das Wasser sprudelte um Felsbrocken herum und Stufen hinunter und strömte schäumend auf den Wasserfall zu.

Wir kraxelten auf einigen Steinen am Ufer stromaufwärts und fanden unterhalb des Waldes eine Stelle, an der wir wagten, uns in die Fluten zu stürzen. In schmale Felsspalten, durch die das Wasser rauschte, legten wir uns, hielten unsere Füße in mächtige Strudel, duckten uns hinter Steine, um der stärksten Strömung zu entgehen und ruhten in natürlichen Wannen: Steinen, die von Wasser, das Sand mit sich transportierte, ausgewaschen worden waren. Tom hatte gestern behauptet, in der Mitte des Nam Nyorn schwimmend gegen die Strömung angekämpft zu haben, aber das schien uns zu riskant. Einmal vom Strom erfasst, würden wir innerhalb weniger Sekunden den Wasserfall hinuntergespült werden.

Erfrischt setzten wir uns auf einen großen Stein am Ufer und genossen in der frühen Nachmittagssonne je eine Dose Beerlao.

Wasser schlug klatschend gegen den Stein. Es spritzte in einem Schwall nach dem anderen hoch, und der Wind trug es in glitzernden Tropfen herüber, so dass es unsere trocknende Haut neu benetzte. Ich spürte die Tropfen wie ein kurzes Frösteln.

Wir gingen hinunter und schwammen im See unter dem Fall, was weniger gefährlich, aber in der Hauptströmung immer noch herausfordernd war. Von hier sahen wir, dass der Wasserfall genau genommen aus einer Reihe von Fällen bestand, die, neben- und untereinander angeordnet, jeder für sich gewaltig waren. Die Wassermassen donnerten über einen Vorsprung, fielen drei Meter, ergossen sich über eine weitere Stufe, schlugen auf eine schräge Steinfläche und fluteten in den See.

Vom Wasserfall zurückgekehrt, gingen wir erneut in das Tourenbüro der Frau, die uns bei der Organisation des Tuk Tuks unterstützt hatte, bedankten uns für ihre Hilfe und erklärten uns nun doch bereit, die Tour zur Ruinenstadt Souvannakhkomkham zu machen, wie sie sie uns gestern vorgestellt hatte.

»Wisst ihr«, begann sie, »genau genommen können wir die Ruinen mit meinem Van nicht nur bei eventuellem Regen nicht anfahren, sondern aufgrund der derzeitigen Straßenverhältnisse gar nicht.«

»Gar nicht?«, fragte Falk. »Aber...«

»Ihr könntet ein Tuk Tuk mieten. Aber das braucht pro Weg zwei Stunden und würde noch mehr kosten als die gesamte Tagestour, die ich anbiete. Oder ihr leiht Motorräder aus.«

»Der Verleiher hat geschlossen«, sagte ich unglücklich.

»Nein, nein, der ist jetzt geöffnet.«

»Ich glaube, nicht.«

»Doch.«

»Sind Sie sicher?«

»Aber ja!«

Wir bedankten uns hocherfreut, schüttelten ihre Hand und gingen zum Motorradverleih – dessen Tür nach wie vor ein Vorhängeschloss versperrte.

Wieder einmal flanierten wir durch die kurze Hauptstraße, warfen neugierige Blicke in die Wohnungen und Geschäfte am Straßenrand und kamen zu der nüchternen Feststellung, dass Houay

Xai außer gutem Essen und fruchtigen Shakes wenig zu bieten hatte. Es gab einfach nichts zu tun, nichts zu entdecken, und es gab keine Möglichkeit, die Ruinen zu sehen oder auf andere sinnvolle Weise ein paar Stunden aus der Stadt herauszukommen. So blieb uns nichts, als uns die Zeit mit Essen und Trinken zu vertreiben. Wir aßen zu Abend, kehrten für eine Stunde ins Gasthaus zurück und trafen uns erneut, um in die Bar How? zu gehen, die auch heute gut besucht war, und um das Beerlao und die Shakes in Strömen fließen zu lassen.

Ich kann über einen längeren Zeitraum sehr aktiv sein, ich kann hart und vor allem diszipliniert arbeiten, aber ich bin froh, sagen zu können, dass ich mir auch die Fähigkeit bewahrt habe, außerordentlich faul zu sein. Der nächste Tag war ein Tag, an dem ich diese Fähigkeit ausreizte. Mit keiner Aufgabe außer der, den Tag herumzukriegen, lungerte ich in unserem Zimmer herum und schlurfte ein- oder zweimal vom Bett zur Gasthausterrasse mit ihren phänomenal unbequemen, fliesenbedeckten Betonbänken, um die stets Ameisen herum krabbelten. Dort saß ich eine Weile und schaute durch das Loch in der Mauer, das die Einfahrt war, den Leuten hinterher, die vorbeigingen. Sie befanden sich in einer Welt der Aktivität und des Geschäftssinns, an die ich mich kaum erinnern konnte.

Lucy kam heraus, gesellte sich zu mir und erzählte von einem beunruhigenden Traum, den sie letzte Nacht gehabt hatte: Wir vier übernachteten in einer kleinen Bambushütte im Wald, als plötzlich aus einer unbekannten Quelle Klebereis herausquoll – *viel* Klebereis. Er wurde immer mehr, bis er die Hütte ausfüllte und drohte, uns zu ersticken. Die Geschichte erinnerte mich vage an den Hirsebrei zubereitenden, außer Kontrolle geratenen Zaubertopf aus dem Märchen *Der süße Brei.*

»Lachlan, Falk und du brachen in Panik aus«, sagte Lucy. »Ich war natürlich ganz ruhig und versuchte, auch euch zu beruhigen. Aber in eurem kopflosen Geschrei konnte ich mich nicht bemerkbar machen.«

»Warum habe ich das Gefühl«, sagte ich, »mich für mein Traumverhalten bei dir entschuldigen zu müssen?«

»Wegen dir und den anderen beiden Kerlen wären wir fast gestorben!«

»Natürlich.«

»Jedenfalls – mir blieb keine Wahl – setzte ich einen nach dem anderen von euch mit Betäubungsmittel für Pferde außer Gefecht.«

»Du hast *was*? Und mir machst du ein schlechtes Gewissen?«

»Ich wollte euch nacheinander aus der Hütte herausziehen, bevor wir vom wachsenden Reisklumpen erdrückt wurden. Aber als ich Lachlan an den Armen packte, fühlte ich keinen Puls. Offenbar hatte ich ihm eine Überdosis gegeben. In diesem Moment wachte ich schweißgebadet auf.«

»Interessanter Traum«, sagte ich und nickte andächtig. »Mich würde interessieren, was ein Traumdeuter zu dieser Geschichte zu sagen hätte.«

Wozu ich damals nicht die Gelegenheit hatte, habe ich später in einem Moment gewaltiger Langeweile zum ersten und voraussichtlich letzten Mal getan: Ich habe ein Traumdeutungsbuch konsultiert, dem zufolge Reis grundsätzlich ein Symbol guter Gesundheit und eines langen Lebens ist. Während das Auftreten von Hungergefühlen im Reistraum auf Kummer und Entbehrung hindeuten kann, ist das Essen von Reis ein Zeichen für Wohlstand, gute Vitalität und Glück. Das Thema Ersticken kündigt überraschenderweise ebenfalls Gesundheit oder Genesung an – der Traum hätte Lucy also nicht beunruhigen, sondern zuversichtlich stimmen sollen.

Lucy klappte ihr Buch auf und auch ich las eine Weile, schnitt mich an den scharfen Kanten, die einige fehlende Fliesen auf meiner Betonbank hinterlassen hatten, zog mich in die kargen Gemäuer zurück und kroch wieder in mein Bett. Dort schaute ich auf meinem Notebook eine Serie, schrieb und las weiter. Ich beobachtete eine Zeitlang die Armee von Ameisen, die kreuz und quer durch das Zimmer hastete, als bereite sie eine Invasion vor. Am Tag unserer Anreise hatte es nur eine schmale, aber geschäftige Ameisenstraße im Badezimmer gegeben. Nun waren sie überall, und wir konnten die Ursache nicht finden: Wir hatten vergeblich nach halbleeren Cola-Dosen, Krümeln oder anderen

Essensresten gesucht. Wann immer wir einen Rucksack oder Schuh hochhoben, stoben die kleinen schwarzen Punkte in alle Richtungen davon. Jedes Mal, wenn wir nun durch das Zimmer liefen, ließen wir ein Meer von Leichen zurück, und langsam aber sicher wurde der Raum zu einem kleinen Massengrab.

Es war ein gänzlich verlorener Vormittag, verschwendete Zeit, die ich nie zurückbekommen würde. Aber das störte mich nicht, immerhin war heute Sonntag. (Nicht, dass ich mich in der gleichen Situation an einem anderen Tag anders verhalten hätte; ich dachte nur, ich sollte es erwähnen.)

Am Nachmittag überzeugte Lachlan Lucy, Falk und mich zu einer kleinen Erkundungstour, zu der ich mich vor allem hinreißen ließ, weil es langsam wieder Zeit für eine Mahlzeit war. Wir vier taten also das, was wir schon viel zu oft getan hatten: Wir liefen die Hauptstraße entlang. Dieses Mal bogen wir nach rechts und folgten einer Straße, die, vorbei an freundlichen Grenzbeamten in einem Holzhäuschen, bis in den Mekong hineinführte und im Wasser verschwand. Hier hofften wir, einen netten Ort zum Lesen zu finden, einen kleinen Strand vielleicht oder ein paar Bänke an einer beschaulichen Uferpromenade, aber alles, was wir sahen, waren ein paar vertäute Boote – auf einem schliefen drei Männer zu den Klängen eines schnarrenden Radios – und ein winziges, unebenes Stück Rasen, auf dem viel – *sehr* viel – Müll lag.

»Wow, dieser Ort ist *magisch*«, sagte Lachlan und drehte sich schon um, um die Straße wieder hochzugehen, aber Lucy bemerkte eine alte, überwucherte Boule-Bahn, auf der einige verrostete Kugeln herumlagen. Der Zeitvertreib für die nächste Stunde war gefunden. Wir teilten zwei Teams ein – Deutschland gegen Australien – und probierten Runde um Runde, die eigenen Kugeln möglichst nahe an die Ziegelkugel zu werfen. Aber selbst das feinfühligste Schwungholen und zielgenaueste Werfen wurde durch die Grasbüschel zunichte gemacht, die auf dem Feld wuchsen und über die die Kugeln unkontrolliert hüpften.

In einem ungepflegten Restaurant, dessen Terrasse über die kleine Wiese ragte, versuchten wir ein paar Früchteshakes zu bekommen, aber der Eigentümer lag mit über den Bauch gezogenem T-Shirt auf einer Klappliege mitten im Speisebereich. Eine Minute standen wir vor ihm und räusperten uns, doch das einzige Anzeichen dafür, dass er am Leben war – abgesehen vom Heben und Senken seines beträchtlichen Bauches – war das flüchtige Lächeln, das über seine Lippen huschte, wenn eine Brise seinen Nabel streifte. Wir brauchten Alternativen, und Lachlan hatte eine parat.

»Wie wäre es, wenn wir uns Sandwiches von dem verrückten Sandwich-Typ holen?«

Der verrückte Sandwich-Typ lud uns zunächst auf einen Schluck Kobra-Reisschnaps ein, einer ursprünglich chinesischen, heute insbesondere südasiatischen Spezialität, bei der den Durstigen eine vollständige, bevorzugt giftige Schlange aus trüben Augen durch das Glas anschaut, das hintere Ende zusammengerollt, den Hals in die Höhe gereckt. Manchmal werden heilende Kräuter dazu gegeben oder weitere kleine Schlangen, Spinnen, Skorpione oder andere Tiere in die Flasche gestopft, denen man nicht in der Wildnis begegnen will. Dank der heilenden Wirkung von Schlangen wirkt das Gesöff nach der traditionellen chinesischen Medizin gegen Rheuma, Muskel- und Gliederschmerzen, Weitsichtigkeit, Haarausfall und erhöht – fast obligatorisch – die Potenz.

»Jeden Tag ein Glas und du kannst quasi nicht sterben«, sagte der Typ.

»Ach, weißt du«, stammelte ich, »Alkohol und ich, das passt eigentlich nicht so gut zusammen. Ich bin eher ... ich mag Shakes und ... Saft, weißt du?«

»Shakes? Saft? Wen willst du hier verarschen? Los, komm schon!« Er lachte und klopfte mir auf die Schulter.

»Ein Versuch kann nicht schaden«, sagte Lachlan und ließ sich die Flasche reichen. Er nahm einen vorsichtigen Schluck, zuckte mit den Schultern und gab die Flasche an mich weiter. Ich zögerte noch ein paar Sekunden, dann kostete ich. Das würzige Aroma breitete sich in meinem Mund und Hals aus, mit einem Hauch von Ginseng, Minze und Gewürzen, die ich nicht zuordnen konnte, gefolgt von einem langen, scharfen, brennenden Nachgeschmack, der vieles war, aber nicht angenehm.

Dann ging es endlich um feste Nahrung. Die anderen wählten als Belag gesunde Varianten wie Tunfischsalat sowie Käse und Schinken. Ich freute mich, als ich auf dem Styroporschild die Auswahl »Nutella mit Banane« entdeckte. Fünf Minuten darauf führte ich die drei mit schokoladenverschmiertem Mund die Treppe zum Wat Jom Khao Manilat hinauf und zeigte ihnen das Kloster mit seinen Malereien und Figuren. Auf dem Weg hinunter sprachen uns zwei laotische Jungen an, die im Schatten eines Baumes auf den Stufen saßen und uns schon auf dem Weg hinauf gegrüßt hatten.

»Wie hat euch das Kloster gefallen?«, fragten sie und schoben sogleich all die typischen Fragen nach Herkunft und Reiseverlauf nach.

»Und welche Berufe habt ihr?«, wollte der größere der beiden wissen.

Falk und ich antworteten, wir seien Studenten, Lucy und Lachlan gaben an, sie seien Farmer.

»Farmer? Cool! Wie gut kennt ihr euch mit dem Anbau von Reis aus?«

»Gar nicht«, sagte Lachlan. »Wir arbeiten auf Tierfarmen mit Pferden, Rindern und dergleichen.«

Die Jungen stellten eine Frage nach der anderen, begierig, immer mehr zu erfahren, in so rascher Folge, dass ich mich zu wundern begann.

»Und ihr?«, fragte ich. »Was tut ihr hier? Besichtigt ihr auch das Kloster oder was ist euer Ansinnen?«

»Wir kommen aus Houay Xai«, sagte der größere. »Ich habe schon mal ein paar Wochen als Führer gearbeitet und Touristen den Dschungel gezeigt. Aber nun studiere ich Englisch, damit ich diesen Beruf später besser ausführen kann.«

»Und jetzt sitzen wir hier den ganzen Tag«, fuhr der kleinere fort, »und warten auf Touristen, um mit ihrer Hilfe Englisch zu lernen.«

Ich hielt inne und schämte mich ein wenig wegen meines Argwohns ob ihrer Fragerei. Ihr Engagement war bewundernswert.

»Wie viele Touristen sind heute schon hier gewesen?«, fragte ich.

»Ihr seid die ersten«, sagte der größere und grinste. Die beiden freuten sich aufrichtig, mit uns zu reden. Ihre Bemühungen schienen sich auszuzahlen: Sie sprachen ein solides Englisch. Wir gratulierten ihnen zu ihrem Ehrgeiz, kehrten zur Hauptstraße zurück und suchten das Restaurant Muang Neua auf. Wir verbrachten den Nachmittag auf der Flussblick-Terrasse mit Früchteshakes und Aussicht auf den Mekong. Auf der thailändischen Seite erhoben sich einige Kilometer vom Fluss entfernt nicht allzu hohe Berge, deren Spitzen in dichten Regenwolken verschwanden. Die grauen Wolken hingen tief und träge und bewegten sich lange nicht fort. Wir hofften, eine würde herüberkommen und uns in der Hitze des heutigen Tages Abkühlung verschaffen, aber sie blieben wo sie waren, bis sie sich ausgeregnet hatten.

Ich war voller Hoffnung, denn heute war Montag, und sicher stand uns ein Tag voller aufregender Unternehmungen bevor. Der Anfang war vielversprechend: Das Besucherzentrum hatte geöffnet. Abgesehen von einigen Holzgestellen, die die traditionelle Kleidung der Hmong, Khmu und Lahu trugen, war der bis in Hüfthöhe holzgetäfelte Raum leer. Lediglich an den Wänden gaben einige farbige Poster einen Überblick über die zarte Ansammlung von Sehenswürdigkeiten und die Geschichte der Provinz. Die Poster betrachtend, warteten wir darauf, dass der Mann hinter dem Schreibtisch, außer uns die einzige Person im Raum, sein Handy niederlegte und sich unserer annahm. Er lief eine Weile hin und her, schnatterte weiter und verschwand schließlich auf die Straße, wo er das Gespräch die nächsten fünf Minuten weiterführte. Dann schwang er sich auf ein Moped und düste davon, ohne uns eines Blickes gewürdigt zu haben.

»Beratungsleistung: eins plus«, stellte Falk trocken fest.

Gerade als wir gehen wollten kam eine junge Dame herein und begrüßte uns freundlich.

»Kann ich euch helfen?«

»Nein, wir stehen hier nur herum, damit der Raum etwas voller aussieht«, wollte ich sagen, aber selbstverständlich war alles, was ich sagte, ein dankbares: »Ja, bitte.«

Sie war sehr hilfsbereit, konnte aber nicht viel tun. Wir fragten nach einer Karte der Umgebung Houay Xais, doch sie hatte keine mehr. Immerhin erklärte sie uns, wie wir zu den Ruinen von Souvannahkhomkham gelangen konnten.

»Ist die Straße soweit instand, dass wir sie mit Rollern befahren können?«, fragte Lucy.

»Roller ja, Autos nein.«

Also weiter zum Motorradverleih. Drei Roller funkelten vielversprechend in der Sonne. Lucy und Lachlan wollten sich ohnehin ein Gefährt teilen.

»Kein Problem«, sagte der Verleiher. »Ihr könnt sie für den ganzen Tag haben.«

»Großartig«, sagte Lachlan. Und das war es: Es war großartig. Endlich würden wir aus der Stadt herauskommen und die Ruinen sehen.

»Wisst ihr schon, wo ihr hinfahrt?«

»Wir wollen zu diesen Ruinen«, sagte Lachlan. »Sou ... Sa ... Sie wissen schon.«

»Ja, ich weiß. Aber dort könnt ihr nicht hin, das ist zu weit weg.«

»Zu weit weg?«

»Die Motorräder sind nur für einen Umkreis von dreißigKilometern zugelassen.«

Die Information ging wie ein Donnerschlag auf uns nieder. Für einen Moment schwiegen wir und schauten uns verdutzt an. Wir gingen vor die Tür, um zu beraten und erwogen, dennoch die Roller auszuleihen, zu behaupten, in der Nähe zu bleiben und nach Norden zu fahren.

»Ihr erinnert euch sicher«, wandte Lucy ein, »dass gestern auf dem Weg zum Nam Nyorn, dem wir heute anfangs wieder folgen müssten, an einer Brücke ein Polizeihäuschen stand. Dort musste unser Fahrer anhalten und dort müssten sicher auch wir heute anhalten.«

Kurz und gut: Wir entschieden uns gegen die Tour und sahen uns mit einem weiteren Tag wie dem vorangegangenen konfrontiert. Immerhin hatte ich im Besucherzentrum eine Inspiration für das Ziel einer kleinen Wanderung erhalten. Ich folgte der

Hauptstraße stromabwärts, vorbei an einer Niederlassung des Roten Kreuzes. Ein Van passierte mich, in dem fünf oder sechs Mönche saßen. Einer reckte sich mit einem Megafon in der Hand durchs Fenster nach draußen und schrie buddhistische Sutras in die Stadt hinaus. Ich bog links ab und erreichte nach einem guten Kilometer Fort Carnot, eine vom Besucherzentrum als »sehr wunderschön« bezeichnete, in Wirklichkeit aber triste Ziegelsteinruine eines Armeeforts, das die französischen Streitkräfte um 1900 errichtet hatten, rund sieben Jahre nach der Inbesitznahme und Eingliederung von Laos in Französisch-Indochina. Von hier hatten sie den Mekong und die Grenze zu Thailand überwacht. Es gab kein Schild, das dem Unkundigen den Weg zum Fort wies, und auch vor Ort deutete nichts auf die Geschichte der hässlichen Ruine hin.

Durch einen von zwei Wachtürmen, aus dessen rissigen Wänden kleine Bäume wuchsen (ein Anwohner erzählte mir später, dass bald ein Stützpfeiler errichtet werden sollte, um ihn vor dem Einsturz zu bewahren), erreichte ich den Innenhof. Er war von Gestrüpp überwuchert, das mir bis an die Hüfte reichte. Links und rechts standen größere Gebäude, links lagen sogar noch einige Schindeln auf einer ansonsten nirgends vorzufindenden Dachkonstruktion. Langsam kämpfte ich mich durch das Buschwerk an der Südwand entlang, wo nach den Angaben des Besucherzentrums die Küche und das Gefängnis untergebracht gewesen waren, vorbei an den Soldatenunterkünften und kleineren Offiziersquartieren im Westflügel. Vereinzelt waren noch Regale zu sehen, auf denen die Soldaten ihre Gewehre abgelegt, und Löcher in den Wänden, in denen sie abends die Moskitonetze befestigt hatten. Vergleichbare Forts hatte es auch in Muang Sing, Luang Prabang, Dien Ben Phu und Phongsali gegeben: Mit Ausnahme des zuerst genannten, das wir schon besichtigt hatten, wurden alle zerstört. Das Fort in Houay Xai war das am besten erhaltene koloniale Militärgebäude in Laos und fristete dennoch ein trostloses Dasein ohne viel Aufmerksamkeit und viele Besucher, während es langsam von der Natur zurückerobert wurde.

So wenig Interesse, wie das Fort heute bei den meisten Touristen (und Einheimischen) weckte, so gering war schlussendlich seine militärische Bedeutung, als es noch genutzt wurde. Meist waren hier nur eine Hand voll französischer Soldaten stationiert, unterstützt von zwanzig oder dreißig vietnamesischen und einigen laotischen Soldaten. Hier wie überall in Laos bevorzugten die Franzosen Vietnamesen als Arbeiter und Soldaten (die französische Indochina-Verwaltung befand sich in Vietnam), was dazu führte, dass in den 1940ern fünfzig bis achtzig Prozent der Bevölkerung in den großen Städten Vietnamesen waren, mit Ausnahme von Luang Prabang. Selbst zu diesem Zeitpunkt lebten nicht einmal sechshundert französische Bürger in Laos. Manche laotische Provinzen wurden lediglich von einem halben Dutzend Franzosen beaufsichtigt, denn die Franzosen verwalteten die Kolonie, die zu keinem Zeitpunkt mehr als ein Prozent der Exporte Französisch-Indochinas beisteuerte, zu den geringstmöglichen Kosten und investierten kaum in die Bildung der laotischen Bevölkerung oder die Verbesserung des Gesundheitssystems. Lediglich 5.000 Kilometer mittelmäßiger Straßen wurden mithilfe von weitgehend unbezahlten laotischen Arbeitskräften angelegt. Für größere Investments wie ein funktionierendes Schulsystem oder Krankenhäuser gab es kein Geld. Die Einnahmen genügten gerade, um die Beamten zu bezahlen. In wirtschaftlicher Hinsicht war die Kolonie Laos ein Misserfolg. Vierzig Jahre nach der Machtübernahme der Franzosen gab es noch immer keine Industrie im Land, abgesehen von zwei kleinen Minen in der Nähe von Thakhek, die in französischem Besitz waren und in denen etwa 3.000 Vietnamesen arbeiteten. Es wurde auch etwas Forstwirtschaft betrieben, und französische Farmer nutzten ein paar hundert Hektar Land für den Anbau von Nutzpflanzen wie Kaffee und Tabak. Staatlich finanzierte Transportunternehmen, die Passagiere und Händler den Mekong und seine Nebenflüsse hinauf und hinunter schafften und Aufträge brauchten, bemühten sich, zu propagieren, dass Laos funktionierender Bestandteil der Wirtschaft des restlichen Indochinas war, doch tatsächlich waren etwa die Straßen durch die Berge von Osten nach Westen so schlecht, dass der Transport durch Thailand weitaus preisgünstiger war und Laos außen vor blieb. Chinesische Händler, die diese Route nutzten, konnten die Preise der Franzosen leicht unterbieten.

Die meisten der wenigen Franzosen, die sich in Laos niedergelassen hatten, gingen entweder geringfügigen Geschäften nach oder setzten sich gänzlich zur Ruhe und heirateten laotische Frauen – zumindest in den ersten Jahrzehnten. Später, je länger die Kolonie fortbestand, mehrte sich der Rassismus, mit dem die Franzosen den Laoten begegneten, und die Toleranz für sexuelle Beziehungen zu laotischen Frauen sank, bis Heiraten gänzlich außer Frage stand. Louis-Charles Royer beschreibt in seinem 1935 veröffentlichten Roman *Kham, la laotienne* die französische Gesellschaft in der Kolonie: »Manche warteten auf ihre Abberufung wie gewöhnliche Soldaten; sie dachten nur daran und waren kaum an der Kolonie interessiert, um die sie sich kümmern sollten; andere liebten Laos wirklich; aber sie waren es, die *kolonisiert* worden waren. Sie waren durch die lokale Indolenz angesteckt worden; sie lebten einfach ihr Leben, und alles, wonach sie fragten, waren ein klarer Himmel, schmackhafte Früchte und leichte Frauen. Der erste Haufen konservierte mit seinen falschen Kragen seine französischen Gewohnheiten; der zweite lief in Leinenschuhen herum – zuhause barfuß ... Einige rauchten Opium, um die Schwermut der schlimmsten Nächte zu vertreiben; sie erreichten einen Zustand wollüstiger Erstarrung, aus dem sie sich weigerten wieder aufzutauchen, und so blieben sie in Laos.«

In Kampfhandlungen war Fort Carnot nie verwickelt. Nachdem Laos 1954 die Unabhängigkeit erhielt, wurde der Komplex einige Jahre von der königlichen laotischen Streitmacht genutzt und 1975 unter die Obhut der laotischen Armeeführung gestellt, die ihn lange zur Unterbringung von Truppen nutzte. Seit einigen Jahren ist er nun verlassen.

Nach diesem Ausflug in die Vergangenheit kehrte ich zurück zu meinen drei Früchteshakes schlürfenden Freunden, die zu finden keine große Herausforderung war. Auf der Flussblick-Terrasse des Muang Neua warteten wir, dass die Zeit verstrich. Ich zückte mein Buch, begann zu lesen, blätterte um und hielt eine lose Seite in der Hand. Ich seufzte. Im 15. Jahrhundert erfand Gutenberg den modernen Buchdruck, Mitte des 19. Jahrhunderts wurde die Buchproduktion industrialisiert. Ist es nicht erstaunlich, dass die zivile Luftfahrt innerhalb eines Jahrhunderts nahezu perfektioniert wurde, dass etwas Komplexes wie das Internet weniger als ein halbes Jahrhundert brauchte, um die Welt zu verändern, aber dass es nach einem halben Jahrtausend immer noch nennenswerte Verlage gibt, die fähig sind, Bücher herzustellen, die bci der ersten Lektüre auseinanderfallen?

Drei oder vier Stunden später schlug Falk vor, in die Bar How? zu wechseln.

»Mal was anderes«, sagte er.

Was uns aufmunterte, war das Wissen, dass es die letzten gehaltlosen Stunden in Houay Xai sein würden. Morgen war der Tag, auf den wir gewartet hatten, an dem Schluss sein würde mit dem Herumlungern und ziellosen Umherschlendern. Morgen würden wir endlich tun, weshalb wir nach Houay Xai gekommen waren: Wir würden in den Dschungel zurückkehren und uns in das größte Abenteuer der bisherigen Reise stürzen.

Kapitel 5
Höhenflüge im Bokeo Nationalpark

Der Wind fuhr durch meine Haare und trocknete meine Augen aus. Die vielen Unebenheiten in der Straße schüttelten mich durch. Mein Rücken schmerzte.

Seit zwei Stunden saßen die Australier, Falk, ich und eine Hand voll anderer Reisender zusammengezwängt auf der Ladefläche eines Pickup-Jeeps, der zu so etwas wie der Geländeversion eines Tuk Tuks umgebaut worden war. Weder konnten wir uns anlehnen noch gerade hinsetzen. Einander ähnelnde Dörfer zogen an uns vorbei, bis die Dörfer aufhörten und nur noch Natur und die Asphaltstraße zu sehen waren. Durch den Spalt zwischen der Fahrerkabine vor mir und der Ladeflächenüberdachung beobachtete ich den zweiten Jeep unserer kleinen Kolonne, der vor uns dem windungsreichen Straßenverlauf folgte und ebenfalls mit Abenteuerlustigen gefüllt war.

Vor einem Geschäft, das seine Monopolstellung als letzte Einkaufsmöglichkeit vor der Wildnis zu nutzen wusste, hielten wir. Falk und ich jauchzten vor Freude angesichts der ersten vernünftigen Schokoladenriegel seit Wochen: Twix, Snickers, auch M&Ms und andere Leckereien. Aber die Aufregung verpuffte, sobald wir die Preise sahen – 20.000 Kipp; also zwei Euro pro Riegel.

»Das sind zwei Bananenshakes!«, empörte sich Falk künstlich und griff dann doch zu. Zu unserer Gruppe gesellten sich einige Bewohner des nächsten Dorfes, die mitgenommen werden wollten. Eine Mutter mit einem Säugling, eine alte Frau und ein kleiner Junge. Die Ladefläche war hoffnungslos überfüllt.

Die beiden Jeeps bogen in eine Schotterstraße ab und fuhren in eine Flussniederung. Wir durchquerten den Fluss, dann fuhren wir eine Stunde durch Wald, zahllose Steigungen überwindend. Die Straße wurde zu einem ausgewaschenen Pfad voller Matschlöcher und kleiner Schlammseen, deren Tiefe vor der Durchfahrt nicht einzuschätzen war. Von links nach rechts schlingernd, sprangen die Fahrzeuge auf der Straße herum. Da wir noch immer im hinteren Gefährt saßen, konnten wir unsere Vorgänger beobachten und uns auf besonders heftige Erschütterungen einstellen. Der Jeep vor uns kämpfte, schaffte es streckenweise trotz Allradantriebs kaum vorwärts. Schwarzer Qualm kam aus dem Auspuff, die Metallkarosse quietschte, die Räder drehten durch und schleuderten Schlamm in unsere Richtung. Wir folgten und kämpften unsererseits einen Kampf nach dem anderen. Unser Fahrer stierte konzentriert geradeaus und kurbelte unentwegt am Lenkrad, wir hielten uns fest so gut wir konnten. Von Zeit zu Zeit mussten wir die Köpfe einziehen, damit Äste uns nicht erwischten.

Nach einem weiteren Dorf gab es keine Straßen oder Pfade mehr, die die Jeeps befahren konnten. Von hier gingen wir zu Fuß weiter. Während die Jeeps und das Dorf hinter uns verschwanden, erfüllte mich einmal mehr das befriedigende Gefühl, geistigen und materiellen Ballast hinter mir zu lassen und ins Menschsein einzutauchen. Erst wanderten wir einen deutlichen, breiten Weg am Rand von Reis- und Maisfeldern entlang, der von den Dorfbewohnern häufig genutzt wurde. Wir wateten durch einen kleinen Fluss, folgten ihm eine Weile und bogen links in einen schmalen, rutschigen Pfad ein. Von nun an umgab uns Wald. Unsere Kolonne von vierzehn Reisenden und drei Führern zog sich auseinander.

Die Tour, an der wir teilnahmen, trug den Namen *Gibbon Experience*, der sich auf die Affen bezog, die in dieser Gegend lebten. Sie war bei Reisenden äußerst beliebt, meist auf Monate im Voraus ausgebucht und schon lange kein Geheimtipp mehr. Beinahe jeder Reisende, der nicht über die Grenze wollte und dennoch nach Houay Xai kam, tat dies, um an der Gibbon Experience teilzunehmen, trotz des happigen Preises von zweihundert Euro.

Im Jahr 2004 rief der französische Jef Reumaux, der zuvor in der Universität von Vientiane Mathematik unterrichtet hatte, nach jahrelangen Verhandlungen mit der laotischen Regierung das Projekt ins Leben, als eine Reaktion auf den Kahlschlag, die Wilderei und die traditionellen, umweltschädlichen Landwirtschaftsmethoden wie die Brandrodung. Diese Methoden, deren Zeugen wir schon andernorts geworden waren, beeinträchtigten die einzigartige Vegetation des ebenfalls 2004 auf Reumaux' Bemühungen hin gegründeten Bokeo Naturschutzgebiets und wurden den hier lebenden Weißwangengibbons gefährlich. Die Gibbons waren in der Gegend erst 1997 wiederentdeckt worden, nachdem sie zuvor zu den ausgestorbenen Arten gezählt hatten. Ziel des Projektes war es, Aufmerksamkeit für die bedrohliche Situation zu wecken, in der sich diese Tiere befanden und zu zeigen, dass es im Interesse der laotischen Bevölkerung lag, die Tiere und ihren Lebensraum zu schützen. Nach eigener Aussage generierte die Gibbon Experience jährlich so viel Einkommen, wie Unternehmen, die die Wälder niederholzten, nur einmalig erwirtschaften konnten, unumkehrbare Zerstörung hinterlassend. Mit den Einnahmen durch die Besucher wurden die Affen und die Wälder geschützt: ein zunehmend großer Anteil des Borneo Naturschutzgebiets, einem Gebiet von 1.200 Quadratkilometern, die Hälfte der Größe Luxemburgs.

Eine junge Engländerin mit einem runden Gesicht war schon jetzt unzufrieden damit, wie sich die Dinge entwickelten.

»Sind diese Baumhäuser gemütlich?«, fragte sie Jimmy, einen der Führer. »Ist es schön dort?«

»Verzeihung?«, fragte Jimmy, seine rudimentären Englischkenntnisse bemühend.

»Baumhäuser!«, schnappte die Frau. »Schön? Dreckig? Verstehst – du – mich?«

»Baum-häuser?«

»Herrgott! Dafür gebe ich euch hunderte Dollar: damit ihr mich in den Wald bringt und mir nicht einmal die einfachsten Fragen beantworten könnt. Sprichst du denn kein Wort Englisch?«

Jimmy lächelte freundlich und sagte: »Ja. Englisch – ein wenig.«

»Ein wenig? *Sehr* wenig, möchte man sagen. Und das für so viel Geld.«

»Machen Sie sich keine Sorgen«, sagte Stan, ein junger Niederländer, der hinter ihr lief. »Jimmy wird durch diesen Job bestimmt nicht reich werden. Die Führer wurden aus den Stämmen

der Umgebung rekrutiert, sie sind weitgehend ungebildet und bekommen nur wenig Englischunterricht. Das hat mir...«
»Dann soll man sie nicht einstellen! Es gibt doch sicher nicht nur dumme Menschen hier.«
»Die hiesige Wirtschaft wird dadurch...«
»Schon gut, schon gut, bitte keine Vorträge. Es hat sich erledigt.«
Hatte es sich offenbar aber nicht, denn die Britin suchte innerhalb weniger Minuten einen weiteren Führer, Kampin, dessen Englisch etwas besser war. Sie wiederholte ihre Frage.
»Ich will wissen, ob sich die ganze Mühe lohnt«, sagte sie.
»Ja, sehr lohnenswert!«, sagte Kampin. »Baumhäuser sehr schön.«
»Das will ich auch hoffen«, sagte die Frau düster und stapfte weiter durch den Matsch.
Langsam kamen wir in höhere Gegenden. Hinter mir hörte ich Leute plumpsen, wenn sie auf dem glitschigen Boden ausrutschten und hinfielen. Dichter, dunkler Primärwald umgab uns, dutzende unterschiedliche Baum- und Bambusarten und einige verirrte, verwilderte Bananenpalmen. Wir balancierten über feuchte Bambusleisten, die über Erdspalten gelegt worden waren, und sprangen über kleine Bäche. Vor uns erschienen zwei große Bänke aus Baumstämmen links und rechts des Weges.
»Hier halten wir«, sagte Kampin. »Zeit für Mittag.«
Als sich alle gesetzt hatten, ging er herum und händigte Curryhühnersandwiches aus, in die jeder herzhaft hineinbiss. Um unsere Füße schwärmten tausende Ameisen, die längst gelernt hatten, dass es hier regelmäßig schmackhafte Krümel gab.
»Wie wäre es, wenn wir uns einander vorstellen?«, fragte eine Frau, die mit vielleicht fünfzig Jahren mit Abstand die älteste Person in der Gruppe war. »Ich bin Georgie und ich komme aus Australien.«
Ihre Vorlage wurde aufgegriffen, so dass wir die Menschen kennenlernten, mit denen wir die nächsten Tage verbringen würden. Bei uns waren Stan, der Niederländer, ein deutscher Tim, die Britin Pamela, die sich gerade über die Englischkenntnisse unserer Führer beklagt hatte, Susan und Rebecca, zwei

recht gewichtige Zwillinge aus Alaska, Trish und Andrew, ein ungleiches Paar aus den USA – die Frau freundlich und lebensfroh, der Mann grummelig und kurz angebunden – , Owen, ebenfalls aus den USA, der Spanier Roberto, der Jüngste im Bunde, jemand, der gern Dinge sagte wie »Puh, dein Rucksack ist aber nicht dafür prädestiniert, als wissenschaftliches Versuchsobjekt zur Definition von Leichtigkeit genutzt zu werden« und das witzig fand, und natürlich unsere beiden Australier Lachlan und Lucy, die heute Geburtstag hatte.

»Genug geredet«, sagte Kampin nach einer halben Stunde grinsend. »Zeit zu wandern.«

»Ist es noch sehr weit?«, fragte Roberto.

»Nein, nicht *sehr* weit.«

Einer nach dem anderen standen wir auf und liefen weiter, Kampin und Jimmy zuerst, der dritte Führer, dessen Namen ich nicht erfuhr, zuletzt. Hinter Jimmy folgten Roberto, die Zwillinge aus Alaska, Pamela und ich.

»Ich glaube, ich habe vorhin einen Egel gesehen«, sagte Rebecca zu ihrer Schwester und schnaufte.

»Was denn, hier gibt es doch keine Egel?«, quiekte Pamela hinter ihnen.

»Ich denke, schon«, sagte Rebecca. »Und ich glaube, ich habe einen gesehen.«

»Oh nein«, stöhnte Pamela. »Sind die gefährlich? Tun ihre Bisse weh?«

»Soweit ich weiß, sind sie einfach furchtbar eklig.«

»Oh nein.«

Ich hörte mir das Gespräch an, ohne mich einzumischen – ich wurde ja nicht gefragt – und lächelte wissend vor mich hin. Dieses Mal war ich auf die Egel vorbereitet: Ich hatte mir in weiser Voraussicht ein Paar knielange Fußballsocken gekauft, in die ich die Hose gestopft hatte und die den Egeln das unbemerkte Entern meines Körpers hoffentlich vergrätzen würden.

Spätestens an der nächsten Steigung fühlte ich mich wie ein erfahrener Buschmann, ein Mann des Waldes, Kenner der Geheimnisse des Dschungels. Unsere Prozession schleppte sich keuchend und schwitzend hoch, junge Männer wie Stan und

Roberto plagten sich mit teuren, neuen und offensichtlich völlig ungeeigneten Stoffschuhen herum, die der Witterung keinen Widerstand entgegenbrachten und nach dem Trip gerade noch gut genug für den Müll sein würden. Stan litt zudem in seiner Jeans, die ihm an den Beinen klebte und jeden Schritt mühevoller machte, Susan und Trish zerkratzten sich die Arme, die aus ihren ärmellosen Tops heraushingen. Wir alle schwitzten, aber viele waren schon nach einer Viertelstunde des Aufsteigens am Ende ihrer Kräfte.

»Oh mein Gott!«, schrie Pamela vor mir und wedelte mit den Händen. »Oh mein Gott, Hilfe, *Hilfe*!«

Ich lief schnell zu ihr.

»Was ist los?«

»Ein Egel!«, keuchte sie und zeigte auf den Boden vor sich. »Oh mein Gott, das ist so *eklig*.«

»Das ist ein Regenwurm.«

»Warum bin ich nur hierher gekommen? Das ist so ... bist du sicher?«

»Absolut.«

Sie beugte sich ein paar Zentimeter herab, musterte den braunen Wurm auf dem Boden und zuckte mit den Schultern. Sie sprang darüber hinweg und lief weiter.

Nach einer Stunde hielten wir an einer Hütte. Wir legten Klettergurte an, die die Führer verteilten, und besprachen die Aufteilung der Unterkünfte. Es gab je ein Haus für zwei, vier und acht Personen. Der deutsche Tom hatte uns den Tipp gegeben, das mittlere zu wählen, und Falk und ich machten uns bereit, unnachgiebige Verhandlungen zu führen. Als Bestechungsmittel hatten wir zwei Flaschen Beerlao mit, doch die brauchten wir nicht: Alle wollten in das große Haus, weil sie sich in einer größeren Gruppe am meisten Spaß versprachen. Das amerikanische Pärchen opferte sich und willigte ein, das kleinste Haus zu beziehen und zumindest in den Abend- und Morgenstunden unter sich zu bleiben. An diesem Haus kamen wir bald vorbei. Es schwebte – wie alle Unterbringungen für die Gäste – hoch oben im Wald in der Astgabelung eines Banyan-Baumes. Falk, der Niederländer Stan, die Australierin Georgie und ich würden das

Vierpersonenhaus beziehen. Gemeinsam mit Kampin und Jimmy trennten wir uns vom Rest der Gruppe, bei der der dritte Führer blieb, um sie zu ihrem Haus für acht Personen zu bringen, und begannen den nächsten Teil der Wanderung, der für uns länger war als für die anderen. Die Häuser hatten einen beträchtlichen Abstand zueinander, jedes davon lag einsam und für sich im Wald.

Eine hölzerne Plattform tauchte vor uns auf. Sie lehnte auf einem Baum, um den in drei oder vier Metern Höhe das eine Ende eines gespannten Stahlseils gewickelt war, das in Richtung Tal verlief. Kampin bestieg die Plattform.

»Einer von euch kann herauf kommen.«

Ich kletterte die Leiter hoch und auf die Plattform und schaute durch die Bretter nach unten. Der Boden war weiter unter mir, als mir lieb war. Dann hob ich den Kopf und folgte dem Seil mit dem Blick: Ich konnte kein Ende sehen. Es verschwand im Dschungel.

»Ich erkläre euch, wie das Zipping funktioniert und was ihr tun müsst und was ihr nicht tun dürft. Also hört bitte gut zu.« Kampin deutete auf meine Taille. »Ihr werdet bemerkt haben, dass an jedem Klettergurt zwei kurze Seile befestigt sind: Das mit dem Karabiner ist das Sicherheitsseil, das mit den zwei Rollen, die aussehen wie ein Flaschenzug, müsst ihr in die Drahtseile einklinken – die Ziplines. Auf den Rollen ist ein Stück Autoreifen angeschraubt. Um zu bremsen, drückt ihr es von oben auf die Ziplines. Wichtig ist, dass die Rollen vorne am Stahlseil sind und der Sicherheitskarabiner dahinter. Zu den Ziplines: Jedes Seil ist eine Einbahnstraße. Es gibt Klebebänder in drei verschiedenen Farben, die wir an den Start- und Zielpunkten um die Seile gewickelt haben. Rot steht für Gegenrichtung, gelb für Sicherheitsseil, grün für die richtige Richtung. Diese Seile könnt ihr benutzen. Wenn ihr das andere Ende erreicht und euch in das Sicherheitsseil eingeklinkt habt, ruft *Okay*. Dann kann der nächste loslegen. Ich zeige es euch.«

Kampin klinkte sich ein, nahm einen Schritt Anlauf und sprang ab. Nach wenigen Sekunden war er verschwunden. Jimmy, der zweite Führer, kam auf die Plattform, zückte eine Machete und deutete an, das Drahtseil zu zerschneiden. Dabei lachte er vergnügt – ich lächelte gequält zurück.

»Jetzt du«, sagte Jimmy. Das Herz rutschte mir in die Hose. Ich überprüfte, ob mein Klettergurt festgezurrt war, klinkte die Rollen und den Sicherheitskarabiner ins Stahlseil ein und stellte mich an den Rand der Plattform.

»Los«, sagte Jimmy und nickte aufmunternd.

»Er hat noch nicht okay gerufen«, entgegnete ich.

»Egal, du kannst.«

Soviel zur Sicherheitseinweisung, dachte ich.

Ich schätze, das ist der richtige Zeitpunkt, um anzumerken, dass Tom uns nicht nur die Hinweise zum Wasserfall und dem richtigen Baumhaus gegeben hatte. Sondern er hatte uns auch erzählt – in mehr oder weniger zusammenhängenden Satzfragmenten – dass er einige Monate in Houay Xai verbracht, um als Ingenieur und Baumeister beim Bau eines neuen Baumhauses zu helfen. Momentan mussten seine Kollegen und er pausieren, weil die Ketten gerissen waren, mit denen die Materialien in den Baum gehoben wurden, und das Holz und Benzin war ihnen ausgegangen. (Das Holz importierten sie übrigens nicht, sondern bezogen es naheliegenderweise aus diesem Wald. Da erscheint es doch verwunderlich, dass das Holz ausgehen *konnte*, oder?) Als er hörte, dass wir vorhatten, in den Baumhäusern zu übernachten, lieferte er etwa folgenden Monolog ab: »Ihr wollt in den Baumhäusern schlafen? Das ist toll! Also eigentlich sind es keine richtigen Häuser, sondern überdachte Terrassen, aber sie sind wirklich großartig. Na ja, vielleicht nicht großartig, das ist alles nicht das Beste, aber es ist schon ganz nett. Also nett im Sinne von ganz gut. Wir wollen ja das neue Haus bauen und die alten Buden reparieren, aber wie gesagt, wir können nicht weitermachen. Also können schon, aber...« Und so weiter.

Die Leute, die dieses Bauprojekt so dilettantisch organisierten, waren für die Konstruktion verantwortlich, der ich nun mein Leben anvertrauen würde.

Während ich ein letztes Mal sicherstellte, dass der Schraubverschluss meines Karabinerhakens verschlossen war, erinnerte ich mich an den Haftungsausschluss, den ich vor Beginn der Tour im Büro in Houay Xai unterzeichnen musste und der aufgrund des Maßes, in dem ich jegliche Verantwortung für alles auf meine Schultern lud, was in diesem Dschungel vor sich ging, vor sich gehen würde und vor sich gehen könnte, einigen Unterhaltungswert hatte. Darin erklärte ich mich bereit, in Baumhäusern zu schlafen, die sich »bis zu 150 Meter (oder höher) über dem Boden« befanden, und Seilbahnen zu nutzen, die die gleiche Höhe (»oder höher«) erreichten und »bis zu eintausend Meter lang (oder länger)« waren. Auf jeden Fall einkalkuliert werden mussten persönliche Verletzungen, Beschädigung des Eigentums, Krankheit, mentale oder emotionale Störungen und Traumata, Lähmungen und Behinderungen, und natürlich der Tod. Risiken, für die der Veranstalter leider keine Haftung übernehmen wollte, beinhalteten unter anderem das Versagen der bereitgestellten Ausrüstung (damit hatte er natürlich nichts zu tun), »potentiell gefährliche Begegnungen mit wilden Tieren« – in diesem Zusammenhang wurden die allseits gefürchteten Blutegel sowie Hornissen und Bienen erwähnt, aber der Vollständigkeit halber auch Bären und Schlangen – und gefährliche und unvorhersehbare Boden-, Wasser- und Wetterbedingungen. Meine Sicherheit und das Ausschließen von Risiken konnten nicht gewährleistet werden; für alle persönlichen Nachteile (wie zum Beispiel den Verlust des Lebens), auch wenn sie durch Nachlässigkeiten des Veranstalters entstanden, hatte ich die volle Verantwortung übernommen und zudem gelobt, den Veranstalter unter absolut keinen Umständen zu verklagen.

Ich stand auf der Plattform. *Noch dreimal durchatmen*, dachte ich, *dann springst du.*

»Sieh lieber nochmal nach, ob die Karabinerhaken fest verschlossen sind.«

Ich schaute nach unten, von wo Falk mit einem genüsslichen Gesichtsausdruck zu mir aufblickte. »Und dein Klettergurt – ist *der* richtig verschlossen?«

Ich runzelte die Stirn.

»Ich bin sicher, es besteht kein Grund zur Sorge«, sagte er. »Ich meine, die Drahtseile sehen recht stabil aus.«

»Ganz genau«, knirschte ich.

»Und Kampin hat ja gesagt, es sei noch nie etwas schief gegangen.«
»Richtig.«
In Ordnung. Jetzt noch zweimal atmen.
»Es sei denn, du bist der erste.«
»Wie bitte?«
»Mit irgendwem muss es schließlich anfangen«, sagte Falk. »Irgendein Unfall muss der erste sein, und bisher gab es ihn noch nicht. Aber wie hoch ist schon die Wahrscheinlichkeit, dass es ausgerechnet dich erwischt? Eins zu fünfzig? Eins zu fünf?«
»Sei still!«
Ich versuchte mich auf das zu konzentrieren, was ich tun konnte, um zu verhindern, der erste Unfall zu werden. Meine Nerven waren so gespannt wie das Seil vor mir. Ich packte das Reifenstück über den Rollen und das Stück Kletterseil, an dem ich hing, und sprang ab.
Plötzlich war ich in der Luft, die Rollen heulten neben meinem Ohr auf und ich gewann schnell an Fahrt. Mein Magen kribbelte, als seien plötzlich tausend Ameisen darin gefangen. Der Boden unter mir verschwand, er stürzte ab, löste sich in Luft auf, während ich über den steil abfallenden Hang rauschte. Dann war ich in den Baumkronen und ein paar Sekunden später weit über ihnen. Ich schaute nach rechts und blickte in ein riesiges Tal, das sich vor mir erstreckte und sich bis weit in die Ferne zog.
»Oh mein Gott«, murmelte ich. Mein ganzer Körper stand unter Strom. Mein Gesicht war zu einer Fratze verzogen. Ich war so hoch und so schnell ... ich *flog*. Kaum konnte ich die Wahrhaftigkeit der Situation begreifen. Alles um mich herum, die Eindrücke, die meine Sinne aufnahmen und an mein Hirn schickten, all das war so surreal als würde ich durch einen Film fliegen. War das da unten wirklich der Dschungel?
Ich näherte mich der anderen Talseite. Die Bäume unter mir kamen wieder näher, und schon war ich mitten zwischen ihnen. Ein abgeknickter Bambuszweig hing im Weg und peitschte mir ins Gesicht. Damit ich nicht mit Kopf und Füßen gegen die Bäume schlug, die nahe an der Seilbahn standen, richtete ich

mich entsprechend aus. Ich entdeckte eine Plattform, auf der Kampin wartete und auf die ich zuraste.

»Bremsen!«, rief er. Ich presste den Reifen auf das Drahtseil, wurde langsamer und kam genau über der Plattform zum Stehen. Ich hatte wieder festen Boden unter den Füßen und bemühte mich, mit dem Zittern aufzuhören. Das Adrenalin, das eben unter Hochdruck durch meinen Körper geströmt war, ebbte langsam ab.

Ich klinkte den Sicherheitskarabiner aus und wollte ihn in das gelbmarkierte Sicherheitsseil haken, aber ich konnte es nicht finden.

»Wo ist das Sicherheitsseil?«

»Gibt es hier nicht.«

Ich zuckte mit den Schultern, nahm die Rollen ab und kletterte von der Plattform herunter. Mir fiel ein, dass ich noch *okay* rufen musste, aber da kam Stan schon angeflogen. Er bremste zu früh und rollte zurück, da das Seil naturgemäß im letzten Viertel etwas durchhing. Er ergriff das Seil und zog sich auf die Plattform. Wir warteten auf Falk und Georgie, dann setzten wir die Wanderung fort. Es war ein ständiger Wechsel aus bergauf und bergab. Weitere Seilbahnen waren noch länger und höher. Selbst die Plattformen lehnten und hingen zum Teil in schwindelerregender Höhe an den Bäumen. Schließlich liefen wir an einer weiteren Hütte mitten im Wald vorbei, in der gelegentlich die Führer und Köchinnen wohnten. Den Rest der Zeit waren diese und fünf oder sechs ähnliche Hütten, die sich im Wald verbargen, unbewohnt.

Das letzte Seil führte vom Hang durch die Bäume und endete auf einer kleinen Plattform unmittelbar unter unserem Baumhaus, das spektakulär in einem Baumwipfel schwebte, vierzig oder fünfzig Meter über dem Boden. Ich nahm den Karabiner und die Rollen ab, stieg eine Leiter hoch, kletterte durch ein Loch im Boden des Baumhauses und stand mitten in unserer neuen Behausung. Sie ruhte auf der Astgabel eines riesigen Baumes, an der sich der Stamm zweiteilte. Die zwei Stämme führten durchs Haus und verschwanden durch das Dach, um sich weiter in Dutzende kleiner werdende Äste zu verzweigen. Ich machte ein paar zaghafte Schritte und versuchte mich mit dem beklemmenden Gefühl zu arrangieren, mein Leben ein paar Brettern anzuvertrauen, die an einen Baum genagelt worden waren. Durch die Lücken zwischen den Brettern konnte ich auf das Blätterdach unter uns hinabschauen. Ich fragte mich, inwiefern detaillierte Planungen und Fachwissen dem Bau dieses Hauses zugrunde lagen. Hatten die Leute gewusst, was sie taten oder nach dem Prinzip Versuch und Irrtum gehandelt? Hatten sie aufwendige Berechnungen angestellt, wo wie viel Belastung möglich war, wie die Bretter gelegt und wo sie vernagelt werden mussten oder sich auf einen Campingstuhl gesetzt und gesagt: »Lasst uns da drüben etwas mehr Holz hinzufügen«? Vielleicht war es besser, dass ich die Antwort nicht kannte.

Ich trat an das Geländer auf der Talseite und schaute in die Tiefe. Ich konnte den Erdboden nicht sehen, zu dicht war die Vegetation, die ihn weit unter mir überwucherte. Ich war höher als die goldene Viktoria auf der Berliner Siegessäule, die immerhin 67 Meter hoch ist, aber ich stand nicht auf einer statischen Aussichtsplattform aus Stein, sondern auf einer knarrenden, wankenden Holzkonstruktion. Vor mir fiel der Hang über hunderte Meter rasch ab, und aufgrund des weiten, tiefen Tales, in das ich blickte, fühlte ich mich noch viel höher. Der Taleinschnitt zog sich auch nach links, und die Sicht war auf viele Kilometer ungestört. Hier und da erhoben sich zwischen 500 und 1.500 Meter hohe Hügel, die, ebenso wie die Täler dazwischen, von ununterbrochenen Wäldern bedeckt waren – in jede Richtung, soweit das Auge reichte. Links und rechts ragten zwei gebogene Äste mit Blättern ins Gesichtsfeld, die aus dem Stamm unter uns nach oben wuchsen und einen natürlichen Rahmen für die Aussicht bildeten. Bei Windstößen wiegte sich der Baumriese träge hin und her wie ein schwankender, alter Mann. Es gab keine Fenster oder Türen oder Wände, nur Freiheit und das niedrige Geländer, das die Plattform zu allen Seiten umgab.

»Verdammte Scheiße, schau dir das an«, sagte Falk in einem Augenblick besonderer Eloquenz. Er hatte Recht: Es war lange her, dass ich etwas so verdammt Schönes gesehen hatte.

Auf der Plattform standen ein paar Stühle und ein kleiner, knöchelhoher Tisch ähnlich einem Ka Toke. Vier schmale Matratzen lagen auf dem Boden. Es gab eine Küchenecke mit etwas Geschirr und einem Waschbecken, und einen kleinen, abgetrennten, ebenfalls zum Dschungel hin offenen Badezimmerbereich inklusive Waschbecken und Dusche. Während Falk und ich uns über den großen Duschkopf und die großzügige Wassermenge freuten, die aus ihm heraussprudelte, winkte Georgie ab und bemerkte beschwingt: »Ich muss nicht jeden Tag duschen.«

Unter der Dusche bestand der Boden aus besonders schmalen Holzstäben mit besonders großen Lücken, durch die das Wasser in die Tiefe fiel und auf denen zu stehen mir einigen zusätzlichen Nervenkitzel bereitete. In die Tiefe fiel auch die Notdurft, und ich muss zugeben, es war ein höchst befriedigendes Gefühl, dem sekundenlangen Fall zuzusehen.

Kampin verschwand und wir waren unter uns. Wir setzten uns, schwiegen und genossen. Jedes Mal wenn ich ins Tal schaute, verschlug mir die Aussicht aufs Neue den Atem. In der Ferne hörten wir Kettensägen. Wir konnten die Richtung nicht bestimmen, vermuteten aber, dass Tom und seine Kollegen ihre Arbeit am neuen Baumhaus wieder aufgenommen hatten.

Georgie, die sich auf dem Weg hierher wacker geschlagen und zu keiner Zeit ihre Ausgelassenheit verloren hatte, stand auf, öffnete ihren Rucksack und holte einen Stapel bunter Stoffe hervor. Neugierig beobachtete ich sie und erkannte, was sie mitgebracht hatte: farbenfrohe Stoffschmetterlinge. Sie lief durch das Baumhaus und verteilte die Schmetterlinge: Einen befestigte sie mit einer Nadel im Holz über dem Küchenwaschbecken, einen band sie an einen Ast im Baumhaus, einen an den Stamm unmittelbar über der Eingangsluke, einen anderen ans Geländer, einen weiteren brachte sie ins Badezimmer. Dabei suchten ihre Augen konzentriert das Baumhaus ab, auf der Suche nach einer weiteren passenden Stelle. Ihr Mund war zu einem leichten Lächeln verzogen. Nach zwei Minuten begann sie, vor sich hin zu summen und rhythmisch mit dem Kopf hin und her zu wackeln.

Falk runzelte die Stirn und warf mir einen vielsagenden Blick zu, den ich mit einem Nicken quittierte. Ja, auch mir war die

Frau ein wenig suspekt. Als sie mit ihrer Arbeit fertig war, erzählte sie uns, dass sie in Australien gerade mitten im Umzug war und nach Laos gekommen war, weil sie eine Auszeit brauchte. Sie sprach sehr laut, gestikulierte viel, nannte jeden von uns »Sweetheart«, und begrabbelte uns unentwegt, indem sie uns freundschaftlich die Hand auf die Schultern legte oder auf die Knie klopfte. Wenn sie schwieg, hörten wir die Geräusche des Waldes, vor allem die verschiedenen, ungewöhnlich vielseitigen Vogelgesänge, aber auch die Insekten, die quakenden Frösche und einige Laute, die fernes Affengeschrei sein konnten.

Baum und Baumhaus wurden erschüttert. Ich hielt mich am Holzgeländer fest, auch Stan zuckte zusammen.

Was ging vor?

Rollen auf der Seilbahn heulten auf. Jimmy landete auf der Plattform unter dem Baumhaus und kletterte durch die Luke herein. Unter dem Arm hing eine Sammlung zusammengesteckter, metallener Campingtöpfe.

»Abendessen«, sagte er und stellte die Töpfe nebeneinander auf den Tisch. Ich sah ihm mit wachsender Freude zu. Auf keinen Fall möchte ich, dass Sie mich für so billig halten, dass sich meine rückhaltlose Begeisterung an einem Abend wie diesem, an einem Ort wie diesem, ausgerechnet durch ein paar Leckerlis kaufen ließ, aber – genau so war es. Während er Litschis, Kekse, Mangos, Klebereis, Hühnerfleisch – und sogar eine Flasche Wein! – auspackte, eroberte er mein Herz endgültig. Mir wurde bewusst, was für ein wundervoller junger, hilfsbereiter, zuvorkommender Mensch er war, und ich spürte das leise Bedürfnis, ihn zu umarmen. Ach, was war die Welt doch großartig! Die Damen im Büro in Houay Xai waren trotz aller Freundlichkeit hoffnungslos gewesen, aber die Kerle hier wussten, wie man Gäste glücklich macht.

Jimmy holte vier Plastikweingläser aus der Küche, stellte auch sie auf den Tisch, öffnete die Weinflasche und goss ein. Falk und ich holten unsere zwei Beerlao-Flaschen hervor und teilten sie auf.

»Morgen großer Tag«, sagte Jimmy. »Vielleicht Tiere sehen. Vielleicht Tiger.«

»Tiger?«, fragte Stan mit großen Augen.
»Vielleicht nicht, aber vielleicht ja. Habe Tiger mit früherer Gruppe gesehen, aber weit weg.«
Er verabschiedete sich, hakte sich ein, sprang ab und flitzte davon, fast kopfüber baumelnd, uns zuwinkend.
Wir aßen. Beherzt griff ich nach der Kekspackung und bemerkte, dass jeder verdammte Keks einzeln eingeschweißt war. Ich ahnte, was folgen würde, und genau so kam es: Ich mühte mich an der rutschigen Folie ab, versuchte sie zu zerreißen oder zu zerbeißen und scheiterte. Schließlich packte Falk mir, ohne sichtbare Mühe, ein paar Kekse aus.
An einem dicken Ast knapp außerhalb des Hauses wanderte eine Straße großer Ameisen entlang. Es war erstaunlich, wie hoch sie kletterten. Sie kamen hier hinauf, um in den Baumkronen Blattläuse zu melken, aber sobald ein Krümel auf den Boden fiel, stürzten sie sich darauf, erfreut über die Abwechslung. Damit sie ihre Straße nicht zu uns herein verlegten, warfen wir die Schalenreste über den Zaun in die Tiefe und verstauten sonstige Abfälle in Plastiktüten, die wir verschnürten.
Sobald wir gesättigt waren, legte Falk sich den Gurt wieder um und raste zwischen dem Haus und dem Wald hin und her wie ein Süchtiger. Er sprang ab, der Lärm der Rollen entfernte sich, dann war es still. Dann der Ruck, wenn er sich auf der anderen Seite ins Seil warf und der Baum sich in seine Richtung neigte, und das lauter werdende Aufheulen. Stan keuchte jedes Mal erschreckt auf und hielt sich am Tisch fest. Ich verstand ihn: Wir waren wirklich hoch, weit außerhalb unserer natürlichen Umgebung, und äußerst empfindsam für alle äußeren Einflüsse.
Langsam ging die Sonne hinter den bewaldeten Bergen unter, die die Täler unter uns umrahmten. Riesige Schatten ragten über das Blätterdach. Es war in einen goldenen Schein getaucht, dessen Schönheit den Augen beinahe schmerzte. Ich hätte mir nicht mehr erhoffen können. Es war perfekt. Ich verspürte einen Drang, an das Geländer zu treten und in den Dschungel hinauszuschreien: »Ich bin der König der Welt!«, wie Jack am Bug der Titanic, denn genauso fühlte ich mich. Stan brachte es auf den Punkt: »Das ist echt das beste Walderhaltungsding überhaupt.«

Später flitzten wir alle vier in der Dämmerung hin und her, ohne dass es langweilig wurde. Unmittelbar vor jedem Absprung zögerte ich kurz mit dem Gefühl, etwas Essentielles vergessen zu haben, da das Einhaken der Rollen und des Karabiners nur fünf Sekunden dauerte. Es ging so schnell, dass ich bereit war, abzuspringen und mein Leben diesem Seil und der Sicherheitstechnik anzuvertrauen. Hatte ich nichts vergessen? Einen letzten prüfenden Blick auf die Ausrüstung werfend sprang ich ab. Das Baumhaus wurde hinter mir rasch kleiner, Bäume kamen auf mich zu und umgaben mich. Ich flog an einem jener Baumstämme vorbei, die wohl eine reellere Gefahr darstellten als ein Absturz. Er stand kaum dreißig Zentimeter vom Seil entfernt und gebot drohend, darauf zu achten, dass ich mich vor ihm nicht drehte, sondern richtig ausgerichtet blieb. Mit beträchtlicher Geschwindigkeit schoss ich unmittelbar an ihm vorbei. Wie zum Hohn hatte jemand mit Humor ein kleines Schaumstoffpolster mit einem grünen Überzug an ihm festgebunden – an der Rückseite.

Nach der Ankunft im Wald wechselte ich auf eine zweite, etwa fünf Meter höhere Plattform und glitt zurück zum Baumhaus. Diese Richtung war aufregender, da sie vom Hang wegführte, hinein in die Weite, mit nichts vor mir außer dem nach der Hälfte der Fahrt auftauchenden Baumgiganten, auf dessen Ästen das Haus ruhte. Die Konstruktion sah im Verhältnis zum Baum und der grenzenlosen Landschaft dahinter zunächst merkwürdig winzig aus. Ich kam rasch näher und erkannte erst jetzt, wie hoch der Baum eigentlich war, dessen Stamm weit unter dem Haus im bodenlosen Dickicht verschwand. Auf den letzten Metern bremste ich. Meine Füße erreichten die leicht bebende Plattform. Ich ergriff einen Balken, klinkte meinen Sicherheitskarabiner in das Sicherheitsseil, das einmal um den Stamm herum- und an der kurzen, steilen Leiter entlang durch die Luke nach oben führte. Dann wechselte ich ans andere Seil und begann von Neuem.

Erst als es dunkel war kamen wir zur Ruhe. Die Hütte verfügte über solargeneriertes, elektrisches Licht, aber Georgie verteilte und entzündete einige Kerzen – Duftkerzen, Räucherkerzen, auch einige Räucherstäbe – und schaltete einen kleinen Rekorder mit meditativer, von Didgeridoos begleiteter Entspannungsmusik ein. Mir hätte an diesem Ort die Musik des Waldes genügt, aber ich fügte mich. Aus ihrem Rucksack holte sie eine Dose und verteilte getrocknete, mediterran gewürzte Tomaten. Falk griff eifrig zu, Stan und ich hoben erst abwehrend die Hände, denn wir waren satt, aber sie bestand darauf, dass jeder von uns kostete.

Was sollte ich von ihr halten? War sie gleichsam einem Junkie vollkommen abgehoben und realitätsfern, leicht wahnsinnig oder doch nur aufgeschlossen und lebhaft in ihrer eigenen spirituellen Art und Weise?

Durch den Schein der Kerzen wirkte die Nacht außerhalb unseres Unterschlupfs besonders dunkel. Die Grillen wurden lauter und übertönten selbst Georgies Musik. Falk kratzte gelegentlich verträumt im Reistopf herum und stopfte die Reste des Abendessens in sich hinein. »Je weniger übrig ist, desto weniger werden uns die Ameisen behelligen«, sagte er. Dann seufzte er und hielt sich demonstrativ den Bauch, um darauf aufmerksam zu machen, welches Opfer er für die Gemeinschaft erbrachte.

Wir saßen auf dem Boden und schwankten sanft im lauen Wind. Wir unterhielten uns und schwiegen viel und machten in das Schweigen hinein immer wieder an niemanden Bestimmtes gerichtete Aussagen, die das Erstaunen ob der Schönheit des Ortes ausdrückten. Stan dachte über die Schlafgewohnheiten der Laoten nach, die früh ins Bett gingen.

»Jetzt verstehe ich das«, sagte Stan. »Was sollen sie sonst tun, wenn die Sonne fort ist? Gerade in den Dörfern ist die Elektrizität knapp, auch wenn manche Generatoren besitzen. Also gehen sie zeitig schlafen und stehen früh auf, um den Tag zu nutzen. Sie leben mit der Sonne und dem Licht, so, wie es früher überall war.«

Die ersten Sterne blinkten am dunkelblauen Himmel. Immer mehr Moskitos und Motten gesellten sich zu uns. Die Blätter der Äste beiderseits des Talblicks waren vor dem Hintergrund nur noch schwarze Schatten. Alle paar Minuten zuckten in der schemenhaften Ferne Blitze. Solange sie nicht näherkamen, waren wir unbesorgt. Nun erleuchtete der fast volle Mond, der irgendwo in unserem Rücken für uns verborgen über die Bäume strahlte, das Tal und die Hügel dahinter. Obwohl die Sonne lange fort war, sahen wir wieder jeden Höhenzug, aber die einzelnen Bäume verschwammen zu einer graublauen Masse. Einmal mehr stellte ich fest, dass es – und mit es meinte ich *alles* – so schön war, dass es schwer zu fassen war. Es war unbegreiflich, wie ich das Glück haben konnte, so vollkommenen Momente wie diesen Abend zu erleben: Es sind diese raren Momente im Leben, in denen man spürt, dass irgendeine Art von Höhepunkt erreicht ist. Vielleicht würde ich noch einige ähnlich intensive Erfahrungen machen, aber es gab nicht viel Luft nach oben.

Falk sagte: »Wir sind durch die Scheiße gerobbt und haben im Dreck geschlafen und das war großartig. Jetzt sind wir in einer Oase im Blätterdach, wieder im Dschungel, wieder von Hügeln und Bäumen umgeben, aber es ist eine vollkommen andere Erfahrung.«

Ich stimmte ihm zu. »Das Leben wird nicht mehr besser werden«, sagte ich. »Es *kann* nicht mehr besser werden. Aber ich finde das nicht beängstigend, sondern seltsam beruhigend.«

»Ich für meinen Teil kann mir ein Leben ohne Seilbahnen gar nicht mehr vorstellen. Ich meine, wie haben wir all die alltäglichen Probleme gelöst? Wie sind wir auf die Baumhäuser gekommen und herunter? Wie haben wir ... was? Wir *hatten* keine Baumhäuser? Erik, was war das für ein Leben, das wir geführt haben?«

Wir schalteten das elektrische Licht ein und wuschen ab. Das Wasser stammte aus einer Quelle in der Umgebung und floss dank der Kohäsionskraft hier hoch: Sie hielt die Wassermoleküle zusammen und sorgte dafür, dass es sich gewissermaßen selbst bergauf zog. Ich kratzte die Essensreste zusammen und fragte: »Was sollen wir mit dem Reis machen?«

»Der muss weg«, sagte Falk und stopfte sich eine Kugel in den Mund.

Um zehn Uhr standen wir nebeneinander am Geländer, noch immer in die mondbeleuchtete Nacht hinausschauend. Der Mond schien jetzt so hell, dass man in seinem Licht fast ein Buch lesen konnte. Von links und rechts schoben sich gemächlich Nebelschwaden ins Tal zu unseren Füßen. Erst hingen einzelne Fetzen zwischen den Bäumen, dann verdichtete sich die Masse zu einem langen, grauweißen Band. Träge schob sie sich vorwärts, langsam die Form verändernd wie Wolkenberge. Gelegentlich erhellten lautlose Blitze den Horizont. So standen wir ein, zwei, drei Stunden, bis tief in die Nacht, und genossen das Gefühl, weit entfernt von allem zu sein. Die Stunden verstrichen wie im Flug, rascher als beim spannendsten Kinofilm, obgleich sich die Veränderungen wie in Zeitlupe vollzogen. Dann erhob sich plötzlich neben uns eine weiße Wand, die vom Tal bis in den Himmel reichte. Fünf Minuten später hüllte uns Nebel ein, dicht und undurchdringlich. Wir konnten keine zwei Meter weit sehen, die Luft wurde kühler. Es würde eine feuchte Nacht werden, dachten wir, aber nach einer halben Stunde, beinahe von einem Augenblick zum anderen, verschwand der Nebel so schnell, dass wir den Übergang nicht mitbekamen, obwohl wir unentwegt ins dimensionslose Weiß starrten. Mit einem Mal war er fort.

Doch dann kam er kraftvoll zurück. Er schob den Wind vor sich her. Glühwürmchen flogen auf, die Temperatur fiel weiter, blieb aber angenehm. Ein Rauschen näherte sich. Erst war es so fern, dass wir nicht sicher waren, ob wir es uns einbildeten oder ob es der Wind war. Aber bald plätscherten die ersten Tropfen auf das Dach. Dann brach das Wasser los. Das Dach über unseren Köpfen war aus Wellblech, und wir mussten rufen, um uns zu verständigen. Wie die Tropfen an uns vorbeifielen sahen wir nicht, dazu war der Nebel zu dicht. Wir hörten das Wasser nur. Allein wenn wir mit Taschenlampen in die graue Nacht leuchteten, reflektierte das Wasser das Licht: Es strömte in kleinen Rinnsalen vom Dach, überall, wie ein gläserner Vorhang. Feines Sprühwasser wurde von der Brise ins Haus getragen und befeuchtete alles, den Boden, die Matratzen, unsere Körper. Wir waren drin, mitten drin, im Nebel, im Regen, im Wind, und beobachteten wachsam, wie sich das Wetter weiter veränderte, das uns nun schon so lange beschäftigt hielt. Es war zwei Uhr.

Zwischendurch lichtete sich der Nebel kurzzeitig etwas, und wir sahen, wie die zwei Äste vor uns schaukelten, wie die schwarzen Blätter unter den unablässigen Einschlägen der Tropfen erzitterten, die mit zunehmender Größe und wachsender Wucht niederprasselten. Es knarrte und raschelte. Wind und Regen verstärkten sich. Der Baum wankte. Ich setzte mich und lauschte und beobachtete. Winzige Tropfen wurden mir in den Nacken geweht. Die Musik war verstummt, die Batterien aufgebraucht, aber wir benötigten sie nicht. Die Musik war überall, um uns ... und wir waren mittendrin. Ich legte mich auf die Matratze, deckte mich zu und lauschte und beobachtete weiter durch das Geländer. Ich hörte und sah das Wetter nicht nur, ich *spürte* es, denn der Baum reagierte mit seinem Wanken und Knarren und Zittern. Es war ein einmaliges Gefühl.

Ich schloss die Augen. Grauer Schlaf sickerte durch meine Lider und verdunkelte mein Bewusstsein. Alles entfernte sich, letzte konfuse Gedanken schossen mir durch den Kopf, dann umfing mich die Wonne des Nichtdenkens. Langsam schlief ich ein. Ich lag in Morpheus' Armen. Einmal schreckte ich kurz auf, als mir ein Geräusch durch Mark und Bein ging, das wie sich verbiegendes Metall klang. Ich war sofort hellwach. Was war das? Wieder durchflutete mich die Erkenntnis, dass mich ein paar Zentimeter Holz vom Abgrund unter mir trennten. Ich wartete darauf, dass alles in sich zusammenstürzte, doch nichts geschah. Stan hatte lediglich den Tisch verschoben. Ich registrierte kurz, wie Falk den Moskitovorhang um mich herunterließ, der an einem Seil über der Matratze hing, dann ließ ich mich zurücksinken und lauschte dem monotonen Trommeln und Plätschern, das sich immer weiter entfernte.

Ein Ruck, der durch den Baum ging, weckte mich. Nach einem kurzen Schreck entschied ich, dass einer der Führer wohl schon das Essen brachte. Dann gab es noch einen Ruck – *so* ein großes Frühstück? – dann noch einen, und immer mehr. Stimmen schnatterten durcheinander. Ich steckte meinen Kopf durch den Vorhang: Unser kleines Baumhaus füllte sich rasch mit Leuten, Mitgliedern einer anderen Tour, die die Übernachtung in der Nähe eines Wasserfalls beinhaltete, zehn Personen, die um vier Uhr in der Hoffnung hierher aufgebrochen waren, Gibbons zu sehen. Ich raffte mich auf, und während ich unter meinem Vorhang hervortaumelte, kletterten auch meine drei blinzelnden Mitbewohner aus ihren Schlafstätten. Sprachlos sahen wir zu, wie unsere Überraschungsgäste, hierhergeführt von Kampin und einem mir bisher unbekannten Führer, sich am Geländer in Position brachten. Die Hütte war plötzlich brechend voll und wir konnten nicht sofort begreifen, wie die unerwartete Menschenmasse den morgendlichen Frieden so schnell pulverisiert hatte. Es war 5:30 Uhr.

Ich streckte mich. Ich trug noch immer die schlammigen, stinkenden Sachen von gestern und kam den anderen ungern nahe, aber in der Enge der Hütte war es unvermeidbar. Ich fühlte mich unwohl und wollte duschen gehen, aber da die Tür zum Badbereich lediglich aus einem locker herunterhängenden Teppich bestand, verschob ich die Dusche auf später.

»Was wollen die hier?«, flüsterte Stan mir zu und rieb sich die Augen. »Und vor allem: Wie lange bleiben sie?«

Ohne zu antworten beobachtete ich, wie sie das graue Nichts beobachteten, das uns noch immer umgab, und schüttelte still den Kopf. Der Nebel hatte sich nicht gelichtet. Es waren gerade die zwei Äste auszumachen, die den Rahmen um unseren Ausblick bildeten. Wie hoch war die Wahrscheinlichkeit, dass sich die Gibbons gerade darauf setzten?

Doch dann hörten wir ihr Geschrei: ein erstaunliches Lautrepertoire, eine Mischung aus Geheule wie von Sirenen bei einem Bombenalarm, Gelächter, hellem Trillern und trübsinnigem Gefiepe. Wer es nicht besser wusste, konnte meinen, verschiedene Insekten gaben sich ein Stelldichein. Aber tatsächlich schallten Gibbongesänge durch den Dschungel, laut und deutlich, manchmal von einem einsamen Sänger ausgestoßen, manchmal sich zu ekstatischen Chören steigernd. Die theatralischen Gesänge hatten den chinesischen Dichter Yuan Sung im 4. Jahrhundert zu den Zeilen veranlasst: »Traurig sind die Rufe der Gibbons in den drei Schluchten von Patung. Nach drei Rufen in der Nacht netzen Tränen die Kleidung des Reisenden.«

Den Kronprinzen der chinesischen Liang Dynastie, Xia Tong, versetzten die Klänge in eine ähnlich melancholische Stimmung:

»Wenn ich die Gibbons in den Pinien und Platanen höre, krampft sich mein Inneres zusammen. Ich lausche und zähle meine Tränen, Paar für Paar.«

Etwa zehn Familien mit durchschnittlich je fünf Mitgliedern lebten im Einzugsbereich der Baumhäuser. Jetzt waren die Gibbons ganz in der Nähe, aber der Nebel war noch immer sehr dicht. Wir konnten nur ein paar Dutzend Meter weit sehen, bevor die Bäume im grauen Wolkenmeer verschwanden, das uns zu allen Seiten umgab.

Nach einer guten Stunde verließen uns unsere Gäste, und die Stille kehrte zurück in unsere Hütte. Ich wollte gerade die Dusche benutzen, aber Kampin blieb bei uns und schlug vor, weitere Seilbahnen auszuprobieren. Das konnten wir nicht ablehnen.

»Sie liegen in einer andere Richtung als gestern«, sagte er. »Ich zeige sie euch. Sie sind wirklich cool.«

Und das waren sie. Sie waren noch länger, höher und schneller als die gestrigen. Bei einer hinterließen besonders viele herabhängende Äste, die zu lange nicht zurückgeschnitten worden waren, einige blutige Striemen in unseren Gesichtern, aber das minderte nicht den Spaß, den wir hatten. Manchmal war ich kurzzeitig so aufgeregt und euphorisch, dass ich vergaß, zwischen den Fahrten, wenn wir zur nächsten Plattform liefen, nach Blutegeln Ausschau zu halten. Während die Leute aus dem Haus für acht Personen in ihrer großen Gruppe unterwegs sein würden, blieben wir unter uns, waren beweglicher und mussten nicht minutenlang an den Seilbahnen anstehen. Gelegentlich hörten wir die Schreie der unsichtbaren Gibbons.

Als wir in das Baumhaus zurückkehrten, war das Haus gesäubert und ausgefegt und das Frühstück stand bereit.

»Wo kommt das auf einmal her?«, fragte Falk.

»Eine unserer Köchinnen hat es gebracht«, erklärte Kampin und setzte sich zu uns, um gemeinsam mit uns zu essen. Die Mahlzeit war köstlich und die Menge viel zu groß, aber wir verputzten natürlich trotzdem alles. Der Nebel lichtete sich Stück für Stück und senkte sich bis dicht unter unsere Hütte ab. Unter uns war alles weiß, außer einigen schemenhaften Bauminseln: aus dem Nebelmeer aufragenden Hügelkuppen in der Ferne. Gegen halb neun verschwand der Nebel gänzlich, und von jetzt an war es den ganzen Tag sonnig. Wir zippten Stunde um Stunde, mit vielen längeren Wanderungen zwischen den Seilbahnen, uns immer weiter von unserem Baumhaus entfernend, immer wieder heftig schwitzend, durch den dichten Dschungel laufend, bis plötzlich wieder eine Plattform auftauchte und wir einen Hang hinab oder über ein Tal hinüber rasten. Ein paar Meter Höhenunterschied zwischen Start- und Zielpunkt genügten, um hohe Geschwindigkeiten zu erreichen. Manchmal mussten wir auf dem letzten Stück scharf bremsen, denn es gab keine Schaumstoffpolster oder Reifen, die uns abfingen. Wer nicht rechtzeitig an Fahrt verlor, wurde spätestens durch die unnachgiebigen Stämme gestoppt, an denen die Stahlseile endeten. Falk, der schwerer und folglich schneller war als ich, erging es einmal so. Er begann zu spät, die Geschwindigkeit zu drosseln, raste auf die Plattform zu, auf der ich mit den Händen wedelnd stand, stieß einen langen Schrei aus, als er erkannte, dass er es nicht schaffen würde, und knallte mit einem dumpfen Ton seitlich gegen den Baum. Er hatte Glück und blieb unverletzt. An anderen Bahnen verloren wir zu zeitig so viel an Fahrt, dass wir uns die letzten Meter weiterziehen mussten. Dem konnten wir entgehen, indem wir die Füße ausstreckten und hochzogen und mit dem Oberkörper das Gewicht nach hinten verlagerten: So waren wir schneller. Es hing also auch mit der Technik zusammen, ob wir genügend Schwung bekamen, damit wir das Ende einer langsamen Bahn (wobei der Begriff relativ ist) erreichten. Drehten wir uns während der Fahrt, mussten wir die Richtung korrigieren, so dass die Füße wieder nach vorn zeigten. Sonst bekamen wir es nicht mit nur nahe stehenden Bäumen zu tun, sondern büßten auch unkontrolliert an Tempo ein. Um die Richtung zu halten, legten wir eine Hand auf das Reiterstück über den Rollen und eine an das Seil, an dem wir hingen. Indem wir vorsichtig Druck ausübten, konnten wir uns neu ausrichten.

»Die nächste Seilbahn endet in einem weiteren Baumhaus«, erklärte Kampin. »Am Ende müsst ihr vorsichtig sein und« – er schaute Falk an – »rechtzeitig bremsen. Es ist eine schnelle Bahn und eine kleine Plattform.«

Kampin raste los. Wir warteten auf seinen Okay-Ruf, dann folgte Stan, zwischen den Bäumen verschwindend. Zwei Minuten später war ich an der Reihe. Das Einklinken des Sicherheitskarabiners und der Rollen lief nunmehr so routiniert ab, dass ich nicht mehr darüber nachdachte und mich zwingen musste, rasch zu überprüfen, ob alles stimmte, ob der Karabiner geschlossen und die Rollen vor dem Karabiner am Seil waren, und ob der Sicherheitsgurt richtig saß. Manchmal erwischte ich mich dennoch dabei, wie ich erst während der Fahrt sicherstellte, dass die Rollen und Karabiner richtig geschlossen waren.

Ich sprang ab. Erst sauste ich durch einen Tunnel aus Bäumen und hohem Gestrüpp, dann war die Sicht frei. Rechts konnte ich bis zum fernen Horizont sehen. Ich riss die Füße hoch und trat schmale Bambusstämme weg, die im Weg hingen, und gewann schnell an Höhe. Vor mir entdeckte ich einen weiteren, gigantischen Baumriesen, der selbst die höchsten Bäume in der Nähe bei weitem überragte. Es war ein grauer, breiter Stamm, der im obersten Viertel ein wunderschönes Baumhaus trug, das nicht wie unseres mit einem Wellblechdach bedeckt war, sondern mit einem aus Stroh. Die Dachkonstruktion selbst bestand aus mit Rinde zusammengebundenen Bambusstämmen.

Die scheinbar willkürlich zusammengezimmerten Bretter der winzigen Plattform bogen sich unter meinem Gewicht. Das Baumhaus, um drei dicke Stämme errichtet, war groß genug für acht oder neun Leute. Vom Hauptraum führte eine kleine Leiter nach oben in ein kleineres Zimmer, in dem drei Leute schlafen konnten. Kampin zufolge war es eines der ältesten Baumhäuser, von denen es weit mehr gab als jene, die unsere Gruppe benutzte. Manche wurden nicht mehr benutzt, weil zum Beispiel der Baum, der sie hielt, nicht mehr stark genug schien.

Auf einigen Klappstühlen rasteten wir. Nur Georgie kam nicht zur Ruhe und inspizierte das Haus in allen Einzelheiten. Mein Schweiß tropfte auf die Bodenbretter, manchmal fielen die Tropfen durch die Lücken und verschwanden. Kampin und Falk zündeten sich Zigaretten an.

»Früher war mein Bruder ein Wilderer«, sagte Kampin und nahm einen Zug. »Jetzt ist er ein Wächter des Waldes. Das macht mich sehr glücklich. Er patrouilliert mit einem Gewehr durch den Wald, um ihn vor Wilderern zu schützen, wie er einer war. Wann immer er sie findet, nimmt er sie fest.«

»Das darf er?«, fragte ich.

»Das Projekt hat 2004 ein Regierungsmandat bekommen. Wir sind offizielle Beschützer des Borneo Naturschutzgebiets. Die Waldwächter werden von den Einnahmen der Gibbon Experience bezahlt, aber sie unterstehen der Waldbehörde der Provinz. Mein Bruder und andere patrouillieren vierundzwanzig Stunden am Tag. Der Wald ist nie ungeschützt, aber natürlich sind sie viel zu wenige, um alles zu sehen und überall zu sein. Sie bewachen bereits zehntausende Hektar Wald, und das Gebiet wird immer größer. Sie sammeln auch Informationen über die Wildbestände und nehmen verwaiste Jungtiere auf, wenn sie sie finden. Viele Jungtiere wurden von Wilderern gefangen. Sie haben bereits Makaken aufgezogen, Zibetkatzen, Schwarzbären, neuerdings Elefanten und natürlich Gibbons. Das ist besonders kompliziert, da diese Art die Baumkronen unter normalen Umständen nie verlässt.«

»Die Gibbon Experience ist ein großartiges Projekt«, sagte Georgie, die sich zu uns gesellt hatte.

Kampin nickte. »Soweit ich weiß, ist das der einzige Ort in Laos, in dem es bezahlte Wächter gibt, die ein Naturschutzgebiet bewachen. Es ist einzigartig.«

Der Baum erzitterte. Durch die Lücken zwischen den Geländerpfosten sahen wir einen Punkt auf das Baumhaus zurasen, der rasch größer wurde, bis wir erkannten, dass zwei Leute an den Rollen hingen.

»Was ist da los?«, fragte Georgie. Kampin stand auf und schaute besorgt auf die Seilbahn hinab.

»Ist jemand verletzt?«, fragte Stan.

Wir traten an die Bodenluke und warteten darauf, dass die beiden Personen ins Baumhaus kletterten. Es waren der Führer Jimmy und die Amerikanerin Trish.

»Geht es dir gut, Schätzchen?«, fragte Georgie und streichelte ihr über den Kopf.

»Alles in Ordnung. Eine meiner beiden Rollen ist defekt, das ist alles.«

»Was ist passiert?«, fragte Stan

»Mitten über der letzten Schlucht ist die Rolle herausgebrochen und hat sich verklemmt. Ich wurde sofort gestoppt und meine Bremse ist abgefallen. Ich habe mich so furchtbar erschrocken! Ich musste mich auf die andere Seite ziehen und hänge mich jetzt an Jimmy dran, bis wir an der nächsten Hütte sind, in der es Ersatzausrüstung gibt.«

Mittlerweile waren weitere Bewohner der Achtpersonenhütte angekommen, unter ihnen Lachlan und Lucy, die wir herzlich umarmten. Wir hatten sie vor weniger als einem Tag gesehen, aber die Zeit schien schon so lang. Roberto, der junge Spanier, stellte sich zu uns und sagte zu den beiden Australiern: »Sehr schönes Baumhaus. Wollen wir fragen, ob wir für die nächste Nacht hierher ziehen können?«

Lucy schüttelte den Kopf. »Ich ziehe nicht um.«

Auch die Neuankömmlinge legten im Baumhaus eine Pause ein. Da die Unsere lang genug gewesen war und wir vor der großen Gruppe bleiben wollten, brachen wir auf. Dieses Mal fand der Absprung nicht von einem Podest oder einer externen, unter dem Baumhaus angebrachten Plattform statt. Das Stahlseil, das vom Baumhaus weg und auf die andere Seite des Tales führte, war an einem Stamm in der Mitte der Hauptetage des Hauses befestigt und lief von dort hinaus. Ein kleines, ungesichertes Tor, das nach innen aufschwang, war ins Geländer eingelassen. In diesem Haus wollte ich kein Schlafwandler sein.

Ich klinkte mich in das Seil ein, öffnete das Tor, machte einen Schritt nach vorn und trat außerhalb des Hauses auf eine Holzstufe, auf die ich mich vorsichtig kauern musste. Sie war nicht direkt mit dem Haus verbunden, sondern über lange Balken mit dem Stamm darunter und schien deshalb in sechzig Metern Höhe frei in der Luft zu schweben. Es war die furchteinflößendste Bahn von allen. Ich lehnte mich nach vorn, atmete durch und ließ mich fallen. Ein knapper Meter freier Fall, dann fing mich das Seil auf. Ich sackte einen weiteren halben Meter ab, bis ich wirklich im Seil hing, und schon raste ich wieder los, über die Schlucht und dann weiter durch den Wald.

Wir hatten wieder festen Boden unter den Füßen – mehr oder weniger. Durch den Regen der letzten Nacht war alles nass und die Schuhe waren vollständig von Matsch bedeckt. Die Blutegel freuten sich. Stan, der als letztes ging, blieb stehen, grunzte und rief in einem gepressten, nicht überhörbaren Flüsterton, er habe einen Affen gesehen. Wir eilten zu ihm zurück.

»Wo genau?«, fragte Kampin und hielt Ausschau.

»Dort drüben«, sagte Stan. »Er war schwarz, mit einem langen, plüschigen Schwanz.«

Kampin winkte ab. »Gibbons haben keine Schwänze. Das war kein Gibbon, vermutlich nicht mal ein Affe.«

Wir trotten ihm hinterher und liefen in einem Kreis zurück zu unserem Haus. Nach anderthalb Stunden hatten wir es erreicht. Mehr Zeit als für einen kurzen Kaffee nahmen wir uns nicht, dann wanderten wir in eine andere Richtung, in der wir noch nicht gewesen waren und in der es weitere Seilbahnen gab. Vier Stück waren dort erfreulich nahe beieinander, so dass wir nicht weit laufen mussten, um von einer zur nächsten zu gelangen und uns ganz auf den Spaß konzentrieren konnten. Die erste der vier war die bisher höchste und mit einem halben Kilometer längste überhaupt. Augenblicklich stand ich auf Gras und Erde, fünf Sekunden später flog ich mit fünfzig bis sechzig Kilometern in der Stunde über ein Tal, das so tief war, dass die Cheops-Pyramide zwischen Boden und mich gepasst hätte. Der Fahrtwind blies mir ins Gesicht und ließ Haare und Hemdkragen flattern. Auf einer hohen, zweistöckigen Plattform an einem Baum in der Mitte des Tales endete die Bahn. Auch diese Plattform war ein Bretterverschlag aus kreuz und quer zusammengenagelten Brettern, Leitern und Balken. Ich stieg eine wackelige Leiter hinab, klinkte mich um und fuhr weiter bis auf die gegenüberliegende Hangseite. Dann wanderte ich einen kurzen, steilen Weg hinauf und benutzte zwei fast parallel verlaufende Seilbahnen zurück.

Das verspätete Mittagessen nahmen wir in der ganzen Gruppe im größten der drei von uns benutzten Häuser ein. Alle waren abgekämpft, aber fast alle waren glücklich – außer jenen Charakteren, die ihre Marotten trotz ihrer Erschöpfung noch nicht abgelegt hatten. Andrew, der Amerikaner, grummelte seine liebenswürdige Frau Trish noch immer an. Ständig gab er ihr knappe Anweisungen, von ihm Fotos zu schießen: „Los, mach ein Foto wie ich am Geländer stehe. Mach ein Foto, wie ich an der Seilbahn hänge. Mach ein Foto wie ich durch den Wald laufe. Und hier, sieh mal wie ich über dem Klo im Baumhaus hänge und scheiße – fotografiere das!"

Ich setzte mich mit Lucy etwas abseits, wo wir uns in Ruhe unterhalten konnten.

»Hattest du gestern einen guten Geburtstag?«, fragte ich.

Sie nickte. »Ich könnte mir kaum mehr wünschen. Es ist wundervoll.«

»Das freut mich.«

»Allerdings wollte Roberto uns partout nicht in Ruhe lassen«, fügte sie hinzu.

»Inwiefern?«

»Er ist wirklich sehr ... anhänglich, und er scheint Lachlan und mich als Bezugspersonen ausgewählt zu haben.«

»Ihr seid einfach zu nett.«

»Er ist auch nett, aber auch ... ich will nicht sagen langweilig, aber – er ist schwierig. Er fragt ständig: *Was machen wir als nächstes?*, ohne sich je selbst einzubringen, und folgt uns auf Schritt und Tritt. Er ist freundlich, aber er hat die soziale Etikette noch nicht ganz verstanden. Als Lach und ich uns gestern dort hinten in die Ecke zurückzogen, um ein paar Minuten für uns zu haben und in Ruhe anzustoßen, kam er uns sofort hinterher. Er versteht die Zeichen nicht oder ignoriert sie. *Was machen wir zu deinem Geburtstag?*, fragte er. *Was habt ihr vor? – Wir wollen über ein paar persönliche Dinge sprechen*, sagte Lach. Die Antwort: *Das klingt gut. Lasst euch von mir nicht stören.* Damit setzte er sich zu uns.«

»Sehr feinfühlig.«

»Er ist erst zwanzig Jahre alt, und zu seiner Verteidigung sei gesagt, dass dies seine erste große Reise ist.«

Unsere Aufmerksamkeit wurde auf Pamela gelenkt, die sich in die Mitte des Hauses gestellt hatte, um lautstark ihre Erlebnisse der letzten Nacht vorzutragen.

»Ich saß am Tisch und unterhielt mich mit Owen, aber mir flogen ständig diese riesigen Käfer gegen den Kopf«, sagte sie und fuchtelte mit den Händen, die konfusen Bewegungen der Käfer nachstellend. »Die flogen immer wieder gegen mich wie behämmert und verirrten sich in meinen Haaren, bis sie mich unter meinen Vorhang trieben und auf meine Matratze. Aber damit nicht genug, denn sobald ich lag und mich entspannte, krabbelte mir etwas über den Kopf, und als ich meine Taschenlampe anknipste, entdeckte ich eine Spinne so groß wie meine Hand. Das war die größte Spinne, die ich je gesehen habe! Natürlich bin ich sofort aus meiner Schlafstätte geflohen und habe mich zurück an den Tisch gesetzt. Ich saß keine fünf Minuten dort, da landete etwas auf meinem Kopf. Es fühlte sich an wie ein Vogelschiss. Ein Vogel? Hier drin, unter unserem Dach? Owen schaltete seine Taschenlampe an und überprüfte meinen Kopf, und tatsächlich fand er eine schleimige Substanz. Er leuchtete nach oben. Was sahen wir dort? Keinen Vogel, sondern eine weitere, gigantische Spinne. Eine Spinne hatte mir auf den Kopf geschissen! Ich muss wohl nicht erwähnen, dass mir das den Rest gegeben hat.«

Sie atmete demonstrativ aus, als würde sie jetzt erst den Stress der letzten Nacht verarbeiten.

»Und was hast du dann getan?«, fragte Trish, vermutlich aus reiner Höflichkeit.

»Was wohl? Ich bin sofort wieder unter meinen Vorhang geflohen. Dieser Ort ist verhext, ich sage es euch.«

»Die Frage ist nur, wie du mit ihm umgehst«, sagte Georgie. »Das Problem ist nicht dieser Ort, sondern es ist in dir. Es ist in dir als eine Leere, weil du noch nicht bei dir bist, um die Leere zu füllen. Du musst zu dir finden, dann kannst du mit all dem leicht fertig werden.«

Pamela warf ihr einen Blick zu, der jeder Beschreibung spottete, sich aber recht gut mit *Du bist ja wohl völlig meschugge* zusammenfassen lässt.

Pamela wühlte in ihrem Rucksack herum, zückte ein iPhone und hielt es in die Luft.

»Was machst du da?«, fragte Stan.

»Na, was wohl?«

Ich lächelte. Dieser Scherz war ihr sogar halbwegs gelungen.

»So viel Humor habe ich ihr gar nicht zugetraut«, flüsterte ich Lucy zu.

»Wobei es mich schon wundert, dass sie ein Handy hierher gebracht hat«, sagte sie.

Wir beobachteten Pamela, während sie ihren Witz weiter ausspielte, aber die Pointe war lange vorbei und der Witz wurde sekündlich unlustiger. Ihr Gesicht blieb ernst und konzentriert. Nur langsam begriff ich, dass sie es ernst meinte: Sie suchte allen Ernstes nach einer WiFi-Verbindung.

Nach einer Minute ließ sie den Arm sinken, verstaute das Handy im Rucksack und grunzte: »War ja klar.«

Mit gewichtigen Schritten ging sie zu einem Klappstuhl, setzte sich und verschränkte die Arme.

»Wollen wir sie über das Geländer werfen?«, flüsterte Lucy.

Ermattet, aber zufrieden kehrten wir abends ins Baumhaus zurück. Die Sonne verschwand gerade hinter den Bergen. Wir verbrachten den Abend ähnlich wie den Vorabend: essend, sitzend, alle Sinne aktiv. Der Sonnenuntergang war noch schöner, aber das Wetter war weniger vielfältig. Der Himmel zog sich zu und wurde von immer mehr Wolken bedeckt. In großen Abständen hörten wir einzelne Schüsse.

»Sicher Laoten, die Vieh schlachten«, sagte Falk.

»Ja. Es sind bestimmt keine Wilderer«, fügte Stan hoffnungsvoll hinzu.

Falk und Stan legten sich schon um acht in die Betten. Georgie und ich blieben noch draußen sitzen. Erst summte sie leise ein australisches Volkslied, *Waltzing Matilda*, das auch ich kannte und zu dem wir im Takt die Knöchel auf den Tisch schlugen, fröhlich mit den Köpfen nickend. Obwohl wir beinahe still waren, waren wir vollkommen ausgelassen.

Dann entwickelte sich ein Gespräch. Georgie war nicht, wie von mir vermutet, um die fünfzig Jahre alt, sondern stand kurz vor der Sechzig. Ich erfuhr, dass sie Kinderbücher schrieb und Kalligraphie-Karten bastelte und auf Kunstmärkten verkaufte. Ich erzählte von Falks und meiner bisherigen Reise und beantwortete ihre Fragen, von denen sie viele hatte.

»Erik, es mag dir unwahrscheinlich vorkommen«, sagte sie nach einer Weile, »aber ich habe gewusst, dass ich Falk und dich treffen würde.«

»Ach, so? Woher?«

»Ich kannte euch schon, bevor ich euch das erste Mal gesehen habe.«

Ich sah sie an, ein ironisches Lächeln oder ein anderes Anzeichen von Verstand suchend – vergeblich. Dann ging ich in mich. Ich sollte versuchen aufzuhören, mich über ihre Absonderlichkeiten zu wundern, und mich auf sie einlassen.

»Und du?«, fragte ich. »Wie hat es dich ausgerechnet in den Bokeo Nationalpark in Laos verschlagen?«

»Ich habe euch ja schon erzählt, dass ich umziehe. Genauer gesagt: Ich habe meine Wohnung an der Gold Coast aufgegeben, aber ich habe noch keine neue Bleibe. Ich weiß nicht, wo ich hinziehen werde. Ich bin hierhergekommen, um Kraft zu tanken.«

»Warum hast du deine Wohnung gekündigt, ohne zu wissen, was du vorhast?«

»Ach, weißt du«, sagte sie und schien plötzlich von einer Schwermut erfüllt zu sein, die gänzlich untypisch für sie war. »Ich plane nicht sehr viel. Ich war dreißig Jahre glücklich verheiratet, bis mein Mann mich vor zehn Jahren verlassen hat, von einem Tag auf den anderen. Ich hatte ein Leben ... und dann hatte ich keins. Ich habe zwei erwachsene Söhne, um die ich mich kümmern muss. Der eine ist drogenabhängig, der andere ... ach, weißt du ...« Ihre Stimme versagte. Sie fing an zu weinen.

»Ich habe eine sehr harte Zeit hinter mir«, sagte sie. »Eine sehr harte Zeit. Viele Schicksalsschläge.«

Sie gab sich der Verzweiflung hin und schluchzte. Mein Herz zog sich zusammen. Wie konnte sie sich so schnell verändern?

Ich hatte geglaubt, sie sei ein Wesen von unverwüstlicher Fröhlichkeit, das Stoffschmetterlinge herumschleppte und die Welt als eine riesige Blumenwiese sah, und plötzlich war sie nichts als ein klägliches Elend.

Ebenso schnell, wie es aus ihr herausgebrochen war, fing sie sich. Sie wischte sich die Tränen aus dem Gesicht und lächelte.

»Mach dir keine Sorgen. Manchmal werde ich etwas emotional.«

»Schon gut«, sagte ich, weil mir nichts anderes einfiel. Wir saßen noch eine Weile schweigend beisammen, dann verabschiedete ich mich. Um neun Uhr legte ich mich ins Bett. Zwei Minuten nach neun schlief ich tief und fest.

Mitten in der Nacht wachte ich auf. Starker Regen ging auf das Baumhaus nieder, aber dabei blieb es nicht lange. Ein Unwetter brach los, begleitet von heftigem Blitz und Donner, nicht jenen sanften, weit entfernten Blitzen der vorangegangenen Nacht, nicht jenem zarten Donnern, das ich aus Deutschland kannte. Es war ein aggressives Lichterzucken und ein tiefes, beunruhigendes Grollen, gefolgt von einem kraftvollen Knallen von bisher unbekannter Intensität, wieder und wieder. Die Erde bebte, der Baum bebte, das Haus bebte. Die Nacht wurde zum Tag, als die Abstände zwischen den Blitzen kürzer wurden und schließlich wenige Sekunden betrugen. Ich war zu müde, um Angst zu haben, aber ich nahm mir vor, die Situation aufmerksam zu beobachten und bereit zu sein, das Baumhaus im Notfall rasch verlassen zu können. Sollte ich schon den Sicherheitsgurt anlegen?

Ich kam nicht mehr dazu.

Der kommende Tag würde erneut von Matsch und Egeln bestimmt sein, dachte ich noch missmutig, dann schlief ich ein. Ich hatte das Gefühl, gerade erst die Augen geschlossen zu haben, als etwas an meinem Fuß herumwackelte. Ich zuckte zusammen, hob den Kopf und schaute in Falks schlafverklebte Augen. Er hatte den Kopf durch den Moskitovorhang gesteckt. Sanftes Morgenlicht flutete durch die Öffnung.

»Falk – nimm deine Hände von meinen Füßen!«

»Steh auf!«, flüsterte er. »Gibbons, ganz in der Nähe.«

»Bist du sicher?«

»Steh auf!«

Ich wühlte mich aus der nassgeschwitzten Decke und trat ans Geländer, an dem meine drei Mitbewohner schon standen. Ich spähte hinunter in den Wald, dem schwebende Nebelfetzen ein geisterhaftes Aussehen verliehen, und ließ den Blick über dichte, staubwedelartige Bäume schweifen sowie weit gefächerte Kronen, die an vielfach verzweigte Kerzenständer erinnerten.

»Wo sind sie?«, fragte ich. Falk deutete mit einer Hand in eine Richtung, in der anderen hielt er den Fotoapparat.

»Dort unten waren sie, zwischen den beiden großen Bäumen.«

»Waren?«

»Bis eben hat in den Wipfeln alles gewackelt. Aber jetzt ist es ruhig.«

»Hm.«

»Abwarten«, sagte Georgie. »Sie legen bestimmt gleich wieder los.«

Wir beobachteten den Wald, ohne dass sich etwas regte.

»Ganz schön heftiges Unwetter, letzte Nacht«, sagte Stan nach einer Weile.

»Unwetter?«, fragte Falk geistesabwesend, auf das Display seines Apparates schauend und durch die Fotos klickend. »Leider habe ich zwei oder drei Minuten gebraucht, um ihn auszupacken«, sagte er, »sonst hätte ich bessere Bilder machen können. Nun habe ich nur ein verschwommenes.«

Ich horchte auf, überlegte und spitzte die Lippen.

»Was ist los?«, fragte Falk.

»Ach, nichts«, sagte ich, aber ich spitzte immer noch den Mund.

»*Was?*«

»Na ja«, sagte ich, »ich versuche nur, eine Perspektive zu finden, aus der die Tatsache für mich irgendeinen Sinn macht, dass du dich minutenlang mit deiner Kamera beschäftigt hast, ehe dir der Gedanke kam, mich zu wecken.«

Falk öffnete den Mund und schloss ihn wieder. Offenbar war er nicht auf die Idee gekommen, erst an meinem Fuß zu wackeln und dann in seinem Rucksack nach der Kamera zu wühlen.

»Ich wollte eben ... Fotos machen. Ich dachte, das würde schneller gehen.«

»Als wäre das bei dir jemals schnell gegangen. Du brauchst doch für gewöhnlich schon eine Minute, bevor du merkst, dass die Kappe noch auf der Linse ist.«

»Das ist...«

»Und dann hast du so lange geknipst, bis sie fort waren, und bei dieser Gelegenheit ist dir eingefallen, mich zu wecken. Zeit hattest du jetzt ja, denn du würdest nichts mehr verpassen.«

»Ich dachte, sie machten nur eine Pause.«

Er machte Anstalten, schmollend die Arme zu verschränken, aber die klobige Kamera, die vor seiner Brust hing, hinderte ihn daran. So lehnte er sich wieder an das Geländer und gab vor, angestrengt Ausschau zu halten. Als sich nach einer weiteren Viertelstunde immer noch nichts im Waldreich rührte, gaben wir vorerst auf. Die drei setzten sich zusammen und führten sich Bilder und Videos vor, die sie gemacht hatten.

»Ich kann immer noch nicht glauben, dass wir einen Gibbon gesehen haben«, sagte Stan.

»Ich habe mindestens vier gesehen«, sagte Falk. »Zwei Schwarze und zwei Braune.«

Ich warf einen Blick über ihre Schultern.

»Alles unscharf und verwackelt«, grummelte ich und verschwand im Badezimmer, das auf der Hangseite lag. Wenn man auf das Klo stieg, ein Porzellanloch, das auf einem kleinen Podest ruhte, war es nicht so einfach, das Gleichgewicht zu halten. Durch die zusätzliche Höhe des Podests war das ohnehin mickrige Geländer, das mich vor dem Absturz bewahren sollte, noch niedriger und reichte mir kaum bis an die Schienbeine.

Plötzlich raschelte es in einem Baum ganz in der Nähe. Ich spähte hinaus, zerschlug zwei oder drei Moskitos – das Antimoskitospray schien die Viecher magisch anzuziehen – und spähte weiter. Das Pfeifen der Gibbons erklang. Ich strengte die Augen an, suchte das Blätterdach ab. Sie mussten ganz nahe sein.

»Erik?« Falk stand einen Meter neben mir, hinter dem Teppich, der vor dem Durchgang zum Bad hing.

»Erik? Siehst du sie?«

»Nein.«

»Kannst du irgendwelche Äste sehen, die sich bewegen?«

»Nein.«

»Hm. Kann ich reinkommen?«

»Nein.«

Ich hörte das kurze mechanische Summen, das mir verriet, dass er seine Kamera eingeschaltet hatte.

»Ich komme rein, okay?«

»Nein, Falk.«

»Aber ... sie sind auf deiner Seite. Ich kann sie von hier aus nicht sehen.«

»Ich sehe sie auch nicht.«

»Aber zu zweit hätten wir eine größere Chance, sie zu entdecken.«

»Du hast doch dein *Foto*!« Ich spuckte das letzte Wort aus wie ein Schimpfwort.

»Schon, jedoch ... ist es leider nicht sehr gut.«

»Das ist natürlich schade.«

»Erik, jetzt ...«

»Falk, wenn du hier mit mir herumstreitest, wird sie das sicher nicht anlocken. Jetzt verschwinde endlich! Lass mir einfach meine Ruhe. Du hattest deine Chance.«

Falks Stimme veränderte sich. »Wie kann man nur so nachtragend sein?« Es war ein in eine Frage gekleideter Vorwurf.

»Ich *kacke*, Falk. Und jetzt verschwinde und lies dir lieber ein paar Seiten in der Bedienungsanleitung deiner Kamera durch. Das würde für das nächste Mal vielleicht helfen.«

»Manchmal bist du ein richtiger Idiot«, flüsterte er. Dann verschwand er. Ich spähte wieder ins Blätterdach. Die Geräusche waren verklungen. Ich sah keinen Gibbon.

Nach dem Frühstück mussten wir uns von diesem Ort verabschieden. Wir packten unsere Sachen und brachen auf. Auf dem Rückweg benutzten wir noch einmal zahlreiche Seilbahnen, die immer noch so aufregend waren wie beim ersten Mal. Wir schrien und jubelten und hatten einen Heidenspaß, aber Falk und ich sprachen nur das Nötigste miteinander.

An der Hütte, an der die Führer uns die Klettergurte ausgehändigt hatten, gaben wir die Ausrüstung zurück. Dort trafen wir auch die anderen wieder. Lucy und Lachlan berichteten vergnügt, dass auch sie Gibbons gesehen hatten. Es sei großartig gewesen. Selbst Kampin wurde bei ihren Berichten ganz aufgeregt.

»Es ist selten, dass Gäste Affen sehen«, sagte er.

Auf dem weiteren Weg kamen wir an einem großen Baum vorbei, von dessen nackter, blattloser Krone einige Seile herabhingen.

»Das war Haus Nummer eins«, sagte Kampin. »Die Leute haben darin geraucht und ein Feuer entfacht. Sie wurden teilweise verletzt und haben sich verbrannt, aber sie konnten sich rechtzeitig retten. Das war vor einem Jahr. Jetzt gibt es kein Haus Nummer eins mehr.«

Bei unseren zwei bisherigen Touren durch den laotischen Dschungel, die ich beide sehr genossen hatte, war ich am Ende auf eine gewisse Weise froh gewesen, dass sie vorüber waren, dass die ständigen Herausforderungen hinter mir lagen und mich die Bequemlichkeiten der Zivilisation wieder umgaben. Dieses Mal war es anders: Ich hätte es hier noch Wochen ausgehalten. Der Wald forderte uns auch hier mit widrigen Bedingungen heraus, aber jederzeit war eine Rückkehr in den Garten Eden möglich, in die sauberen Baumhäuser mit den erfrischenden Duschen und dem guten Essen. Es war eine Dschungel-light-Erfahrung bezüglich des Ausmaßes, in dem wir dem Dschungel ausgesetzt waren, aber sie machte unglaublich viel Spaß. Die Mischung aus Adrenalinexplosionen während ich durch den Himmel glitt, die Stille am Abend im Baumhaus, das Wissen, das bei alldem auch noch Tier und Wald geschützt wurden – es war ein großartiges Projekt, das bewies, dass Anwohner dazu gebracht werden konnten, ihre Umwelt aus eigenem Antrieb und zum eigenen Vorteil zu schützen, anstatt ihr mit alten landwirtschaftlichen Methoden und anderen kurzfristig profitablen Praktiken zu schaden. Die Gibbon Experience hatte in der Region dutzende Arbeitsplätze geschaffen. Rund fünfzig Menschen bezogen direkte Einkünfte aus dem Projekt: die Köchinnen, die Führer, die Waldwächter, die Fahrer, die Büromitarbeiterinnen und die Besitzer der Packpferde, die die Nahrung in den Wald schleppten. Dazu kamen viele, die indirekt profitierten: die Familien der Beschäftigten, die Besitzer der Imbissbuden und kleinen Läden entlang der Straße auf dem Weg zu den Baumhäusern und andere. Naturschutz war heute für sie alle eine profitable Unternehmung. Sie lebten von den Gästen, die hierherkamen. Sie lebten davon, dass der Wald intakt war, den die Gäste sahen, und dadurch erlangten sie selbst ein neues Bewusstsein für den Wert der Natur, einer Natur, die ihnen seit ihrer Kindheit so selbstverständlich war, dass ein Schutz unnötig und lebensfern erschienen war. Männer, die früher Affen gejagt hatten, wanderten nun, nach den Tieren Ausschau haltend, durch die Wälder und freuten sich, wenn sie sie entdeckten: nicht, weil sie sie abschießen wollten, sondern weil sie die Tiere ihren Kunden in ihrer natürlichen Umgebung zeigen konnten. Welch eine Veränderung!

»Ähm, E-Erik«, stotterte Stan und starrte mich an. »Entweder jemand hat auf dich geschossen oder...«

Er musste den Satz nicht beenden. Ich folgte seinem Blick und schaute an mir herunter. Blut sickerte durch mein T-Shirt. Der Fleck wurde größer und breitete sich langsam über meiner Brust aus. Ich zog das Shirt bis zum Hals hoch: Schräg unter meiner rechten Brustwarze labte sich ein Egel, den Stan mit seinem Feuerzeug entfernte.

Wir stiegen für zwanzig Minuten die Steigung hinab, die einigen von uns auf dem Hinweg solche Qualen bereitet hatte, und liefen weiter durch den Wald, begleitet von immer wiederkehrenden, heftigen Schauern. Es fing leicht zu nieseln an, hörte wieder auf, nieselte wieder, dann brach es los. Dann hörte es wieder auf und begann von neuem. So wurde langsam alles unter Wasser gesetzt. Wo vor kurzem der Pfad gewesen war, wanderten wir nun durch kleine Schlammbäche. Die Erde wurde zu klebrigem Morast, der in einem Augenblick unsere Schuhe festhielt und auf dem wir beim nächsten Schritt ausrutschten. Als wir das Dorf erreicht hatten, waren die Wege nur noch Matsch und es wurde deutlich, warum die meisten Häuser im ländlichen Laos auf Stelzen gebaut wurden.

Eine Stunde warteten wir auf die Jeeps, die eine neue Reisegruppe heranschaffen sollten und uns zurück nach Houay Xai nehmen würden, besorgt, dass sie unter den neuen Bedingungen nicht bis zum Dorf durchkamen. Dann würden wir fünf bis sechs Stunden zur Asphaltstraße laufen müssen. Aber sie kamen durch. Die neuen Gäste stiegen aus und betrachteten uns verunsichert. Vor mir verharrten besonders viele; schlammig und heruntergekommen wie ich aussah, mit blutgetränktem T-Shirt, wo der Egel sein Festmahl gehabt hatte.

Die Jeeps bewältigten die Waldstraße mit großer Mühe. Immer wieder mussten wir aussteigen und sie mit vereinten Kräften anschieben, wenn sie einen Hang nicht hochkamen oder sich festgefahren hatten. Die Räder drehten durch, der Schlamm flog in alle Richtungen und bedeckte die letzten schlammlosen Stellen an unseren Körpern und Kleidern.

Während der weiteren Fahrt beratschlagten wir die Reise zu unserem nächsten Ziel, Luang Prabang. Lachlan und Lucy wollten versuchen, noch an diesem Abend einen Nachtbus zu erwischen.

»Das sollten wir auch machen«, sagte Falk.

»Ich hatte gehofft, wir würden mit einem Boot über den Mekong nach Osten fahren«, entgegnete ich.

»Das habe ich mir gedacht«, sagte Falk. »Aber die Bootstour dauert zwei Tage. Zwei langweilige Tage.«

»Nicht langweiliger, als zehn Stunden in einem Bus zu verbringen.«

»So wie ich das sehe, gibt es zwei Möglichkeiten. Entweder wir legen uns in einem Bus in unsere Betten, schlafen die Nacht durch und ruhen uns aus, um am nächsten Morgen um sieben Uhr in Luang Prabang aufzuwachen und erholt den Tag zu beginnen. Oder aber wir schlafen eine weitere Nacht in unserer Lieblingsstadt Houay Xai, nur damit wir die nächsten zwei Tage zusammengepfercht auf einem Holzkahn den Mekong hinunter tuckern können, auf Holzpritschen hockend. Am zweiten Abend stolpern wir dann entkräftet durch den kleinen Hafen von Luang Prabang, auf der Suche nach einer Unterkunft, und fallen ins Bett, die Erkundung der Stadt um einen weiteren Tag hinauszögernd.«

»Ich sage nicht, dass diese Bootsfahrt Spaß machen wird, dass sie nicht anstrengend sein wird, aber für mich gehört sie zu dieser Reise dazu.«

»Für mich nicht.«

Ich atmete durch. »Wie wäre es, wenn du mit den Australiern im Bus fährst und wir uns in zwei Tagen in Luang Prabang treffen?«

»Ein ausgezeichneter Vorschlag.«

Als wir in Houay Xai aus dem Jeep stiegen, massierte ich meine rechte Gesichtshälfte. Sie fühlte sich vom Fahrtwind taub an und kribbelte wie ein Fuß, der zu lange nicht genügend durchblutet wurde. Georgie ergriff meinen Arm, zog mich zur Seite und stellte sich mit eindringlichem Gesichtsausdruck vor mich, mir je eine Hand auf eine Schulter legend.

»Erik, du bist ein ganz besonderer Mensch. Du bist gesegnet.«

»Okay...«

»Nein, wirklich. Vielleicht weißt du es nicht, aber ich kann es sehen. Hier, die ist für dich.«

Sie hielt mir eine Kalligrafie-Karte aus gelbem Tonpapier hin, deren Vorderseite das Bild eines schwarz übermalten Schmetterlings zierte, umgeben von eleganten schwarzen Formen und Mustern. Die Formen setzten sich auf der Innenseite fort, wo sie einen lieben, kunstvoll geschriebenen Text einrahmten.

»Nichts Besonderes«, sagte Georgie. »Ich habe sie gestern Abend aus dem gemacht, was ich dabei hatte, nachdem du dich schlafen gelegt hattest. Eine kleine Erinnerung.«

Objektiv betrachtet war die Karte in der Tat kein künstlerisches Meisterwerk, aber sie berührte mich zutiefst. Ich begutachtete sie und schaute Georgie an, und ohne dass ich es mir erklären konnte, traten mir Tränen in die Augen. Ich hatte das Gefühl, erst jetzt zu begreifen, was für ein wundervoller, warmherziger Mensch Georgie war, und ich bedauerte, dass ich mich erst gestern Abend richtig mit ihr unterhalten hatte. Ich hatte sie aus Oberflächlichkeit vorschnell be- und verurteilt und dadurch wertvolle Zeit verloren, nur weil sie ein anderes Leben lebte als ich, weil sie sich an anderen Dingen erfreute und auf andere

Dinge Wert legte, weil sie zunächst einfach seltsam erschien und ich zu oberflächlich oder desinteressiert gewesen war, um durch diesen Schleier hindurch zu blicken. Ich hatte plötzlich das Gefühl, Georgie seit Jahren zu kennen, so als sei sie ein Teil meiner Vergangenheit und meines Wesens, und schon musste ich Abschied nehmen. Ich hätte ihr gern geholfen, mit ihrer schwierigen Situation fertig zu werden, aber natürlich konnte ich das nicht. Unsere Leben hatten vor langer Zeit an verschiedenen Orten begonnen und würden sich für lange Zeit an verschiedenen Orten fortsetzen. Es war für weniger als die Dauer eines Blinzelns, dass unsere Lebenspfade sich getroffen hatten, und das Blinzeln war vorbei.

Lebe wohl, Georgie. Ich hätte gern mehr Zeit mit dir verbracht.

Wir liefen sofort die Hauptstraße hinunter, um unsere Bus- und Bootstickets zu kaufen, denn für die Australier und Falk drängte die Zeit. An der Fassade eines Restaurants bemerkten wir einen Aushang, demzufolge wir sie hier erstehen konnten. Wir gingen hinein. Eine dicke Dame saß an einem Tisch und fragte in herrischem Tonfall: »Was wollt ihr?«

Zuerst fragte ich nach dem Preis für die Bootstour.

»Wann wollt ihr fahren?« Sie schrie mich fast an.

»Nicht wir. Ich.«

»Wann, wann? Morgen? Jetzt kaufen, *jetzt*!«

»Würden Sie sich bitte beruhigen? Ich würde das gern in Ruhe mit Ihnen besprechen.«

»Nichts besprechen, *jetzt* kaufen. Los!«

Das hörten wir uns keine zwei Minuten an. Wir gingen wieder hinaus und erinnerten uns, dass auch die Tourenanbieterin, die uns bei der Organisation des Tuk Tuks für den Wasserfallausflug geholfen hatte, Tickets anbot. Ihr gönnten wir unser Geld weitaus mehr.

Die Frau freute sich, uns zu sehen. Das Bootsticket zu kaufen war kein Problem.

»Du solltest zeitig hingehen«, empfahl sie mir. »Damit du gute Sitze abbekommst. Bevor die ganzen Thailänder eintreffen.«

Ich versprach, früh aufzubrechen, dann waren Falk und die Australier an der Reihe.

»Ich fürchte, für den heutigen Überlandbus seid ihr zu spät.«

»Aber der fährt doch erst in einer halben Stunde«, sagte Lachlan.

»Tut mir leid. Ihr seid zu spät.«

Enttäuscht zogen die drei sich zurück und diskutierten. Sie konnten den nächsten Bus nehmen, der morgen früh fuhr, würden dann aber am Abend in Luang Prabang ankommen. Sie entschieden sich, nicht zehn Stunden wach in einem Bus sitzen zu wollen, sondern lieber zu schlafen, aufzuwachen und plötzlich am Ziel zu sein.

»Wir nehmen den Nachtbus, der morgen losfährt«, teilte Lachlan der Frau mit. Am Ende würden sie Luang Prabang also nicht viel früher erreichen als ich mit dem Boot. Aber ich fragte Falk nicht, ob er nun doch mitkommen wollte, und er war zu stolz, um es von sich aus anzusprechen. Sie kauften die drei Tickets, dann traten wir wieder auf die Straße, wo Roberto uns entdeckte.

»Oh nein«, flüsterte Lachlan.

»Ich habe schon nach euch gesucht!«, rief Roberto und kam zu uns. »Was macht ihr?«

»Wir haben uns über die Busse erkundigt«, sagte Lachlan.

»Das wäre nicht nötig gewesen! Ich war gerade im Internet-Café und habe recherchiert. Der Bus nach Luang Namtha fährt morgen früh um acht. Also steht nicht zu spät auf. Lasst uns gehen.«

Er wandte sich ab. Lachlan räusperte sich. Roberto blieb stehen und drehte sich um.

»Weißt du«, sagte Lachlan, »eigentlich kommen wir gerade aus Luang Namtha. Wir wollen nach Luang Prabang fahren.«

»Nach Luang...« Roberto verstummte und schaute uns entsetzt an. Sein Gesicht wurde grau.

»Aber das – *geht* nicht. Da komme *ich* gerade her!«

»Vielleicht ist die Zeit gekommen, dass wir uns trennen«, sagte Lachlan.

»Tre...« Roberto ließ die Schultern hängen. Er schien zu realisieren, dass er nun wieder auf eigenen Füßen stehen musste. Er war so aufrichtig bestürzt, dass er mir fast leidgetan hätte – fast, denn insgeheim war ich froh über den Umstand, dass er Laos genau andersherum bereiste als wir.

»Lasst uns ein Hostel suchen«, sagte Lucy. »Ich brauche unbedingt eine Dusche.«

Wir kehrten zu unserer alten Unterkunft zurück, in der die Doppelzimmer karg waren, aber günstig. Doch Roberto stellte fest, dass der Preis für die Einzelzimmer verhältnismäßig hoch war.

»Hier können wir nicht bleiben«, sagte er und war schon wieder auf dem Weg nach draußen. Falk und ich sahen uns an: Er pumpte schon, das Blut stieg ihm in den Kopf. Er atmete tief durch, um ruhig zu bleiben.

»Nur noch bis morgen«, flüsterte Lucy. Dann folgten wir Roberto hinaus und suchten eine Unterkunft, die seinen Preisvorstellungen entsprach. Er war noch immer untröstlich über unsere bevorstehende Trennung. Um ihn aufzumuntern, bot Lucy, die meiner Meinung nach viel zu gutherzig war, ihm an, mit uns eine Abschiedspartie Boule zu spielen.

Diese Idee bereute sie bald.

Wir spielten in zwei Zweierteams, jeweils eine Person pausierte. Nach einer halben Stunde waren Lucy und Roberto in einem Team. Roberto hatte zehn Minuten zuvor ein Bier getrunken und verhielt sich seitdem furchtbar.

»Was *machst* du denn da?«, fuhr er Lucy an, als ihre Kugel über einen Meter von der Zielkugel entfernt liegenblieb. »Wie kann man nur so werfen?«

Ohne ihn zu beachten warf Lucy ihre zweite Kugel – der Wurf war gut.

»Hm, hat sie endlich mal Glück gehabt.«

Kurz und gut: Roberto machte uns den Abschied nicht unbedingt schwer.

Bald war es dunkel und wir beendeten das Spiel. Wir trafen uns auf der Flussblick-Terrasse mit einigen Teilnehmern unserer Tour und tranken und erzählten. Lachlan, Lucy und ich waren müde und zogen uns bald zurück. Falk kam etwa zwei Uhr ins

Zimmer. Ich wachte nur kurz auf. Am nächsten Morgen grummelte und stöhnte er.
»Ich war schon lange nicht mehr so besoffen.«
»Dann war es ein ausgelassener Abend?«, fragte ich in dem halbherzigen Versuch, ein Gespräch zu beginnen.
»Ich rede nicht vom Abend. Ich rede von jetzt.«
»War es schön?«
»Ja, war schön«, gab er zurück. »Erst floss immer mehr Bier und dann kam plötzlich Gin dazu.«

Damit verschwand er im Badezimmer und ich ahnte, dass es an diesem Morgen nicht zu einem klärenden Gespräch kommen würde. Genau genommen war es mir egal. Ich würde in zwei Stunden auf einem Boot sitzen, ohne ihn.

Kapitel 6
Der Mekong und das Schwinden der Eile

Ich hatte einen Leberfleck auf dem Rücken, und er war erschreckend groß. Also begab ich mich zu einem Hautarzt, um dem Ding auf den Grund zu gehen. Im überfüllten Warteraum vertrieb ich mir die Zeit mit einer Zeitschrift – ich habe vergessen welcher, aber es war eine jener Zeitschriften, die meist in solchen Warteräumen ausliegen und so langweilig sind, dass niemand Lust hat, sie mitgehen zu lassen.

Ein Patient mit lichtem grauen Haar verließ das Behandlungszimmer und kam in den Warteraum: Er nahm seine Jacke vom Garderobenständer, warf sie sich über den Arm, dann fiel sein Blick auf mich. Er blieb stehen und schaute auf mich hinab, und ich ließ meine Zeitschrift sinken und schaute zu ihm auf. Etwas Merkwürdiges ging in seinem Gesicht vor: Es war, als hätte er seine Mimik nicht unter Kontrolle. Erst zuckte nur sein rechter Mundwinkel, doch dann breiteten sich die Zuckungen über seine Züge aus und entstellten sie. In einem unkontrollierten Wechsel weiteten sich seine Augen und verengten sich zu Schlitzen. Speichel lief in dünnen Bahnen über sein Kinn. Ich war zu diesem Zeitpunkt etwa zehn Jahre alt, und der Mann machte mir Angst. Er ekelte mich. Ich rutschte tiefer in meinen Stuhl hinein, ohne mich aus dem Blick lösen zu können, mit dem er mich gefangen hielt. Endlich nickte er langsam, als würde er mir zustimmen, ohne dass ich etwas gesagt hatte, und sein Mund formte ein angedeutetes Lächeln.

»Eines solltest du wissen«, sagte er. Seine Worte waren schwer zu verstehen. »Was man in der Jugend verpasst, das kann man im Alter nicht mehr aufholen.«

Ich hielt die Luft an. Erwartete der Mann eine Reaktion von mir? Was hatte er überhaupt gesagt?

Aber der Mann erwartete nichts. Er sah mich weiter an, für eine Zeit, die wie eine Ewigkeit schien, aber nur ein paar Sekunden umfasste, nickte noch einmal. Dann verschwand er.

Die Bedeutung seines Hinweises wurde mir erst bewusst, als ich Stunden später nachhause kam und darüber nachdachte. Im Nachhinein verschwand mein Ekel und wurde ersetzt durch Mitleid – aber ein gewisses Unwohlsein blieb, wenn ich mich an ihn erinnerte. Ich grübelte gründlich darüber, wie es sein musste, alt zu sein. Ich dachte an meine Großeltern, die alles in allem glücklich waren, aber denen das Leben so viel mehr abverlangte als mir oder meinen Eltern. Die Herausforderung, die es bedeutete, eine größere Strecke mit dem Auto zurückzulegen, all die Arztbesuche, die kleinen und großen Wehleiden, mit denen sie kämpften. Ich möchte nicht melodramatisch werden, aber ich begriff schon damals, wie Recht der Mann im Wartezimmer hatte, und ich nahm mir vor, mich danach zu richten. Ich würde versuchen, in meiner Jugend so wenig wie möglich zu verpassen.

Sicher, jener Mann war nicht der erste Mensch, der diese Feststellung machte, und Sie mögen sich wundern, weshalb ich Sie mit dieser offensichtlichen und begrenzt geistreichen Aussage behellige – ich will es Ihnen erklären. Die Art und Weise, wie er seinen Satz sagte, wie er mich ansah, mit der Sehnsucht nach einer lange vergangenen Jugend in den Augen, vor Problemen stehend, die er nicht hatte kommen sehen, die Mühe, die es ihn kostete, mit mir zu sprechen – all das hatte sich mir eingebrannt. Daran dachte ich, als ich an diesem Morgen im Tuk Tuk saß, und mir wurde einmal mehr bewusst, welches Glück ich hatte: Ich hatte die Möglichkeit, durch ein fernes Land zu reisen, unterwegs zu sein und frei zu sein und zu erkunden. Mit jedem Schritt, den ich machte, mit jedem Kilometer, den ich fuhr, verpasste ich ein kleines bisschen weniger. Wenn ich an jenen Mann dachte, wusste ich alles noch etwas mehr zu schätzen.

Neugierig auf den Tag, der vor mir lag, mit dem kleinen Funken an Aufregung in mir, den jeder Aufbruch entzündet, stieg ich aus dem Tuk Tuk und lief die letzten Meter zu Fuß. Die Straße machte eine Kurve, dann sah ich den breiten, braunen Streifen, der der Mekong war. Das Wasser floss nicht träge oder gemächlich, Adjektive, die bei der Beschreibung mächtiger Ströme gern verwendet werden, sondern kraftvoll, zügig. Unter mir, dort, wo die Straße im Wasser verschwand, legte gerade eine Fähre an, die vom thailändischen Ufer übersetzte und drei Lastwagen transportierte. Ein Bootsmann drehte an einer Kurbel und ließ langsam eine rostbraune Metallrampe ins Wasser. Die Lastwagen setzten sich in Bewegung und schoben sich an mir vorbei die Straße hinauf. Der Bootsmann holte die Rampe hoch, die Fähre setzte zurück und drehte sich rasch. Die Besatzung war ein eingespieltes Team; sie durchlief diese Vorgänge jeden Tag etliche Male.

Rechts von der Anlegestelle waren ein Dutzend langer, schmaler Passagierboote vertäut. Die beiden Rucksäcke geschultert, eine Wasserflasche in der linken Hand und ein Kissen unter den rechten Arm geklemmt, ging ich hinunter und fragte mich nach Boot Nummer 18 durch, der Zahl, die auf meinem Ticket stand. Ich balancierte über eine biegsame Holzplanke, die vom Ufer auf das erste Boot führte, und stieg weiter auf das nächste. Sie waren dicht aneinandergedrängt, es gab keine Zwischenräume – das Vorwärtskommen von Boot zu Boot war einfach.

Auf Boot Nummer 18 nahm mir ein laotischer Junge den großen Rucksack ab und verstaute ihn im Laderaum unter den Planken im Bug. Ich folgte dem Jungen durch eine niedrige Tür in den Innenraum, darauf vorbereitet, meine schlimmsten Befürchtungen bestätigt zu finden. Allzu viele Gruselmärchen hatte ich über diese *Slow Boats* gehört, die Scharen an Thailändern, Laoten und westlichen Touristen den Mekong hinauf und hinunter schifften. Hoffnungslos überfüllt seien sie meist, häufig in bedenklichem Zustand, immer schmutzig und aufgrund des Motors unerträglich laut. Ich war auf eine Reise eingestellt, die unvergesslich sein würde, nicht nur wegen der Aussichten, sondern auch und vor allem wegen der Mühsal, die ich erdulden würde müssen. Die Ticketverkäuferin hatte mich gestern vor den harten Holzbänken gewarnt, auf denen die Passagiere kauerten wie Vögel auf der einzigen Stange in einem viel zu kleinen Käfig. Sie hatte empfohlen, ein Kissen zu kaufen, um wenigstens das Sitzen etwas zu erleichtern. Ich erwartete also eine Art asiatischen Häftlingstransport, aber was ich vorfand, war ein Boot, auf dem es sich durchaus aushalten ließ. Es war sauber genug, und statt endlos langer Holzbänke, auf denen sich die Sitznachbarn um jeden Zentimeter stritten, führten zwei Reihen von Doppelstühlen – man mochte fast sagen, Sesseln – durch das Boot. In ihrer grauen Farbe und Polsterung waren sie einer kleinen Version einer Autorückbank so ähnlich, dass sie vermutlich genau das waren. Sie waren weich, einige hatten Kopfstützen, alle konnten nach hinten geneigt werden. Ich würde nicht so weit gehen, zu sagen, sie waren bequem – das waren sie beileibe nicht. Die Beinfreiheit war gering, die Sitze, die wie im Flugzeug hintereinander aufgereiht waren, so schmal, dass nur zwei Drittel des Körpers darauf Platz fanden. Aber sie waren besser als alles, was ich befürchtet hatte.

Ich fand den auf meinem Ticket vermerkten Platz vorn auf der linken Seite und wartete auf den Beginn der Reise. Langsam füllte sich das Boot. Der Mann, der sich neben mich setzte und mir zum Gruß die Hand reichte, hieß Pierre und kam aus Paris. Er war ein farbenfroh gekleideter Kerl – lange orangene Leinenhose und knallbuntes Hemd – mit dunklen Augenringen und eingefallenen Wangen. Mit ihm kam ein Hauch von Marihuana ins Boot. Um die Schultern trug er eine in einer schwarzen Tasche verstaute Ukulele. Nachdem wir uns einander vorgestellt hatten, schwiegen wir und sahen zu, wie weitere Passagiere zustiegen, ihr Gepäck abgaben und durch den schmalen Gang zwischen uns und der rechten Sitzreihe in den hinteren Teil des Bootes gingen. Dann machte Pierre ein Geräusch, das mich zusammenzucken ließ. Er murmelte ein »Verzeihung« und sah durch die offene Seite – Fenster gab es nicht, nur einige Holzpfähle, die das Dach trugen – hinüber zu dem Boot, das neben uns lag. Zehn Sekunden später quiekte er noch einmal: Er hatte Schluckhauf, und einen ziemlich heftigen.

Eine weitere halbe Stunde verging, bis hinter uns der Motor zu rattern begann. Der Steuermann (ich nenne ihn so, weil er am Steuer stand, nicht, weil irgendeine Uniform oder ein anderes Anzeichen den Jungen als ausgebildeten Steuermann identifizierte) manövrierte das Boot zwischen den anderen Booten hindurch, gegen die wir immer wieder stießen. Die Besatzung unterstützte ihn und versuchte mit Stangen Abstand zwischen die Nachbarboote und uns zu bringen. Der Vorgang dauerte keine fünf Minuten, dann waren wir, mit einer halben Stunde Verspätung, unterwegs. Es war 11:30 Uhr. Wir zogen an Houay Xai vorbei bis die Gebäude spärlicher wurden und wir die Stadt hinter uns ließen. Ich war froh, endlich von hier fortzukommen. Die Gibbon Experience war ein voller Erfolg, aber die Zeit, die wir in der Stadt verbracht hatten, war bedeutend zu lang gewesen. Rückblickend hätte es sich durchaus gelohnt, einen Abstecher nach Thailand zu machen, aber da wir jeden Tag gehofft hatten, am *nächsten* etwas Lohnenswertes unternehmen zu können, war das Zeitfenster rasch vorüber gegangen. So hatte ich immerhin Zeit gehabt, ein paar meiner Bücher durchzulesen und literweise köstliche Shakes in mich hineinzuschütten. Und wir waren lange genug hier gewesen, damit uns die Besitzerin der Bar how? in ihr Herz schließen, ein Foto von uns machen, es entwickeln und an einer kleinen Fotowand anbringen konnte. Sicher hatte sie selten so langlebige Stammgäste gehabt. Ich reise nun ab, aber ein Abbild von uns würde wohl für die nächsten Jahre hierbleiben. Wie auch immer: Es war gut, dass es weiter ging.

Der Motor summte vor sich hin – die Leute, die hinten saßen, mochten ihn als belästigender empfinden als ich – und schob das Boot stromabwärts. Es war ein flaches Boot und wir lagen dicht über der Wasseroberfläche. Wenn ich die Hand ausstreckte, konnte ich mit ihr das braune Wasser berühren, das die Erde Tibets und Yunnans mit sich trug, die der Monsunregen in die Täler gespült hatte – jedenfalls bis Pierre mich fragte, ob ich ein Problem hätte, den Platz mit ihm zu tauschen. Ich setzte mich also an den Gang und er an die Außenseite. Er zündete eine Zigarette an, blies den Qualm in den Fahrtwind und spuckte ins Wasser. Seine Hände spielten nervös mit dem Glimmstängel, in seinen Mundwinkeln zuckte es, er rutschte auf dem Sitz hin und her. Und dabei hickste er: Etwa alle dreißig Sekunden stieß er ein kraftvolles Quieken aus. Sein ganzer Körper bäumte sich für einen Augenblick auf, dann sank er zurück in den Sitz und nahm einen weiteren Zug.

»Da scheint jemand intensiv an Sie zu denken«, sagte ich mit einem kumpelhaft-mitleidigen Blick, nicht, um besonders geistreich zu sein, sondern schlicht in dem Versuch, Konversation zu betreiben.
»Witzig. Wirklich sehr witzig«, gab er mit französischem Akzent zurück und hickste erneut. »Das geht jetzt schon seit vier Tagen so.«
Damit wandte er sich wieder der Wasserseite zu. Für einen Moment war ich sprachlos. Ich öffnete den Mund und schloss ihn wieder. Es dauerte wohl fünf Minuten, bis ich schließlich sagte: »Vier Tage? Das ist eine lange Zeit für einen Schluckauf.«
Er sah mich ablehnend an.
»Meinen Sie?«, fragte er mit einer gewissen Feindseligkeit. Ich ließ mich nicht beirren und fragte: »Haben Sie seit vier Tagen nicht geschlafen?«
»Abends hört es auf, aber sobald ich morgens ein Auge aufmache, geht es wieder los.«
Er schüttelte verzweifelt den Kopf. »Langsam kann ich nicht mehr.«
Die Feindseligkeit in seiner Stimme wurde von Erschöpfung ersetzt.
»Haben Sie überlegt, damit zum Arzt zu gehen?«
»Ich war beim Arzt, in Frankreich. Aber der kann nichts machen. Ich bekomme das immer wieder. Es kommt in Schüben, und ausgerechnet jetzt auf der Reise ist wieder so eine Phase.«
»Das tut mir leid.«
»Schon gut. Ist ja nicht Ihre Schuld.«
Er nahm einen weiteren Zug, hickste, wühlte in seinem Rucksack und zog eine Flasche Beerlao heraus.
»Auch eine?«
Ich lehnte dankend ab.
So saß er die nächsten Stunden da: hicksend, zuckend, rauchend und trinkend, mit hängenden Schultern – Flip Flops und Haare und ein Haufen Elend dazwischen.
Die Landschaft auf beiden Seiten ähnelte jenen Gegenden, in denen wir wandern gewesen waren: bewaldete Hügel – hier sanfter als im nördlichen Landesinneren – Felder, kleine einsame

Bambushütten zwischen Bäumen und Äckern, Palmen an den Ufern, dahinter eine erstaunliche Anzahl an Tempeln und goldenen Stupas. Eine Gruppe Mönchskinder, von denen kaum eines älter als fünf Jahre sein konnte, spielte im Wasser, safranfarbenen Stoff um die Hüften geschwungen und kunstvoll verknotet. Das monotone Summen des Motors von hinten und das leise Rauschen des Wasser von vorn, wo das Boot den Fluss zerteilte, verbanden sich zu einem eintönigen, beruhigenden Klangbrei, den ich nur unbewusst wahrnahm. Die Fahrt war bei weitem angenehmer als alle Busfahrten. Die Sitze waren erträglicher, es gab weder Schlaglöcher noch scharfe Kurven oder unerwartete Bremsmanöver, kein ständiges Hupen und keine schrille Musik. Die ersten Stunden waren eine Wohltat.

Wir schwenkten nach links und hielten an einem kleinen Dorf, um eine Hand voll laotischer Passagiere aufzunehmen. Zwei vielleicht siebenjährige Jungen nutzten die Gelegenheit, sprangen auf das Boot und riefen mit hohen Stimmen: »Wasser! Kauft Wasser! Kauft Snacks! Und Bier! Kauft Wasser für zehntausend Kip!«

Einige Passagiere folgten der Aufforderung und auch Pierre warf seine Kippe ins Wasser, schob sich an mir vorbei und ging nach vorn zu den Jungen. Er kam mit zwei kühlen Bierflaschen wieder, die er in seinem Rucksack verstaute.

»Eine mehr!«, rief ihm einer der Jungen hinterher.

»Kauf noch eine, kauf mehr!«, fügte der andere hinzu. Sie schrien weiter, bis das Boot ablegte und hatten allem Anschein nach ein zufriedenstellendes Geschäft gemacht. Für die nächsten Stunden setzten wir die Reise ohne weitere Unterbrechungen fort. Eines der berüchtigten Schnellboote dröhnte uns entgegen: eine flache, offene Fiberglasschale, der spitze Bug angriffslustig in die Luft ragend und das Wasser zerschneidend, die Karosserie mit gelber, roter und weißer Farbe bemalt, Feuer und Blitze darstellend. Die vier nach vorn gebeugten Passagiere und der Steuermann trugen Helme. Ich sah es kaum zwei Sekunden, dann war das Boot an uns vorbeigerast. So schnell diese Boote waren, die für den Weg von Houay Xai nach Luang Prabang kaum einen halben Tag brauchten, so gefährlich waren sie. Alle Reiseführer sowie das Auswärtige Amt warnen vor ihnen, weil die schnellen Leichtboote sich schon durch hohe Wellen überschlagen können und regelmäßig Menschen das Leben kosten.

Das Boot wurde vom Wasser wie auf einem endlosen Band weiter nach Südosten geschoben. Die meiste Zeit war es eine ereignislose Fahrt, so, wie ich sie mir erhofft hatte. Es gab genügend Dinge zu sehen, damit ich mich nicht langweilte, aber nicht so viele, dass keine Zeit blieb, um meine Gedanken frei schweben zu lassen. Gelegentlich grasten Wasserbüffel auf schmalen Wiesenstreifen am Ufer. Ein paar Menschen rodeten Hänge oder arbeiteten auf Hangfeldern, abwechselnd umzingelt von Primär- und Sekundärwäldern und Plantagen. Manchmal ragten kleine Sandbänke und Felsen aus dem Wasser, vor allem für die Schnellboote gefährliche Hindernisse. Hier und da grasten Rinder. Auch auf dem Fluss war nicht viel los. Wir begegneten wenigen anderen Booten. Ab und zu fischte ein Anwohner von einem kleinen Langboot. Ich sah mir all das an, wieder und wieder, Stunde um Stunde, um irgendwann überrascht festzustellen: Ich fühlte mich ... entspannt. Ich fühlte vollkommene Entspannung, ohne jede Rastlosigkeit. Selten habe ich dieses Gefühl so oft bewusst wahrgenommen wie in Laos. Als ich ein Jahr in Australien verbracht und große Teile des riesigen Landes mit einem alten Ford erkundet hatte, da hatte es mich mehrere Monate gekostet, an diesen Punkt zu gelangen. Zunächst war dazu bewusstes Zwingen notwendig gewesen: Lass dich nicht drängen, reg dich nicht auf, lass es gut sein. Und irgendwann, als ich über die Straße eines kleinen Provinznests an der südöstlichen Küste ging, mich eine fremde Frau freundlich grüßte und ich zurücklächelte, da war es soweit: Ich war restlos gelöst, durch und durch. Und Entspannung bedeutet Glück. Aller Druck – und ich rede nicht von einem existenziellen Druck, dazu ging es mir zu gut, sondern von einem subtilen Gemütszustand – fiel von mir ab, der sich im Laufe der letzten Jahre angestaut hatte, resultierend aus dem fortwährenden Kampf darum, den Ansprüchen zu genügen, die eine hektische Gesellschaft und ich selbst, als deren Produkt, an mich gestellt hatten.

Während sich der Strom an mir vorüberschob, dachte ich an mein Leben in Deutschland. Ein rundum behütetes Leben, für das ich nur dankbar sein konnte. Aber da war das ständige Gefühl der Hast, das wie ein zweites Herz in der Brust pochte, ganz leise nur und kaum zu vernehmen, wenn man nicht ganz bewusst darauf achtete und die eigene Lebensweise aufrichtig hinterfragte. Das ständige Gefühl, keine Zeit zu haben, denn der nächste Termin wartete schon. Und auch in Eile zu sein, wenn kein Termin anlag. Nicht durch die Fußgängerpassage zu schlendern, sondern zügig zu gehen, zielstrebig, häufig leicht gehetzt, schon an die nächste Verpflichtung denkend. Denn die Zeit war immer knapp, und nicht zuletzt war Zeit ja auch Geld.

Jochen Voigt spricht mir in *Zeit für den Mekong* aus der Seele, wenn er während seiner Mekongfahrt feststellt:»Die Maßeinheit *schnell* [hat] hier keine Bedeutung: Schnell fünf Minuten sprechen, schnell einen Kaffee trinken, schnell mal was besorgen. *Schnell*, das ist die begehrte Trophäe unserer Zeiteinteilung, aber in Laos belohnt man nur die Langsamkeit, die überlegene Gelassenheit, die auch tief in der buddhistischen Lebensweise verwurzelt ist.«

In Australien hatte ich mir vorgenommen, die neugewonnene Ruhe beizubehalten, sie nicht wieder loszulassen, auch nicht nach meiner Rückkehr nach Deutschland. Aber der Alltag mit all seiner Aufregung und seinen bunten Farben forderte seinen Tribut. Keine drei Wochen waren vergangen, da ertappte ich mich an der Kasse eines Supermarkts dabei, wie ich die Nebenschlange musterte und mich ärgerte, weil es in meiner länger dauerte. Die Kassiererin war zu langsam!

Eine plakative Situation – aber mit hoher Aussagekraft. Die Entspannung und die innere Ruhe waren dahin. Ich hatte sie nicht halten können. Schade, aber nichts zu machen.

Nun hatte ich sie wieder. Kein information overload, kein Drang, ständig nach neuen Emails zu schauen und mich alle fünf Minuten auf Spiegel Online zu informieren, kein ständiges Gefühl, noch etwas erledigen und mich beeilen zu müssen. Das sich selbst antreibende Hamsterrad stand still. Ich ließ mich treiben und genoss das bekannte und doch so fremde Gefühl des absoluten Ausgeglichenseins. Das Gefühl, nach dem ich auf meinen

Reisen mehr als nach allem anderen suchte. Die Zeit war nicht mehr das Maß aller Dinge, sondern ein unbedeutender Nebeneffekt, zu einem Statisten degradiert. Sie verrann, aber was machte das schon? Der Strom floss und floss, ich saß und saß in gelassener Eintönigkeit, musste nichts tun, an nichts denken, konnte einfach nur sein. »Genügsamkeit ist natürlicher Reichtum, Luxus ist künstliche Armut« stellte schon Sokrates fest. Ich fühlte mich ungemein wohlhabend, denn ich war reich an Zeit, und Zeit war die wertvollste Währung. Sie war schwer zu bekommen, aber wenn man sie einmal hatte, konnte man sich großartige Dinge leisten. Freiheit zum Beispiel.

Selbstverständlich gibt es über die Suche nach dem inneren Ausgleich hinaus zahlreiche gute Gründe zu reisen und dem zähen Fluss der Vorhersehbarkeit zu entkommen. Diese Gründe sind so vielseitig wie die Reisenden selbst: Viele suchen Erholung von einem überfüllten Alltag und sind zufrieden, wenn sie eine Woche lang an einem schönen Strand ausspannen können. Viele suchen das Abenteuer und brechen aus den gewohnten Abläufen aus, indem sie ihre Grenzen suchen und Berge besteigen. Andere besuchen Länder, in denen das Wetter warm ist und die Preise niedrig sind. In den asiatischen Ländern war mir das schon oft begegnet: Westler, die sich euphorisch über die vielen Schnäppchen freuten und ihre Erquickung allein aus dem Wissen zogen, für die meisten Waren und Dienstleistungen einen Bruchteil dessen zu bezahlen, was sie in Deutschland kosten würden. Sie vergaßen dabei leicht, sich für das Land selbst zu interessieren, für das, was es über die billigen Güter hinaus zu bieten hatte, für seine Persönlichkeit. Ich hatte viele Reisende getroffen, die das bereiste Land auf ebendiese preislichen Faktoren reduzierten und, obwohl sie für wenig Geld gut aßen und gut lebten, ein aus meiner Sicht schlechtes Geschäft machten: Sie bereisten das Land, aber sie *sahen* es nicht.

Keineswegs war ich so hochmütig zu glauben, dass es mir nach diesen Monaten gelungen war, auch nur eines der besuchten Länder wirklich zu erfassen und in seiner Vielfältigkeit und Andersartigkeit zu begreifen, aber dennoch glaubte ich, dass die Art der Wahrnehmung – und diese kann man bis zu einem gewissen

Grad selbst beeinflussen – und natürlich die Art des Reisens den entscheidenden Ausschlag darüber geben, was man aus seiner Reise für sich selbst mitnehmen kann. Setze ich mich in einen All-inklusive-Reisebus mit Klimaanlage, der vom Fahrer mit dem Hinweis »Only Western People« beworben wird und dessen Komfort ich mir allein leisten kann, weil ich im reichen Westen geboren wurde? Oder wähle ich das klapprige Gefährt ohne Klimaanlage, ja ohne Fensterscheiben, aber mit Hühnergackern und Plastikorchideen, in dem es heiß ist und geraucht werden darf, in dem der Komfort weit geringer und die Herausforderung weit größer ist? Ziehe ich von vorneherein eine unüberwindbare Linie zwischen mir und dem Land, zwischen der Karikatur des Pauschaltouristen und den echten Menschen? Oder versuche ich, mich dem Land zu nähern, und wenn dies einfach nur bedeutet, auf einen gepolsterten Sitz zu verzichten? Überwinde ich den anerzogenen Drang nach Bequemlichkeit? Diese Fragen, auf die es kein Richtig und kein Falsch gibt, muss sich der Reisende stellen. Wichtig ist vor allem, überhaupt zu reisen. Um mit Wilhelm Buschs Worten zu sprechen:

Viel zu spät begreifen viele die versäumten Lebensziele:
Freude, Schönheit der Natur, Gesundheit, Reisen und Kultur.
Darum, Mensch, sei zeitig weise.
Höchste Zeit ist's: Reise, reise!

Robert Louis Stevenson schrieb 1879 in *Reise mit dem Esel durch die Cévennen*, einem Bericht über seine Durchquerung (und die seiner störrischen Eselin Modestine) des französischen Mittelgebirges: »Ich reise nicht, um irgendwo hinzugehen, sondern um zu gehen. Ich reise um des Reisens willen. Der Punkt ist, unterwegs zu sein.«

Der Weg war also sein Ziel. Mein Grund zu reisen war kein sehr außergewöhnlicher: Ich reise, weil ich die Welt in ihrem Abwechslungsreichtum und mit ihren Geheimnissen entdecken wollte. Die unterschiedlichen Länder mit den unterschiedlichen Landschaften und den verschiedenen Menschen mit den verschiedenen Kulturen. Ich wollte Hindernisse überwinden, wollte die vielen Dinge erfahren, die die Menschen mit ihren fremden Sprachen und fremden Gesichtern von mir abhoben, und war dabei immer wieder überrascht, wie viel mich tatsächlich mit ihnen verband und wie groß die Ähnlichkeiten waren, trotz verschiedenem Äußeren und komplett andersartigen Lebensumständen. Die Grundbedürfnisse der Menschen, die grundsätzlichen Denkweisen, das Bedürfnis nach ein wenig Sicherheit, nach geliebten Menschen, das Bestreben, das Leben mit ein wenig Humor zu nehmen, bestimmte Gesten und Verhaltensweisen ... diese und andere Gemeinsamkeiten sorgten dafür, dass es selbst in den fremdartigen Winkeln der Welt erstaunlich leicht fallen konnte, eine Bindung zu den dortigen Menschen aufzubauen, nicht unbedingt im Sinne einer tiefen Freundschaft, aber doch genug, um sich zu unterhalten und auszutauschen und sich aneinander zu bereichern – und sei es nur durch Blicke und das Beieinandersein. Das Ergebnis solcher Austauschprozesse war nicht nur, dass ich etwas über diese fremden Menschen lernen konnte, sondern ich hatte auch Gelegenheit, meinen eigenen begrenzten Horizont ein klein wenig zu erweitern und ein etwas besseres Gefühl für das große Ganze zu bekommen. Durch fremde Kulturen hatte ich die Gelegenheit, mehr über mich selbst herauszufinden, meine eigenen Denk- und Verhaltensweisen zu hinterfragen. Im gleichen Maße, in dem ich über sie lernte, lernte ich über mich selbst. Der Pauschaltourist in seinem klimatisierten Bus und dem Fünfsternehotel macht diese Erfahrung kaum, könnten doch neunzig Prozent dieser Hotels ebenso gut an neunzig anderen Orten auf der Welt stehen. Ich war nicht so vermessen zu behaupten, dass ich als beschränkter Kleingeist auf die Reise gegangen war und als begreifender Großgeist zurückkehren würde. Aber ich hoffte doch, dass ich ein klein wenig wachsen würde.

Genug schwadroniert. Trotz aller Glücksgefühle, die mich durchströmten, gelang es mir nicht länger, das taube Gefühl zu missachten, das sich in meinem müden Hintern ausbreitete. Außerdem waren meine Füße eingeschlafen. Höchste Zeit, sich etwas zu bewegen. Wie ein müder Greis taumelte ich durch den Gang nach hinten, ging nach vorn zum Bug, und nachdem ich mich dort zwanzig Sekunden unter das niedrige Dach gekauert hatte, hatte ich alle Möglichkeiten erschöpft. Ich kehrte zu meinem Sitz zurück.

Die einzigen Veränderungen waren für lange Zeit, dass die Wälder im Wechsel dichter und lichter wurden, und die Hügel niedriger und höher. Vereinzelt ragten felsige Bergspitzen in die Luft. Wind kam auf und es begann zu regnen. Der feine Sprühregen bildete einen nebelartigen Schleier und verwischte Tiefen und Dimensionen; die Farben verblassten. Der Wind trug die kleinen Tropfen seitlich ins Boot. Die Bootsbesatzung rollte rechts blaue Plastikplanen vom Dach, um die Passagiere, die auf dieser Seite saßen, trocken zu halten. Ich saß links vom Gang und spähte weiter in die plötzlich so graue Welt hinaus. Ich las, hörte Musik, schlief immer wieder ein. Neben mir war der Schluckauf für eine Weile verklungen, denn Pierre war in einen unruhigen Schlaf gefallen.

Ich holte eine Packung Kekse hervor, klebrige Karamell-Nuss-Scheiben, die ich heute Morgen gekauft hatte, und wollte mich eine Weile beschäftigen, indem ich sie genoss. Ich nahm eine Scheibe, griff zwei kleine Laschen der Plastikpackung mit den Daumen und Zeigefingern und versuchte sie aufzureißen, aber ich rutschte ab. Ich probierte, sie mit einer Hand festzuhalten und mit den Zähnen zu ziehen.

Ich konnte sie nicht öffnen.

Ich versuchte es noch ein paar Mal, bevor ich niedergeschlagen die Hände sinken ließ. Plötzlich fehlte mir Falk, nicht nur, weil ich Appetit auf Kekse hatte. Wir hatten uns erst vor ein paar Stunden verabschiedet, und es war nicht so, dass ich nicht problemlos Wochen und Monate ohne ihn verbringen konnte, denn wir waren keine getrennten siamesischen Zwillinge oder Seelenverwandte oder dergleichen. Aber das hier war *unsere* Reise. Wir hatten sie gemeinsam begonnen und wollten sie gemeinsam beenden, und es machte mich traurig, dass wir die Eindrücke, die ich aufnahm, nicht teilen konnten, nebeneinandersitzend, die meiste Zeit schweigend und mit uns selbst beschäftigt. Wir hatten uns getrennt, bevor wir uns versöhnt hatten. Es war nicht das Gleiche ohne den starken, schreckhaften, schwitzenden, fotografierenden, stets hungrigen, muskelgnubbeligen Falk.

Es hörte auf zu regnen und die kleine Mannschaft wickelte die Planen auf. Noch immer das gleiche Bild: Uferböschungen mit etwas Fels und Sand, ansonsten Grün, dahinter Hügel neben Hügel. In den Senken zwischen ihnen sah ich weiter hinten weitere Hügel. Hier und da eine kleine Siedlung von sechs oder sieben Hütten. Der Steuermann verlangsamte das Tempo, lenkte nach links und rechts und fuhr in Schlangenlinien um Untiefen herum und zwischen Stellen hindurch, an denen das Wasser weiß schäumte, dort, wo Felsen bis dicht unter die Wasseroberfläche reichten. Überall waren Strudel zu sehen. Es war eine tückische Passage. Bojen oder andere Hilfen gab es nicht, aber der Steuermann brachte uns sicher hindurch, bevor er wieder Geschwindigkeit aufnahm. Pierre erwachte und hickste. Er zündete eine Zigarette an und öffnete eine der kühlen Bierflaschen. Er fragte mich, ob ich ihn noch einmal durchlassen würde und ging nach vorn, wo angetrunkene Amerikaner anfingen zu gackern und zu grölen. Eine junge Frau, die mit ihrem Freund reiste, hatte einen großen blauen Fleck auf dem Oberschenkel.

»Was hat dein Freund dir da angetan?«, fragte Pierre und versuchte, gleichzeitig einen Zug von der Zigarette und einen Schluck aus der Flasche zu nehmen. »Behandelt er dich nicht gut?«

Die Frau lächelte und zuckte mit den Schultern. Ihr Freund sagte: »Sie hat nicht gut genug gekocht.«

Pierre lehnte sich vor. »Wie war das?«

»Sie hat nicht gut genug gekocht.«

Pierre schüttelte den Kopf. »Das verstehe ich nicht«, sagte er. »Mein Englisch ist nicht sehr gut.«

»Das Essen hat nicht geschmeckt«, versuchte es der Amerikaner. Jetzt verstand Pierre. Er wollte etwas erwidern, wurde aber von einem neuen Hickser davon abgehalten. »Verzeihung«, sagte er. Die nächsten zwei Stunden vergnügte er sich mit den Amerikanern, kippte eine fast volle Bierflasche über dem Laderaum um, in dem mein Rucksack lag, schüttete eine weitere in seinen

Schoß und führte Gespräche, denen zuzuhören sich nicht lohnte. Bald begannen sie, Plastikbecher mit Jack Daniels zu füllen.

Ich wandte mich meinem Buch zu, kaum auf eine weitere Stromschnelle achtend, die wir durchquerten: Sie war klein, brachte das flache Boot aber trotzdem ordentlich ins Schaukeln. Die Leute fingen zu krümeln und zu rülpsen an, der Rauch von immer mehr Zigaretten wehte mir ins Gesicht. Ich massierte meine Beine, die langsam wieder ihr Gefühl verloren. Der besinnliche Teil der Reise war vorbei, aber ich genoss den Rest genug, damit die Zeit zügig verging. Als Pierre zurückkehrte, war sein lauter Schluckauf zu einem stummen Zucken geworden.

»Ist das ein gutes Zeichen?«, fragte ich.

»Vielleicht«, sagte er.

Der Steuermann drosselte die Geschwindigkeit und legte an einer Sandbank an. Eine laotische Frau und ihre Tochter stiegen aus, beide trugen große Säcke auf den Rücken. Es waren keine Felder zu sehen, kein Dorf und keine Hütte. Sie winkten dem Steuermann und verschwanden im Wald.

Die Frequenz von Pierres Schluckauf erhöhte sich, bis es keine Zuckungen mehr waren, sondern ein durchgehendes, lautloses Zittern. Er rauchte eine Zigarette nach der anderen und fuhr sich nervös mit dem Handrücken über die Stirn.

Dann saß er plötzlich still.

Ich lehnte mich ein wenig von ihm weg und beobachtete ihn. Er schaute von einer Seite zur anderen, wartete, als würde er versuchen, sich an etwas zu erinnern oder ein kaum zu vernehmendes Geräusch auszumachen, dann sagte er: »Mon Dieu, es ist vorbei. Gott sei Dank.«

Er atmete tief durch, hustete und nahm einen kräftigen Zug von der Zigarette. Ich lächelte ihn an.

Die Wolken hatten sich aufgelöst, und die Sonne schien wieder ungestört und gab der Natur ihre Farben zurück, dem Wasser sein Braun, den Bäumen und Sträuchern ihr Grün, den Felsen ihr Grau und dem Sand sein schmutziges Beige. In der Mitte des Flusses hob sich eine lange, mit hohem Gras bewachsene Sandbank aus dem Wasser. Das Boot fuhr rechts um die Insel herum, die den Fluss für einige Dutzend Meter zweiteilte. Die Sonne sank und schien mir seitlich ins Gesicht und auf die Seiten meines Buches, die so hell waren, dass ich Mühe hatte, die Buchstaben zu erkennen.

Gegen halb sechs sah ich am Ufer seit Stunden die ersten mehrstöckigen Gebäude. Das Boot legte in Pakbeng an, unserem heutigen Ziel. Die Stadt, die sich in einer Flussbiegung an einen steilen Hügel schmiegte, lag etwa in der Mitte zwischen Houay Xai und Luang Prabang und lebte größtenteils von den Bootsreisenden, die hier täglich in zuverlässiger Anzahl Halt machten. Noch während sich unser Boot dem Ufer näherte, strömten aus allen Richtungen Knaben und junge Männer heran. Sie rannten die Straße hinunter, stürzten aus den Häusern, kamen durch Gestrüpp gelaufen und hielten auf die Stelle zu, an der das Boot vertäut wurde. Was folgte, war ein heilloses Durcheinander aus Rufen und hektischem Gedränge. Vier oder fünf Männer sprangen in das Boot und hinderten die Passagiere am Aussteigen. Sie verteilten Flyer oder hielten Schilder hoch, die Unterkünfte und Restaurants anpriesen.

»Wo schläfst du heute Nacht?«, fragten sie einen Passagier nach dem anderen. »Hast du schon etwas gebucht? Schöne Zimmer, Ventilator und heißes Wasser. Nur vierzigtausend Kip.«

Sie drängten durch das Boot, gewannen, soweit ich es mitbekam, wenig Kundschaft und zogen sich zurück, um vor dem Ausgang zu warten, zusammen mit zwanzig oder dreißig weiteren Männern und inzwischen auch Frauen. Ein Mitglied der Mannschaft bat alle Gäste, das Boot zu verlassen, denn die meisten standen nun auf den Planken im Bug herum, unter denen sich das Gepäck befand.

»Alle raus!«, rief der Mann. »Ich werfe das Gepäck zu euch raus!«

Er wartete, bis er genug Platz hatte, um die Bretter aus dem Boden zu nehmen und zur Seite zu schieben. Dann zerrte er die Rucksäcke aus dem Laderaum und warf sie auf rabiate Weise in Richtung der Tür, die aus dem überdachten Bereich führte. Er arbeitete wie eine Maschine, scherte sich nicht darum, ob er Gurte oder Griffe abriss, schleuderte die Gepäckstücke durch die Gegend. Vor der Tür stapelten sich die Rucksäcke rasch zu einem Haufen, der die Passagiere, die wie ich noch im Boot geblieben waren, am Aussteigen hinderte. Von draußen griffen die laotischen Männer und Kinder nach den Gepäckstücken und zerrten sie hinaus.

Einige Leute kauerten sich unter die niedrige Decke am vorderen Ende der Überdachung, andere folgten der Anweisung des Bootsmannes und kletterten über das Gepäck und drängten hinaus. Ich gesellte mich zur ersten Gruppe. Ich wollte meinen Rucksack an mich nehmen, bevor er hinausgereicht wurde. Der Ausgang verstopfte schnell, der vordere Bereich des Bootes füllte sich, der Bootsmann hatte keinen Platz mehr, um weitere Rucksäcke aus dem Laderaum zu holen, auf die die Leute unter der niedrigen Decke jedoch warteten. Für eine Minute ging gar nichts. Eine ältere, aggressive Norwegerin beschloss, dass sie zu den ersten gehören sollte, die das Boot verließen und drängelte sich durch die Schlange, die sich vor dem Rucksackhaufen gebildet hatte. Sie schob sich durch die Reihen wartender Westler, stieß auch ein paar Laoten grob an, zog an ihren Armen, damit sie aus dem Weg gingen, und gestikulierte verärgert. Ein schüchterner Klumpen, der wohl ihr Mann war, trottete hinter ihr her. Sie hatte den Ausgang beinahe erreicht, als ein Italiener – Gott segne ihn – sie aufhielt. Eine hitzige Diskussion entstand, jeder redete auf den anderen in seiner eigenen Sprache ein und begleitete die Ausführungen mit wütenden Handzeichen. Die Frau des Italieners begann, offenbar auf seine Anweisung hin, ein paar Rucksäcke von der Spitze des Berges herunterzuziehen, sie der Norwegerin vor die Beine zu werfen und so den letzten schmalen Durchgang zu verbarrikadieren. Ich rieb meine Schulter, auf die ich wegen der niedrigen Decke im Bug meinen Kopf gelegt hatte und die zu verkrampfen begann.

Endlich löste sich das Knäuel und der Bootsmann warf meinen Rucksack auf den Haufen. Ich schnappte ihn mir, zog ihn auf die schwimmende Plattform vor dem Boot, schulterte ihn, setzte meinen kleinen Rucksack auf den Bauch und klemmte mein Kissen unter den Arm. Aus dem Augenwinkel bekam ich mit, wie einige Jungen lachend auf Pierre und den Bierfleck in seinem Schritt zeigten und auf Englisch riefen: »Er hat eingepisst!«

Pierre, heftig schwitzend, gab zurück: »Ich *kann* nicht mehr pissen, ich bin zu besoffen.«

Ich schob mich an ihm vorbei, kämpfte mich einige Meter vorwärts und wurde von allen Seiten gefragt, ob ich schon ein Zimmer hatte. Poster wurden mir vor das Gesicht gehalten, Leute zogen an meinen Ärmeln, ein Mann, dessen Gesicht ich im Gewusel nicht sehen konnte, fragte, ob ich Marihuana brauchte. Kinder griffen nach meinem Kissen und meinem Tagesrucksack.

»Wir helfen dir«, quasselten sie. »Die Straße ist steil. Wir tragen dir die Sachen hoch! Gib her!«

Ich zog den Kopf ein und bahnte mir meinen Weg durch das Gedränge, sprang von der Anlegeplattform, kletterte über ein kleines Stück Felsen und erreichte die Straße, die vom Wasser hinauf in die Stadt führte. Hier, wo etwas weniger los war, kam ich zu Atem. Ich hielt kurz an, stellte die Riemen meines Rucksacks ein und orientierte mich.

»Wie wäre es, wenn wir uns ein Zimmer teilen?«

Ich schaute überrascht nach links. Pierre stand neben mir, die Ukulele unter dem linken Arm, seinen Rucksack in der rechten Hand. Er ließ den Rucksack auf die Straße fallen und keuchte.

»Das wäre günstiger«, fügte er hinzu.

»Äh, hallo Pierre«, stammelte ich und suchte nach den richtigen Worten.

»Ich habe Haschisch dabei«, sagte er, als sollte mir das Angebot versüßt werden.

»Wie bitte?«

»Ich habe ... *hey!*«

Ein Laote hatte sich Pierres Rucksack auf den Rücken geschwungen und war bereits auf dem Weg die Straße hinauf.

»Hey, warte! Verdammt!«

Pierre schimpfte kurz auf Französisch vor sich hin und lief – oder taumelte vielmehr – dem Laoten hinterher, fluchend und wild mit den Armen fuchtelnd.

Kurz bevor er außer Hörweite war, vernahm ich ein einzelnes, kraftvolles Hicksen, gefolgt von einem herzhaften »Scheiße nochmal!«

Ich nutzte die Gelegenheit und setzte mich meinerseits in Bewegung. Neben mir liefen Männer den Hang hinauf, die das Gepäck der überforderten Passagiere trugen. Am Ende der Steigung kam ich an einem Jungen vorbei, der auf die Besitzerin einer pinken Handtasche wartete, die er an sich gerissen hatte. Vermutlich suchte sie noch verzweifelt um das Boot herum nach dem verlorenen Stück, aber schließlich musste sie hier vorbeikommen. Es gab keinen anderen Weg in die Stadt. Immerhin wühlte der Junge nicht in der Tasche herum, obwohl es das Einfachste für ihn gewesen wäre, das Geld herauszuholen.

Ich passierte die ersten Unterkünfte, deren Eigentümer vor den Türen standen und lautstark um meine Gunst warben, und brachte die erste Kurve hinter mich. Ich wollte rasch Abstand zur Fähre gewinnen. Erst als alles ruhiger wurde entspannte ich. Ich suchte mir ein Gasthaus aus, das von außen halbwegs ansprechend war und dessen Besitzer sich nicht allzu sehr aufdrängte. Ich folgte ihm hinein. Das erwies sich rasch als Fehler.

Der Besitzer war mir nach wenigen Minuten unsympathisch. Er war unfreundlich, kurz angebunden und behandelte mich in einer herablassenden Art, die mir kurz wunderlich erschien, die ich dann aber schnell als dreist empfand. Natürlich, niemand ist perfekt und jeder hat seine Macken. Mein Vater hat die Angewohnheit, die Toilette genau dann aufzusuchen, wenn seine Frau zum Essen ruft. Falk veranstaltet jede zweite Nacht eine nasale Symphonie, die wie eine Kettensäge klingt, bei der ein paar Schrauben lose sind, und kommt an keiner McDonalds-Filiale vorbei, ohne sich die große Chicken-Nuggets-Packung zu bestellen und in genüsslicher Sorgfalt eine Dipstraße zu bauen. Und ich bekomme vor Wut Hitzewallungen, wenn sich jemand an meinen Bücherregalen zu schaffen macht, ohne die Bücher so zurückzustellen, wie sie gestanden haben: mit den Rücken auf exakt gleicher Höhe abschließend. Ich kann nur vermuten, wie oft ich ratlos vor diesen Regalen gestanden habe, in dem vergeblichen Versuch, die Ignoranz zu begreifen, derer es bedarf, ein Buch, dessen Rücken zusammen mit den anderen diese wunderschöne gerade Linie bildet, herauszuziehen, darin herumzublättern und es achtlos zurück in die Lücke zu schieben. Das entsetzliche Ergebnis: Das betrachtete Buch ragt weit über die anderen heraus, jene Werke links und rechts davon wurden hingegen in die Tiefen des Regals geschoben und sind kaum noch zu erreichen. Welch grausiger Anblick! Deshalb, meine Freunde und Familie, lasst euch ein für allemal gesagt sein: Die Bücher stehen nicht zufällig in ihrer perfekten Anordnung in den Regalen – das ist *Absicht*!

Wo war ich stehengeblieben? Ja, richtig: Jeder hat seine Schwächen und Macken; ich verstehe das besser als irgendwer sonst. Aber was dieser rüpelhafte Idiot an idiotischen Rüpelhaftigkeiten darbot, übertraf alles, was man an gelegentlicher Idiotie erwarten und akzeptieren muss. Es war empörend.

Nachdem ich ihm gesagt hatte, dass ich eine Nacht bleiben wollte, murmelte er »Schlüssel« und ging durch eine Nebentür. Ich vermutete, dass ich ihm folgen sollte und lief ihm hinterher. Plötzlich wirbelte er herum und fuhr mich an: »Was soll das? Du hast hier nichts zu suchen!«

Ich hob die Hände. »Es tut mir leid«, sagte ich und eilte zurück ins Foyer. Dort wartete ich auf ihn. Als er zurückkam und an mir vorbei hinter den Empfangstresen lief, trat er mir absichtlich auf den Fuß, um mich wissen zu lassen, dass ich ihm im Weg stand. Nicht, dass links und rechts kein Platz gewesen wäre; ich stand schlichtweg genau an der Stelle, an der er entlangzugehen beschlossen hatte. Da ich einen Moment lang jeglicher Wortgewandtheit beraubt war, musste ich mich damit begnügen, ihn ungläubig anzustarren.

»Keine Frauen, keine Drogen«, sagte er und betrachtete mich feindselig, als sei ich im Begriff, seine heiligen Hallen in Sodom und Gomorra zu verwandeln. Wenn irgendwann ein Autor beschließen würde, das Buch *1001 Menschen, die Sie niemals kennenlernen sollten* zu schreiben, dann hatte dieser Kerl auf jeden Fall ein eigenes Kapitel verdient. Ich spielte kurz mit dem Gedanken, mir eine andere Unterkunft zu suchen, aber dazu hatte ich keine Lust. Schließlich musste ich mit dem Typen nicht den Abend verbringen. Ich wollte meine Rucksäcke abstellen und meine Ruhe haben. Er führte mich eine Treppe hinauf, blieb vor einer

Tür stehen und schloss auf. Bevor ich eintrat bemerkte ich, dass vor dem weit geöffneten Fenster untypischerweise kein Moskitonetz hing – in Anbetracht der Nähe des Mekongs schien mir das keine gute Idee. Dann sah ich jedoch, dass an der Decke über dem Bett ein Netz befestigt war.

»Ich nehme das Zimmer«, sagte ich und bezahlte den geringen Preis. Ich stellte die Sachen ab, verschwand nach draußen und schlenderte die nächste Stunde durch die Stadt. Die Straße – die einzige, die asphaltiert war – zog sich vom Mekong durch die ganze Stadt. In Wassernähe drängten sich Gasthäuser aus Beton und lackiertem Holz neben Restaurants und Cafés, später wurden sie durch kleine Gebäude ersetzt: Wohnhäuser, schlichte Imbissstuben und Gemischtwarenläden, in denen an Haken Unterwäsche neben Keilriemen hing und sich Strohhüte Warentische mit Eiern und Benzinkanistern teilten. Ich ging an einem kleinen Markt vorbei, besichtigte zwei kleine Klosteranlagen und lief durch einige staubige Seitenstraßen, an denen sich Holzgebäude reihten, manche Bretterverschlägen gleichkommend. In einem günstigen Restaurant mit umfangreicher, mit unterhaltsamen Fehlern gespickter Speisekarte und Flussblick entschied ich mich weder für die »Sendwiches« noch die »Baguette-wiches«, auch nicht für die »Schmerzkekse« (*Paincakes*) oder die »getoasteten Franzosen« (*French Toasted*), sondern für Süß-Sauer-Hühnchen. Zurück im Zimmer las ich ein paar Stunden, bis es Zeit für die Nachtruhe war. Ich ahnte nicht, dass mir eine Nacht bevorstand, an die ich mich lange erinnern würde.

Ich liebte das tropische Wetter Südostasiens, die Wärme, die Feuchte, die Sonne und den Regen. Einer der Nachteile, die damit einhergingen, waren jedoch die vielen Insekten, die mir das Blut aussaugen wollten, während ich schlief. Kurz bevor ich das Licht ausschaltete, inspizierte ich mein Moskitonetz und bekam Panik, als ich einer wachsenden Zahl zerrissener Maschen gewahr wurde. Das war kein Moskitonetz, das waren riesige Löcher, umgeben von einem Hauch lose verbundener Strippen. Der einzige Zweck dieses Knotenwirrwarrs konnte sein, mir ein *Besser-als-nichts*-Gefühl zu geben. Dennoch ließ ich das Netz – oder das, was davon übrig war – um mich herunter und legte mich schlafen. Denn schlafen musste ich. Zumindest wollte ich das.

Sobald ich das Licht ausgeschaltet hatte, hörte ich das erste Summen. Es war nahe, sehr nahe. Der Blutsauger musste bei mir im Netz sein. Ich schlug die Decke zurück, setzte mich auf, schaltete das Licht ein und suchte nach dem Moskito. Doch ich fand ihn nicht. Meine Laune verschlechterte sich.

Ich versuchte zu schlafen, aber das Summen drang in mein Bewusstsein; ich konnte mich auf nichts konzentrieren als dieses monotone Geräusch, das um mein Ohr herumtänzelte und kurz verstummte, wenn ich mir auf die Seite des Kopfes schlug, nur um nach einigen Sekunden wieder zu erklingen, fröhlicher als zuvor. Es verstummte auch, wenn der Moskito zum Angriff überging. Sobald die Stille ins Zimmer zurückkehrte, wusste ich, dass das Vieh irgendwo auf meinem Körper saß und Blut saugte.

Ich warf mich hin und her, um es zu verscheuchen und blieb erst liegen, als ich das Summen wieder hörte. Bald kam ein zweites dazu, dann ein drittes. Erste Stellen meines Körpers – am Ohrläppchen und am Unterarm – begannen zu jucken. Mir wurde klar, dass das Netz durchaus einen Unterschied machte: Moskitos, die zielstrebig ihren Weg hinein gefunden hatten, verloren auf erstaunliche Weise die Fähigkeit, Löcher auszumachen, wenn es auf den Rückweg zuging. Sie summten und brummten und ihre Flügel schrammten mit einem Geräusch an den Maschen entlang, das mich in seiner kaum auszumachenden Permanenz in den Wahnsinn zu treiben drohte. Gegen Mitternacht riss ich das Netz wütend von der Decke und warf es auf den Boden.

Mit jedem Biss erhöhte sich die Wahrscheinlichkeit, am Denguefieber oder an Malaria zu erkranken. Obwohl die meisten Erreger mittlerweile resistent gegen Prophylaxe waren, war Malaria in Laos nicht mehr so ein großes Problem wie einige Jahre zuvor. Trotzdem waren laut *Laos – An indicative Fact Book* bis zu siebzig Prozent der Laoten zu einem gewissen Grad von Malaria gefährdet, und das Auswärtige Amt steuerte die beunruhigende Information bei, dass es sich bei fünfundneunzig Prozent der Malariafälle in Laos um die gefährliche *Malaria Tropica* handelt, die »bei nicht-immunen Europäern häufig tödlich« endet.

Ich wollte die Erkrankung nicht auf die leichte Schulter nehmen, besonders angesichts der rudimentären medizinischen Versorgung. Schon der Abenteurer Henri Mouhot starb, nachdem er bereits viele seiner Kameraden durch das Fieber verloren hatte, im 19. Jahrhundert in der Nähe von Luang Prabang an Malaria. Die letzten Worte in seinem Tagebuch kündeten von seinen Qualen: »Habe Mitleid mit mir, oh mein Gott!«

Hunderte Jahre zuvor war eine vietnamesische Invasionsarmee durch Malaria so geschwächt worden, dass sie sich zurückzog und schwor, Lane Xang, das erste laotische Großreich, nie wieder anzugreifen.

Noch verbreiteter ist in Laos das Denguefieber, an dem weltweit jährlich zwischen fünfzig und hundert Millionen Menschen erkranken – viele davon in Südostasien – und gegen das es weder eine Impfung noch eine zielgerichtete Behandlung gibt. In Laos haben sich die Fälle laut Weltgesundheitsorganisation allein von 2000 bis 2010 mehr als verdoppelt. Vor einigen Jahren war der deutsche Botschafter in Laos am Fieber erkrankt und musste nach Deutschland zurückkehren, um behandelt zu werden. Und Dervla Murphy berichtet in *One Foot in Laos* von einer freundlichen, älteren Einwanderin, die, vom Fieber befallen, nicht mehr wusste, was sie tat und ihren Gärtner mit einer Kelle angriff. Immerhin bewies der Mann, nachdem sie sich erholt hatte, laotische Gelassenheit: Statt sie zu verklagen schlug er vor, sie sollten gemeinsam einen Wat besuchen und sich, schweigend dem Buddha gegenübersitzend, aussöhnen.

Würde mich diese Nacht ein mit dem Dengue-Virus infizierter Moskito stechen, hatte ich zwischen drei Tagen und zwei Wochen Zeit, meine weitere Reise zu genießen, bevor die Symptome auftreten würden. Wenn ich Glück hatte, würden es typische Fiebersymptome sein wie Kopf-, Muskel- und Gliederschmerzen, starker Schüttelfrost und Ausschlag. Hatte ich weniger Glück, würde die Krankheit einen schwereren Verlauf nehmen. Die Durchlässigkeit meiner Blutgefäßwände würde größer werden, unkontrollierte innere Blutungen würden auftreten und der Blutkreislauf zusammenbrechen, gefolgt von Schocks, hirnbedingten Krampfanfällen, Bluterbrechen, einem Anschwellen der Leber und Koma. Klingt nicht gerade verlockend, oder?

Ich wälzte mich von einer Seite auf die andere, erlitt unter der Bettdecke Schweißausbrüche, unter der ich mich zu verstecken versuchte, erstickte mich fast selbst, als ich mein Kopfkissen auf mein Antlitz drückte, wedelte mit den Händen, stöhnte und seufzte. Die Moskitos summten und summten, landeten beschwingt auf mir wie bei einem Tanz und saugten mich aus. Sie hatten diese Nacht ihren Spaß, soviel steht fest. Endlich fiel ich in einen unruhigen Schlaf, während die kleinen Monster mir Stück für Stück das Gesicht wegfraßen.

Am Morgen tat mir alles weh. Überall juckte es. Alles war geschwollen. Mein Kopf schien um ein Drittel gewachsen zu sein. Ich fühlte mich, als sei ich in einen überdimensionalen Bienenstock geklettert und hätte versucht, vor den Augen der treuen Armee die Mutterbiene zu vergewaltigen. Ich tröstete mich mit dem Gedanken, dass dieser Tag irgendwann zehn Jahre zurückliegen würde.

Das Frühstück dieses Morgens möchte ich mit einer Frage zusammenfassen: Warum sind diese Einportionen-Marmeladenschächtelchen so schwer zu öffnen?

Diese Schächtelchen sind nicht einfach so aufgetaucht, sie waren nicht einfach so *da*: Irgendjemand muss sie erfunden und entworfen haben. Irgendjemand hat Zeit und Geld in diese Schächtelchen investiert. Warum, so frage ich, sind die Laschen zum Aufziehen dann so klein, wo die Wahrscheinlichkeit doch so hoch ist, dass die Finger, die sich mit ihnen abmühen, fettig von Brötchen sind? Warum ist die Folie so fest auf die Schale geschweißt? Versuchen sich die Hersteller solcher Produkte eigentlich selbst an ihnen? Arbeitet in diesen Unternehmen kein einziger Mensch, der an irgendeinem Punkt die Hand hebt und sagt: Moment mal, wie wäre es, wenn wir die Packung so gestalten, dass die Leute sich *nicht* die Finger brechen müssen, um sie zu öffnen?

Wie auch immer, ich war nicht in der Lage, auch nur eine der drei Packungen – eine Butter sowie eine Erdbeer- und eine Pfirsichmarmelade – zu öffnen, die mit meinen beiden Brötchen gekommen waren. Ich griff nach meinem Messer, aber das Ende war rund und die Klinge stumpf. So stach ich schließlich mit der Gabel auf die kleinen Schachteln ein, bis die Folien hinreichend zerfetzt waren, damit ich den Inhalt, der noch nicht an meinen Händen klebte, mit dem Messer herauspulen konnte.

Im Boot nahm ich den gleichen Platz ein wie gestern, denn die Plätze waren auch für den zweiten Tag festgelegt. Pierre kam fünf Minuten bevor wir ablegten und setzte sich neben mich. Er hatte immer noch Schluckauf.

»Wir haben uns gestern irgendwie aus den Augen verloren«, sagte er.

»Ja«, sagte ich bedauernd. »Sie waren plötzlich fort. Ich konnte Sie nicht mehr finden.«

Das Boot legte ab, fuhr ein Stück stromaufwärts und wendete oberhalb der Kurve, die der Mekong machte. Dann fuhren wir an Pakbeng vorbei. Einige Fischer standen auf Felsen und hielten an langen Bambusstäben hängende Netze in die Strömung. Direkt hinter der Stadt floss der Nam Beng in den Mekong, von dem der Ort seinen Name hatte: Pak bedeutet *Mündung*. Ich zog die Kopflehne aus meinem Sitz heraus, legte den Kopf auf die Rückenlehne und versuchte zu schlafen. Aber weil der Doppelsitz so klein war, dass Pierre und ich uns aneinander kuscheln mussten, gab mir sein – immerhin lautloser – Schluckauf viele kleine Stöße, die mich zusammen mit den juckenden Moskitostichen am Einschlafen hinderten. Wieder rauchte er eine Zigarette nach der anderen und öffnete bald die erste Bierflasche.

Es war nicht viel Zeit vergangen, als wir an einer Sandbank unter einer Siedlung hielten, die an der Außenseite einer Flussbiegung lag. Weitere Passagiere stiegen mit Kind und Kegel zu. Sie schoben Motorräder ins Boot, reichten große Säcke durch die Seitenöffnungen und strömten schließlich selbst herein, bis das Boot hoffnungslos überfüllt war. Eine Frau trug eine Eidechse von mindestens anderthalb Metern Länge, der sie die Beine und den langen Schwanz auf den Rücken gebunden hatte. Die Leute saßen gedrängt auf dem Boden im Gang, ein älterer Mönch lehnte sich gegen einen der Stützbalken, die das Dach trugen.

Der Steuermann – ein anderer als gestern – wollte ablegen. Seine Mannschaft drückte das Boot mit langen Bambusstäben, die sie vom Dach heruntergeholt hatten, von der Sandbank fort, aber die Strömung schob es immer wieder zurück. Mit nachdrücklichen Gesten wies der Steuermann seine Helfer an, das Boot nicht seitlich gegen den Strom zu schieben, sondern zum Bug zu gehen und es zurückzustoßen, bis es aus der Kurve heraus war. Doch das Ergebnis sah anders aus als erhofft: Unser Holzkahn krachte gegen einen Metallfrachter, der neben uns vor Anker lag. Das Boot erzitterte. Die Mannschaft nahm einen neuen Anlauf und schob das Boot mit Mühe am Frachter vorbei, Stück für Stück, unterstützt durch einige Dorfbewohner, die vom Ufer auf den Frachter geklettert waren und mit eigenen Bambusstäben versuchten, Abstand zwischen die beiden Boote zu bringen. Derweil drehte der Steuermann planlos das Steuerrad hin und her. Als wir ein paar Meter vom Frachter entfernt trieben, zogen die Helfer die Stäbe ein. Aber bevor der Steuermann etwas aus dem neu gewonnen Freiraum machen konnte, wurde unser Boot erneut von der Strömung erfasst und seitlich gegen den Frachter geworfen. Das alte Holz knarrte. Ein Kind begann zu weinen. Der Steuermann schrie seine Helfer an, gestikulierte immer wilder und wischte sich Schweiß von der Stirn. Nach weiteren zehn Minuten erreichten wir eine Position, in der er den Motor anwerfen und uns aus der Kurve hinausmanövrieren konnte, und wir setzten unsere Reise den Mekong hinab fort.

Die erste größere, systematische Erkundung des Mekongs von seinem südlichen Delta bis hinauf nach Yunnan wurde von 1866 bis 1868 von einem französischen Team unternommen, angeführt von Ernest Doudard de Lagrée und Francis Garnier, deren Expedition eine der bedeutsamsten aller Zeiten war. Garnier selbst war der Initiator der Unternehmung, aber seine Geldgeber hielten ihn zu jung für die alleinige Führung und übertrugen den Oberbefehl de Lagrée, der dem Expeditionsteam, so Garnier, »weniger ein Kommandeur als der Vater einer Familie« war. De Lagrée verlor auf der Expedition sein Leben, Garnier selbst starb später mit gerade vierunddreißig Jahren in Hanoi, aber die Erkundung des Mekongs, die er mit de Lagrée begonnen und eigenständig vollendet hatte, machte ihn unsterblich. Sie starteten in Saigon, hielten in Angkor und Phnom Penh, durchquerten Laos, vorbei an Vientiane und Luang Prabang, und segelten bis Yunnan und dann weiter den Yangtze entlang bis nach Shanghai, Von dort kehrten sie nach Hanoi zurück.

Aus kommerzieller Sicht war die Expedition ein vollkommener Misserfolg, denn die Mekongfälle an der Grenze zwischen Laos und Kambodscha zerstörten die Hoffnung, eine Flussroute über den Mekong nach China zu finden. Dafür erforschte Garnier große, bisher unbekannte Teile Kambodschas und brachte die ersten detaillierten Schilderungen von Laos seit dem 17. Jahrhundert nachhause, die er im zweibändigen, illustrierten Werk *Voyage de'Explorartion en Indochine* veröffentlichte. 1870 erhielt Garnier für seine Navigations- und Kartierungsarbeit die Viktorianische Medaille der königlichen geographischen Gesellschaft.

Die Mekongfälle, die Garnier damals aufhielten, stellen noch heute ein unüberwindbares Hindernis für die Schifffahrt dar, aber innerhalb von Laos ist die Wasserroute aufgrund der oftmals widrigen Straßenverhältnisse auf bestimmten Streckenabschnitten immer noch eine wichtige Transportalternative. Es gab sogar Pläne, die Bedeutung des Mekongs als Wasserhighway in Laos auszubauen, die bisher durch den kurvigen Verlauf, den resultierenden Zeit- und Treibstoffverbrauch der Boote und den jedes Jahr über Monate hinweg zu niedrigen Wasserstand im Norden eingeschränkt war. Diese Pläne beinhalteten, das Flussbett durch Sprengungen zu vertiefen, wodurch jedoch viele Laichplätze der Fische an den Unterwasserfelsen vernichtet worden wären; eine 2008 zuletzt halbernsthaft diskutierte Idee, die es schon seit dem frühen 20. Jahrhundert gibt. Um eine ganzjährige Benutzung des Wasserweges bis nach Vietnam zu ermöglichen, sollten Teile des Flusses um Stromschnellen und um die Mekongfälle an der Grenze zu Kambodscha umgeleitet werden. Offiziell sind diese Möglichkeiten noch nicht vom Tisch, aber es erscheint wenig wahrscheinlich, dass sie jemals Realität werden. Von den technischen Herausforderungen abgesehen, wäre allein der Unterhalt eines solchen Kanals sehr teuer. Er würde einige Touristenhighlights zerstören und das Leben vieler Anwohner erheblich verändern. Ob angesichts stetig verbesserter Straßen überhaupt ein echter Bedarf an der Wasserroute besteht, ist fraglich. Auch könnte er anderen Plänen im Weg stehen, über die Laos nun ernsthaft nachdenkt, allen voran – sich ein Beispiel an China nehmend – der Idee, neue Dämme zu bauen. China hat bereits flussaufwärts in Yunnan die riesige Manwan-Talsperre gebaut und plant viele weitere Staudämme, was die über sechzig Millionen Menschen in Sorge versetzt, für die der Mekong allein in der sogenannten unteren Mekongregion – Laos, Kambodscha und dem Delta in Vietnam – eine essentielle Dominante im Leben ist. Sie befürchten das Ausbleiben der jährlichen saisonalen Überschwemmungen, die wichtige Nährstoffe auf die Felder bringen und über das Jahr hinweg oftmals einen mehrmaligen Anbau von hochwertigem Reis ermöglichen. Ein einziger Mekong-Damm *in* Laos könnte die Menge an fruchtbarem Sediment um fünfundzwanzig Prozent verringern, das stromabwärts transportiert wird und Vietnam zum weltweit zweitgrößten Reisexporteur macht: der wirtschaftliche Todesstoß für Millionen von Menschen, die am Existenzminimum leben und arbeiten. Auch könnte der Wasserstand in den trockenen Monaten nicht mehr ausreichen, um das Südchinesische Meer zurückzudrängen – es flösse in den Mekong und versalzte die Böden. Außerdem könnte die Fischwanderung und mit ihr das natürliche Gleichgewicht des Flusses gestört werden, was besonders für Kambodscha zum Problem werden könnte, in dem sich mit dem Tonle Sap einer der weltgrößten Süßwasserfischgründe befindet. Und die Navigation mit Schiffen dürfte, gerade im nördlichen Teil von Laos, bei niedrigerem Wasserstand in der Trockenzeit zum Problem werden, wenn der Pegel bis zu fünfzehn Meter tiefer steht als in der Regenzeit.

In Laos wurde der Anfang unter anderem mit einem Damm am Nam Theun in der Provinz Kammouan gemacht, der im März 2010 in Betrieb genommen wurde und den manche als das beste Wasserkraftprojekt der Welt bezeichnen, und, weitaus früher, am Nam Ngum Stausee, neunzig Kilometer nördlich von Vientiane. Das 1973 vollendete Wasserkraftwerk ist das älteste in Laos. Vor der Flutung waren die Bäume in der Gegend nicht gefällt worden, mit dem verheerenden Ergebnis, dass nahezu sämtliche Fische, die vom Fluss in den entstehenden See gespült wurden, starben. Nur langsam entstand ein neues Ökosystem. Dieses Kraftwerk, Stolz der Regierung und abgebildet auf dem Fünfhundert-Kip-Schein, exportiert heute bis zu achtzig Prozent des gewonnenen Stroms nach Thailand – ein Symbol des Fortschritts und eine attraktive Einnahmequelle für ein Land ohne Zugang zum Meer, dem es bisher kaum gelungen ist, seine Bodenschätze und Rohstoffe wie Kupfer, Gold, Kalkstein und Gips, die etwa in der Provinz Savannakhet zu finden sind, gewinnbringend abzubauen. Zu abgelegen und schwer erreichbar sind viele der Vorkommen: Der finanzielle und logistische Aufwand war bislang zu groß.

Heute ist der entstandene Nam Ngum Stausee beliebtes Touristenziel und mittlerweile auch wichtiges Fischereigebiet. Für den Dammbau wurden zweihundertfünfzig Quadratkilometer Wald geflutet, lediglich einige Inseln ragen noch aus dem See empor. Manche dieser Inseln wurden nach der kommunistischen Machtübernahme 1975 als Gefängnisse für Prostituierte, Drogenabhängige und angebliche Kriminelle – das Hören von thailändischen Radiosendern oder das Spielen westlicher Musik genügte als Qualifikation – genutzt: Auf zwei Inseln – einer für Frauen und einer für Männer – sind heute noch Verurteilte inhaftiert.

Die Bedeutung des Energieexports für das Bruttoinlandsprodukt soll in den nächsten Jahren weiter steigen: Es wurden bereits über zehn weitere Stellen für neue Staudämme ins Auge gefasst, die bis 2020 gebaut werden könnten und die kontinuierliche Einnahmen versprechen, vorausgesetzt, Thailands Wirtschaftskraft und Energiebedarf lassen nicht nach.

»Die laotische Regierung hat vor, das Land zur Batterie Südostasiens zu machen«, kommentierte der Weltbankpräsident Robert Zoellick 2010, denn die laotische Regierung schätzt Wasserkraft als *die* Möglichkeit ein, Wohlstand in das arme Laos zu bringen. Allen voran plant sie den Xayaburi-Staudamm, der südlich von Luang Prabang für dreieinhalb Millionen US-Dollar als erster Damm im unteren Mekongverlauf das Wasser stauen soll.

Aufgrund internationaler Proteste, vor allem aus Vietnam und Kambodscha, verzögert sich der Baubeginn immer wieder. Etliche Male wurde bereits innerhalb der Mekong River Commission über das Projekt diskutiert, einer vielversprechenden Arbeitsgemeinschaft der Mekong-Anrainerstaaten, deren Ziel eine nachhaltige Bewirtschaftung des Mekongwassers zum Wohle aller Anspruchsgruppen ist. Die laotische Regierung beschreibt den Damm als das »erste umweltfreundliche hydroelektrische Projekt des Mekongs« und gibt vor, die Kommission erst von dieser Umweltfreundlichkeit überzeugen zu wollen, bevor sie sich an die Umsetzung macht. Das Interesse an dieser Zustimmung der Nachbarstaaten, insbesondere Vietnams, ist sicher aufrichtig, dennoch haben die Bauarbeiten bereits Ende 2011 begonnen. Zu diesem Zeitpunkt liefen die Gespräche noch. Die in der Kommission gefassten Beschlüsse sind rechtlich nicht bindend und es ist zu erwarten, dass Laos den Xayaburi-Staudamm notfalls auch ohne die Zustimmung der Kommission vorantreibt, die Hoffnung auf eine langfristig partnerschaftliche Nutzung der Ressourcen des Mekongs zerstörend.

Während Experten das Projekt kritisch beurteilen, hat sich die laotische Regierung die Unterstützung großer Teile ihrer eigenen Bevölkerung bereits mit lokalen Workshops und Informationsveranstaltungen gesichert. Brendan Brady zitiert in einem Artikel im Time Magazin den Stammesvorsteher von Thalon, einem Dorf in Nordlaos, für den der Damm das Objekt aller Hoffnungen ist. Eine stabile Elektrizitätsversorgung wünsche er sich als Folge des Baus, asphaltierte Straßen, neue Jobmöglichkeiten und noch viel mehr.

Thailand hat zugesichert, fünfundneunzig Prozent des durch den Xayaburi-Staudamm generierten Stroms zu kaufen. Doch es ist abzuwarten, wie viele der Anwohner einen Ausgleich für die geschädigte Umwelt erhalten, in der sie dann leben müssen, oder ob das prognostizierte Einkommen nicht verbraucht wird, weil ausländische Geldgeber ausgezahlt werden müssen. Jochen Voigt schlägt in *Zeit für den Mekong* vor, die Mekongregionen lieber durch einen gut funktionierenden, angepassten Tourismus aufzuwerten, denn der »bringt Geld und damit Gegenargumente zu einem zerstörerischen Staudammwahn«.

Ich legte mein Kissen auf meinen Schoß und den Kopf auf mein Kissen und döste eine Weile. Ich bemerkte, wie Pierre aufstand und sich an mir vorbeischob und nutzte das Zeitfenster, um einzuschlafen. Als ich aufwachte, saß er wieder neben mir – glaubte ich zunächst. Doch als ich mich nach links wandte, fand ich eine hochschwangere Frau an seiner Stelle, die die Augen geschlossen hatte und sich über den Bauch streichelte. Ich sah mich verwundert um und entdeckte Pierre: Er saß ein Stück weiter hinten auf dem Boden im Gang, trank sein Bier, unterhielt sich mit einem der Amerikaner und zuckte gelegentlich zusammen. Unsere Blicke trafen sich. Er musste mir mein Erstaunen vom Gesicht abgelesen haben, denn er lächelte und hob die Bierflasche zum Gruß.

Endlich tauchten auf der linken Flussseite einige niedrige Häuser auf, die sich in die Schatten von grünen Bäumen kauerten, über die sich wiederum die geschwungenen Dächer anderer Gebäude erhoben. Wir hatten Luang Prabang erreicht, die Perle des Mekongs. Das Boot fuhr noch zehn Minuten stromabwärts, dann legten wir an. Das hektische Gewusel des Aussteigens begann. Jeder wollte an seine Tasche herankommen, aber niemand schaffte es. Alle standen einander im Weg, so dass für eine Weile, vom Gedränge abgesehen, gar nichts geschah. Immerhin verstärkten keine taschentragenden Kinder die Konfusion, nur zwei oder drei Tuk Tuk-Fahrer warteten mit wachen Augen, aber geduldig, auf Kundschaft. Mit geschulterten Rucksäcken verließ ich das Boot. Ich sah mich um, versuchte mich zu orientieren und zu entscheiden, in welche Richtung ich laufen sollte. Ich schaute nach rechts und links und – vor mir stand Falk. Erschrocken machte ich einen Schritt zurück. Wir sahen uns an. Wir standen einander gegenüber und hatten uns so viel zu sagen, dass wir eine halbe Minute schwiegen. Dann folgten gemurmelte Entschuldigungen, die in verlegene Erklärungen übergingen.

»Ich war albern und kindisch«, sagte ich. »Es tut mir leid.«

»Nein, mir tut es leid. Ich hätte dich wecken sollen, statt die blöden Bilder zu machen.«

»Ach, scheiß auf die Bilder«, sagte ich.

»Scheiß auf die Bilder?«

»Ja, scheiß auf die Bilder und scheiß auf die Affen.«

Falk atmete erleichtert aus und ließ die Anspannung aus seinem Körper weichen.

»Hauptsache, wir hatten Spaß«, sagte ich, »und den hatten wir.«

»Und den werden wir auch weiter haben«, fügte er hinzu. Ich nickte.

»Mein Gepäck wird langsam schwer«, sagte ich. »Wo lang?«

Er deutete auf den Pfad vom Wasser hinauf zur Straße.

»Dort hoch«, sagte er und nahm mir meinen Tagesrucksack ab. Wir gingen los.

»Scheiß auf die Affen«, murmelte Falk und lächelte erneut. »Das gefällt mir.«

Kapitel 7
Von Königen und Touristenströmen – Luang Prabang

Einer Legende zufolge lächelte der Buddha, als er sich auf einer seiner Reisen auf einer Halbinsel ausruhte, die vom Mekong und dem Nam Khan geformt wurde und umgeben war von Kalksteinhügeln. Sich an seinen Schüler Ananda wendend, prophezeite er, dass an diesem Ort eines Tages eine reiche und mächtige Hauptstadt entstehen würde.

Ob es diese Prophezeiung wirklich gab oder nicht, Fakt ist, dass die hier entstandene Stadt 1353 zur Hauptstadt des im gleichen Jahr gegründeten Königreichs Lane Xang gemacht wurde, nachdem vermutlich um das 8. Jahrhundert thaisprechende Völker aus Südchina langsam nach Süden migriert waren. Lane Xang expandierte rasch. Unterstützt durch die mächtigen Streitkräfte der Khmer, dehnte sich das Reich bis an die Annamitischen Kordilleren im Osten aus, einer Gebirgskette, die zu weiten Teilen noch heute eine natürliche Grenze zwischen Laos und Vietnam bildet. Dank seiner zentralen Lage an einem Kreuzungspunkt der Seidenstraße, der Tatsache, dass die Stadt als buddhistisches Zentrum in der Region viele Gläubige anzog, und infolge der geschickten Handelspolitik des zweiten Königs von Lane Xang, Phaya Samsenthai, war Luang Prabang der Prophezeiung des Buddha entsprechend bald außerordentlich wohlhabend.

Nach dem Tod Phaya Samsenthais gelangten eine Reihe schwacher Könige an die Macht, mit dem Ergebnis, dass viele von Lane Xangs Nachbarn immer mächtiger und folglich zu einer Bedrohung für das junge Reich wurden. Um die Armee des aufstrebenden Birma im Westen auf Distanz zu halten, verlegte König Setthathirat 1560 die Hauptstadt nach Vientiane, doch Luang Prabang blieb das religiöse, spirituelle und historische Herz des Landes. Lane Xang behauptete sich, und König Sourigna Vongsa – mit einer Amtszeit von siebenundfünfzig Jahren der am längsten herrschende laotische Monarch – führte das Land im 17. Jahrhundert mit seiner gerechten und weisen Herrschaft in ein goldenes Zeitalter des relativen Friedens und Wohlstands. Dank seiner Freundschaft mit Ayutthaya, dem König Siams, dem Land, das zu großen Teilen dem heutigen Thailand entspricht, konnten die birmesischen und vietnamesischen Streitkräfte in gemeinsamen Anstrengungen abgewehrt werden.

Als sein einziger Sohn, Rachabut, sich des Ehebruchs mit der Frau eines Palastdieners schuldig machte, traf König Vongsa, der selbst viele Frauen hatte, eine folgenschwere Entscheidung: Mittlerweile jähzornig, starrsinnig und unbeugsam, beschloss er, das Recht, mit dem er über sein Volk herrschte, in all seiner Strenge auch auf seinen Sohn anzuwenden, und befahl dessen Exekution. Als König Vongsa 1694 starb, waren seine einzigen Erben zwei Enkel. Erbfolgestreitigkeiten brachen aus. Derweil erstarkten Birma, Vietnam und vor allem Siam weiter und isolierten das auf Handel angewiesene Lane Xang, das keinen Zugang zum Meer hatte, von seinen Handelspartnern im Westen. Der frühere Wohlstand schwand, das Reich zerfiel in Chaos und wurde in zwei laotische Reiche geteilt: Vientiane und Luang Prabang. Später kam Champasak dazu.

Das administrative Zentrum war nach Vientiane verlegt worden, aber bis 1975 herrschten Könige in Luang Prabang, der für viele magischsten und romantischsten Stadt Asiens. Im Laufe der Jahrhunderte hatte sie viele Namen: Muang Swa, Java, Luang Chang, Xieng Dong Xieng Tong und andere; über ebenso viele Jahrhunderte war sie der historische und kulturelle Kern des Landes. Wegen der einzigartigen Architektur, der religiösen Gebäude und der Artefakte, die darin aufbewahrt wurden, wegen der Seele der Stadt, die das Resultat einer Kombination aus weltlichen und geistlichen Einflüssen ist, die sich in ihrem Antlitz manifestiert haben, erklärte die UNESCO die Innenstadt Luang Prabangs 1995 zum Weltkulturerbe. Die wechselhafte Vergangenheit dieses Ortes – lang vergangene Königreiche, französische Kolonialherrschaft – all das war hier kein weit zurückliegender, abstrakter Dunstschleier: Es war alles hier. Vor den Augen des Besuchers standen Zeugen, die Geschichte atmeten und von der Entstehung eines Landes kündeten. Ja, noch heute ist Luang Prabang eine reiche Stadt: reich an kulturellem Erbe, an Tempeln, an Seele, an Charisma, reich an Vergangenheit, reich an vielem, worauf ich mich gefreut hatte. Ich konnte kaum erwarten, die Stadt zu erkunden.

Wir liefen vom Bootsanlegeplatz zur Straße hinauf. An der Straße bogen wir nach rechts und folgten der Uferpromenade, an der hier und da ein Imbiss oder ein einfaches Café stand. Falk brachte mich in eine Unterkunft mit dem Namen Oudomphone Gasthaus. Es lag versteckt am Ende einer kurzen Gasse. Nur ein kleines Schild deutete an der Straße darauf hin.

»Willkommen, willkommen«, sagte eine kleine, schielende Frau. »Leg nur deinen Rucksack ab. Schön, dass du da bist. Dein Freund hat mir erzählt, dass du kommen würdest. Schön, schön. Warte nur, ich hole den Schlüssel.«

Sie bog um eine Ecke, hinter der ein kurzer Flur lag, und verschwand. Ich ließ meinen Blick über hunderte Passfotos schweifen, die an den Wänden des schlichten Eingangsbereichs klebten und von denen mich Generationen unvorteilhaft abgelichteter Reisender mit Verbrecherblicken anstarrten. Die Bilder gaben dem Haus sofort Charakter. Es gab viele Orte wie dieses Gasthaus, die seit Jahren ein Sammelpunkt für unternehmungsfreudige Menschen aus aller Welt waren, aber hier wurde diese Vielfalt greifbar.

Die Frau kam mit dem Schlüssel zurück, schüttelte mir noch einmal mit einer Herzlichkeit die Hand, die in Anbetracht der Vielzahl an Reisenden, denen sie die Hand zuvor geschüttelt hatte, umso bemerkenswerter war. Falk und ich hatten uns geeinigt, uns die nächsten Nächte den Luxus getrennter Zimmer zu gönnen. Mein Raum in der zweiten Etage war winzig. Das Bett passte gerade hinein. Die Wände waren aus dünnen Brettern. Nachdem ich meine Rucksäcke mit Mühe in die Spalte zwischen einer Wand und dem Bett gequetscht hatte, ging ich wieder nach unten.

»Du musst erschöpft sein«, sagte die alte Frau, und hätte sie mich nicht erneut bei der Hand genommen, wäre ich mir nicht sicher gewesen, ob sie tatsächlich mit mir sprach: Sie schien

durch mich hindurch zu schauen. Sie holte mir ein Glas Wasser und reichte mir einen Korb voller Bananen.
»Nimm dir eine«, sagte sie und nickte ermutigend. »Die Bananen stehen immer hier. Und auf diesem kleinen Tisch findest du Trinkwasser und Kaffee. Du kannst dich jederzeit bedienen. Das Internet ist auch kostenlos. Übrigens: Du bist sehr hübsch. Hast du eine Freundin?«
Ich schaute sie verdutzt an.
»Ich...«
»Ah, natürlich hast du eine Freundin, bei deinem Aussehen!«
»Eigentlich...«
»Erik!«
Lucy und Lachlan kamen die Treppe hinunter und umarmten mich. Es war wie ein Wiedersehen unter alten Freunden, die sich jahrelang aus den Augen verloren hatten. Wir setzten uns an einen Tisch vor der Unterkunft und tauschten unsere Geschichten über unsere Reise aus.
»Wir hatten ziemliches Pech mit unserem Bus«, begann Lachlan. »Auf halber Strecke blieb er irgendwo im Nirgendwo liegen und es dauerte drei Stunden, bis es weiter ging. Dann breitete sich ein übler Geruch im Bus aus.«
»Wie Kleber«, warf Lucy ein.
»Ja, wie Kleber. Einige laotische Passagiere schrien etwas nach vorn zum Fahrer, der Fahrer brüllte zurück und hielt an. Er untersuchte alle möglichen Kabel und kam zu dem Ergebnis, dass die Klimaanlage durchgeschmort war und abgestellt werden musste.«
»Dazu musst du wissen«, sagte Falk, »dass der Bus voll besetzt war und die Fenster nicht geöffnet werden konnten. Schon nach ein paar Minuten war es schlimmer als in einer Sauna.«
»Es war ein großer Bus«, fuhr Lachlan fort, »und er verfügte über einen kleinen Notausgang, den ein paar Leute einen spaltbreit aufsperrten und an der Außenseite mit verknoteten Seilen sicherten. So kam immerhin ein winziger Hauch Luft herein. Aber das war nicht mehr als der sprichwörtliche Tropfen auf den heißen Stein, mit dem Nebeneffekt, dass das Seil den Ausgang versperren würde, sollte es zu einem Unfall kommen. Dann lief

auch noch – in einem Nachtbus mit Betten – die ganze Nacht diese furchtbare Thai-Musik. Und irgendwann schaltete ein Typ hinter uns sein Handy ein und spielte seine Lieblingslieder, die noch furchtbarer waren. So ging es die ganze Nacht. Diesen Lärm werde ich nie vergessen. Gegen fünf begann ein Säugling für über eine Stunde zu schreien.«

»Keiner von uns hat ein Auge zugetan«, sagte Falk.

An diesem Tag blieben wir überwiegend im Gasthaus und erholten uns. Wir erzählten von Ereignissen aus unserer Vergangenheit und teilten Pläne für die Zukunft. Am nächsten Tag allerdings arbeiteten wir ein umfangreiches Programm ab. Wir hatten vor, eine Weile in Luang Prabang zu bleiben, aber unsere Neugier auf die Stadt war zu groß, um nicht gleich zu beginnen, sie ausgiebig zu erkunden. Halb fünf in der Frühe schälten wir uns aus den Decken und machten uns auf in die Stadt, um den Tak Bat zu sehen, den Almosengang der Mönche, der für viele Touristen ein romantisches Schauspiel war, das abgelichtet werden musste. Heute war es ruhig: Wenige Touristen waren an diesem Morgen auf den Beinen – es war Nebensaison und kaum jemand war bereit, so früh aufzustehen. Doch in der Hauptsaison bauten Händler ihre Stände am Straßenrand auf und verkauften kleine Nahrungsmittelportionen von oftmals schlechter Qualität, die manche Touristen gackernd an die Mönche weitergaben, sich provokativ vor ihnen aufbauend und Fotos schießend, den alten Brauch ein Stück weit ruinierend. Ich habe Gerüchte gehört, deren Wahrheitsgehalt ich weder bestätigen noch widerlegen kann: Sie besagen, dass viele Klöster den Touristen verbieten wollten, an den Mönchsprozessionen teilzunehmen und gar erwogen, die Prozession gänzlich abzuschaffen. Die Regierung habe das nicht erlaubt und habe die Mönche gezwungen, weiter ihrem Ritual nachzugehen, drohend, sie werde notfalls normale Bürger engagieren, die sich als Mönche verkleiden.

Für die gläubigen Laoten, insbesondere für die Frauen, ist der Almosengang eine Gelegenheit, den meist jungen Mönchen ihre Ehrerbietung und Anerkennung zu zeigen. Bis 1975 war der Buddhismus laotische Staatsreligion und auch heute, unter der weltlichen Verfassung, genießen buddhistische Geistliche einen semi-offiziellen Status. Bei offiziellen Staatsakten sind meist Mönche anwesend, die die besten Plätze in den vorderen Reihen erhalten und denen mit Respekt begegnet wird.

Das war nicht immer so. Von der Machtübernahme der Kommunisten 1975 an galten Mönche jahrelang als unproduktive Schmarotzer und Reaktionäre, die sich gefälligst selbst versorgen sollten. Wer es zu etwas bringen wollte, wurde Kadermitglied, nicht Klosterbruder. Mittlerweile hat die Regierung ihre ablehnende Haltung weitgehend abgelegt und sich auf das religiöse Erbe des Landes besonnen, dem sich die meisten seiner Bürger ohnehin noch immer verbunden fühlten.

Wir hatten uns am Straßenrand aufgestellt und hielten uns im Hintergrund. Auf der gegenüberliegenden Seite zog die lange Reihe der barfüßigen Mönche entlang, deren Kutten und geschorene Häupter im goldenen Licht der aufgehenden Sonne so weich wirkten wie schemenhafte Schatten. Es gab keine Ecken oder Kanten an ihnen, keine Hüte oder Uhren oder Gürtelschnallen, nur fallenden Stoff von der Farbe der Morgensonne und wiegende Schritte. Die älteren Mönche schritten voran, die jüngeren folgten, und schließlich kamen die Novizen. In den Händen trugen sie orangene, trommelartige Körbe, deren Deckel sie wortlos hoben, wenn sie an einem Gläubigen vorbeigingen, einer Marktverkäuferin, einem Kellner oder einem Tuk Tuk-Fahrer vielleicht, der am Wegesrand kniete und ihnen eine Gabe reichte: Klebereis, gebratenen Bambus oder etwas Obst. Sie nahmen die Gaben ohne Dank und ohne Gruß, denn es waren die Gläubigen, die um spirituelle Versorgungen baten. Stellvertretend für alle beteten – für verstorbene Familienmitglieder oder eine gute Ernte – und segneten – die neue Grillstube oder das Neugeborene – die Mönche, studierten alte Schriften und fasteten. Dass die Gläubigen im Gegenzug dazu für die physische Versorgung der Mönche aufkamen, war allen Beteiligten seit jeher selbstverständlich.

Wir wanderten umher und sahen hier und da weitere Mönchskolonnen, die von den vielen Klöstern der Stadt aufgebrochen waren. Jedes Mal war es ein Anblick, den ich am besten mit dem unspezifischen Wort *schön* beschreiben kann. Es war schön, die

Mönche zu beobachten, wie sie durch die erwachende Stadt liefen, es war schon auf der gesamten Reise schön gewesen, sie immer wieder zu sehen, an allen möglichen Orten, selbst in den kleinsten Kaffs. Die Mönche waren ein wesentlicher Bestandteil des Stadtbildes beinahe jeder Ortschaft, und der Glaube prägt noch heute das Leben der meisten Menschen in Laos. In Deutschland gibt es überall Kirchen, beinahe jedes alte Dorf hat eine, aber die meiste Zeit sind sie leer, große Hallen des Schweigens. In den laotischen Klöstern herrscht Leben. Die Tempel sind Orte des Besinnens, aber auch der Begegnung und des Gesprächs. Sie sind keine Festungen, die der Religion als Selbstzweck dienen, sondern Treffpunkte, Spielplätze und zentrale Orientierungspunkte. Die Mönche selbst sahen glücklich und gesund aus, weder zu dick noch zu dünn, weder zu ernst noch zu leichtfertig – zufrieden. Auf den Straßen wurden sie respektvoll behandelt, sie waren so hoch angesehen wie Lehrer, ihnen unbekannte Menschen verbeugten sich vor ihnen mit zum Gruß gefalteten Händen, während sie selbst nur gelegentlich bescheiden lächelten.

»Und alles nur, weil sie sich entschieden haben, Jahre ihres Lebens mit Nichtstun zu verbringen«, sagte Falk, als ich meine Gedanken mit ihm teilte. Natürlich wusste er, dass das nicht der Wahrheit entsprach.

Beinahe alle laotischen Männer verbringen zumindest einen Teil ihrer Jugend in einem Kloster, manche mit mehr, manche mit weniger Überzeugung, ist es doch vor allem in ländlichen Gebieten oftmals ihre einzige Chance, Bildung zu erhalten und sich in der Gesellschaft zu behaupten. Deshalb unterwerfen sie sich den strengen Regeln des Klosteralltags, zunächst als Novizen, dann, falls sie die Mönchsprüfung ablegen, als vollwertige Mönche, die, wie Deang bereits in Houay Xai berichtet hatte, noch mehr Regeln zu befolgen haben.

Als die Straßen sich leerten, die Mönche in die Klöster zurückkehrten und sich für ein paar weitere Stunden der Teppich der Ereignislosigkeit über Luang Prabang legte, suchten wir uns ein Café und ließen uns bei einem Café au Lait und laotischem Gebäck nach französischem Rezept die Sonne in die Gesichter scheinen. Pünktlich zur Eröffnung gingen wir zum Gelände des ehemaligen Königspalasts, den die Franzosen 1904 für König Sisavang Vong und seine Familie errichten ließen und der so nahe am Mekong stand, dass königliche Gäste ihre Boote verlassen und direkt zum Palast hinauf geleitet werden konnten. Eine mächtige Statue von Sisavang Vong, die eine Hand zum Schwur erhoben, in der anderen die Verfassung haltend, kündigte auf dem Vorplatz des Palastes den Herrscher an, der hier einst residiert hatte. Über ein halbes Jahrhundert gebot er über das Land, jedenfalls soweit die französischen Kolonialherren es zuließen, denen er stets treu ergeben war und dessen Priester und Abenteurer bereits im späten 17. Jahrhundert ein Auge auf Vietnam und das indochinesische Hinterland geworfen hatten. Überhaupt wehrte sich Laos bis in die 1950er hinein kaum gegen die Fremdherrschaft, boten die Franzosen doch ein vielen begrüßenswert erscheinendes Gegengewicht zur Bedrohung durch Vietnam und Siam. Im Zusammenhang mit der Kolonisierung ist besonders ein Name zu nennen: Auguste Pavie. Ein französischer Offizier beschrieb Pavie in einem Brief nach Hause wie folgt: »Der erste Eindruck täuschte: dünn, mit kränklichem Gebaren, von unterdurchschnittlicher Größe, macht er, wie er selbst zugibt, den Eindruck eines kümmerlichen kleinen Mannes.«

Er hatte Recht: Der Eindruck täuschte. Der 1847 in Frankreich geborene Abenteurer und Diplomat war voller Willensstärke und Energie und brachte Laos beinahe im Alleingang unter französische Kontrolle. Von 1875 an lebte und arbeitete er in Kambodscha, eine Zeit, zu der er später feststellte: »In ständigem Kontakt mit den Eingeborenen gewöhnte ich mich an den Gedanken, für immer unter ihnen zu leben.«

Ungeachtet der Tatsache, dass einige französische Beamte über ihn die Nase rümpften, lief er bald barfuß herum, machte sich mit südostasiatischen Sitten und Gebräuchen vertraut und nutzte sein Talent für Sprachen, indem er neben Khmer Vietnamesisch, Thai und Lao lernte.

Mit vierzig Gefolgsleuten, unter ihnen Archäologen, Insektologen, Bakteriologen und Experten anderer Fachrichtungen, zog er zwischen 1879 und 1895 in vier Expeditionen entlang des Mekongs durch Laos, Kambodscha und Teile Vietnams und Südchinas. Sich zu Fuß, auf Elefanten und mit Booten fortbewegend, führte er in weiten Gebieten der indochinesischen Halbinsel völkerkundliche Studien durch, machte neue Handelsrouten ausfindig und kartographierte das durchstreifte Gebiet in Vorbereitung einer Telegrafenleitung von Phnom Penh nach Bangkok, deren Bau er leitete. Seine Vorgesetzten waren so beeindruckt von seiner Führung dieses großen Projekts, dass er 1886 der erste französische Vizekonsul in Luang Prabang wurde. Die Stadt bezauberte Pavie, der schrieb: »Erobert und entzückt, sind es Eindrücke, die in mir verbleiben: die Netze der Fischer, die in den Gerüsten hingen; Boote, halb aus dem Wasser auf den Strand gezogen; Flöße, die lärmend vom Nam Khan in den Mekong navigierten, weiße und goldene Pagoden mit Dächern aus buntlackierten Kacheln; hohe Häuser aus Holz und Hütten, erbaut aus Palmenblättern, ihre Dächer bedeckt von dünnen Bambusstreifen; luftig gekleidete Männer und Frauen, die zwischen kleinen Gärten die schlammigen und steilen Uferbänke herauf- und hinunterkletterten und dem Bild ein paar Farbspritzer hinzufügten; und schließlich, nicht zu weit entfernt, hohe Berge, dunkelgrün in der Farbe, mit büschelartigen Wolken, die vom Nam Khan aufgestiegen waren und sich über ihnen auflösten.«

Ein Jahr nach seiner Berufung wurde Luang Prabang von marodierenden Banden der Tai und chinesischen Haw, die sich für die Gefangennahme einiger Söhne ihres Führers Deo Van Tri rächen wollten, angegriffen und fast vollständig zerstört. Pavie rettete in letzter Sekunde den gebrechlichen König Oun Kham vor den mordenden Angreifern und brachte ihn in Sicherheit. Fortan hatte er einen dankbaren Verbündeten und einflussreichen Unterstützer für Frankreichs Kolonisationspläne, die von 1888 an klarere Formen annahmen und die er später selbst kritisierte. Pavie schloss auch mit Deo Van Tri Frieden und veranlasste die Freilassung seiner Brüder. Diese Art der Diplomatie nannte Pavie »Das Gewinnen von Herzen«, eine Bezeichnung, die er auch zum Titel seiner Autobiografie machte. Während seiner Reisen und Expeditionen durch das nördliche Laos schloss er weitere Freundschaften mit vielen lokalen Würdenträgern und Stammesvorstehern und behinderte die siamesischen Bemühungen, die Region völlig unter eigene Kontrolle zu bringen. Er argumentierte, die laotischen Gebiete seien Vasallen Vietnams gewesen und die Franzosen hätten Vietnams Rechte über Laos übernommen. Nicht zuletzt infolge seiner Politik zwang Paris Bangkok durch die Androhung und Anwendung von militärischer Gewalt Ende des 19. und Anfang des 20. Jahrhunderts Stück für Stück, seinen Einfluss über die Gebiete östlich des Mekongs aufzugeben. Diese laotischen Gebiete, mit all ihren Fürstentümern, vereinigten die Franzosen 1893 schließlich unter dem kolonialen Territorium *Laos* – der Name resultierte aus einer sprachlichen Ungenauigkeit, war der Sammelbegriff für die hier lebenden Völker und ihr Land in der Lao-Sprache doch schlichtweg *Lao* – jeweils in Verbindung mit einem weiteren Begriff, wie *khon* für eine laotische Person oder *Muang* für das Land. Nichtsdestotrotz: Die Fehlbenennung wurde nicht korrigiert, der Name blieb bestehen und besteht bis zum heutigen Tage. Pavie selbst wurde 1893 bis 1895 erster französischer Gouverneur von Laos und starb 1925 in Frankreich. In den darauffolgenden Jahren wurden in seiner Heimatstadt Dinan, in Vientiane und in Luang Prabang Statuen von ihm errichtet. König Sisavang Vong schrieb 1927 in einem Brief an Pavies Witwe: »Ich bin dem Andenken Ihres Ehemannes auf immer in tiefer und dankbarer Erinnerung verbunden, der, wie alle Welt weiß, ein großer und naher Freund meines Großvaters war, seiner Majestät König Oun Kham. Mit aufrichtiger Liebe für mein Königreich, welches er in jeglicher Hinsicht von seinen Untersuchungen vor Ort kannte, stellte er es mit der Zustimmung meines Großvaters unter den Schutz des Großen Frankreich.«

Sisavang Vongs Zuneigung für die Franzosen ging weit über eine politisch begründete Partnerschaft hinaus: Sie war aufrichtig und persönlich. Als Sisavang Vong seinerseits 1959 starb, wurde sein Leichnam auf dem Weg zum Begräbnis in einem zwölf Meter langen, hölzernen Bestattungswagen mit einer geschnitzten, siebenköpfigen Naga durch Luang Prabang gefahren. Er hatte über ein halbes Jahrhundert – mit in den letzten Jahren schwindendem Einfluss – über sein Land geherrscht (und in dieser Zeit angeblich nicht weniger als achtzehn Frauen geheiratet und fünfzig Nachkommen gezeugt). Ihm folgte sein Sohn Savang Vatthana, der auf informelle Weise den Thron bestieg, ohne sich offiziell krönen zu lassen. Mit dieser symbolträchtigen Handlung wollte er warten, bis das Land politisch zur Ruhe gekommen und der Bürgerkrieg überstanden war. Erst dann wollte er mit seiner Krönung die Wiederauferstehung eines starken, stabilen Laos feiern. Er war ein vorsichtiger, konservativer Mann, der Politik und Recht in Frankreich studiert hatte und dennoch einige Aspekte der französischen Herrschaft in Indochina nach dem Zweiten Weltkrieg weitaus kritischer betrachtete als sein Vater. Als seine oberste Aufgabe verstand er den Schutz der konstitutionellen Monarchie, weshalb er sich so wenig wie möglich am politischen Tagesgeschäft beteiligte, seine antikommunistische Haltung weitgehend für sich behielt und stattdessen als neutraler Vermittler bei Regierungskonflikten auftrat. Seine vorsichtigen öffentlichen Ansprachen und zögerlichen Maßnahmen ließen viele glauben, er sei gleichgültig und schwach, aber hinter den Kulissen führte er viele Fäden. Der amerikanische Botschafter William H. Sullivan sagte über den König in Hinblick auf die Tatsache, dass er ihn selten erreichen konnte und dass es nahezu unmöglich war, ihn auf konkrete Handlungen festzulegen: »Auf den Punkt gebracht ist er eine hoch intelligente, schnell ausweichende, persönlich reizende Person, die mich ohne Zweifel in genau demselben Ausmaße frustrieren wird wie meinen Vorgänger.«

Mittlerweile beherbergte der Palast das königliche Museum. Bevor wir eintreten konnten, mussten wir unsere Schuhe beziehungsweise Flip Flops ausziehen und die Taschen abgeben.

»Halt«, sagte ein uniformierter Mann am Eingang, dem wir unsere Tickets entgegenhielten. Er betrachtete Lucy von oben bis unten und sagte: »Ihr Rock – zu kurz.«

Lucy schaute an sich hinab. »Oh«, sagte sie und lächelte verlegen. »Schade.«

»Kein Problem. Sie müssen Rock ausleihen. Dort vorn.«

An einem kleinen Häuschen lieh Lucy für 2.000 Kip einen Rock, der so hübsch bestickt war, dass sie ihn am liebsten gekauft hätte. Nun war der Aufseher zufrieden und ließ uns ein. Portraits, Wandgemälde, Bücher, Geschenke von internationalen Besuchern, Seidenschals der Königin (von denen Lucy besonders angetan war) und andere königliche Besitztümer und Sammlungen sahen wir an und liefen durch prachtvolle Räume mit aufwändigen Holzreliefs, Blattgolddekorationen und Wandmalereien. Dieser Pomp der Empfangshalle, der Zeremonienräume und der öffentlichen Teile des Palasts war überraschend durchsetzt von einigen kahlen Zimmern, in denen der Sozialismus blühte. Hier, in den privaten Gemächern der Königsfamilie, waren die Wände, von einigen Gemälden abgesehen, nackt, die Möbel funktional. Leider boten die spärlich verteilten Hinweisschilder kaum Hintergrundinformationen, sondern wiesen meist nur knapp darauf hin, dass es sich bei dieser Buddha-Figur um eine Buddha-Figur handelte und dass jenes Ausstellungsobjekt ein Geschenk von Land x an das Mitglied der königlichen Familie y war. Auch vier angestellte Frauen in cremefarbenen Uniformen, die in einem der Palastgänge auf dem Boden saßen und lachend in Modekatalogen herumblätterten, halfen nicht beim Wissensgewinn. Aber immerhin brachen sie die in einem Museum dieser Größe oftmals vorherrschende dumpfe Atmosphäre, in der nur flüsternd gesprochen wird, und verbreiteten Frohsinn.

In einem Saal, der von Blattgold leuchtete, sahen wir den Thron des Königs und seine Krone, die eher wie der reichverzierte Hut eines Zauberers aussah. Verwunderlich schien mir, dass das Museum einerseits offenbar auf die monarchische Vergangenheit stolz machen wollte und erwähnte, dass der Palast 1976 zum Museum umfunktioniert worden war, andererseits aber – soweit ich sehen konnte – mit keinem Wort erwähnt wurde, wie es dazu gekommen war, dass das Gebäude zu diesem Zweck zur Verfügung gestanden hatte: Die königliche Familie war 1976 vertrieben und verschleppt worden. Im Dezember des Vorjahres waren die kommunistischen Pathet Lao an die Macht gelangt und hatten die *Demokratische Volksrepublik Laos* ausgerufen, unter anderem unter der Führung des späteren Premierministers Phomvihane und des späteren Präsidenten Souphanouvong, der die Pathet Lao 1951 gegründet hatte. Während seine Halbbrüder mit der von den Franzosen unterstützten königlichen Regierung zusammenarbeiteten, ging Souphanouvong in den Dschungel und half, die Revolution vorzubereiten. Noch heute erinnern sich die meisten Laoten gern an den 1995 verstorbenen Revolutionär und Politiker, dem sie den Spitznamen *der rote Prinz* gegeben haben.

Bis heute ist nicht vollständig geklärt, was aus der königlichen Familie wurde. 1977 wurde sie nach Houaphan gebracht, danach verliert sich ihre Spur. Vermutlich kam sie in eines der Umerziehungslager, in die zehntausende Regimegegner, ehemalige Beamte, Prostituierte, Taschendiebe, Geschäftsleute, Landbesitzer und andere Mitglieder der Gesellschaft gesteckt wurden, die nach Dafürhalten der kommunistischen Führung nicht zur Umgestaltung des Landes nach sozialistischem Maßstab passten. Dort wurden die Gefangenen in Isolationshaft gehalten und mussten, oftmals über viele Jahre hinweg, Zwangsarbeit verrichten und politische *Lehrgänge* und *Seminare* über sich ergehen lassen; so lauteten die euphemistischen Bezeichnungen. Anfangs gingen viele kriegsmüde Bürger sogar freiwillig in diese Lager, denn sie glaubten der Propaganda der Pathet Lao, die ihnen versprach, dass sich unter ihrer Führung außer dem Ausschluss ausländischer Imperialisten aus dem Land wenig ändern würde. Das Land würde sich auf sich selbst und seine Kultur besinnen.

Die Bürger wollten den neuen Machthabern glauben, aber statt einige Monate unterrichtet zu werden, wie ihnen versprochen worden war, verbrachten viele von ihnen Jahre in den Lagern, die sich als Gefängnisse entpuppten. Zwar veranstaltete die Partei keine großangelegten Massaker wie ihre Kameraden in Kambodscha Ende der 1970er, aber viele der Gefangenen kehrten nie nach Hause zurück. Ihre Geliebten erfuhren nie, was mit ihnen geschehen war. Die Königsfamilie, der vorgeworfen wurde, mit reaktionären Kräften in Verbindung zu stehen, wurde manchen Angaben zufolge im berüchtigten Camp 5 eingekerkert und nie freigelassen. König Savang Vatthana, zu dessen zeremonieller Krönung es nie gekommen war, seine Frau, der Kronprinz und ein weiterer Sohn, Prinz Savang, sie alle starben im Laufe der Jahre, vermutlich an Unterernährung und der generellen schlechten Behandlung. Die kommunistische Führung gab die Details ihres Todes nie bekannt.

In den ersten Jahren nach der Machtübernahme griff die kommunistische Regierung besonders hart durch. Der Buddhismus wurde unterdrückt, alle Verbindungen zu Thailand gekappt, eine Hetzkampagne gegen die Hmong-Minderheit gestartet, von der der Großteil den neuen Staat nicht anerkannte, jegliche freie Presse verboten, privates Eigentum konfisziert, Farmer enteignet. Männer durften keine Jeans tragen und die Garderobe der Frauen war auf die *Sin* beschränkt, die traditionellen laotischen Kleider. Grant Evans beschreibt die Veränderungen, die die kommunistische Machtübernahme für die Menschen in der Hauptstadt Vientiane mit sich brachte: »Die meisten Geschäfte in den Städten schlossen ihre Läden, Autos verschwanden von den Straßen, weil die Benzinpreise mit dem Kollaps der Wirtschaft in die Höhe schossen, und Fahrräder tauchten wieder in großer Anzahl auf. Lippenstift und Make-up verblassten auf den Gesichtern der Frauen, wenig Schmuck war sichtbar, und einfache, zweckmäßige Kleidung wurde zur unausgesprochenen Regel. Es war, als wäre Vientiane plötzlich in die 1950er zurückversetzt worden, mit Ausnahme der düsteren Stimmung, die sich über die Bevölkerung gelegt hatte, als ihr die Realität der Revolution dämmerte.«

Doch der Widerstand in der Bevölkerung gegen die Regierungsmaßnahmen wuchs, auch in der Landbevölkerung, den traditionellen Unterstützern der Pathet Lao. Die Wirtschaftspolitik der Kommunisten, zusätzlich geschwächt durch eine Dürreperiode und das Ausbleiben amerikanischer Hilfszahlungen, versagte mit schmerzhafter Offensichtlichkeit, mit dem Ergebnis, dass nahezu eine halbe Million Menschen, bemerkenswerte zwölf Prozent der Gesamtbevölkerung, über den Mekong ins reiche Thailand gingen, darunter vor allem gut ausgebildete Bürger. Die Konsequenzen sind insbesondere im Bildungssystem noch heute spürbar, dem qualifizierte Lehrer fehlen.

Der zunehmende Druck auf die Regierung durch das verblüffende wirtschaftliche Wachstum Thailands und die gleichzeitige weltweite Schwächung des Kommunismus führten 1989 zum Fall des Bambusvorhangs und zum *Jintanakan*, dem *Neuen Denken*, einer wirtschaftlichen und politischen Liberalisierung, in mancher Hinsicht nicht unähnlich der Perestroika in der früheren Sowjetunion. Vor allem nach dem Tod Phomvihanes im November 1992 öffnete sich Laos. Die Regierung agierte weniger autoritär und versuchte ihre Legitimität durch das Forcieren von Wachstum und Entwicklung zu sichern. Persönliche Freiheiten wurden erweitert, der Tourismus erst zögerlich, dann nachdrücklich gefördert, die Beziehungen zum ungeliebten Thailand verbessert, politische Inhaftierte aus den Gefängnissen entlassen. Resultate dieser Entwicklung sind Kasinos wie der umgangssprachlich *Macau am Mekong* genannte Komplex in Ton Pheung in der Bokeo Provinz, die entlang der Grenze auf laotischer Seite aus dem Boden sprießen, und in denen finanzstarke thailändische und chinesische Nachbarn ihre daheim verbotene Spielbegeisterung ausleben können. Weitere Konsequenzen der Liberalisierung sind steigende Touristenzahlen (allein von 1998 bis 2010 verfünffachte sich die Zahl der jährlichen Besucher auf zweieinhalb Millionen), aber auch die Eröffnung der mehr als einen Kilometer langen Freundschaftsbrücke 1994, die sich über den Mekong spannt und die thailändische Provinz Nong Khai mit Vientiane verbindet. Mittlerweile gibt es drei derartige Brücken.

Ein anderes klares Ergebnis der Reformen war 1997 der Beitritt von Laos in die ASEAN, den Verband Südostasiatischer Nationen. Viele Kinder jener Migranten, die nach der Machtergreifung der Kommunisten ins Ausland geflohen und in die USA oder nach Australien migriert waren, sich dort neue Existenzen aufgebaut und über Jahrzehnte Geld an ihre daheimgebliebenen Familien geschickt hatten, kommen heute zurück in das Land, sei es auf Besuch oder für immer. Manche investieren, manche von ihnen kaufen Land für Verwandte, aber viele von ihnen kehren mit ihren Sprachkenntnissen und Universitätsabschlüssen Stück für Stück die Folgen der Abwanderung gebildeter Arbeitskräfte um, die sich nach 1975 ereignet hatte.

Das reale Wirtschaftswachstum betrug die letzten Jahre stets mehr als sieben Prozent, ein Wert, von dem westliche Industrienationen nur träumen (die allerdings bezüglich des wirtschaftlichen Entwicklungsstandes auch nicht bei null anfangen wollen). In gleichem Maße verringert sich die Anzahl der Menschen, die unter der Armutsgrenze leben: Heute sind es etwa dreißig Prozent.

Die Armutsbekämpfung wird jedoch durch zunehmende Korruption, Drogenmissbrauch und Menschenhandel behindert. In den nächsten Jahren wird die Inflation die Preise für Nahrungsmittel steigen lassen, eine weitere Herausforderung für jene Farmer, die nicht über ausreichend Land verfügen, auf dem sie Gemüse pflanzen oder Tiere züchten können, um sich selbst zu versorgen. Derweil besitzen viele hochrangige Beamte in den Provinzen große Ländereien, die ungenutzt brachliegen. Glücklicherweise sind viele der geldmäßig Ärmsten in der Lage, zumindest die eigene Grundversorgung sicherzustellen. Achtzig Prozent der Laoten leben verstreut auf dem Land, was die Herausforderung mit sich bringt, sie an eine moderne Infrastruktur anzuschließen, sofern sie den Menschen überhaupt erstrebenswert erscheint, was aber auf der anderen Seite dazu führt, dass Laos einer der wenigen Staaten ist, die ausreichend Nahrung für den eigenen Bedarf herstellen und auf Importe kaum angewiesen sind. Hier stellt sich auch wieder die Frage, ob unser Armutsbegriff für die in Laos oftmals vorherrschenden Verhältnisse gerechtfertigt ist: Farmer, die außerhalb der Bargeldwirtschaft arbeiten und leben und ihre Existenz stattdessen mit Subsistenzwirtschaft sichern, würden sich selbst nicht zwangsläufig als arm bezeichnen.

Auf dem Human Development Index, dem Wohlstandsindikator der UN, belegte Laos 2010 nur Platz 122 von 169 berücksichtigten Ländern, aber der Aufwärtstrend ist offensichtlich. Die Schere zwischen arm und reich wird zwar vermutlich langsam größer, doch das ist eine Folge der allgemeinen wirtschaftlichen Entwicklung: Den meisten Leuten geht es wirtschaftlich besser, aber den wohlhabenden geht es noch schneller noch besser. Ein Bauer, der sich nicht mehr monatelang um Dürre und lebensbedrohlichen Hunger sorgen muss, wird sich wenig darum kümmern, wenn der Reichtum seines Nachbarn um das Zehnfache wächst. Wichtig ist zunächst, dass es möglichst vielen besser geht, dass Armut bekämpft wird.

Rechts vom Haupteingang des Museums wurde in einem bescheidenen Nebenraum das wichtigste buddhistische Bildnis in Laos aufbewahrt: der Phra Bang, eine faszinierende, dreiundachtzig Zentimeter hohe, knapp fünfzig Kilogramm schwere Buddha-Figur aus Gold, Silber und Bronze. Nach einer alten Legende entstand sie zwischen dem 1. und 9. Jahrhundert im heutigen Sri Lanka. In Wirklichkeit reicht ihre Geschichte vermutlich bis in das 14. Jahrhundert zurück, in dem die Khmer sie in Angkor erschufen und sie Fa Ngum gaben, dem Schwiegersohn eines Khmer-Königs und dem ersten Herrscher des laotischen Königreichs Lane Xang. Sein Geburtsjahr, 1316, ist das erste definitive Datum laotischer Geschichte. Er, der er einst mit seinem Vater aus Luang Prabang verstoßen und fortan unter königlichem Schutz in Angkor aufgewachsen war, sollte die Statue nach Eroberungsfeldzügen durch Vientiane, Nordostthailand und Luang Prabang nutzen, um seine Herrschaft über Lane Xang zu legitimieren und in seinem Reich den Theravada Buddhismus zu festigen, der sich dann zwischen dem 14. und 17. Jahrhundert ausbreitete und noch heute Laos' Hauptreligion ist. Die Anfänge von Laos als Königreich, als Kultur, als Nation, hängen also eng mit dieser Figur zusammen, die Luang Prabang (damals Phra-bang), der alten Königsstadt und ersten Hauptstadt des Landes, ihren Namen gab.

Da stand sie vor mir, in einer Kammer, in die ich durch ein Gitter in einer schmalen Tür hineinspähte, klein und unscheinbar, eine Skulptur mit erhobenen Händen, die aus Metall gefertigt worden war, aber deren wesentlichster, sie zusammenhaltender Bestandteil heute ihre lange, bewegte Geschichte ist. Als die Siamesen 1778 in Laos einbrachen, nahmen sie die Figur mit sich und brachten sie nach Thonburi, der damaligen Hauptstadt Siams. Vier Jahre später wurde sie vom siamesischen König Rama

I. zurück nach Luang Prabang geschafft, nur um 1828 im Namen von Rama III. erneut von den Siamesen gestohlen zu werden. Ein weiterer König, Rama IV., ließ es sich ein knappes halbes Jahrhundert später nicht nehmen, die Figur wiederum nach Luang Prabang zurückzubringen. Und nun stand sie hier. Wie unwahrscheinlich war es, dass eine so begehrte Skulptur all diese Jahrhunderte überdauert hatte, ohne endgültig verschleppt zu werden, ohne verschollen zu gehen, ohne zerstört zu werden? Sehr unwahrscheinlich – so unwahrscheinlich, dass heute einige behaupten, die Figur in Luang Prabang sei eine Fälschung. Das Original, so vermuten sie, lagere zu seinem Schutz in einem Safe in Vientiane oder sei von den Kommunisten 1975 gar als Dank für die Unterstützung an die Russen verschenkt worden und befinde sich heute in Moskau.

Genau genommen spielte es gar keine so große Rolle, ob die Figur vor meinen Augen die gleiche war, die einst Fa Ngum in den Händen gehalten hatte. Sie war ein Symbol für die reiche Geschichte von Laos, eine Verbindung in die Vergangenheit, und ein Symbol entsteht immer auch daraus, was die Menschen in ihm sehen.

Bereits vor 1975 hatte die alte Königsfamilie geplant, einen Schrein für die Figur zu errichten – 2003 wurde dieses Vorhaben endlich, nach über zehnjähriger Bauzeit, realisiert. Seitdem steht auf dem Palastgelände der Ho Phra Bang, ein prachtvolles Gebäude. Doch aus Gründen, die ich nicht erschließen konnte, verweilt der Phra Bang Buddha bis heute in seiner kleinen Kammer.

Soviel zur Geschichte des Phra Bang Buddha – Sie sollen nicht sagen können, Sie hätten nichts von mir gelernt.

Die königliche Autosammlung in einem Nebengebäude umfasste einen Toyota-Geländewagen, ein hölzernes Motorboot, einen Porsche aus den 50ern und drei Chevrolets von Ford: Geschenke der US-Regierung, die als königliche Limousinen und zum Chauffieren hochrangiger Gäste genutzt worden waren. Vier der königlichen Chauffeure wurden an einer Wand sogar mit Bildern und kurzen Texten gewürdigt, die die Dienstzeiten und die immer wieder gleiche Auflistung der Medaillen beinhalteten, die der König ihnen verliehen hatte. Ein weiteres Gebäude beherbergte eine Ausstellung des deutschen Fotografen Georg Berger. Sie hieß *The floating Buddha* und bestand aus einer Sammlung wunderschöner Schwarzweißbilder von meditierenden Mönchen und einzelnen Farbfotos, von denen einige befremdliche, fast unkenntliche Nahaufnahmen von Vorhängen und Plastiktüten zeigten, die nicht in diese Ausstellung passten. Durch die Fenster gegenüber der Galeriewand schien so viel Licht, dass das Glas vor den Bildern spiegelte und manche Werke schwer zu erkennen waren. Wir bemühten uns dennoch, alle Einzelheiten auszumachen, denn sie zeigten die Mönche im intimen Moment des Rückzugs aus der Realwelt, des Eintauchens ins eigene Ich. Die Mönche meditierten liegend und sitzend, kniend und stehend, mit Lotusblüten in den Händen oder selbst den Lotussitz formend, auf schlichten Bastmatten und Steinen und auf dem Boden des Waldes, umgeben von altem Laub und Bäumen und Bergen. Eine große Ruhe ging von diesen Bildern aus.

Wir verließen das Gelände des Nationalmuseums und trennten uns von den Australiern, die sich Fahrräder ausleihen wollten. Falk und ich begannen unsere ausgiebige Stadterkundung zu Fuß. Wir liefen nach Nordosten, die Sisavong Road hinauf, die in ihrem Verlauf bald zur Sakkarine Road wurde und zur Spitze der durch den Zusammenfluss des Mekongs und des Nam Khans gebildeten Halbinsel führte. Diese Halbinsel war das historische Herz Luang Prabangs. Sie bestand aus zwei Uferpromenaden – einer entlang des Mekongs, einer entlang des Nam Khans – und zwei Parallelstraßen dazwischen, die durch Querstraßen verbunden waren. Mit den Namen dieser Straßen sollte man allerdings vorsichtig sein. Sie haben sich in den vergangenen Jahren so häufig geändert, dass es entweder keine offiziellen Namen mehr gibt oder aber kaum jemand sie kennt. Die Straße, die an der Mekong-Uferpromenade entlang führt, heißt wahlweise Souvannakhamphong, Mahin Ounkham oder Suvannabanlang, von den Einwohnern wird sie aber auch häufig Th Khem Khong genannt, wenn sie überhaupt einen Namen verwenden. Um der hoffnungslosen Verwirrung zu entgehen, nutzen die meisten von ihnen die Straßennamen einfach gar nicht mehr und orientieren sich stattdessen an landschaftlichen Merkmalen oder dem nächsten Wat. Die Anordnung der Bezirke Luang Prabangs entspricht der Anordnung der dorfähnlichen Gemeinschaften, die sich um die überall verteilten Wats gebildet haben und die bis heute ein enges Zusammengehörigkeitsgefühl verbindet.

In einer Querstraße entdeckten wir ein großes Gebäude auf einem leicht verwilderten Grundstück, das einem Schild zufolge eine Kunstschule beherbergte. Wir liefen über das Grundstück, gingen durch eine offene Tür ins Erdgeschoss und betraten ein geräumiges Zimmer mit unvollendeten Aquarell- und Pastellgemälden. Ein Lehrer stand mit zwei Schülern vor einem großen Bild und gab Erklärungen ab. Es zeigte eine Dorfszene: fünf schlichte Hütten, dazwischen eine Gruppe Frauen, die auf dem Boden saßen und Handarbeiten verrichteten. Um sie streunten zwei oder drei Hunde herum. Die Künstler warfen uns je einen kurzen Blick zu und ließen sich nicht weiter stören. Eine Weile hörten wir zu, zwar ohne ein Wort zu verstehen, aber den Klang der laotischen Sprache in diesem inspirierenden Ambiente genießend. Dann verließen wir das Zimmer und gingen um das Gebäude herum. Auf der Rückseite stiegen wir eine Treppe an der Außenmauer hinauf.

»Möchtet ihr die Galerie ansehen?«, fragte eine Frau, die auf einer Bank saß und ein Baby auf dem Arm hielt.

»Ja, gerne«, sagte Falk.

Die Frau holte einen Schlüssel und schloss eine Tür auf.

»Bitte. Kommt herein.«

In der Galerie waren Arbeiten ausgestellt, die von der Vielseitigkeit der Künstler zeugten, die hier ausgebildet wurden: Skulpturen und Reliefs aus der Holzwerkstadt, viele davon mit Bezug zum Buddhismus, gefolgt von zwei Räumen mit Gemälden. Einige waren in ihrer fantasievollen und handwerklich geschickten Ausführung wahre Kunstwerke, andere zeigten einfallslose Mönchsfiguren, hundertfach lieblos voneinander abgekupferte Massenware, die für 10.000 oder 20.000 Kip verkauft wurde.

»Diese Schule gibt es seit beinahe vierzig Jahren«, sagte die Frau, die uns gefolgt war und ihr Baby in den Armen schaukelte. »Unsere Studenten lernen hier für vier Jahre. Sie können sich spezialisieren auf Malerei, Metallarbeiten, Keramik, Skulpturen und andere Richtungen.«

»Wie viele Studenten haben Sie?«, fragte ich.

»Momentan sind es ungefähr hundertfünfzig. In ganz Laos gibt es nur zwei weitere Kunstschulen«, fügte sie stolz hinzu. »Uns ist sehr wichtig, die traditionellen Künste wiederzubeleben. Aber wir müssen uns auch an den Wünschen der Touristen orientieren.«

Gemeinsam mit der Frau sahen wir uns an, wie zwei junge Männer mit Meißel und einem großen Holzhammer ein Holzrelief anfertigten, dann verabschiedeten wir uns.

»Vielen Dank für euren Besuch«, sagte die Frau wieder und wieder und schüttelte unsere Hände, das Baby auf einem Arm haltend. »Vielen Dank.«

Wir wanderten zur Spitze der Halbinsel und zum ältesten Wat Luang Prabangs, dem Wat Xieng Thong, einem goldverzierten Wat, den König Setthathirat 1560 erbauen ließ. Der Sim, die Ordinationshalle, war das Hauptgebäude der Anlage und erschien mir mit seinem hohen Giebel und den vielen ausladenden, übereinander gelagerten Dächern, die wie die angelegten Schwingen eines Adlers fast bis zum Boden strebten, wie eine vorzeitliche Version der Sydney Oper. Als Luang Prabang 1887 bei den oben erwähnten Angriffen der Tai und der chinesischen Banden der Haw vollständig verbrannt und zerstört wurde, blieb dieses Gebäude verschont, weil der Anführer der Haw, Deo Van Tri, hier einst selbst als Novize gelebt und das Gebäude während des Überfalls zu seiner Kommandozentrale gemacht hatte. Es war mehrfach beschädigt und restauriert worden, aber die Grundmauern dieses Gebäudes standen seit einem halben Jahrtausend an diesem Ort. Es verschlug mir den Atem, wie viel Eleganz und wie wenig Primitivität etwas so Altes ausstrahlen konnte. Die reiche Innenausstattung der Dachbalken und Sparren, die mit der Schablonendrucktechnik auf die schwarze Grundfarbe aufgetragenen Goldverzierungen an den Säulen und Wänden auf den Innen- und Außenseiten, das aufwändige Mosaik des Lebensbaumes auf rotem Grund an der Rückseite des Sims – ohne Zweifel war es das erhabenste Bauwerk, das ich bisher in Laos gesehen hatte. Noch heute nutzen Tempelrestaurateure diesen ehemaligen königlichen, in der Reinform des Luang-Prabang-Baustils errichteten Tempel zur Orientierung. Auch das Design des Ho Phra Bang ähnelt ihm.

Wir trafen auf das nördliche Ende der Sakkarine Road und folgten ihr nach Süden, zunächst vorbei an kleinen Kunstgalerien. Sodann passierten wir zahllose prunkvolle Wats auf der einen Straßenseite; mit etwa vierzig Wats besitzt Luang Prabang die wohl größte Klosterdichte der Welt. Auf der anderen Seite reihte sich eine französische Kolonialvilla an die andere. Dazwischen waren Blumenhecken gepflanzt worden, aus deren Grün große, rote Blüten leuchteten. Vielversprechende Restaurants wechselten sich ab mit gemütlichen Cafés und gut besuchten Bars.

»Man könnte wirklich meinen, man sei in Frankreich«, sagte Falk. »Abgesehen von den vielen Wats gegenüber.«

Diese harmonische Verschmelzung traditioneller Architektur – buddhistische Tempel- und Klosteranlagen aus Holz und Stein – mit weltlichen Gebäuden – zum Teil im 19. und 20. Jahrhundert von den französischen Kolonialherren errichtet – macht einen großen Teil der Faszination Luang Prabangs aus. Alle paar hundert Meter versprühte ein Atelier seinen Charme, ein Geschäft, das bestickte Stoffe oder feine Seide verkaufte, ein kleiner Handwerksladen, der Holzschnitzereien oder handgemachtes Papier feilbot.

Wir stiegen die 329 Stufen zum Phu Si Hügel hinauf, der sich in der Mitte der Halbinsel erhob und das Stadtbild aus allen Richtungen prägte, fotografierten ein rostendes Flugabwehrgeschütz und genossen die Aussicht von der kleinen Tempelanlage ganz oben: die Altstadt im Vordergrund, die beiden Flüsse dahinter und schließlich die Berge mit ihrem wogenden Grün. Henri Mohout, der wenige Kilometer entfernt begraben liegt, befand einst: »Die Lage Luang Prabangs ist sehr gefällig. Die Berge formen eine Art kreisförmiges Tal oder Amphitheater, fünfzehn Kilometer im Durchmesser, das ein vorzeitlicher See war. Ein bezauberndes Bild.«

Bei der Erkundung von Seitengassen und Geschäften trafen wir immer wieder Leute, die wir auf früheren Reiseabschnitten kennengelernt hatten. Da waren Susan und Rebecca von der Gibbon Experience, Mustafa aus Luang Namtha (wir versteckten uns vor ihm), einige Passagiere von der Bootstour und eine Anzahl an Leuten, deren Gesichter ich kannte, ohne mich zu erinnern, aus welcher Stadt, wie sie hießen oder woher sie kamen. Wir sahen sogar eine Irin wieder, mit der wir Monate zuvor in Hongkong studiert hatten. Das würde sich die nächsten Tage fortsetzen. Luang Prabang war nicht riesig, aber doch ausgedehnt genug, sollte man meinen, damit man nicht ständig denselben Menschen über den Weg lief, und dennoch war unser Aufenthalt auf erstaunliche Weise geprägt von unerwarteten (und irgendwann erwarteten) Wiedersehen.

Die Stunden verstrichen, die Sonne senkte sich. Wir trafen uns mit Lucy und Lachlan, schlenderten durch eine enge Gasse über den abendlichen Essensmarkt und probierten gegrillte Hühnerbrust und gegrillten Mekongfisch – so wurde jeder Fisch genannt, unabhängig von der Art. Meist verbargen sich hinter dem Begriff Karpfen- und Welsarten, von denen die größte der mittlerweile seltene Mekong-Riesenwels ist. Mit bis zu drei Metern Länge und einem Gewicht von bis zu 315 Kilogramm ist er einer der größten Süßwasserfische der Welt.

Schwein am Spieß und andere Fleischwaren wurden über Feuern erhitzt und auf Tellern gestapelt, dahinter standen Verkäuferinnen, die an Stöcken befestigte Tüten über dem Fleisch hin und her wedelten, um die Fliegen zu vertreiben. Es gab auch vegetarische Speisen sowie Stände, an denen Hungrige für 10.000 Kip einen Teller mit einer frei wählbaren Mischung aus Nudeln, Gemüse und Fleischspeisen zusammenstellen konnten.

Ein intensiver Geruch, der die stärksten Grilldüfte überdeckte, setzte sich in meine Nase und führte mich zu einer Frau, die an einem kleinen Stand vorgeschnittene Fruchtfleischstücke der Durian-Frucht verkaufte, auch Käsefrucht genannt. Das ist eine kopfgroße, mit langen, harten Stacheln übersähte Fruchtsorte, die wegen ihres Geschmacks und Gestanks berüchtigt ist. Freunde in Hongkong hatten mir einst gesagt: »Man hasst sie oder man liebt sie.« Nun war für mich der Zeitpunkt gekommen, den Selbstversuch zu wagen: Schmeckte die Frucht auch nur halb so widerlich wie sie roch?

Sie schmeckte zehnmal so widerlich.

Ein betäubendes Aroma verrotteter, gekochter Zwiebeln mit einem Hauch von Vanille breitete sich in meinem Mund aus, ein brennendes Gas strömte aus meiner Nase. Gerade war ich ein fröhlicher Reisender in Probierlaune gewesen: Jetzt war ich ein etwas weniger fröhlicher, sich schüttelnder Reisender, der versuchte einen heftigen Würgereiz zu unterdrücken. Zumindest verstand ich nun, weshalb an den Eingangstüren vieler südasiatischer Hotels neben den *Bitte nicht Rauchen*-Geboten das Verbotsschild *Keine Durian-Früchte!* angebracht war. Es ging nicht nur um den beißenden Geruch, den man, hatte er sich einmal festgesetzt, nicht wieder los wurde (bei Verstoß gegen das Durian-Verbot muss das Zimmer in einigen Unterkünften für eine weitere Woche bezahlt werden), sondern auch um die potentielle Mehrarbeit für das Reinigungspersonal, wenn ein verweichlichter Europäer mal wieder die Anpassungsfähigkeit seines Magens überschätzt hatte.

Gesättigt – und in meinem Fall ein wenig betäubt – erreichten wir einmal mehr die Hauptstraße, die Sisavangvong Road, die jeden Abend neben dem Gelände des Palastmuseums in einen Kunstmarkt umfunktioniert wurde. Die Straße wurde gesperrt und dutzende Kunsthändler bauten ihre Stände auf. Wir bummelten über den Markt, schoben uns durch zwei enge, von Zeltreihen gesäumte Gänge, einem Farbenmeer aus Rot, Blau und Gelb, und begutachteten die zahlreichen liebevoll, zum großen Teil von Mitgliedern ethnischer Minderheiten gefertigten Produkte: die schon bekannten Mönchsgemälde, die auch die Kunstschule herstellte, Stickarbeiten, handgefertigte Seidenschals, die Lucies Herz höher schlagen ließen. Ich grüßte fremde Leute und nickte ihnen um Verzeihung bittend zu, wenn sie wegen meiner stinkenden, beinahe unangetasteten Speise, die ich noch immer mit mir herumschleppte, einen Bogen um mich machten, erfreute mich an den ausgestellten Erzeugnissen und warf dabei immer wieder suchende Blicke hinter die Stände,

vergeblich nach einem Mülleimer für die Durian-Stücke Ausschau haltend. Die Verkäuferinnen und Verkäufer sprachen uns an und bewarben ihre Waren, aber wenn wir den Kopf schüttelten und ablehnten, schimpften sie uns nicht hinterher, sondern lächelten weiter und verabschiedeten sich freundlich. Einen Umgang wie auf diesem Markt würde ich mir auf allen Märkten wünschen. Nach einer guten halben Stunde erreichten wir das Ende des abgesperrten Bereichs. Hier gab es keine tüchtigen Verkäufer mehr, dafür boten Tuk Tuk-Fahrer ihre Dienste an, mit einer festgelegten Reihenfolge an Fragen:
»Tuk Tuk, Sir?«
»Nein, Danke.«
»Wasserfall?«
»Nein, Danke!«
Mittlerweile waren wir an einem bestimmten, abgemagerten Fahrer und seinem Gefährt vorübergegangen. Der Fahrer rief uns ein »Psst!« hinterher und wechselte spontan das Geschäftsmodell: »Marihuana? Opium?«
Ich blieb stehen, überlegte kurz und drehte mich zu ihm um.
»Haben Sie Hunger?«
Ich hielt ihm meine Durian-Überbleibsel hin. Ohne zu zögern griff er zu und verbrachte eine Leistung, die mich mit offenem Mund staunen ließ: Er vertilgte sie mit wenigen Bissen.
Einmal mehr liefen wir nach Nordosten, in Richtung der Spitze der Halbinsel. In dieser Gegend fühlten wir uns nicht nur wohl, weil es hier die höchste Dichte an verheißungsvollen Restaurants und hochwertigen Handwerksgeschäften gab, sondern weil die Gebäude so gemütlich aussahen. Sie bestanden aus Holz und Ziegeln, viele der Kolonialgebäude hatten dekorative Balkone. Jetzt, am Abend, war alles noch hübscher. Überall brannten Kerzen, die Leute saßen auf den Bürgersteigen und auf Terrassen und aßen und tranken und erzählten. Ich hätte gern jedes Haus gekauft, das ich hier sah, wollte jedes Restaurant besitzen, den Rest des Lebens hinter den Zapfhähnen jeder Bar stehen, einen kleinen Laden kaufen und einen Buchladen daraus machen. Es war wundervoll. Ich überlegte, ob ich anfangen konnte, Wurstfiguren zu kneten oder sonst ein Kunstgewerbe zu starten,

das es mir erlauben würde, eine Galerie zu eröffnen und tagaus, tagein zurückhaltend flüsternde Besucher dabei zu beobachten, wie sie durch den dezent beleuchteten Raum schlichen und höflich fünf Sekunden vor jedem Exponat ausharrten. Dann erinnerte ich mich an Frau Krull, meine Kunstlehrerin in der sechsten Klasse, die eines Tages einfach verschwunden war. Wir hatten nie eine Begründung für ihren Abschied bekommen, aber ich bin bis heute überzeugt, dass sie kündigte, weil ich sie desillusioniert und in die Verzweiflung getrieben hatte. Es gab kein Projekt unter ihrer Leitung, das ich zu ihrer Zufriedenheit ausgeführt hatte. Sie pflegte durch die Klasse zu schleichen und jedem Schüler einen kritischen Blick über die Schulter zu werfen. »Was soll denn das sein?«, fragte sie angewidert, wenn sie bei mir angelangt war. Sie fischte meine Arbeit vom Tisch und hielt sie hoch, so dass jeder sie sehen konnte.

»Ihr sollt eine mittelalterliche Straße im Stil des Expressionismus zeichnen«, sagte sie, »und keine Strichmännchenzeichnung eures letzten Albtraums. Das hier ist ein Beispiel, wie man es *nicht* macht – mal wieder, Erik.«

Ihre kleine Vorführung wurde mit begeistertem Kichern aufgenommen, während ich meine Finger um meine Mischpalette schloss und mit mir haderte, sie nach ihr zu werfen. Frau Krull schüttelte traurig den Kopf und sagte seufzend: »Manchmal bin ich wirklich froh, dass ich mein Geld auch so kriege.«

Ich verwarf also den Gedanken an eine Karriere im Kunstgeschäft und unterstützte die anderen dabei, die Menüs der Restaurants zu vergleichen.

Es war warm und wir freuten uns auf die Abkühlung. Ein Tuk Tuk hatte uns zum dreißig Kilometer entfernten Tut Kuang Si Wasserfall gebracht. An einem Häuschen mussten wir 20.000 Kip Eintritt entrichten. Wir waren gewohnt, in solchen Situationen nichts als Gegenleistung zu bekommen, aber hier gab es hochwertige Einrichtungen: Umkleidekabinen, Bänke, kleine Holzbrücken und Informationstafeln. Auch eine Auffangstation für Asiatische Schwarzbären war in der Nähe, die Opfer illegalen Tierhandels geworden waren. Keo zum Beispiel war von der

Waldbehörde der Bokeo Provinz konfisziert worden, der auch die Waldwächter der Gibbon Experience unterstehen. Sie hatten den Bären in einem erbarmungswürdigen Zustand gefunden, nachdem er das erste Jahr seines Lebens in einer kleinen Holzkiste verbracht hatte. Noch immer hatte er eine ungewöhnliche Körperform und zu kurze Beine, Ergebnisse der langen Vernachlässigung. Doch das Bärenzentrum hatte ihn so weit aufgepäppelt, dass wir heute von einigen Plattformen aus beobachten konnten, wie er mit seinen Artgenossen in einem recht großzügigen Gehege herumtollte, sich in Hängematten in Übergröße lümmelte, mit Bambusspielzeugen spielte und sich in einem kleinen Teich abkühlte.

Die Australierin Mary Hutton gründete die Station 1995, nachdem sie einen TV-Beitrag über die hoffnungslose Lage gesehen hatte, in der sich viele Bären in Asien befanden. Der Beitrag zeigte Schwarzbären, die in winzigen Käfigen gefangen gehalten wurden, in denen sie sich nicht bewegen konnten, mit schmutzigen Kathetern, die zu ihren Gallenblasen führten, damit die Gallensäure gemolken werden konnte. In einigen Strömungen traditioneller chinesischer Medizin wird ihrer Gallensäure eine heilende Wirkung bei Erkrankungen wie Kopfschmerzen bis hin zu Nieren- und Herzleiden zugesprochen.

Am nächsten Morgen verfasste Hutton eine Petition und sammelte vor dem Eingang eines Einkaufszentrums Unterschriften. Mit dem *Free the Bears Fund* geht sie mittlerweile weltweit gegen das Einfangen und Misshandeln sowie die Wilderei von Bären vor, die in einigen Ländern Delikatessen sind oder als Attraktionen gehalten werden. Neben Laos hat Hutton Auffangstationen in Kambodscha, Vietnam und Indien gegründet. Sie reist durch die Welt, um auf die Probleme aufmerksam zu machen, unterstützt von ihrer ganzen Familie. Ihr einziger Sohn, Simon, hatte sie vor vielen Jahren auf den TV-Beitrag aufmerksam gemacht, der ihr Leben verändern sollte, und wurde schließlich 2005 der Projektleiter des Projektes in Kambodscha. Hier überwachte er den Bau einer Tierklinik und unterstützte Bärenpfleger in der Auffangstation. Am 22. Juni 2005 hatte er in der Hauptstadt Phnom Penh gerade einen Wagen für den Fond gekauft, als ihn ein anderes Auto anfuhr. Schwer verletzt wurde er ins Krankenhaus gebracht. Seine Mutter stieg sofort in das nächste Flugzeug und erreichte die Stadt einen Tag später. Mitarbeiter der australischen Botschaft brachten sie rasch durch die Flughafenkontrollen, dann raste sie ins Krankenhaus, wo sie ihren Sohn in einem tiefem Koma vorfand. Die Mitarbeiter des Krankenhauses hatten alles getan, um ihn bis zu ihrer Ankunft am Leben zu halten. Am nächsten Morgen verstarb er mit neununddreißig Jahren.

»Wir haben nicht geahnt, dass es so viel Schmerz geben kann«, schreibt Mary Hutton auf ihrer Homepage. Aber den Kampf für die Schwarzbären setzt sie mit ihrem Team fort. Fünf Mal war sie bereits Finalistin für die Auszeichnung *Australier des Jahres*, die seit 1960 zum australischen Nationaltag verliehen wird.

Der Wasserfall war prächtig. Er stürzte von einer Felsstufe in beeindruckender Größe hinab. Ein steiler, schweißtreibender und mückenverseuchter Pfad führte an der Seite in die Höhe zum oberen Ende des Wasserfalls. Der Blick in die Tiefe und in die Weite war schön, aber noch schöner waren die Felsterrassen und natürlichen Wasserbecken unterhalb des Falls, die das türkise, klare Wasser in den porösen Kalkstein gegraben hatte und in denen wir schwammen. Über einem Pool lehnte ein Baum, von dem eine Seilschaukel hing, mit der wir uns vom Ufer über das Wasser schwangen und schreiend losließen, durch die Luft fliegend und ins natürliche Wasserbecken fallend. Wir teilten uns dieses Becken mit zwei Asiaten, vermutlich Japanern. An dem einen konnte ich mich nicht sattsehen: Er machte auf eine herzerwärmende Weise den Eindruck, gerade das erste Mal sein Büro verlassen zu haben. Er war ein älterer Mann mit einer Halbglatze, der sich eine Taucherbrille um den Kopf geschnallt und Schwimmflügel um die Oberarme gebunden hatte. Seine Schritte waren unsicher, seine Hände suchten überall nach Halt. Aber er hatte seinen Spaß.

Auch Lachlan hatte seinen Spaß, bis er von der Scilschaukel abrutschte und seinen rechten Zeigefinger an einem der zahlreichen Knoten im Seil umknickte, die ein Abrutschen verhindern sollten. Mit Mühe und schmerzverzerrten Zügen schwamm er ans Ufer, kletterte aus dem Wasser und hob die rechte Hand. Der Zeigefinger stand in einem merkwürdigen Winkel ab.

»Mann, das tut echt weh«, sagte er sachlich, dann wurde er emotional und schob ein paar gepflegte australische Schimpfworte hinterher.

»Das sieht nach einem Krankenhausbesuch aus«, sagte Falk. Lucy untersuchte den Finger und wurde sekündlich blasser. Wir packten unsere Sachen und liefen zurück zu unserem auf einem nahegelegenen Parkplatz wartenden Tuk Tuk. Der Fahrer war angetan, dass seine Zwangspause schon vorüber war und er mehr Zeit für weitere Kunden haben würde.

»Zum Krankenhaus«, sagte Lucy, aber der Fahrer verstand sie nicht. Lachlan zeigte ihm seinen Finger. Die Augen des Fahrers weiteten sich, er verzog angewidert das Gesicht und nickte. Die dreißig Kilometer nach Luang Prabang zogen sich in die Länge, denn zunächst befuhren wir Schotterstraßen. Lachlan streckte den Arm aus und hielt die Hand in die Mitte des Tuk Tuks, möglichst weit weg von den vier Rädern unter ihm, in dem Versuch, die Erschütterungen auszugleichen, die ihm Schmerzen bereiteten.

Das Krankenhaus war spärlich ausgestattet, machte aber einen besseren Eindruck als der zweifelhafte Ruf der laotischen Krankenversorgung befürchten ließ. Ich hatte Berichte über das beste Krankenhaus des Landes in Vientiane gelesen, ein ehemaliges Hospital der Sowjets, in dem der einzige Hirnscanner des Landes steht (für dessen Benutzung die Patienten bezahlen müssen) und in dem die meisten Opfer von Motorradunfällen mit Kopfverletzungen behandelt werden. Zuvor müssen deren Familien Blut von der Blutbank kaufen und ins Krankenhaus bringen. Die Straße, die zum Krankenhaus führt, war noch 2009 eine der wenigen in Vientiane, die nicht instand gesetzt worden war. Das Ergebnis: Krankenwagen mit schwerverletzten Unfallopfern holperten über eine von Schlaglöchern übersäte Piste.

Wir traten an einen Empfangstresen.

»Ich habe meinen Finger verletzt«, sagte Lachlan. Die Schwestern verstanden kein Wort und lachten nur, als er den Finger hob.

»Gibt es hier einen Arzt, der mich behandeln kann?«, fragte Lachlan, aber er bekam keine Antwort.

»Kann ich helfen?«, fragte ein ergrauter, bebrillter Mann in einem weißen Kittel, der plötzlich hinter uns stand.

»Gott sei Dank«, sagte Lachlan. »Ich dachte schon, es gäbe hier keine Ärzte.«

Der Arzt sprach ein wenig Englisch. Lachlan zeigte ihm seinen Finger.

»Den müssen wir röntgen«, sagte der Arzt. Er röntgte den Finger und stellte fest, dass er nicht gebrochen war.

»Ihr könnt euch gern selbst überzeugen.«

Das Angebot nahmen wir an. Jeder von uns warf einen prüfenden Blick auf das Bild, aber niemand konnte einen Bruch entdecken.

»Glück gehabt«, sagte der Arzt. »Bezahlen Sie bitte bei unseren Damen. Auf Wiedersehen.«

»Einen Moment«, sagte Lachlan. »Ich habe Schmerzen. Können Sie nicht irgendwas tun?«

Der Arzt hob eine Braue. »Zum Beispiel?«

»Kei – keine Ahnung! Kann ich nicht eine Schiene bekommen oder sonst etwas?«

Der Arzt nickte. »Natürlich können Sie das. Kommen Sie mit.«

Weil wir nicht sicher waren, ob er nur ihn oder uns alle meinte, nachdem er schon beim Röntgenbild unsere fachliche Meinung eingeholt hatte, trotteten wir ihm in der geschlossenen Gruppe hinterher. In einem kleinen Zimmer setzte sich der Arzt, nahm einen Karton und schnitt einen schmalen Streifen heraus, den er mit braunem Klebeband um Lachlans Finger wickelte.

»So«, sagte er, »das sollte genügen.«

Die Behandlung kostete 30.000 Kipp – drei Euro.

An einem anderen Tag überredeten Lucy und Lachlan uns, an einer Elefantensafari teilzunehmen. Ich kannte das Konzept: Die ehemaligen Arbeitselefanten hatten früher bei der Waldrodung geholfen, für den Export bestimmtes Teak- und Rosenholz geschleppt und verladen und so ihren eigenen Untergang beschleunigt. Nun, da viele von ihnen zu alt waren, um in den

Wäldern eingesetzt zu werden (in denen ohnehin immer öfter Maschinen ihre Arbeit übernahmen und sie überflüssig werden ließen), buckelten sie Touristen durch die Gegend – mit wachsendem Erfolg, wie es schien. Teile der Hauptstraße Luang Prabangs waren mit Büros gepflastert, die derartige Touren anboten.

»Auf Elefanten reiten?«, fragte ich unschlüssig. »Ich weiß nicht.«

Ich hatte Bedenken, denn ich befürchtete eine billige Zirkusnummer für Touristen und hatte zudem gehört, dass sich das Wissen vieler unausgebildeter Elefantentreiber, die in der Tourismusbranche arbeiteten, lediglich auf die empfindlichsten Punkte ihrer Tiere beschränkte, an denen sie sie quälen konnten, um ihre Leistung zu erhöhen. Dennoch ließ ich mich überzeugen. Mit dem Tuk Tuk verließen wir Luang Prabang und erreichten den Nam Khan, der stromabwärts in Luang Prabang in den Mekong mündete. Auf einem Boot setzten wir über den Fluss und liefen eine kurze Treppe hinauf, vorbei an zwei Pavillons. Unter dem einen lagen einige Leute und genossen den Schatten, unter dem anderen standen die Kraftprotze: die drei Elefanten, die hier lebten. Der Asiatische Elefant ist nach dem Afrikanischen Elefanten das zweitgrößte Landtier der Erde. Es waren beeindruckende Geschöpfe.

Von einer Holzplattform stiegen wir auf die grauhäutigen Tiere, Lachlan und Lucy auf eines, Falk und ich auf ein anderes. Die ledrige Haut sah aus wie eine alte Handtasche, die Borsten waren struppige kleine Drähte. Unwillig setzte sich unser Elefant in Bewegung: vier Tonnen Fleisch, Muskeln und Knochen, die durch den Wald nahe des Flusses stampften. Zunächst saß ich vorn, hinter dem Kopf, und Falk auf einem Sattel auf dem Rücken, einer Holzkonstruktion, die auf alten Decken und einer Beerlao-Wachstuchdecke ruhte. Wir ritten auf einem 46-jährigen Weibchen mit dem Namen Bong Khong. Lachlan und Lucy folgten in einigem Abstand.

»Jeder der Elefanten isst am Tag einhundert bis zweihundert Kilogramm Nahrung«, erklärte der *Mahout*, der Elefantenführer, der neben uns her lief und achtgab, dass Bong Khong unsere

Befehle befolgte. »Sie haben keinen Magen«, fügte er hinzu, »und die Nährstoffe bleiben nicht lange in ihren Körpern.«

Ich scheuerte mir die Oberschenkel hinter den Ohren in dem Versuch auf, im richtigen Moment leicht die Beine zu heben und den richtigen Druck auszuüben. Dazu rief ich Kommandos, die unser Führer uns beigebracht hatte, die einander aber so sehr ähnelten, dass ich sie bald zu verwechseln begann und *links* statt *stopp* und *halt* statt *rechts* rief. Nach einer Weile wechselten Falk und ich. Ich sah zu, wie er sich hinter den Kopf klemmte.

»Ich fühle mich wie Hannibal«, sagte er zufrieden.

Diese Elefantenstation hatte ihre Arbeit erst vor drei Wochen aufgenommen. Davor arbeitete unser Führer in einem Gasthaus in Vientiane: Er war also, wie erwartet, kein ausgebildeter Mahout, hatte nicht über Jahre hinweg eine Beziehung zu seinem Elefanten aufgebaut. Und die Tiere hatten folglich den Weg noch nicht verinnerlicht. Gelegentlich schob unser Mahout Bong Khong in die richtige Richtung, ohne sie aber mit einem Stock oder anderen Werkzeugen an sensiblen Nervenknotenpunkten zu traktieren, wie wir es vorher von kritischen Stimmen vernommen hatten: anderen Reisenden, die sich gänzlich gegen derartige Ausflüge ausgesprochen und sie als Tierquälerei abgetan hatten. Ich verstand diese Gedanken. Abgesehen davon, dass jedes Tier optimalerweise unter natürlichen Bedingungen leben sollte, sahen die Elefanten so majestätisch aus, dass ich nachvollziehen konnte, wenn man es unwürdig fand, sie Leute aus dem Westen durch den Wald tragen zu lassen. Nur sollten diese Kritiker nicht vergessen, dass die Elefanten in Laos traditionsgemäß Arbeitstiere sind, die schwere Arbeiten verrichten müssen. Klassische asiatische Literatur wie die Upanishaden, das Rig Veda und Gravierungen auf Siegeln aus dem Tal des Indus dokumentiert, dass sie schon etliche Jahrhunderte vor Christus gezähmt und bei Rodungen und zum Holzfällen eingesetzt wurden. Noch heute arbeiten hunderte von ihnen acht Stunden täglich in Holzfällerlagern, bis sie zu erschöpft sind, um sich fortzupflanzen. Bis zu dreißig Jahre dauert so ein vom wachsenden Profitstreben bestimmtes Arbeitsleben im Urwald. Nach Ablauf der Zeit bleiben die Tiere oftmals blind, lahm und verletzt zurück. Die Geburtenraten sind im freien Fall. 2007 arbeiteten lediglich zwanzig von über fünfhundert gezähmten Elefanten in der Tourismusindustrie, doch diese Arbeit ist für viele der Tiere das Beste, was ihnen in ihrem Leben geschehen ist. Mit den Einnahmen werden ihre Unterbringung und Verpflegung bezahlt. Ohne diese Gelder müssten sie entweder wieder in der Holzwirtschaft arbeiten oder beseitigt werden, denn wer sollte für sie aufkommen? Ihr Einsatz in einem umweltbewussten Tourismus bot die größte Chance, nicht nur einzelne Tiere vor der Tötung zu retten und ihnen einen erträglichen Lebensabend zu bieten, sondern die ganze Art vor dem Aussterben zu bewahren.

Wir ritten anderthalb Stunden in einem nicht sehr weitläufigen Kreis durch den Dschungel. Immer wieder hielten wir an, damit unser Führer Bong Khong Futter vor die Füße werfen oder uns reichen konnte, damit wir sie fütterten. Er hackte mit seiner Machete ganze Stämme junger Bananenpalmen nieder und zerteilte sie. Bong Khong schob sich die Stämme genüsslich ins Maul als seien sie Salzstangen. Dann schaukelten wir im Gänsemarsch weiter. Ohne Frage, der Ritt machte Spaß, aber ich urteilte für mich, dass ich die Tiere nicht unbedingt reiten musste, um ihre Großartigkeit zu erkennen. Wenngleich ich das Potential verstand, das derartige Ausflüge sowohl für die Tiere als auch für die Tourismusindustrie hatten, konnte ich mir nicht helfen: Das Weibchen tat mir leid, denn es war offensichtlich, dass *sie* wenig Spaß hatte. Das konnte aber auch daran liegen, dass die Tiere eigentlich dämmerungs- und nachtaktiv sind und am Tag gern dösen.

Nach der Runde legte Bong Khong ihre Passivität ab. Wir sprangen von ihr hinunter, sattelten sie ab, fütterten sie und stiegen wieder auf, um, nun ganz ohne Sattel, auf ihr zum Fluss hinunter zu reiten. An den steilsten Teilen des Hanges klammerten wir uns an ihr fest wie Zecken. Sie lief ins Wasser, bis nur noch ihr Kopf herausguckte. Wir wuschen sie und schrubbten ihr die Haut ab, und sie spritzte mit ihrem Rüssel uns, die Australier und deren Elefant nass und wurde lebhaft. Ein dünne Wasserschlange mit einem orangenen Rücken schnellte, aufgescheucht durch den plötzlichen Lärm, vom Ufer ins Wasser und tauchte ab.

Elefanten sind die am höchsten angesehenen Tiere des Landes. In seiner glanzvollsten Epoche war der vollständige Name von Laos Lane Xang Hom Kaho, das *Reich der eine Million Elefanten und des Schirms*, im Deutschen oft mit dem weniger holprigen *Reich der tausend Elefanten* übersetzt. Während der Schirm das Symbol königlicher Herrschaft war, standen die Elefanten für militärische Stärke und wurden in der Kriegsführung gefürchtet wie Panzer heute. Von 1952 bis zum Ende der Monarchie 1975 zierte ein dreiköpfiger, weißer Elefant als Wappentier die Flagge des Königreichs, der auf die hinduistische Sage von dem weißen Elefanten Airavata zurückgeht. Die Köpfe standen für die alten drei Königreiche Luang Prabang, Vientiane und Champasak. Jedoch: Das Reich der *Eine Million Elefanten* war es einmal. Gerade noch 1.500 Dickhäuter gab es zum Zeitpunkt unseres Aufenthaltes, weniger als 1.000 von ihnen lebten in Freiheit. Ihnen ging es in den laotischen Wäldern zwar besser als in vielen anderen der etwa zwölf Länder, in denen die Asiatischen Elefanten noch beheimatet sind, doch auch hier waren die Bemühungen um ihr Überleben ein Wettlauf gegen die Zeit, und sind es noch heute. Wilderer, Holzfäller und Bauern bedrohen ihren Lebensraum.

Ein Beispiel für die gegensätzlichen Interessen zwischen Menschen und Tieren ist das Dorf Ban Na im nationalen Schutzgebiet Phou Khao Khouay, östlich von Vientiane. Vor einigen Jahren, in den Neunzigern, kam ein Vertreter einer Zuckerfabrik in dieses Dorf und erläuterte den Bauern, sie sollten aufhören, Reis und Gemüse auf ihren Feldern anzubauen. Mit Zucker sei viel mehr Geld zu verdienen. Die Bauern folgten dem Rat, bauten Zuckerrohr an und konnten sich bald Fernseher und Mopeds leisten. Im umliegenden Dschungel jedoch lebte eine Herde wilder Elefanten, und den Dickhäutern schmeckte der Zuckerrohr so gut, dass sie so viel sie kriegen konnten davon fraßen und immer wieder die Felder und Bambushaine der Bauern niedertrampelten. Die Bauern hatten zwei Möglichkeiten: Sollten sie die Tiere töten? Das kam zunächst nicht in Frage, denn es war schlecht fürs Karma und ohnehin verboten – die Tiere stehen in Laos unter Schutz. Oder sollten sie wieder Gemüse anbauen, das geringere Einkommen hinnehmen und die Fernseher abschaffen? Zähneknirschend wählten sie diesen Weg, obgleich niemand den einmal gewonnenen Lebensstandard gern wieder hergibt.

Doch die Elefanten hatten sich an die Gegend gewöhnt und Gefallen an ihr gefunden. Sie blieben und zerstörten weiter die Felder und Wälder. Die Lösung hieß: Ökotourismus. 2005 unterstützte der Deutsche Entwicklungsdienst die Tourismusbehörde beim Bau eines sieben Meter hohen Beobachtungsturmes mit acht Schlafplätzen in der Nähe des Dorfes. Von hier aus können Touristen gegen Eintritt und mit etwas Glück wilde Elefanten aus einer Herde von etwa fünfzig Tieren sehen. An verschiedenen Stellen werden zudem Elefantensafaris angeboten. Die Einnahmen gehen weitgehend an die Bauern, entschädigen sie für die Verluste und halten sie hoffentlich davon ab, die Tiere zu erschießen.

Die anderen fünfhundert Elefanten befinden sich in Menschenhand, doch weniger als fünfzig von ihnen waren 2007 zuchtfähige Kühe. In diesem Jahr standen zwei Geburten zehn Todesfällen gegenüber. Zwar ist auch den Besitzern der Elefanten an einem Fortbestand ihrer Herden gelegen, aber eine trächtige Elefantenkuh ist zwei Jahre lang arbeitsunfähig und bedeutet für diese Zeit einen Verdienstausfall. An die ferne Zukunft denken die Menschen oftmals nicht, zu drängend sind die unmittelbaren Herausforderungen. Wenn sich nicht bald etwas ändert, stirbt der letzte laotische Elefant in spätestens fünfzig Jahren.

Schon seit 1986 wird der Asiatische Elefant auf der Liste gefährdeter Arten der Weltnaturschutzorganisation IUCN als *stark gefährdet* geführt. Die Population hat sich infolge von Wilderei sowie der Zerstörung und Zersiedlung ihres Lebensraumes in den vergangenen sechzig Jahren weltweit um mehr als die Hälfte verringert. Auch die kommunistische Regierung hat mittlerweile das Problem begriffen, das der Rückgang der Elefantenzahlen in Laos und in ganz Asien bedeutet: nicht nur für die Artenvielfalt und die Wirtschaft, sondern für Laos als buddhistisch geprägte Nation, in der die Tiere noch immer heilig und wesentlicher

Bestandteil vieler Zeremonien sind. Sie arbeitet heute mit ElefantAsia zusammen, einer 2001 von zwei Franzosen gegründeten Organisation, die sich dem Schutz der Elefanten in Laos verschrieben hat. Um auf deren Bedrohung aufmerksam zu machen, entschied sich ElefantAsia zu einer aufsehenerregenden Aktion: Die Organisation schickte von Januar bis April 2002 vier Elefanten auf einen 1.300 Kilometer langen Marsch durch Laos, vom Süden durch dutzende Dörfer und die Hauptstadt Vientiane, bis nach Luang Prabang. Überall begrüßten die Menschen die Tiere mit religiösem Eifer und tiefer Verehrung und wurden der Bedeutung der Tiere für die Kultur ihres Landes und seine Geschichte erinnert. Sämtliche nationale Medien berichteten über den Marsch.

Wir standen im Flur unseres wundervollen Gasthauses. Es war sieben Uhr morgens und der Tag, an dem sich die Wege trennten, war gekommen. Falk und ich wollten noch hierbleiben, aber Lucy und Lachlan lief die Zeit davon. Sie mussten weiter. Wir hatten unsere Kontaktdaten ausgetauscht und umarmten uns ein, zwei, drei Mal, begleitet von den üblichen Bestätigungen, wie sehr alle die gemeinsame Zeit genossen hatten. Wir versprachen, uns wiederzusehen, ob in Asien oder anderswo. Und während derartige Floskeln auf einer solchen Reise bei allen möglichen Abschieden bemüht werden, meinte ich bei ihnen jedes Wort ernst. Ich *hatte* die gemeinsame Zeit genossen, jeden einzelnen Tag hatte ich mich über ihre Gesellschaft gefreut, und ich *war* fest entschlossen, dass sich an diesem Tag die Wege nicht für immer trennen würden. All das sagte ich ihnen, und Lachlan antwortete mit geröteten Augen: »Ihr seid die besten. Es war großartig. Ich...«

Ihm versagte die Stimme.

»Gute Reise«, sagte ich. »Wir sehen uns.«

Er lächelte, dann schulterten die beiden ihr Gepäck, traten hinaus in die Gasse und gingen los. Wir winkten ihnen hinterher, bis sie unseren Blicken entschwunden waren. Langsam ließen wir die Arme sinken. Falk kehrte in sein Zimmer zurück, aber ich verharrte minutenlang dort, wo ich stand, mit einem Kloß im Hals und einem Kribbeln in der Nase, das Tränen ankündigte. Ich hatte mich so an die zwei gewöhnt, dass mir die gemeinsame Zeit wie eine Ewigkeit erschien.

Ich schluckte, räusperte mich, gab mir einen Ruck und ging hinauf in meinen Raum. Eine Stunde später traf ich mich erneut mit Falk, dieses Mal, um zu frühstücken. An den Ständen entlang der Hauptstraße sättigten wir uns an Fruchtshakes und Baguette-Sandwiches, einem Überbleibsel der französischen Kolonialherren, für das wir immer wieder dankbar waren. Auch der König des ebenfalls kolonialisierten Nachbarn Kambodscha, König Sihanouk, wusste die französischen kulinarischen Einflüsse zu schätzen und bemerkte einst treffend: »Ich bin ein Antikolonist, aber wenn man kolonisiert wird, dann ist es besser, von Gourmets kolonisiert zu werden.«

Mit gefüllten Mägen begaben wir uns zur hiesigen Filiale der *Big Brother Mouse*, einer bemerkenswerten Organisation, die die Bildung laotischer Kinder verbessern möchte. Literatur ist in vielen Ländern eine Freude, die als selbstverständlich erachtet wird. In Laos hingegen werden jährlich sehr wenige Bücher in einheimischer Sprache herausgebracht (und auch zu diesen hat der Großteil der Bevölkerung, der in verstreuten Dörfern lebt, keinen Zugang). Übersetzungen machen für eine so kleine Bevölkerung wirtschaftlich keinen Sinn. Manche sagen angesichts dieser Tatsache, es sei vielversprechender, die Bemühungen aufzugeben, die Belesenheit in laotischer Sprache zu fördern und stattdessen die florierende Verlagsbranche Thailands zu nutzen. Sie schlagen vor, Schulen und Bibliotheken mit thailändischen Veröffentlichungen auszustatten, denn ohnehin würden die Thai-Kenntnisse aufgrund der thailändischen Fernsehprogramme immer besser, und junge Laoten führten immer mehr Thai-Wörter in ihrem Wortschatz. Wichtig sei vor allem, die Menschen überhaupt dazu zu bringen, in ihrer Freizeit zu lesen. Andere lehnen es strikt ab, dass Lao vor dem Thai kapitulieren soll.

Der pensionierte amerikanische Verleger und Gründer von Big Brother Mouse, Sasha Alyson, gehört zu letzterer Gruppe. Er reiste 2003 das erste Mal durch Laos und sah während seines gesamten Aufenthaltes kein einziges laotisches Buch. Die Idee für Big Brother Mouse entstand. Heute arbeitet er als ehrenamtlicher Berater für das Projekt, das Laoten besitzen und leiten.

Viele laotische Kinder haben noch nie ein Buch in den Händen gehalten, das sie verstanden haben und das sie begeisterte. Viele ihrer Eltern nutzen die Fähigkeit zu lesen und zu schreiben, falls vorhanden, höchstens für das gelegentliche Ausfüllen von Formularen. In den meisten Dörfern gibt es überhaupt keine Bücher, die Alphabetisierungsrate ist niedrig. Zwar steigt langsam die Zahl der Kinder, die in die Schule gehen, aber auch dort lesen sie höchstens ein oder zwei trockene Textbücher. Big Brother Mouse, gegründet im Jahr 2006, möchte erreichen, dass Literatur von diesen Kindern mit Spaß assoziiert wird und auf lange Sicht ihre Bildung und Lebensqualität verbessert.

Gegen neun Uhr fanden wir nach einigem Suchen die Big-Brother-Mouse-Filiale in einer Nebenstraße. In einem Stand linkerhand lagen dutzende Bücher für Preise zwischen 10.000 und 50.000 Kip zum Verkauf aus. Die meisten waren reichhaltig illustriert und handelten von Laos und der Kultur und dem Leben im Land. Andere vermittelten fremde Kulturen. Manche enthielten nur laotische Texte, manche waren bilingual, wodurch sie nicht nur von der primären Zielgruppe – den laotischen Kindern – gelesen werden konnten, sondern von Menschen aller Altersstufen, die entweder Lao oder Englisch beherrschen und die andere Sprache lernen wollten. Für Schüler und Studenten gab es einige *Sherlock-Holmes*-Bände in Lao und vereinfachtem Englisch. *Der Zauberer von Oz* war so bearbeitet worden, dass ein laotisches Mädchen die Hauptrolle spielte und als Bezugsperson diente. Für Kinder gab es Bücher zu den Tieren von Laos oder der Geschichte Ägyptens, aber auch schulisch relevante Bücher wie *Frosch, Alligator, Büffel*, mit dem die jungen Leser das Alphabet lernen konnten. Auch eine laotische Ausgabe des Tagebuchs der Anne Frank lag im Regal. Falk hatte sich in *Phiiyamoi* vertieft. Die laotische Volkserzählung, die sicher nicht so bald Eingang in den deutschen Kindergarten-Kanon finden wird, handelt von einem Fischer, der bemerkt, dass die Hexe Phiiyamoi ihm seinen Fisch wegfängt. In einem Kampf gegen die Hexe unterliegt er mit der Folge, dass sie ihn zwingt, sie zu heiraten. Schließlich isst die Hexe die Eingeweide seines besten Freundes, für uns eine grausige Vorstellung, für die Laoten ein herrlicher Spaß für die ganze Familie – wobei viele Bösewichte der Grimmmärchen ja auch nicht zimperlich sind.

Ich legte eine Heftausgabe von *Dr. Doolittle* zurück in den Stand und ging auf die andere Seite des Eingangsbereichs. Hier hingen Zettel mit der Bitte um Spenden sowie Fotos von Buchpartys an der Wand.

»Gefallen dir die Bilder?«, fragte ein junge Laotin, die neben mich getreten war. Sie war sicher noch keine zwanzig Jahre alt und hatte eine Knollnase in einem ansonsten hübschen Gesicht.

»Ja, sie sind sehr schön. Kannst du mir sagen, was es mit diesen Buchpartys auf sich hat?«

»Du hast sicher schon mitbekommen, dass unser Ziel die Verbesserung der Bildung der Kinder ist«, sagte sie. Ich nickte. »Die Grundlage dafür ist, dass die Kinder Zugang zu Literatur haben. So sehen wir das jedenfalls. Wir haben verschiedene Wege ausprobiert, um dieses Ziel zu erreichen. Einer davon sind die Buchpartys, die wir schon in vielen ländlichen Gebieten veranstaltet haben und bei denen wir Bücher in abgelegene Dörfer bringen, in denen es zuvor oftmals kein einziges Buch gegeben hat. Häufig sind Anreisen von mehreren Tagen nötig, mit dem Auto, dem Boot und zu Fuß, um die Dörfer zu erreichen.«

»Und wie sieht so eine Buchparty aus?«

»Zunächst sprechen unsere Mitarbeiter mit den Kindern über Bücher. Sie zeigen einige Bücher, erklären deren Inhalt und beschreiben, wie viel Freude sie bereiten. Sie führen eine Kunststunde durch, in der den Kindern ein Stift und ein paar Blatt Papier geschenkt werden, mit denen sie Illustrationen aus den Büchern nachzeichnen können, und singen ein Lied über Bücher, das Sonesulitat geschrieben hat. Das ist einer unserer jungen Mitarbeiter. Nach einigen Spielen kann sich jedes Kind ein Buch aussuchen, das es behalten möchte. Sie sind so stolz, wenn sie ihr erstes eigenes Buch in den Händen halten! Drei Stunden dauert so eine Party ungefähr, und ganz am Ende überreichen wir dem Dorfältesten oder einem Lehrer der Dorfschule, falls es eine gibt, eine Sammlung von fünfzig Büchern, die als Tauschbörse für alle zugänglich aufbewahrt werden sollen. Viele Dörfer haben dadurch eine kleine Bibliothek.«

»Und wie bezahlt ihr das alles?«

Sie lächelte angesichts meiner Fragerei, aber sie war geduldig genug, weiter zu antworten.

»Am Anfang hat Sasha, der Gründer, vieles bezahlt, aber jetzt sind wir einerseits auf Spenden angewiesen, andererseits auf die Umsätze durch die Buchverkäufe. Wir haben eine weitere Filiale in Vientiane und einen Stand auf dem abendlichen Kunstmarkt. Aber auch in vielen anderen Städten werden unsere Bücher verkauft, in Hostels oder kleinen Geschäften. Und dann gibt es eben die Möglichkeit, für umgerechnet zwei- bis vierhundert Euro eine Buchparty zu sponsern. Dafür schicken wir dem Spender dann einen Bericht mit Fotos von der Veranstaltung. 2010 haben wir dank dieser Buchpartys 85.000 laotischen Kindern ihr erstes Buch schenken können. Es gibt aber auch andere Wege, uns zu unterstützen, zum Beispiel, indem man den Druck eines neuen Buches finanziert oder unsere Bücher kauft und sie auf der weiteren Reise anstelle von irgendwelchen ungesunden Süßigkeiten an Kinder verschenkt.«

Sie sah mich stolz und mit leuchtenden Augen an.

»Beeindruckend«, sagte ich und warf einen weiteren Blick auf die Fotos. »Es ist ein tolles Konzept. Zumal von eurer Arbeit nicht nur die Kinder in den Dörfern profitieren, sondern auch ihr selbst.«

»Ganz genau! Wir haben einige junge Leute, die während oder nach ihrer Ausbildung hier eine Anstellung oder zumindest ein Hobby gefunden haben. All unsere bezahlten Mitarbeiter sind Laoten. Und die Aufgaben sind sehr vielseitig. Die Bücher müssen geschrieben und bearbeitet, Illustrationen und Übersetzungen müssen angefertigt werden. Wir müssen Events wie die Buchpartys organisieren, uns um den Verkauf kümmern und so vieles mehr. Es ist wirklich aufregend!«

Ich bedankte mich für ihre Ausführungen und kaufte fünf Ausgaben des Tagebuchs der Anne Frank sowie zwei Exemplare von *Frosch, Alligator, Büffel*. Dann setzten Falk und ich uns zögerlich an einen sich füllenden Tisch, der in einem zum Verkaufsraum hin offenen Nebenzimmer stand und an dem sich immer mehr junge Laoten und Laotinnen einfanden. Sie kamen mehr oder weniger regelmäßig hierher, um auf ungezwungene Weise und ohne Kosten gemeinsam an ihrem Englisch zu arbeiten, indem sie sich unterhielten oder Übungen und Hausaufgaben erledigten. Dem Internet hatte ich entnommen, dass Big Brother Mouse internationale Besucher mit hinreichenden Englischkenntnissen willkommen hieß, an diesen Übungsstunden teilzunehmen. Das Englisch von – besonders westlichen – Reisenden ist meist besser als das der Laoten, außerdem hört jeder gern interessante Geschichten aus anderen Teilen der Welt. Und so waren wir hier. Falk und ich wählten Stühle an verschiedenen Seiten des großen, langen Tisches und lächelten den Jungen und Mädchen zu, deren Zahl noch immer wuchs. Sie erschienen zu Fuß, mit dem Fahrrad oder mit dem Moped.

Anfangs unterhielt ich mich mit Ling Xiong, einem schüchternen Zwanzigjährigen, der mir gegenübersaß und schlechtes Englisch sprach. Beinahe zwischen jedem Wort machte er lange Pausen, in denen er überlegte, wie er den Satz fortsetzen könne. Er sprach sehr langsam und leise. Heute war er zum ersten Mal hier.

»Ich habe Ferien«, sagte er – er flüsterte fast – »sonst wäre ich jetzt in Vientiane. Dort studiere ich Umweltforschung. Das erste Jahr habe ich schon hinter mir, aber vier kommen noch.«

»Macht das Studium Spaß? Ist es schwer?«

»Manche Fächer sind leicht, aber Chemie und Physik, davon verstehe ich nichts. Hast du Geschwister?«

»Ob ich ... nein – nein, ich habe keine Geschwister.«

»Ich habe viel zu viele. Sechs Brüder und drei Schwestern. Insgesamt leben in unserem Haus zwölf Leute, auch unsere Großeltern. Einige Brüder sind schon verlobt und verheiratet und ausgezogen, aber das Haus ist immer noch sehr voll. Und nach wie vor haben wir nur ein Familienbuch.«

»Ein Familienbuch?«

»Das ist ... ein Album, ähnlich einem Stammbaum, in dem Profession, Alter und Abstammung aller Familienmitglieder festgehalten werden. Die meisten Familien haben eines. Hast du so etwas nicht?«

»Nein.«

»Das macht nichts. Dafür reist du in der Welt herum.«

Ich lachte. »Ja, genau.«

»Ich würde gern ein Auslandssemester in Singapur verbringen. Den schriftlichen Test habe ich bestanden, aber im Interview habe ich versagt.«

»Du solltest es noch einmal probieren.«

»Das werde ich. Aber vorher muss ich mein Englisch verbessern. Deshalb bin ich hier. Hast du eine Freundin?«

»Ob ich eine … du bist sehr gut darin, das Thema zu wechseln!«

Er grinste scheu. »Ist das schlimm?«

»Nein, nein, keine Sorge. Und nein: Ich habe keine Freundin.«

»Warum nicht?«

»Momentan bin ich zu viel unterwegs. Ich wechsle zu oft den Wohnort. Das Studium, die Reisen, Praktika in wiederum anderen Städten und so weiter. Das kommt in einer Beziehung nicht besonders gut an.«

»Verstehe.«

»Und du? Wie sieht es bei dir aus?«

»Ich habe auch keine Freundin.«

»Warum?«

»In Laos ist es sehr schwierig, eine Freundin zu finden. Sie lieben nur Männer, die Geld haben.« Er lachte verlegen, ließ sich gegen die Stuhllehne sinken und beugte sich sofort wieder nach vorn. »Außerdem muss ich mich auf mein Studium konzentrieren. Vielleicht wechsle ich auch den Studiengang, aber das weiß ich noch nicht genau.«

Ich unterhielt mich noch eine Weile mit ihm und erfuhr, dass er glaubte, dass sich seine Heiratschancen erhöhen würden, nachdem er ein paar Wochen in einem Kloster verbracht hatte – Schwiegereltern schätzten das gute Benehmen, das den jungen Mönchen anerzogen wurde. Mit der Zeit wurde ich auch von anderen Jungen und Mädchen angesprochen und führte für die nächsten zwei Stunden Gespräche, oft auf niedrigem Niveau, über grundlegende Dinge wie die vier Jahreszeiten in Deutschland und die – je nach Auslegung – zwei bis drei Jahreszeiten in Laos, meine bisherige Reise und Zukunftspläne. Chantha, der links von mir saß und sehr gutes Englisch sprach, stellte neben dem Smalltalk auch einige schwere Fragen. Er war dreiundzwanzig Jahre alt und studierte Mathematik. Wenn er das Studium in einem Jahr beendet hatte, wollte er Lehrer werden.

»Die Aussichten sind gut«, sagte er. »Laos braucht gute Lehrer.«

Nachdem ich erzählt hatte, dass ich Wirtschaft studierte, fragte er mich nach dem Unterschied zwischen den englischen Begriffen *Economy* und *Economics*. Ich öffnete den Mund und schloss ihn wieder.

»Da muss ich kurz überlegen«, sagte ich. »Im Deutschen ist das alles ein Wort. Ich glaube, *Economics* ist eine Wissenschaft. Wie Mathe oder Biologie. *Economy* hingegen bezieht sich auf die tatsächliche Welt und die verschiedenen Faktoren, die im Wirtschaftsleben eine Rolle spielen: Regierungen, Investoren, Arbeitskräfte, Käufer und Verkäufer, Dollar-Banknoten und so weiter. Alles, was eine reale Wirtschaft schafft. *Economics* analysiert all das auf theoretischer Ebene.«

Am Abend überprüfte ich im Internet meine Aussage und fand eine weitaus anschaulichere Erklärung: »Die *Economy* ist das, was in der Toilette ist. *Economics* ist die Wissenschaft mit der analysiert wird, wie es dorthin gekommen ist. Allerdings verraten *Economics* uns nie, wie wir von Anfang an vermeiden können, in der Toilette zu landen, weshalb wir auch zögern, sie als eine Wissenschaft zu bezeichnen.«

Chantha nahm einen Zettel und einen Stift, schrieb meine Antwort nieder und notierte weitere Fragen zur englischen Grammatik. Er fragte mich nach dem Unterschied zwischen *middle* und *medium*, zeigte mir zwei unterschiedliche Sätze zum Wetter und wollte wissen, welcher richtig war. (Keiner.)

Es war erbaulich, zu sehen, wie viele junge Laoten die Möglichkeit annahmen, einander zu helfen und sich miteinander weiterzubilden, auch wenn kein professioneller, bezahlter Lehrer zur Verfügung stand, der sie betreute. Einige in Englisch geübte Mitarbeiter und freiwillige Helfer der Big Brother Mouse nahmen sich der Teilnehmer an, und auch einige Teilnehmer sprachen sicheres Englisch, aber im Wesentlichen wurde vom Verlag die Räumlichkeit und ein Tisch zur Verfügung gestellt. Alles andere war den Teilnehmern überlassen. An manchen Orten würde man sagen, dass ihnen nicht viel geboten wurde, aber die Laoten, die ich an diesem Morgen kennenlernte, brachten Motivation mit und den Wunsch, sich weiterzuentwickeln, und das war genug.

Als die zwei Stunden vorbei waren und die Dauer der täglichen Übungseinheit abgelaufen war, liehen wir zwei Fahrräder und fuhren in die Handelsbezirke im Süden der Stadt und dann über eine Brücke nach Nordosten, auf die andere Seite des Nam Khans. In einem Dorf, das für seine Handwerkskunst bekannt war, besichtigten wir Webstuben, in denen Seidenschals und Baumwolldecken hergestellt wurden, und sahen zwei Weberinnen bei der Arbeit zu, die in Laos seit Jahrhunderten geachtet wurde. Sie saßen auf hölzernen Handwebstühlen, traten in einem fort die Pedale zur Betätigung der Schäfte und beugten sich konzentriert über den Stoff, denn das Seidenweben erfordert höchste Aufmerksamkeit. Die Seidenfäden reißen rasch, und Knoten gerissener Fäden sind im glatten, feinen Gewebe kaum zu verstecken und machen das Endprodukt für den kritischen, nach der Perfektion für den kleinen Preis suchenden Touristen unansehnlich. Hundert Meter weiter stellte eine Frau handgemachtes Papier her. Sie löste aus Zellulose gewonnenen Zellstoff in Wasser auf und goss die Brühe in ein Schöpfsieb, einen Holzrahmen, in dem ein engmaschiges Netz gespannt war. Sie rüttelte den Rahmen hin und her, die Zellstofffasern verteilten sich. Der Großteil des Wassers tropfte ab, die Fasern legten sich übereinander und bildeten das Vlies, das Papierblatt. Die Frau grüßte uns und zeigte hinter sich. Dort standen an einer Hauswand angelehnt einige Schöpfrahmen, auf denen zuvor geschöpftes Papier trocknete.

In einem Geschäft wurden alle Produkte verkauft, die die Arbeiterinnen und Arbeiter des Dorfes anfertigten. Die seidenen Schals, Wandbehänge und Kissenbezüge waren im Vergleich zum Abendmarkt sehr teuer. Ob der Preisunterschied im Qualitätsunterschied begründet lag, konnte ich nicht beurteilen. Die Preise der papierbasierten Produkte empfand ich als fair – und als meinem Geldbeutel zumutbar. In einem Stapel teils recht kitschiger Gemälde fand ich zwei Bilder, die mir gefielen. Eine faltbare Lampe und fünf hochwertige Postkarten kaufte ich ebenfalls und schickte die Verkäuferin hin und her, da mir immer wieder neue Fragen und Wünsche einfielen. Ich ließ sie Lampen auspacken, um ihre Gestaltung zu vergleichen: Die vier von Holzstäben eingerahmten Papierseiten waren mit Mönchen bemalt oder es waren Blätter, Blüten und einzelne Pflanzenfasern in den Zellstoff eingearbeitet. Die Frau blieb zuvorkommend und freute sich über mein Interesse.

Auf dem Rückweg kämpften wir uns eine leichte Steigung hinauf, die durch groben Schotter erschwert wurde. Ich keuchte und strampelte und zog an meinem Lenker, um mehr Druck auf die Pedalen übertragen zu können. Plötzlich löste sich die Lenkstange vom Steuerrohr: Ich fuchtelte, die Lenkstange in der Hand, mit den Armen, erlangte das Gleichgewicht wieder und stieg ab. Glücklicherweise war am Steuerrohr ein Korb angebracht, mit dessen Hilfe ich fortan mit einer Hand steuerte, während ich mit der anderen den Lenker hochhielt, die Bremse drückte und versuchte, mich nicht im Bremskabel zu verheddern. Nicht zuletzt, weil Not erfinderisch macht, kennen die Laoten einige außergewöhnliche und einfallsreiche Fahrzeuge, aber als ich nun an ihren Häusern vorbeiradelte, blickte ich in viele lachende Gesichter. Bei der Fahrradrückgabe erwartete ich, dass die Verleiherin Schadensersatz von mir einfordern würde und legte mir meine Argumente zurecht: Notfalls würde ich sie beschuldigen, mein Leben aufs Spiel gesetzt zu haben. Aber sie machte nur große Augen und entschuldigte sich ein ums andere Mal.

»Ist ja nochmal gut gegangen«, sagte ich.

Den restlichen Tag verbrachten wir auf der kleinen Terrasse des L'étranger am Ende der Chao Siphouphan Road auf der dem Nam Khan zugewandten Seite, unmittelbar hinter dem Phou Si. Es war ein gemütliches Lokal, das Snacks, ein paar größere Speisen sowie alle nötigen (Cola und Shakes) Getränke anbot und im Erdgeschoss gebrauchte Bücher verkaufte. Allein zwischen den ersten beiden Bananen-Shakes erstand ich drei Bücher: *Banco*, die Fortsetzung von Henri Charrières *Papillon*, *King Solomon's Mines*, den Abenteuerklassiker aus dem Jahr 1885, Begründer des Verlorene-Welt-Genres, auf den Werke wie Arthur Conan Doyles *Die vergessene Welt*, H. P. Lovecrafts *Berge des Wahnsinns* und Michael Crichtons *Congo* folgten, und *Nightmare in Laos* von Kay Danes. Ich sorgte mich mal wieder über den Umfang und das Gewicht meines Gepäcks, aber auch derlei Bedenken konnten mich nicht vom Kauf abhalten.

In der ersten Etage des L'étranger wurde jeden Abend ein Film vorgeführt: Heute stand *The Green Hornet* auf dem Programm, ein Streifen, auf den ich alles andere als erpicht war. Trotzdem hatten wir uns mit einigen sehr netten Menschen zum Film verabredet, die wir in den vergangenen Tagen kennengelernt hatten: Judith aus den Niederlanden, eine 29-jährige Anwältin, die nach einem Burnout ihren Job bei einer großen Kanzlei gekündigt hatte, um die Welt zu bereisen, und Lily und Dylan aus Schottland. Bis es so weit war, gaben Falk und ich uns jedoch dem Müßiggang hin. Wir lasen, ich schrieb, Falk sortierte seine Fotos – wir ließen es uns gut gehen. In meinem neuerstandenen Buch *Nightmare in Laos* lernte ich eine erschreckende Seite meines Lieblingslandes kennen. Der Mann der Autorin – beide sind Australier – leitete zur Jahrtausendwende ein Sicherheitsunternehmen, das unter anderem die größte Saphirmine in Laos betreute. Im Jahr 2000 geriet das Paar in einen undurchsichtigen Machtkampf zwischen den Besitzern der Mine, der laotischen Regierung und anderen mächtigen Interessengruppen und wurde verhaftet. Erst nach sechs Monaten Ungewissheit informierte die Regierung die beiden und die Öffentlichkeit über den Grund, erst nach sechs Monaten wurde eine Anklage erhoben: Sie wurden beschuldigt, Saphire aus einem Safe gestohlen und unter dem Deckmantel ihrer offiziellen Arbeit bei der Veruntreuung von Geldern geholfen zu haben. In dem folgenden, kontroversen, weltweit mit Sorge verfolgten und für das Drehbuch eines Politthrillers geeigneten Verfahren wurden sie dieser Veruntreuung, der Zerstörung von Beweisen und der Verletzung laotischer Steuerbestimmungen für schuldig erklärt. Die Strafe: sieben Jahre Gefängnis und

Kompensationszahlungen. Während Kay Danes die Gefängnisse, in denen sie inhaftiert war, schon im Untertitel ihres Buches mit einem russischen Gulag gleichsetzte, behauptete die laotische Regierung später, die Bedingungen im Gefängnis seien angesichts des gegenwärtigen sozialen und ökonomischen Entwicklungsstandes von Laos »gut und angemessen« gewesen. Der australische Außenminister schaltete sich ein – Australien war eines der am intensivsten in Laos investierenden Länder – und erwirkte in mühsamen Verhandlungen, dass die Danes' gegen eine Zahlung von einer Million US$ nach nahezu einem Jahr vom laotischen Präsidenten begnadigt wurden.

Für eine Weile saß neben uns eine attraktive Engländerin mit ihrer blonden, vielleicht sechsjährigen Tochter, die ein luftiges Sommerkleid trug. Als die Mutter einige Minuten verschwunden war, um im umfangreichen Büchervorrat des L'étranger zu stöbern, kam das Mädchen zu mir herüber. Sie stellte sich vor mich, stemmte die Hände in die Hüften, lächelte und sagte: »Du bist eine zufällige Person.«

Sie sah mich aus leuchtenden Augen an, ein hübsches kleines Mädchen mit einer liebreizenden Ausstrahlung, aber mit so viel rätselhafter Direktheit wusste ich nichts anzufangen.

»Äh ... okay.«

»Ich mag zufällige Personen«, fügte sie hinzu. Dann umarmte sie mich für fünf, zehn, fünfzehn Sekunden. Es schien, als wolle sie mich nicht mehr loslassen. Ich erwiderte die Umarmung zögerlich, klopfte ihr auf den Rücken und warf Falk über ihre Schulter hinweg einen hilflosen Blick zu.

»Okay«, sagte ich, um sie zum Aufhören zu bewegen, aber sie hielt mich fünf weitere Sekunden fest, ehe sie losließ. Sie machte zwei Schritte zurück, lächelte mich noch einmal aus ihren leuchtenden Augen an, dann winkte sie und sagte: »Auf Wiedersehen.«

Sie ging hinein und holte ihre Mutter, und die beiden verschwanden auf die Straße.

»Seltsam«, sagte Falk und vertiefte sich wieder in seine Fotos. Wir warteten bis die anderen kamen und setzten uns in den Kinoraum in der oberen Etage. Ich wusste, dass heutzutage in ganz Laos kein einziges Kino nach unseren Maßstäben existierte (zu

Zeiten des Vietnamkriegs gab es mindestens sieben, allein vier davon in der Hauptstadt Vientiane), aber in meiner Einfalt hatte ich zumindest eine aufrollbare Leinwand erwartet. Tatsächlich war das *Kino* ein kleiner, alter Fernseher mit sehr schlechten Lautsprechern. Das Zimmer war rundherum holzgetäfelt. Gemütliche, mit Kissen bestückte Matratzen lagen auf dem Boden, um niedrige Tische verteilt. Die Regale an den Wänden waren mit etlichen Ausgaben von National Geographic gefüllt.

Der Film war furchtbar. Was mich noch mehr erschreckte als das Endprodukt als solches, war die Frage, wie so viele sicher zumindest teilweise begabte Menschen so lange unter Verwendung von so viel Geld zusammenarbeiten und ein so uninteressantes Ergebnis erzielen konnten. Nach einer halben Stunde war ich in Trance und starrte geistesabwesend auf den Bildschirm. Später ging ich dazu über, mich zu betrinken und mich Heften der National Geographic zu widmen, denn die interessanten Berichte hatten meine Aufmerksamkeit weitaus mehr verdient.

Auch als wir längst alle wichtigen Sehenswürdigkeiten Luang Prabangs besichtigt hatten, blieben wir Tag um Tag in der Stadt und saugten die entspannte Atmosphäre des Ortes auf, der klein genug war, um freundlich zu sein, und groß genug, damit es etwas zu tun gab. Da die chinesische Regierung ihren Einwohnern in zunehmendem Maße erlaubt, frei zu reisen, wird sich der Touristenstrom, der sich über Luang Prabang ergießt, zukünftig verstärken. Es ist fraglich, ob das ohnehin fragile Gleichgewicht aus dem authentischen kulturellen Erbe und dem Massentourismus bestehen bleiben kann. Manche sagen, Luang Prabang sei das am besten erhaltene Dorf Indochinas, andere sagen, es habe sich bereits zu einem geschniegelten Touristenkaff entwickelt, in dem ehemalige Wohnhäuser Restaurants für westliche Gäste beherbergen und die Einwohner in die Außenbezirke umziehen. Ich für meinen Teil werde den Ort als einen der angenehmsten in ganz Südostasien in Erinnerung behalten.

Kapitel 8
Gefangen in Vang Vieng

Backpacker sind junge, gebildete, wohlhabende Leute, die auf der Suche nach dem Außergewöhnlichen weltweit Strukturen hervorbringen, die generisch und austauschbar sind. Das heißt, gerade der Backpackertourismus mit seiner Wertschätzung des Außergewöhnlichen bringt Reiseformen, Unterbringungsmöglichkeiten, Bekleidungsstile und Abfolgen von Zielen hervor, die vollkommen losgelöst sind von irgendwelchen lokalen Besonderheiten. Stattdessen ist alles irgendwie vage alternativ und latent angeranzt. In den Kochtöpfen der Hostelküche kleben Nudelreste, überall sind Kanadier oder Amis unterwegs, und in der Pampa trifft man als erstes den Uniabsolventen aus Bergisch-Gladbach. In den Achterzimmern tauschen sich dann alle über ihre letzte Durchfallerkrankung in Nepal aus oder über die Tatsache, dass die indischen Züge total krass überfüllt sind und es in ganz Phnom Penh keinen gescheiten Supermarkt gibt.
Überraschung, Überraschung.
Lass sie mal machen, denke ich.

Nein, das ist nicht meine Offenbarung, dass ich Backpacker in Wirklichkeit hasse und ihren Reisestil verabscheue. Schließlich bin ich ja selber einer und folglich kaum zu diesem Kommentar berechtigt, den ein Leser der *Zeit* in ähnlichen Worten als Reaktion auf ein Interview mit einem jungen Weltenbummler verfasste. Die Bemerkungen, wenn auch unsäglich herablassend dargeboten, enthalten einige Punkte, die nicht von der Hand zu weisen sind. Heute fürchtete ich, dass meine Akzeptanz und meine Sympathie für alle offenherzigen Reisenden auf ihre bisher härteste Probe gestellt und mit ebendiesen Punkten konfrontiert werden würden. Aber zunächst einmal mussten wir an unserem Zielort ankommen.

Mein Kopf fiel müde von einer Seite auf die andere, als der Minivan über die mit Haarnadelkurven gespickte Strecke jagte. Ich versuchte, zumindest ein paar Sekunden Schlaf zu bekommen, aber sobald sich die Gegenwart aus meinem Bewusstsein entfernte, kurbelte der Fahrer am Lenkrad. Mit unseren neuen Freunden Judith, Lily und Dylan fuhren wir hinauf in die Berge. Erst waren es Hügel und sanfte Steigungen, die wir überwanden, dann wurden die Felsen zunehmend schroff und steil. Leider sahen wir von der spektakulären Landschaft nur wenig, denn wir waren mitten in den Wolken. Dichte Nebelschwaden schoben sich träge über die Berge und rissen nur hier und da auf, eine Ahnung von dem vermittelnd, was wir an einem klaren Tag gesehen hätten. Die Straße, für viele Jahre aufgrund gelegentlicher Hmong-Überfälle gesperrt, war gut, aber schmal. In drei Stunden passierten wir zwei schwere Unfälle. Beim ersten waren zwei entgegenkommende Lastwagen ineinander gerast, die nun mit zerstörten Fahrerhäusern im jeweils gegenüberliegenden Graben lagen, beim zweiten hatte sich ein Pkw überschlagen. Auch unser Fahrer schnitt die Kurven wie ein gnadenloser Rennfahrer, nach Belieben die Straßenseite wechselnd, obgleich er im Nebel nur ein paar Meter weit sehen konnte. Zwischen meinen Müdigkeitsattacken stierte ich angestrengt zwischen den Kopflehnen nach vorn ins tiefenlose Grau und versuchte, mögliche Gefahren rechtzeitig zu erkennen. Einmal erschien plötzlich ein Auto aus dem Nichts. Unser Fahrer riss gerade noch das Steuer herum, wich dem Auto aus, schlingerte und steuerte gegen. Das Heck brach aus, die Reifen quietschten. Wir drehten uns, schrien, die Zeit schien stehenzubleiben und ich fand mich damit ab, dass dies ein Scheißtag werden würde.

Mitten auf der Fahrbahn kamen wir zum Stehen. Stille. Es war totenstill. Jeder hatte die Luft angehalten. Ich atmete erleichtert auf, dann brüllte ich den Fahrer aus der letzten Reihe an: »Sie Vollidiot! Wie kann man nur so dilettantisch fahren? Können Sie mir das erklären? Sie verdammter Idiot!«

Er drehte sich kurz zu mir um, schaute wieder geradeaus und stellte mit zitternden Fingern den Rückspiegel ein. Natürlich war meine Reaktion übertrieben, denn auch er stand unter Schock und war bisher höflich gewesen. Aber er hatte uns gerade beinahe in die Ewigen Jagdgründe befördert.

Eine Stunde später kamen wir an einem Pickup vorbei, einem silbernen Toyota, der weniger Glück gehabt hatte und auf dem Dach lag. Bei den bisherigen zwei Unfällen waren kleine Staus entstanden, hier hingegen gab es keine weiteren Autos. Wir fuhren im Schritttempo am Wagen vorbei.

»Halten Sie an«, sagte Judith zum Fahrer, aber er ließ den Wagen weiterrollen.

»Halten Sie an!«, rief nun Falk. »Was zum Teufel machen Sie da? Sind Sie nicht nur blind, sondern auch noch taub?« Wir passierten den Toyota und musterten ihn durch die Fenster.

»Wir müssen nachsehen, ob jemand Hilfe braucht!«, sagte ich. Wie in Zeitlupe entfernten wir uns von der Unfallstelle. Es war unfassbar. Wir konnten nicht aussteigen, denn an der Schiebetür saßen zwei Chinesen, die nichts verstanden und von selbst nicht auf die Idee kamen. Der Fahrer guckte und guckte und ließ den Wagen weiterrollen. Wir rasteten beinahe aus.

»Hören Sie auf zu gucken!«, schrie Judith. »Bewegen Sie endlich Ihren Arsch dort rüber und überprüfen Sie die Sache!«

Nun, endlich, brachte er den Van zum Stehen. Er stieg aus, lief um den Toyota herum, schaute durch die Fenster und kam zurück.

»Niemand mehr drin«, sagte er emotionslos und fuhr weiter.

Ich dachte an Luang Prabang zurück und versuchte mich auf unser heutiges Ziel einzustellen. Ich erinnerte mich an die schöne Innenstadt Luang Prabangs, die Architektur, das vielseitige, gute Essen, die angenehme Mischung aus Ruhe und Geschäftigkeit ... alles das, was wir in Vang Vieng nicht erwarten konnten: ein Ort irgendwo zwischen Abenteuerparadies und Backpackermoloch, den wir nach sieben Stunden Fahrt erreichten. Für einige Reisende hatte er schon lange seinen Charme verloren, da er von der sogenannten Backpackerszene verdorben worden sei, von Heerscharen junger, ignoranter Westler, die nichts im Sinn hatten als sich Abend um Abend zu betrinken und die Tage vor dem Fernseher zu verbringen. Die Frage, wie die Balance zwischen Entwicklung, touristischer Erschließung und dem Erhalt von Tradition und Kultur gefunden werden konnte, schien hier bereits mit einem entschiedenen *gar nicht* beantwortet worden zu sein. Hier hatte es lange Zeit keine strengen Bauvorschriften wie in Luang Prabang oder sonstige Restriktionen gegeben. Erst 2009 kündigte der Vizepräsident der Laotischen Nationalen Tourismusbehörde, Vang Rattanvong, als Reaktion auf das starke Wachstum eines der »beliebtesten laotischen Ökotourismusziele« strenge Kontrollen der weiteren Entwicklung der Stadt an. Er sprach von einem »Masterplan, um die Höhe der dortigen Gebäude zu kontrollieren« und Einfluss auf die Architektur neuer Bauwerke zu nehmen. Sicher ein erster Schritt, aber ob er rechtzeitig kam und ausreichen wird?

Wir ließen uns von diesen Negativberichten nicht abhalten, denn auch Orte, die sich bereits in den Fängen des Massentourismus befinden, gehören zum Land und dem Bild, das es heute abgibt, ob man sie mag oder nicht.

Im Busbahnhof wurden wir von drängenden Tuk Tuk-Fahrern empfangen, die uns abwechselnd »Jetzt Abfahrt!« und »Hier einsteigen!« zuriefen und uns in ein Tuk Tuk schoben. Nachdem wir jedoch bezahlt hatten, war von Eile keine Rede mehr, und wir warteten, bis weitere Passagiere ankamen und sich auf die Ladeflächen zwängten. Dann ging es in die Innenstadt. Wir checkten in einem Hostel ein und begannen eine Stadterkundung.

Der erste Eindruck war erschreckend. Es gab nur Bars und Restaurants, die fast alle gleich aussahen und denen jeder Reiz fehlte. Sie waren mit Beerlaowerbung tapeziert und mit dröhnenden Fernsehern bestückt, vor denen auf Sitzkissen träge Touristen dösten. Die Reiseführer warnten, dass hier die Serien *Friends* und *Family Guy* in der Dauerschleife liefen. Ich hatte das für ein Klischee oder eine Überspitzung gehalten, aber – genau so war es! Überall *Friends* und *Family Guy*, nur diese beiden Serien, in wirklich jedem einzelnen Etablissement. Ansonsten säumten, wo es noch 1996 nur ein einziges Gasthaus gegeben hatte, zahllose Unterkünfte, Internetcafés und Tourenanbieter die Straßen. Kris Dhiradityakul verglich 2009 in der Chiang Mai Mail ihre Erinnerungen an eine Reise drei Jahre zuvor mit ihren

Beobachtungen bei einem neuen Besuch: »Spät im letzten Jahr besuchte ich Vang Vieng nochmals, mit Freunden aus aller Welt. Wir erhofften uns geruhsame Ferien, wollten Bier schlürfend am Fluss sitzen und zuschauen, wie die Sonne hinter den Bergen unterging. Leider hatten sich viele Dinge verändert. Die Ufer sind nun von privaten Hotels und Gasthäusern bebaut, die den Zugang zum Fluss blockieren. Die Märkte und Straßen der Stadt sind häufig gefüllt von halbnackten Touristen, die mit ihren Bananen-Crêpes herumstolzieren. Entlang der Hauptstraße versorgen die Verkaufsstellen Touristen, reihen sich Restaurants, Bars, Hotels und Geschäfte auf. Am Abend sah ich so gut wie keine lokalen Einwohner.«

Nach langer Suche fanden wir ein Restaurant, das dank seiner braunen Holztische, die nicht Wachstücher von Beerlao, sondern Bastdecken zierten, recht einladend aussah. Wir setzten uns an einen Tisch und bemerkten beim Bestellen, dass wir in der *Luang Prabang Bäckerei* saßen.

»Vielleicht sollten wir aufstehen und sofort dorthin zurückkehren«, schlug Lily vor. Aber natürlich taten wir das nicht. Wir gingen an den Fluss Nam Song, einen Nebenfluss des Mekongs, und liefen über eine morsche Holzbrücke auf eine Insel inmitten des Nam Song. Auf der Insel gab es neben einer Anzahl vereinsamter Partybuden und Strohbaldachine eine der Bungalowsiedlungen mit Flussblick, die die Reiseführer besonders anpriesen. Es war alles furchtbar hässlich und charmelos. Baustellen, leere Bars, die Gratisshots und eimerweise Bier versprachen, Kabelgewirr, Betonburgen. Vielleicht lag es daran, dass Nebensaison und der Tag noch immer trist und grau war, aber Vang Vieng wirkte alles andere als einladend. In einer Stadt, die als laotisches Zentrum des Massenpartytourismus bekannt war, nicht überraschend. Die Regierung hatte mit verschiedenen Maßnahmen versucht, den Ort zu einem internationalen Touristenziel auszubauen, indem sie Straßen und die Kanalisation erneuert, Stromleitungen unter die Erde verfrachtet und den alten Markt abgerissen hatte. Doch so hoch die Einnahmen durch die Reisenden sein mochten, so hoch war der Preis, den die Seele des Ortes und die Einwohner zahlten, die nicht zu den Profiteuren gehörten und sich von früh bis spät mit grölenden, oberkörperfreien Touristen konfrontiert sahen.

Der Amerikaner Brett Dakin, der in *Another Quiet American* von seiner zweijährigen Arbeit für die Tourismusbehörde in Vientiane erzählt, meint in einem Artikel des australischen *The Telegraph*: »Jedes Mal, wenn eine junge Australierin in einem Bikini die Straße entlang schlendert, ein bärtiger Amerikaner auf der Terrasse eines Gasthauses einen Joint raucht oder eine Gruppe Koreaner angetrunken aus einem Restaurant taumelt, entzieht das einer Stadt wie Vang Vieng etwas mehr Charakter.«

Nach einem Besuch Vang Viengs stellte Till Haase in der FAZ schon vor ein paar Jahren die Frage: »Was ist nur aus den Rucksacktouristen geworden?« und beklagte sich über die vielen Stunden, die die einst so unternehmungslustige Reisespezies schnatternd in Internetcafés oder apathisch vor Flimmerkisten verbrachte. Und der New Zealand Herald schrieb: »Wenn Teenager die Welt regierten, könnte sie sein wie Vang Vieng.«

In anderen Gegenden der Welt beinhalten *Happy Meals* Plastikspielzeuge und *Pizza Special* eine Extraportion Salami; in Vang Vieng enthalten diese Speisen Zusätze mit bewusstseinserweiternden Nebenwirkungen: Pilze, Marihuana, Opium, Yaba.

»Hier gibt es auch Drogen«, sagte Judith, als wir auf dem Rückweg an der ersten Bar vorbeikamen. »Schon wieder.«

Ich schaute zur Bar.

»Bist du sicher?«

Sie sah erneut hin und lachte. Das Schild über dem Eingang pries lediglich das kabellose »High Speed Internet« an. Drogen konnte man in der Bar vermutlich trotzdem bekommen.

Früher war Vang Vieng ein Drogenparadies für Touristen, heute gibt es noch immer Rauschgifte, aber hinter vorgehaltener Hand und auf Nachfrage. Allerdings wird das Angebot mit Begriffen wie *happy* nicht unbedingt bis zur Unkenntlichkeit verschlüsselt. Ich wunderte mich über die Taktik der Polizei, die ihre Präsenz angeblich regelmäßig erhöhte, um gegen die Verbreitung der illegalen Substanzen vorzugehen. Von einem Polizisten sah ich weit und breit keine Spur. Vielleicht arbeiteten sie Undercover? Vielleicht lag es aber auch gar nicht in ihrem Interesse, allzu erfolgreich zu sein, denn jedem Touristen, den sie beim Drogenkonsum erwischten, konnten sie fünfhundert Dollar abnehmen.

Zumindest in anderen Teilen des Landes wurde die Antidrogenpolitik der Regierung rigoros durchgesetzt. Besondere Strenge ließ sie dort bei Backpackern walten, von denen sie glaubte, sie könnten laotische Jugendliche zu Drogenexperimenten ermutigen. 2009 wurde eine Britin zu lebenslanger Freiheitsstrafe verurteilt, weil sie versucht hatte, 680 Gramm Heroin aus Laos herauszuschmuggeln. Seit 2001 droht für den Besitz von mehr als fünfhundert Gramm Heroin sogar die Todesstrafe, wobei es keine bekannten Fälle gibt, in denen sie ausgeführt wurde. Meist fallen empfindliche Geldstrafen oder langer Gefängnisaufenthalt an. Lediglich bei alten Männern der Bergvölker im Norden, der Hmong, Akha und Yao, werden gemeinhin ein paar Augen zugedrückt. Der Konsum von Opium zur Entspannung und zu religiösen Zwecken ist hier nicht nur jahrhundertealte Tradition, sondern dient mit seiner betäubenden Wirkung, in Ermangelung jedweder moderner medizinischer Versorgung, häufig der Linderung von Schmerzen.

Eine dunkle Seite im Kampf der Regierung, das Land innerhalb der nächsten Jahre drogenfrei zu machen, sind Drogenentzugskliniken wie *Somsanga* in Vientiane, die größtenteils von internationalen Organisationen und Gebern wie dem UN-Büro für Drogen und Verbrechen und der US-Regierung finanziert werden. Den USA ist besonders an einem drogenfreien Laos gelegen, da sie sich als eine Folge den Rückgang der Zahlen Heroinsüchtiger daheim erhoffen. Mit ihren Geldern wurden in Somsanga seit 2002 Gebäude gebaut und Personal geschult. Die Unterstützer geben an, eine gesundheitsorientierte Einrichtung zu unterstützen, aber Human Rights Watch zufolge werden hier Drogenabhängige unter dem Deckmantel der *Behandlung* eingesperrt und misshandelt. Nach Recherchen der Menschenrechtsorganisation werden die meisten Patienten, die in Somsanga inhaftiert sind, unter strenger Bewachung von Polizisten und Wächtern in Gefängniszellen innerhalb von Grundstücken festgehalten, die von Stacheldraht umgeben sind. Viele müssen einige Monate hierbleiben, manche dürfen erst nach über einem Jahr gehen. Wer versucht zu fliehen, wird brutal niedergeschlagen. Viele flüchten sich in den Selbstmord. Eine Verhandlung bekommt niemand: Es gibt keine rechtliche Grundlage dafür, die Leute einzusperren, und die Opfer haben keine Möglichkeit, ihre Einweisung anzufechten. Es herrschen, insofern die Recherchen von Human Rights Watch zutreffen, erschütternde Zustände.

In Peter Kunz' im Frühjahr 2012 ausgestrahlter Dokumentation »Indochinas Träume« reagiert der Leiter des Zentrums auf die erhobenen, auch im Film angedeuteten Anschuldigungen, indem er das Kamerateam in die Anstalt herein bittet und mit einzelnen Patienten sprechen lässt. Der Leiter gibt an, Abhängige nur in den ersten Wochen einzusperren, wenn sie noch nicht Herr ihrer Sinne sind. Doch abgesehen davon, dass es auch dafür keine rechtliche Grundlage gibt, sind laut Human Rights Watch nicht nur Drogenabhängige in der Klinik inhaftiert; auch Gelegenheitsnutzer von Rauschgiften, die objektiv keine Behandlung brauchen, warten hinter den Gitterstäben angeblich auf ihre Freilassung, ebenso wie Bettler, Obdachlose, Straßenkinder und geistig Behinderte. Was die Angelegenheit noch perfider macht: Vor Veranstaltungen von internationaler Bedeutung werden besonders viele sozial Benachteiligte im Gefängnis versteckt. So veröffentlichen die Regierungsmedien 2009, bevor die Südostasienspiele in Vientiane stattfanden, eine nationale Telefonnummer, über die Bettler gemeldet werden konnten, die laut einer offiziellen Verlautbarung in Somsanga gesteckt werden würden. Unter Mithilfe der UN werden so die Ärmsten der Armen zum Kollateralschaden im Krieg gegen die Drogen.

Mittlerweile ist Vang Vieng ein fester Bestandteil der Südostasien-Backpacker-Route. Schon 2009 kamen täglich mehr als vierhundert Reisende in den Ort, und die Zahl steigt jedes Jahr steil. Die beliebteste Aktivität ist neben den Partys und den Drogen das Tubing – vielleicht auch, weil es sich so wunderbar mit den beiden zuerst genannten Dingen kombinieren lässt. Überall in der Stadt gibt es T-Shirts, die verkünden, dass der Träger das Tubing in Vang Vieng mitgemacht hat. Dabei werden die Teilnehmer von einem Van einige Kilometer stromaufwärts gebracht. Sie legen sich auf riesige, aufgepumpte Reifenschläuche von Traktoren und lassen sich biertrinkend den Sam Song hinuntertreiben. Im hinteren Teil der Strecke säumen Etablissements den Flusslauf, in denen der Durst nach Alkohol und geistiger Umnachtung befriedigt werden kann. Viele von ihnen haben Bambusschaukeln und Seilbahnen gebaut und an hölzernen Türmen Lianen aufgehängt. Ist ein Tourist durstig, greift er nach einem Seil, das ihm ein Barkeeper zuwirft, und lässt sich ans Ufer ziehen. Nachdem sich die Leute zu Technoklängen mit Bier und Whiskey abgefüllt, Drogen konsumiert und mit den Seilbahnen ein paar Mal in den Fluss katapultiert haben, werfen sie die Traktorschläuche wieder in die Strömung und lassen sich wie Strandgut in Richtung Vang Vieng treiben. Dabei sterben immer wieder Leute, die im betrunkenen Zustand besonders an den bis zu zehn Meter hohen Bambusschaukeln die Kontrolle verlieren. In den Wochen vor unserer Ankunft war der Fluss, wie von entgegenkommenden Reisenden zu hören war, immer wieder aufgrund derartiger Zwischenfälle gesperrt worden.

Ein Nutzer in einem Internetforum beschrieb die Backpacker in Vang Vieng als »Gruppen von ignoranten jungen Leuten aus dem Westen, die glauben, es sei cool, den ganzen Tag stockbesoffen zu sein und sich wie die verwöhnten Kinder zu benehmen, die sie sind. Was wissen sie von Laos und den anderen asiatischen Ländern, durch die sie ziellos reisen? Was scheren sie sich um die Kulturen und Menschen dieser Länder? Geld kauft ihnen nette Ferien und verspricht haufenweise Spaß. Aber das hat nichts mit Reisen zu tun. Das ist pure Konsumtion, wie alles andere auch. Wie traurig...«

So weit ging ich in meiner Ablehnung nicht. Ich verurteilte die Partyfans nicht pauschal, versuchte zumindest, zu akzeptieren, dass es verschiedene Vorstellungen einer erfolgreichen Reise gibt. Backpacker sind unterwegs, weil sie eine gute Zeit haben wollen. Ich behaupte, es geht vielen von ihnen wohl um die Länder, Menschen und Kulturen, denen sie begegnen, aber wenn sich ihnen die Gelegenheit bietet, Spaß zu haben, lassen sie sich nicht von den Unkenrufen unverbesserlicher Gutmenschen und Halbheiliger davon abhalten – gut so! Sollten sie schwimmen und schaukeln und saufen so viel sie wollten. Das traditionelle Laos bekam hier niemand zu sehen, aber es war ein beinahe natürlicher Prozess, der an einzelnen Orten wie Vang Vieng stattfand, unterstützt durch die Regierung und hiesige Menschen, denen er zu Wohlstand verhalf, und erfreut angenommen von den Reisenden. Trotz eines gewissen Bedauerns: Was nützte es, sich endlos darüber zu ärgern? Viele meiner Freunde hätten es sich nicht nehmen lassen, in dieser Stadt eine Woche durchzuzechen. Aber meine Sache war es nicht.

Zu meiner Freude hatte das Umland Vang Viengs, das einst den Ruhm des damals beschaulichen Ortes begründet hatte, heute allerdings für viele Besucher eine Nebenrolle spielte, weit mehr zu bieten. Die Stadt war in eine grandiose Landschaft gebettet. Unmittelbar hinter ihren Grenzen und auf der anderen Seite des Flusses erhoben sich steile Karstberge wie die scharfen Zähne einer riesigen Säge, nicht unähnlich denen in der chinesischen Provinz Guangxi. Die Umgebung sorgte dafür, dass neben dem Faulenzen Aktivitäten wie Kajakfahren, Rafting, Klettern, Wandern und Höhlenexkursionen zur Verfügung standen – durch die Wasserhöhle, die Schneckenhöhle, die Schlafhöhle und die Elefantenhöhle, die eigentlich eine Grotte war. Wir hofften, in den nächsten Tagen einige dieser Möglichkeiten nutzen zu können.

Aus einer Bar am Fluss schauten wir hinaus in die Dämmerung. Die in grauen Dunstschleiern verborgene Sonne sank hinter die Karstberge und entzog dem Tag langsam den letzten Rest Licht. Ein einsamer, blasser Europäer auf einem Reifen trieb an uns vorbei. Jetzt, in der Regenzeit, war die Strömung beträchtlich.

»Bin ich schon in Laos?«, lallte er in unsere Richtung.

»Entschuldigung?«, fragte ich.

»Ich meine ... bin ich schon in Vang Vieng? Ist das schon die Stadt oder muss ich noch ... muss ich noch weiter?«

»Das ist die Stadt!«, antwortete ich. »Am besten legst du rasch an.«

Er nickte, sah sich orientierungslos um, und schon war er verschwunden.

Der Tag begann so farblos wie der vorangegangene geendet hatte. Die Wolken waren schwer, hingen tief und regneten sich ab. Schon am Abend hatte der Regen eingesetzt. Die ganze Nacht hatte das Wasser auf die Straße vor dem Hostel getrommelt. Am Fluss bemerkten wir, dass der Pegel deutlich gestiegen war. Die Karstfelsen verschwanden beinahe im Nebel und waren kaum zu sehen. Alle machten verstimmte Gesichter. Der Regen wurde minütlich heftiger.

»Wir sollten trotzdem etwas unternehmen«, sagte Judith. »Ich schlage eine Kajaktour vor.«

»Bei dem Wetter?«, sagte Lily. »Auf keinen Fall. Ich bin raus.«

»Ich denke, das ist eine gute Idee«, sagte ich. Falk nickte. »Und was ist mit dir?«, fragte Judith Dylan. Er schaute den Fluss hinauf.

»Das Wasser ist so braun«, sagte er.

»Das ist es immer«, sagte ich. »Der Mekong ist genauso braun.«

»Vor einem halben Jahr hat mir eine Freundin Fotos von hier geschickt. Da war das Wasser sauber.«

»Vor einem halben Jahr war Trockenzeit. Jetzt ist Regenzeit.«

»Eben. Und als Ergebnis ist das Wasser völlig verkeimt.«

»Es ist nicht verkeimt. Das ist Erde, die von den Feldern in den Fluss gespült wurde. Völlig harmlos.«

Ich überzeugte ihn schließlich. Lily würde den Tag in der Stadt verbringen und lesen. Wir anderen vier gingen zu einem Tourenanbieter. Ein Plakat kündete von der Möglichkeit, am Ende einer dreizehn Kilometer langen Kajaktour für vier weitere Kilometer in die Reifenschläuche umzusteigen. In unserer witzigen Gruppe kamen wir nun doch in Versuchung, aber der Mitarbeiter der Agentur teilte uns mit, dass der Fluss für das Tubing gesperrt war.

»Zu riskant«, sagte er. »Die Strömung ist zu stark. Aber ihr könnt die ganzen siebzehn Kilometer mit dem Kajak paddeln. Gegen einen Preisnachlass.«

Wir ließen uns darauf ein und Kham, unser fröhlicher Führer, brachte uns siebzehn Kilometer stromaufwärts. Aus dem Auto erhaschten wir vereinzelte Blicke auf den Fluss, der viel mächtiger aussah als gestern. Links und rechts standen Felder unter Wasser; Wiesen, Farmen und streckenweise die Straße waren überflutet. Und es regnete weiter.

Wir hielten, luden die Kajaks ab und lauschten Khams Sicherheitseinweisung, der uns vor drei besonders starken Stromschnellen warnte.

»Normalerweise müsstet ihr euch auch vor Steinen im Wasser vorsehen«, sagte er, »aber heute steht das Wasser hoch genug. Allerdings wird es heftige Wellen und Strudel geben. Und eins noch« – er blickte Judith an, unsere einzige Dame – »wenn jemand heult, weil er umgekippt ist, werde ich nicht helfen.«

Ich ging zum Fluss hinunter und beobachtete den Strom, ein respekteinflößendes, braunes Ungetüm. Das Wasser floss sehr schnell: Es war voller Treibgut; Baumrinden und Äste trieben darin, ein riesiger Baumstamm wurde in hohem Tempo vorbeigespült. Niemand war auf dem Wasser zu sehen.

Die Tour war eine einzige Aneinanderreihung von Herausforderungen. Immer wieder wurde großes Holz angeschwemmt, dem wir rechtzeitig ausweichen mussten. Vor einer gewaltigen Stromschnelle erfasste ein Strudel Falks und mein Boot und drehte uns. Wir verloren das Gleichgewicht und kippten ins Wasser. Wieder aufgetaucht, klammerten wir uns am Boot fest und sahen uns sofort nach herumtreibenden Baumstämmen um, die drohten, uns zu erschlagen. Mit Mühe kippten wir das Boot auf die richtige Seite und versuchten, hineinzuklettern, aber die hohen Wellen warfen uns immer wieder unter die Wasseroberfläche. Das Wasser packte uns, wirbelte uns herum und brachte uns in einem atemberaubenden Tempo stromabwärts. Ein ums andere Mal rutschten wir ab. Erst, als die Stromschnelle weit hinter uns lag, saßen wir im Boot, erschöpft und lädiert, weil wir uns in unserem planlosen Kampf gegenseitig die Paddel in die Gesichter geschlagen hatten.

Vier Kilometer vor Vang Vieng begann beiderseits des Flusses die Tubing- und Partymeile. Heute war sie wie ausgestorben. Die Holzbuden mit ihren schiefen Terrassen kauerten sich in den Regen, die Schaukeln ragten müde über den Fluss. An einer der letzten Bars auf der rechten Seite, deren Besitzer Kham kannte, legten wir an. Am Ende einer verschlammten, glitschigen Uferböschung begrüßte der Besitzer uns, seine einzigen Gäste des Tages. Er war aufgekratzt und lachte ständig hysterisch, weil er – wie er uns erzählte – gerade beinahe gestorben wäre.

»Weiter oben wollte ich einem Freund helfen, seine Terrasse vor dem Fluss zu retten. Sie war aus Holz. Alles wurde weggespült ... als wir darauf standen. Ich verlor den Halt, fiel hin, stand wieder auf. Alles schwamm schon. Die Holzplanke unter mir brach, ich stürzte fast bis ins Wasser, aber vorher landete ich mit meiner Hüfte auf einem Nagel.«

Er kicherte und zeigte uns an seiner Hüfte den blutigen Abdruck eines Nagelkopfes.

»Und was ist das an deinem Hals?«, fragte Judith besorgt.

»Ja, das war ein abgebrochenes Brett, das mir an den Hals geschleudert wurde und mich fast aufgeschlitzt hätte.«

Ich betrachtete den riesigen, beängstigend tiefen und breiten Riss, der über seiner rechten Halsseite verlief, und fröstelte.

»Meine Freunde haben mich rausgezogen. Fünf Minuten konnte ich mich nicht bewegen. Ich stand unter Schock und dachte über meinen Sohn und meine Frau nach. Wie sollte ich mich um sie kümmern, wenn ich tot war? Aber jetzt ist alles in Ordnung. Ich lebe noch. Nur die Bar meines Freundes gibt es nicht mehr. Sie ist komplett zerstört worden.« Er lachte erneut. »Das Wasser stand seit sehr langer Zeit nicht so hoch. Vor allem ist es lange nicht so schnell gestiegen. Ziemlich beängstigend, nicht wahr?«, fragte er, grinste, kratzte sich am Kopf und lief über ein Stück Wiese zu seiner Bar. »Kommt, setzt euch.«

Er servierte uns einen kleinen Imbiss und präsentierte seinen *Sprechenden Vogel*, der von einem so lautenden Schild am Käfig angepriesen wurde. Sein Gefieder war schwarz und sein Schnabel leuchtete orange: Er war ein Beo, eine Art, die zur Familie der Stare gehört. Das herrliche Tier klang wie eine menschliche Stimme, besonders sein übermütiges Lachen hatte es mir angetan. Am deutlichsten sprach der Beo die laotische Begrüßung »Sabai Dii« aus.

Wir schossen im Regen mit Steinschleudern auf Cola- und Beerlao-Dosen und probierten auch ein Luftgewehr aus. An einem Feuer wärmten wir uns, während der Barbesitzer auf Stöcke gespießte Spinnen brutzelte und sie uns anbot. Sie schmeckten – ähnlich wie frittierte Heuschrecken und Grillen – nach Nuss. Ich rückte näher ans Feuer. Es goss noch immer in Strömen, meine Haut war schrumpelig und die Luft hatte sich abgekühlt. Solange ich nicht paddelte, fror ich. Ausgeruht und gestärkt begaben wir uns wieder in die Boote und setzten die Tour fort. Die letzten vier Kilometer legten wir in zehn Minuten zurück.

Im Hostel empfing Lily uns mit tränenüberströmtem Gesicht und verquollenen Augen. Eine ehemalige Freundin von Dylan hatte ihr eine Email mit einer ausführlichen Darlegung der Tatsache geschrieben, dass er mit ihr noch immer regelmäßig zugange war. Freundlicherweise hatte sie auch einige Emails beigefügt, die Dylan in den letzten Monaten an sie geschickt hatte, als er schon mit Lily zusammen war. Ein Drama aus Leid und Tränen und Entschuldigungen und bitterer Enttäuschung entfaltete sich. Lily zog noch am gleichen Abend in ein anderes Hostel und buchte für den nächsten Morgen einen Flug nach Manila, der philippinischen Hauptstadt, in der ihr Vater seit zwei Jahren lebte und arbeitete.

Der Folgetag war verregnet und elendig grau, und genauso fühlten sich unsere Gemüter an. Es ließ sich nicht leugnen – wir waren in einem Stimmungstief. Würde es je wieder aufhören zu regnen? Vang Vieng war – zumindest nach unserem Dafürhalten – ein Ort, den man am besten genoss, indem man ihn verließ und die vielen Möglichkeiten des Umlandes für Outdoor-Aktivitäten nutzte. Aber in diesem Wetter waren Bergsteigen und Wandern wenig verlockend. Triefend und tropfend lief ich die Hauptstraße hinunter zu einem Gasthaus, von dem mir eine Australierin vor Wochen erzählt hatte, die dort Bob aus England kennengelernt hatte. Bei ihm hatte sie eine schöne Zeit verbracht, und einer der Gründe, weshalb ich mich trotz des zweifelhaften Rufes auf die Tage in Vang Vieng gefreut hatte, war, dass ich eine Woche bei ihm verbringen und ihm bei seinem Projekt *Sae Lao* helfen wollte. Bobs Ziel war, die negativen Folgen der zunehmenden Touristenzahlen und der wirtschaftlichen

Entwicklung für die Gegend zu bekämpfen, allen voran die Zerstörung des Regenwaldes, aber auch den Kulturverlust. Er ging davon aus, dass die meisten Laoten sich nicht über diese Folgen im Klaren waren. Die meisten Haushalte hackten noch immer tausende kleiner Bäume nieder, um Feuerholz zu gewinnen, ohne darüber nachzudenken, wie sie den Verbrauch senken konnten, und ohne neue Bäume anzupflanzen. Sae Lao wollte diesen Menschen beibringen, Feuerholz und andere natürliche Ressourcen effizienter zu nutzen.

Das Projekt selbst wollte ein Beispiel für nachhaltige Entwicklung setzen. Bob nutzte Biogas, das aus dem Mist der Kühe, Enten, Hühner und Schweine der angeschlossenen Farm hergestellt wurde, und hatte an einem Teich, umgeben von Wäldern und Feldern, ein Gemeindezentrum aus Schlamm, recyceltem Bambus und anderen natürlichen Materialien aus der Gegend errichtet. Heute war das Zentrum ein Treffpunkt und ein Ort der Bildung. Englisch- und Computerkurse wurden hier abgehalten und Informationsveranstaltungen zu Nachhaltigkeitsthemen durchgeführt. Eine kleine Bibliothek war ebenso Teil des Zentrums. Es gab auch eine organische Farm, auf der Bob und seine Helfer Früchte und Gemüse anpflanzten und Tiere hielten. Die Farm arbeitete mit anderen Farmen und Restaurants zusammen und belieferte ein eigenes Restaurant, das zum Sae Lao Projekt gehörte und auf der Basis der ökologischen Erzeugnisse und des Freilandviehs traditionelle laotische Speisen anbot. Für all das war Bob stets auf der Suche nach freiwilligen Helfern aus aller Welt, die ihn und sein kleines Team beim Ernten von Erdnüssen und Reis unterstützten, den Kindern täglich für eine Stunde in der Schule oder im Gemeindezentrum Englisch beibrachten oder beim Bau neuer Bungalows für zahlende Gäste mitmachten. Das hervorragende Konzept versprach außergewöhnliche Erlebnisse; ich hoffte, Laoten genauer kennenzulernen als bisher.

Das Gemeindezentrum, das Restaurant und die Farm lagen sieben Kilomter außerhalb von Vang Vieng im Dorf Nathong, aber in Vang Vieng besaß Bob jenseits des Zentrums das Sengkeo Gasthaus. Ich erreichte die Einfahrt und lief mit meinen Flipflops über eine überflutete Wiese. Rechts stand eine Gebäudezeile mit Zimmern, geradeaus befand sich das Haus, in dem die Familie zu leben schien. Ich klopfte und ging durch die offene Tür. Im Wohnzimmer hielten sich drei oder vier Laoten auf. Eine Laotin – vielleicht Bobs Frau – hatte je ein Kind auf dem Arm und auf dem Schoß.

»Ich möchte mit Bob sprechen«, erklärte ich. »Ist er zuhause?«

Ihr Englisch war schlecht, aber sie machte mir verständlich, dass Bob nicht da war. Sie bat mich, mich zu setzen und brachte mir ein Glas Wasser. Derweil fuhr mir ein kleines Mädchen immer wieder mit einem Plastikauto gegen das Bein. Die Frau gab mir ein Handy, in dem die Nummer schon gewählt war. Ich drückte die grüne Taste und wartete darauf, dass das Handy wählte und eine Verbindung herstellte. Eine heitere Stimme meldete sich, in der eine gesunde Portion jugendlicher Begeisterung mitschwang – Bob.

»Guten Tag, Bob. Mein Name ist Erik Lorenz. Ich komme aus Deutschland und würde gern für eine Weile für dich arbeiten.«

»Erik – das ist großartig!« Er freute sich ausgiebig über mein Interesse und redete euphorisch vor sich hin, und nach wenigen Sekunden wusste ich, dass ich gern mit dem Kerl zusammenarbeiten würde. Er war mir sofort sympathisch.

»Aber weißt du«, sagte er nach einer Weile, »momentan stecke ich fest.«

»Was heißt das?«

»Ich gelange nicht nach Vang Vieng zurück. Der Regen hat eine Brücke weggespült und ich komme weder vor noch zurück. Ich schaffe es auch nicht ins Dorf Nathong. Dort wiederum sind Freunde von mir eingeschlossen. Derzeit habe ich keine freiwilligen Helfer und ich würde dich gern aufnehmen, aber ich weiß nicht, wann ich nach Vang Vieng kommen kann. Und von dort nach Nathong. Außerdem – bei dem Regen und dem Wasserstand werden wenige Kinder zur Schule kommen, und das Reispflanzen macht auch keinen Sinn. Heute früh habe ich noch auf den Reisfeldern gearbeitet, aber soweit ich weiß, soll es noch mindestens einen Tag weiterregnen und dann vielleicht besser werden. Aber auch dann wird es dauern, bis alles wieder in Schwung kommt. So ist das Wetter in Laos zur Regenzeit eben«, stellte er gutgelaunt fest, »völlig unberechenbar.« Er lachte und fügte hinzu: »Leider kann ich dir im Augenblick nichts Konkretes in Aussicht stellen.«

Ich bedankte mich und legte auf. Missmutig trottete ich zurück zum Hostel, wo Falk auf einem Balkon auf mich wartete. Ich erzählte ihm vom Gespräch. Unter den gegebenen Umständen war die Absage nicht überraschend, dennoch waren wir deprimiert. Auf die Arbeit beim Sae Lao Projekt hatten wir uns wirklich gefreut.

Was sollten wir jetzt tun? Warten, bis das Wetter besser wurde und wir doch mit Bob arbeiten konnten? Das konnte etliche Tage dauern. Was würden wir bis dahin tun? Es gab beinahe nichts zu unternehmen. Und viel dringlicher: Was würden wir heute machen? Es war bereits Mittag und wir hatten noch nichts zustande gebracht. Trotz des miserablen Wetters erwogen wir, Motorroller auszuleihen und die Umgebung mit ihren traumhaften Seen zu erkunden. Auch eine sechs Hektar große organische Farm nördlich der Stadt hatte mein Interesse geweckt, die sich vor allem auf Maulbeerbäume spezialisiert hatte und in ihrem Restaurant neben verschiedenen Maulbeerprodukten verschiedenste Säfte und Shakes aus Früchten und Gemüsen aus eigenem Anbau anbot. Lucy hatte mir vor einigen Tagen in einer Email geschrieben, der Maulbeersaft sei so gut, dass man denke, man sei im Himmel – »der beste Shake bisher überhaupt«. Nachdem wir in Houay Xai gemeinsam zahllose Shake-Verkostungen durchgeführt hatten, vertraute ich ihrem Urteil. Außerdem hatte ich zuvor in Erfahrung gebracht, dass die Farm vom kauzigen Thanongsi Solangkoun geführt wurde, von Gästen Mister T. genannt. Er klang wie ein Mann, den ich kennenlernen wollte. Ursprünglich ein auf Naturschutz spezialisierter Biologe, hatte er beschlossen, zu seinen Wurzeln zurückzukehren, in die Gegend, in der sein Vater schon eine Farm betrieben hatte. Er kaufte ein Stück Land in einem Dorf nördlich von Vang Vieng und gründete die Bio-Farm, mit der er alternative Anbaumethoden in einer Gegend einführen wollte, in der Waldrodung und der Einsatz von Chemikalien an der Tagesordnung standen. Für Besucher, die gekommen waren, um ihm zu helfen, kaufte er ein paar Gummireifen, die er zu ihrem Vergnügen in den Nam Song warf und so nach eigener Aussage nebenbei den Tubing-Wahnsinn startete. 1999 war das. Das heutige Bild Vang Viengs bereitet ihm Unbehagen. In einem Artikel im Sydney Morning Herald aus dem Jahr 2011 sagte er: »Die Bars am Fluss und ihre Besitzer kümmern sich um kein Gesetz, um keine Vorgaben. Es gibt keine Inspektionen und Kontrollen. Vor zwei Jahren war das hier ein Paradies.«

Heute schrille die Musik der Partymeile von Sonnenauf- bis Sonnenuntergang bis zu seiner Farm, die Touristen hinterließen Müll und knutschten in der Öffentlichkeit herum. Er sei nicht gegen das Tubing, sondern wolle nur, dass die Polizei strenge Kontrollen der Bars durchführt. Ein anderer Farmer beklagt sich im gleichen Beitrag: »Der Tourismus zerstört unsere Stadt und wir verlieren unsere Kultur. Der Lärm, die nackten Leute, Alkohol, Menschen, die überall hinkotzen, Sex.«

Fakt ist aber auch, dass der Tourismus zu einer unverzichtbaren Einnahmequelle für die Region geworden ist, die sich ganz auf ihn eingestellt hat. Vang Rattanvong, Vizepräsident der Laotischen Nationalen Tourismusbehörde, rechnete 2009 vor, dass jeder der 50.000 Einwohner Vang Viengs und der Umgebung sich durchschnittlich um zwei Touristen kümmere.

Ich schaute über das Geländer hinaus in eine Welt, aus der jede Farbe heraus gewrungen und in die Gullys gespült worden war. Die Wolken lagen tief und schwer. Es war, als hätte jemand ein graues Handtuch über Vang Vieng gelegt. Ich fühlte mich wie gelähmt. Immer, wenn wir uns fast dazu durchgerungen hatten, die Roller auszuleihen und zur organischen Farm aufzubrechen, regnete es noch heftiger, und da wir mittlerweile beide verschnupft waren und ständig husteten, war die Aussicht auf einen klammen, kalten Tag mit Frieren nicht erbaulich. Endlich beschlossen wir, schon heute nach Vientiane weiterzufahren – das würde immerhin den Vorteil haben, dass wir den Abend mit Lucy und Lachlan verbringen konnten, die gerade in der Hauptstadt waren und morgen nach Vietnam weiterreisen würden. Judith schloss sich uns an. Wir trafen die Entscheidung eine Stunde, bevor der Bus abfahren sollte.

Aus unserer Lethargie erwachend, brachen wir in plötzliche Hektik aus. Wir rannten zum Ticketverkäufer und die Hauptstraße entlang zur nächsten Geldmaschine, da wir das Zimmer für die vergangenen Nächte nicht bezahlen konnten. Dabei fiel mein Blick auf das *Organic Farm Restaurant*, das innerstädtische, zweite Restaurant, das zur Maulbeerfarm gehörte und nach dem ich bereits vergeblich gesucht hatte. Auch hier gab es, wie wir gehört hatten, die Shakes, von denen Lucy geschwärmt hatte und die ich mir nicht entgehen lassen wollte. Wir eilten zurück, packten hastig die Sachen, kündigten den Australiern in einer Email unser Kommen an und bezahlten das Zimmer. Ich rannte zurück zum Restaurant, um meinen Shake zu bekommen, und schüttete ihn in mich hinein. Immerhin hatte ich nun nicht das Gefühl, *alles* verpasst zu haben, was in Vang Vieng lohnenswert war. Der Shake schmeckte tatsächlich sehr gut. Vor allem war er eine erfreuliche Abwechslung zu den vielen Bananen- und Ananasshakes, die in den vergangenen Wochen meine Kehle hinabgeströmt waren, aber er war etwas zu wässrig. Ich zog Shakes mit Milch oder Joghurt jenen mit Eis vor.

Viel Zeit zur Reflexion blieb mir nicht. Ich hetzte wieder zum Hostel, holte Falk, Judith und das Gepäck und wartete mit Magenschmerzen auf das Tuk Tuk. Der Ticketverkäuferin zufolge sollte es uns um 13 Uhr abholen und zum Busbahnhof bringen, wo der Bus eine halbe Stunde später abfahren würde. Die Zeit verstrich und das Tuk Tuk ließ auf sich warten. 13:35 Uhr rannte ich zur Ticketverkäuferin und fragte, was los war.

Sie war überrascht, mich immer noch in Vang Vieng zu sehen und sagte: »Geh zurück zum Hostel. Ich kümmere mich um alles.«

Sie nahm den Telefonhörer in die Hand. Ich rannte zurück, um das Tuk Tuk nicht zu verpassen, doch als ich beim Hostel anlangte, war noch immer keines der Taxen da. Eine weitere halbe Stunde später lief ein Mann durch den Regen auf uns zu und rief, wir sollten auf die andere Straßenseite kommen.

»Kein Tuk Tuk!«, rief er. »Der Bus hält direkt in dieser Straße!« Wir liefen zum gezeigten Ort, einem großen Fahrkartenverkaufsbüro, in dem schon dutzende Backpacker auf dem Boden saßen. Für die nächste Stunde wurden wir immer wieder vertröstet. Und ich spürte, dass ich krank wurde. Kopfschmerzen hämmerten in meinem Kopf und das schleichende Schwächegefühl des Fiebers breitete sich in meinem Körper aus. Ohnehin war ich gereizt, weil der Tag so furchtbar war, und nun fing ich an, vor mich hin zu fluchen.

»Was ist hier eigentlich los?«, fragte ich mürrisch in den Raum hinein.

»Hier läuft eben leider nicht alles nach deutscher Zeit«, sagte Judith spöttisch. Ich hielt die Luft an und spürte, wie mir das Blut in den Kopf schoss. *Contenance*, dachte ich, *Contenance*. Und ich lächelte sie mit einem breiten, falschen Lächeln an und sagte: »Vielen Dank. Das ist ein sehr hilfreicher Hinweis.«

Ich drehte mich um und ließ mich, gegen meinen Rucksack gelehnt, auf den Boden sinken. Sie kam mir hinterher.

»Entschuldige«, sagte sie. Ich winkte ab.

»Passiert hier heute noch irgendetwas?«, fragte ich etwas später eine Mitarbeiterin des Büros. »Habt ihr irgendeinen Plan oder haltet ihr uns nur hin?«

»Die Busse haben Verspätung, weil sie aus Luang Prabang kommen und der Regen so stark ist. Gedulden Sie sich bitte.«

Ich nickte, kehrte zu meinem Rucksack zurück und sehnte mich nach einem Bett.

Endlich hielt der Bus vor dem Büro. Wir stiegen ein und fuhren los. Uns wurde gesagt, dass wir nach vierzig Minuten in einen anderen Bus umsteigen würden, der auf der gegenüber liegenden Seite des Nam Song wartete. Erst, als wir nun durch die ersten Dörfer fuhren, sahen wir, wie schlimm die Überflutungen mittlerweile waren. Die Felder waren verschwunden, durch offene Türen sahen wir, dass auch in den Wohnzimmern das Wasser stand. Büffel guckten nur noch mit den Köpfen aus den riesigen Seen, die sich überall gebildet hatten und stetig tiefer wurden. Der Regen versiegte nicht einmal für wenige Sekunden. Zwischenzeitlich schwächte er sich zu einem Niesel ab, aber er hörte nie auf.

Wir hielten. Vor uns versperrte eine Autoschlange die Straße. Niemand wusste, was los war. Ein alter Mann, der mit einer asiatischen Frau reiste und offenbar ein paar Worte Lao beherrschte, lief vom hinteren Ende des Busses nach vorn und sprach auf den Fahrer ein, der wiederum ein Telefon am Ohr hatte. Der Mann war Australier und sah etwa aus wie Woody Harrelson als Verschwörungshippie in Roland Emmerichs Katastrophenfilm *2012*. Er trug ein langes rosa Hemd und darüber ein ärmeloses, hautenges Sportshirt, auf dem *Muskel Team 1999* stand. Um den Kopf hatte er ein blaues Tuch gebunden, das seine schulterlangen, blonden Haare bändigte.

Mit einer dramatischen Geste wandte er sich an uns und rief in den Bus mit einer Stimme, die das Ende der Welt zu verkünden schien: »Ich habe Neuigkeiten für euch! Wir sind Zeugen des schlimmsten Hochwassers seit Jahren. Brücken wurden fortgespült, Straßen vernichtet. Es gibt kein Weiterkommen. Der nächste Fluss ist nur der Anfang. Danach kommen weitere, größere, tiefere. Am schlimmsten wäre es, wenn wir zwischen zwei solchen Flüssen steckenblieben. Es gäbe dort keine Gasthäuser oder Nahrungsmittel für uns, und das Wasser steigt immer noch. Es steigt unaufhaltsam, meine Freunde. Wir haben keine Wahl: Wir müssen umkehren. Wenn ich ihr wäre, würde ich nach China schauen. Schaut, was dort im Süden abgeht, im Yangzte und den anderen Flüssen. Von dort kommt das ganze Wasser runter! Es herrscht Chaos, nichts geht mehr! Luang Prabang steht auch unter Wasser, nach Norden kommen wir also auch nicht. Überall sind Überschwemmungen und Erdrutsche. Ich rate euch: Deckt euch in Vang Vieng sofort mit Bargeld ein, in vielen kleinen Scheinen. Die Maschinen könnten bald leer sein und niemand weiß, wie lange wir dort festsitzen. Hey, ich rede mit euch!«

Er funkelte einen Niederländer in der ersten Reihe, der ihm nicht länger zuhörte und in seinem Rucksack kramte, wütend an. »Ich gebe euch hier ein paar wertvolle Tipps! Die Scheiße ist am dampfen, meine Freunde, das ist eine ernste Situation, und ihr solltet sie so vernünftig wie möglich meistern, sonst kommt ihr da nicht raus. Die Regierung wird euch nicht helfen. Wartet auf nichts. Ihr seid hier in Laos – ihr müsst euch selbst helfen!«

Ich seufzte und fuhr mit der Hand über meine Stirn, hinter der es hämmerte. Aber der Mann war noch nicht fertig.

»Ich habe in Australien einige Überschwemmungen erlebt«, sagte er mit weiten Gesten und aufgerissenen Augen. »Ich weiß, wovon ich rede. In einem Moment ist alles trocken, dann schwimmen dir die Spinnen um die Beine und die Veranda wird weggerissen. Das ist scheißgefährlich, also passt auf euch auf!«

Judith, die vor Falk und mir saß, drehte sich zu uns um. In ihrem Gesicht stand Sorge geschrieben. Sie fragte den Australier: »Sind wir in Vang Vieng überhaupt sicher?«

Er quittierte die Frage mit einem theatralischen Nicken und sagte: »So sicher, wie man in einem Katastrophengebiet eben sein kann.«

Judith schluckte.

»Aber soweit ich weiß«, fuhr er fort, »ist Vang Vieng die zweithöchste größere Stadt in Laos. Es könnte also schlimmer sein. Und immerhin gibt es ein Krankenhaus.«

»Für den unwahrscheinlichen Ernstfall«, fügte ich hinzu, um Judith zu beruhigen.

»Das hängt von dir und deinem Verhalten ab«, sagte der Australier, »davon, ob du mir gut zugehört hast.«

Er wandte sich an die von seinen Ausführungen größtenteils schon lange genervte Allgemeinheit: »Das hier ist eine krasse Scheiße und ihr müsst vernünftig sein. Aber das gehört zum Reisen dazu: Extremerfahrungen! Die könnt ihr nächste Woche auch in Thailand haben. Da gibt es Wahlen und darauf wird unweigerlich ein Bürgerkrieg folgen, das sage ich euch. Also überlegt euch, ob ihr dort hinwollt. Ich war vor ein paar Jahren dort, als die Rothemden alles in die Luft gejagt haben. Reifenstapel haben gebrannt. Wir mussten fliehen, verdammt nochmal! Wir mussten zusehen, dass wir dort rauskamen! Es hat nicht überall gekracht und gebrannt, aber genug, um dir eine Angst einzujagen, dass dir die Scheiße aus dem Arsch fliegt!«

»Warum kehren wir nicht endlich um?«, unterbrach ihn jemand. »Viele von uns müssen morgen in Vientiane Flüge bekommen. Wir fliegen nach Bangkok und haben nicht ewig Zeit.«

»Hast du mir nicht zugehört?«, blaffte der Australier. »Hier geht nichts mehr, *gar* nichts mehr. Ihr sitzt in Vang Vieng fest, ob ihr wollt oder nicht. Euren Flug könnt ihr vergessen. Da gibt es nichts dran zu rütteln.«

Einige Passagiere begannen, in ihren Landessprachen und mit zunehmender Verzweiflung zu diskutieren. Der Busfahrer machte keine Anstalten, umzukehren, sondern führte eine Diskussion mit anderen Fahrern, telefonierte mit seinen Vorgesetzten und beratschlagte, ob er versuchen sollte, durch den Fluss hinter der nächsten Kurve zu fahren, der der Grund für die verstopfte Straße war. Der Niederländer, der sich wegen seiner Unaufmerksamkeit gerade den Groll des Australiers zugezogen hatte, wanderte um die Kurve und kam mit einigen Fotos zurück. Wir beugten uns über seine Schulter. Die Bilder auf dem Display seiner Kamera waren erschreckend. Es war kein Ende des Flusses zu sehen. Da war eine weite Fläche braunen Wassers und mitten drin, erkennbar nur in der höchsten Zoomstufe, ein Bus, der tatsächlich versuchte durchzukommen. Er war zu drei Vierteln unter Wasser. Nur das Dach und der obere Teil der Fenster guckten heraus, aus denen Passagiere ihre Köpfe streckten. Wenn der Bus steckenblieb oder umkippte ... es war undenkbar. Wir bestanden darauf, dass der Fahrer die Diskussionen beendete und umkehrte.

»Auf keinen Fall fahren wir dort durch!«, sagte Falk. Alle waren sich einig, die Sache war klar – aber der Fahrer zögerte weiter und zuckte mit den Schultern. Ich verlor zunehmend den Rest Geduld, der mir noch geblieben war. Was für ein furchtbarer, elender, vergeudeter Tag! Sämtliche Pläne zu Vang Vieng zunichte! Nun dieses Desaster! Und diese Kopfschmerzen!

»Was zur Hölle ist los mit dem Vogel?«, rief ich. Der Australier sprach mit ihm, hakte mehrfach nach und sagte in den Bus hinein: »Der Chef des Fahrers hat angeordnet, dass wir hier warten, bis der nächste Bus des gleichen Unternehmens, der offiziell eine halbe Stunde später starten sollte, in Vang Vieng losgefahren ist. Wir sollen nicht vor der Abfahrt dieses Busses zurück sein, sonst könnten wir die anderen Fahrgäste warnen. Die sollen erst ihre Tickets bezahlen und werden dann, schätze ich, auch hierhergebracht und stehen eine Weile herum und dürfen den planlos schulterzuckenden Fahrer beobachten, bevor sie umkehren.«

Verschiedene Passagiere empörten sich und wurden laut. Der Regen trommelte auf das Dach des Busses. Der Fahrer zuckte mit den Schultern.

»Fick dich!«, rief jemand.

»Du verfluchtes Arschloch!«, fügte jemand anders hinzu.

»Denkt alle daran«, sagte der Australier und hob beschwichtigend die Hände, »er folgt nur seinen Anweisungen. Macht er das nicht, hat er morgen keinen Job mehr. Aber sicher muss er für eine Frau und Kinder sorgen. Es ist nicht seine Schuld.«

Endlich gab der Fahrer nach, wendete und brachte uns – im Schneckentempo – zurück nach Vang Vieng. Als wir in der Hauptstraße hielten, sprangen alle auf, aber keine Tür öffnete sich. Hier war das Aussteigen verboten. Und der Bus rührte sich nicht.

»Wir können hier nicht aussteigen? Genau auf der anderen Seite sind wir eingestiegen!«, merkte ich an.

»Weil dort eine offizielle Haltestelle ist«, erklärte der Australier.

»Die Straße ist leer, es gibt keinen Verkehr. Soll er wenden und dort drüben anhalten.«

»Das ist nur eine Einsteigehaltestelle. Aussteigen müssen wir woanders. Wir fahren gleich dorthin, aber noch steht ein Bus drin.«

Unter dem Begriff *drin* stellte ich mir irgendeine Art von Überdachung vor, einen kleinen Bahnhof, aber weitere zwanzig Minuten später bogen wir auf den Parkplatz vor einem Hostel ein, von dessen Empfangstresen aus uns fröhlich der Kerl zuwinkte, der uns zuvor in sein Ticketbüro gelockt hatte und augenscheinlich sowohl mit Ticketverkäufen als auch Hostelzimmern sein Geld verdiente. Zu guter Letzt stiegen wir aus dem Bus. Wir bekamen Tickets für eine neue Fahrt morgen früh um acht. Bis dahin sollte die Armee während der Nacht angeblich eine Brücke gebaut haben. Im *Organic Farm Restaurant*, in das ich zurückkehrte, bestellte ich neben einem weiteren Maulbeershake ein sündhaft teures Abendmahl, aber auch Ziegenkäse, Hühnerfleisch und Biogemüse konnten meinen Frust nicht mindern.

Es gab keine Brücke, aber stattdessen das Versprechen, dass wir schon irgendwie durchkommen würden. Das könne allerdings – bei einer Abfahrt um acht Uhr morgens – bis tief in die Nacht dauern. Es hatte nicht aufgehört zu regnen.

»Was ist anders als gestern?«, fragte ich deshalb. »Wie kommt es, dass wir heute bessere Chancen haben?«

»Der erste Fluss ist jetzt niedriger«, erwiderte der Bus- und Hostelbesitzer vage. »Vielleicht müsst ihr am zweiten Fluss warten, bis auch sein Pegel sinkt. Und es gibt ein paar Erdrutsche, die den Weg versperren und noch weggeräumt werden müssen. Es kann auch sein, dass ihr an bestimmten Stellen einer nach dem anderen mit Booten übersetzen und mit Trucks weiterfahren müsst. Deren Fahrer müsst ihr zusätzlich entlohnen.«

Einige Leute waren verzweifelt genug, den Versuch zu wagen. Judith, Falk und ich verlangten unser Geld zurück und harrten lieber hier aus. Ein weiterer Tag Vang Vieng schien immerhin begrüßenswerter als ein Tag im Bus mit ungewissem Ende.

Mittlerweile war die Wasserversorgung in der Stadt zusammengebrochen. Eine Mitarbeiterin des Hostels erklärte, das Wasser werde aus dem Fluss gefiltert und die Strömung habe die entsprechende Vorrichtung beschädigt. Falk und ich wanderten zum Fluss.

»Vielleicht bricht demnächst wirklich der Notstand aus«, sagte ich auf dem Weg. Dabei dachte ich an den Wasserstand und die Frage, ob bald der ganze Ort geflutet werden würde.

»Ja«, sagte Falk. »Stell dir vor der Australier behält Recht. Dann könnte hier bald das Bier ausgehen. Wir sollten vorsorgen.«

Wir erreichten die morsche Holzbrücke, die über den Fluss auf die Bungalow- und Partyinsel führte, schauten in die trübe Welt hinaus und verharrten ungläubig. Das Wasser reichte fast bis an die Brücke. Es musste vier oder fünf Meter gestiegen sein, seit wir das letzte Mal hier gewesen waren. Die Insel mit ihren Hütten und Hängematten, Bars und Bungalows auf ihren hohen Stelzen – sie war weg. Vollkommen verschwunden. Nichts war mehr zu sehen außer einigen Dachspitzen und den Bungalows, deren Stelzen sich unter diesen Bedingungen als zu kurz erwiesen hatten und denen das Wasser bis an die Fenster reichte. Dahinter, davor, drum herum: braunes, strömendes Wasser soweit das Auge reichte.

Den Tag verbrachten wir wartend und lesend. Er war ereignislos bis Judith am Abend aufgelöst an unsere Tür klopfte.

»Ich muss mit euch sprechen«, sagte sie. Dabei hatte sie drei Biere und zwei Packungen Chips. Bessere Argumente brauchten wir nicht. Wir folgten ihr auf einen kleinen Balkon und setzten uns. Sie war kreidebleich.

»Was ist passiert?«, fragte Falk, und sie begann zu erzählen.

»Die letzten Stunden habe ich in einer Bar verbracht, unten am Wasser. Ich habe mich mit ein paar Leuten unterhalten. Wir haben über die Niederlande gesprochen und über Laos und ... dann habe ich zum Fluss rüber geschaut, und in dem Fluss schwamm ein Mann. Ich traute meinen Augen nicht und machte die anderen darauf aufmerksam. *Hey, da ist ein Bekloppter!*, rief jemand und zückte eine Digitalkamera. Ich dachte nur: *Oh mein Gott, das ist so gefährlich.*«

Judith schluckte schwer und öffnete eine der Bierflaschen.

»Der Mann machte kaum Schwimmbewegungen, nur der Kopf guckte aus dem Wasser. Ich stand auf und rief ihm zu, fragte, ob alles in Ordnung war, ob er Hilfe brauchte, rief, er solle da lieber rauskommen. Er schaute langsam hin und her, aber er reagierte kaum. Er trieb rasch an der Bar vorbei. Wir konnten ihn fast nicht mehr sehen, da trieb er in einen Strauch, von dem ein paar Äste aus dem Wasser ragten. Es sah aus, als versuche er, zu tauchen, so als würde er etwas im Wasser suchen. Er strampelte mit den Beinen und tauchte unter. Und kam nicht wieder hoch.«

Sie blickte von Falk zu mir und nahm einen tiefen Schluck.

»Es war furchtbar«, sagte sie. »Wir starrten alle hin und riefen nach ihm. Die Strömung war so stark; alles hatte sich in Sekunden abgespielt. Dann diese geisterhafte Stille. Alle standen da und starrten. Hatten wir uns den Typen nur eingebildet? Natürlich nicht. Hastiges Gerede begann, Leute riefen sich Befehle zu. Jemand wollte ins Wasser springen und wurde von jemand anderem zurückgehalten. Es war zu gefährlich und die Strömung so stark, dass wir den Busch von unserer Seite aus niemals erreichen konnten.«

Sie verstummte.

»Du hast Recht«, sagte ich. »Das ist furchtbar. Es tut mir ... ich meine, was ist ... ist der Mann wieder...«

Judith schüttelte den Kopf. »Wir riefen die Polizei. Zwei Beamte kamen und nahmen unsere Aussagen auf und sagten, der Mann sei sicher tot. Sie wollten nicht nach ihm suchen. *Wir werden einige Dorfbewohner stromabwärts benachrichtigen*, sagten sie, *damit sie Bescheid wissen*. Sie waren so nüchtern, als wäre das alles eine Routineangelegenheit. Und das war es auch. Die Laoten in der Bar schnatterten unbekümmert weiter. Es war nicht der erste derartige Unfall. Die Leute scheinen sich daran gewöhnt zu haben, dass hier Menschen sterben. Der Barkeeper erzählte mir, in der Partymeile weiter im Norden seien erst vor wenigen Wochen mehrere Menschen ums Leben gekommen. Aber alle Touristen, die das mitbekommen haben, sind natürlich längst weg, und den Nachkömmlingen werden solche Dinge verschwiegen. Am Ende geht es hier nicht um unser Wohlsein, sondern um unser Geld. Scheiß auf die Sicherheit! Diese laotische Laxheit, zusammen mit der Verantwortungslosigkeit vieler junger Reisender – da sind Katastrophen doch vorprogrammiert. Aber nach ein paar Tagen läuft alles weiter wie immer, bis zum nächsten Mal. Das ist abartig!«

»Es ist tragisch«, sagte Falk. »Es ist wirklich schlimm.« Er schüttelte den Kopf. »Was war bloß mit diesem Typen los?«

»Nach einer Weile tauchte ein 18-jähriger Brite auf, Brad. Er fragte, ob jemand seinen Freund Paul gesehen habe, ebenfalls Brite, vierundzwanzig Jahre alt. Er sei durchgedreht und habe nach Publikum verlangt und sei flussaufwärts von einer Bambusbrücke gesprungen. Dann sah Brad die beiden Beamten. *Was ist los?*, fragte er. Ich ... ich erzählte ihm, was passiert war. Der arme Junge! Er kannte den Kerl erst seit einigen Tagen. Er sagte, Paul habe irgendeine Krankheit gehabt. *Manchmal verliert er die Kontrolle über sich selbst*, sagte er, *und diesen Morgen hatte er einen Anfall und randalierte.* Dann habe er in einem lichten Moment festgestellt: *Ich weiß, was geschieht – ich brauche meine Medikamente.* Brad hatte in seiner Kindheit eine ähnliche Krankheit und hat sich Paul deshalb vor ein paar Tagen angeschlossen. Sie fühlten sich einander verbunden. Sie gingen ins Hostel, um die Medikamente zu holen. Unterwegs pöbelte Paul weiter und schrie, und die Polizei kam und ermahnte ihn, und Brad erklärte ihnen, dass es eine Krankheit war und Paul jetzt ein Medikament nehmen würde. *Es ist meine Schuld*, sagte Brad zu mir. *Wäre ich nicht gewesen und hätte all das gesagt, hätte die Polizei ihn vielleicht mitgenommen und vor sich selbst geschützt.* Ich versuchte ihn zu trösten und zu beruhigen. Später rauchten sie Joints. Paul verlor wieder die Kontrolle und Brad sah nur noch, wie er von der Brücke sprang.«

Danach hatte Judith Brad zur Polizeistation begleitet, wo beide eine Aussage machten. Die Polizei arbeitete nach Judiths Einschätzung professionell. Ein Polizist durchsuchte Pauls Portemonnaie und ließ Judith notieren, wie viel Geld es enthielt. Brad allerdings fragte er immer wieder: »Ihr habt doch Drogen genommen? Was habt ihr euch eingeschoben? Ihr habt doch Pilze gegessen!«

»Er wollte dem Jungen Dinge in den Mund legen, um im Bericht die Drogen als Todesursache festzuhalten«, erzählte uns Judith. »So hätte niemand irgendeine Verantwortung gehabt und die Sache hätte schnell vergessen werden können.«

Judith, Anwältin, schritt ein und beschützte Brad. Sie schwor ihn darauf ein, nur zu sagen, was wirklich geschehen war und was er mit eigenen Augen gesehen hatte.

»Ihr habt doch Joints geraucht!«, wiederholte der Polizist.

»Er muss darauf nicht antworten«, sagte Judith.

»Er hat das alles schon zugegeben, als Sie nicht im Raum waren.«

»Dann müssen Sie nicht noch einmal fragen. Und jetzt bleibe ich im Raum.«

Der Polizist versuchte es noch ein paar Mal, dann ordnete er einen weiteren Befragungstermin für Brad für den nächsten Morgen an. Judith verlangte nach einer Begründung, denn Brad hatte seine Aussage bereits gemacht, aber der Polizist beharrte auf der Vorladung und wollte mit Judith kein weiteres Wort wechseln.

Wochen später unterhielt ich mich mit Jason, einem Amerikaner, der nach uns Vang Vieng erreicht hatte, in dem schmalen

Zeitfenster, in dem noch von dem Unglück gesprochen wurde. Pauls Leiche war nie gefunden worden. Seine Eltern waren wenige Tage nach seinem Tod aus Großbritannien angereist. Sie sprachen mit den Polizisten und lasen die Niederschriften Judiths und der anderen Zeugen darüber, wie sich das Unglück ereignet hatte.

Das war alles.

Ich wusste nicht viel über Vientiane, aber ich lernte bald, dass die Stadt eine bewegte Geschichte hinter sich hatte. Hauptstadt von Königreichen, Verwaltungssitz der Franzosen, Tummelplatz von amerikanischen Geheimdienstlern und Journalisten nach dem Ende der französischen Herrschaft 1954, Ort politischer Unruhen, Spielball der Mächte, Betätigungsfeld für CIA-Agenten und russische Spione, zerstört und wieder aufgebaut. Heute ist sie mit fast einer Million Einwohnern zwar die größte Stadt des Landes, hat sich aber immer noch soweit ihren laotischen Charakter bewahrt, dass viele sie als die gelassenste Hauptstadt der Welt bezeichnen. Doch wo Autor Graham Greene 1954 nach einem Besuch enttäuscht feststellte: »Zwei Straßen, ein europäisches Restaurant, ein Club und der übliche schmuddelige Markt«, findet heute eine Entwicklung statt, als deren Ergebnis Vientiane nicht länger der langweilige Ort ist, den Greene vorfand und von dem er beklagte, er sei »ein Jahrhundert von Saigon entfernt«. Schon 1975 beschrieb der amerikanische Reiseschriftsteller Paul Theroux in seinem Buch *Abenteuer Eisenbahn – Auf Schienen um die halbe Welt* die Stadt, wenn auch nicht als anziehend, so doch zumindest als alles andere als langweilig. Sie sei ein Ort, in dem »die Bordelle sauberer sind als die Hotels, Marihuana billiger ist als Pfeifentabak und Opium leichter zu finden ist als ein kühles Glas Bier«.

Zwischen diesen Beobachtungen und der heutigen Situation hat sich die Stadt einmal mehr um hundertachtzig Grad gewandelt, so dass nunmehr Bordelle streng verboten sind, Clubs aus der Innenstadt verbannt wurden, die meisten Kneipen nur bis Mitternacht geöffnet haben und Beerlao, wie überall in Laos, an jeder Ecke angeboten wird. Besonders seit den 1990ern hat sich die Stadt entwickelt. Das verschlafene Vientiane erwacht, überall wird gebaut. Die ersten hohen Häuser stehen, es gibt Verkehrsampeln und ein paar moderne Einkaufszentren, ein Wasserpark bietet Unterhaltung, Banken und Bürogebäude werden gebaut und nationale und internationale Messen und Konferenzen ausgerichtet, Autos ersetzen Tuk Tuks und Fahrräder – aber noch immer ist das Zentrum förmlich übersät von Wats, von denen rhythmische Gesänge und das dumpfe Hallen der Gongs in die Stadt getragen werden. Nachdem Laos aufgrund finanzieller Schwierigkeiten 1965 die Ausrichtung der prestigeträchtigen Südostasienspiele ablehnen musste, wurden diese 2009 in einem Stadion in Vientiane das erste Mal im Land ausgetragen. Sie waren ein großer Erfolg für das kleine, arme Land, ein Land, das noch 2008 gerade einmal vier Athleten zu den Olympischen Spielen schicken konnte.

Apropos 2008: In diesem Jahr war Vientiane in der Regenzeit zwischen August und Oktober um sprichwörtliche Haaresbreite einem Desaster entgangen, das sie in ihrer Entwicklung womöglich um Jahre zurückgeworfen hätte: Der Pegel des Mekongs war ein paar Zentimeter über die Gefahrenzone gestiegen. In anderen Ländern wären vorsorglich Maßnahmen ergriffen worden, *bevor* der Pegel die Gefahrenzone erreichte. Die Reaktion der Laoten? Bo pen nyang – frei übersetzt: »Mach dir keinen Kopf« oder »Was soll's«. Warum großen Aufwand betreiben, wenn es keinen triftigen Grund gab? Morgen würde das Wasser vielleicht schon wieder sinken.

Tat es aber nicht, und die Laoten begriffen, dass Taten gefragt waren. Beamte, Ladenbesitzer und Kinder schufteten Tag und Nacht und füllten mehr oder weniger gut koordiniert Sandsäcke. Hausfrauen kochten und versorgten die Freiwilligen, die ein Gemeinschaftsgefühl verband, das sie an die »guten alten Tage« erinnerte. Mit Glück und Eifer bewahrten sie die Stadt vor Überschwemmungen und widmeten sich anschließend wieder ihrem Alltag. Die Sandsäcke lagen noch im Frühjahr 2009 an den Uferpromenaden herum, als der Mekong so niedrig stand, dass man hätte durchlaufen können, und Besucher aus aller Welt wunderten sich, ob das Land einen Angriff über den Fluss befürchtete. Bo pen nyang...

Zum heutigen Entwicklungsstand der Stadt stellte der australische Blogger Matt Haywards 2009 treffend fest: »Wenn Bangkok das Melbourne oder Sydney Indochinas wäre, dann wäre Vientiane Adelaide. Im Grunde genommen eine flache, ausgedehnte, leicht verschlafene Stadt mit Wats anstelle von Kirchen, und vielen davon. Ebenso wie Adelaide gibt es massenweise gutes Essen und man muss nur an der Oberfläche der Stadt kratzen, um eine gute Zeit zu haben.«

Andere Stimmen merken an, die Stadt biete, abgesehen vom Mekong, kaum Sehenswürdigkeiten und habe wenige Visionen dafür, wie Geld mit dem Mekong zu machen sei. Es scheine vielen Touristen und Anwohnern gleichermaßen, als wüsste die Regierung nichts mit der guten Lage der Stadt anzufangen.

Die Route unserer ersten mehrstündigen Wanderung durch Vientiane hatten Falk und ich nach den vielen Buchläden in der Stadt abgesteckt. Im Zickzackkurs steuerten wir die Läden an, manche mit neuen Büchern, die meisten mit gebrauchten, und begutachteten unterwegs Galerien, Handwerkskunstläden und einige Wats, die größtenteils aus der Zeit nach 1560 stammten, als König Setthathirat die Hauptstadt von Luang Prabang nach Vientiane verlegt hatte. Aufgrund der bereits beschriebenen Erbfolgestreitigkeiten war Lane Xang zu Beginn des 18. Jahrhunderts in drei Königreiche verfallen. Nachdem Vientiane, die Hauptstadt des gleichnamigen Reiches, 1778/79 von den Siamesen eingenommen worden war, versuchte der letzte König Vientianes, Anouvong, Anfang des 19. Jahrhunderts, sie zu befreien. Der Versuch scheiterte und Rama III., der siamesische König, rächte sich 1828 mithilfe amerikanischer Waffen auf demselben Feldzug, auf dem er den Phra Bang stahl, mit Tod und Verwüstung. Anouvong wurde mit dem Großteil seines Volkes verschleppt (noch heute leben in Thailand mehr ethnische Lao als in Laos) und dem Volk in Bangkok in einem eisernen Käfig vorgeführt, der über dem Fluss Chao Pharya hing und in dem er langsam und öffentlich vor sich hin siechte, bis er verstarb. Die aus den Kriegen zwischen Siam und den Lane Xang Reichen resultierenden Feindseligkeiten sind bis heute spürbar: So wird Anouvong im laotischen Lehrplan als Held gefeiert, der um die Unabhängigkeit seines Landes kämpfte, in Thailand hingegen wird er als Rebell und Unruhestifter verurteilt.

Vientiane, in Trümmern und geplündert, verwahrloste nach dem Sieg über Anouvong. In *Voyage de'Explorartion en Indochine* beschrieb Garnier den ruinierten Zustand der weitgehend verlassenen Stadt, über deren Gebäuden der Dschungel wucherte. Die Siamesen hatten alle Wats bis auf einen zerstört, aber heute erstrahlten sie nach vielen Restaurationen wieder in einem Glanz, der ihrer ursprünglichen Erscheinung sicher mindestens ebenbürtig war.

Der alte, überdachte Markt hingegen war eng und charmelos und das neue, fast dreißig Millionen teure Einkaufszentrum direkt daneben, mit dem gleichen Technikgerümpel und dem gleichen Schmuck, war noch hässlicher. Doch das That Dam in der Mitte eines ruhigen Kreisverkehrs nahe der gutbewachten, amerikanischen Botschaft – einst der größte Botschaftskomplex der Welt – faszinierte als authentischer Zeuge einer vergangenen Epoche. Vor langer Zeit war er Teil eines Klosterkomplexes gewesen, aber der Tempel und die Nebengebäude wurden zerstört und später durch Wohnhäuser ersetzt. Nur der Stupa überlebte. Er war einer der ältesten Stupas der Stadt und stammte vermutlich aus der frühen Lane Xang Zeit. Ursprünglich golden, war die Beschichtung beim Siamesen-Überfall 1828 verbrannt oder gestohlen worden. Aber der Kern bestand fort und entging der Zerstörung, weshalb eine heute unter den Laoten verbreitete Legende besagt, der Stupa sei auf der Höhle einer siebenköpfigen Naga errichtet worden, die ihn vor der Vernichtung bewahrte. Auf der anderen Seite habe sein Bau, wie der Bau zahlreicher weiterer Stupas auf den Eingangslöchern der Nagas zu ihrem Erdreich, dazu geführt, dass viele Nagas in der Stunde der Not nicht an die Oberfläche gelangen und die Anwohner schützen konnten. Nur so sei es den marodierenden Siamesen möglich gewesen, die Stadt zu überrennen. Wo er nicht von den darunterliegenden Ziegelsteinen abgeblättert war, befand sich vermutlich vom Feuer geschwärzter Putz, der dem Stupa den Spitznamen *Schwarzer Stupa* verschafft hatte. Aus Rissen wuchsen Büsche und kleine Bäume.

Von der Fa Ngum Road am Mekongufer beobachteten wir Restaurantboote, die im Wasser herum schipperten. Auch das Denkmal Fa Ngums, des Begründers des Königreichs Lane Xang, ebenfalls unweit der Mekong-Promenade, sahen wir uns an. Die kommunistische Regierung hatte es 2003 errichten lassen.

Alles in allem: Es war herrlich. Wir stöberten und blätterten, und ich kaufte angesichts meines brechendvollen Rucksacks wieder fünf Bücher zu viel.

Ein Schlenker in die vierspurige Lane Xang Avenue, der laotischen Antwort auf die Champs Elysee, eröffnete den Blick auf das Patuxai, ein gewaltiges Betongebilde, das wie eine asiatische Ausgabe des Pariser Triumphbogens am Ende der Avenue thronte. Das Patuxai glich nur aus der Ferne dem Tor in Paris. Bei näherer Betrachtung waren neben europäischen auch laotische und indische Einflüsse zu erkennen, außerdem bestand es aus vier, nicht aus zwei Torbögen. Auch war es nicht halb so majestätisch wie sein Pariser Bruder. Einige Teile waren besonders heruntergekommen, aber die gesamte Ausführung wirkte roh und unausgewogen. Am Eingang gab eine Tafel mit fast schmerzhafter Ehrlichkeit zu: »Aus der Nähe sieht es sogar noch ausdrucksloser aus, wie ein Betonmonstrum.« Zur Erinnerung an jene zahllosen Soldaten, die in den Kriegen vor der kommunistischen Machtübernahme auf der königlichen Seite gefallen waren, speziell im Kampf um die Unabhängigkeit von Frankreich 1949, war es in den fünfziger und sechziger Jahren errichtet worden, Gerüchten zufolge mit Zement, den Amerika dem wirtschaftlich schwachen Land zur Verfügung gestellt hatte, damit es seinen Flughafen in Vientiane ausbaute. Aber der damaligen laotischen Regierung stand anderes im Sinn. Von verschiedenen Ämtern und privaten Architekten sammelte sie Designvorschläge und begann 1957 mit dem Bau, der bis 1969 andauerte. Obwohl die Regierung auch danach immer wieder zusätzliche Mittel bewilligte, gilt das Gebäude bis heute als unvollendet.

Wir stiegen Treppen hinauf, vorbei an Souvenirständen, die sich auf zwei Etagen im Inneren verteilten, bis auf die oberen Plattformen, und verschafften uns einen Überblick über die Stadt mit ihren niedrigen Gebäuden. Leider gab es keine Erklärungen oder Informationsschilder, so dass wir bald wieder auf dem Weg nach unten waren und die Singha Road entlanggingen, die man auch *Straße der niedrig hängenden Äste* hätte nennen können: Auf dem Fußweg neben der Straße liefen wir die meiste Zeit geduckt. Aber die Hauptsache war, dass uns die Straße geradewegs zum That Luang führte, dem seit Jahrhunderten wichtigsten religiösen Monument des Landes, dem laotischen Nationalsymbol.

Der Legende zufolge wurde der Stupa bereits im 3. Jahrhundert vor Christus gebaut, um einen Brustknochen des Buddha aufzubewahren, aber dafür gibt es keine Beweise. Untersuchungen haben vielmehr ergeben, dass sich zwischen dem 11. und 13. Jahrhundert nach Christus am gleichen Ort ein Khmer-Kloster befunden hat. In seiner heutigen Form geht der Stupa auf den schon erwähnten König Setthathirat zurück, von dem auf dem Vorplatz eine Statue steht und der seinen Bau 1566 nach der Verlegung der Hauptstadt von Luang Prabang nach Vientiane befahl. Wie der That Dam wurde er beim siamesischen Feldzug 1828 beschädigt und in den Folgejahren von Unkraut überwuchert, um erst 1867 von Francis Garnier wiederentdeckt und von seinem Gefährten Louis Delaporte gezeichnet zu werden. Dessen Skizzen bildeten später die Grundlage für eine originalgetreue Rekonstruktion. Von chinesischen Banden weiter beschädigt und schließlich durch einen Blitzschlag endgültig zerstört, wurde die Ruine zwischen 1930 und 1935, nach einem vorangegangenen, aber wenig zufriedenstellenden Versuch, unter Verwendung von Delaportes Aufzeichnungen wieder aufgebaut.

Wir überquerten den Vorplatz und betraten die Anlage durch das Westtor. Ein Wandelgang mit vielen winzigen Fenstern an der Außenseite, der den Stupa in einem Rechteck umgab, hatte einstmals der Verteidigung gedient. Von hier aus konnten wir das fünfundvierzig Meter hohe Bauwerk mit seinen drei Ebenen aus dem Schatten heraus von allen Seiten betrachten. Die unteren beiden Ebenen waren von Mauern umringt, die hunderte goldene Lotusblüten zierten. Die dritte Ebene fassten dreißig kleinere Stupas ein, Symbole der zehn buddhistischen Vollkommenheiten in ihren drei Graden. In der Mitte auf jeder Seite führte eine Naga-Treppe zu einem kleinen Gebetshaus.

Zurück im Zentrum, nutzten wir das vielfältige kulinarische Angebot der Stadt. In einem indischen Restaurant bestellte ich irgendein Gericht, das über Nacht in Joghurt eingelegtes Hühnchen beinhaltete und so winzig war, dass es schon durchs Ansehen verschwand. Das Restaurant stand am Nam Phou, dem zentralen und einem der teuersten Plätze der Stadt, auf dem sich bis in die 1960er ein überdachter Markt befunden hatte. Mittlerweile schmückte seine Mitte ein Springbrunnen, der heute still und trocken dastand wie ein entlaubter Baum. Hier hatte kurz nach der Jahrtausendwende eine etwa zweijährige Serie von Bombenanschlägen an öffentlichen Orten begonnen, die die Regierung in Ermangelung einer besseren Erklärung Hmong-Rebellen zuschrieb und die schließlich, ohne dass Schuldige gefunden worden waren, so plötzlich aufhörte wie sie begonnen hatte.

Wir gingen nach Norden und folgten der Samsenthai Road durch das Geschäftsviertel. Mitte der neunziger Jahre glich diese heute so wohlhabende Gegend einer Geisterstadt. Die meisten Gebäude standen leer, die meisten Läden waren geschlossen. Wir sahen das Asian Pavilion Hotel, ehemals Hotel Constellation, das im Vietnamkrieg bekannt geworden war, weil es unter Journalisten eine beliebte Absteige war. Viele von ihnen hatten hier 1960 in der Lobby die Schlacht von Vientiane ausgesessen, während vor den Türen fünfhundert Menschen in Gefechten starben.

Dann trennten wir uns. Ich schlenderte weiter zu Fuß umher und erkundete die in Teilen unansehnliche Stadt. Wo in Luang Prabang vor allem französische Kolonialarchitektur das Stadtbild ausmachte, war es hier zu einem großen Teil durch chinesische Ladengeschäfte, den quadratischen Baustil des Sozialismus und die jüngere Geschichte geprägt. In ihrer Hässlichkeit hervorstechend war besonders die überproportionale Kulturhalle gegenüber dem Nationalmuseum, die die Chinesen Ende der neunziger Jahre als ein Geschenk an das laotische Volk gebaut hatten und in der in unregelmäßigen Abständen Tanzvorführungen und andere Veranstaltungen stattfanden. Mit kühlem Weiß-Gold, hoch und kantig und mit dunklen, abweisenden Fenstern, symbolisierte sie alles, wofür die zurückhaltende, naturverbundene Architektur von Laos nicht stand. Das Unternehmen, das den Zuschlag für den Bau bekommen hatte, war mit dem Vorschlag angetreten, zunächst eine unterirdische Garage anzulegen, in der die Besucher ihre Autos abstellen konnten. Nach hastiger Überprüfung verwarf die Regierung den Vorschlag als zu aufwendig und entschied, die Besucher könnten ebenso gut auf den nahegelegenen Straßen parken. Erst kurz bevor das Gebäude vollendet war, verschwendete sie ein paar weitere Gedanken an die Frage und bemerkte, dass es keine nahegelegenen Straßen *gab*, die sich zum Parken eigneten. Ein Parkplatz musste her, und das Bauunternehmen wurde angewiesen, gegenüberliegende Wohnhäuser aus der Kolonialzeit abzureißen. Überhaupt hatte von Anfang an ein großes Fragezeichen über dem Bauprojekt geschwebt. Niemand wusste so genau, wozu das entstehende Gebäude eigentlich genutzt werden sollte: weder die Baufirma noch die chinesischen Geldgeber, denen es vor allem darum ging, sich die laotische Unterstützung im UN-Sicherheitsrat zu sichern, noch die Beamten des Premierministers. Aber da das Teil für Laos kostenlos war, kümmerte man sich nicht allzu energisch um die Antworten.

Konkurrenz machte der Halle nur das 2004 eröffnete, mit vierzehn Stockwerken höchste Gebäude des Landes: das Don Chan Palace Hotel am östlichen Ende der Mekong-Promenade, das die Vientianer zum größten architektonischen Schandfleck der Stadt erklärt hatten. Ein Gesetz zur Wahrung des Stadtbildes besagte, dass kein Gebäude in Vientiane höher als das Patuxai sein dürfe, doch die Bauherren umgingen diese Regelung. Sie fanden eine Lücke im Gesetz, die sie nutzten, indem sie das Hotel auf der damals nicht offiziell zum Stadtgebiet gehörenden Mekonginsel Don Chau errichteten, die zuvor durch Aufschüttung mit dem Festland verbunden worden war.

Aber es gab auch eine Anzahl französischer Gebäude, von denen manche noch genutzt oder von Nichtregierungsorganisationen erhalten wurden und die größtenteils aus der Zeit nach 1900 stammten. In jenem Jahr hatte Frankreich die Stadt zum Verwaltungssitz der neuen Kolonie bestimmt und die Infrastruktur verbessert, Villen und Regierungsgebäude gebaut und den während des siamesischen Feldzugs rund siebzig Jahre zuvor stark beschädigten That Luang restauriert. Später waren viele dieser Gebäude dem Verfall überlassen worden. Bemerkenswert sind noch heute das Kua Lao Restaurant und die französische Botschaft, hinter deren Mauern sich eine ganze Ansammlung hübscher Kolonialvillen über eine Wiese verteilt.

Vor einer alten französischen Kolonialvilla hielt ich inne. Sie hatte zwei Etagen und stand hinter einem kleinen Garten, der von einem verwitterten Zaun umgeben war. Die Fensterscheiben waren zersplittert, fehlten ganz oder verbargen sich hinter Holzläden, die Farbe am Gemäuer und an der rissigen Holzfassade war längst von der Witterung in alle Winde getragen worden. Das Gebäude erinnerte mich an den Wohnort einer literarischen Figur von Colin Cotterill: Dr. Siri Paiboun. In den Büchern des britischen, heute in Thailand lebenden Autors wird der 62-jährige Arzt Siri kurz vor seinem wohlverdienten Ruhestand zum einzigen staatlichen Leichenbeschauer von Laos ernannt. In Kapiteln wie *Das Hämatom der Friseuse*, *Tod durch Geschlechtsverkehr* und *Ende einer Durchfallkranken* wuselt und flitzt der »ebenso gedrungene wie robuste Greis« in herrlich skurriler Weise »wie eine vorwitzige Wasserratte« durch das Vientiane der siebziger Jahre. Zu einer Zeit, da der Kommunismus in seinen Kinderschuhen steckt (zur Erinnerung: die Monarchie wurde in Laos 1975 abgeschafft), löst Siri trotz seiner mangelnden Qualifikation rätselhafte Todesfälle mit politischer Brisanz. Dabei zur Seite stehen ihm Krankenschwester Dtui, die heimlich thailändische Comics liest, sowie ein junger Mann mit Down-Syndrom, völlig veraltete Lehrbücher und seine eigene, gewitzte Intuition. In Gefahrensituationen bleibt Siri vergleichsweise gelassen, denn die durchschnittliche Lebenserwartung hat er längst überschritten, und folglich müsste er eigentlich bereits unter der Erde liegen. Das heißt aber nicht, dass er nicht noch immer am anderen Geschlecht interessiert wäre: Nachdem seine eigene Frau, enttäuscht von den Ergebnissen der kommunistischen Bemühungen, vor Jahren depressiv wurde und ums Leben kam, hat er nun ein Auge auf Tante Lah geworfen, die mit ihrem Karren durch die Stadt zieht und Baguette-Sandwiches verkauft. Schließlich wird der aufgeklärte, keineswegs spirituelle Mediziner auch noch mit seinen übersinnlichen Fähigkeiten konfrontiert: Er kann mit den Geistern der Toten in Verbindung treten und so Informationen erlangen, die ihm helfen, seine Fälle zu lösen. Und er bekommt es mit bösen Waldgeistern zu tun, den *Phibob*. Wie es ein Amazon-Rezensent formulierte: Die Bücher leben »vom Chaos in Laos zwischen Korruption und teils naivem Kommunismus, zwischen Staatssicherheit und Straflager, vietnamesischer Einflussnahme und amerikanischer Geheimdienstaktivität, sowie zwischen ständigem Mangel und tief verwurzelter, alter Magie und geheimnisvollen buddhistischen Mönchen«.

Die Abenteuer von Siri wurden auch in Laos verlegt, und zwar vom kleinen Verlag *Lao Insight Books*, der von Robert Cooper geführt wurde, den ich bereits erwähnt habe. Der Erlös der laotischen Siri-Ausgaben kam nach dem Wunsch des Autors vollständig Minenopfern, der Bildung von Kindern und anderen Projekten zugute, die Robert Cooper für ihn ausgewählt hatte. Neben seinem Verlag führte Cooper eine Gebrauchtbuchhandlung hier in Vientiane, die nach eigenen Angaben mit 3.000 Büchern der zweitgrößte Buchladen der Stadt war und der größte, der mit gebrauchten Büchern handelte.

Ich wollte die Gelegenheit nicht verpassen, ihn persönlich zu treffen. Aufgrund seiner aufschlussreichen Bücher über Laos hatte ich ihn schon vor einigen Monaten kontaktiert und einige Briefe mit ihm gewechselt. Cooper spricht Französisch, Lao, Thai, Malaysisch und andere Sprachen. Er lebt seit Jahrzehnten in Laos und ist vermutlich einer der fünf Europäer mit dem größten Wissen über das Land, unter anderem deshalb, weil er einen großen Teil der neueren Geschichte selbst miterlebt hat. Ich suchte sein *Book-Café* auf und nannte einer Dame meinen Namen. Sie verschwand durch eine Tür in den hinteren Bereich des Hauses. Ich begann, in der Spannungsabteilung die Bücher nach meiner Präferenz neu zu sortieren und fühlte mich dabei beinahe so hilfsbereit wie vor ein paar Jahren, als ich im Shop der Leipziger Buchmesse die Gänge abwanderte und die Bücher zu meinem Vorteil neu ordnete, indem ich meine Biografie der Autorin Liselotte Welskopf-Henrich in einem Regal platzierte, in dem sie auch Menschen entdecken konnten, die nicht 2,20 Meter groß waren.

»Guten Tag.« Ich zuckte zusammen, stellte ein Buch von Ken Follett zurück und begrüßte einen ergrauten, leicht kauzigen Mann mit großen, tropfenförmigen Brillengläsern, der mir die Hand reichte.

»Ich bin Robert Cooper.« Seine Stimme war freundlich.

Wir setzten uns auf eine Couch und sahen uns an – und schwiegen uns an. Es war seltsam. Er sagte nichts und fragte nichts. Ich räusperte mich, wartete, denn nach meinem Dafürhalten war es an ihm, das Gespräch zu eröffnen … und berichtete schließlich doch kurz von meiner bisherigen Reise und den bleibendsten Erlebnissen. Er nickte höflich, dann kam er selbst ins Erzählen. Sein nächstes Buchprojekt würde ein Stadtführer zu Vientiane sein. Warum?

»Weil es mich anwidert«, sagte er, »wie die Stadt in nahezu allen großen Reiseführern wie dem Lonely Planet dargestellt wird. Die sitzen irgendwo an ihren Tischen herum und schreiben Jahr für Jahr und Ausgabe für Ausgabe das gleiche. Wie oft habe ich schon dieselben Standardphrasen lesen müssen, wie, dass der Präsidentenpalast ursprünglich vom französischen Kolonialgouverneur benutzt wurde und die Könige Sisavang Vong und sein Sohn hier residierten, wenn sie in der Stadt waren. Ich frage mich: Wieso steht der Palast überhaupt drin? Doch nur, weil er einen wichtigen Namen hat und an der Hauptstraße steht. Er ist ja nicht einmal für die Öffentlichkeit zugänglich. Ich bin einer der wenigen, die drin waren und ich weiß, wie er aussieht. Ich habe mit dem Präsidenten gefrühstückt – nicht, weil er mich so mochte, sondern weil ich damals ein Repräsentant der britischen Botschaft war. Viel interessanter ist doch aber beispielsweise, wie die ganzen Straßennamen entstanden sind. Sie beziehen sich fast alle auf ehemalige Könige, und das in einem kommunistischen Land. Das ist doch paradox!«

»Ähnlich wie die Tatsache, dass die kommunistische Regierung kurz nach der Jahrtausendwende die Fa-Ngum-Statue errichten ließ«, fügte ich hinzu.

»Ja, genau. Und die Anouvong-Statue am Mekong. Was sind die genauen Hintergedanken? Die Festigung des Nationalstolzes natürlich, gerade angesichts des zunehmenden kulturellen Drucks von unseren Nachbarn und der Globalisierung im Ganzen, aber anhand der monarchischen Vergangenheit? Es zeigt auf jeden Fall, dass Laos sich von den strengen sozialistischen Idealen der Pathet Lao entfernt und sie durch eine nationalistischere Betrachtungsweise ersetzt. Und zu den Straßen: Ich wusste bis 2009, als in Vientiane als erste Stadt in Laos Straßenschilder aufgestellt wurden, nicht einmal, wie die Straße heißt, in der ich lebe! Weil jeder nur von den Wats spricht oder von *am Mekong* oder anderen Ortsbeschreibungen.«

Nach einer Dreiviertelstunde musste er los. Er stieg in den Pickup eines Freundes, der ihn abholte und mit dem er ein Haus renovieren wollte, und ich kaufte mir eine Ausgabe der Vientiane Times, der einzigen englischen Zeitung des Landes, und setzte mich auf eine Bank an der Mekongpromenade, an der zu Teilen – wie an so vielen Orten in Vientiane – gerade gebaut wurde. Die Vientiane Times wurde vom Ministerium für Information und Kultur herausgegeben und war folglich nicht immer neutral – ähnliches galt für weite Teile der restlichen im Land erscheinenden Publikationen: Im weltweiten Pressefreiheitsindex der Nichtregierungsorganisation *Reporter ohne Grenzen* belegte Laos 2010 den 168. Platz von 176 Ländern.

Ich faltete die Zeitung auseinander und versuchte zu lesen, aber sobald ich mich eingerichtet hatte, wickelte mir ein Windstoß das Papier ums Gesicht. Ich probierte es erneut. Das Papier flatterte wild und ich versuchte vergeblich, es zu bändigen. In Laos war es selten windig, aber heute war so ein Tag. Ich gab auf und zog in ein Café mit einer flackernden Neonlampe, aber ansonsten gemütlicher Einrichtung. Die Kellnerin war aufmerksam genug, mir einen Tisch zuzuweisen, von dem aus ich das Straßengeschehen beobachten konnte, ohne meinen Kopf verrenken oder den Stuhl verrücken zu müssen.

Ich finde es immer wieder auf eine spezielle Weise befriedigend, mich über die aktuellen Geschehnisse in einem Land zu informieren, in dem ich nur zu Gast bin: Es ist interessant und entspannend gleichermaßen und verschafft mir eine neue Perspektive auf die vielen Kleinigkeiten, die mich umgeben und mir andernfalls unter Umständen entgangen wären: ein kurzer, fokussierter Einblick in einen neuen Kosmos, in dem Dinge von größter Relevanz sind, von denen die meisten Leute in Deutschland nie hören werden. Ohnehin ist Laos eines der Länder der Welt, an denen die internationale Aufmerksamkeit fast völlig vorbeigeht. Das zeigt sich bei einer einfachen Recherche auf den einschlägigen Internetseiten der großen Tageszeitungen und Magazine. Unter dem Suchbegriff *Laos* tauchen kaum spezifische Berichte auf, höchstens allgemeine Beiträge zu Südostasien, oft mit dem Fokus auf dem starken Nachbarn Thailand, und einige Schilderungen zur Streubombenproblematik und zum Opiumanbau im Goldenen Dreieck. Was Politik und Menschen betrifft, scheint Laos für den Großteil der Welt nicht zu existieren. Ich konnte mich nicht daran erinnern, *jemals* einen Nachrichtenbeitrag über aktuelle Geschehnisse in Laos im Fernsehen gesehen zu haben.

Ich bestellte einen Cappuccino und zwei Stück Tiramisu und blätterte in der Zeitung.

Die Nationalversammlung drängte die Regierung, sich mehr auf die soziale Entwicklung des Landes zu konzentrieren. Sie hatte festgestellt, dass in den vergangenen fünf Jahren die Bekämpfung der Armut, der Kinderunterernährung und der Mängel im Gesundheitswesen geringere Erfolge erzielt hatte als erwartet, insbesondere angesichts des Wirtschaftswachstums von 7,9 Prozent in diesem Zeitraum. Die durchschnittliche Lebenserwartung lag noch immer bei knapp sechzig Jahren; in ländlichen Gebieten war sie noch weitaus niedriger. Auch im Bildungswesen gäbe es weiteren Verbesserungsbedarf. Ich erinnerte mich daran, dass Vee uns erzählt hatte, wie schwer es war, die Eltern aus den Dörfern in Phongsalis Umland dazu zu bringen, ihre Kinder, besonders ihre Töchter, in die Schule gehen zu lassen. Ein Mitglied des Rates erwähnte nun einen Bericht der UN, demzufolge das Bruttoinlandsprodukt um 0,3 Prozent gesteigert werden könne, wenn die Zahl junger Schülerinnen um zehn Prozent erhöht werden würde. Je weiter ich im Artikel las, desto mehr begann ich zu begreifen, wie elementar eine Verbesserung des Bildungssystems für Laos' Zukunft und das nachhaltige Wachstum des Landes war.

Ein Mitglied des Nationalrates verkündete, der illegale Handel mit und der Export von Holz verstärke die mit fast zehn Prozent ohnehin bedrohlich hohe Inflation. Der Export führe zu einem plötzlichen Kapitalzufluss, während das Angebot an Produkten gleich blieb. In einigen Grenzgebieten kauften Holzhändler ein Huhn für über 100.000 Kip, und das sei noch günstig für sie. Das Ergebnis: Die Preise stiegen, das Geld verlor an Wert.

Die Puppenspielgruppe Khao Niew hatte im Französischen Institut in Vientiane eine neue Show aufgeführt. Sie hieß *Vier Jahreszeiten* und handelte von vier witzigen Charakteren, die farbenfrohe Kleidung herstellten, um die vier Jahreszeiten darzustellen. Eine französische Puppenmacherin, die seit über zehn Jahren in der Provinz Phongsali lebte und dort mit der Akha-Minderheit arbeitete, hatte die Puppen gemeinsam mit einigen Akha-Frauen hergestellt und ihre Geschichte verfasst. Der Direktor der Theatergruppe hatte dann eine Woche Zeit gehabt, die Geschichte in ein Theaterdrehbuch umzuschreiben und mit drei ausländischen Musikern ein passendes Musikkonzept zu erarbeiten. Nach dem Erfolg der *Vier Jahreszeiten* waren weitere Projekte geplant, unter anderem ein Programm, bei dem Puppen zum Einsatz kamen, die nur aus Palmenblättern, getrockneten Kokosnussschalen, Bambusstäben und anderen Materialien bestanden, die in jedem Dorf gefunden werden konnten.

Einige Trainees der Internationalen Luftfahrtschule in der Nakhon Phanom Universität in Thailand gaben Auskunft, das vergangene Jahr sei voller Herausforderungen gewesen, aber die Mühen hätten ihren Traum nicht zerstören können, in den Himmel abzuheben. Neun junge Piloten hatten ihre Abschlusszertifikate erhalten und waren nunmehr bereit, Nachwuchskräfte der laotischen Linie Lao Airline zu werden. Sie würden, so schrieb die Autorin des Artikels, bald guten Service bieten und die hohen Erwartungen der Passagiere erfüllen, selbst wenn sie gegenwärtig noch »wie Babyvögel, die am Rande des Nests entlangbalancieren« seien. Sie hob einen jungen, laotischen Piloten besonders hervor: den 26-jährigen Sengdeuanpheng Phinith, der Jahrgangsbester war. Er wurde in einem kleinen Dorf geboren und war der zweite Sohn einer pensionierten Lehrerin. Sein Vater war vor Jahren gestorben. Bevor er sich als einer von vierhundert Kandidaten für die Pilotenausbildung von Lao Airlines beworben hatte, hatte er ein Studium der Physik vollendet und einen Englischkurs absolviert. Er sagte von sich selbst: »Ich habe davon geträumt, ein Pilot zu werden, seit ich ein Kind war und hoffte immer darauf, dass mein Traum wahr werden würde. Heute ist ein großer Tag für mich.«

Ich schreckte auf. Auf der Straße hatte ein kleiner Lastwagen eine Vollbremsung gemacht und hupte nun eine alte Frau an, die ihn zu spät gesehen hatte und vor ihm über die Straße schlich. Ich nahm die Gabel in die Hand und bemerkte, dass ich, ohne es zu merken, das erste Stück Tiramisu bereits vertilgt hatte. Das Sättigungsgefühl setzte ein. Vielleicht wäre es doch besser gewesen, zunächst nur ein Stück zu bestellen. Als ich noch einmal aufschaute, war die Frau verschwunden, und der Fahrer gab wieder Gas. Ich las weiter.

Eine Meinungsseite bot einen aufschlussreichen Querschnitt davon, was die Menschen in diesem Land bewegte. Bürger waren befragt worden, worauf die Regierung ihre Arbeit fokussieren solle. Eine Hotelangestellte sagte: »Die Regierung sollte sich stärker bemühen, Kindern in abgelegenen ländlichen Gebieten Bildung zugänglich zu machen, besonders den Kindern der isolierteren ethnischen Gruppen. Viele Kinder in diesen Gebieten müssen weite Wege zurücklegen, um zur Schule und zurück zu gelangen. Das führt zu geringer Anwesenheit, hohen Abbrecherzahlen und einer Bevölkerung mit niedriger Bildung. Weiterhin sollten die Bemühungen verstärkt werden, sauberes Wasser bereitzustellen, Hygiene zu fördern und Elektrizität zu verbreiten, damit das tägliche Leben einfacher wird.«

Ein Büroangestellter bemerkte: »Ich würde mich freuen, wenn die Regierung die Arbeitslosenquote verringert und armen Menschen hilft, einen Beruf zu finden und ihren Lebensstandard zu erhöhen. Eine Priorität dieser Regierung sollte es sein, die Straßen in der Hauptstadt und im Umland zu verbessern, denn dadurch wird das Reisen leichter und die Menge an Staub in Vientiane geringer. Eine Richtlinie, die es jungen Leuten aus armen Familien erlaubt, kostenlos zu studieren oder Geld von der Regierung zu leihen, um ihre Ausbildung zu verfolgen, sollte ebenfalls eingeführt werden.«

Ein Bewohner des Dorfes Hongsuphab sagte: »Es ist unerlässlich, dass die Regierung die Schullehrpläne verbessert, damit sie internationalen Bildungsstandards entsprechen. So entstehen Möglichkeiten für Laoten, im Ausland zu arbeiten. Die Behörden müssen auch weiterhin das Drogenproblem des Landes bekämpfen, weil es die Jugendlichen dazu verleitet, ihre Ausbildung aufzugeben, die Arbeitslosigkeit erhöht und zu sozialen Problemen beiträgt. Abgesehen davon ist der Drogenmissbrauch durch die jüngere Generation ein großes Hindernis für die Pläne der Regierung, die Bevölkerung aus der Armut herauszuheben. Der Zugang zu medizinischer Versorgung, Bildung, guter Hygiene und insbesondere Beschäftigung muss in den ländlichen Gebieten verbessert werden. Wenn die Leute dort dauerhafte Beschäftigung finden könnten, würden sie sich nicht Aktivitäten wie dem Anbau von Opiummohn zuwenden, um ein Einkommen zu finden.«

Und eine Lehrerin stellte schließlich fest: »Ich finde, die Führer des Landes sollten die ländlichen Gegenden besuchen und die Probleme, mit denen die Menschen dort jeden Tag zu kämpfen haben, mit eigenen Augen sehen. Dieses Wissen sollte dann bei den nächsten Fünfjahresstrategien der Regierung berücksichtigt werden. In einigen Gegenden gibt es keine richtigen Straßen, weshalb die Wege zu und von den Dorfgemeinschaften mühsam sind. Beamte sollten infolge der gestiegenen Lebenshaltungskosten höhere Gehälter bekommen und die Inflation sollte stärker bekämpft werden, denn sie hat zu höheren Preisen für viele Güter geführt. Viele Familien sind arm und haben keine Bildung, was oftmals zu Drogenmissbrauch und anderen sozialen Problemen führt. Ich hoffe, die Regierung wird mehr unternehmen, um den Armen Jobs zu beschaffen und ihre Lebensbedingungen zu verbessern.«

Ich las noch einen kurzen Beitrag über eine internationale Immobiliengesellschaft, die ein neues, riesiges Einkaufszentrum im Herzen Vientianes baute und zur Eröffnung dreißig Marketingführungskräfte für ein »großzügiges Gehalt von vierhundert Dollar monatlich« suchte, und faltete die Zeitung mit gemischten Gefühlen zusammen: Einerseits war ich aufgewühlt von den vielen grundlegenden Sorgen und Wünschen der Menschen, aber auch ihren Erfolgen, zum anderen – wenn ich ehrlich zu mir selbst war – mit dem beruhigenden Wissen, von all den Herausforderungen und Ränkespielen nicht betroffen zu sein; all das würde mit großer Wahrscheinlichkeit nie eine Auswirkung auf meine eigenen Lebensumstände haben.

Die Meinungsseite hatte mich inspiriert und mich in eine Enthüller-Stimmung versetzt. Ich winkte die Kellnerin heran. Sie war eine kleine Frau mit dichten, tiefschwarzen Haaren.

»Was denken Sie?«, fragte ich. »Was ist das größte Problem, das es in Laos zu lösen gilt?«

Sie lächelte schüchtern. »Entschuldigung?«

»Womit sollte die Regierung sich als nächstes beschäftigen?«

»Ich weiß nicht ... mit der Armut, schätze ich. Möchten Sie noch einen Cappuccino?«

»Ja, gerne.«

Sie lächelte noch einmal und verschwand. Ich akzeptierte, dass ich heute wohl keine neuen Wahrheiten ans Licht der Welt befördern würde und klappte mein Notebook auf, um ein paar Notizen zu machen. Begrüßt wurde ich wie immer durch eine Fehlermeldung, die einfach nicht verschwinden wollte und mich darauf hinwies, dass ich ein hoffnungsloser Techniktrottel war. Manche Leute sind für Computer gemacht und manche sind es nicht, so einfach ist das. Ich gehöre zur letzten Gruppe. Ich erkenne an, dass Computer nützlich und in vielerlei Hinsicht nötig sind. Sie machen vieles im Leben einfacher, aber das Leben selbst, so scheint es mir oftmals, wird durch sie komplizierter.

Zumindest mein Leben. Ich mag meinen Computer, wenn er mir hilft, aber wenn er bockt, bin ich hilflos. Und ich rede nicht gern über ihn. Als ich ihn gerade gekauft hatte und meine Freunde mich neugierig über seine technischen Daten löcherten, verstand ich nicht einmal ihre Fragen.

»Wieviele Gigabyte RAM?«, wollten sie wissen und schoben mit wachsender Begeisterung hinterher: »Hat er HDMI-Anschluss? Das Teil arbeitet doch mit der Doppel-Prozessorkern-Technologie?«

Ich zuckte nur mit den Schultern und knurrte: »Der Verkäufer meinte, er sei gut.«

Nachdem ich fünf Minuten orientierungslos auf dem Desktop herum geklickt hatte, gelang es mir, Microsoft Word zu öffnen und mit meinen Aufzeichnungen zu beginnen. Doch schon nach drei oder vier Sätzen hielt ich inne. Jemand beobachtete mich. Ich spürte den Blick auf meinen Händen, die über die Tastatur huschten, und auf meinem Gesicht. Ich schaute zur Seite und sah einen alten Mann mit ausgemergelten Zügen und einer hakenförmigen Adlernase, der mich aus tief in ihren Höhlen liegenden Augen musterte. Zögerlich schrieb ich weiter, aber ich konnte mich nicht mehr konzentrieren. Jedes Mal, wenn ich hinüberschaute, waren seine Augen auf mich gerichtet. Er starrte mich an, als versuchte er, sich zu erinnern, mit welchem dunklen Ereignis aus seiner Vergangenheit ich etwas zu tun hatte. Schließlich ergriff er seine Kaffeetasse, stand auf und setzte sich unaufgefordert an meinen Tisch. Ich nahm meine Hände von der Tastatur und legte sie neben dem Notebook ab. Soviel zum Schreiben.

»Wo kommst du her?«, fragte er und rührte in seinem Kaffee.

»Aus Deutschland.«

»Ah, Deutschland. Das Land mit der Mauer. Schlimme Geschichte.«

»Inwiefern?«

»Ich habe gehört, die Hälfte eurer Leute kommt nie aus dem Land raus. Wegen der Mauer. Wie ein riesiges Gefängnis, nicht wahr?«

Ich betrachtete ihn verunsichert, grübelte, ob er mich für dumm verkaufen wollte, entschied, dass er es ernst meinte und sagte, so vorsichtig ich konnte: »Eigentlich gibt es die Mauer gar nicht mehr.«

»Nicht?« Er starrte mit großen Augen in seine Tasse und rührte weiter. »Umso besser. Mauern sind nie gut. Sie schränken die Bewegungsfreicheit ein. Ich mag Freiheit.«

Er überlegte kurz, nickte, offenbar zufrieden mit seiner Analyse, und begann, geräuschvoll an seinem Kaffee zu schlürfen.

»Und haben Sie die?«, fragte ich. »Die Freiheit?«

»Aber ja«, sagte er. »Ich bin frei wie ein Vogel. Sieh mich doch an. Hier sitze ich, in einem Café, mit einer Tasse Kaffee, und unterhalte mich mit einem wundervollen Deutschen.«

»Das ist für Sie Freiheit?«

»Aber natürlich! Was denn sonst?«

Ich zuckte mit den Schultern. »Ich widerspreche Ihnen nicht. Klingt nur recht genügsam.«

»Jetzt hör mir mal zu, mein junger Freund«, sagte der Mann und deutete mit dem Teelöffel auf mich. »In den Siebzigern musste ich drei Jahre auf den Feldern der Roten Khmer schuften. Ich habe drei Jahre lang keinen einzigen warmen Kaffee getrunken. Nachdem du so etwas erlebt hast, weißt du, was Freiheit bedeutet. Du solltest das wissen, immerhin habt ihr die Mauer.«

»Wir haben keine ... wie auch immer.«

»Mein Vater war einfacher Bauer, und trotzdem haben sie ihn niedergemeuchelt. Ich weiß bis heute nicht, weshalb. Hat keine Sprache gesprochen außer Khmer, hat keine Brille getragen, war ein kräftiger Mann. Und was hat es ihm gebracht? Totgeprügelt haben sie ihn! Und du sagst, ein Kaffee sei nicht gut genug, um sich frei zu fühlen? Du hast keine Vorstellung, mein junger Freund. Keine Vorstellung.«

Er schüttelte den Kopf und legte den Teelöffel auf die Untertasse.

»Sie kommen also aus Kambodscha?«, fragte ich.

»Natürlich«, sagte er. »Woher sonst? Kennst du ein anderes Land, in dem die Roten Khmer gewütet haben? Diese Bestien!«

Er spuckte die Worte aus wie Beleidigungen.

»Nein«, sagte ich. »Verzeihen Sie.« Ich hatte Mühe, mit seiner bärbeißigen Art zurechtzukommen, aber ich begriff, dass er es nicht böse meinte.

»Wie lange leben Sie schon in Laos?«, fragte ich.

»Seit dreißig Jahren. Als die Vietnamesen uns befreit haben, bin ich sofort rüber. In Kambodscha hat mich nichts gehalten. Alles roch nach Tod. Meine Familie war tot. Die meisten meiner Freunde. Mein Herz. Das ganze Land war tot. Verstehst du? Wie könnte ich in so einem Land bleiben? Niemals! Ich bin sofort rüber zu den nächsten Kommunisten. Schön blöd, möchte man meinen. Lange Geschichte.«

»Und heute? Wie denken Sie heute über Kambodscha?«

»Wie soll ich schon denken?«

»Besuchen Sie das Land gelegentlich?«

»Wozu? Hm? Wozu?«

»Ich weiß nicht...«

»Ich kenne dort niemanden. Um die Bestien wiederzusehen, die mich einst niederprügelten, hinter dem Tresen des Hotels, in dem ich schlafe, oder in dem Tuk Tuk, mit dem ich fahre? Weil sie ja alle nichts dafür konnten und nur Befehle befolgt haben? Nein, mein junger Freund, niemals.«

Er nahm seine Kaffeetasse und führte sie langsam zum Mund, aber seine Hand zitterte so stark, dass er die Tasse wieder abstellte, ohne einen Schluck getrunken zu haben. Erst jetzt bemerkte ich, wie sehr die Erinnerungen den Mann aufwühlten, dessen Züge, abgesehen vom aufgebrachten Funkeln der Augen, so unbeteiligt wirkten.

Ich wusste, wovon der Mann redete, als er von den Roten Khmer und ihrer Schreckensherrschaft erzählte. Nach unserem Aufenthalt in Laos lag Kambodscha auf unserer Reiseroute, und auch über dieses Land hatte ich mich im Vorfeld belesen. Seine Geschichte hatte mich tief bewegt. Kambodscha ist ein gebeuteltes Land, in dem die Vergangenheit viele Narben hinterlassen hat. Im Mittelalter von den Nachbarn aus Osten und Westen gleichermaßen angegriffen und besetzt, Jahrhunderte später von den französischen Kolonialherren unterjocht, vom Vietnamkrieg betroffen, von Nixons Amerika bombardiert und von Bürgerkriegsparteien zerrissen. Selbst nach all diesen Unruhen, die von innen und außen Kambodscha überzogen hatten, stand dem Land die bei weitem furchtbarste Periode noch bevor. In *Die Kinder der Killing Fields* berichtet Erich Follath von einer jahrhundertealten Prophezeiung, einer Warnung der Götter, in der es heißt: »Tiefe Dunkelheit wird sich über die Menschen dieses Volkes legen. Es wird zwar weiter Häuser geben, aber keine Menschen darin, Straßen, aber keine Reisenden. Das Land wird regiert werden von Barbaren, die keine Religion kennen. Die Wogen von Blut werden so hoch schwappen, dass sie den Bauch eines Elefanten erreichen. Und überleben werden nur die Stummen und Tauben.«

Diese Prophezeiung, die den Menschen lange Zeit unverständlich geblieben war, bewahrheitete sich auf unsagbar dramatische Weise unter der Terrorherrschaft der Roten Khmer, der Ende der 1970er Jahre etwa 1,7 Millionen Menschen zum Opfer fielen, fast jeder vierte Kambodschaner, nach anderen Angaben sogar jeder dritte. Tatsächlich standen nach der großen Säuberung viele Häuser leer, ohne Menschen und ohne Menschlichkeit. Und tatsächlich wurde das Land von Barbaren regiert, angeführt vom *Bruder Nummer eins*, dem Massenmörder Pol Pot, der mit einem königlichen Stipendium sein Studium beim früheren Kolonialherren in Paris absolviert hatte. Unter seiner Tyrannei floss das Blut in der Tat in Strömen. Dunkelheit legte sich wie ein schwarzer Teppich über das prachtvolle Land und ließ es in entsetzter Ohnmacht erstarren. Unterstützt von Maos China und abgeschottet von der restlichen Welt, versuchte er, ein gebildeter Mann, der meist ein zurückhaltendes Lächeln auf den Lippen trug, innerhalb kürzester Zeit alles Gewesene zu vernichten – Kultur, Bedürfnisse, das freie Denken – und einen neuen Menschen zu schaffen, dessen Religion und einzige Familie die Partei war. Bibliotheken und Museen wurden zerstört, Geld vernichtet, Banken geschlossen oder gesprengt, Tempel und Kirchen niedergebrannt, Ärzte aus Operationssälen getrieben, in denen sie gerade Amputationen oder andere schwere Eingriffe vornahmen, Schwerbehinderte aus ihren Krankenhausbetten gezerrt. Einfache Bauern hatten eine Chance zu überleben, aber Minderheiten, Intellektuelle, Studierte, Brillenträger, Leute, die Fremdsprachen beherrschten oder lesen und schreiben konnten sowie Abweichler jeder Art wurden gnadenlos verfolgt. »Dein Spaten ist dein Stift, das Reisfeld dein Papier!«, hieß es bei den Roten Khmer. Nach dem Ende des Völkermordes waren in der Hauptstadt Phnom Penh von 12.000 Lehrern gerade noch dreihundert am Leben. Über 100.000 in Kambodscha lebende Vietnamesen waren ermordet worden, denn Vietnam wurde als alter Erzfeind betrachtet, war es doch das Land, das sich einen beträchtlichen Teil des ehemals stolzen Angkor-Reiches angeeignet hatte.

Pol Pot starb 1998, zerfressen von Malariamücken, im Exil in Anlong Veng im nordkambodschanischen Regenwald. In seinem letzten, von einer Kamera aufgezeichneten Interview, das er 1997 dem amerikanischen Journalisten Nate Thayer gab, sagte er: »Wenn alles still geworden ist, gehe ich sechs Uhr am Abend schlafen. Ich schlafe allein unter einem Moskitonetz. Meine Frau und meine Tochter leben getrennt von mir. Manchmal tue ich gar nichts. Ich muss mit den Moskitos und Insektenbissen zurechtkommen. Ich langweile mich, aber das bin ich gewöhnt. Die Khmer haben ein Sprichwort: hohes Alter, Krankheit und Tod. Alles, was mich jetzt noch erwartet, ist der Tod. Der Tod kann jederzeit kommen, ich weiß nicht wann.«

Er lächelte sanftmütig, ein bisschen verschmitzt, stand auf und humpelte, gestützt durch einen Gehstock und zwei Helfer in grüner Soldatenuniform, zu einem bereitstehenden Jeep. Ein naiver Mensch, der den alten, ergrauten, freundlichen Mann da so humpeln sah, konnte meinen, er hätte sich über die Jahre von grundauf geändert. Dieser weißhaarige Mann mit dem unschuldigen, gewinnenden Lächeln – nein, das konnte nicht mehr jener kaltblütige Massenmörder sein. Pol Pot selbst wies in dem Interview einmal mehr alle direkte Schuld für die grausamen Verbrechen, die unter seiner Führung begangen worden waren, von sich und erklärte, dass er sich angesichts der Menge an Arbeit, die er zu bewältigen, und an Entscheidungen, die er zu fällen hatte, nur um wenige wichtige Menschen und hochrangige, potentielle Verräter *kümmern* konnte. Für die hunderttausenden unbedeutenden Toten könne er nichts. Aber noch 1997, knapp ein Jahr vor seinem Tod, ließ er einen seiner engsten Vertrauten, Son Sen, den ehemaligen *Bruder Nummer acht*, und seine gesamte, zwölfköpfige Familie hinrichten. Son Sen, der angeblich vorhatte, zu den Regierungstruppen überzulaufen, wurde mit Benzin übergossen, angezündet und mehrfach von einem Lastwagen überrollt.

Erst 2003 beschlossen die Vereinten Nationen und die Regierung Kambodschas die Einsetzung eines Tribunals, das gleichermaßen in die UNO-Gerichtsbarkeit wie in kambodschanisches Recht eingebettet war. Endlich sollte sich die einstige Führungsspitze der Roten Khmer, oder was noch von ihr übrig war, verantworten müssen. Im Jahre 2009 wurde die Hauptverhandlung nach immer neuen Verzögerungen aufgenommen. Bis dahin waren bereits hundertfünfzig Millionen Dollar ausgegeben worden – für fünf Angeklagte, die die Jahrzehnte nach ihren Verbrechen zurückgezogen in ihren Villen verbracht hatten. Viele Totschläger waren nach der Vertreibung der Roten Khmer unbehelligt in ihr früheres Leben zurückgekehrt. Einigen ihrer bedeutenderen Handlanger gelang sogar die Rückkehr in die Politik (so war der heutige Ministerpräsident Hun Sen einst Mitglied der Roten Khmer), viele wurden von nachfolgenden Regierungen amnestiert. Der Hauptfotograf des Foltergefängnisses S-21, Nhem En, der sich selbst als »bedeutenden Zeitzeugen« bezeichnet, wurde stellvertretender Distriktgouverneur und ist noch heute hoch angesehen. Er, der bis 1997, fast bis zum Schluss, zu Pol Pots Gefolgsleuten in seinem letzten Außenposten im Nordwesten Kambodschas gehörte, sieht sich wie so viele als kleines, unbedeutendes und machtloses Rad im Getriebe der Macht. Khieu Samphan, 1976 bis 1979 Staatspräsident des Regimes, eines der bekanntesten Gesichter des Terrorregimes und ab 1985 offizieller Nachfolger Pol Pots als Anführer der Roten Khmer, versuchte sich in Buchform reinzuwaschen und verbrachte den überwiegenden Teil seines Lebensabends in Pailin, einer Kleinstadt unweit der thailändischen Grenze. 2003 erkannte er in einem sechsseitigen Schreiben den Genozid in der Zeit der Roten Khmer an. Er habe davon aber weder gewusst noch sei er dafür verantwortlich gewesen. 2007 wurde der inzwischen 76-jährige endlich verhaftet und dem Tribunal überstellt. Der *Bruder Nummer drei*, Ieng Sary, von 1975 bis 1979 Außenminister der Roten Khmer und Schwager Pol Pots, lebte ebenfalls bis 2007 unbehelligt in seinen beiden Prunkvillen, und Nuon Chea, Stellvertreter Pol Pots, Chefideologe der Roten Khmer und *Bruder Nummer zwei*, bekundete: »Ich habe niemals auch nur eine Träne vergossen oder eine Nacht schlecht geschlafen.«

Zu Beginn seines Prozesses am 27. Juni 2011 verließ er nach wenigen Minuten unter Protest gegen die Anhörung den Saal: Seine Gesundheit sei zu schlecht, ihm sei zu kalt.

Tor Farovik stellt in seiner Reiseerzählung *In Buddhas Gärten* fest: »Als das Dritte Reich 1945 unterging, wurden seine Verbrecher vor Gericht gestellt und manche von ihnen zum Tode verurteilt. [...] Die Mörder auf dem Balkan müssen sich vor dem Kriegsverbrechertribunal in Den Haag verantworten. Doch das kambodschanische Volk, eines der ärmsten Asiens, wartet weiterhin auf Gerechtigkeit, während immer mehr Hauptverantwortliche der Roten Khmer sich ihrem Urteil auf natürliche Weise entziehen.«

Einer von fünf schlussendlich angeklagten Hauptverantwortlichen des Pol Pot Regimes hat sein Urteil nunmehr bekommen: Am 26. Juli 2010 wurde Kaing Guek Eav alias Duch für Kriegsverbrechen und Verbrechen gegen die Menschlichkeit zunächst zu fünfunddreißig Jahren Haft verurteilt. Allerdings wurden davon fünf Jahre abgezogen, denn Kambodschas Hun Sen-Regime hatte Duch Ende der Neunziger für fünf Jahre illegal festgesetzt. Die elf Jahre, die er seitdem im Gefängnis verbracht hatte, wurden ebenfalls mit der Haftstrafe verrechnet. In weniger als neunzehn Jahren hätte der zum Zeitpunkt des Urteilsspruchs 67-jährige wieder frei sein können, doch Anfang 2012 erhöhte ein Gericht das Strafmaß in letzter Instanz auf lebenslänglich. Damit war der erste Kriegsverbrecherprozess mehr als dreißig Jahre nach der Herrschaft der Roten Khmer abgeschlossen.

In den Verhandlungen war Duch der einzige Funktionär der Roten Khmer, der für seine Taten Reue zeigte und sich entschuldigte (dabei aber trotzdem seine Freilassung forderte), doch wie könnten die Menschen Kambodschas den scheinheiligen Gesuchen eines Mannes um Vergebung nachgeben, der Leiter des Foltergefängnisses Tuol Sleng und dort unmittelbar verantwortlich war für die grausame Ermordung tausender Menschen? Nicht von ungefähr wird er auch als »Heinrich Himmler Kambodschas« bezeichnet. 2008 gab Duch, heute ein nett und bescheiden wirkender Mann, in einem Interview Auskunft: »Ich und alle anderen, die an diesem Ort arbeiteten, wussten, dass jeder, der dort hin kam, psychologisch zerstört und durch ständige Arbeit eliminiert werden musste und keinen Ausweg bekommen durfte. Keine Antwort konnte den Tod verhindern. Niemand, der zu uns kam, hatte eine Chance, sich zu retten.«

Natürlich habe er Zweifel an seinen Aufgaben gehabt, aber er habe nur Befehle ausgeführt. Er habe keine Wahl gehabt. Nur die oben wussten Bescheid, er selbst hatte keinen Überblick. Das alles erinnert mich an Woody Allens Aufsatz *The Schmeed Memoirs*, in dem der Satiriker Hitlers Barbier sagen lässt:

»Ich wurde gefragt, ob ich mir über die moralischen Implikationen dessen, was ich tat, bewusst war. Wie ich dem Tribunal in Nürnberg sagte, wusste ich nicht, dass Hitler ein Nazi war. Die Wahrheit ist, dass ich jahrelang dachte, er arbeite für die Telefongesellschaft. Als ich endlich herausfand, welch ein Monster er war, war es zu spät, um irgendetwas zu unternehmen, denn ich hatte eine Anzahlung für einige Möbel geleistet. Einmal, gegen Ende des Krieges, zog ich in Erwägung, das Papiertuch um seinen Hals zu lösen, so dass einige winzige Haare in seinen Rücken rieseln würden, aber in letzter Minute ließen mich meine Nerven im Stich.«

Was der amerikanische Journalist und Literaturkritiker William Zinsser als die »ultimative Spitze gegen den *guten Deutschen*, der nur seinen Job machte« bezeichnete, ist ein perfektes Beispiel, auf welch irrwitzige Art und Weise Duch und andere Funktionäre Ausflüchte und Rechtfertigungen erfanden, wie sie nach 1945 auch in Deutschland häufig zu hören waren. »Ich hatte keine Alternative«, so Duch. »Ich habe gehorcht.«

Angesichts dieser Realitätsverdrehungen und der zögerlichen, von Widersprüchen und Aufschiebungen geprägten Art der Aufarbeitung konnte ich die Bitterkeit meines Gegenübers sehr gut nachvollziehen.

»Was machen Sie jetzt?«, fragte ich nach einer Weile.

Er sah mich verwundert an. »Kaffee trinken.«

»Ich meine, was machen Sie in Laos?«

»Was soll die Frage? Ich lebe hier. Das ist meine Heimat. Du klingst, als wäre ich gestern erst hergekommen, aber ich lebe hier seit dreißig Jahren. Was soll ich schon machen?«

»Sie werden doch einen Beruf ausüben.«

»Das ist etwas anderes. Bis vor drei oder vier Jahren habe ich Tuk Tuks durch die Gegend gefahren. Eine Zeitlang habe ich auch als Verkäufer gearbeitet. Jetzt bin ich Rentner. Mein Sohn hat einen guten Job und gibt mir etwas Geld.«

»Das ist schön«, sagte ich.

»Ja, sehr schön.«

Für ein paar Minuten versank er in Schweigen, dann hob er den Blick und starrte mich wieder an. Ich erwiderte seinen Blick, schaute weg und wieder zurück zu ihm. Ich rutschte unruhig hin und her.

»Ich hoffe, du weißt, wie frei du bist«, sagte er endlich, und es klang wie ein Vorwurf.

»Ja«, sagte ich vorsichtig, »ich denke schon. Ich versuche, es mir so oft wie möglich zu vergegenwärtigen und...«

»Unsinn!«, rief er, und seine Augen flackerten. »Vollkommener Unsinn! Du weißt gar nichts! Woher sollst du es auch wissen? Du *kannst* es gar nicht wissen. Du und deine Mauer. Eine *Mauer*! Was ist das schon? Es ist nichts, gar nichts.«

Ich nickte. »Sie haben Recht«, sagte ich.

Er trank nun doch einen Schluck. »Ja«, flüsterte er, »das habe ich.«

Ich aß die letzten Happen meines zweiten Stücks Tiramisu, verabschiedete mich von dem Mann und verließ das Restaurant als nachdenklicher und minimal dickerer Mensch. Es war Zeit, zum Hostel zurückzukehren, in dem Falk faulenzte. Ich duschte – ein in Deutschland routinierter Vorgang, in laotischen Hostels häufig eine Herausforderung. Dieses Mal war das Badezimmer unter einer Dachschräge und deshalb die Decke so niedrig, dass ich mich hinhocken musste, um mir den Duschkopf über die Haare zu halten. Da es in Laos nicht üblich ist, Duschkabinen in die Bäder zu bauen, war es unvermeidlich, dass alles nass wurde: die Klobrille, die Wände, in Falks Fall stets auch die Toilettenpapierrollen, die ich immerhin noch in Sicherheit brachte. Wenn in einem solchen Bad dann keinerlei Stangen oder Haken zum Aufhängen des Handtuchs oder der Wechselkleidung vorhanden waren, und über dem Waschbecken kein Regal zum Abstellen der Waschtasche, wurde die Angelegenheit entsprechend schwierig. Ich bemühte mich fünf Minuten, einen Zipfel meines Handtuchs tief genug in die Risse in der Wand zu stopfen, damit es hängen blieb und versuchte, meine frische Unterwäsche an der Kante der obersten Fliesenreihe aufzuhängen – vergeblich. Schließlich gab ich es auf, öffnete wieder die Tür und legte alles auf mein Bett, so dass Falk mich in meiner ganzen Pracht bestaunen konnte. Ich liebte die Hostelbesitzer, die so viel Denkkraft für die Gestaltung ihrer bescheidenen Räumlichkeiten aufwendeten, um den Reisenden das Leben ein kleines bisschen einfacher zu machen.

Ein paar Tage später fuhren wir weiter nach Süden. Wir übernachteten in Thakhek, einer 1910 von den Franzosen gegründeten Stadt, deren Name übersetzt *Gäste-Hafen* heißt, die allerdings vollkommen uninteressant war und wenig zu bieten hatte, außer der unendlich langen Kouvoravong Road, die wir nach Einbruch der Dunkelheit ziellos entlangwanderten – natürlich ziellos, denn in Thakhek gab es keine Ziele. Nach einer Ewigkeit erreichten wir den Mekong, der in der Finsternis kaum auszumachen war. An seinem Ufer gab es von gemütlichen Bars oder Imbissstuben keine Spur. Vielleicht lag es an unserem Gemütszustand oder der Tatsache, dass wir den Ort nachts sahen, aber er wirkte seltsam abweisend. Unverrichteter Dinge kehrten wir um und trotteten den Weg zurück, angebellt von streunenden Hunden, vorbei an geschlossenen Läden, zu deren Zielgruppe wir nicht in hundert Jahren gehören würden, schweigend, denn es gab nichts zu sagen.

Wir wollten eine mehrtägige Motorradtour durch das Umland Thakheks machen, unter anderem zur Tham Kong Lo Höhle, in der sich auf über sechs Kilometern Länge zahlreiche, bis zu einhundert Meter hohe und sechzig Meter breite Hallen aneinanderreihten und die mit Booten über einen unterirdischen Fluss befahren werden konnte. Aber wegen der anhaltenden Regenfälle und des hohen Wasserpegels war auch das nicht möglich, so dass wir am nächsten Morgen ins gut zwei Stunden entfernte Savannakhet aufbrachen, der mit 120.000 Einwohnern zweitgrößten Stadt des Landes.

Unsere Unterkunft stand auf bedauerliche Weise im Widerspruch zu den Anpreisungen in meinem Reiseführer: Sie war ungefähr so einladend wie ein großes, schmutziges Fenster, hinter dem der Rollladen heruntergelassen, die grauen Vorhänge zugezogen und vor dem die Läden zugeklappt worden waren. Alles war grau und verbaut. Das Gebäude hatte keine Struktur. Es war seltsam verwinkelt, die Wände bestanden aus Pressholzplatten, von denen die Farbe längst abgeblättert war, in einem Flur hing zur Dekoration ein altes, vermodertes Stück Holz. Die junge Dame, die uns empfing, trug eine Jeanshose, die so kurz war, dass man sie als Unterwäsche bezeichnen konnte. Sie hatte lange, glatte, gepflegte Haare und ein ausdrucksloses Gesicht ohne die kleinste Regung. Es war völlig leer: kein Lächeln, gar nichts. Mit vollkommener Gleichgültigkeit gab sie uns einen Schlüsselbund, damit wir uns das Zimmer ansehen konnten. Der winzige fensterlose Raum, in dem wir schlafen würden, war abweisend wie der Rest das Hauses, aber günstig. Wir liefen zurück, um der Dame Bescheid zu geben, aber die hatte schon wieder auf einem Holzstuhl platzgenommen und starrte auf einen Fernseher, in dem eine Fantasyserie mit schlechten Spezialeffekten lief.

Bei uns im Hostel war der 32-jährige Australier Steven, ein angenehm lockerer, vielgereister Mann, den wir im Bus kennengelernt hatten. Gemeinsam wollten wir ein Restaurant suchen.

»Was macht ihr so, wenn ihr nicht reist?«, fragte er unterwegs. Falk antwortete und gab die Frage zurück.

»Die meiste Zeit versuche ich, so wenig wie möglich zu machen«, sagte Steven. »Ein wenig Tischlern, hier und da etwas Farmarbeit. Aber überwiegend nichts. Der Staat bietet ja Arbeitslosenunterstützung. Warum soll ich also für 80.000 Dollar im Jahr schuften? Ich kann auch mit weniger leben. Ich habe keine Hypothek, die ich abstottern, und kein Auto, das ich abzahlen müsste, keine Familie, nichts. Da mache ich lieber nichts, kassiere das Geld und gehe damit reisen.«

»Okay...«, sagte Falk. Ich erwiderte nichts. Stevens Kommentar hatte bei mir einen Schalter umgelegt. Ich konnte mir nicht helfen – er war ja nicht plötzlich ein anderer Mensch, sondern war immer noch nett – aber von einer Sekunde auf die andere war er mir äußerst unsympathisch geworden.

Es war nicht viel los in diesem Teil von Savannakhet. Während wir durch die wenig befahrenen Straßen gingen, bemerkte Steven, wie langweilig dieser Ort war. Er nannte ihn alle zehn Meter eine *Biertrinkstadt*, eine Stadt, in der es nichts zu tun gab, außer Bier zu trinken. Um den Talat Yen Plaza, einen langgezogenen, rechteckigen Platz, standen einige alte französische Gebäude, die interessant anzusehen, jedoch hart an der Grenze zur Schäbigkeit waren. Der Platz selbst war leer, von ein paar Betontischen und -stühlen abgesehen, unter denen ein Hunderudel ruhte, und versprühte den Charme eines Rewe-Parkplatzes am Morgen. An der südlichen der beiden, über zweihundert Meter langgezogenen Seiten fanden wir ein schlichtes Lokal.

»Ein Beerlao, bitte«, sagte Steven zur Kellnerin, noch bevor sie uns begrüßt hatte. Die Frau lächelte entschuldigend.

»Kein Beerlao.«

Steven zog überrascht die Brauen hoch. »Gut. Dann ein anderes Bier.«

»Kein Bier. Verzeihung.«

»Kein ... Kein Bier?« Er schüttelte den Kopf. »Eine Biertrinkstadt, und dann noch ohne Bier. Na schön: Bringen Sie mir eine Cola.«

»Keine Cola, keine Pepsi.«

»Sie machen Witze.«

»Verzeihen Sie.«

»Nicht zu fassen. Was haben Sie denn?«
»Organgensaft oder...«
»Ja. Bringen Sie mir den.«
Sie brachte jedem von uns eine Flasche Orangensaft, auf die eine Viertelstunde später ein Essen folgte, das günstig und gut war.

Wir liefen weiter durch die Stadt und betrachteten ihre alte Kolonialarchitektur: die atmosphärischen Villen und Häuser mit ihren Holzläden, Geländern und abgerundeten Fassaden an den Straßenecken – wie die Kulisse aus einem Indochinafilm. Neben diesen Häusern standen häufig Holzbuden und bunkerartige Betonbauten. Die Stadt war nicht wirklich schön, aber architektonisch spannend für den, der ein Auge für Details hatte und die Geduld, nach Höhepunkten zu suchen. Heute mussten wir uns bei der Suche besonders anstrengen. Alles war grau. Ein ständiger, ununterbrochener Nieselregen fiel, der durch Kleider und Knochen ging. Zu keinem Zeitpunkt gab es eine Regenpause; stets fiel mindestens ein Niesel vom Himmel, dessen Tropfen so fein waren, dass ich ihn beinahe als Nebel bezeichnen möchte. Oft fehlte nur ein Hauch, ein unsichtbarer Punkt am Himmel, ein kleines chemisches Etwas und die Balance wäre gekippt und es hätte aufgehört zu regnen. Aber das geschah nicht und der Regen fiel weiter. Steven fand das alles furchtbar öde.

Nach meinem Dafürhalten war die Stadt ein Ort, der hinter seinen Möglichkeiten zurückblieb. Er war geschichtsträchtig: Überall kündeten Zeugnisse von der Vergangenheit. Aber es schien kein deutliches Bewusstsein für dieses Erbe zu geben, oder zumindest kein Geld, um es zu erhalten. Viele der hübschen Häuser standen leer und verfielen; in den Dächern klafften Löcher, wo die Schindeln in die Räume darunter gefallen waren, die Gemäuer bröckelten.

Das Tourismusamt bemühte sich offenbar nach Kräften, aus der Stadt einen Ort von Interesse zu machen: Es gab Tafeln mit Karten von der französischen Altstadt, in Unterkünften und in einem Besucherzentrum lagen zahlreiche Flyer aus, die Vorschläge unterbreiteten, wie die Zeit hier verbracht werden konnte – mit Wanderungen durch die Stadt und eintägigen Ausflügen ins Umland, die per Auto, Tuk Tuk, Motorrad oder Fahrrad unternommen werden konnten und an Sehenswürdigkeiten vorbeiführten wie dem Nog Lom See oder einer Salzfabrik. Überraschend: Ein Anziehungspunkt, der besonders hervorgehoben wurde, war nicht etwa eine besonders prachtvolle Kolonialvilla, sondern die fossilen Knochen von Dinosauriern aus der Kreidezeit, die an fünf Stellen in der Gegend gefunden worden waren und die Provinz auf die Landkarte der Paläontologie gebracht hatten. Als Würdigung dieses Umstandes gab es nicht nur ein bescheidenes Dinosauriermuseum, sondern auch Hartplastikfiguren der Urtiere, die auf einigen Kreisverkehrsinseln der Stadt standen. Zurück ging diese in Laos einzigartige Besonderheit bis ins Jahr 1936, als der französische Geologe Josué Heilman Hoffet erste Fossilien hundertzwanzig Kilometer östlich von Savannakhet in der Region Ban Tangvai entdeckt hatte, während er an der Kartierung des südlichen Laos arbeitete. Bis zu seinem Tod im Zweiten Weltkrieg sammelte Hoffet zahlreiche weitere Knochen, doch erst in den 1990ern entdeckte ein laotisch-französisches Paläontologenteam seine Fundstätte wieder. Das Team führte zusätzliche Feldstudien durch und fand weitere Versteinerungen und Fossilien.

Ich gelangte zu der Erkenntnis, dass sich hier zwei oder drei schöne Tage verbringen ließen, wenn es nicht ständig regnete. Doch es schien, als trugen die Bemühungen des Tourismusamtes keine großen Früchte. Wir begegneten kaum anderen Reisenden und sahen im französischen Viertel wenige gute Gasthäuser und nur zwei oder drei einladende Restaurants. Eines davon war das reizende *Lin's Café*, das sich in einer Nebenstraße verbarg. Falk und ich ließen uns in dem schlichten Raum nieder, der liebevoll, wenn auch etwas karg, eingerichtet war. Kunsterzeugnisse, die die Wände zierten, Regale, in denen ein paar Flyer und Magazine herumlagen, eine Hand voll hübscher Holztische und -stühle in der Mitte, eine freundliche, warmherzige Frau, die uns empfing, entspannende Musik – mehr brauchten wir nicht, um uns wohl zu fühlen. Als ich dann noch den größten laotischen Früchteshake überhaupt bekam, hatte Lin mein Herz endgültig erobert. Wir saßen, surften im Internet und lasen in unseren Büchern.

Eine Etage weiter oben informierte eine kleine, kostenlose Ausstellung über die Geschichte der Stadt. Savannakhet war im 17. Jahrhundert von etwa vierzig Familien gegründet worden, die aus dem achtzehn Kilometer entfernten und im Osten gelegenen Dorf Phonsim herübergesiedelt waren. Erst 1883 verliehen die neuen französischen Kolonialherren der Stadt, die bis dahin Souvannaphoum geheißen hatte, ihren heutigen Namen. Schwarzweißbilder zeigten das französische Postamt aus dem Jahr 1900 und eine staubige Straße. Zu diesem Zeitpunkt war Savannakhet noch immer ein unscheinbarer Ort. Erst in den 1920ern, als sich französische Offiziere und zahlreiche Vietnamesen und Chinesen hier ansiedelten und die Franzosen in der Nähe einen Armeestützpunkt errichteten, wurde die Stadt zu einem wirtschaftlichen und administrativen Zentrum. Öffentliche Gebäude wie die Tahae Schule, das Krankenhaus und das Provinzmuseum wurden gebaut, Geschäfte eröffnet, Wohnhäuser errichtet.

Die Nationalstraße 13, 1930 im Süden von den Franzosen begonnen und seit 2002 durchgehend asphaltiert, verlief siebenundzwanzig Kilometer östlich der Stadt. Sie war die längste und wirtschaftlich wichtigste Straße des Landes und sah dabei – unmarkiert und meist ein- oder anderthalbspurig – wie ihre eigene Nebenstraße aus. Größtenteils verlief sie entlang des Mekongs: von dem Dorf Boten an der chinesischen Grenze im Norden in einem Bogen um Luang Prabang und durch Vientiane zur kambodschanischen Grenze nach Süden. Dank dieser Straße und der Handelsroute zwischen Thailand im Westen und Vietnam im Osten war Savannakhet der wichtigste Knotenpunkt in Zentrallaos. Aber da der Verkehr um den Ort herumgeleitet wurde, wirkte die Innenstadt dennoch wie in einem Dornröschenschlaf. Der erhoffte Wirtschaftsaufschwung war für die meisten Stadtbewohner bisher ausgeblieben. Der bisher letzte Schritt in dem Bemühen um eine Reputation als Wirtschaftszentrum war die Eröffnung der zweiten, mehr als anderthalb Kilometer langen thai-laotischen Freundschaftsbrücke im Dezember 2006, die über den Mekong zu Thailands nordöstlicher Provinz Mukdahan führt. Sie ist wesentlicher Bestandteil eines Planes zur

Entwicklung der Infrastruktur im wirtschaftlichen Ost-West-Korridor, der durch Vietnam, Laos, Thailand und Birma verläuft. Der Plan scheint aufzugehen: Nach der Fertigstellung des siebzig Millionen US-Dollar teuren Projekts nahm der Verkehr um die Stadt herum um ein Drittel zu.

Auf dem Ost-West-Korridor ruhen heute große Hoffnungen. Die Regierung will endlich Kapital aus der zentralen Lage des Landes in Südostasien schlagen, einer Stärke, die einst seine größte Schwäche war. Über viele Jahrhunderte hinweg war es isoliert vom Rest der Welt, unfähig, weitreichende Handelsrouten aufzubauen, ohne Zugang zum Meer, umgeben von feindlichen Nachbarn, allen voran Thailand und China, die immer wieder in das Land einfielen und es destabilisierten.

Aufschlussreich war eine Analyse der historischen Innenstadt, angefertigt von der laotischen Nationaluniversität: eine Bestandsaufnahme der wichtigsten historischen Gebäude inklusive dazugehöriger architektonischer Zeichnungen und Grundrisse, Bilder und detaillierter Informationen von der Dachkonstruktion über den allgemeinen Zustand und die Raumanzahl bis hin zur Wanddicke und zur derzeitigen Nutzung. Die Ausstellung war nicht umfangreich, aber durchdacht umgesetzt. Der Raum war gut ausgeleuchtet, die Poster klebten auf Plastiktafeln, die an schmalen Fäden von der Decke hingen wie in professionellen Museen, in der Mitte des kleinen Zimmers vermittelten Kissen Gemütlichkeit. Viele offizielle Museen in Laos konnten sich an dieser privat organisierten Ausstellung ein Vorbild nehmen.

Ich blätterte im Gästebuch, das auf einer kleinen Anrichte auslag. Maraike aus Deutschland hatte über das Café geschrieben: »Was für ein wundervoller Ort mit gutem Essen und entzückenden Menschen. Ich glaube, mein Blutdruck könnte nicht weiter sinken – es ist einfach so entspannend hier.«

Ich wusste, wovon sie sprach.

Der nächste Tag war deutlich weniger erholsam. Wir erwogen zunächst, zum zwölf Kilometer östlich gelegenen That Ing Hang zu fahren, einem besonders heiligen, etwa fünfhundert Jahre alten Stupa, entschieden uns aber dagegen. Fürs Erste hatten wir genug von Stupas, und Sie sind hoffentlich nicht enttäuscht, um eine detaillierte Beschreibung gebracht worden zu sein. Stattdessen unternahmen wir eine ausgedehnte Motorradtour durch das Umland, die anstrengendere, aber ereignisreichere Alternative. Wir, das waren Falk und ich sowie die Niederländerin Judith, die wir in Savannakhet wieder getroffen hatten und die nun mit der Neuseeländerin Elise reiste. Diese lachte so viel wie kein anderer Mensch, den ich kannte. Unser Ziel war der sogenannte *Monkey Forest*, der Affenwald.

Der Weg führte durch wunderschöne Natur. Nach einigen Stunden, als unsere Hintern bereits taub waren, kamen wir durch eine Gegend, die vom Nassreisanbau geprägt war. Die zahllosen Reisbecken standen nach den Regenfällen vollständig unter Wasser, aber trotzdem arbeiteten überall fleißige Menschen: kleine Kinder, Männer, alte Frauen mit Strohhüten, alle packten mit an und pflügten und pflanzten und trieben die Wasserbüffel an. Eine lose Wolkenschicht bedeckte den Himmel, aber die Sonne brach immer wieder hindurch und tauchte, von den Wasserbecken zurückgeworfen, alles in ein goldenes Licht. Es war die perfekte Idylle.

Als wir die Asphaltstraßen verließen und über eine Schotterstraße weiterfuhren, die nach den Regenfällen stark ausgewaschen war, verschlechterte sich Judiths Laune sekündlich. Sie fuhr heute das erste Mal Motorrad. Immer wieder blieb sie in Schlammpfützen stecken, aus denen Falk und ich, bald vollkommen von Matsch bedeckt, sie herausschoben, während Elise vergnügt lachte. Judith fluchte unentwegt vor sich hin, hielt vor jeder noch so kleinen Pfütze an und haderte mit sich, ob sie weiterfahren sollte.

»Ich warte hier«, beschloss sie schließlich. »Ihr könnt euch die verfluchten Affen allein ansehen.«

»Das ist nur etwas Wasser mit Erde«, sagte ich besänftigend. »Nichts Krankheitserregendes oder Gefährliches.«

»Na, dann gibt es ja kein Problem.«

»Ganz genau. Fahre im Schritttempo durch. Das Schlimmste, was passieren kann, ist, dass du steckenbleibst und umkippst und schmutzig wirst. Das ist keine Katastrophe. Versuche, es als

Spaß zu sehen. Was ist langweiliger als eine perfekt asphaltierte Straße?«

»Da fällt mir Einiges ein.«

»Wenn du dich keinen Widrigkeiten aussetzen möchtest, wenn du der Herausforderung aus dem Weg gehen möchtest, dann kannst du dich in einem Zimmer einschließen oder in einer Kiste verkriechen. Willst du das? Nein. Bodenwellen und Pfützen und Wind und Fliegen, die einem ins Gesicht klatschen: Das ist Leben!«

Sie lächelte bemüht – ein Anfang.

Unser Ziel, den Monkey Forest, erreichten wir nicht. Dafür hielten wir an einem Kloster in der Nähe des Waldes, das nicht nur von einigen Mönchen bevölkert wurde, sondern vor allem von kleinen Affen, die vor den historischen Gemäuern dankbare Fotomotive abgaben. Sie rannten hin und her und tollten herum. Unsere Reiseführer und die Broschüren des Besucherzentrums schlugen vor, die Affen mit Bananen zu füttern, was uns zunächst überrascht hatte, da zumeist vom Füttern halbwilder Tiere abgeraten wird. Hier sollte das anders sein? Wir nahmen die Vorschläge ohne großes Hinterfragen an und hatten folglich eine stattliche Bananenstaude mitgebracht, die Elise nun aus ihrem Rucksack holte. Sie hatte den Rucksack noch nicht wieder abgestellt, da sprang sie ein männlicher Affe an, riss ihr sämtliche Bananen aus der Hand und rannte fort. Elise quittierte die Aktion mit einem ohrenbetäubenden, hysterischen Kreischen. »*Geee whiiiiz!*«

Ich dachte an eine großartige Unterkunft auf den Philippinen zurück: Falk und ich hatten mit zwei anderen Freunden in einem Bungalow unmittelbar am Strand geschlafen, das ein Franzose an uns vermietet hatte, der hier seinen Lebensabend verbrachte. Eines Morgens wurden wir von einem Knall und einem dichtgefolgten, panischen Quieken geweckt. Der Franzose hatte versucht, ein Schwein zu erschießen, es aber nicht gleich tödlich getroffen. Wir gingen auf die Terrasse des Bungalows, um nachzusehen, was los war. Da kam er, mit nacktem Oberkörper und grauen Haaren, die Pistole in der Hand, an uns vorbei, grüßte uns mit einem freundlichen »Bonjour!« als würde er gerade mit einem Stapel Baguettes vom Morgenmarkt heimkehren, und holte in aller Ruhe neue Munition, während das Schwein in Todesqualen kreischte. Genau wie jenes Schwein hörte sich Elise an, als sie von dem Affen angesprungen und unserer Bananen beraubt wurde. Sie keuchte für fünf Minuten und konnte sich nur langsam beruhigen. Dann fing sie an, in der für sie typischen Weise zu lachen und sagte: »Ich habe mein gesamtes Leben vor meinen Augen ablaufen sehen wie einen Film. Ich werde nie wieder eine Banane irgendwohin mitnehmen.«

Der Affe hatte sich mit seiner Beute derweil im Schatten eines Baumes niedergelassen und stopfte sich eine Frucht nach der anderen ins Maul. Kein anderes Tier wagte, ihm zu folgen. Seine Vormachtstellung wurde eventuell durch die beträchtliche Größe seiner Geschlechtsorgane manifestiert.

So, wie wir die Affen beobachteten, beobachteten einige Mönche uns von einem kleinen Holzbalkon an ihrem Wohnhaus, und ich musste lächeln, als ich darüber nachdachte, dass wir mit unserem Gebaren für die Mönche die Affen waren.

Kapitel 9

Das Bolaven-Plateau: Von Wasserfällen und Kaffeekirschen

Wir nahmen den langsamsten Bus der Welt nach Pakxe. Er kroch durch die Landschaft wie eine Schnecke mit Kriechbehinderung, das extreme Gegenteil der bisherigen Überlandrennen. Auch ein Fahrerwechsel nach der Hälfte der Strecke brachte keine Besserung. Im gefühlten zweiten Gang rollten wir vor uns hin und wurden von Pkws, Trucks und anderen Bussen überholt. Fliegen und Schmetterlinge überholten uns. Hätte es einen Gehweg gegeben, auf dem sich ein einsamer Rollstuhlfahrer abkämpfte – er hätte uns überholt. Mein Vordermann bewegte seinen Kopf hingebungsvoll in einem Takt nach links und rechts, den nur er hören konnte – weder dröhnte aus den Lautsprechern des Busses Musik (Gott sei Dank dafür), noch hatte er Kopfhörer in den Ohren. Er sah ein wenig lethargisch aus, wie er da von einer Seite zur anderen nickte, aber das gelegentliche Zucken in seinen Mundwinkeln, das ich von schräg hinten beobachten konnte, wenn ich mich in den Gang lehnte, ließ mich hoffen, dass es ihm gut ging.

Anstelle des Gaspedals beschäftigte sich der Fahrer lieber mit der Hupe, die er die gesamten sechs Stunden, die die Fahrt dauert, betätigte. Sobald wir durch eine dünn besiedelte Gegend kamen, was leider meist der Fall war, hupte er ohne Unterlass, um den Leuten anzukündigen, dass der Bus kam. Ein- oder zweimal erzielte diese Praxis eine Wirkung: Leute rannten auf die Straße und gaben Handzeichen, dass sie zusteigen oder Waren in den Bus laden wollten. Die restliche Zeit passierte nichts, und das Geräusch war so lästig wie ein über einen Verstärker übertragener, tropfender Wasserhahn.

Immer wieder hielten wir aus Gründen an, die ich nicht erkennen konnte, so sehr ich auch nach Erklärungen suchend meinen Hals reckte. Manchmal hielten wir, um Frauen einsteigen zu lassen, die uns Imbisse für zwischendurch verkaufen wollten. Frösche und Vögel am Spieß boten sie laut schnatternd an, Eier in kleinen Tüten, aus denen die Köpfe beinahe geschlüpfter Küken herausguckten, von Fett tropfende Schweinefleischspieße. Der Geruch von Gegrilltem und Fett verbreitete sich. Sie drängelten sich durch den Gang und hielten ihre Waren jedem Fahrgast unter die Nase, aber sie sahen so unappetitlich aus, dass ich trotz meines knurrenden Magens nichts kaufte.

In Pakxe, einer der wenigen laotischen Städte, in denen der Mekong nicht die Grenze zu Thailand bildet, kamen wir in einem Hotel unter, das seine Gäste mit einem strategisch vor dem Eingang platzierten Käfig mit einem *Fliegenden Eichhörnchen* anlocken wollte. Judith, Elise und eine Kanadierin, die zu uns gestoßen war, blieben vor dem Käfig stehen und bemitleideten das Tier, das sich in einer halbierten Kokosnussschale zusammengerollt hatte und keine Anstalten machte, *jemals* wieder zu fliegen. Sie wussten noch nicht, dass unsere Zimmer im Vergleich zu unserer Körpergröße noch viel kleiner als der Käfig für das Eichhörnchen sein würden.

Der Name der Kanadierin war Céline. Sie war eine junge Frau, die farbenfrohe Kleider aus dünnen Stoffen und ein Dutzend Armbänder aus Holz und Leder und Schnüren trug, und die eine leicht alternative und dezent künstlerische Aura umgab. Sie hatte gerade ihr Studium der Theaterwissenschaften beendet und produzierte nun mit einem eigenen kleinen Unternehmen Theaterstücke. Daneben arbeitete sie einige Stunden wöchentlich als Theaterlehrerin in einer Schule. Neben der Tatsache, dass sich im weiteren Verlauf der Reise eine zarte Romanze zwischen Falk und ihr entwickelte (Hat er mich darauf eingeschworen, das für mich zu behalten? – Ich weiß es nicht mehr.), ist jedoch das Wichtigste, was es über sie zu sagen gibt, dass sie darauf bestand, nicht als Kanadierin, sondern als *Québécois* angesprochen zu werden. Sie hielt beim Abendessen einen langen Vortrag über die kulturellen Unterschiede zwischen Ihresgleichen und dem restlichen Kanada.

»Québec ist die flächenmäßig größte Provinz Kanadas«, sagte sie, »und die einzige Region Nordamerikas mit einer französischsprachigen Mehrheit. Kanada soll ein bilinguales Land sein, aber kaum jemand außerhalb der französischen Gegenden *spricht* Französisch. Das letzte Referendum zur Unabhängigkeit 1995 hat meine Seite mit gerade mal einem Prozent verloren. Und warum? Weil die Gegenseite das Zehnfache für ihre Kampagne ausgegeben hat. Das waren zu großen Teilen Staatsgelder! Nein, in dieser Angelegenheit ist das letzte Wort noch nicht gesprochen.«

Zu ihrer bisherigen Reise durch Laos befragt, antwortete sie: »Alle Leute, die ich früher getroffen habe, haben mir begeistert von Laos erzählt und davon, wie toll hier alles sei. Aber alles, wovon in den Reiseführern steht, dass es in Laos niemandem geschieht, ist mir widerfahren.«

Sie verstummte und pustete trübsinnig in ihre Suppenschale.

»Was heißt das?«, fragte ich.

»Ich habe lange versucht, nicht negativ zu werden, denn ich bin ein positiver Mensch. Ich habe lange gesagt, dass alles seien nur Zufälle. Ich habe mir wirklich vorgenommen, Laos zu mögen. Aber ich kann es einfach nicht. Und irgendwann kam ich an den Punkt, an dem ich feststellen musste: Laos ist ein verficktes Scheißland mit verfickten Scheißmenschen.«

»Wie bitte?«

Sie sah mich herausfordernd an. »Es ist so, wie ich es sage.«

»Und was veranlasst dich zu dieser Wertung?« Ich war fassungslos. Sie erzählte mir vage von Leuten, die versucht hätten, sie zu betrügen, von Leuten, die sie auf Straßen anpöbelten.

»In Luang Prabang hat mich ein Tuk Tuk-Fahrer angeschrien bis ich weinte, weil er überzeugt war, dass ich ihm zu wenig Geld gegeben hatte.«

Ein beschwipster Hostelbesitzer in einem schmutzigen Unterhemd hätte weiterhin abends um elf an ihre Zimmertür geklopft und sie gefragt, ob er hereinkommen dürfe, was sie dazu veranlasste, statt eines klaren Neins für die nächste Stunde auf ihrer Trillerpfeife zu trillern, die sie dabei hatte, um aufdringliche Typen wie ihn zu vertreiben. Einmal hatte sie beinahe einen Mopedunfall.

Ich konnte schwer beurteilen, wie schlimm diese Ereignisse wirklich gewesen waren und inwiefern sie sie dramatisierte. Ich hatte mich auch bereits mit dem Eigentümer eines Hostels in Vang Vieng gestritten, weil wir ausdrücklich ein Zimmer ohne Klimaanlage verlangt hatten, er abends ungefragt hereinkam, sie dennoch aktivierte und am nächsten Morgen den entsprechenden Aufpreis verlangte. Ich erklärte ihm, dass daraus nichts werden würde und bat ihn, fair zu bleiben und anzuerkennen, dass wir keine Klimaanlage verlangt hatten, doch er wurde ausfallend und schrie mich an: »Dann verschwindet doch, ihr reichen Touristen aus dem Westen, nehmt doch euer ganzes Geld mit! Wir in Laos brauchen es nicht!«

Ich war auch schon mehr als einmal mit Motorrollern und Motorrädern gestürzt, aber ich wäre deshalb nicht so weit gegangen, zu vermuten, dass ein ganzes Land sich dazu verschworen hatte, mir eine höllische Zeit zu bereiten.

Nichtsdestotrotz: Nachdem ich es geschafft hatte, darüber hinwegzusehen, dass sie einen unauslöschlichen Groll gegen eines meiner Lieblingsländer hegte, schätzte ich Céline als eine freundliche und begeisterungsfähige Frau. Wir zogen weiter in ein Bar-Restaurant auf dem Dach des sechs oder sieben Etagen hohen Pakxe-Hotels, von dem aus wir einen 360-Grad-Blick über die Stadt hatten, die nur wenig beleuchtet war. Den Mekong erahnte ich in der Dunkelheit, weil sich dort, wo ich ihn vermutete, ein besonders dunkler Streifen durch die Stadt zog und einige schwache Lichter sich im schwarzen Wasser spiegelten. Wir bestellten Bier, Wein und Cocktails.

»Psst.«

Ich schaute nach rechts zu Falk, in der Erwartung, dass er mir etwas zuflüstern wollte.

»Was ist los?«, fragte er, als er meinen Blick bemerkte.

»Das wollte ich *dich* gerade fragen«, sagte ich. Er runzelte die Brauen. Ich sah nach links zu Judith, doch die war in ein Gespräch mit Céline vertieft.

»Psst!«

Ich drehte mich um und erschrak.

»Was machen Sie da!«

Hinter mir hatte sich lautlos ein Mann in der Kleidung eines Kochs angeschlichen.

»Entschuldigt«, flüsterte er mit französischem Akzent. »Ich wollte euch nicht erschrecken.«

»Was wollen Sie?«

»Sind unter euch die beiden Leute, die gestern nach dem Hahnenkampf gefragt haben? Seid ihr diejenigen, die ihn sehen wollen?«

Ich blickte irritiert in die Runde und zurück zu ihm. »Nein, ich denke nicht. Aber danke für das Angebot.«

»Ist das nicht illegal?«, fragte Elise.

»In Laos ist alles legal, wofür man bezahlen kann«, sagte er. Dann gesellte sich ein laotischer Kellner an seine Seite, der uns zuvor bedient hatte und mit dem er in Englisch kommunizierte, so dass wir ihre Unterhaltung verstanden.

»Das sind sie nicht!«, raunte der Kellner dem Koch energisch zu.

»Nicht?«

»Ich bin mir sicher. Die sind es auf keinen Fall!«

»Und wo sind sie dann?«

»Keine Ahnung!«

»Die haben hundert Dollar dafür geboten!« Er wandte sich noch einmal an uns. »Leute, der Abend ist noch jung. Ihr hofft vielleicht noch, hier irgendwo Unterhaltung zu finden, aber vergesst es! Ich bin seit neun Monaten in Pakxe und weiß Bescheid. Das Schlimmste ist die nächtliche Sperrstunde. Es gibt ja ein oder zwei Diskos und Bars, aber ich habe halb elf Feierabend, und bis ich geduscht und mich umgezogen habe, kommen mir schon die besoffenen Laoten entgegen, die auf dem Weg nachhause sind, weil Mitternacht alles dicht macht. Wirklich zum kotzen. Aber wie auch immer: Seid ihr sicher, dass ihr keinen Hahnenkampf sehen wollt?«

»Danke«, sagte Falk, »wir hatten die Ehre bereits auf den Philippinen und die Erfahrung genügt für den Rest meines Lebens. Danke, aber nein danke.«

Der Koch zuckte mit den Schultern und trollte sich. Der Kellner grinste uns an. »Kann ich euch noch etwas bringen?«

Die Tagesrucksäcke auf den Rücken, die Hände an den Lenkern, den Fahrtwind in den Gesichtern. Falk, Céline und ich brachen zu einer Tour durch das Bolaven-Plateau auf, das nach der ethnischen Minderheit der Laven benannt wurde, der größten und historisch wichtigsten Minderheit, die auf ihm lebte, und sich auf einer Fläche von 10.000 Quadratkilometern zwischen den Annamitischen Kordilleren im Osten und dem Mekong im Westen erstreckt. Es war eine Gegend, die ich aus Berichten über den Vietnamkrieg kannte: Aufgrund der strategischen Bedeutung sowohl für die Amerikaner als auch die Vietnamesen – der Ho Chi Minh-Pfad verlief durch das Plateau – war es eines der Gebiete, die am heftigsten bombardiert worden waren und ist stellenweise noch heute gespickt mit gefährlichen Blindgängern. Orte wie Sekong und Salavan waren im Krieg zerstört und zum Teil später wieder aufgebaut worden. Anderswo zeugten zerfallene Gebäude und Landstriche voll entlaubter, toter Bäume noch heute von den Fliegerangriffen.

Wir verließen Pakxe, eine – von den vielen roten Ameisen abgesehen, die sich auf manchen Bürgersteigen getummelt und meine Füße gebissen hatten – angenehme Stadt, in der es trotz ihrer Größe – sie war die drittgrößte Stadt des Landes – nicht zu hektisch zuging. Auf dem Weg nach Osten ließen wir den dichten Verkehr hinter uns und folgten der Straße 23 auf die 1.200 Meter hohe Ebene. Bald umgab uns die reizvollste Landschaft, die ich bisher in Laos gesehen hatte. Sicher, die Berge mit ihren Regenwäldern im Norden waren rauer und insgesamt spektakulärer, aber das fruchtbare Hochland war die perfekte Umgebung für eine ausgiebige Motorradtour. Es gab keine riesigen Bäume, keine klaffenden Schluchten, nichts, was den Körper Adrenalin ausschütten und das Herz vor Aufregung schneller schlagen ließ. Aber das fruchtbare Hochland bildete das geeignete Ambiente, damit die Nerven sich entspannen konnten.

Viele Grundstücke entlang der Straße 23 waren wunderbar urig: keine kühlen Betonbauten oder heruntergekommen Holzschuppen. Die Häuser waren keine Paläste, und wo immer ein Stück Metall zu sehen war, etwa eine Satellitenschüssel oder ein Wellblechdach, war auch der Rost zur Stelle, aber sie waren gepflegt und wohnlich. Die Leute waren auch hier nicht reich, aber ich konnte sofort erkennen, dass die meisten von ihnen gern hier lebten. Alles strahlte Behaglichkeit aus. Palmen spendeten Schatten, rotblütige Rhododendren, denen ausgediente Traktorreifen und halbierte Bombengehäuse als Blumenkästen dienten, und die weißen Blüten der Engelstrompeten setzten zwischen Bäumen und Büschen Farbakzente, die die Augen erfreuten. Auch die Holzfassaden vieler Gebäude erstrahlten in fröhlichen Farben, in Blau, Rot oder Gelb, und die Zäune aus Natursteinen, hölzernen Wagenreifen und Ästen und Zweigen gaben allem eine Struktur. Davor kauerten gelbbraune Hecken. Hühner, Hunde und Rinder standen am Straßenrand herum, glotzten und entschieden sich in den ungünstigsten Augenblicken, die Straße überqueren zu wollen. Kinder mit Hühnern auf den Armen winkten uns zu, Pferde grasten auf saftigen Wiesen, kleine Herden von Ziegen streunten ungehindert umher. Der Straßenrand als Spiel- und Marktplatz, Boulevard und Futtertrog.

Die Sonne schien endlich wieder, unbeeindruckt von einzelnen Schäfchenwolken, und alles war von einem tiefen, satten Grün: die Bäume, die Büsche, das Gras. Wir passierten Bananen- und Maisfelder und die Kaffeeplantagen, für die das Plateau bekannt ist. Auch Ananas, Zimt, Kardamom, Kautschuk, Pfeffer, Tee, die fürchterlich stinkende Durian-Frucht und viele Obst- und Gemüsesorten wurden hier angebaut – das moderate Klima, der nährstoffreiche Boden und die von den französischen Kolonialherren übernommenen landwirtschaftlichen Techniken machten es möglich. Das Plateau war so fruchtbar, dass viele der Erzeugnisse als Cash Crops exportiert werden konnten.

Erntehelfer stapelten Kohl am Straßenrand und verluden Kürbisse auf kleine Lastwagen. In größeren Abständen boten Frauen und Kinder an winzigen Holzständen entlang der Straße das frische Obst und Gemüse ihrer Farmen an, im Schatten der Strohdächer ruhend und auf die wenigen Kunden wartend, die sie heute beehren würden. Die Straße selbst war hervorragend: Die Räder unserer Maschinen rollten wie auf einem Laufband. Es gab kaum Schlaglöcher oder Bodenwellen – nach der Tour zum Affenwald eine Wohltat, die ich infolge der unendlich vielen kleinen und großen Unebenheiten nach etlichen Stunden mit taubem Hintern und einem unangenehmen Kribbeln in Händen, Füßen und sonstigen Extremitäten beendet hatte. Heute fühlte ich mich im Vergleich dazu wie in einer Hollywoodschaukel. Gelegentlich begegneten wir einer sanften Steigung oder Biegung oder einer holprigen Holzbrücke, ansonsten führte die Straße als ein ebenes, schwarzes Band über das Plateau. Nur am Horizont, hinter Baumwipfeln und Hausdächern, erhoben sich einige Berge. Das alles war schön, durch und durch wundervoll, und dabei so anders als alles, was wir in Laos bisher gesehen hatten, dass es schwer zu glauben war, dass wir noch im gleichen Land waren.

Wir bogen zu verschiedenen Wasserfällen ab, die mit Falks und meinen teils enttäuschenden früheren Erfahrungen nichts gemein hatten. Sie waren gewaltig, majestätisch, jeder von ihnen ein Erlebnis. Der Pha Suam Wasserfall – Suam ist das laotische Wort für Liebesnest – im Bajieng Distrikt in der Champasak Provinz sah aus wie eine – immer noch stattliche – Miniaturausgabe der Niagarafälle. Eine malerische Brücke aus Bambusstäben und -streifen führte zum Aussichtspunkt. Als leicht durchhängender Bogen überspannte sie den Fluss und endete in einer Ummantelung aus dichter Vegetation, dem Eingang zu einem kleinen, grünen Paradies aus natürlich gewachsenen Bäumen und mit Bedacht gepflanzten Sträuchern. Ebenso wie ein nahegelegenes Restaurant, fügte sich die Brücke perfekt in die Natur ein. Es gab auch ein gutes Dutzend Bungalows, ein Baumhaus und ein Elefantengehege: alles im tiefen Wald verteilt, alles aus Naturmaterialien erbaut. Die Gebäude bestanden aus Holz, Lianen und Stroh, die Wegweiser waren aus Holzscheiben gefertigt worden, den fast leeren Parkplatz umringten Bambuszäune. Es war eine bezaubernde Anlage. Angelegt wurde sie vom Geschäftsmann Wimol Kijbamrung, der es sich zum Ziel gemacht hatte, das unberührte Stück Land zu einem Resort zu entwickeln, in dem die Touristen inmitten der Natur die Seele baumeln lassen konnten.

Wie einem an einer Holztafel angebrachten Zeitungsartikel zu entnehmen war, hatte Kijbamrung, ermutigt durch seine Freunde, schon 1996 den Plan gefasst, ein laotisches Tourismusunternehmen zu gründen. Er lieh das Land nahe des Pha Suam Wasserfalls von der Regierung, entfernte Geröll und Felsbrocken, die die Zufahrten versperrten, schaffte den Müll fort, der überall herum lag, und pflanzte neue Bäume. Die hungerleidenden Bewohner naheliegender Dörfer hatten zuvor beinahe sämtliche wildlebenden Tiere getötet: Wenn sie das Singen eines Vogels gehört hatten, hatten sie in ihrer Arbeit innegehalten und ihre Werkzeuge nach ihm geworfen, um ihn später zu essen. Kijbamrung baute eine Küche für seine Mitarbeiter und überzeugte sie, die Tiere am Leben zu lassen, damit die Touristen sich an ihnen erfreuen konnten. Häuser wurden erbaut, Wege angelegt, Bäche so umgeleitet, dass der Wasserfall mehr Wasser führte. Am 5. Dezember 2003 eröffnete Kijbamrung das Resort – nur eine Woche später erkrankte er an Malaria. Für acht Tage war er bewusstlos. Als er erwachte, hatte er sein Augenlicht verloren. Die Früchte seiner Arbeit, den Erfolg, das Lächeln der Touristen, all das hatte er nur wenige Tage gesehen.

»Obwohl ich blind bin«, wurde er in dem Zeitungsartikel zitiert, »höre ich die glücklichen Geräusche im Resort, zum Beispiel Touristen, die mit einem Vogel sprechen, das Klappern des Geschirrs, die Unterhaltungen im Restaurant und das Lob unserer Besucher.«

Es war Zeit, weiterzufahren. Wir flogen über die Straße, flankiert von hübschen Häusern und liebevoll angelegten Gärten, und vergewisserten uns hin und wieder bei freundlichen Anwohnern, dass wir uns nicht verfahren hatten. In seiner Prosaskizze *Wunsch, Indianer zu werden* schrieb Franz Kafka einst: »Wenn man doch ein Indianer wäre, gleich bereit, und auf dem rennenden Pferde, schief in der Luft, immer wieder kurz erzitterte über dem zitternden Boden, bis man die Sporen ließ, denn es gab keine Sporen, bis man die Zügel wegwarf, denn es gab keine Zügel, und kaum das Land vor sich als glattgemähte Heide sah, schon ohne Pferdehals und Pferdekopf.«

Es war das in diesen Worten beschriebene Gefühl der Grenzenlosigkeit, der Freiheit, das mich durchströmte, als ich auf meiner Maschine durch die Landschaft schwebte.

»Das ist Laos, wie ich es mir erhofft hatte«, stellte selbst Céline glücklich fest. »Es ist einfach herrlich. Ich hoffe, der Tag bleibt so schön, und das Schicksal hat nicht noch weitere böse Überraschungen für mich parat.«

Vor einem Grundstück, dessen Bambusgebäude in einem leuchtenden Blau gestrichen worden war, stellten wir die Motorräder ab. Ein elegant geschwungenes Schild über der Einfahrt identifizierte den einladenden Ort in den ersten lateinischen Buchstaben, die wir seit Stunden sahen, als Restaurant. Wir hielten auf das größte Haus zu, stiegen ein paar Stufen hinauf und lugten durch ein scheibenloses Fenster. Der Raum dahinter war, von einigen Werkzeugen und rohen Holzbalken abgesehen, leer. Wir sahen uns weiter um. Eine Frau entdeckte uns und winkte uns zu. Falk fragte in drei verschiedenen Betonungen nach dem Restaurant. Wir probierten es auch mit *Imbiss, Ort zum Essen, Gasthaus, Etablissement, Diner* und allen anderen Worten, die in irgendeiner Beziehung zu Essen oder Trinken stehen und schafften es schließlich durch Gesten, ihr begreiflich zu machen, dass wir Hunger hatten. Sie schien überrascht, dann regelrecht verwirrt, führte uns aber über einen überdachten Betonweg zum hinteren Teil des Grundstücks, vorbei an Häusern, in denen einzelne Wände fehlten und in denen fast nackte Menschen auf dem Boden herumlagen und fernsahen. Sie lud uns an einem einzelnen Tisch in einem kleinen Pavillon ab und redete in Lao auf uns ein.

»Haben Sie eine Karte?«, fragte Céline. Die Frau steckte immer wieder die Finger in ihren Mund und zeigte auf sich selbst, um deutlich zu machen, dass sie für uns kochen würde, begleitet von uns leider unverständlichen Erklärungen.

»Ja, essen«, sagte Céline und nickte. »Aber haben Sie auch eine Karte?«

Es war einer der witzigen Momente, die man immer wieder erlebt, wenn man durch ein Land reist, dessen Sprache man nicht spricht. Ich fühlte mich wie ein Kind im Kindergartenalter, das sich weder vernünftig artikulieren konnte noch gelernt hatte zu lesen. Wie der großartige Bill Bryson einmal feststellte: »Das ist das Wundervolle an Auslandsreisen, soweit es mich betrifft. Ich *will* nicht wissen, worüber die Leute sprechen. Mir fällt nichts Spannenderes ein als in einem Land zu sein, in dem man unwissend über beinahe alles ist. [...] Deine ganze Existenz wird zu einer Aneinanderreihung interessanter Vermutungen.«

Dieser Philosophie folgend schlug ich vor: »Lasst uns das Risiko eingehen und sie kochen lassen, was immer sie kochen will.«

»Auf keinen Fall«, sagte Céline. Sie war immer noch der Meinung, ein Fluch laste für die Dauer ihres Aufenthaltes in Laos auf ihr und wollte alle Unwägbarkeiten vermeiden.

»Glaubt mir«, beschwor sie uns. »Wenn ihr der Frau vertraut solange ich bei euch bin, kommt sie mit Büffelhaut und Ziegenblut zurück.«

So beließen wir es bei einer Flasche Pepsi für jeden und setzten unsere Reise fort. Huay Hun und Laongsam waren zwei staubige Orte inmitten der riesigen grünen Oase, die etwas vom Flair der gottlosen Ortschaften in den Ausläufern des australischen Outbacks hatten. Ohne zu halten, fuhren wir an trostlosen Holzhütten und maroden Betonvillen vorüber und gelangten sogleich wieder in die Art von Gegend, die uns seit Stunden begeisterte.

Am frühen Nachmittag erreichten wir den Wasserfall Tad Lo. Hier wollten wir den heutigen Abschnitt beenden und nächtigen. Wir sahen uns einige anmutige Bungalows unmittelbar oberhalb des Falls an und träumten für ein paar Minuten davon, auf den Balkonen der Häuser bei einem unvergesslichen Ausblick den Tag ausklingen zu lassen. Aber 300.000 Kip pro Übernachtung lagen weit über unserem Budget, wenngleich der Preis für diese Lage in anderen Ländern unschlagbar niedrig gewesen wäre. Die thailändische Rezeptionistin war in Anbetracht unseres Alters, der staubbedeckten Kleidung und unseres generell heruntergekommenen Erscheinungsbildes offenbar zur gleichen Einschätzung gelangt und behandelte uns entsprechend plump. Ohnehin seien, so behauptete sie, alle Bungalows voll belegt. Ich sah weit und breit keinen Gast oder auch nur ein Anzeichen für die Anwesenheit anderer Menschen, aber ich möchte der Frau nichts unterstellen. Vielleicht sagte sie die Wahrheit, vielleicht hatte sie keine Lust zu arbeiten, vielleicht nahm sie auch richtigerweise an, ich sei Reiseautor und würde meinen Lesern bei der Beschreibung eines Aufenthaltes hier mitteilen, was für eine mundfaule und unfreundliche Rezeptionistin die Tad Lo Lodge hatte. Es spielte keine Rolle.

Ein paar Kilometer weiter unten fanden wir eine schlichte Unterkunft: einen Bungalow mit Strohwänden und Strohdach. Er beinhaltete keinerlei Möbel, nicht einmal Betten – die Matratzen lagen auf dem Boden. Vor der Tür ragte statt des tosenden Wasserfalls ein von Gräsern überwucherter Haufen Bausand ins Blickfeld. Aber die Kosten beliefen sich auf 20.000 Kip pro Person, was schon eher unserer Vorstellung entsprach. Immerhin war der Fluss nur eine Gehminute entfernt. Am Ufer lud eine grüne Wiese zum Müßiggang ein, die sich allerdings bei näherer Betrachtung als ein Feld von getrocknetem Hühnermist entpuppte, aus dem das Gras spross. Wir ließen uns nicht abhalten, breiteten die Handtücher aus, betrachteten links den Wasserfall, dessen Tosen auch hier noch laut war, und folgten dem Fluss mit den Blicken nach rechts, wo er hinter einer Biegung verschwand. In der Biegung stand ein Kloster, von dem die Mönche gerade zum Baden an das Ufer hinuntergingen. Hier ließ es sich aushalten.

Fünf oder sechs Kinder kamen und spielten Fangen. Sie jagten einander, wälzten sich über den Boden, kämpften auf raue Weise, traten sich, stießen sich um, schubsten sich vom Ufer ins Wasser. Aber niemand fing an zu weinen, alle lachten, während ich besorgt mein Gesicht verzog, in der Befürchtung, jeden Moment Knochen brechen zu hören. Mir fiel ein, dass ich eine Ausgabe des Anne Frank Buches mit auf die Tour genommen hatte. Ich kramte es aus meinem Rucksack hervor und gab es einem der Jungen. Er sah mich aus fragenden Augen an. Ich nickte ihm aufmunternd zu.

»Es gehört dir«, sagte ich. »Du kannst es behalten.«

Er machte ein paar Schritte zurück, sah das Buch an und dann wieder mich. Seine Freunde versammelten sich um ihn und schauten ihm über die Schulter. Ich ärgerte mich, nicht mehr Bücher von Big Brother Mouse mitgebracht zu haben, aber die Kinder neideten es ihm nicht, sondern waren lediglich interessiert. Sogar so interessiert, dass sie von ihren Kämpfen abließen und mit dem Buch davonzogen.

Die Stille kehrte zurück.

Wir lagen und dösten und lasen und badeten, doch schließlich konnten wir das zunehmend wütende Knurren unserer Mägen nicht mehr ignorieren. Besonders Falk warf sich rastlos von einer Seite auf die andere und hatte einen Blick aufgesetzt, der mich in Berlin dazu veranlasst hätte, die Straßenseite zu wechseln. Es war höchste Zeit für eine vernünftige Mahlzeit. Falk und ich setzten uns auf die Terrasse des an unsere Unterkunft angeschlossenen Restaurants.

»Ich bin gleich bei euch«, sagte Céline und verschwand in Richtung Bungalow.

Es war ein hartes Stück Arbeit, die Bedienung dazu zu bewegen, uns zu beachten. Wir waren die einzigen Gäste, aber erst nachdem wir dreimal die Küche betreten und sie vom Fernsehen aufgescheucht hatten (sie reagierte nicht etwa unwirsch, sondern mit einem verschmitzten Kichern, als hätten wir sie beim Schummeln ertappt) bekamen wir die Karte – einen einseitigen Ausdruck, auf dem jedes zweite Wort so falsch geschrieben war, dass es einem Ratespiel gleichkam, zu vermuten, was sich hinter den Fantasiebegriffen verbarg. Nach zehn Minuten hatten wir je einen Zitronenshake und gebratene Nudeln mit Hühnchen und Gemüse bestellt. Ich zückte mein Buch. Falk brabbelte indessen ungehalten vor sich hin, und es vergingen weitere fünf Minuten, bis er bemerkte, dass Céline noch nicht zurückgekehrt war.

»Sie lässt sich einfach Zeit«, murmelte ich.

»Ich weiß nicht«, sagte Falk. »Ich sehe lieber nach.«

Er verschwand und kehrte wenig später zurück.

»Sie hat sich im Bad eingesperrt«, sagte er, nachdem er sich gesetzt und enttäuscht festgestellt hatte, dass weder ein kühles Getränk noch ein dampfender Teller auf ihn wartete.

»Sie hat geweint«, sagte Falk.

Ich schaute von meinem Buch auf und fragte ungläubig: »Sie hat geweint, weil sie im Badezimmer eingesperrt war?«

Er zuckte mit den Schultern und sagte: »Frauen.«

Das klang chauvinistisch, aber in der Tat kannte ich keinen Mann, der geweint hätte, weil er ein paar zusätzliche Minuten im Badezimmer verbringen musste. Als ich mich ein wenig über Céline lustig machte, sagte Falk: »Wehe du grinst, wenn sie kommt.«

Das war alles, was nötig war, um mir ein unverwüstliches Grinsen auf die Lippen zu meißeln, als sie kurz darauf mit geröteten Augen zu uns kam und sich setzte. Ihre Haare waren in Unordnung, über ihre Wangen verliefen Spuren getrockneter Tränen. Sie brauchte eine Weile, bis sie sich gefasst hatte.

»Ich ging ins Badezimmer«, berichtete sie schließlich, mein Grinsen, das ich einfach nicht aus meinem Gesicht herausbekam, dankenswerterweise missachtend, »und zog die Tür zu. Ich habe mich frisch gemacht. Als ich wieder raus wollte, ging die Tür nicht auf. Ich versuchte Ruhe zu bewahren, redete mir ein, dass ich immerhin Wasser im Bad hatte.«

»Hast du gedacht, wir würden erst in einer Woche in den Bungalow zurückkehren?«, fragte ich. Falk warf mir einen mahnenden Blick zu. Ich biss mir auf die Unterlippe. Ohne mich zu beachten, fuhr Céline fort, zu beschreiben, wie die Panik mit kalten Händen nach ihrer Kehle gegriffen hatte, trotz aller Versuche, gelassen zu bleiben.

»Ich hatte mich auf einen entspannten Abend am Fluss gefreut. Was, wenn ihr beide nach dem Essen entschieden hättet, gemütlich durch das nächste Dorf zu schlendern oder einen Abendausflug mit den Motorrädern zu unternehmen? Ich atmete schneller, und es wurde heiß und stickig im Bad.« – Das behauptete sie; später entdeckte ich oben an der Außenwand Luftschlitze, die groß genug waren, um auch dann einen Temperaturunterschied zu verhindern, wenn sich zwei Elefanten im Bad paarten. Céline fuhr damit fort, das Drama in allen Einzelheiten zu beschreiben, das sich in der Kammer entfaltet hatte. Sie begann, hysterisch zu heulen, pochte gegen die Tür, brüllte sich mit zunehmender Verzweiflung die Seele aus dem Leib und schrie um Hilfe. Sie zog in Erwägung, die dünne Tür einzutreten oder zumindest das Glasfenster zu zertrümmern, beschloss jedoch zugunsten des Gasthausbesitzers, zumindest einige Stunden zu warten.

Doch der Preis für diesen Entschluss war hoch.

Sie brüllte weiter, bis sie heiser wurde, sie hämmerte gegen das Sperrholz bis sie schwitzte, sie wischte sich die Tränen über das Gesicht in die schweißnassen Haare, bis sie erschöpft zusammensank und zitternd auf dem Fliesenboden kauerte, am Ende ihrer Kräfte. In dieser Lage fand Falk sie – nicht nach einer Woche wohlgemerkt, sondern nach kaum zwanzig Minuten.

»Es war eine Ewigkeit«, stellte sie nun auch fest. »Ich glaubte schon, ich käme da gar nicht mehr raus und müsste da drin sterben. Das waren mindestens zwanzig Minuten.«

Ich demonstrierte äußerste Körperbeherrschung, indem ich den Drang unterdrückte, mit einem amüsierten Lächeln den Kopf zu schütteln. Was sollte ich zu dem ganzen Unsinn sagen?

Céline nahm mir die Entscheidung ab, denn sie war noch nicht fertig, nicht ganz.

»Was muss ich in diesem Land noch alles durchmachen?«, fragte sie. »Ich war schon überrascht, mit dem Motorrad keinen Unfall gebaut zu haben, aber das Badezimmer war anscheinend der Ausgleich des Schicksals. Ich habe hier einfach kein Glück. Ich hoffe, Thailand wird besser.«

»Ich bin nicht sicher, ob das etwas mit Ländergrenzen zu tun hat«, sagte ich vorsichtig. »Manchmal hat man einfach Glück und manchmal Pech. Das gehört zum Reisen dazu. Man sollte die Dinge nur nicht überbewerten.«

»Das waren zwanzig Minuten!«, fauchte sie und funkelte mich wütend an. Ich gab ihr mit einem zustimmenden Nicken zu verstehen, dass sie mich überzeugt hatte, und damit war die Diskussion beendet.

Am Abend entdeckten wir ein nahegelegenes, familienbetriebenes Lokal, ein Holzpodest mit einem Strohdach darüber, vor dem ein Schild warb: »Jeden Abend 20 Uhr Filmvorführung«. Enthusiastisch gingen wir hinein, setzten uns und bestellten Bier und ein paar Snacks und Salate. Zwei Franzosen, die Céline von einem früheren Reiseabschnitt kannte und von denen ich bis zum Schluss nicht wusste, ob sie Freunde, Brüder oder ein Paar waren, hatten sich uns für den Abend angeschlossen.

»Welcher Film läuft heute?«, fragte Céline.

»Heute kein Film«, war die ernüchternde Antwort. Ich schaute zum in eine Wand aus Bambusstäben eingelassenen Fernseher, auf dem gerade eine thailändische Schnulzenserie lief. Die Serie bestach durch nach meinem Dafürhalten – ich war kein Fachmann – völlig sinnloses Ein- und Auszoomen und Hin- und Herschwenken der Kamera, einem misslungenen Versuch, dem Ganzen etwas Dynamik zu verleihen. Eine augenscheinlich eiskalte Geschäftsfrau wurde charakterisiert, indem sie zielstrebig, mit kühlem Blick, die kurze Treppe zu einem Charterflugzeug hinaufstieg – für den Regisseur Gelegenheit genug, in einem atemberaubenden Tempo fünfzehn verschiedene Kameraperspektiven auszuprobieren und willkürlich aneinanderzuschneiden. Die Bildqualität erinnerte mich an jene der Videofunktion meines Fotoapparates.

Asiatisches Fernsehen war wirklich faszinierend. Auch in China hatte ich mich immer wieder gefragt, was für Leute sich an den Sets der nationalen Serien und TV-Filme aufhielten. Hatte irgendjemand von ihnen eine Filmhochschule besucht? Gab es irgendeine wissenschaftlich fundierte Theorie in der chinesischen Filmkunst, die besagte, dass zwei Zooms, drei Schwenks und vier Schnitte pro Sekunde das Minimum waren? Und die Schauspieler: Wurde ihnen befohlen, entweder gar keine Mimik zu benutzen oder aber irrwitzige Grimassen zu schneiden und Augen und Münder aufzureißen als gäbe es pro Millimeter im Durchmesser einen Gehaltsaufschlag? Man konnte ja viel mit unterschiedlichen Sehgewohnheiten argumentieren, aber bei chinesischem oder thailändischem Fernsehen hörte das Verständnis bei mir auf.

Ich ließ meinen Blick vom Fernseher auf den Franzosen schweifen, der mir schräg gegenüber saß und dessen Namen ich nie erfahren habe, und bemerkte, dass er sich scheinbar seit geraumer Zeit mit mir unterhielt – das heißt, dass er mir einen Monolog vortrug. Ich beeilte mich, zu nicken und mein Kinn interessiert auf meiner Faust abzustützen, ihn konzentriert anzusehen und gelegentlich zustimmend zu grunzen, in der Hoffnung, irgendwann aufzuschnappen, wovon zum Teufel er da redete. Es ging um Temperaturunterschiede und Reiseerfahrungen, soviel bekam ich mit. Irgendwann gab ich die Heuchelei auf und fragte, worin nochmal genau der Temperaturunterschied bestanden habe und was nun seine großartigste Reiseerfahrung gewesen sei.

»Wie gesagt«, sagte er leicht irritiert, »das waren die Arschduschen auf den japanischen Klos. Man konnte nicht nur die Temperatur des Wassers einstellen, sondern auch die Intensität des Strahles. Das war echt krass.«

»Oh«, sagte ich, und dann: »Ah.«

Ich spitzte die Lippen, nickte bedächtig, so als würde ich noch mit mir ringen, das Ausmaß der Krassheit japanischer Arschduschen zu erfassen, und überlegte zugleich, mit welcher Ausrede ich mich am schnellsten aus dem Staub machen konnte. Bevor sich mir jedoch eine Gelegenheit bot, holten die Franzosen neu aus und erzählten von ihrem Hobby, dem Bierbrauen.

»Wir machen das in unserer Wohnung«, sagte der eine, Blonde.

»Wir verkaufen es nicht«, sagte der andere, Dunkelhaarige, »sondern trinken es mit Freunden. Wir nehmen Flaschen mit diesem Ploppverschluss, da braucht man keine Maschinen oder dergleichen. Wir denken noch über einen optimalen Namen nach.«

»Der aktuelle Favorit ist *Es ist das*«, sagte der Blonde.

»Versteht ihr?«, fragte der Dunkelhaarige. »Weil es einfach *das* Bier ist, krasser als alle anderen.«

»Neun Prozent«, fügte der andere stolz hinzu. Ich tat, worin ich an diesem Abend langsam Übung bekam: Ich nickte andächtig, als Zeichen meiner Wertschätzung, und schwieg. Als mein Salat vertilgt war und die ersten zwanzig Minuten auf der Suche nach dem perfekten Trinkspiel vergangen und unwiderruflich verloren waren – es erklärte immer einer die Regeln, ohne dass die anderen zuhörten, und nach einer halben Runde wurde das Spiel als zu kompliziert verworfen – verabschiedete ich mich. Auf einem grob gezimmerten Schaukelstuhl, dem eher die Bezeichnung *Kippelstuhl* gerecht wurde, auf der Terrasse des Bungalows ließ ich mich nieder. Ich las in meinem Buch und genoss die Ruhe. Nur ein leises Zirpen und das entfernte Rauschen des Wasserfalls waren zu hören, und so verging die Zeit. Ich spürte ein Brennen auf meiner Nase und betastete sie vorsichtig: die Haut löste sich – Sonnenbrand.

Eine ältere Dame kam vorbei, bemerkte, dass an meinem Motorrad, das vor der Terrasse stand, kein Schloss hing, und legte mir nahe, es für die Nacht in der Küche des Restaurants unterzustellen. Fünf Minuten darauf, gegen 23:30 Uhr, kam eine andere Dame vorbei, rief mir ein »Entschuldigen Sie!« zu und ermahnte mich, vor dem Einschlafen die Bungalowtür von innen zu verriegeln.

»Kein Problem«, sagte ich, aber langsam fragte ich mich, was für eine Gegend das hier war. Wirkte der Wasserfall auf die Laoten wie der Vollmond auf die Werwölfe und machte aus ihnen Diebe und Mörder?

Plötzlich hörte ich neben mir ein gedämpftes Husten. Ich lauschte, aber es war wieder still. Ich verrenkte mich auf meinem Kippelstuhl, spähte in die Dunkelheit und versuchte etwas zu erkennen. Ein paar Meter entfernt stand ein Busch – verbarg sich der Huster dahinter? Einige Neonröhren von anderen Gebäuden warfen schwache Schatten. Ich erahnte an verschiedenen Stellen menschliche Formen, aber nichts rührte sich. Da stapfte Falk wie aus dem Nichts die Treppe zum Bungalow hinauf. Ich zuckte zusammen und quiekte; er warf mir einen schiefen Blick zu und hielt sich am Geländer fest, um das Gleichgewicht zu halten.

»Warum schleichst du dich so heran?«, schimpfte ich.

»Ich habe gepinkelt«, gab er wie ein eingeschnapptes Kind zurück, das beim Naschen erwischt wurde.

»Hinter einem Strauch? Neben dem Bungalow?«

»Ja.« Er sah mich mit einem herausfordernden *Und?*-Blick an.

»Warum bist du nicht aufs Klo gegangen?«, fragte ich.

Er überlegte kurz und sagte: »Keine Ahnung.«

Er setzte sich neben mich auf einen zweiten Stuhl und berichtete begeistert, dass sie die letzte Stunde nur noch gebechert hatten.

»Das letzte Spiel hieß *Rot oder Schwarz*«, lallte er.

»Und was heißt das?«

»Ganz einfach: Derjenige, der dran ist, muss die Farbe der nächsten Karte voraussagen. Liegt er falsch, müssen alle ihr Glas leeren.«

»Hört sich super an«, sagte ich.

»Ja, war es! Und übrigens, ich habe gute Nachrichten: Die Franzosen werden uns morgen begleiten, vielleicht sogar darüber hinaus. Wir sind jetzt zu fünft!«

Ich blinzelte und schaute ihn erwartungsvoll an, auf eine Richtigstellung hoffend, aber er saß nur da und strahlte wie die grelle Glühbirne über ihm, gegen die eine Riesenmotte (Wussten Sie, dass es in Laos die größten Motten der Welt gibt?) mit einer Vehemenz flatterte, die nur auf einen Selbstmordversuch schließen ließ.

»Ich glaube, ich sollte ins Bett gehen«, sagte ich und klappte das Buch zu.

Am nächsten Tag war das Wetter wechselhaft. Mal war der Himmel vollständig bewölkt, mal drangen zarte Sonnenstrahlen durch die weiße Schicht, aber immer drohte der Regen. Seit Stunden fuhren wir vor der Regenfront her. Über uns türmten sich Wolkenberge, die sich scheinbar mit genau siebzig Kilometern in der Stunde fortbewegten, mit exakt der gleichen Geschwindigkeit wie wir. Die wie mit einem Lineal gezogene Linie zwischen hell und dunkel, zwischen Sonne und Schatten, schien vor mir zu fliehen wie eine Fliege, die ich nie erwischte. Holte ich die Helligkeit soweit ein, dass mein Vorderrad von der Sonne beschienen wurde, machten die Wolken über mir einen Satz, und schon war ich wieder im Schatten. So ging das Katz- und Mausspiel hin und her, aber endlich entkamen wir den Wolken.

Immer wieder hielt ich meine Nase in den Fahrtwind und versuchte einen Hauch von Kaffee zu erschnüffeln. Doch stets, wenn ich für eine Sekunde glaubte, der Duft strömte in meine Nase, entpuppte er sich als Abgase eines anderen Motorrades oder als brennender Müll. Ich wollte unbedingt eine Kaffeepflanze aus der Nähe sehen. Wir bogen in einen Feldweg ein, an dessen Anfang ein Schild eine ökologische Farm ankündigte, und erreichten ein Tor, das geschlossen war. Dahinter stand das

Farmhaus, aber niemand war zu sehen. Bäume und Büsche verhinderten den Blick, doch weiter hinten sahen wir Reihen von Kaffeesträuchern. Da wir nicht ohne Einladung ins Gelände eindringen wollten, kehrten wir um. Ein paar Kilometer weiter erstreckte sich auf der rechten Seite eine ausgedehnte Kaffeeplantage. Wir bogen erneut von der Straße ab, fuhren durch ein großes Metalltor und hielten vor einem hölzernen Wachhäuschen mit drei jungen Männern, die Musik hörten und dösten.

»Dürfen wir durchfahren und uns die Farm ansehen?«, fragte ich, aber sie verstanden offenbar kein Englisch und starrten mich nur an. Da sie nicht aufsprangen, um uns aufzuhalten, fuhren wir weiter, über die raue, von großen Steinen gespickte Piste holpernd, vorbei an zwei schlichten Betongebäuden, die wohl als Lager für Maschinen und Pausenräume für Erntehelfer dienten. Der Weg führte geradeaus weiter, schnurgerade, soweit das Auge reichte, ohne sichtbares Ende. Auf beiden Seiten standen, wie eine riesige Armee, tausende und tausend Reihen hüfthoher Kaffeesträucher. Kaffee, überall Kaffe – und sonst nichts.

Nach ein paar hundert Metern hielten wir und stiegen ab. Ich pflückte einige der unreifen, grünen Kaffeekirschen, inspizierte sie, roch an ihnen und biss hinein. Sie schmeckten bitter und rochen nach nichts. Natürlich duftet Kaffee erst, nachdem er geröstet wurde, wie Céline mich erinnerte.

Zwischen 15.000 und 20.000 Tonnen Kaffee werden auf dem Plateau jährlich geerntet, der größte Teil davon ist Robusta-Kaffee, eine ursprünglich afrikanische, von den Franzosen in Laos eingeführte Kaffeegattung. Die ersten Kaffeebäume pflanzten die Franzosen in Laos um 1915 – vergeblich. Das Wissen um die richtigen Anbaumethoden und die Sorgfalt bei der Aufzucht reichten nicht aus. 1917 versuchten sie es erneut, indem sie sowohl den Robusta-Kaffee als auch den Arabica-Kaffee aus Saigons botanischem Garten mitbrachten und in einem Dorf namens Thateng im Norden des Plateaus anpflanzten. Auch dieser Versuch schlug fehl. In den 1930ern gelang es dann endlich, mit bis zu 5.000 Tonnen Ernte im Jahr eine funktionierende Kaffeewirtschaft aufzubauen, doch schon zwanzig Jahre später starben beinahe sämtliche Kaffeebäume infolge eines besonders harten

Winters und des Befalls durch Rostpilze. Um dem Produktionsniedergang zu begegnen, ersetzten viele Farmer den Großteil ihrer Arabica-Sträucher durch die krankheitsresistentere Robusta-Art. In den letzten Jahrzehnten haben Entwicklungshelfer und die laotische Regierung nun versucht, den Anbau des Arabica-Kaffees wieder stärker zu forcieren, dessen Bohne als die hochwertigste aller Kaffeegattungen gilt, im weltweiten Kaffeehandel gefragt ist und deshalb zu einem höheren Preis als der Robusta-Kaffee verkauft werden kann. Heute macht er ein Drittel des auf dem Plateau angebauten Kaffees aus.

Eine weltweit wachsende Nachfrage und schlechte Ernten der großen Kaffeeproduzenten Brasilien und Kolumbien in der näheren Vergangenheit haben kürzlich zu den höchsten Bohnenpreisen geführt, die laotische Kaffeebauern seit Jahrzehnten verlangen konnten. Immer mehr Käufer suchen neben den großen Kaffeenationen auch in kleineren Ländern nach zuverlässigen Lieferanten und schauen sich in China, Uganda, Äthiopien und auch in Laos um. Zukünftig werden wohl professionelle Konzerne Plantagen auf dem Bolaven-Plateau bewirtschaften, aber noch gehören die meisten Kaffeesträucher Familien, die in kleineren Dimensionen und oft für ein bescheidenes Einkommen arbeiten, aber mit persönlichem Einsatz und dem Bemühen, sich weiterzuentwickeln und ihre Anbaumethoden zu verbessern.

Später am Tag näherten wir uns Pakxong. Ich sah mindestens fünf Unterkünfte mit dem einfallslosen Namen *Bolaven-Gasthaus* und hatte das Gefühl, im Abstand von je zehn Minuten dreimal einen Entfernungsstein am Straßenrand gesehen zu haben, der die Distanz zu Pakxong auf 84 Kilometer angab. Aber endlich erreichten wir den Ort, der die inoffizielle Kaffeehauptstadt von Laos und für die Region wesentlicher Markt- und Warenumschlagsplatz war. Hierher kamen die Farmer, um ihre Ernten zu verkaufen, vorrangig an Mittelsmänner aus Pakxe.

Zwei Reihen von Häusern drängten sich entlang der Straße, darüber wirbelten dichte Staubwolken, wenn mit Baumstämmen beladene Trucks sich hupend ihren Weg durch den Ort bahnten. Auch auf dem Bolaven-Plateau wurde der Kahlschlag der Urwälder vorangetrieben.

Pakxong war keine Stadt, in der wir übernachten wollten, aber sie war nett genug zum Durchfahren, da sie Abwechslung und eine Gelegenheit bot, einzukehren. In einem schlichten Restaurant voll schwatzender Anwohner aßen wir Hühner-Larb. Danach kehrten wir in einem Café ein, das von einem ergrauten Niederländer und seiner laotischen Frau geführt wurde. Der Niederländer trug seinen passenden Spitznamen Koffie, seitdem er mit zwei Jahren die Reste aus der Kaffeetasse seiner Mutter getrunken hatte. Während einer ausgiebigen Asienreise hatte er in Pakxong, wo er für seinen internationalen Kaffeehandel Ware kaufen wollte, eine Kaffeehändlerin kennen und lieben gelernt, deren Großfamilie etliche Kaffeefarmen besaß. Gemeinsam mit ihr führte er heute Kaffeetouren durch: Er zeigte Touristen die Plantagen, ließ sie Kaffeekirschen pflücken und brachte sie in sein Café. Hier trockneten sie die Kaffeekirschen und lasen die Schalen heraus, indem sie die Kirschen auf einer Korbschale hochwarfen wie Eierkuchen in einer Pfanne. Der Wind trug die leichten, getrockneten Schalen davon, die ein bis zwei Bohnen pro Kirsche fielen zurück in den Korb und wurden in einer Pfanne auf dem Gasherd geröstet. Seit Jahren drehte sich Koffies Leben nun gänzlich um jenes Gut, das einen wesentlichen Teil der Wirtschaft des Bolaven-Plateaus ausmacht und tausenden Familien ein Einkommen verschafft.

Gerade erklärte er im Nebenzimmer einer Gruppe die Grundlagen der Kaffeeproduktion. Wir – Falk, Céline, die Franzosen und ich – setzten uns an einen kleinen Tisch und bestellten das schwarze Getränk. Koffie brachte uns Espressotassen mit purem, schwarzem Kaffee. Ich benutzte weder Zucker noch Milch, sondern trank ihn so, wie er war: stark, aromatisch, rein, bitter. Wir nahmen nur kleine Schlucke, um den Genuss auszudehnen.

»Hat es geschmeckt?«, fragte Koffie, und es war eine rhetorische Frage. Er wusste, dass sein Kaffee erstklassig war, und wir sagten nichts als die Wahrheit, als wir genau das bekundeten.

»Merkt euch den Geschmack«, sagte er feierlich, »prägt ihn euch ein und nehmt ihn mit nachhause.«

Gleichzeitig röstete er die Bohnen der Gruppe in der Pfanne und rührte sie ständig mit einer Holzkelle um. Sie wurden schnell braunschwarz.

»Verbrennen sie nicht?«, fragte ein Teilnehmer der Tour besorgt.

»Nein, wegen des Öles in den Bohnen. Außerdem habe ich jede einzelne Bohne im Blick. Ich weiß, wie das geht, kenne alle Geheimnisse. Mir kann man nichts vormachen. Bei mir brennt nichts an.«

»Riecht gut«, sagte der blonde Franzose und fuhr mit bemerkenswerter Scharfsinnigkeit fort: »Aber Kaffee ist kein Bier, das steht fest.«

Niemand beachtete ihn.

Der Duft der röstenden Bohnen erfüllte den Raum und verstärkte die genussvolle Atmosphäre.

»Prägt euch den Geschmack genau ein«, ermahnte uns Koffie erneut, als er unsere Tassen abräumte, und wedelte mit der Hand durch die unsichtbare Kaffeewolke. »Und nehmt auch das Aroma mit nachhause.«

Das würden wir tun. Sein Kaffee war wirklich erstklassig.

Während unserer Rast hatten die dunklen Wolken wieder zu uns aufgeschlossen. Am nächsten Wasserfall holten sie uns ein. Zusammen mit einer Gruppe gackernder und fotografierender Mönche stiegen wir die steile Steintreppe zum Tad Yuang hinab, da brach das Gewitter über uns los.

»Krasser Scheiß«, sagte einer der Franzosen, ohne deutlich zu machen, was genau er meinte.

»Erik, diese beiden Typen sind furchtbar!«, flüsterte Falk mir zu, sobald wir außer Hörweite waren.

»Du hast uns das eingebrockt«, sagte ich.

Er schnalzte ungeduldig mit der Zunge und erwiderte: »Das ist der falsche Zeitpunkt für Schuldzuweisungen. Sie gehen mir auf die Nerven. Wir müssen sie loswerden!«

Als sie auf Erkundungsgang gingen und sich ein paar hundert Meter von Falk, Céline und mir entfernten, sagte Falk mit einem

Blick zum Himmel: »Es wird immer schlimmer. Wir sollten aufbrechen!«

»Aber...« begann Céline.

»Los, schnell!«, sagte Falk und lief zu seinem Motorrad. Céline sah mich fragend an. Ich zuckte mit den Schultern und schüttelte ratlos den Kopf, aber bevor sie etwas sagen konnte, folgte ich Falk. Wir sprangen auf die Maschinen, starteten die Motoren und düsten davon.

»Ja!«, rief ich in meinen Helm hinein. »*Ja!*«

Riesige Tropfen schossen auf uns nieder und klatschten auf den Asphalt, und nach wenigen Minuten kauerten wir fröstelnd auf den Motorrädern. Doch unsere planmäßige Tour gaben wir nicht auf. Der Zwillingswasserfall Tad Fane und der Tad Champee mit seinem großen natürlichen Schwimmbecken folgten. Die Wasserfälle waren vielseitig genug, damit es nicht langweilig wurde und wir jedes Mal aufs Neue staunen konnten. Reichlich Wasser führend, donnerten die Flüsse wie aus Feuerwehrschläuchen in langen Strahlen in bodenlose Schluchten oder wälzten sich auf mehreren Dutzend Metern Breite über Kliffe und bildeten rauschende Vorhänge aus weißem Schaum und Sprühregen. Aber natürlich waren die Fälle nur willkommene Anhaltspunkte, nicht aber eigentlicher Grund für die Tour. Es ging um das Unterwegssein, um das Erkunden, das Fahren – beinahe jedes Ziel wäre in dieser tollen Landschaft recht gewesen.

Als wir auf morschen Holzleitern zum letzten Fall hinabstiegen, erwarteten uns unsere beiden Freunde.

»Da seid ihr ja!«, rief Céline und umarmte einen Franzosen nach dem anderen. »Ich dachte, wir hätten euch verloren.«

»Wir konnten euch nicht mehr finden«, sagte der eine. Falk und ich warfen uns finstere Blicke zu und zogen die Mundwinkel nach unten.

Die Franzosen, ohnehin ausgekühlt vom Regen, hatten eine kurze Regenpause genutzt, um ein Bad zu nehmen, zitterten nun am ganzen Leib und schickten sich an, ein Feuer anzuzünden.

»Wir befinden uns in einer Schlucht«, wandte ich ein. »Hier ist es stets feucht und zudem hat es kürzlich geregnet. Sämtliches

Holz ist klamm. Die abgestorbenen Blätter, die ihr zum Anzünden gesammelt habt, werden nicht besser brennen als Matsch.«

Doch niemand hörte auf mich. Ich wollte die Flucht ergreifen, solange ich konnte, aber Céline sammelte bereits eifrig weiteres nasses Holz.

»Wo werdet ihr heute übernachten?«, fragte ich einen der Franzosen leichthin, um ihn dazu zu bringen, sich festzulegen. Ich hatte die verzweifelte Hoffnung, sein Stolz würde es ihm verbieten umzuschwenken, sobald ich unser Ziel bekanntgab. Aber er sagte nur: »Keine Ahnung. Wahrscheinlich dort, wo auch immer ihr absteigt.«

Die folgende halbe Stunde mühten sie sich damit ab, ein Feuer zum Brennen zu bringen. Seiten aus ihrem Reiseführer, die sie glaubten, nicht mehr zu brauchen und herausrissen, glommen für eine Sekunde auf, und das war es. Es gab nicht einmal eine nennenswerte Rauchentwicklung. Falk musste ich zugutehalten, dass er sich der Situation fügte und das Beste daraus machte. Er kniete zwischen den Franzosen vor dem Holzhäufchen und pustete ohne Ergebnis hinein. Ich hingegen setzte mich etwas abseits auf einen Baumstumpf und beobachtete die Szene, die Stirn kritisch in Falten gelegt, gelegentlich wissend den Kopf schüttelnd. Immerhin verkniff ich mir die Kommentare, die mir auf der Zunge lagen: »So wird das nichts«, »Der Stock ist viel zu dick, du musst dünneres Holz holen«, »Ihr legt zu viel Holz auf das Papier«.

Nein, ich saß einfach nur da und beobachtete. Ich hätte gern Schadenfreude verspürt, als sie nach einer halben Stunde immer noch nicht weiter gekommen waren, doch alles, was ich fühlte, waren Langeweile und eine innere Unruhe, weil ich meine Zeit nicht so verbringen konnte, wie ich es wollte. Falk war anpassungsfähig, aber wenn ich einen Menschen uninteressant finde, kann und will ich mich nicht verstellen. Es war nicht so, dass mir die Franzosen gänzlich unsympathisch waren, sie interessierten mich nur nicht. Ich wollte nicht mit ihnen reden und ihre Fragen mit mehr als zwei Worten beantworten. Gestern hatten sie mich gebeten, die Regeln von Rommee zu erklären: Ich hatte ausgeholt, für zehn Sekunden geredet, und dann war die Luft raus gewesen. Mir fehlte die Lust, auch nur ein weiteres Wort zu sagen. Ich verstummte, sah Falk an und sagte: »Erkläre du weiter.« Dann sank ich in mich zusammen und verlor mich in Gedanken. Erzählten sie mir eine heitere Geschichte, starrte ich sie mit einem versteinerten Lächeln in einem ansonsten ausdruckslosen Gesicht an, träumte vor mich hin und suchte Zuflucht in willkürlichen Hirngespinsten.

Eine der großen Annehmlichkeiten des Reisens ist für mich, die Leute aussuchen zu können, mit denen ich meine Zeit verbringe, und für gewöhnlich meide ich Leute, die *nett* sind, denn nett ist jeder irgendwie, und beschränke mich auf die Menschen, die mich inspirieren, die mich zum Lachen bringen. Kam ich in eine Situation wie die jetzige, machte mich das unzufrieden. Ich wurde unausgeglichen und unausstehlich, grummelte vor mich hin, seufzte gelegentlich und ging schneller von A nach B als irgendwer sonst in der Gruppe – alles in allem: Ich wurde zu einem unsozialen Wesen.

Wie auch immer: Das Feuer kam nicht zustande.

Auf dem Rückweg vom Wasserfall war der Feldweg, der zur Straße führte, durch den erneuten Regen noch glitschiger geworden als auf dem Hinweg. Céline fuhr zweimal viel zu schnell in eine Kurve hinein, die Räder rutschten unter ihr weg, sie stürzte. Sie verletzte sich nicht, nutzte aber die Chance, auf das *verdammte laotische Wetter* zu schimpfen.

Drei Stunden später beendeten wir in Pakxe die zweitägige Schleife durch die Nordhälfte des Bolaven-Plateaus. Ich chattete eine Weile mit Lachlan, der mit Lucy bereits in Vietnam war, und ging früh ins Bett, denn morgen würde die Entdeckungstour der Provinz Champasak weitergehen, in der sowohl ein großer Teil des Bolaven-Plateaus als auch die Städte Pakxe und Pakxong lagen. Morgen würden wir uns eine Ruine ansehen.

Ruinen – schon das Wort an sich hörte sich für mich wenig elektrisierend an. Es stammt vom lateinischen *ruere* ab, was *stürzen* bedeutet, und verhieß etwas, das möglicherweise vor langer Zeit großartig gewesen, dessen Glanz aber lange verblasst war. Vor dem Kölner Dom konnte ich eine halbe Stunde offenen

Mundes stehen, ohne mich zu langweilen, die Verbotene Stadt in Peking faszinierte mich mit ihrer greifbaren Geschichte, das ikonische Sydney Opernhaus hatte ich schon von hunderten Bildern gekannt, wollte sie trotzdem leibhaftig sehen und war noch mehr beeindruckt. Aber umgefallene Wände, rissige Gemäuer, eingestürzte Dächer und herumliegende Trümmer?

Das Vat Phou war jedoch ein Tagesziel in der richtigen Distanz. 2001 hatte es die UNESCO zusammen mit einigen weiteren Tempeln und Straßen in der Nähe zum Weltkulturerbe erklärt, und es wurde von jedem Touranbieter in Pakxe angepriesen. Jemand hatte mir erzählt, dass Leute nur wegen der Ruine in die Gegend kamen, also verlangte es schon mein Anstand gegenüber den bebrillten, schnauzbärtigen Ruinenfans aus aller Welt, die nicht die Gelegenheit hatten, mal eben vorbeizuschauen, einen Blick zu riskieren.

Auch die beiden Franzosen wollten sich heute die Ruinen ansehen. Sie hatten ihre Motorräder nur bis zum frühen Nachmittag geliehen, so dass sie schweren Herzens (damit meine ich natürlich *ihre* Herzen – meines machte Freudensprünge) beschlossen hatten, bei Sonnenaufgang aufzubrechen, was für Falk und mich nicht in Frage kam. Mit Céline im Gepäck machten wir uns nach einem ausgiebigen Frühstück auf den Weg. Als Werbeplakate entlang der Landstraße Bilder von Vat Phou zeigten, auf denen unansehnliche Stützkonstruktionen zu sehen waren, vermutete ich, dass der historische Ort wohl nicht allzu viele fotogene Motive bot.

Wir erreichten die Stätte gegen elf Uhr. Das heißt, zunächst erreichten wir den Eingang des weitläufigen Geländes. Die Einfahrt wurde durch eine dünne Schnur versperrt, die ich im letzten Augenblick bemerkte. Sie verlief von einem Holzpfosten auf der einen zu einer kleinen Hütte auf der anderen Seite, in der die Frau saß, die die Macht über die Schnur hatte. Nachdem ich eine Vollbremsung vor ihrer Hütte gemacht hatte, musterte sie mich mit ernster Miene, wartete bis Céline – die darauf bestand, stets in der Mitte zu fahren – und Falk eingetrudelt waren, wartete weiter, musterte uns, wartete, guckte ernst, wartete…

»Entschuldigen Sie«, sagte ich und schenkte ihr einen treudoofen Hundeblick, der das schlechte Gewissen ausdrückte, das ich hatte, weil ich sie bei ihrer zweifelsfrei wichtigen uns-mustern-und-warten-Tätigkeit störte. Sie seufzte, warf mir einen kalten Blick zu und fragte: »Welches Land?«

»Deutschland«, sagte ich, dankbar, dass sie mit mir sprach, und deutete auf Falk und mich. »Und sie ist Kanadierin.«

»Québécois«, korrigierte Céline.

»Ich glaube nicht, dass sie weiß, was das ist«, sagte Falk. Die Frau hatte ihren Kopf über einen Hefter gesenkt und kritzelte mit einem Stift darin herum. Alle dreißig Sekunden sah sie auf, musterte uns kritisch, dann schrieb sie weiter. Wie lange konnte es dauern, unsere Nationalitäten zu notieren? Ich begann zu vermuten, dass sie uns zeichnete, um der Ruinenpolizei die Fahndung zu erleichtern, wenn sie uns auf dem Rückweg mit einem Ruinenstein im Gepäck erwischte.

»Könnten Sie uns bitte die Tickets geben?«, fragte ich, nachdem ich drei Minuten lang versucht hatte, den Hektomanen in mir zu unterdrücken und wir immer noch nicht wussten, weshalb wir dort warteten und wie viele Stunden uns in ihrer unangenehmen Gesellschaft bevorstehen würden, wenn wir uns nicht wehrten. Die Frau seufzte erneut, würdigte mich mit einem herablassenden Blick, in dem die stumme Frage stand: »Wie kann man nur so einen Sonnenbrand auf der Nase haben und dabei so dumm sein?«, und sagte nach einem letzten Seufzer: »Das hier ist kein Ticketschalter. Eintrittskarten gibt es da drüben.«

Sie wickelte das Ende der Schnur von einem Haken und ließ sie durch ihre Finger gleiten, bis sie in der Mitte gerade den Boden berührte.

»Vielen Dank«, murmelte ich und richtete mich damit vor allem an Fortuna, die dafür gesorgt hatte, dass sich unsere Lebenswege nur in diesem kurzen Treffen gekreuzt hatten und ich sie, von einem kurzen, voraussichtlich feindseligen Blick auf dem Rückweg abgesehen, nie wieder sehen musste.

Ich steuerte zur Mitte der Einfahrt, dort, wo die Schnur auf dem Boden lag, und gab plötzlich Gas, der bösen Ahnung folgend, dass sie die Schnur im letzten Moment hochziehen könnte, einfach nur, um mich zu ärgern.

Ein paar dutzend Meter weiter hielten wir wieder. Ein Schild wies nach rechts zum Ticketbüro. Ein eleganter Bambussteg führte über eine Wiese, die halb unter Wasser stand und auf der in gleichmäßigen Abständen dekorative Felsbrocken lagen. Der Steg endete in einem großen Pavillon aus dunklem Holz, dem wir uns merkwürdig langsam näherten. Der Steg war nicht besonders lang, aber weil er so perfekt gebaut war, so gleichmäßig und ohne Makel, hatte das Auge nichts, woran es sich orientieren konnte, um das Vorwärtskommen einzuschätzen. Stattdessen fixierte ich meinen Blick auf einen kleinen Tresen in der Mitte des Pavillons. Auch er bestand aus perfekt angeordneten Bambusstangen und sah aus wie eine rustikale Version eines Standes für Premiumeiscreme. Dahinter saß eine kleine Frau mit einer Körperfülle, wie sie in Laos selten gesehen werden kann, und beobachtete, wie wir uns langsam näherten. Es war vollkommen still. Nur das leise Klackern des Steges unter unseren Füßen war zu hören. Ich fühlte mich, als wäre ich auf dem Weg zu einer Audienz mit einem menschlichen Orakel oder als sei ich ein junger Padawan, der im Begriff war, von einem im Exil lebenden Meister Yoda seine erste Prüfung zu erhalten.

Die Frau im Pavillon war sehr freundlich und ließ uns umstandslos unsere Karten bezahlen. Wieder auf den Motorrädern, fuhren wir über einen Hügel und folgten einer schmalen Straße bis zu einem weiteren Häuschen mit einer geschlossenen Schranke. Langsam wuchs in mir tatsächlich eine gewisse Spannung. Ich wollte das Teil endlich sehen, das sie vor mir zu verstecken versuchten. Neben dem Häuschen standen eine Hand voll Autos und einige Motorräder. Wir parkten. Auch zwei Männer, die in dem Häuschen saßen, fragten nach unseren Herkunftsländern. Sie machten eifrig Notizen, inspizierten gründlich unsere Eintrittskarten und winkten uns durch.

Nun, endlich, konnten wir das eigentliche Gelände der Ruinenstätte betreten. Wir liefen weiter die Straße entlang, vorbei an einem See, in dem vor langer Zeit Bootsrennen und religiöse Rituale abgehalten worden waren, und passierten bald ein paar verfallene Mauern aus riesigen, dunklen Steinquadern, die zu unserer Rechten wie zufällig zusammengewürfelt herumlagen. Einen 250 Meter langen Prozessionsweg säumten steinerne Stelen, die Jahrhunderte auf dem Boden gelegen hatten und erst vor einigen Jahren wieder aufgestellt worden waren. Jenseits der Stelen erstreckte sich auf beiden Seiten je ein Wasserreservoir. Der rechte künstliche See war ausgetrocknet, aber im linken hatte sich ein wenig Wasser angesammelt, gespeist von einer Quelle, die am Phou Kao entsprang, dem Hügel, an dessen Fuße die Tempelstadt lag und auf den sich die Bezeichnung Vat Phou, *Bergtempel*, bezieht.

Am Ende des Weges erreichten wir zwei einander symmetrisch gegenüberstehende Gebäude, deren Funktion bis heute nicht eindeutig geklärt ist, die aber gemeinhin als Paläste bezeichnet werden. Abgesehen von den verschiedenen Verfallstadien und Unterschieden in den Schattierungen – der rechte war aus rötlichem Laterit, der linke aus Sandstein erbaut – glichen sie einander wie ein Ei dem anderen. Sie hatten keine Dächer mehr, die Wände wurden an einigen Stellen durch alte Holzpfeiler gestützt. Ein vorzeitlicher Schein ging von ihnen aus, eine alte und andersartige Aura, und ich spürte den Geist des lange Vergangenen, eine ewige Stille, die sich über den einst belebten und von Gläubigen und hochrangigen Besuchern gefüllten Ort gelegt hatte. Heute war nur noch das Klicken der Fotoapparate zu hören. Auch Falk begann, sich vor dem rechten Palast die Finger wund zu fotografieren.

Céline und ich schlenderten zum linken Komplex hinüber, der aufgrund der vielen Baugerüste und Maschinen weniger bildwirksam war. Dazwischen tummelten sich behelmte Menschen, die bohrten und schraubten und behutsam das Moos von quadratischen Steinen abschabten, die vor dem Gebäude fein säuberlich aufgereiht worden waren. Ein niedriger Zaun umgab die Baustelle und das Gebäude und hielt die Besucher auf Distanz. Hinter dem Zaun, etwas abseits von den Bauarbeiten, die nach meinem Eindruck in einem gemächlichen Tempo vor sich gingen, stand eine Gruppe von Männern in Hemden und dunklen Jeanshosen: viele Asiaten, einige Westler und ein Mann, der indisch aussah. Einer der Asiaten stand vor dem Rest der Gruppe und gab Erklärungen ab.

»Komm schon«, sagte Céline und stieg durch den Zaun. Nach kurzem Zögern folgte ich ihr. Wir stellten uns so unauffällig wir konnten – mit zerzausten Haaren und bunten Helmen in den Armbeugen, deren beste Zeit lange vorbei war – hinter die wohlgekleideten Zuhörer und lauschten. Es wurde schnell deutlich, dass die Zuhörer Sponsoren waren, die die Bauarbeiten finanzierten oder sonstige Interessen an ihrem Fortschritt hatten.

»Ich habe ja schon erläutert, dass dieser Palast hier, ebenso wie jener auf der anderen Seite, aus dem 10. oder 11. Jahrhundert stammt. Dementsprechend schwierig ist es, die Wände, Eingänge, Tore und Steinreliefs wiederherzustellen.«

Er untermalte die Herausforderung, indem er sich mit der Hand über die mit Schweißperlen übersäte Stirn fuhr.

»Sie liegen seit Jahrhunderten auf der Erde, denn niemand hat sich um den Erhalt der Stätte gekümmert. Nun sammeln wir sie auf und bemühen uns, sie zusammenzusetzen, Stein für Stein. Wir versuchen, an Kratzern, Einwölbungen, Rissen oder abgebrochenen Kanten zu erkennen, welche Steine zusammengehören und so die Reliefs an den Türstürzen und Giebeln, aber auch die Wände, eine halbe Ewigkeit, nachdem sie zerfallen sind, exakt zu rekonstruieren. Es ist wie ein riesiges, aufwändiges Puzzle, dessen Vollendung noch nicht abzusehen ist.«

Im Jahr 2005 nahm der Global Heritage Fund die Arbeit auf, um in Zusammenarbeit mit der laotischen Regierung für die Restaurierungsarbeiten zu sorgen. Eines steht fest: Die Bemühungen lohnen sich, nicht nur aus kultureller, sondern auch aus wirtschaftlicher Sicht. Die Stätte wird von Besuchern aus aller Welt immer häufiger besucht, und zwar in einem im Verhältnis zum allgemein erstarkenden Tourismus überdimensionalen Ausmaß. Hatten 2005 noch weniger als 20.000 Menschen die Ruinen besichtigt, waren es fünf Jahre später bereits über 250.000: Achtzig Prozent davon waren internationale Besucher, die beinahe 1,2 Millionen Dollar Einnahmen generierten. Fünfundvierzig Arbeiter wurden im Rahmen der Restaurierung in Vollzeit beschäftigt, viele von ihnen aus den umliegenden Dörfern rekrutiert und ausgebildet, was die Wirtschaft der Gegend zusätzlich stärkte. Nicht nur der Erhalt der Stätte ist Ziel des Projektes, sondern auch eine Steigerung seines ökonomischen Nutzens für die Einwohner der Region.

Die ältesten Ruinen der Stätte wurden bereits im 6. Jahrhundert von den Khmer errichtet, die einige Jahrhunderte später im heutigen Kambodscha mit der Tempelstadt Angkor Wat ein unsterbliches Erbe hinterließen. Der überwiegende Teil der Ruinen von Vat Phou, die heute noch stehen, stammt allerdings, ähnlich wie Angkor Wat, aus der Zeit zwischen dem 11. und 13. Jahrhundert. Die Anlage war entworfen worden, um die hinduistische Vorstellung von der Beziehung zwischen Natur und Menschheit auszudrücken. Seit dem 14. Jahrhundert und der Entstehung des Lane Xang Königreichs wird hier jedoch Buddha verehrt.

Der Redner führte seine Zuhörer um eine Kurve und zur Rückseite des Gebäudes. Céline und ich schlichen zurück durch den Zaun auf den Weg, wo wir Falk trafen. Wir sahen uns nahe der Baustelle eine kleine Kammer mit Fotos von der Anlage an und lasen Erläuterungen zu den Arbeiten. Vor einem Foto blieb ich stehen. Vom Phou Kao aus zur Trockenzeit aufgenommen, zeigte es die Anlage in Ihrer Gänze, die Ruinen inmitten von harter, rotbrauner Erde. Die Abbildung erinnerte mich daran, wie außergewöhnlich grün momentan alles war. Es war nicht selbstverständlich, hier durch saftiges, hohes Gras zu laufen: Von November bis März war das Land beinahe vollkommen ausgetrocknet.

Wir gingen weiter, vorbei am Nandin Pavillon, benannt nach dem Reittier Shivas, einem der wichtigsten hinduistischen Götter. Der Pavillon seinerseits war eines der archäologisch bedeutsamsten Gebäude der Stätte, an dem weitere Restaurierungsarbeiten durchgeführt wurden. Er ruhte auf einer dicken Schicht an Füllmaterial aus Schotter, Sand und Gestein, die angelegt worden war, um eine ebene Fläche zu schaffen. Über die Jahrhunderte war diese Schicht jedoch infolge des Wassers erodiert, das den Hügel herunterfloss und nicht nur dem Füllmaterial, sondern dem ganzen Gebäude schadete. Auf der südlichen Seite hatte das Wasser bereits mehr als einen Meter Erde fortgewaschen, die Fundamente vollständig freigelegt und zum Absacken der gesamten Struktur geführt. Heute war das Gebäude einsturzgefährdet, weshalb das Projektteam einen Plan zur Stabilisierung umsetzte. Dazu wurden Steine in die Wände des Pavillons eingebaut, die entweder auf den umliegenden Flächen herumlagen oder neu aus denselben Steinbrüchen herausgebrochen wurden, die vor langer Zeit bereits die alten Khmer genutzt hatten.

An den Seiten einer steilen Treppe wuchsen knorrige Frangipani-Bäume, die laotische Nationalpflanze. Die Treppe war für mich das Faszinierendste am ganzen Komplex: Sie war unwahrscheinlich steil, aus riesigen, massiven Steinstufen erbaut, die alle unterschiedliche Höhen und Breiten hatten. Einige reichten mir bis zu den Knien, auf einige passten gerade meine Zehen. Auf allen Vieren kletterten wir die Stufen hinauf und brachen in Schweiß aus. Die Sonne schien zwischen den Wolken hindurch, die Bäume warfen unruhige Schatten auf die Treppe.

Oben fand ich das vor, worauf ich nicht zu hoffen gewagt hatte: einen Stand mit einer Styroporbox darauf, die mit Eis, Eiswasser und Softdrinkdosen gefüllt war. Gierig mit einem Geldschein wedelnd, kaufte ich der Verkäuferin eine Cola ab. Nach der Erfrischung besichtigten wir das zentrale Heiligtum des Komplexes, einen Tempel, der ursprünglich zu Ehren Shivas gebaut worden war und in dem nun vier Buddhastatuen standen. Ein kleiner Tempelturm im Westen des Gebäudes aus dem 6. Jahrhundert war eines der ältesten Konstrukte Vat Phous.

Der Tempel stand fast ganz oben auf dem Phou Kao. Nur ein sechzehn Meter hoher Felsen, der auf der Spitze des Hügels thronte, überragte ihn und uns. Aus dem Felsen sprudelte die kleine Sickerquelle, die vielen Laoten noch heute als heilig und glückbringend gilt. Historiker vermuten, der Berg könne die alten Khmer an den Phallus Shivas erinnert haben, das Symbol der männlichen Schöpferkraft der Gottheit. Die Einwohner der Provinz nennen ihn deshalb gelegentlich noch immer etwas salopp Phou Kuay – Penisberg.

Wir blickten hinab auf die untere Anlage, die beiden Paläste, den Nandin Pavillon und die Achse, die einst von der Hügelkuppe über die Ebene bis zum Ufer des Mekongs geführt hatte und als zentrale Linie diente, an der sich Tempel, Schreine und Wasserbecken auf einer Länge von zehn Kilometern in geometrischen Mustern aufreihten. Damals waren die Anlage und die nahegelegene Stadt das wichtigste wirtschaftliche, politische und religiöse Zentrum der Region. Auch die heutige Asphaltstraße, die durch den kleinen Ort Champasak verläuft, ist eine direkte Verlängerung des Prozessionsweges, lediglich von ihm getrennt durch einen See, ein bisschen Gras und die Parkplätze. Wir sahen uns all das an, bis es nichts mehr zu sehen gab, und wandten uns schließlich dem Abstieg zu.

»Hey!«, rief Céline da, und ich drehte mich um, neugierig zu sehen, was ihre Aufmerksamkeit erzielt hatte.

Oh nein.

Franzose eins und zwei winkten uns, der blonde in einem ärmellosen Shirt, aus dem die Achselhaare herausquollen, der andere mit offenem Hemd, das seine haarige Brust offen legte.

»W-was...«, stotterte ich, »was ist aus eurem Vorhaben geworden, bei Sonnenaufgang aufzubrechen?«

»Wir sind etwas zu spät aufgestanden, dann haben wir den Schlüssel verloren und ihn ewig gesucht und dann...« – Ich erspare Ihnen den Rest.

Natürlich schlossen sich die beiden uns an. Wir liefen zurück, vorbei an den beiden Palästen, vorbei an den teils ausgetrockneten Wasserbecken und den steinernen Stelen. Für eine kleine Pause ließen wir uns auf den großen Steinen an der verfallenen Mauer jenseits des Prozessionsweges nieder. Der blonde Franzose schien tatsächlich einen nachdenklichen Moment zu haben, denn er fuhr mit der Hand über den Stein, auf dem er saß, und sagte gedankenverloren: »Ist das nicht erstaunlich? Hier sitzen wir auf diesen Steinen, die im Gras liegen, fassen sie an, sehen sie, genauso wie sie die Khmer vor über tausend Jahren gesehen haben, die sie aus dem Steinbruch herausgebrochen, transportiert und geformt haben. Sie haben Stunden mit diesem Stein verbracht, ihn bearbeitet, ihn in seiner Struktur kennengelernt, kannten jeden Kratzer, jede Einlagerung ... und der Augenblick, an dem sie ihn vollendeten, war für sie genauso gegenwärtig und real wie der jetzige Augenblick es für uns ist. Sie sind lange tot, aber das Ergebnis ihrer Arbeit ist noch hier – wie zur Erinnerung, dass sie einst gelebt haben. Es war genau hier, wo ein Khmer ihn abgeladen hat, und genau hier sitzen wir, sehen denselben Stein, und alles, was uns trennt, sind die vielen hundert Jahre. Aber es scheint wie nichts, denn wir sind mit ihnen verbunden. Ist das nicht erstaunlich? Ich berühre die Stelle, die sie berührt haben, die sie geformt haben – ich und die Khmer, wir sind eins.«

»Ja«, sagte sein Begleiter und grinste. »Oder es waren kleine Negerkinder, die sie als Sklaven hielten, die den Stein angefertigt haben.«

»Argh!«, rief der Blonde, sprang auf, klopfte sich die Hosen ab und rieb sich angewidert die Hände. Die beiden lachten, bis sie nicht mehr konnten.

»Zeit, weiterzugehen«, sagte ich. Kurz vor dem Ausgang bemerkten wir ein Gebäude, in dem eine Ausstellung untergebracht war. Der Ticketkontrolleur saß an einem schlichten Schreibtisch, sein Kopf war auf den Tisch gesunken, der, abgesehen von einem kleinen Aufstellkalender mit hübschen Frauen, leer war. Er grunzte leise. Wir gingen an ihm vorbei und bestaunten die Steinmetzkunst der Khmer, die Köpfe Shiras, Stiere, Nagas, Buddhas und andere meist aus Sandstein gefertigte Skulpturen und Gegenstände, die in der Gegend gefunden worden waren, zum Teil aus dem 8. Jahrhundert stammend und nahezu perfekt erhalten.

Als die Franzosen verkündeten, kurz auf die Toiletten zu verschwinden, nutzten Falk und ich die Gelegenheit, Céline mitzuteilen, dass wir aufbrechen sollten. Einmal mehr rannten wir regelrecht zu den Motorrädern, um ihr keine Gelegenheit zum Protest zu geben.

Wie ich es mir vorgenommen hatte, warf ich der gefühlskalten Dame in der Holzhütte einen feindseligen Blick zu, dann ließen wir die Ruine von Vat Phou hinter uns und – das stimmte mich noch fröhlicher – mit ihr die Franzosen. Es gab nur einen positiven Aspekt, den ich dem Umstand abgewinnen konnte, dass wir ihnen immer wieder begegneten: Die freudige Erregung, die es mit sich brachte, wenn wir sie wieder los wurden.

Zurück in Pakxe, hielten wir an einem Besucherzentrum, das wir zufällig entdeckten. Da wir verschwitzt und verstaubt waren, fragte Céline den Mitarbeiter nach einem Hotel mit Swimming Pool. Die beiden diskutierten das Ansinnen, ich entdeckte unterdessen ein Buch über den Mekong, in dem ich herumblätterte. Ich setzte den konzentrierten Ausdruck auf, dem es bedarf, gleichzeitig zu lesen und zuzuhören, und nickte gelegentlich verständnisvoll. Natürlich bekam ich von dem Gespräch und der ausführlichen Wegbeschreibung kein Wort mit, weshalb ich den anderen beiden fünf Minuten später ahnungslos durch die Stadt folgte und nicht mit dem Namen des Hotels dienen kann, das wir suchten.
An allen Seiten zogen Autos und Motorräder an uns vorüber oder wurden von uns überholt. Die Laoten sind keine aggressiven Fahrer und keine Raser, zumindest nicht in den Städten, aber sie fahren chaotisch, kreuz und quer, ohne Interesse für Spuren und Überholregeln und – selbst auf den Hauptverkehrsadern – die richtige Fahrtrichtung. Wenn ich am Rand der rechten Spur fuhr, um nur auf die überholenden Fahrzeuge zu meiner Linken achten zu müssen, kamen mir immer wieder Motorradfahrer entgegen, nicht nur ihr, sondern auch mein Leben riskierend. Bogen neue Fahrzeuge von einer anderen Straße oder einer Tankstelle ein, sahen die Fahrer sich nie um: Sie fuhren einfach langsam auf die Fahrbahn, hielten sich zunächst rechts und erwarteten, dass die Fahrer herankommender Fahrzeuge rechtzeitig die Steuer nach links rissen. Auf vielen Motorrädern, selbst auf Mopeds, saßen vier oder fünf Leute. Gerade überholte ich eine Maschine, auf der ein Mann und eine Frau saßen, die ein Kind auf dem Schoß und ein Kleinkind am Hals hatte. Vorne hing ein weiterer kleiner Kopf über dem Lenker. Aus dem Knäuel ragten quer zwei etwa drei Meter lange Bretter heraus, wie Gleichgewichtsstangen eines Akrobaten, und drohten, dem Leben eines jeden ein jähes Ende zu bereiten, der erwog, zu überholen. So chaotisch die Leute auf dem Motorrad saßen, so

unkontrolliert war der Fahrstil des Mannes, der den Großteil seiner Aufmerksamkeit darauf konzentrierte, die Bretter zu balancieren. Stellen Sie sich dazu plötzlich wendende Lastwagen, träumende Spaziergänger und Fahrräder ohne Bremsen vor und Sie haben eine vage Vorstellung vom Verkehr in einer der wenigen größeren laotischen Städte.

Es gab einen direkten Weg vom Parkplatz am Hotel vorbei zum Pool, aber das bemerkten wir erst später. Stattdessen schlichen wir durch das Foyer und die Flure, auf der Suche nach dem Schwimmbecken. Angestellte in Uniformen und Geschäftsleute in Anzügen begegneten uns, während wir versuchten, selbstbewusst zu wirken und keine der Glasvitrinen mit unseren knallbunten Helmen einzuschlagen. Wir gelangten in den Außenbereich und fanden – so sicher wie die Maus den Speck und die Kakerlaken Falks und mein Zimmer – den Pool. Es war ein großartiger Anblick: klares, tiefblaues Wasser – dass die kräftige Farbe vor allem von den Fliesen stammte, war unerheblich – schattige Liegestühle, ein Blick auf den Mekong hinter der Poolanlage … und das alles für uns allein. Wir warfen die Rucksäcke auf drei Liegen, rissen uns die T-Shirts von den Leibern, duschten und sprangen ins Wasser. Falk zog einige Bahnen im bohnenförmigen Becken, ich hockte mich nur hin und genoss die Kühle. In der Tasche meiner Hose fand ich einen lange verschollenen, braunen Überzug für einen Regenschirm, den ich vor Monaten in China gekauft hatte. Ich füllte ihn mit Wasser, rief Falks Namen und schleuderte ihm den Überzug über die Länge des Beckens entgegen. Ich verfehlte ihn, aber das Spiel für die nächsten zwei Stunden war gefunden. Wir bewarfen uns erst gegenseitig mit der wiederverwertbaren Wasserbombe und spielten dann Tretze: Eine Person stand in die Mitte und musste den unansehnlichen Überzug erkämpfen, den die anderen beiden hin und her warfen. Wir kämpften um das hässliche Teil mit einer Verbissenheit, als ginge es um pures Gold.

Unsere vergnügten Schreie hallten weit über das Poolgelände hinaus und offenbar bis ins Hotel hinein. In der zehnten Etage pressten kleine Kinder ihre Gesichter an die Scheiben und beobachteten uns, wenig später stürmten sie den Pool und spielten mit. Immer mehr Kinder kamen dazu, einige Laoten, aber auch Sprösslinge aus dem Rest der Welt, der Pool füllte sich, und der ranzige Schirmüberzug wurde zum begehrtesten Objekt in ganz Pakxe.

Kapitel 10
4.000 Inseln und eine Menge Gras

Das Tuk Tuk hatte nur noch einen funktionierenden Gang: den ersten. Im Schritttempo schlichen wir – Céline, Falk, Elise, die wieder bei uns war, und ich – zum vielleicht fünf Kilometer entfernten Busbahnhof. Ein ums andere Mal blieben wir stehen. Der Fahrer schaltete auf neutral, würgte erneut den Gang ins Getriebe, drückte das Gaspedal durch. Der Motor heulte auf, die Ladefläche vibrierte – ansonsten geschah nichts. Dann ging es weiter, unendlich langsam, während die Zeit der Abfahrt unseres Busses unaufhaltsam näher rückte.

  Schließlich erreichten wir den Bahnhof, gerade rechtzeitig, doch kein Bus wartete hier auf uns, sondern ein Jumbo-Tuk-Tuk, das uns und etwa zehn weitere Passagiere nach Süden brachte. Das letzte Stück des Weges führte über etliche Schotterstraßen. Wir schluckten Staub und Staub bedeckte uns und unsere Sachen. Immer wieder steuerte der Fahrer in lange Sackgassen, die in abgelegenen Dörfern endeten, und ließ ein oder zwei Anwohner heraus. Manchmal wollte auch niemand aussteigen. Dann zuckte er mit den Schultern und fuhr den ganzen Weg zurück. So verging die Zeit.

  Endlich hielt er an der Stelle am Ufer des Mekongs, an der wir aussteigen mussten. Ein kleines Floß war am Ufer vertäut und diente als Anlegestelle der Fähre, die über den Mekong setzte, einem Holzboot, das bedenklich schaukelte, als wir es betraten. Wir legten unsere Rucksäcke ab, bemüht, sie so auszurichten, dass sie das Gleichgewicht des Bootes so wenig wie möglich störten. Vorbei an allerlei winzigen, dichtbewachsenen und unbewohnten Inseln fuhren wir über den Mekong, in dem noch immer einiges Treibholz schwamm, und landeten im Norden von Don Det, einer der Si Phan Don, der *Viertausend Inseln*: So wird das Gebiet genannt, in dem der Mekong seine größte Ausdehnung in Laos erreicht. Auf einer Länge von fünfzig Kilometern und einer Breite von bis zu vierzehn Kilometern teilt sich der Fluss in zahlreiche Kanäle, in denen er etliche kleine Inseln umspült. Deren Zahl beträgt keineswegs genau 4.000, da sie sich ständig ändert: In der Trockenzeit ist sie wesentlich höher als in der Regenzeit. »Der Fluss ist so breit, dass keine Brücke ihn überspannen kann«, schrieb Marco Polo, bisweilen als »größter Überlandreisender der Welt« bezeichnet, um 1300 in *Il Milione. Die Wunder der Welt* über den Mekong. »Denn er ist unvorstellbar breit und tief und fließt in den Großen Ozean, der das Universum umgibt – ich meine, die ganze Welt.«

Die größte Insel ist mit achtzehn Kilometern Länge, acht Kilometern Breite und 10.000 Einwohnern Don Khong, nicht zu verwechseln mit der viel kleineren Insel Don Khon, die unmittelbar südlich von Don Det liegt und über eine Brücke mit ihr verbunden ist.

Don Det, die halbmondförmige Insel, auf der wir das Boot verließen, hatte den Ruf, zumindest im Nordteil, ein kleines Vang Vieng zu sein. Dementsprechend gab es auch die meisten Unterkünfte im nördlichen Teil: Grund genug für mich, keinen zweiten Gedanken daran zu verschwenden hierzubleiben. Ich schulterte die Rucksäcke und verkündete mit einem Blick auf die Karte: »Wir sollten die Insel durchqueren und über die Eisenbahnbrücke im Süden zur Insel Don Khon wandern.«

Ich erwartete keinen Widerspruch, denn im Gegensatz zu Don Det war Don Khon ruhig, beschaulich und von einem intakten Dorfleben geprägt. Die Fischer gingen in Ruhe ihrem Tagwerk nach, die Zeit verging langsam. Auf mich wirkte das sehr verlockend. Doch ich hatte nicht mit den Prioritäten der Frauen gerechnet. Céline betrachtete die Karte mit den eingezeichneten Unterkünften und stellte treffend fest: »Auf Don Khon sind ausschließlich im Norden Unterkünfte, auf Don Det hingegen gibt es auch welche im Nordwesten.«

»Und?«, fragte ich.

»Das heißt«, sprang Elise ein, »wir können die Sonne nur auf Don Det untergehen sehen.«

»Die Sonne?«, fragte Falk und sah so verständnislos drein wie ich.

»Ja, natürlich!«, sagte Céline. »*Den* Sonnenuntergang über dem Mekong, den können wir auf keinen Fall verpassen.«

»Ihr wollt doch sicher nicht für einen fünfminütigen Sonnenuntergang unsere Tage hier an einem Ort verbringen, den wir voraussichtlich nicht mögen werden«, sagte ich.

»Wir werden ihn mögen«, entgegnete Céline. »Denn hier gibt es den Sonnenuntergang.«

Ich schüttelte voll Unverständnis den Kopf, aber den Frauen war der Sonnenuntergang wichtiger als alles andere. Zur Not, ohne entsprechende Unterkünfte, hätten sie vermutlich mit den Wasserbüffeln in den Reisfeldern übernachtet. Falk und ich ergaben uns unserem Schicksal.

Durch die nördliche Siedlung der Insel, Ban Houa Det, zog sich ein Weg aus festgestampfter Erde, an dessen Seiten sich Bars und Restaurants ohne Wände und Türen aufreihten, nicht mehr als mit Holzbrettern überdachte Stühle. Trotzdem sahen sie mit ihren niedrigen Tischen, Matratzen und Kissen einladend aus. An einigen Geländern hingen sogar Hängematten. Ich sah mich schon mit einem Cocktail in der Hand und einem Buch auf dem Bauch in einer Hängematte lümmeln, und meine Stimmung stieg langsam wieder. Die Bars waren fast leer, denn es war Nebensaison. In der Hauptsaison hätten hier schon jetzt, am frühen Nachmittag, wilde Partys getobt.

Rechts abbiegend, folgten wir einem kleinen Pfad, der ans Westufer der Insel führte, vorbei an kleinen Gruppen von Bambushütten, die direkt am oder über dem Wasser standen und auf deren Terrassen weitere Hängematten im Wind schaukelten. Wir sahen verschiedene Hütten an, aber sie waren den Frauen entweder nicht nahe genug am Wasser (zehn Meter zurückgesetzt, dafür neu, sauber und richtig schick, mit integriertem Badezimmer) oder zu teuer (30.000 Kip pro Übernachtung). Eine uralte Frau mit Joint im Mund zeigte uns das Innere einer weiteren Hütte. Falk und ich nickten wohlwollend, aber Céline sagte: »Lasst uns lieber noch etwas weiterschauen und uns einen Überblick verschaffen, ehe wir entscheiden.«

Ich schnaufte erschöpft, denn die Schnalle des Bauchgurtes meines großen Reiserucksacks war vor einigen Tagen zerbrochen, so dass das Gewicht beider Rucksäcke auf meinen Schultern lastete und drohte, mich jeden Augenblick in die Knie zu zwingen. Aber wir stapften weiter und sprachen als nächstes einen indischstämmigen Londoner an – das heißt, wir wollten ihn ansprechen, aber er kam uns mit einem Redeschwall zuvor. Ein langer, geflochtener Bart hing von seinem Kinn wie ein verkrüppelter Stalaktit und erinnerte mich an den Zeremonialbart der Totenmaske Tutanchamuns. Unentwegt lächelte er, erzählte eifrig von der Unterkunft, gestikulierte enthusiastisch – aber seine Augen lächelten nicht. Sie schauten uns gelangweilt und ohne aufrichtiges Interesse an. Später erkannte ich, dass der glasige Blick auch eine andere Ursache haben konnte.

»Unsere Bungalows stehen direkt am Wasser«, sagte er, nachdem er sich als Ari vorgestellt hatte. »Sie haben einen Ventilator und garantierte vierundzwanzig Stunden Strom. In jedem steht ein Zweipersonenbett. Das alles kostet euch nur 25.000 Kip die Nacht – für zwei Personen. Ihr könnt euch die Hütten gern ansehen. Und übrigens: Die Matratzen sind *so* dick.«

Er hielt die Hände einen halben Meter auseinander und machte ein Gesicht, das zu völliger Verblüffung aufforderte. »Ich weiß nicht, ob ihr schon die Matratzen anderer Bungalows angesehen habt, aber die sind nicht dicker als ein Blatt Papier, und wenn ihr vorhabt, eine Nacht oder länger zu bleiben« – Welche anderen Möglichkeiten gab es denn? – »lohnt es sich wirklich, auf die Matratze zu achten. Das seid ihr euren Rücken schuldig. Und es chillt sich besser. Die Bungalows selbst sind eher schlicht. Da drüben stehen die Gemeinschaftstoiletten. Ich weiß ja nicht, wonach euch ist, aber wenn ihr etwas Besseres wünscht, haben wir dort hinten eine kleine Gebäudereihe mit apartmentartigen Zimmern und eigenen Bädern. Das kostet dann etwas mehr. Bei alledem...«

»Entschuldige«, unterbrach ich ihn, unter der Last meiner Rucksäcke ächzend, »aber könntest du dich bitte kurzfassen?«

Er sah mich kurz irritiert an, lächelte sofort wieder und sagte: »Na dann: einfach dort durchgehen.«

Ich nickte dankbar, stellte meine Rucksäcke ab, lief, gefolgt von den anderen, eine schmale Treppe zwischen den Wänden zweier

Bungalows hinauf und erreichte die Holzterrasse. Sie war von Brandlöchern übersät, durch die ich das schnellfließende Wasser des Mekongs sehen konnte. Die Pressholzdecke darüber bedeckte weißer Schimmel. Die Hütten selbst waren löchrige Bretterverschläge, die Betten waren miefig und ... nun, genau genommen gab es kein *und*, denn abgesehen von dem Anderthalbpersonenbett existierten keine Einrichtungsgegenstände – dazu bot die Hütte zu wenig Platz. Wir stiegen die Treppenstufen hinunter. Ich wollte gerade meine Rucksäcke schultern, um zu verschwinden, als Ari sagte: »Übrigens: Von der Terrasse aus hat man einen perfekten Blick auf den Sonnenuntergang.«

Du heuchlerischer, falscher, gewiefter Hund.

Er streute den Kommentar wie nebenbei ein, aber ich war überzeugt, er wusste genau, was er tat. Und tatsächlich: Die Augen der Frauen begannen zu leuchten. Mir war klar, dass er gewonnen und ich verloren hatte. Ich versuchte gar nicht, zu diskutieren. Céline und Elise nickten begeistert, quiekten ekstatisch, wedelten mit den Händen und sprangen von einem Fuß auf den anderen, als wäre der Boden plötzlich heiß wie eine Bratpfanne. Falk zuckte gleichgültig mit den Schultern.

»Wir nehmen es«, sagte Céline.

»Wenn du uns drei weitere Hängematten besorgst«, fügte ich hinzu, denn vor unseren beiden Bungalows hing nur eine der unersetzlichen Entspannungswerkzeuge.

»Kein Problem. Dafür finden wir schon eine Lösung. Hier liegen überall welche rum. Ich muss nur welche von den Apartments holen. Wisst ihr, die Leute ziehen ständig um und bringen sie hierhin und dorthin und wieder zurück.«

Wir teilten uns den linken und rechten der drei Bungalows, die es hier gab – die Frauen bekamen jenen mit der Hängematte – und verbrachten fünf Sekunden damit, uns in den Zimmern einzurichten: Ein Vorteil, wenn es keine Schränke, Regale oder Haken gibt, ist, dass man nichts auspacken kann.

Ich schlug vor, zurück in die Siedlung zu gehen, um etwas zu essen, aber die Frauen wollten erst duschen. So beschloss ich, es mir inzwischen auf der Terrasse vor unserem Bungalow gemütlich zu machen, auf der ich mindestens den gesamten nächsten

Tag ausspannen wollte. Dann bemerkte ich, dass es nichts gab, um es mir gemütlich zu machen: keine Hängematte, keinen Stuhl, keinen Hocker, keinen Holzklotz, einfach nichts außer einem wackligen Geländer, das mir Splitter in die Finger bohrte, wenn ich mich darauf abstützte.

Ich wandte mich an Ari. »Denkst du an unsere drei Hängematten?«

»Kein Problem«, sagte er und wischte meine Bitte aus der Luft wie eine lästige Fliege. »Ich muss mich mal umsehen. Irgendwo wird es schon welche geben. Ich werde mich mal umsehen. Ich werde versuchen, so viele wie möglich zu finden.« Er zwinkerte mir kumpelhaft zu.

»Wir brauchen nicht so viele wie möglich«, sagte ich, »sondern drei, ganz genau drei. Das reicht vollkommen.«

»Ja ... ich werde mal sehen. Weißt du, in Laos dauert alles etwas länger, da braucht man etwas Geduld.«

Die Geduld ging mir aber langsam aus, denn ich gewann das Gefühl, dass er genau wusste, dass er nicht genügend Hängematten hatte. Das mag sich nach einer unbedeutenden, zu vernachlässigenden Kleinigkeit anhören, aber wir waren auf diese Insel gekommen, um in Hängematten zu liegen, verträumt auf den Mekong zu schauen und die Stunden tatenlos verstreichen zu lassen. Ich wollte mit allen Mitteln verhindern, dass ich die nächsten Tage im Schneidersitz auf einer von Brandlöchern gespickten Brettersammlung verbringen würde.

Ich brauchte Klarheit, solange ich noch umziehen konnte.

»Zum Glück sind die Apartments ja nur fünfzig Meter entfernt«, sagte ich. »Das kann nicht sehr lange dauern, nicht wahr?«

»Bleib mal ganz locker. Ich arbeite daran, okay?«

»Du siehst nicht so aus als hättest du in den letzten Jahren auch nur *eine Minute* gearbeitet.«

Natürlich sagte ich das nicht, sondern biss auf meine Unterlippe und ging zurück zu Falks und meinem Bungalow, vor dem mittlerweile eine Hängematte baumelte. Ein schottisches Pärchen, das den mittleren der drei Bungalows bewohnte, hatte sie uns in seiner Großzügigkeit abgegeben. Ich legte mich hinein und las; Falk stand herum und rauchte. Als er fertig war, schnippte er die Kippe gedankenverloren über das Geländer, nicht zum Wasser hin, sondern zur Seite. Er bemerkte, dass er sie direkt in einen Haufen zusammengetragener, abgestorbener Äste, Palmenblätter und Gräser geworfen hatte. Aus seinem Tagtraum erwachend begriff er das Risiko, stellte sich ans Geländer und starrte besorgt auf den Haufen.

»Ich hole sie lieber«, sagte er, ging die Treppe hinunter und um den Bungalow herum und versuchte auf den Haufen zu klettern. Doch der war so hoch und instabil, dass alles unter seinem Gewicht zusammensank und er sein Gleichgewicht verlor. Er bewegte sich so ungeschickt über den Haufen wie eine Robbe über Land, fand die Zigarette nicht, die in den Tiefen des Strohs und der trockenen Zweige verschwunden war, und sah sich eine Weile unentschlossen um. Dann spuckte er symbolhaft auf den Haufen, stellte fest, dass er alles getan hatte, was er konnte und kam zurück.

Die Frauen waren mittlerweile mit ihrer Körperreinigung fertig, so dass wir losgehen konnten. Wir endeten in einem Restaurant am Fluss, das sich *Reggae-Bar* nannte und von einem oberkörperfreien, tätowierten Australier in einer kurzen, gelb-grün-schwarzen Jamaikahose bewirtschaftet wurde. Seine Rastalocken reichten ihm über den nackten Rücken bis zum Gesäß. Aus den Lautsprechern dröhnte die entsprechende Musik: In dem Raggae-Gemurmel hörte ich immer wieder das Wort *Marihuana* heraus. Und richtig, alles roch nach Marihuana – der Mann, die Matratzen, auf denen wir saßen, die Tafeln, die die »Plätzchen des Glücks« und »Shakes der Träume« anpriesen. Als wir uns gesetzt hatten, kam mir ein beängstigender Gedanke. Ich schaute zum – ich zögere, ihn als Kellner zu bezeichnen, denn meiner Vorstellung dieser Berufsgruppe entsprach er in etwa so, wie Hulk Hogan einem typischen Professor für angewandte Literaturwissenschaft, aber mir fällt nichts Besseres ein – ich schaute also zum Kellner, dem inzwischen ein rauchender Joint im Mundwinkel steckte und der sich auf einen Barhocker gesetzt hatte. Er streichelte einen kleinen, unglaublich süßen Welpen, der lethargisch und vermutlich high auf seinem Schoß lag.

»Wird dieser Typ unser Essen zubereiten?«, fragte ich, und die Anderen machten besorgte, ratlose Gesichter.

»Keine Ahnung«, sagte Falk, »aber wenn er es macht, kann ich mir schon denken, wie es schmecken wird.«

Fünf Minuten, nachdem wir unsere Bestellungen aufgegeben hatten, wandte sich der Kellner, in der einen Hand seinen Joint, in der anderen Lippenbalsam, an Falk und teilte mit, dass kein Schinken mehr da sei und Falk die Pizza, die er bestellt hatte, leider nicht haben könne.

Falk überlegte und fragte, unschuldig wie ein Neugeborenes: »Haben Sie Pilze?«

»Hat Pamela Anderson Titten?«

»Äh ... dann hätte ich die gern.«

»Die Titten?«

Der Mann lachte und trollte sich.

»Du weißt«, sagte Elise grinsend zu Falk, »dass es mit bestimmten Risiken verbunden ist, in einem Lokal wie diesem nach Pilzen zu verlangen, oder? Risiken, die sich darin äußern könnten, dass du in einer halben Stunde nackt über die Brüstung springst, *Ich habe drei Brustwarzen!* rufend, mit dem linken Ohr des Welpen im Mund.«

»Oh mein Gott«, murmelte Falk, erschrocken über seine eigene Einfalt. Doch am Ende waren die Pilze harmlos. Wir brauchten aber auch nicht mehr viel, um high zu werden. Eine dichte Marihuanawolke zog beständig von dem kleinen Tresen an uns vorbei in Richtung Mekong. Unser Eindruck vervollkommnete sich, als ein Laote mit einem riesigen Reissack hereinkam, ihn erschöpft abstellte und aus dem Sack einen weiteren Sack herauszog, dieses Mal einen blauen Müllbeutel, der bis zum Bersten gefüllt war mit der größten Menge an Gras, die ich je gesehen hatte. Der Kellner beugte sich über den geöffneten Sack, holte ein Büschel heraus, betastete es und schnüffelte fachmännisch daran. Er nickte und bezahlte. Die beiden zündeten sich frische Joints an.

Ich war wenig überrascht, als Ari auftauchte und sich zu ihnen gesellte. Dann packte der Laote zusammen und zog weiter. Eigentlich taumelte er vielmehr, denn vermutlich kiffte er schon den ganzen Tag zusammen mit seiner Kundschaft. Der Kellner kam zu uns, trug etwas Balsam auf seine Lippen auf und sagte: »Wir gehen jetzt zu einer Hochzeit. Wenn ihr irgendwas mit *Happy* haben wollt, müsst ihr es jetzt bestellen. Die Familie, der das Ding hier gehört, macht das nicht. Alles andere bekommt ihr weiterhin.«

Wir verzichteten dankend, und er und Ari zogen ab, Ari in einem schmuddeligen Hemd, der Kellner in seiner Jamaika-Hose. Ich vermutete, dass »Hochzeit« ihr Geheimbegriff für irgendeine Art von Drogenparty war.

Nach dem Essen kehrten wir zurück zu unseren Bungalows und setzten uns auf die Terrasse eines kleinen, angeschlossenen Restaurants, der *Happy Bar*. Dort tranken wir einige Biere und kamen nach ein paar Stunden ins Gespräch mit Ari, der von seiner Hochzeitsfeier zurückgekehrt war und noch immer keine weiteren Hängematten aufgetrieben hatte. Er empfahl mir den Bananen-Schokolade-Shake.

»Der ist ziemlich gut«, sagte er, aber in Wirklichkeit war er ziemlich schlecht: Das letzte Drittel war eine ekelhafte, puddingartige Masse, glibberig wie Sülze. Ich fragte ihn, was er in seinem Leben vor Don Det gemacht hatte. Er antwortete mit einer vagen Aufzählung – »Ich habe Immobilien verkauft, war im Marketing und im Vertrieb und im Training...« – deren Umfang mich vermuten ließ, dass er nichts davon gemacht hatte. Also fragte ich stattdessen, wie es ihn hierher verschlagen hatte, auf eine glaubwürdigere Geschichte hoffend.

»Das erste Mal kam ich im Januar her, also vor sieben Monaten. Ich hing hier zwei Wochen rum und tat nichts, dann reiste ich weiter nach Kambodscha. Vor meinem Flug nach Thailand hatte ich noch einige Zeit, also kehrte ich zurück nach Don Det, lebte wieder an der gleichen Stelle und machte Freunde. Nach dem Thailandtrip kam ich erneut her. Im Dorf Nakasang, auf der anderen Seite des Mekongs, an der Fähranlegestelle, von der ihr heute wahrscheinlich auch gekommen seid, traf ich zufällig auf Mr. Vang. Er ist der Vater der Familie, der die Happy Bar, die Bungalows und die Raggae-Bar gehören. Vielleicht habt ihr ihn schon gesehen: Er ist der Typ mit dem dicken Bauch. Damals kannte ich seinen Namen nicht, hatte nur einmal mit ihm Schach gespielt, aber er sprach mich an und sagte: *Gut, das du da bist.* – *Ach ja?*, antwortete ich, und er sagte: *Wirf das Zeug dort in das Boot*, und ich warf sein Zeug in das Boot und folgte ihm und fragte: *Was machen wir als nächstes?* Und bevor ich wusste, was geschah, schleppte er mich in die Raggae-Bar und gab mir Drinks und Gras und Happy Cookies. Er war wirklich gut zu mir. Er quartierte mich in den Bungalow ein, in dem du jetzt schläfst und sagte: *Morgen arbeitest du für mich.* Es gab für ihn keine Fragen. Ich hatte aber gerade eine fünfzehnstündige Busfahrt hinter mir und fragte, ob ich nicht erst zwei oder drei Tage chillen könnte.«

Ein Hund streifte zwischen seinen Beinen umher.

»Ist das deiner?«, fragte ich.

»Ich füttere ihn nicht, aber ich chille mit ihm. Und wir sind zusammen high.«

Er streichelte den Hund flüchtig am Kopf und fuhr fort: »Jedenfalls bin ich jetzt seit Monaten hier. Ich werde nicht bezahlt, aber ich bekomme Unterkunft und Verpflegung und Gras und chille eigentlich die ganze Zeit. Und ich kümmere mich um Happy Cookies und Happy Shakes und Happy Music und Happy Trips. Ich lebe ein Leben, in dem ich weder Geld verdiene noch Geld brauche. Die Familie vertraut mir und lässt mich machen, was ich will. Teilweise fragen sie mich, ob das so und so okay ist...«

Ich dankte ihm für die Ausführungen, gratulierte ihm, weil er die Chance genutzt hatte, glücklich zu werden, als sie sich ihm bot, und deutete auf meine Freunde, die Karten spielten und auf mich warteten.

Am späten Nachmittag zogen wir uns auf die Terrassen vor den Bungalows zurück. An Falks und meiner hingen mittlerweile zwei Hängematten, allerdings hatte Ari nicht daran gedacht, auch die der Schotten zu ersetzen, die die beiden uns geliehen hatten. Schweren Herzens boten wir ihnen an, sie zurückzugeben, aber sie sahen uns nur aus verschleierten Augen an und schüttelten die Köpfe.

»Ihr könnt sie behalten«, sagte die Frau. »Wir haben sie ursprünglich ohnehin von eurem Bungalow geholt.«

Um zu duschen, ging ich zum Gemeinschaftsbad, einem Ziegelsteinhäuschen mit zwei Kammern, in denen sich je eine Dusche und ein winziges Klo ohne Brille versteckten, so dass ich nicht wissen konnte, ob die Pfütze, die den Boden bedeckte, Wasser oder Urin war. Ein Waschbecken oder eine andere Vorrichtung zum Zähneputzen gab es nicht.

Ich ließ mich neben Falk in der zweiten Hängematte nieder und dachte über das Wagnis nach, das wir hier eingingen, mich an eine Warnung Marco Polos erinnernd, der über den Mekong berichtet hatte: »Hört das Merkwürdige: Wenn die Leute auf dem Fluss fahren und des Nachts irgendwo ruhen möchten, dürfen sie nicht zu nah ans Ufer geraten, sonst gelangen die Raubtiere zu den Barken, packen einen Menschen, schleppen ihn weg und verschlingen ihn.«

Trotz der unheilvollen Schilderung des Weitgereisten entspannte ich mich und schaute verträumt zum verschimmelten Terrassendach hinauf, während sich die Frauen begierig einem Bericht der Schotten über den gestrigen Sonnenuntergang hingaben. Er sei grandios gewesen, der grandioseste, den sie je gesehen hätten. Céline und Elise fragten nach allen Details, quiekten wieder einmal begeistert und erlebten ein unverhofftes verbales Vorspiel.

Als es soweit war, ging die Sonne unter, ohne dass wir etwas davon mitbekamen. Am Horizont zuckten einige stumme Blitze durch die Wolken, das war alles. Céline und Elise ertränkten ihren Frust im Alkohol; Falk und ich stimmten freudig mit ein, um die beiden moralisch zu unterstützen und unser Bedauern für die verpasste Gelegenheit auszudrücken. Die Schotten pafften neben uns einen Joint nach dem anderen.

Ich versuchte mir vorzustellen, wie es hier in der Trockenzeit zugehen mochte. Dann wurde der kleine Ort vermutlich zu einem Hafen für Kiffer aus der ganzen Welt. Ich sah Wasserbüffel vor meinem geistigen Auge, die aufgrund des Passivrauchens so high waren, dass sie versuchten, sich mit dem Holzpflug zu paaren, der an sie gebunden war, und laotische Kinder, die über die Reisfelder wankten und ihre Eltern für sprechende Duschköpfe hielten. Langsam überkam mich das Gefühl, unnormal zu sein, weil ich nicht ständig mit einem Joint im Mund herumlief, mir bereits den nächsten drehend. Laoten, Reisende wie die Schotten, Leute, die hier hängengeblieben waren – einfach *alle* kifften hier ohne sichtbare Pausen.

Ich band meine Stirnlampe um und begann mit dem Roman *Entführt* von Robert Louis Stevenson. Falk schaltete seinen iPod ein, zündete eine Zigarette an, und gemeinsam genossen wir das, weshalb wir gekommen waren: das Nichtstun. Während der Himmel sich über mir langsam zuzog, verlor ich mich im Schottland des 18. Jahrhunderts.

Elise kam zu uns herüber und schaute über das Geländer in die Nacht, ein geschlossenes Buch in der Hand.

»Wolltest du nicht auch lesen?«, fragte ich.

»Dazu werde ich zu sehr abgelenkt.«

»Und was lenkt dich ab?«

Sie zuckte mit den Schultern. »Der Fluss, schätze ich. Vielleicht auch der Alkohol. Und was ist mit dir? Willst du zu einer Höhlenexpedition aufbrechen?«

»Wieso?«

»Du siehst aus wie ein Freak, wie du da mit deiner Lampe in der Hängematte liegst.«

»Diese Aussage beweist, wie wenig Ahnung du hast.«

Auf meine Stirnlampe ließ ich nichts kommen und verstand schon seit dem Grundschulalter nicht, wie sich irgendjemand eine gewöhnliche Taschenlampe kaufen konnte, wenn es Lampen mit der selben Leuchtkraft gab, die man sich um den Kopf schnallen konnte. Dass beide Hände frei waren, erleichterte so viele Dinge um so Vieles: das abendliche Lesen im Bett, wenn der Zimmergenosse schon schlief, das nächtliche Urinieren im Wald und, ja, auch Höhlenwanderungen.

»Was liest du denn?«, fragte sie.

Ich sagte es ihr. »Kennst du Robert L. Stevenson?«

»Nein.«

»Das ist einer der großen Autoren englischsprachiger Literaturklassiker. Sein bekanntester Roman ist *Die Schatzinsel* mit dem literarischen Urpiraten Long John Silver.«

Sie hatte nur halb zugehört und rief: »Die Schatzinsel – das kenne ich!«

»Tatsächlich? Wie hat es dir gefallen?«

»Es war nicht die beste Attraktion, aber spannend genug, ein ständiges Auf und Ab, lauter unerwartete Wendungen. Ich habe mir die Seele aus dem Leib gelacht und ...«

»*Attraktion?*«

»Natürlich! Die Achterbahn in Disney Land.«

»Haben wir nicht gerade angefangen, von Literatur zu sprechen?«

»Ja, richtig. Und was hat *Die Schatzinsel* damit zu tun?«

»Das ist ein Buch, eben von ... ach, vergiss es.«

Sie kehrte zu ihrem Bungalow zurück, und ich vertiefte mich wieder in mein Buch.

Plötzlich zuckte Falk, schrie auf und warf sich hin und her, in dem Versuch, innerhalb einer Sekunde aus der Hängematte herauszukommen. Er stützte sich ab, drückte den Hintern hoch, versuchte mit den Beinen den Boden zu erreichen und schlug gleichzeitig mit den Händen in den Stoff unter seinem Gesäß. Er fiel zurück in die Hängematte und kämpfte weiter.

»Scheiße!«, rief er, und dann: »*Scheiße!*«

»Was ist los?«

»Sch – scheiße! Eingeschlafen – die Ziga – au – Scheiße!«

Endlich drehte er sich nach links, wickelte sich aus der Hängematte und stürzte mit einem dumpfen *Wump!* auf die Holzbretter unter ihm. Er sprang sofort auf, fischte die glühende Zigarette aus den Falten der Hängematte und warf sie in den Mekong. Mit einem Blick zum Bungalow der Frauen vergewisserte er sich, dass sie seinen kleinen Kampf nicht bemerkt hatten, und wandte sich an mich: »Das kommt nicht in dein Buch.«

Ich schüttelte resigniert den Kopf. »Du solltest wirklich aufhören zu rauchen.«

Wir hatten uns vorgenommen, an diesem Morgen so lange zu schlafen wie noch nie auf der Reise und unsere trägen Körper keinesfalls vor zehn Uhr aus den Betten zu schälen, aber die riesigen Spalten, die zwischen den Brettern klafften, die unsere fensterlose Hütte bildeten, ließen so viel staubiges Licht hinein, dass ich um sieben aufwachte und mein Gesicht in der Armbeuge vergrub. Doch es half nichts. Die Sonne brannte so intensiv und erhellte das Innere der Hütte dermaßen, dass ich, auch wenn ich die Augen schloss, das Gefühl hatte, auf eine weiße Wand zu starren. Außerdem gingen durch die Spalten Geckos, Spinnen und Käfer in allen Größen ein und aus, aber solange das Getier nicht dünn und schleimig war und *Blutegel* hieß, störte mich das nicht.

Ich drehte mich eine Weile von einer Seite auf die andere, mich weigernd, die Grausamkeit des Schicksals zu akzeptieren, und erhob mich schließlich. Missmutig stapfte ich vor die Tür und machte auf dem Weg zum Duschloch einen ausgiebigen Zwischenstopp in der Hängematte.

Mit geliehenen Fahrrädern fuhren wir entlang des westlichen Ufers Don Dets nach Süden, den Mekong wenige Meter entfernt zu unserer Rechten. Durch weitere Bungalowsiedlungen und laotische Hüttenansammlungen, die zu klein waren, um sie als Dorf zu bezeichnen, folgten wir dem Pfad, vorbei an gelangweilt herumstehenden, wiederkäuenden Wasserbüffeln und einem Westler mit Glatze und Bierbauch, der in einem Garten vor Reihen von Hanfpflanzen stand und Unkraut jätete. Wir fuhren zwischen Reisfeldern hindurch, an aus Erde erbauten Öfen und an Kindern vorüber, die in der starken Strömung des Mekongs spielten, sich an Seilen festhaltend, die sie an über das Wasser ragende Äste gebunden hatten. Wir erreichten einen breiten, ebenen Schotterpfad: eine alte Eisenbahntrasse. Kurz vor dem südlichsten Zipfel der Insel verband eine ehemalige Eisenbahnbrücke diese mit Don Khon. Kaum dass wir die Brücke hinter uns gelassen hatten, stürmten zwei Männer aus einem Häuschen unterhalb der Trasse.

»Stopp, stopp!«, riefen sie. »Anhalten!«

Sie rannten über eine Treppe zu uns hinauf und verlangten 20.000 Kip Eintritt, damit wir die »natürlichen Attraktionen von Don Khon« besichtigen durften.

Wir fuhren am Skelett einer kleinen, alten Dampflok vorbei, die so hässlich war, dass wir nicht anhielten, einem überwucherten Friedhof, auf dem die christliche Familie Xavier ruhte, die 1922 einschließlich einer elfjährigen Tochter von ihren Angestellten umgebracht worden war, und bahnten uns unseren Weg zwischen Restaurants und ruhenden Baustellen hindurch, an denen neue Gasthäuser angefangen und nicht vollendet worden waren. Zwischen alledem verteilten sich Bananen- und Kokosnusspalmen. Die Siedlungen waren nicht kleiner als Ban Houa Det im Norden von Don Det. Die Unterschiede – die größere Gelassenheit und Ursprünglichkeit der Südinsel – wurden wohl erst in der Hauptsaison spürbar.

Der Geruch von schlammigem, aufgewühltem Wasser hing in der Luft. Wir stiegen ab, liefen ein paar Minuten und gelangten an die Mekongfälle, die aus zwei parallel verlaufenden Hauptkaskaden bestanden, der Khong Phapheng-, was zu Deutsch so viel wie *Getöse des Mekongs* bedeutet, und der Somphamit-Kaskade, von der in vielen Reiseführern ungenauerweise ausschließlich die Rede ist, obwohl eigentlich die Mekongfälle gemeint sind. Zusammen bilden die Kaskaden den in der Regenzeit mit bis zu vierzehn Kilometern Länge breitesten Wasserfall der Erde und wasserreichsten Wasserfall Asiens. Ich fand, es war weniger ein Wasserfall als eine gewaltige Stromschnelle, deren raue Kraft mich jedoch mit weit geöffnetem Mund innehalten ließ. Was sie an Fallhöhe und Gefälle vermissen ließ, glich sie durch die gigantische Wassermenge aus, die jeden Augenblick hindurch strömte: bis zu 9,5 Millionen Liter pro Sekunde.

Über eine Breite von mehreren hundert Metern war zu sehen, wie der Mekong mit wahrhaft ohrenbetäubendem Getöse Felsstufen hinabschoss, um Felsen rauschte, sich in schäumenden, weißbraunen Explosionen aufbäumte. Es war eine beeindruckende Darbietung der Kraft, die Milliarden von Wassertropfen gewinnen konnten, wenn man sie zusammenwarf. Das Wasser kam von überall. Der Großteil donnerte unablässig von geradeaus heran, es kam aber auch von rechts aus einem Fluss, der in der Trockenzeit sicher höchstens ein kleiner Bach war, und es schoss von links aus einem Wald heraus, der auf einer felsigen Insel wuchs. Das alles war nur der Teil, den wir vom ersten Aussichtspunkt aus sahen.

»Alles in dieser gigantischen Landschaft atmet Kraft«, schrieb Louis Delaporte, einer der französischen Angkor-Wiederentdecker, 1866 über die Wasserfälle.

Am Ufer entlanggehend, sahen wir immer wieder neue Stromschnellen, die sich über eine Breite von mehreren Dutzend Metern erstreckten und die Inseln in ihrer Mitte aussehen ließen wie Fingerhüte. Zwischen diesen Fingerhüten verliefen einige Seile, hier und da waren Überreste von Bambusleitern zu sehen, die aus den weniger regenreichen Monaten stammten, in denen sich die Fischer unter Einsatz ihres Lebens mitten in die Fluten wagten und von den Felsvorsprüngen Leinen auswarfen.

Nach zwanzig Minuten, als wir uns sattgesehen hatten, folgten wir der Uferlinie weiter, durch überwucherte, scheinbar ziellos verlaufende und sich immer wieder kreuzende Pfade ohne Markierungen, auf der Suche nach einer geschützten Bucht mit Strand, die hier irgendwo sein sollte. Wir fanden die Bucht, aber es gab keinen Strand, wie wir ihn uns vorgestellt hatten, nur ein paar zerklüftete Felsen und scharfkantige Steine. Der Sand war wahrscheinlich im Wasser verschwunden, dessen Pegel allein in den letzten zwei Wochen mehrere Meter angestiegen war.

Wir ließen uns nieder, setzten uns ein paar Mal um, bis wir eine erträgliche Position gefunden hatten, und beobachteten, wie das Wasser an der Bucht vorbeirauschte. Eine Weile versuchten wir vergeblich, aus dem Wasser herausguckende Felsen mit Steinen abzuwerfen, dann kehrten wir zu unseren Fahrrädern zurück, die wir an einem kostenpflichtigen Parkplatz für Zweiräder hatten zurücklassen müssen. Die Frauen und Falk sehnten sich nach den Hängematten und wollten heimkehren, doch ich beharrte darauf, dass wir uns jetzt, da wir hier waren, die ganze Insel ansehen sollten. Ich wollte der alten Eisenbahntrasse bis dorthin nach Süden folgen, wo sie an einer verwitterten, französischen Verladerampe endete, neben der eine weitere Lokomotive vor sich hin rostete. Die Loks hatten auf einer sieben Kilometer langen Strecke von 1893 bis – je nach Quelle – 1940 oder 1949 Güter und Menschen von dieser Rampe in der Siedlung Ban Hang Khon über die Brücke bis in den Norden von Don Det gebracht, wo sich eine weitere Rampe befand, und umgekehrt.

So wurden die für Boote unüberwindbaren Stromschnellen umgangen, vor denen 1866 auch die bereits erwähnte Expedition der Franzosen Francis Garnier und Ernest Doudart de Lagrée kapituliert hatte. John Keay berichtet in *Mad About the Mekong* ausführlich von mehreren Versuchen, die Stromschnellen mit Booten und Dampfschiffen zu befahren. Die Franzosen wollten unbedingt eine Wasserroute nach China finden, um der britischen Kolonialexpansion im oberen Birma zu trotzen. Keay zitiert den Gouverneur Indochinas mit den Worten: »Der Fluss ist die Hauptverbindung zwischen den verschiedenen Ländern Französisch-Indochinas, die er in die Lage versetzt, durch ihn miteinander zu kommunizieren.«

Doch alle Versuche missglückten. Alternativen mussten her. Der zu diesem Zeitpunkt vorübergehend in Thailand lebende Herbert Warington Smyth war Marineoffizier, Bergbauingenieur und Autor von Büchern wie *Journey on the Upper Mekong* und *Five years in Siam: from 1891-1896*. Er schlug – vielleicht nicht ganz im Ernst – vor, eine Bahnlinie oder einen Kanal mit einer Aneinanderreihung von Schleusen um die Fälle zu bauen. Die Idee für die Bahn war geboren, die bis 2009 die einzige jemals in Laos errichtete Eisenbahn bleiben sollte. (Trotzdem gab es auch vorher die Nationale Eisenbahnbehörde, deren Zuständigkeiten mir ein Rätsel bleiben – ebenso übrigens wie die Tatsache, dass die laotische Armee – die Streitkraft eines Landes ohne Meerzugang – neben den Bodentruppen und der Luftwaffe auch eine fünfhundert Mann umfassende Marine-Einheit beinhaltet. Und die Luftwaffe sieht man, abgesehen von einigen Transportflügen, so gut wie nie in der Luft, aber das ist eine andere Geschichte.)

Ganze Schiffe wurden auf den Verladerampen auseinandergenommen, auf den Schienen über die beiden Inseln transportiert und wieder zusammengebaut. Im Dezember 2005 veröffentlichte die Vientiane Times einen Bericht über die mögliche Wiedereröffnung der Strecke für Touristen bis zum Jahr 2007. Die Kosten für die Neuverlegung der Schienen und alle anderen nötigen Maßnahmen wurden auf anderthalb Millionen US-Dollar geschätzt. Ein paar Pläne wurden verfasst und Berechnungen angestellt, aber die Idee wurde nie umgesetzt.

Am südlichen Ende Don Khons gab es auch eine geringe Chance, einen der nach Angaben des WWF vom August 2011 noch fünfundachtzig im Mekong lebenden Irawadidelfine zu sehen, die gelegentlich auch als »Fluss-Schweine« bezeichnet werden. Falk war ohnehin alles recht, solange wir in Bälde essen gehen würden, und die Frauen hatte ich auch schnell überredet, vermutlich eher durch die Erwähnung der Delfine als mit meinem Bericht über die Bedeutung der Verladerampe.

Als ich auf mein Fahrrad stieg und losfuhr, blieb ich schnell hinter den anderen zurück. Ich wunderte mich, weshalb das Treten plötzlich so schwer war, und bemerkte, dass mein hinterer Reifen platt war. Ich versuchte es noch ein paar hundert Meter, aber der luftleere Schlauch hing aus dem Reifen wie eine nasse Socke von der Leine. Es hatte keinen Zweck. Ich vergaß die Rampe und die Delfine, stieg ab und begann, das Fahrrad zurück nach Ban Houa Det zu schieben, der Siedlung im Norden Don Dets, in der wir es ausgeliehen hatten. Die anderen leisteten mir Gesellschaft und radelten neben mir her. Von Zeit zu Zeit kamen uns Autos entgegen, die chinesische Tagestouristen – bebrillte Frauen mit Dauerwelle und schmale Männer, die Handtaschen um den Arm und Fotoapparate in der Hand trugen – von der einen Insel zur anderen brachten und uns in dichte Staubwolken hüllten.

Nach einer halben Stunde reichte es mir. Ich band Schlauch und Reifen mit einigen Schnüren an der Felge fest und radelte den restlichen Weg, tretend wie ein wildgewordener, für die Traubenmaische zuständiger Arbeiter beim Zerstampfen der gelesenen Weintrauben, keuchend, jeden kleinen Stein im Hintern und im Rest des Körpers spürend; und kleine Steine gab es reichlich. Alle dreihundert Meter musste ich halten, weil die Kette abgefallen war, dann ging es weiter. Der Schweiß strömte aus meinen Poren wie Ratten aus einem gefluteten Kanalloch.

Eine Stunde später hatte ich es geschafft. Ich nahm begierig eine große Mahlzeit ein, deren wichtigster Bestandteil drei Dosen Pepsi waren, dann liefen wir zu den Bungalows, und für den Rest des Tages konnte mich nichts mehr aus der Hängematte locken. Zunächst einmal musste ich sie mir jedoch besorgen, denn die

Schotten hatten sie sich in unserer Abwesenheit zurückgeholt. Ich konfrontierte Ari ein weiteres Mal mit seinem Versprechen, uns genügend Hängematten zu beschaffen, aber er zuckte nur mit den Schultern, und so machten Falk und ich uns daran – die Schotten waren nun ihrerseits abwesend – die Knoten der Hängematte zu lösen und sie wieder vor unserem Bungalow aufzuhängen. Ich kletterte ein paar Mal hinein und heraus, die Seillänge an beiden Enden korrigierend, bis sie perfekt hing – was eine kleine Wissenschaft war – und begab mich in den geistigen Dämmerzustand, den ich liebe. Ich hörte das dumpfe Rauschen der Stromschnellen, nicht leise wie eine vage Ahnung, sondern klar und deutlich, und wunderte mich, wie es mir zuvor entgangen war.

Es gab überraschend wenige Mücken. Ich hatte erwartet, dass wir so nahe am Wasser aufgefressen werden würden, aber sie behelligten uns kaum, vielleicht, weil sie selbst high geworden waren und in irgendwelchen Ecken herumlagen. Einmal legte ein kleines Boot mit Steuermann und zwei grauhaarigen Passagieren von vielleicht fünfundsechzig Jahren an.

»Ich liebe es, wenn alte Leute reisen«, rief Falk aus. »Das ist so niedlich!«

Die beiden schauten hoch und sagten: »Danke.«

Falk erschrak. Er war es nicht mehr gewohnt, von anderen auf Deutsch verstanden zu werden.

Ich schaukelte vorsichtig, denn in meine Knoten hatte ich kein großes Vertrauen, beobachtete, wie manchmal ein kleines Boot vorbeituckerte, versuchte die permanente Raggae-Musik zu ignorieren, die leise aus den Boxen der Happy Bar schnarrte, und kämpfte gegen den Drang an, mir eine Cola zu kaufen, aus Angst, die Schotten würden in der Zwischenzeit zurückkommen und die Hängematte zurückerobern.

So vergingen die Stunden. Die Sonne sank gemächlich, bis sie am frühen Abend zu einem roten Ball wurde, der den Horizont über dem Mekong entflammte. Ich beobachtete das stille Spektakel von meiner Hängematte aus, während Falk, der die Bedienung seines Fotoapparates endgültig gemeistert hatte, ein traumhaftes Bild nach dem anderen schoss. Céline und Elise hatten sich derweil auf die Ostseite Ban Houa Dets begeben, um einen kleinen Exkurs in die lokale Kultur zu unternehmen und sich an ein paar Joints gütlich zu tun. Natürlich war das erste, was wir ihnen nach ihrer späten Rückkehr erzählten, ein anschaulicher Bericht des Sonnenunterganges, und für zehn Sekunden waren sie so enttäuscht, wie sie es verdienten. Dann aber kam das gedankenverlorene Lächeln zurück, das sich tief in ihre Gesichter gegraben hatte.

Ich lag in der Hängematte, bis es dunkel wurde, lesend, die Seiten meines Buches durch die Stirnlampe erleuchtet, beobachtete die Sterne und stieß mich gelegentlich sanft vom Geländer ab. Es war weit nach Mitternacht, als ich mich mit dem Gefühl ins Bett legte, immer noch sachte hin und her zu schwingen.

Ich stand wieder einmal mit der Absicht auf, den ganzen Tag nichts zu tun, was nicht von der Hängematte aus erledigt werden konnte. Von den frühen Morgenstunden an lag ich da und schaukelte vor mich hin, las und träumte und reflektierte und schlief und schaute über das Geländer hinaus in eine Welt, die aus nichts als aus dem Mekong und ein paar grünen Inseln bestand. Ich besprach mit Falk auch die Planung für unsere nächste Reiseetappe, Kambodscha, und diskutierte mit ihm, ob wir morgen abreisen oder ein oder zwei weitere Tage hier verbringen würden – vorerst, ohne zu einem Ergebnis zu kommen.

Kambodscha war das letzte Land, das wir auf unserer Reise besuchen würden.

Es gibt zahllose *Laos-und-Kambodscha-Bücher*, in denen die beiden Länder abgehandelt werden, als seien sie Zwillinge oder als gehörten sie über die Maßen zusammen, die für Nachbarländer mit all ihren historischen Berührungspunkten und Verknüpfungen üblich sind. Sie werden so oft in einem Atemzug genannt (und immer in der Reihenfolge *Laos-und-Kambodscha*), dass manche Leute vergessen zu haben scheinen, dass es um zwei separate Staaten geht. Ich weiß nicht warum. Vermutlich wegen der fraglos vorhandenen Ähnlichkeiten, von denen viele aus der geografischen Nähe, dem vergleichbaren Entwicklungsstadium und der eng miteinander verwobenen gemeinsamen Vergangenheit resultieren. So sind beide Länder vom Theravada Buddhismus geprägt, den, wie schon erwähnt, Fa Ngum, aus Angkor kommend, in Lane Xang einführte. Aber nach meinem Dafürhalten sind die Unterschiede allemal groß genug, damit jedes der beiden Länder eine eigenständige Betrachtung verdient hat und sie durchaus füllen kann. Vielleicht werde ich eines Tages meine Erlebnisse in Kambodscha niederschreiben, aber in diesem Buch geht es um Laos, und nur um Laos, und meine Zeit hier neigte sich ihrem Ende entgegen.

Der weiteste Weg, den ich heute zurücklegte, war der in die Happy Bar nebenan, wo mich der ewig-gechillte Ari paffend aus seiner eigenen Hängematte heraus begrüßte. Seine freundliche gute Laune war echt, denn er erzählte mir leidenschaftlich vom neuen Gras, dessen Anlieferung wir vor ein paar Tagen beobachtet hatten und das zum besten Stoff in ganz Laos gehöre. Er griff in eine Tüte, die neben ihm stand, holte eine getrocknete Hanfblüte heraus, hielt sie sich unter die Nase und roch daran. Er verdrehte die Augen, bis nur noch das Weiße zu sehen war, und hielt mir die Blüte hin. Ich roch höflich, nickte anerkennend und lehnte mal wieder einen Joint ab, den er mir freigiebig anbot. Stattdessen fragte ich nach einem Zitronen- und Minzeshake.

»Alles klar, kommt sofort«, sagte er, und jedes Wort klang wie ein kleines Lied. Er ließ den Kopf zurück in die Hängematte sinken, nahm ein paar Züge, stieß aromatische Rauchwolken aus und machte keine Anstalten, in den nächsten Stunden in irgendeine Art von Aktivität auszubrechen. Ich setzte mich auf einen Stuhl, wartete fünf Minuten und beobachtete ihn dabei, wie er nichts tat.

»Denkst du an den Shake?«, fragte ich.

»Na klar, Mann. Bleib ganz locker, so wie ich. Zur Mittagszeit lasse ich es gern etwas ruhiger angehen, da mache ich alles etwas langsamer. Und wenn ich einen Joint rauche, arbeite ich gar nicht, das muss man genießen.«

»Ah«, sagte ich. Wenn das so war.

Ich ging für eine halbe Stunde zum Bungalow zurück, bevor ich mit ausgetrockneter Kehle noch einmal nach dem Shake fragte. Ich kam genau rechtzeitig, denn er war gerade dabei, sich zusammen mit unseren Nachbarn, den Schotten, neue Joints zu drehen. Soeben erzählte er ihnen von der offenbarenden Wirkung, die die Insel auf ihn und seine Einstellung zum Leben gehabt habe.

»Ich bin einfach nur noch gechillt«, sagte er. »Kein Stress mehr. Es gibt für alles eine Lösung und das Wort *nein* mag ich nicht mehr.«

»Entschuldigung«, mischte ich mich ein. »Hast du inzwischen die versprochenen Hängematten aufgetrieben?«

»N…« – er hielt inne, warf mir einen finsteren Blick zu und zog es um der Wirkung seiner vorangegangenen Ausführung willen vor, nicht zu antworten.

»Das dachte ich mir«, sagte ich, »aber einen Shake hätte ich trotzdem gern. Das hier ist immer noch eine Bar, oder?«

Meine Ungeduld resultierte vor allem aus der Tatsache, dass ich wusste, dass er den Shake nicht selbst mixte. Seine Aufgabe war lediglich, die Bestellung anzunehmen und an die Mutter der Familie weiterzugeben, die im Nebenzimmer vor dem Fernseher hockte, und das war eine Sache von zehn Sekunden.

Zehn Minuten später kehrte ich zum Bungalow zurück, den Shake wie eine Trophäe in der Hand, und ließ mich für weitere Stunden des Müßiggangs nieder. Erwartungsgemäß geschah an diesem Tag wenig, was es wert wäre, berichtet zu werden. Am frühen Nachmittag begann ein leichter Regen zu fallen, den ich nicht sah, aber ich hörte das Klickern auf dem Dach und beobachtete den Fluss, dieses braune, träge Gummiband, in das der Regen tausende kleiner Kreise hinein zauberte, die sogleich verschwanden, um von neuen ersetzt zu werden. Ich saugte gierig den Duft reingewaschener Luft ein und verfiel langsam in eine melancholische Stimmung. Hier, auf dieser Insel, in dieser Hängematte, ging meine Zeit in Laos zu Ende. Es war ein guter Ort, um das Abenteuer ausklingen zu lassen.

An zahlreiche Erlebnisse würde ich mich mein restliches Leben gern erinnern. An die Wanderungen durch den Urwald, die wohlerzogenen Kinder in den Akha-Dörfern, deren Bewohner unter einfachsten Bedingungen lebten, die nach unserem Verständnis ungebildet waren und weit entfernt von Elektrizität, fließendem Wasser und anderen Annehmlichkeiten der Zivilisation, an Lucy und Lachlan und all die anderen Reisenden, die wir kennengelernt hatten und von denen ich in diesen Zeilen nur eine Auswahl erwähnt habe. Aber auch an die Kleinigkeiten, die mir Laos so sympathisch gemacht hatten. Ich dachte an die unerhörte Angewohnheit, Bier mit Eiswürfeln zu verwässern und an die winzigen Toilettenrollen in den Gasthäusern im Norden des Landes, die gerade für ein Geschäft ausreichen, als hätten die Inhaber Angst, der verwilderte Backpacker stehle die übriggebliebenen Blätter (was wir, offen gesprochen, taten wann immer sich uns die Gelegenheit bot). Ich dachte auch an die alten Aufzeichnungen von Wrestlingkämpfen, die an öffentlichen Orten wie Busbahnhöfen ausgestrahlt wurden, aber auch in Restaurants, und die stets ein begeistertes laotisches Publikum fanden, das auf Plastikstühlen zum Fernseher starrte und mit vielen *Ahs* und *Uhs* mitfieberte. Und ich dachte an das vage Gefühl von schlichter Natürlichkeit, das mich während der gesamten Reise begleitet hatte, die Wahrhaftigkeit von Mensch und Natur, die die Seele des Landes ist.

Dann gewann der Regen langsam an Kraft. Es raschelte in den Blättern der nahen Bäume und im Haufen der getrockneten Äste und Gräser neben dem Bungalow, und das Geräusch der aufschlagenden, die Oberfläche des Mekongs durchbrechenden Wassertropfen übertönte das entfernte Rauschen der Stromschnellen. Ich konnte kaum meine eigenen Gedanken hören. Am Ende entleerte sich der Himmel mit einer Wucht, wie ich sie noch nicht erlebt hatte. Hinter dem Geländer schloss sich ein silberner, flimmernder Vorhang aus Wasser, das wie ein himmlisches Maschinengewehrfeuer niederstürzte. Es war, als sei zusätzlich zum Mekong ein weiterer Fluss entstanden, dieses Mal in vertikaler Richtung. Bäume neigten sich unter der Last der Wassermassen, die auf sie niederpeitschten, die Wasseroberfläche war rau und aufgewühlt, der Regen wurde vom Wind auf unsere Terrasse getragen und floss in Rinnsalen über die Bretter in unseren Bungalow. Falk und ich sprangen auf, um die Kleidung und Bücher, die auf dem Boden lagen, auf das Bett zu werfen. Zurück auf der Terrasse, nahmen wir die Hängematten ab und verstauten sie, dann beobachteten wir weiter das Geschehen. Zum Getöse des Regens kam mächtiges Grollen. Blitze zuckten kreuz und quer durch die Luft. Vorbeifahrende Bootsmänner, die es nicht rechtzeitig ans heimatliche Ufer geschafft hatten, schöpften mit der einen Hand Wasser, während sie mit der anderen steuerten.

Langsam beruhigte sich das Unwetter und wurde zu einem beständigen Schauer. Wir holten wieder die Hängematten hervor und bezogen unsere Positionen, doch nun begann es von der Decke zu tropfen. Für ein paar Minuten versuchten wir, die kleinen Wasserfälle zu ignorieren, die wie Bindfäden herabtröpfelten und auf unseren Köpfen und Bäuchen zerplatzten, doch dann gestanden wir uns ein, dass es mit der Idylle vorbei war. Wir banden die Hängematten erneut ab, nun ein für alle Mal, setzten uns auf das Bett im Bungalow und schauten durch die offene Tür nach draußen.

Wir mussten nichts miteinander absprechen, denn jeder von uns traf die Entscheidung für sich: Es war Zeit weiterzureisen.

Epilog

Um acht Uhr setzten wir mit dem überfüllten Boot über. Es regnete noch immer. Wir versuchten, in Nakasang anzulegen, aber das gesamte Ufer war bereits mit Booten belegt. Mit Mühe schoben wir uns soweit wir konnten dazwischen, dann sprangen wir mit geschulterten Rucksäcken über die schaukelnden Boote und in den Matsch. Eine Treppe führte hinauf zur Uferstraße, an der Fisch verkauft wurde.

Der Busbahnhof war nichts, außer einem scheinbar willkürlichen Ort am Straßenrand, an den uns der Bootsmann brachte und von dem uns der Bus für die zwanzigminütige Fahrt zur Grenze abholen sollte.

»Wartet hier«, sagte er und wollte verschwinden.

»Einen Moment«, sagte Falk. »Wie lange sollen wir warten?«

»Dreißig Minuten. Oder eine Stunde. Vielleicht zwei. Je nachdem.«

Da war sie wieder, die laotische Gelassenheit.

Im Bus wurde mir schmerzlich bewusst, was ich alles verpasst hatte. Ich wollte mehr Zeit in Laos verbringen und die Kong Lo Höhle auf dem unterirdischen Fluss durchfahren, weitere Gespräche mit Lachlan führen und eine Woche mit Bob an seinem Sae Lao Projekt in Vang Vieng arbeiten. Ich musste auch noch Bücher loswerden, die ich bei Big Brother Mouse gekauft und zwischenzeitlich vergessen hatte. Ich wollte noch so vieles tun, doch die Zeit reichte nicht aus. Sie reicht nie aus. Aber eins wusste ich mit Sicherheit: Ich war noch nicht fertig mit Laos.

Die Reise durch das Land endete so, wie sie zwei Monate zuvor begonnen hatte: im Bus. Neben mir saß Muskelgnubbel, die Fototasche zwischen den Beinen, und gemeinsam schauten wir hinaus in die verregnete Welt, in der es nicht viel zu sehen gab außer ein paar Bambushütten und viel Wald, aber die uns gerade deshalb fesselte.

Kaum dass wir zehn Minuten gefahren waren, hielt der Bus an. Der Fahrer öffnete die Tür, stand auf und blickte zwei Polizisten entgegen, die sofort einstiegen. Nach einem kurzen Gespräch gingen alle drei nach draußen. Wir beobachteten das Geschehen durch die Fenster. Die drei redeten aufeinander ein und begleiteten ihre Worte mit energischen Gesten. Einer der Polizisten hielt dem Fahrer eine kleine Tüte unter die Nase, der Fahrer zückte seinerseits ein Stück Papier, mit dem er herumwedelte. Schließlich steckte der Fahrer den Kopf in den Bus.

»Wir machen eine kurze Pause«, sagte er, dann wandte er sich wieder den Polizisten zu. Falk und ich hatten noch nicht das Bedürfnis, uns die Beine zu vertreten, aber die Sitzreihen waren so eng, dass wir keine Minute länger als nötig im Bus bleiben wollten. Wir stiegen mit unseren Wasserflaschen in den Händen aus, stellten uns in den Nieselregen und atmeten die letzte laotische Luft ein, die wir für lange Zeit bekommen würden. Einige Meter von uns entfernt sah der Busfahrer zunehmend niedergeschlagen aus. Kurz darauf führten die Polizisten den armen Kerl ab, der sich vermutlich mit dem Transport von Drogen ein Zubrot verdient hatte. Nun dauerte es noch einmal anderthalb Stunden, bis ein neuer Fahrer kam, der uns die letzten zehn Minuten bis zur Grenze fahren würde.

»Endlich«, sagte Falk und entschied, eben, als wir einstiegen, einen letzten Schluck Wasser trinken zu wollen. Er setzte die Flasche an seine Lippen, legte den Kopf in den Nacken und rutschte von der Stufe ab, die in den Bus führte.

Er riss die Arme hoch.

Die Flasche flog, ihren Inhalt verteilend, in einem weiten Bogen durch das Gefährt, während Falk der Länge nach in den Gang stürzte. Alle Augen waren auf ihn gerichtet. Auch der neue Fahrer schaute mitleidig auf ihn herab.

Einen Moment blieb Falk still liegen, dann begann er zu husten. Er stützte sich auf die Ellenbogen und stand mit meiner Hilfe schließlich ganz auf.

»Verschluckt«, sagte er hustend, lächelte beschämt und betastete seine Knie. Jetzt, da der erste Schreck verflogen war, wechselten die Leute amüsierte Blicke. Mit eingezogenen Köpfen setzten wir uns auf unsere Plätze, der Fahrer startete den Motor, der Bus setzte sich in Bewegung, die Tür schloss sich mit einem Seufzer.

Falk stieß mich an und sagte, mit geweiteten Augen einen neuen Hustenanfall unterdrückend: »Ich denke, ich muss nicht erwähnen, dass das *nicht* in dein Buch kommt.«

Ich nickte gedankenverloren und schaute zum Fenster hinaus, wo das kambodschanische Grenzgebäude hinter einer Kurve auftauchte.

Anmerkung des Autors

Dieses Buch berichtet von den Erfahrungen, die ich bei meiner Reise durch Laos gemacht habe und spiegelt meine Meinungen wider. Bei der Beschreibung dieser Erfahrungen habe ich einige Namen und Eigenschaften lebender Personen geändert, um die Privatsphäre dieser Personen zu schützen.

Für detaillierte, umfassende Ausführungen und Einschätzungen zur laotischen Geschichte und dem politischen System verweise ich auf die im Folgenden aufgeführte Literatur. Ich für meinen Teil hoffe, dass ich Ihnen vermitteln konnte, wie Laos heute auf seine Besucher wirkt. Das Laos, das ich beschrieben habe, ist *mein* Laos und kann nur mein Laos sein – so, wie ich es kennengelernt habe. Mein größter Erfolg wäre, wenn Sie dieses Buch zum Anlass nehmen, eines Tages Ihr eigenes Laos kennenzulernen – es lohnt sich.

Haben Sie Anmerkungen, Fragen oder Korrekturvorschläge zum Buch? Dann können Sie mich gern über www.Erik-Lorenz-Autor.de oder www.Facebook.com/ErikLorenzAutor kontaktieren.

Ich danke Robert Cooper für seine Zeit, dem Team der Luang Namtha Provincial Tourism Information für die Auskunftsbereitschaft, meinen Eltern für die Unterstützung, Gabriele Pittelkow für die Illustrationen, Werner Schmid vom Wiesenburg-Verlag für die angenehme Zusammenarbeit, Karl Kastelik und seiner Tochter Juliane für die Durchsicht des Manuskripts und natürlich Falk – für … alles.

Literatur

Bryson, Bill: Picknick mit Bären. München: Goldmann 1999.
Bryson, Bill: Streifzüge durch das Abendland – Europa für Anfänger und Fortgeschrittene. München: Goldmann 2001.
Butcher, Tom/Ellis, Dawn: Laos. London: Pallas Athene 1993.
Colin, Cotterill: Dr. Siri und seine Toten. München: Goldmann Verlag 2009.
Cooper, Robert (Hrsg): Laos … an indicative Fact-Book. Vientiane: Lao Insight Books 2009.
Cooper, Rorbert: CultureShock! Laos – A Survival Guide to Customs and Etiquette. Tarrytown: Marshall Cavendish Editions 2011.
Dakin, Brett: Another quiet American – Stories of Life in Laos. Asia Books 2003.
Evans, Grant: A short history of Laos – The Land in between. Crows Nest: Allen & Unwin 2002.
Farovik, Tor: In Buddhas Gärten. München: Frederking & Thaler 2009.
Follath, Erich: Die Kinder der Killing Fields. München: Deutsche Verlags-Anstalt 2009.
Garnier, Francis: Further Travels in Laos and in Yunnan: The Mekong Exploration Commission Report – Volume 2 (1866-1868). Bangkok: White Lotus 1996.
Hamilton-Merritt, Jane: Tragic Mountains: The Hmong, the Americans and the Secret Wars for Laos, 1942-92. University of Indiana Press 1992.
Häring, Volker: Ein Bus namens Wanda – Abenteuer Alltag entlang des Mekongs. Mannheim: Dyras Verlag 2009.
Keay, John: Mad About the Mekong – Exploration and Empire in South East Asia. Harper Collins 2005.
Lewis, Norman: A Dragon Apparent: Travels in Cambodia, Laos and Vietnam. Eland Books 2003.
McCoy, Alfred: The Politics of Heroin: CIA Complicity in the Global Drug Trade. New York: Lawrence Hill Books 1991.

Mouhot, Henri: Travels in Siam, Cambodia, Laos and Annam, Volume 1 & 2. Bangkok: White Lotus 2009.
Murphy, Dervla: One Foot in Laos. London: Flamingo 2000.
Polo, Marco: Il Milione. Die Wunder der Welt. München: Manesse Verlag 1983.
Royer, Louis-Charles: Kham, la laotienne. Editions Kailash 1997.
Stevenson, Robert L.: Reise mit dem Esel durch die Cévennen. Editions La Colombe 2008.
Stuart-Fox, Martin: A History of Laos. Cambridge: Cambridge University Press 1997.
Terzani, Tiziano: Fliegen ohne Flügel – Eine Reise zu Asiens Mysterien. München: Goldmann Verlag 1998.
Theroux, Paul: Abenteuer Eisebahn – Auf Schienen um die halbe Welt. Hamburg: Hoffmann und Campe 1984.
Voigt, Jochen: Zeit für den Mekong – Flusskreuzfahrten durch Laos und Kambodscha. München: Bruckmann Verlag 2009.